U0944569

鞍钢年鉴

ANGANG NIANJIAN

2022

鞍钢史志编纂委员会　编

冶金工业出版社

图书在版编目（CIP）数据

鞍钢年鉴. 2022 / 鞍钢史志编纂委员会编. -- 北京：冶金工业出版社，2024. 11. -- ISBN 978-7-5240-0046-4

Ⅰ. F426. 31-54

中国国家版本馆 CIP 数据核字第 2024DC2758 号

鞍钢年鉴 2022

出版发行	冶金工业出版社	**电　　话**	(010)64027926
地　　址	北京市东城区嵩祝院北巷 39 号	**邮　　编**	100009
网　　址	www. mip1953. com	**电子信箱**	service@ mip1953. com

责任编辑　张熙莹　美术编辑　彭子赫　版式设计　郑小利

责任校对　石　静　责任印制　禹　蕊

北京捷迅佳彩印刷有限公司印刷

2024 年 11 月第 1 版，2024 年 11 月第 1 次印刷

889mm×1194mm　1/16；23. 75 印张；16 彩页；778 千字；375 页

定价 100. 00 元

投稿电话　(010)64027932　投稿信箱　tougao@cnmip. com. cn

营销中心电话　(010)64044283

冶金工业出版社天猫旗舰店　yjgycbs. tmall. com

（本书如有印装质量问题，本社营销中心负责退换）

编 辑 说 明

《鞍钢年鉴》是鞍钢主办的逐年全面记载鞍钢发展变化的大型综合性资料工具书。2022《鞍钢年鉴》是鞍钢连续编纂出版的第38部年鉴，也是鞍钢集团成立后的第9部年鉴（包含鞍山钢铁、攀钢、本钢及各板块）。该年鉴将本着“科学、精干、实用”的编纂宗旨，全面、客观、准确地记述2021年鞍钢集团以习近平新时代中国特色社会主义思想为指导，全面贯彻党的十九大和十九届历次全会精神，深入学习贯彻习近平总书记重要讲话和重要指示批示精神，坚决贯彻落实党中央、国务院决策部署，把党的领导贯穿改革发展始终，坚定不移走“改革+市场”发展之路，在规划发展、改革改造、科技进步、企业管理、党建及精神文明建设等方面的新发展、新变化和新成就。

本年鉴采用分类编辑法，按部类、分目、条目3个层次编排。共设特辑，专文，大事记，概况，机构与人事，规划发展，财务、资本运营与审计管理，人力资源管理，管理创新，科技创新，安全、环保与节能，法律事务，综合管理，企业文化与公共关系，党群工作，鞍山钢铁集团有限公司，攀钢集团有限公司，本钢集团有限公司，单位简介，荣誉，附录21个部类。全书计77.8万字，配有彩色及黑白图片100张。

本年鉴刊用的稿件、资料由鞍钢集团有限公司各主管部门及所属单位提供并审核。统计资料由鞍钢集团有限公司财务部提供。人事、荣誉资料由鞍钢集团有限公司人力资源部、鞍钢集团有限公司工会等提供。所引数据均以2021年12月末为限。

▲ 2021 年 8 月 20 日，鞍钢重组本钢大会在鞍钢会展中心隆重召开，鞍钢重组本钢工作正式启动

▲ 2021 年 10 月 15 日，鞍钢集团本钢集团有限公司揭牌成立，在法律意义上正式成为鞍钢集团控股二级子企业

▲ 2021 年 11 月 15 日，鞍钢重组本钢实质性整合融合迈出关键步伐——本钢钢铁产业管理与信息化整体提升项目启动，鞍钢集团钢铁研究院本钢技术中心揭牌，鞍本协同研发协议签约

▲ 2021 年 4 月 15 日，国务院国资委深化东北地区国资国企改革现场推进会在鞍钢集团召开

▲ 2021 年 12 月 22 日，鞍钢本钢重组工作经验交流会在本钢召开

▲ 2021 年 1 月 18 日，鞍钢集团有限公司一届十次职代会在鞍钢会展中心召开

▲ 2021 年 2 月 3 日，鞍钢集团 2021 年党风廉政建设和反腐败工作会议在鞍钢会展中心召开

▲ 2021 年 2 月 3 日，鞍钢集团与鞍山市改制企业“1+N”支持协议落实情况座谈会在鞍钢会展中心召开

▲ 2021 年 5 月 31 日，鞍山冶金集团产业链供应链对接会在鞍钢会展中心举行

▲ 2021 年 3 月 16 日，鞍钢集团党史学习教育动员部署会在鞍钢会展中心召开

▲ 2021 年 5 月 28 日，鞍钢集团领导班子成员等在鞍钢博物馆重温入党誓词

▶ 2021 年 6 月 8 日，鞍钢集团党委书记、董事长谭成旭作为信物讲述人，将鞍钢的两件“传家宝”——新中国第一根重轨和“鞍钢宪法”带到央视财经频道《红色财经·信物百年》节目现场，向全国观众讲述两件信物背后的红色故事

▲▶ 2021 年 7 月 2 日，鞍钢英模“老英雄”孟泰的外孙女党晓萍和“当代雷锋”郭明义、“时代楷模”李超、全国先进基层党组织——鞍钢股份炼钢总厂党委书记杨文、全国劳模陶功明等鞍钢职工在北京参加庆祝中国共产党成立 100 周年大会（右图右一为陶功明）

◀ 2021 年 7 月 2 日，鞍钢集团党委举行欢迎仪式，祝贺鞍钢股份炼钢总厂党委获得“全国先进基层党组织”荣誉称号并从北京载誉归来

◀▲ 2021 年 6 月 2 日，鞍钢集团党委在鞍钢会展中心举行“光荣在党 50 年”纪念章颁发仪式,向党员代表颁发“光荣在党 50 年”纪念章

◀▼ 2021 年 6 月 25 日，鞍钢集团党委在鞍钢会展中心召开“两优一先”和纪检系统表彰大会

▲ 2021 年 3 月，鞍钢集团党委制定发布《鞍钢集团领导班子 2021 年度民生实事计划》，让职工群众共享鞍钢集团改革发展成果

◀▼ 2021 年 6 月 21 日，鞍钢集团党委主办的“永远跟党走”——鞍钢庆祝建党 100 周年文艺演出在鞍钢体育馆隆重举行

▲ 2021 年 6 月 19 日，在庆祝中国共产党成立 100 周年之际，鞍钢博物馆入选中共中央宣传部新命名的 111 个全国爱国主义教育示范基地

▲ 2021 年，鞍钢股份积极推动鞍钢彩涂产品参与国家重点工程投标及标志性工程项目应用，先后开发铝锰、高铝锌锰、铝锌镁等彩涂新产品，产品竞争力进一步增强

▲ 2021 年，鞍钢冷轧搪瓷专用钢板成功供货杭州苏泊尔的配套企业，该品种钢板成为市场“新宠”，为鞍钢集团开拓了新的利润增长点

▲ 2021 年，鞍钢股份大型总厂针对重轨轧痕缺陷开展质量攻关，提升重轨成材率

▲ 2021 年，鞍钢股份冷轧硅钢厂为满足客户对宽幅产品的需求，开展常化工序不剪边轧制攻关，实现宽幅 1242 毫米产品批量稳定供货

▶ 攀钢钛材公司高端钛及钛合金生产线

◀ 2021 年 7 月，攀钢西昌钢钒烧结烟气脱硫脱硝环保设施投产

▶ 2021 年，本钢板材冷轧总厂进一步加强设备管理，为完成全年生产经营任务目标提供设备保障。图为本钢板材冷轧总厂三冷区域磨辊作业区现场

▲ 2021 年，鞍钢 18.4 毫米厚管线钢用于中俄东线天然气管道工程

▲ 2021 年 8 月，采用鞍钢 9Ni 钢建造的全球首制双燃料超大型油船 C 型 LNG 低温储舱成功交付，鞍钢 9Ni 钢有力推动了中国大型船舶加速向绿色低碳转型

▶ 2021 年 5 月 10 日，中国智造品牌论坛暨中央企业高端装备制造创新成就展在北京举行，鞍钢集团以“大国重器的钢铁脊梁”为主题参展

◀ 2021 年 5 月 25—27 日，AUTO TECH 2021 广州国际汽车技术展览会暨华南汽车用钢专题展览会在广州举行，鞍钢集团以汽车钢全系产品、全新技术参展

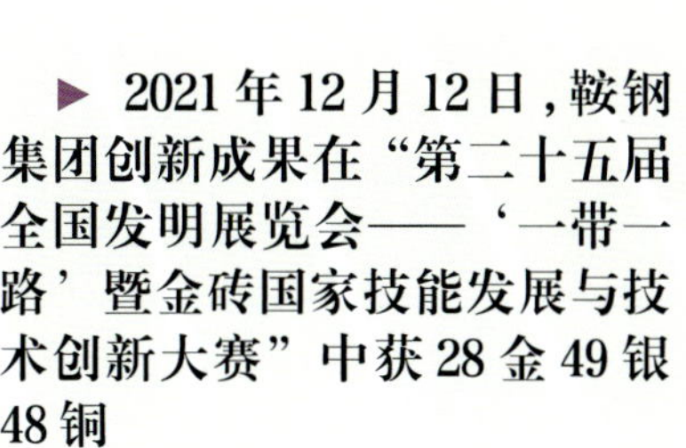

▶ 2021 年 12 月 12 日，鞍钢集团创新成果在“第二十五届全国发明展览会——‘一带一路’暨金砖国家技能发展与技术创新大赛”中获 28 金 49 银 48 铜

◀ 2021年1月，鞍钢集团"5G工业专网+智慧炼钢"全球首发，在鞍钢股份炼钢总厂实现工业化应用。图为5G+智慧炼钢集控大厅

▶ 2021年8月，攀钢西昌钢钒智慧管控中心投用

◀ 2021年4月26日，鞍钢集团召开2021年首届"数字鞍钢"现场推进会

◀ 2021 年 12 月 27 日，鞍钢集团 2021 年第二届“数字鞍钢 · 数字生态”现场推进会在西昌钢钒召开

▶ 2021 年 11 月 19 日，鞍钢集团炼钢史上第一台绿色能源电拆炉机在鞍钢股份炼钢总厂二分厂一次性试车成功

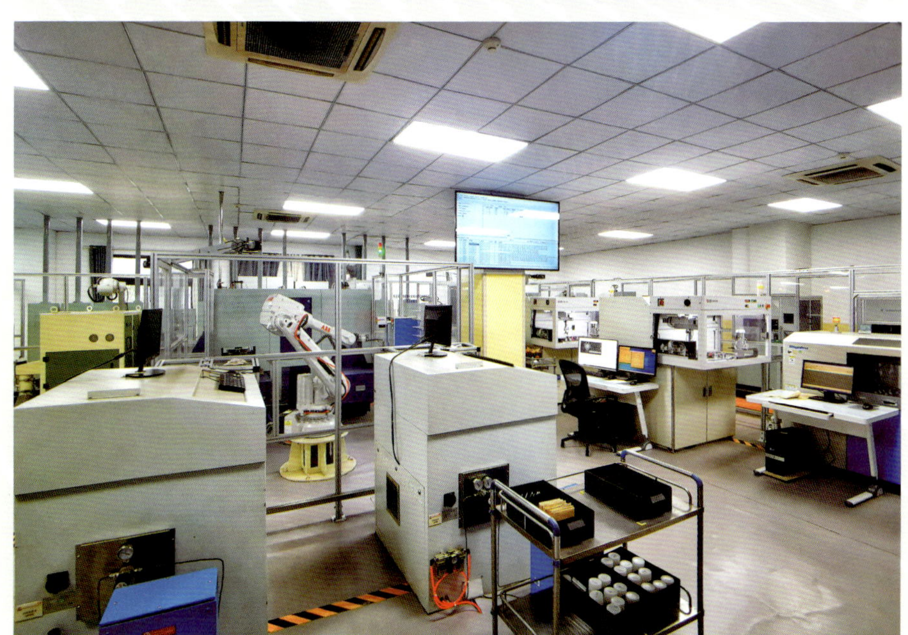

▶ 2021 年 6 月，攀钢西昌钢钒运行保障中心分析中心智能机械手投用

◀ 2021年1月，鞍钢股份中厚板事业部4300厚板生产线成功轧制出厚度5毫米、宽度3400毫米的世界最宽7Ni钢薄板，标志着鞍钢超薄超宽钢板轧制技术达到世界领先水平

▶ 2021年，攀钢钒焦炉节能环保改造项目按节点稳步推进。该环保改造项目全部建成后，将实现超低排放，把绿色生产水平提升到新高度。图为改造项目中的A焦炉在进行砌筑施工

◀ 2021年，鞍钢首条热轧EPS（绿色免酸洗表面处理）生产线创投产以来月产新高，处于国内同行业领先水平

▲ 2021 年 1 月 21 日，鞍钢集团董事长、党委书记谭成旭到鞍钢矿业实地督导疫情防控工作

▲ 2021 年 2 月 1 日，鞍钢集团召开疫情防控指挥部会议

听党指挥
中国消防救援
CHINA FIRE AND RESCUE

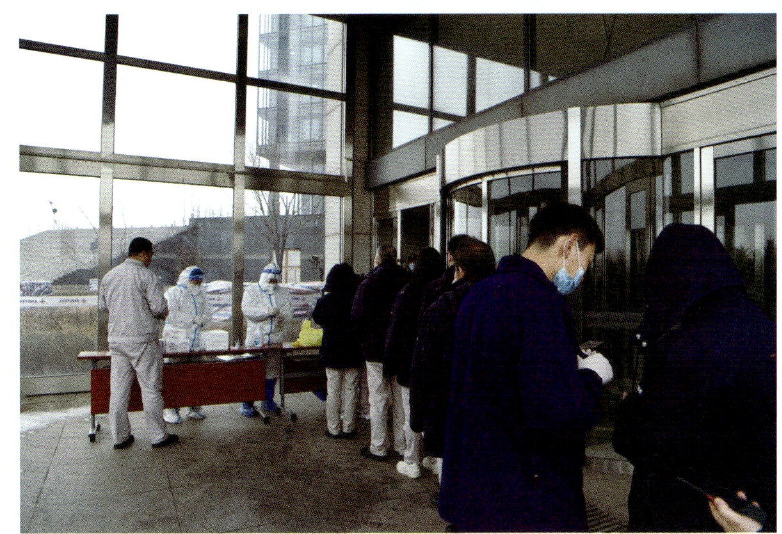

2021年3月，各基层单位第一时间启动疫情防控应急预案，坚定不移执行鞍钢集团关于“抗疫第一、安全第一、生产第二”的决策部署，严格落实属地政府疫情防控要求，以决战姿态夜以继日地投入到抗疫斗争之中，坚决打胜疫情阻击战

2021 年 11 月 7—8 日，特大暴风雪突袭辽宁。面对极端恶劣天气，鞍钢集团辽宁区域广大职工心系鞍钢，顶风冒雪从四面八方徒步数小时奔赴各自岗位，争分夺秒投入积雪清扫工作，众志成城，团结奋战，全力以赴保障生产顺行

ANSTEEL

坚持党的领导 加强党的建设 是国有企业的"根"和"魂"
鞍钢集团
ANSTEEL

高高兴兴上班 安安全全下班

ANSTEEL
鞍钢集团钢铁研究院

▲ 2021 年 9 月 5 日，鞍钢集团党委书记、董事长谭成旭董事长深入贵州省盘州市调研乡村振兴，实地考察定点帮扶项目情况

▲► 2020年7月6—8日，鞍钢集团总经理戴志浩率队到新疆塔县调研帮扶工作

◄ 鞍钢援建的新疆塔县城乡寄宿制小学为鞍钢集团赠送锦旗

▲ 2021 年 9 月 24 日，贵州省委书记、省人大常委会主任谌贻琴在贵阳会见鞍钢集团党委书记、董事长谭成旭一行

▲ 2021 年 4 月 20 日，鞍钢集团董事长、党委书记谭成旭在攀枝花市与攀枝花市委书记张正红座谈

▲ 2021 年 6 月 1 日，辽宁省委常委、省委宣传部部长刘慧晏到鞍钢集团调研

▲ 2021 年 11 月 3 日，辽宁省委常委、省委组织部部长熊茂平到鞍钢集团调研

▲ 2021 年 5 月 27 日，鞍钢集团总经理戴志浩代表鞍钢集团，在上海举行的第十一届中国国际钢铁大会上发布《鞍钢集团碳达峰碳中和宣言》

▲ 2021 年 11 月 6 日，鞍钢集团交易分团在第四届中国国际进口博览会上与淡水河谷、西马克、普锐特及西门子等 8 家世界知名企业签约

目　录

第一部分　特　辑

认真学习贯彻落实习近平总书记重要指示批示
　打造高质量发展新鞍钢取得新成效　3
鞍钢重组本钢大会隆重召开　4
国务院国资委深化东北地区国资国企改革现场
　推进会在鞍钢集团召开　5
鞍钢高标准高质量开展党史学习教育　6
鞍钢集团第八次蝉联世界 500 强　8
推进“7531”发展战略目标落地落实　8
2021 年鞍钢集团生产经营取得历史性突破　10
2021 年鞍钢集团科技创新工作　11
2021 年鞍钢集团改革三年行动工作　13
2021 年数字鞍钢建设工作　15
2021 年鞍钢集团党建工作　16
鞍钢集团发布碳达峰碳中和宣言　19
鞍钢集团发布低碳冶金路线图　19

第二部分　专　文

践行新发展理念　打造高质量发展新鞍钢
　鞍钢集团有限公司党委书记、董事长　谭成旭　25
在鞍钢重组本钢大会上的讲话
　鞍钢集团有限公司党委书记、董事长　谭成旭　27
坚定不移听党话跟党走　再铸鞍钢新辉煌
　鞍钢集团有限公司党委书记、董事长　谭成旭　28
在鞍钢集团党史学习教育动员部署会上的讲话
　鞍钢集团有限公司党委书记、董事长　谭成旭　30
在鞍钢党史学习教育总结会议上的讲话
　鞍钢集团有限公司党委书记、董事长　谭成旭　34

第三部分　大事记

2021 年鞍钢大事记　41

第四部分　概　况

总　述　55

第五部分　机构与人事

2021 年鞍钢集团有限公司组织机构表　59
中共鞍钢集团有限公司委员会　60
鞍钢集团有限公司董事会　60
鞍钢集团有限公司监事会　60
鞍钢集团有限公司经理层　60
鞍钢集团有限公司总经理助理级领导　60
中共鞍钢集团有限公司纪律检查委员会　60
鞍钢集团有限公司总部各部门　61
鞍钢集团有限公司各直属机构　63
鞍钢集团有限公司所属子公司、直属单位　63
2021 年鞍钢集团有限公司直管干部任免名单　70
2021 年鞍钢取得高级专业技术职称任职资格
　人员名单　74

第六部分　规划发展

发展战略与规划　79
战略合作　79
产业投资管理　79

海外规划与投资管理 80

第七部分　财务、资本运营与审计管理

预算与统计管理 85
会计管理 86
资金与资本管理 87
审计工作 88

第八部分　人力资源管理

领导人员管理 93
人力资源管理 94
岗位绩效与薪酬福利管理 96
外事管理 98

第九部分　管理创新

综 述 101
体制改革与创新管理 101
体系管理 102
绩效管理 102
采购管理 103
信息化管理 104

第十部分　科技创新

科技创新管理 109
知识产权管理 109
国际标准化管理 113

第十一部分　安全、环保与节能

安全管理 117
环保与节能减排 118

第十二部分　法律事务

法治工作 123
合规管理 123
风险内控 124

第十三部分　综合管理

董事会工作 127
参股企业管理 129
档案管理 130
保密与国家安全管理 132
信访管理 132

第十四部分　企业文化与公共关系

企业文化 137
公共关系 137

第十五部分　党群工作

党建管理 141
宣传工作 143
纪检监察工作 145
统一战线工作 148
精神文明工作 148
党校工作 148
工会工作 149
共青团工作 150

第十六部分　鞍山钢铁集团有限公司

生产 155
经营 156
技术改造 158
科技发展 160
管理创新 161

战略管理 162
信息化管理 163
设备管理 164
质量能源管理 165
安全环保 167
财务审计 168
人力资源管理 169
保密与国家安全管理 171
企业内保工作 171
法律事务 171
医疗卫生 172
党群工作 173
人民武装工作 178

· 所属单位简介 ·

鞍钢集团信息产业有限公司 179
鞍山钢铁集团耐火材料有限公司 179
鞍钢集团房产物业有限公司 180
德邻陆港供应链服务有限公司 180
鞍山钢铁劳研所科技有限公司 180
鞍钢铸钢有限公司 181
鞍钢电气有限责任公司 181
鞍钢股份有限公司 181
营口市鞍钢水业有限公司 194
鞍钢冷轧钢板（莆田）有限公司 195
鞍钢钢绳有限责任公司 195
鞍钢汽车运输有限责任公司 195
鞍山钢铁冶金炉材料科技有限公司 196
第二发电厂 196
铁路运输分公司 196
工程质量生产监测管理中心 197
资产经营中心 197
保卫部（人民武装部） 198
消防应急救援中心 198
人力资源综合服务中心 198
工程技术有限公司 199

第十七部分　攀钢集团有限公司

· 概　述 ·

生产经营 203
改革创新 203
科技创新 203
产业升级 203
企业文化 203
战略与规划管理 204
投资管理 204
工程管理 204
土地管理 204
设备管理 205
资产管理 205
股权管理 205
审计管理 205
人力资源管理 206
企业管理 206
风险与绩效改善管理 207
数字化管理 207
财务管理 207
运营改善管理 207
节能和减碳 208
期货交易 208
科技管理 208
安全管理 208
环保管理 209
疫情防控管理 209
诉讼管理 210
法律保障 210
合规管理 210
武装保卫工作 211
党群工作 211

· 所属单位简介 ·

攀钢集团攀枝花钢钒有限公司 213
攀钢集团钒钛资源股份有限公司 214
攀钢集团西昌钢钒有限公司 216
攀钢集团矿业有限公司 217
攀钢集团成都钢钒有限公司 218
攀钢集团江油长城特殊钢有限公司 219
攀钢集团研究院有限公司 220
攀钢集团工程技术有限公司 222
攀钢集团国际经济贸易有限公司 222
攀钢集团物资贸易有限公司 223
成都西部物联集团有限公司 224

四川机电职业技术学院（攀钢党校） 224
攀钢集团生活服务有限公司 226
四川鸿舰重型机械制造有限责任公司 227
攀钢集团攀枝花坤牛物流有限公司 228
攀钢冶金材料有限责任公司 229
攀钢集团有限公司综合服务中心 229
四川劳研科技有限公司 231

第十八部分 本钢集团有限公司

·概 述·

历史沿革 235
企业现状 235
生产经营 235
规划投资管理 235
科技管理 236
运营管理 237
人力资源管理 238
财务管理 239
资本管理 240
审计管理 241
法律事务管理 241
生产质量管理 242
设备工程管理 243
安全管理 244
能源环保管理 245
营销管理 246
采购管理 246
招标管理 247
计量管理 247
信息化建设 248
企业文化建设 249
行政办公工作 249
档案工作 250
保卫信访工作 251
离退休人员和退养职工管理 251
党群工作 252
人民武装工作 256

·主要生产单位简介·

本钢板材股份有限公司 257
本溪北营钢铁（集团）股份有限公司 258
本溪钢铁（集团）矿业有限责任公司 259

第十九部分 单位简介

·板块公司·

鞍钢集团矿业有限公司 263
鞍钢联众（广州）不锈钢有限公司 292
鞍钢集团工程技术发展有限公司 294
鞍钢集团众元产业发展有限公司
（鞍钢实业集团有限公司） 316
鞍钢集团国际经济贸易有限公司 329
鞍钢集团资本控股有限公司 332

·直属机构·

鞍钢集团北京研究院有限公司 337
鞍钢集团经济发展研究院 340
鞍钢集团人力资源服务中心 341
鞍钢集团财务共享服务中心 342
鞍钢集团审计中心 343
鞍钢教育培训中心（党校） 344
鞍钢日报社 347

第二十部分 荣 誉

先进单位 353
2021 年先进人物及先进集体 356

第二十一部分 附 录

统计资料 371

第一部分

特　辑

▶ 特　辑
专　文
大事记
概　况
机构与人事
规划发展
财务、资本运营与审计管理
人力资源管理
管理创新
科技创新
安全、环保与节能
法律事务
综合管理
企业文化与公共关系
党群工作
鞍山钢铁集团有限公司
攀钢集团有限公司
本钢集团有限公司
单位简介
荣　誉
附　录

认真学习贯彻落实习近平总书记重要指示批示 打造高质量发展新鞍钢取得新成效

2021 年，鞍钢党委认真学习贯彻落实习近平总书记重要指示批示，在学深悟透上下功夫，强化闭环管理，推进贯彻落实工作机制运行规范化、制度化，切实增强“四个意识”、坚定“四个自信”、做到“两个维护”。坚持把贯彻落实习近平总书记重要指示批示精神体现到谋划重大战略、部署重大任务、推进重点工作实践中，“十四五”取得开门红，实现“三个历史性突破”：鞍钢党委在国务院国资委 2021 年度中央企业党建工作责任制考核评价中首次晋级“A”；鞍本重组顺利完成并完成债转股和混改；经营效益创历史最好水平。外界对鞍钢的良好预期大幅提升，广大职工对鞍钢未来发展充满信心。

一是贯彻落实习近平总书记关于党史学习教育重要指示批示，党史学习教育扎实开展。传承红色基因，突出鞍钢特色、突出学用结合、突出惠及职工、突出担当作为，一体推进学党史、悟思想、办实事、开新局。弘扬“鞍钢宪法”精神、孟泰精神、雷锋精神，在中央电视台讲述新中国第一根重轨等“百年信物”故事，鞍钢博物馆成为全国爱国主义教育示范基地，鞍钢红色资源利用保护体系已经形成。构建“四类会议+四个清单+四个指导”推进机制，开展“党旗引领红色鞍钢”等系列活动，向老党员颁发“光荣在党 50 年”纪念章，推动党史学习教育走深走实。集团 10 项民生实事全部完成；完成鞍钢重组本钢这一广大职工的夙愿，得到党史学习教育中央第二指导组和中央企业党史学习教育第四指导组充分肯定，认为鞍钢重组本钢是辽宁和鞍钢开展党史学习教育的一项重大成果。在中央企业党史学习教育第四指导组进行的随机测评中，鞍钢党史学习教育总体评价和“我为群众办实事”实践活动评价为“好”的均占 100%。

二是贯彻落实习近平总书记关于做强做优做大国有资本和国有企业重要指示批示，做强做优做大迈出坚实步伐。鞍钢重组本钢顺利完成，并完成债转股和引入优秀民营企业战略投资者的混改。重组后，鞍钢粗钢产能达到 6300 万吨，位居国内第二、世界第三，形成“南有宝武、北有鞍钢”的钢铁产业新格局，必将有力推动东北振兴、辽宁振兴，进一步提升钢铁产业集中度，促进钢铁行业布局优化和结构调整。加快推进重组后的整合融合，聚焦“要素管控+管理移植”和“战略引领+资源协同”两条主线，系统制定实施首月、百日、半年、首年、两年、三年计划，全力打造央地合作样板，取得显著成效。本钢经营质量效益显著提升，实现利润创十年来历史最好水平，资产负债率比重组前降低 10.79 个百分点。实施钢铁、矿业“双核”战略。充分发挥资源储量、技术研发等领先优势，把矿产资源事业发展上升为集团“双核”战略，系统规划辽宁和四川地区铁矿资源，打造世界级铁矿资源开发企业，更好服务国家战略，维护钢铁产业链供应链安全。

三是贯彻落实习近平总书记关于深化国有企业改革的重要指示批示，国企改革三年行动扎实推进。年度任务全部完成，三年行动总体任务完成率 76%，完成国务院国资委 70%以上的目标任务。三项制度改革取得突破。全面推进“两制一契”，314 家单位实施经营层任期制和契约化管理，管理人员竞争上岗率 75.23%，末等调整、不胜任退出占比 10.34%，均高于央企平均水平。建立员工公开招聘、竞争上岗、市场化退出机制，全员劳动生产率 56.9 万元/(人·年)，同比提高 44.3%。强化全员岗位绩效管理，浮动工资差异系数达到 1.11，合理拉开收入差距。全面实施即时激励，在岗职工收入大幅增长。积极推进多元多层激励，两家上市公司实施股权激励；8 家符合条件的科技型企业实施股权和分红激励。优化组织机构，压减法人和厂矿单元 35 个、部门和作业区 417 个、管理岗位 2018 个。推进子企业加强董事会建设落实董事会职权，实现应建尽建和外部董事占多数，重要及具备条件的 29 户子企业完成差异化落实董事会职权。健全市场化经营机制、深化混合所有制改革、国企改革专项工程等均取得积极成效。朝阳钢铁、西昌钒制品公司入选国务院国资委国有重点企业管理标杆创建行动标杆企业，人力资源管理入选标杆项目，获国务院国资委“三个标杆”满分评价。鞍钢改革工作得到国务院领导、国务院国资委和辽宁省委、省政府充分肯定，先后3次在全国和国资央企介绍经验。

四是贯彻落实习近平总书记关于勇当原创技术“策源地”的重要指示批示，彰显大国重器责任与担当。服务国家战略，配置最优资源，着力攻克关键领域瓶颈技术，6项国家关键核心技术攻关任务全部完成。研发投入强度达到3.87%，总额同比提高41.6%。加强“四个创新平台”（基于集团研究院为核心的自主创新研发平台、基于制造基地为主体的技术支撑平台、基于社会资源的战略合作平台、基于高质量客户端的应用技术和联合研发平台）建设，成都材料院“科改示范行动”改革成果案例入选国务院国资委案例集。加快推进科技成果转化，超厚超宽高强度反应堆安全壳用钢AG728、X70级深海高应变管线钢、500兆帕级免涂装耐候桥梁钢实现全球首发；中标国内最大24000箱超大型集装箱船全部止裂钢合同，实现95毫米止裂钢国内首次应用；成功研制满足川藏铁路极限服役条件原型钢轨。一批精品钢材广泛应用于北京冬奥会、中老铁路等工程项目建设。获国家科技进步奖二等奖2项，冶金科学技术奖14项。在中国钢铁企业专利创新指数排名中，鞍山钢铁、攀钢分列第三、四位。数字鞍钢建设全面启动，基于5G的机器视觉带钢表面检测、ET工业大脑等28项成果获评国务院国资委、工信部、中钢协试点示范。

五是贯彻落实习近平总书记关于定点帮扶工作和碳达峰碳中和重要指示批示，扶贫工作和绿色发展取得新成效。鞍钢2021年定点扶贫工作被中央农村工作领导小组评价为“好”。持续加力，投入无偿帮扶资金4205万元，同比增长9.5%；派驻帮扶干部51名；消费帮扶5383万元，主要指标均达到或超过上年水平，助力乡村振兴。坚持绿色低碳发展，发布碳达峰碳中和宣言、低碳冶金路线图。累计完成超低排放改造200余项，污染物排放量持续降低。吨钢综合能耗、吨钢耗新水、二氧化硫排放量同比分别降低2.2%、2.6%、9.5%。加快落实矿山生态修复三年规划，完成绿化复垦面积300多公顷，矿山绿化复垦工作保持国内同行业领先水平。

六是贯彻落实习近平总书记关于坚持党的领导加强党的建设重要指示批示，以高质量党建引领保障高质量发展。落实“两个一以贯之”要求，在完善公司治理中加强党的领导，修订党委工作规则、党委常委会议事规则和董事会议事规则，充分发挥党委“把方向、管大局、保落实”领导作用。围绕全国国企党建会召开五周年，开展贯彻落实“回头看”，系统总结经验，进一步补短板、强弱项、促提升。把做好中央巡视问题整改作为重大政治任务，巩固中央巡视整改成果，建立目标倒逼机制，压实整改责任，中央巡视整改完成率比上年底提升1.2个百分点，在中央企业处于前列。树立重实绩重实干重担当的选用导向，加大年轻干部培养力度，二级正职50岁以下年轻干部占比达到30%，其中，45岁左右占比达到13.3%；二级班子成员45岁左右、三级班子成员40岁左右总人数占比20.6%，达到中组部要求。进一步压实管党治党责任，制定落实全面从严治党主体责任清单，深入推进党风廉政建设和反腐败工作。深化整治“靠钢吃钢”问题，扎实开展“清风行动”，严肃查处利益输送、以权谋私等违纪违法问题，立案407件、处分374人，同比分别增长35.7%、26.8%。深入开展警示教育活动，召开现场会186场，通报典型案例200个。鞍钢纪委在中央纪委国家监委年度考核评价中获得“优秀”。

（鞍钢集团有限公司办公室）

鞍钢重组本钢大会隆重召开

8月20日，鞍钢重组本钢大会在辽宁省鞍山市召开，辽宁省国资委将所持本钢51%股权无偿划转给鞍钢，本钢成为鞍钢的控股子企业。

辽宁省委副书记、省长刘宁，国务院国资委党委委员、副主任翁杰明出席大会并讲话，辽宁省政府党组成员、副省长姜有为出席。

会上，国务院国资委企业改革局局长郭祥玉宣读国务院国资委、辽宁省政府《关于鞍钢集团有限公司重组本钢集团有限公司的通知》；鞍钢党委书记、董事长谭成旭，中国诚通党委书记、董事长朱碧新，中国国新党委书记、董事长周渝波分别代表鞍钢、中国诚通、中国国新签署了《鞍钢集团股权多元化改革增资协议》；辽宁省国资委主任王永威，鞍钢党委书记、董事长谭成旭分别代表辽宁省国资委和鞍钢签署了《辽宁省人民政府国有资产监督管理委员会、鞍钢集团有限公司关于本钢集团有限公司国有股权无偿划转协议》。本钢党委书记、董事长杨维，鞍钢党委书记、董事长谭成旭分别发言。鞍钢总经理、党委副书记戴志浩主持会议。

刘宁、翁杰明、姜有为、谭成旭、朱碧新、周渝波、戴志浩、郭祥玉、王永威、杨维共同推杆，标志着鞍钢重组本钢工作正式启动。

鞍钢重组本钢，对于推动我国钢铁产业健康发展、助力东北全面振兴和辽宁高质量发展、做强做优做大国有企业具有十分重要的意义。重组有利于深化供给侧结构性改革，提升钢铁产业集中度，推动钢铁产业布局优化和结构调整，促进钢铁行业高质量发展；有利于充分发挥鞍钢和本钢丰富的矿产资源优势，构建钢铁行业新发展格局，提升我国战略资源保障能力，维护钢铁产业链供应链安全；有利于优化资源配置，充分释放协同效应，全力打造具有全球竞争力的世界一流企业，更好发挥国有企业推动东北地区全面振兴全方位振兴的主力军作用；有利于助力辽宁做好结构调整“三篇大文章”，加快数字辽宁、智造强省建设。

鞍钢将坚持以新发展理念为引领，以供给侧结构性改革为主线，落实党中央、国务院相关要求，结合“十四五”规划，围绕国家战略需要，聚焦主责主业，深入推进重组后的整合融合。将以“7531”（7000 万吨粗钢、5000 万吨铁精矿、3000 亿元级营业收入、百亿元级利润）发展战略为目标，清晰各产业发展定位，从采购、销售、科技、物流、产品、矿产资源、国际贸易、产业金融、多元化服务等方面，全面推进鞍本价值链核心业务协同整合，加速释放聚合效能，实现从体量规模的纵身飞跃到效率效益的全面提升。重组后，鞍钢粗钢产能将达到 6300 万吨，营业收入达到 3000 亿元，位居国内第二、世界第三，行业话语权和主导权继续增强。

（摘自 2021 年 8 月 20 日中国日报网）

国务院国资委深化东北地区国资国企改革现场推进会在鞍钢集团召开

4 月 15 日，国务院国资委深化东北地区国资国企改革现场推进会在鞍钢集团召开，深入学习贯彻习近平总书记关于新时代东北振兴重要讲话和重要指示批示精神，落实党中央、国务院决策部署，以落实国企改革三年行动为重要抓手，总结交流朝阳钢铁等国资国企典型改革经验，进一步激发企业活力动力，不断推动东北地区国资国企改革向纵深推进，助力东北高质量发展。

国务院国资委副主任翁杰明出席会议并讲话。辽宁省副省长姜有为在会上致辞。鞍钢集团董事长、党委书记谭成旭出席会议并讲话。鞍钢集团等 17 家中央企业和地方国有企业有关负责人，东北三省一区国资委有关负责人出席会议。

会上，朝阳钢铁介绍了“向市场要效益 向改革要活力 深化市场化改革推动高质量发展”经验。吉林省国资委、中国一汽、华润辽健集团、哈空调、大连冰山集团分别介绍了改革经验。招商局集团主要负责人介绍了促进央地合作的经验和体会。

翁杰明在讲话中充分肯定了东北地区国资国企改革取得的积极进展，对朝阳钢铁深化市场化改革和鞍钢集团“两项改革”的成绩和经验给予高度评价。他强调，要认真学习贯彻习近平总书记关于国资国企改革和党的建设的重要指示批示精神，把建立党的组织、开展党的工作作为国有企业推进混改的必要前提，坚持分层分类推进混改，坚持以党的监督为主导，统筹各方力量，紧盯重点环节，守好防止国有资产流失底线，在服务党和国家工作全局中体现新担当，在加快推动新时代东北全面振兴的征程上展现新作为。

（摘自 2021 年 4 月 16 日《鞍钢日报》）

鞍钢高标准高质量开展党史学习教育

按照党中央和国务院国资委党委统一安排部署，在中央企业党史学习教育第四指导组精心指导下，鞍钢党委自 2021 年 3 月 16 日起，组织全公司 205 个党委、1880 个党支部（总支）、2040 名党员领导干部、54382 名党员，自上而下开展了党史学习教育，从百年党史中汲取力量智慧经验，推动高质量发展新鞍钢建设实现“三个历史性突破”：一是鞍钢党委在国务院国资委 2021 年度中央企业党建工作责任制考核评价中首次晋级“A”；二是鞍本重组顺利完成并完成债转股和混改，重组后，鞍钢粗钢产能达到 6300 万吨，位居国内第二、世界第三，形成“南有宝武、北有鞍钢”的钢铁产业新格局；三是经营效益创历史最好水平，“十四五”取得开门红。

深刻领会习近平新时代中国特色社会主义思想的真理伟力，进一步学懂弄通做实。把习近平新时代中国特色社会主义思想作为贯穿党史学习教育始终的主线，作为学习培训、宣传宣讲、专题党课、专题组织生活会和民主生活会等环节的核心内容，作为办实事、开新局的根本遵循。自学《习近平〈论中国共产党历史〉》《习近平新时代中国特色社会主义思想学习问答》等 7 本指定学习材料，各级党委理论学习中心组集体学习研讨习近平新时代中国特色社会主义思想 1846 次，各级党组织研讨 4483 次、参与研讨 26574 人次。全集团 1880 个党支部（总支）全部召开了专题组织生活会。通过学习教育，广大党员干部进一步理解这一思想的核心要义、精神实质、丰富内涵、实践要求，把握贯穿其中的马克思主义立场观点方法，提高马克思主义理论水平和实践水平，自觉把新思想运用到建设高质量发展新鞍钢建设各项工作中来。

深刻领会党百年奋斗的伟大历程、重大成就和宝贵经验，进一步汲取经验智慧力量。把百年党史作为重要内容，以专家辅导学习、组织专题学习、编发党史故事等形式，深入开展学习教育。认真学习习近平总书记“七一”重要讲话精神，组织宣讲习近平总书记“七一”重要讲话 2580 场、覆盖 65509 人次，党员干部提交体会 11634 篇。组织覆盖全体重点人员的百年党史专题辅导 4 期、参与 2 万余人次。组织党史专题培训，培训领导干部 2040 人、党支部书记 1266 人、普通党员 5945 人。精心编制《“画”说党史》，策划录制 15 个“中国共产党百年华诞听我说”专题短视频，加强宣传推广。在伟大历程的激励下，鞍钢党委完成了中国政研会委托课题“建党 100 年来中国钢铁工业红色文化研究”，更加坚定了在中国共产党领导下，把鞍钢建设成为具有国际竞争力的世界一流企业的信心和决心。

深刻领会“两个确立”的决定性意义，进一步增强政治判断力、政治领悟力、政治执行力。认真学习党的十九届六中全会精神，组织制定学习宣传方案、深化拓展党史学习教育方案，确定学习宣传贯彻措施 40 项。邀请中央宣讲团成员专题宣讲全会精神，完成全会精神基层宣讲 1671 次、覆盖 43516 人。鞍钢党委把坚决贯彻落实习近平总书记重要指示批示精神作为首要政治任务，聚焦习近平总书记关于党史学习教育、碳达峰碳中和、人才工作等方面重要指示批示精神，细化17项措施、72个阶段目标，以月调度、季通报、半年总结、年度报告方式狠抓落实，切实用习近平总书记重要指示批示精神指导鞍钢高质量发展。广大党员干部深刻领会到，我们党郑重提出“两个确立”，体现了全党意志、反映了人民心声，是党的十八大以来最重大的政治成果、最重要的历史经验和最确凿的历史结论，是时代呼唤、历史选择、民心所向，鞍钢广大党员干部要忠诚拥护、坚决落实。

深刻领会伟大建党精神的丰富内涵，进一步用好红色资源传承红色基因赓续红色血脉。将伟大建党精神纳入党史学习教育各环节，具化为党领导鞍钢建设发展的历史事件、红色人物、红色阵地、红色文物。推出“中国共产党人的精神谱系”专题宣传40多期，举办庆祝建党百年职工文艺汇演及书法、美术、摄影展览等红色文化活动，鞍钢博物馆等红色教育场馆接待职工群众和社会公众1376场次、78597人次，运用社会资源开展红色教育1257场次、29422名职工参加。集团党委书记在中央电视台讲述新中国第一根重轨、鞍钢宪法“百年信物”故事，深入挖掘电影《长津湖》主人公伍千里的原型——鞍钢退休职工李昌言事迹，引发中央电视台等主流媒体重点报道。广大党员干部深刻理解了以伟大建党精神为源头的精神谱系，是中国共产党人独特的精神标识，是战胜各种艰难险阻、取得一个又一个伟大胜利的精神丰碑，是砥砺我们不忘初心、牢记使命的不竭精神动力。

深刻领会“江山就是人民，人民就是江山”的为民情怀，进一步把好事办好实事办实。突出解决急难愁盼重大问题，确定并完成2021年鞍钢集团领导班子10件民生实事。突出办好职工身边好事、实事，基层党委完成实事项目2578项。急患病职工之所急，审核发放医疗救济金938万元，2035人受助；帮子女入学职工之所困，金秋助学1185人，发放助学金95.6万元；解职工出行之所难，修复破损道路31处，新建扩建停车场14个；消困难职工之所愁，走访慰问困难职工2.88万人次，发放救助金1745万元；捐赠400万元用于鞍钢移交地方退休人员帮扶救助，已救助3386人（户）；满足职工健康身体美好生活之所盼，组织6.89万名职工短期疗养，提高鞍山区域职工体检标准225元/人，新增2个重要体检项目。为人才公寓加装1683台空调和1645套热水器。改善职工工作环境及设施，修缮操作室、食堂、浴池等611个。开展办实事项目测评和访谈，共发放测评票8501张，满意率和基本满意率达到99.82%；访谈职工365人，满意率达到100%。在解决了一系列的烦心事操心事之后，职工群众更加以厂为家、爱厂如家，促进了党与人民心暖心。

深刻领会走好实现第二个百年奋斗目标新的赶考之路的丰富内涵和实践要求，进一步增强高质量发展动力能力实力。鞍钢各级党组织和广大党员干部职工把学党史、悟思想的成果转化为开新局的实际行动。坚定不移实施“7531”战略。全年实现营业收入3828亿元，经营利润390亿元，外界对鞍钢良好预期大幅提升，广大职工对鞍钢未来发展充满信心。握指成拳完成鞍本重组工作，一举实现了多年想要实现而未能实现的夙愿。党史学习教育中央第二指导组组长朱虹指出，鞍钢本钢在进行战略性重组过程中，积极用好红色资源、传承红色基因，发扬斗争精神、坚持改革创新，既是辽宁开展党史学习教育办实事的一件大事，又是开新局的一件大事，也是可以写入中国钢铁工业发展史的一件大事，是辽宁开展党史学习教育的一项重大成果。坚定不移实施改革+创新“双轮”驱动。朝阳钢铁、鞍钢股份鲅鱼圈分公司、冷轧厂彩涂分厂等多家单位通过市场化改革，动力活力、效率效益显著提升。深化三项制度改革，形成“1+12+2”改革制度体系，316户企业898名经营层成员实行任期制和契约化管理，按指标上岗、按契约兑现已成为常态。坚持创新在企业全局中的核心地位，获国家科技进步奖二等奖2项、冶金科学技术奖14项。加快数字鞍钢建设，完成钢铁产业、资源产业20%主体产线数智化改造建设。坚定不移落实“两个一以贯之”。鞍钢集团及所属203家公司制企业全部完成“党建进章程”，全面推进所属三、四级企业非法人治理结构单位党委双向进入、交叉任职。落实全面从严治党主体责任清单，细化15项履责内容和103条履责措施。深化党支部“强基固本”“晋位升级”“示范引领”三个活动，实施“万名党员进党校”、党员教育内训师制度，开展“党旗在基层一线高高飘扬”和“党旗引领红色鞍钢”等活动，坚持党的领导、加强党的建设。

（鞍钢集团有限公司党委组织部）

鞍钢集团第八次蝉联世界 500 强

8 月 2 日，2021 年《财富》世界 500 强排行榜揭晓，鞍钢集团以 2020 年 308.86 亿美元的营业收入位列榜单第 400 位，这是鞍钢集团第八次入围世界 500 强。2020 年，鞍钢集团积极应对新冠疫情影响，生产经营稳步发展，“两项改革”实现历史性突破，全年营业收入 2131 亿元，利润创历史最好水平，外界的良好预期大幅提升，国际影响力显著增强。

鞍钢集团今年再次入围《财富》世界 500 强，依托的是多项大幅超过行业平均水平、含金量十足的经营指标，而创造这些指标的动力则来自鞍钢集团全面持续推进的深化改革和提质增效工作。

2020 年，面对新冠疫情的不利影响，鞍钢集团坚持统筹推进疫情防控和经营发展，出台应对严峻形势“十项举措”，持续深化提质增效专项行动，大力倡导“一切成本皆可降”“人人皆可降成本”理念，一系列超常规措施将疫情造成的影响降到最低，实现利润增幅跑赢行业和央企，创历史最好水平，超额完成国务院国资委业绩考核指标。与此同时，鞍钢集团积极推进“两项改革”，面对历史沿革长、积累问题复杂、涉及人员多等困难，始终坚持以人民为中心的发展思想，以强烈的政治责任感和使命担当，举全集团之力攻坚克难，构建“五位一体”工作机制，使 15 万人的厂办大集体改革和 22 万人的退休人员社会化管理实现历史性突破，长期困扰企业发展的历史遗留问题在“十三五”基本得到解决，鞍钢集团以崭新形象迈入“十四五”。

入围世界 500 强是鞍钢集团综合竞争力不断提升的体现，充分彰显了鞍钢集团的世界影响力。今年是“十四五”开局之年，也是打造高质量发展新鞍钢的元年。今年以来，鞍钢集团深入开展党史学习教育，围绕“突破五个关键、聚焦四个重点”，坚持一手抓改革、一手抓市场，上半年实现营业收入 1500 亿元，利润总额 202 亿元，提前完成全年挑战目标，并实现鞍钢历史上利润总额首次突破 200 亿元。在钢铁行业主要指标排名中，吨钢利润位列第二，利润总额位列第二；销售利润率 13.50%，是行业平均水平的 2 倍。同时，鞍山钢铁、攀钢、鞍钢矿业公司销售利润率均跑赢了大盘，企业发展后劲可期。

（摘自 2021 年 8 月 12 日中国钢铁新闻网）

推进“7531”发展战略目标落地落实

为全面贯彻落实习近平总书记提出的“凤凰涅槃、浴火重生”指示精神，鞍钢立足“发挥国有经济战略支撑作用”战略定位，系统谋划“十四五”高质量发展。通过构建符合鞍钢特点的竞争力、创新力、控制力、影响力、抗风险能力为核心的五力模型战略分析工具，制定《鞍钢集团有限公司“十四五”发展战略和规划》，明确鞍钢“十四五”期间“7531”战略目标和钢铁、矿业“双核”战略。通过构建战略规划 PDCA+循环管理体系，强化评价考核，完善激励约束机制，扎实推进“十四五”规划落实落地。2021 年，鞍钢粗钢产能达到 6300 万吨、铁精矿产量 4321 万吨、营业收入 3835 亿元、经营利润 390 亿元，距离“7531”战略目标又近一步。

一、聚焦主责主业，推进国有企业做强做优做大

“7”——7000万吨级粗钢：2021年，在国务院国资委坚强领导下，在辽宁省委、省政府大力支持下，鞍钢打出六措并举改革“组合拳”，制定出了包含“股权多元化、股权无偿划转、债转股、混合所有制改革、产业链整合、市场化运作”的整套重组方案，顺利完成鞍本重组。重组后，鞍钢粗钢产能达到6300万吨，位居国内第二、世界第三，形成了“南有宝武、北有鞍钢”的钢铁产业新格局，有力提升钢铁产业集中度，促进钢铁行业布局优化和结构调整。

一是实施股权多元化改革，提升资本运营能力。为支持鞍钢重组本钢工作，国务院国资委积极协调中国诚通控股集团有限公司、中国国新控股有限责任公司向鞍钢注资，减轻了鞍钢资金压力，有效化解了本钢金融风险，为鞍钢重组本钢后实现高质量发展提供有力支持。

二是51%股权实现无偿划转，本钢成为鞍钢子公司。2021年8月20日，鞍钢与辽宁省国资委签署《关于本钢集团有限公司之国有股权无偿划转协议》，辽宁省国资委将其持有本钢51%股权无偿划转给鞍钢。在通过境内外反垄断审查后，本钢于10月12日完成办理工商登记变更，正式从法律意义上成为鞍钢控股二级子公司。10月15日，鞍钢集团本钢集团有限公司揭牌，重组管理过渡期各项工作任务圆满完成。

三是完成本钢债转股，减轻企业债务负担。鞍钢经与工、建、中、农四大银行及其债转股实施机构多轮协商后，考虑到各方对单一客户集中度的限制，有利于债转股股权市场化退出等因素，最终确定了以本溪钢铁为实施主体的债转股方案，为本钢后续发展减轻负担。

四是引入民营资本，加快本钢混改。为贯彻党的十九大关于发展混合所有制经济的部署精神，增强国有经济活力、放大国有资本功能、实现国有资产保值增值，2021年12月本钢启动混合所有制改革，引入北京建龙重工集团有限公司控股的抚顺新钢铁有限责任公司为战略投资者对本钢增资扩股，增资后抚顺新钢铁有限责任公司持股本钢5%。12月15日，各方共同签署《本钢集团有限公司之混合所有制改革暨增资扩股合同》，12月22日，本钢混改完成工商登记变更。

五是推进矿钢平台整合，提高资源保障能力。根据证监会有关要求，鞍钢积极推动鞍钢矿业与本钢矿业整合运作工作，以实现两家企业矿山统筹规划、统一开发，有效增加铁精矿供给，降低铁矿石对外依存度，提高国家铁矿资源安全保障能力。

六是深化市场化改革，激发内在活力。鞍本重组后，鞍钢组织本钢制定发布涵盖本钢43项改革任务的“1+2+N”系列改革方案，包括优化组织结构、打造“4+6+3”管控格局、深化三项制度改革和实施首月、百日、首年、二年、三年计划，全面实现鞍本协同发展，进一步为服务国家战略、促进区域振兴、深化国企改革发挥央企主力军和引领示范作用。

二、实施“双核”战略，提升战略资源保障能力

“5”——超5000万吨级铁精矿：以习近平新时代中国特色社会主义思想为指导，心怀“国之大者”，聚焦服务国家战略，以当好钢铁产业链供应链安全“压舱石”的定位，将矿产资源产业上升为核心主业加快发展。系统梳理论证了鞍本和攀西地区的铁矿资源，制定了铁矿资源开发利用规划，确定了铁精矿产量2025年达到5000万吨、2030年达到8500万吨的总体目标。同时向国家有关部委和行业协会积极建议，推动制定“铁资源开发计划”，提升铁矿资源保障能力，维护产业链供应链安全。大力推进老矿山改扩建和新矿山建设，产量规模不断增加，全年国内铁精矿产量4321万吨，再创历史最好水平，持续保持国内第一，位居世界第五。

三、强化精益管理模式，经营效益创历史最好水平

“3”和“1”——3000亿元级营业收入、百亿元级利润：2021年，鞍钢营业收入、经营利润达到3835亿元、390亿元，同比分别增长39.57%、182.61%，历史上首次突破3000亿元、300亿元关口，世

界500强排名400位；实现报表利润174.63亿元，同比增长151%；EVA指标（不含本钢）为75.96亿元，同比2020年增加85亿元，超额完成规划目标。

（鞍钢集团有限公司战略规划部）

2021年鞍钢集团生产经营取得历史性突破

2021年，鞍钢集团贯彻落实习近平总书记重要讲话精神，围绕“突破五个关键、聚焦四个重点”推进各项工作上台阶。充分发挥预算管理在企业管理中的核心地位作用，创新工作方法，促进鞍钢集团运行质量不断提升，经营效益创历史最好水平，“十四五”取得开门红。

一、锚定“十四五”规划目标，引入行业对标机制，高起点制定年度目标

按照集团公司确定的“十四五”规划，高起点起步，高质量发展的工作要求，在制定2021年预算目标过程中，结合集团提出的增强“五力”能力、建设新鞍钢目标，特别是针对企业盈利水平不高这一企业短板，首次从提升盈利水平入手，全面引入行业对标机制，确定更高起点的预算基本目标。将钢铁主业子企业按照盈利能力达到行业平均水平和平均先进水平分别作为奋斗目标和挑战目标，促进各子企业采取更加积极有力的措施，深入开展提质增效活动，通过行业对标提升争创一流，最大程度创造利润。对其他非钢铁子企业，也围绕提升盈利能力这一关键要素，制定基本目标、奋斗目标和挑战目标。为此集团公司确定了2021年全年三档目标分别是90亿元、120亿元、150亿元，并配套考核奖励政策，鼓励各子企业对标先进，大胆改革，勇于创新，激发各子企业的内生动力和活力。

二、承接国资委“两利四率”指标，全方位开展分解落实，提升管理精细化水平

增强预算管理的全面性是发挥预算管理作用的重要内容。2021年，结合鞍钢生产经营实际和进一步增加和完善集团公司对子企业重要经营指标的管控维度，把营业收入、主要产品产量、利润总额、净利润、资产负债率、两金占用、现金流、全员劳动生产率、研发经费投入、调品指数、铁钢比、降本增效等12项主要生产经营指标纳入重点监控预算指标体系，并组织分解落实到季度、月份。按月进行监控，使各单位更加重视过程管理，推动管理精细化水平的提升。

三、围绕年度经营目标，实施季度平衡与月份分解，强化过程管控执行力

加强预算的执行过程控制是提升预算管理水平，发挥预算指导和约束作用的重要手段。2021年，围绕加强集团预算管控的工作思想，实行“年度预算总控、季度滚动平衡、月份预算执行”预算过程控制管理。在年度预算总控的基础上，根据外部市场及公司生产经营变化情况，按季度编制年度生产经营滚动预算。在此基础上，集团公司对二级子公司，二级子公司对三级以下单位，按月制定月份执行预算，对当月生产经营活动进行有效指导和管控。进一步加强预算的过程监控，每月通过月中旬和月末的两次预测及时掌握月份预算执行情况。按月开展对各子企业及重要三级经营单位的对标分析工作，包括主要产品产量、利润、成本、三项费用、盈利能力、两金占用、资产负债率及主要原材料采购成本、生铁等主要产品成本对标，以及与行业和央企对标，分析生产经营中存在的问题，提出改进建议，形成月度生产经营分析报告，在集团公司一定范围内发布，督促各单位进一步加强管理。

四、深入开展对标挖潜工作，搭建成本对标平台，推动系统降本走深走实

为进一步推进对标降本工作持续深入开展，鞍钢集团搭建集团内部成本对标平台，将集团各主要生

产经营单元的主要原材料采购价格，生产成本、工序加工成本、制造费用、期间费用等数据在平台展示，并导入行业成本对标数据和部分先进企业成本数据，分别从各经营单元自身、与同类单元对比、与行业对比、与先进企业对比，分析制造成本、工序加工成本及分项成本情况，从绝对值和进步幅度多维度进行分析，从总到细查找差距和不足，分析原因，采取改进措施，推动精准降本。

五、发挥国资委业绩考核“指挥棒”作用，高标准开展各项工作，业绩考核取得新突破

围绕鞍钢集团2021年度中央企业负责人经营业绩考核进入“A”级企业的工作要求，认真研究考核政策，从各个维度挖掘鞍钢集团冲“A”潜力，确保鞍钢集团2021年度冲“A”成功。首先充分利用考核政策，提出进一步调高预算目标建议，力争一档利润目标额外加满分，为鞍钢进入“A”级企业创造条件，经党委常委会前置审议通过了《关于调整2021年考核建议值的方案》后，积极与国资委沟通，在中央企业负责人经营业绩责任书签订时，净利润目标值调高到52.5亿元，经济增加值目标为2.0亿元，首次实现由负变正，且为鞍钢集团历史最好水平，两项指标在完成时均可作为一档目标额外加满分，为2021年度冲“A”夯实了基础。其次，每月及时跟踪鞍钢及中央企业的运行动态，分析各类指标对鞍钢冲“A”的影响，及时提示和督促相关部门和子企业加强相关工作。

在全集团的共同努力下，2021年，鞍钢集团实现报表利润总额174.63亿元（经营利润总额390亿元），在中央企业负责人经营业绩考核中获评“A”级，均创历史最好水平。

（鞍钢集团有限公司财务部）

2021年鞍钢集团科技创新工作

2021年，鞍钢集团按照党中央部署和国务院国资委的安排部署，围绕打造国家战略科技力量，自觉履行高水平科技自立自强的使命担当，科技创新工作取得新进展，为新鞍钢高质量发展提供了有力支撑。

一、承担国家重大科技任务情况

（一）关键核心技术攻关取得积极进展

6项国资委关键核心技术攻关任务提前完成攻关目标。

（二）积极承担国家政府科技任务

承担在研国家项目达34项，其中牵头2项、参与32项。鞍山钢铁参与的“钢材热轧过程氧化行为控制技术开发及应用”项目获国家科技进步奖二等奖。攀钢全年新增国家项目3项（自然科学基金项目），新增省级项目9项；国家项目“高炉渣提钛”通过中期评估，被评为“标杆项目”。鞍钢矿业牵头的“十三五”国家重点研发计划“金属非金属矿重大灾害致灾机理及防控技术”通过科技部组织的验收。众元产业负责的国家部委项目“航天及电子行业用核壳结构铝粉”通过立项部门结题验收。北京研究院完成“十三五”科技部重点研发计划项目“大型金属制件超声微锻造辅助激光增材制造技术与装备”。

二、取得重大科技成果情况

（一）获得高等级奖项

鞍钢与东北大学合作完成的“连铸凝固末端重压下技术开发与应用”和“钢材热轧过程氧化行为控制技术开发及应用”2个项目获得国家科技进步奖二等奖；鞍钢集团获2021年冶金科学技术奖14项。

（二）重大科技成果取得新突破

鞍山钢铁开发的高强度安全壳用钢 AG728、SKZ，X70 级深海高应变管线钢，500 兆帕级免涂装耐候桥梁钢 4 个产品实现全球首发。攀钢高炉渣提钛产业化技术取得突破，首家试制出满足川藏铁路极限服役条件的新型钢轨。北京研究院在新一代航空发动机涡轮盘、机匣等热端部件用高温合金方面取得纯净冶炼和均质化控制等关键技术突破。

三、技术创新体系建设情况

（一）科技创新体系概况

鞍钢拥有 19 家研发机构，其中国家级企业技术中心 3 家（鞍山钢铁集团有限公司技术中心、攀钢国家企业技术中心、本钢集团有限公司技术中心）；拥有国家重点实验室 2 个（海洋装备用金属材料及其应用国家重点实验室、钒钛资源综合利用国家重点实验室）；集团拥有直属研发机构 6 家，在企业外部与其他单位合建国内研发机构 5 家。

（二）鞍钢科技创新委员会审定重大科技事项

鞍钢科技创新委员会（2020 年 12 月成立）审定了 2021 年度鞍钢集团科学技术奖，以及 2022 年鞍钢集团重大科研项目。

（三）加强国家重点实验室建设

“海洋装备用金属材料及其应用国家重点实验室”优化组建“绿色化冶金”“智慧化研发”“增材制造”研发团队；新建中试基地、研发大数据、海工数据采集实验平台，完善科研保障条件；投资 7944 万元，采购仪器设备 43 台（套），推进了实验平台建设。“钒钛资源综合利用国家重点实验室”邀请专家学者来实验室开展学术讲座 30 余次；坚持科研设备服务地方导向，2021 年度向龙蟒佰利联、欣宇化工等提供检测、化验等技术及检测样品 10000 次以上，支撑了地方经济发展和技术进步。

（四）持续打造“四个创新平台”

一是基于研究院为核心的自主创新专业化研发平台；二是基于制造基地为主体的工艺技术优化、质量提升与成果转化平台；三是基于高校院所的社会资源战略合作平台；四是高质量客户端的应用技术和联合研发平台。

（五）推进鞍本科研资源整合

2021 年 10 月鞍钢重组本钢后，立即优化整合鞍本区域研发资源，11 月“鞍钢集团钢铁研究院本钢技术中心”正式揭牌成立，通力打造“一院多中心”一体化管理模式，建立“四个统一、四个共享”运行机制，实现鞍本区域研发创新“一盘棋”，不断提升科研体系整体效能。

四、深化产学研协同创新

与 6 家战略伙伴签订 62 项合作；与中国钢研续签战略合作协议，与江南造船厂建立联合实验室；战略咨询委员会聘任 30 位院士、专家，为鞍钢提供 60 余人次服务；对外技术合作合同总额达 1. 3 亿元。

五、科技成果转化

鞍山钢铁制定《鞍山钢铁集团有限公司科技创新激励措施》，推进科技成果转化工作，产品广泛应用于国家重点工程；依托“一厂一所一室”模式，下达 70 项攻关任务，在技术提升、质量改善、工艺改进等方面取得实效，全年实现降本增效 1. 2 亿元。攀钢通过科技成果转化大幅提升产品竞争力和产线能力，强化高端重轨产品研发与成果转化，第五代钢轨在国内大秦铁路、美国 TTCI、澳洲铁路服役性能优异，实现海外高端市场万吨级推广。鞍钢矿业完成高效复合膨润土、智能配矿、低温药剂等科技成果应用，组织实施科技增效项目 211 余项，创效 2. 2 亿元。

六、完善人才激励保障体系

一是对海外高层次人才实施工资总额单列，通过实行协议工资制、购买商业保险、享受医疗照顾、提供住房保障、安排配偶就业、保障子女入学等一系列措施，实现“一企一策”引才用人。二是制定并实施关键人才中长期激励机制，进一步完善薪酬分配体系，研发岗位等级序列首席专家最高年化收入达到104.7万元。三是实施工资总额预算单列管理，落实“科改示范行动”。四是实行科技型企业股权和分红激励，推进5家科技型企业实施激励，每年可按科技成果营业利润的5%~30%提取奖励额度。五是推进青年人才成长激励计划，将“英才计划”中45周岁以下、业绩表现突出、成长潜力大的青年人才纳入激励计划。有效调动科技人才积极性，营造吸引人才、激励人才、留住人才的良好氛围，为高质量发展新鞍钢建设提供坚强人才保障。

七、知识产权成效情况

2021年，鞍钢获得专利申请受理2102项，其中发明专利1387项，发明专利占比66.0%，PCT国际专利申请7项；获得专利授权1435项，其中发明专利650项，发明专利占比45.3%；完成专有技术认定271项。截至2021年底，鞍钢集团累计拥有有效专利10055项，其中有效发明专利5322项，发明专利占比52.9%；有效海外专利129项；累计有效专有技术1570项。2021全球钢企专利创新指数排名鞍钢集团位列第五名；鞍山钢铁、攀钢连续两年获得中国最具专利创新力钢铁企业；4项结构钢系列ISO国际标准发布实施，实现我国结构钢领域国际标准化工作的重大突破。

（鞍钢集团有限公司科技发展部）

2021年鞍钢集团改革三年行动工作

鞍钢深入贯彻落实习近平总书记关于国资国企改革发展、东北振兴和对鞍钢“凤凰涅槃、浴火重生”的重要指示精神，落实国务院国资委深化东北地区国资国企改革工作部署，坚定不移走“改革+市场”发展之路，把“效益有改善、员工有获得感、企业发展可持续”作为检验改革成效的重要标尺。鞍钢在2021年实现经营利润390亿元，创历史最好水平，《财富》世界500强排名217位，跃升183位。在国务院国资委考核评价中，鞍钢历史性获评党建与经营考核“双A”、改革三年行动重点任务考核“A”、三项制度改革评估“A”，新鞍钢建设迈出了新步伐。

一、牢记“国之大者”，以“双核”战略服务国家战略，推动构建产业发展新格局

牢记“国之大者”，践行“共和国钢铁工业长子”使命担当，稳步推进“钢铁+矿业”双核战略，勇当钢铁行业高质量发展和东北振兴排头兵。

一是推动钢铁产业布局优化调整，挺起大国重器“钢铁脊梁”。忠实践行钢铁报国使命担当，聚焦主责主业，确定“7531”（7000万吨粗钢、5000万吨铁精矿、3000亿元级营业收入、100亿元级利润）战略发展目标，深入推进战略性重组，“六措并举”顺利完成鞍本重组，粗钢产能达到6300万吨，位居国内第二、世界第三。2021年鞍钢粗钢产量占辽宁省58.6%，占东北三省一区33.5%；集约高效激发资源要素聚合最大潜能，有效化解了区域内同质化无序竞争，核心产品市场竞争力和品牌影响力显著增强，实现了规模体量的纵身飞跃和效益质量的全面提升，形成“南有宝武、北有鞍钢”的钢铁产业新格局。

二是加快推进矿业大发展，当好维护产业链安全“压舱石”。切实履行国家“五大安全”政治使命，把矿产资源事业发展上升为集团“双核”战略，大力推进生产柔性化、矿山绿色化、管控智能化等“六化”发展，加快推进“三个一批”（实施一批、储备一批、规划一批）项目，着力打造世界级铁矿资源开发企业。2021年，鞍钢铁精矿产量创历史最好水平，继续保持国内第一。着力推进“铁资源开发计

划”项目，计划2025年铁精矿产量比2020年增长50%，2030年实现翻一番，成为保障我国钢铁产业链供应链安全的“稳定器”和防范钢铁市场周期性波动风险的“压舱石”。

二、牵住三项制度改革“牛鼻子”，健全完善市场化经营机制，全面激发“第一资源”活力动力

以“契约化”“合同化”“价值化”为抓手，全面激发人才作为“第一资源”的潜能与活力。

一是突出业绩决定位置，真正做实“契约化”。全集团374家单位996名经理层成员按照“双跑赢、三区间”（跑赢大盘、跑赢自身，基本指标、奋斗指标、挑战指标）“一人一表”确定年度和任期目标，向上建立“摸高”机制，向下明确8种退出底线，2021年触发契约底线的5家单位经营班子全体免职并扣罚全部年度绩效薪酬。

二是突出效率决定用工，真正做细“合同化”。推行“双合同”管理，畅通员工进退流转渠道。推行竞争上岗长效机制，坚持不看身份看本领，不看资历看能力，打破原有干部工人身份界限。做实岗位绩效管理，构建“人人担指标，人人争绩效”的岗位绩效体系，层层分解任务、层层量化指标，做到岗位指标任务“清”、胜任标准“明”。推行末位调整退出机制，各级机关实行岗位绩效“赛马”，排名后5%的实施交流。基层值班长实行产量、质量、成本和效率“四维量化”绩效考核，连续三个月当班绩效末位，起立调整。

三是突出效益决定薪酬，真正做精“价值化”。加大收入分配向高级管理、高技术、高技能、市场营销和“苦脏累险”等岗位“五倾斜”力度，科研人员最高收入突破百万元、增幅达50%；首席技师最高收入达到61万元、增幅达27%；市场营销和“苦脏累险”岗位人员收入增长率高于平均增幅7个百分点，实现从“怕多干”到“抢活干”的转变。创建浮动工资差异系数，合理拉开职工收入差距，80%在岗职工收入同比增长10%以上。

三、坚持典型引领，打造国企改革专项工程，发挥示范突破带动作用

积极推进“双百行动”“科改示范行动”等国企改革专项行动，稳妥实施混合所有制改革，推动体制机制深层次破冰，激发改革创新动力。

一是打造改革尖兵，实施“双百”和“科改示范”专项工程。推动“双百企业”综合改革。矿业公司深化“3+2+N”全方位市场化改革，建立产量和效益摸高机制，分五档“阶梯式”激励，极大调动了增产创效的积极性，2021年，铁矿石产量、铁精矿产量、经营收入、利润总额和销售利润率同比分别提升5.01%、4.38%、47.49%、124.53%和52.24%，全员劳动生产率同比提升78.7%，铁矿石产量等7项指标国内第一。打造“科改示范企业”。围绕打造科技型企业改革样板和自主创新尖兵，推动成都材料院完成股份制改革，实施项目分红激励，充分激发创新动力，承担的2项国家重大关键核心技术全面完成，51项重点研发任务完成率100%。

二是以“转机制增活力”为着力点，深化混合所有制改革。坚持以“评”推“改”。坚持“三因三宜三不”，从战略规划、资产质量、行业分析等维度综合评估，审慎稳妥推进，2020年以来完成8家企业混改，2021年8家企业整体营收同比增长58%，利润同比增长15倍。坚持以“混”促“改”。以工程技术公司“三个重塑”改革为示范，推动混改企业全面转换经营机制、由“量变”到“质变”。工程技术公司在“混”的同步突出“改”，实施“战略、组织、人才”重构，2021年销售收入和利润较2019年分别提高48.1%和97.5%，合同额提高313%，全员劳动生产率提高104%，达到行业先进水平。成都积微物联、矿业设计院等混改企业“比学赶超”，纷纷打出特色鲜明的改革“组合拳”，营业收入、利润总额年复合增长率均超过20%。坚持加强混改企业党的建设。把建立党的组织、开展党的工作作为混合所有制改革的必要前提。推动混改企业完善“双向进入、交叉任职”领导体制，控股混改企业全部实现党委书记、董事长“一肩挑”。

（鞍钢集团有限公司管理与信息化部）

2021年数字鞍钢建设工作

2021年，鞍钢集团深入贯彻习近平总书记关于加快建设数字中国和发展数字经济的重要指示精神，认真落实党中央、国务院关于加快推进制造企业数字化转型的决策部署，在集团网信领导小组、数字鞍钢领导小组的统筹谋划下，制定《鞍钢集团“十四五”信息化发展规划》和《数字鞍钢建设方案》，明确“集团统领、企业分管、标准一致、信息共享”建设原则和“一块石头的美丽蜕变、一份订单的智慧之旅、一个事件的数字闭环”数字鞍钢愿景蓝图，充分发挥海量数据和丰富应用场景优势，建设数字鞍钢，打造数字生态。

一、产业数字化整体水平取得新突破

2021年是数字鞍钢建设的开局之年，重点聚焦“智慧管理、智慧运营、智能制造”三个层面推进产业数字化建设，放行数字鞍钢建设项目144项，总投资18.9亿元。数字鞍钢建设成果多次获央视新闻、《人民日报》等权威媒体报道。钢铁智慧能源管控平台、基于5G的机器视觉带钢表面检测、ET工业大脑等28项成果获评国务院国资委、工信部、中钢协等试点示范。全年累计获政府专项资金2163万元。

（一）智慧管理水平有所提升

集团钢钢好办公平台、纳税管理系统、劳务用工、合资企业监管等信息系统上线运行，集团管控监督类系统由31个增加到37个，全面提升企业在线监管水平，支撑信息共享，实现风险防控。其中：国资监管信息系统7个，满足国务院国资委对鞍钢集团在线监管需要；集团监督类系统10个，全面支撑集团公司对子企业穿透式监督；管控共享类系统20个，集团公司统一组织建设，各单位共享使用，在统一平台上实现统一标准、统一语言、统一规范。截至年底，23个系统已完成对本钢覆盖，有效支撑鞍本整合融合。

（二）智慧运营取得新成果

钢铁产业全面引进宝钢股份先进管理思想及系统平台，结合企业实际优化提升，建成鞍钢钢铁产业一体化经营管理与制造管理模式与系统平台，全面实现一体化经营管控、多基地协同制造、对内高效协同、对外快速响应的目标，11月已率先在鞍钢股份上线运行。众元产业ERP系统、智慧商旅服务平台建成运行，财务公司通过升级资金管理系统成为国内首家实现人民币跨境支付的直联企业，标志着工业服务事业经营管理效率上了新台阶。

（三）智能制造初见成效

鞍山钢铁深化本部炼钢、热轧、冷轧区域智能化应用，推进本部、朝阳钢铁铁前工序智能化建设，布局鲅鱼圈智慧透明工厂，在2020年完成6条产线智能化改造的基础上，全面向炼钢四分厂、热轧1700、鲅鱼圈1580、朝阳钢铁原料场、本部能源集控5条产线移植推广，主业产线智能化改造完成率达22.4%。攀钢着力推进西昌钢钒炼铁等集控建设，全力打造西昌钢钒智慧板材，在2020年完成5条产线智能化改造的基础上，全面推进攀钢钒轨梁厂万能一线、铁路物流，西昌钢钒板材厂等6条产线智能化改造建设，主业产线智能化改造完成率达22%。鞍钢矿业在数字矿山建设成果基础上，建成齐大山采场、关宝山选厂2个智慧矿山试点示范，主业产线智能化改造完成率达24%。众元产业绿源科技智能运维项目成功上线，优化减少定员23人。

二、数字产业建设初见雏形

鞍钢信息产业公司、星云智联公司等数字企业加强关键技术创新攻关，积极研发安全自主可控的软件平台产品，2021 年新获得专利授权 24 项、软件著作权 20 项。加强大数据、人工智能等新一代信息技术与企业场景深度融合，形成信息化、数字化、智能化解决方案 64 项，具备对外输出服务能力。鞍信公司建成国内首个钢铁行业工业互联网标识解析二级节点平台，正式接入国家标识解析体系；与中国工业互联网研究院共建“国家工业互联网大数据中心辽宁钢铁行业中心”；入选辽宁省首批数字化转型促进中心。星云智联公司取得中国软件行业协会的软件服务商交付能力二级证书。

三、数字鞍钢推进体系基本成形

一是集团标准规范日趋完善，制定发布 7 大类 14 小类 46 项信息化建设标准，钢铁、矿山、钒钛三大产业智能制造建设标准形成初稿并发布。二是完善数字鞍钢现场推进会举办权遴选机制，召开 2 届“数字鞍钢 · 数字生态”现场推进会，分享数字化、智能化建设成果与经验；编制并发布《数字鞍钢典型应用场景目录》，总结梳理典型应用场景 40 余项，为集团内部同类场景快速建设提供示范和指南。三是携手政府共建共享，与辽宁省工信厅、鞍山市政府紧密协同，举办“数字企业 · 智造未来”主题论坛，面向全国解决方案供应商发布数字鞍钢需求场景 235 项。四是强化网信人才培养，召开数字化专题培训，邀请行业顶尖专家、先进企业代表分享数字化转型经验和新一代信息技术发展趋势，全集团数千人参加学习，营造良好氛围。

四、信息化基础得到夯实

持续优化完善“管理+技术+运维”三位一体网络安全防护体系。一是加强互联网访问管控，将鞍山区域 5 家二级子企业互联网出口由 5 个收敛为 1 个。二是强化终端准入，完成全集团 4 万台终端设备的网络准入授权，实现终端和网络资产可管可控。三是强化网络安全防护，完成重要时期的网络安全保障工作，集团重大及以上网络安全事件为零。四是拓展升级广域网络，鞍本两地视频、数据链路全面联通，本钢完成园区网络升级改造，鞍钢矿业成为国内首家实现 IPv6 升级改造的矿山企业。

（鞍钢集团有限公司管理与信息化部）

2021 年鞍钢集团党建工作

2021 年，鞍钢集团党委深入学习贯彻习近平新时代中国特色社会主义思想和习近平总书记重要指示批示精神，全面贯彻党的十九大和十九届历次全会精神，聚焦全国国企党建会精神和“中央企业党建创新拓展年”要求，始终把坚持党的领导、加强党的建设作为新鞍钢建设的“根”和“魂”，实现“三个历史性突破”：一是在国务院国资委 2020 年度中央企业党建工作责任制考核评价中首次晋级“A”；二是鞍本重组顺利完成，并完成债转股和混改；三是经营效益连续两年创历史最好水平。

一、坚持以党的政治建设为统领，坚定新鞍钢建设政治方向

（一）坚持学思践悟习近平新时代中国特色社会主义思想

坚持把学习贯彻习近平总书记重要讲话和重要指示批示精神作为重大政治任务，纳入党委常委会第一议题、理论学习中心组学习首要议题和全年重点学习计划，累计召开党委常委会 32 次、党委中心组集体学习研讨 9 次，学习篇目 59 篇。开展习近平总书记全国国企党建会重要讲话精神贯彻落实情况“回头看”，系统总结五年来鞍钢党建工作成效经验。围绕贯彻落实习近平总书记“七一”重要讲话精神和党的十九届六中全会精神，通过在线学习、专家辅导、一线宣讲等多种方式，弘扬伟大建党精神，汲取

党的百年奋斗重大成就和历史经验，深刻领会“两个确立”的决定性意义，进一步增强“四个意识”、坚定“四个自信”、做到“两个维护”。

（二）坚持把党的领导贯穿高质量发展全过程

一是鞍本重组构建钢铁产业新格局。10月15日，鞍钢集团本钢集团有限公司揭牌。重组后，鞍钢粗钢产能达到6300万吨，位居国内第二、世界第三。中央企业党史学习教育第四指导组组长在鞍钢党史学习教育总结会议上指出，鞍本重组顺利完成，是贯彻落实习近平总书记关于东北振兴重要讲话和重要指示批示精神及对鞍钢“凤凰涅槃、浴火重生”重要指示精神浓墨重彩的一笔，是党史学习教育的一项重大成果，为打造高质量发展新鞍钢打下了坚实的基础。二是深化改革取得新突破。坚持走“改革+市场”发展之路，国企改革三年行动总体任务完成率达到76%。深化三项制度改革，构建了“1+12+2”配套政策体系。实施“授权+同利”，打造冷轧厂彩涂分厂、德邻陆港等更多微观市场主体。三是高质量发展新鞍钢建设迈出新步伐。高站位谋划鞍钢“十四五”战略规划，明确“7531”战略目标和钢铁、矿业“双核”战略，六项关键核心技术攻关任务全部完成。研发经费投入强度达到3.87%，成都材料院“科改示范行动”改革成果案例入选国务院国资委案例集。在中国国际钢铁大会上，发布碳达峰碳中和宣言。数字鞍钢建设全面启动，新放行项目144项，总投资18.9亿元。

（三）坚持在完善公司治理中加强党的领导

一是坚持把党的领导融入公司治理，严格落实《关于中央企业在完善公司治理中加强党的领导的意见》，重新制订公司章程，修订党委工作规则、党委常委会议事规则和董事会议事规则，细化党委常委会直接决策事项清单、前置审议事项清单。二是召开第一次股东会，建立多元化公司治理结构和“1+N”内控制度体系，推进子企业加强董事会建设，所属103户“应建企业”完成董事会建设、外部董事占多数“两个100%”，29户子企业完成差异化落实董事会职权。三是修订企业秘密保护管理办法及保密范围，开展年度保密工作对标考评、综合检查、微信泄密专项整顿。

二、坚持以党的组织建设为根基，积聚新鞍钢建设发展动能

（一）聚焦高素质专业化打造领导人员队伍

一是注重在重大改革任务中发现识别干部，2021年党委直管领导人员提拔任职20人，其中破格提拔1人；中组部反馈鞍钢年度选人用人评价结果总体评价为“好”的比例98.4%，《央企情况》3次刊发鞍钢选人用人经验做法。二是推行领导人员分层分类管理，取消行政级别、畅通干部成长渠道。314家单位实施经营层任期制和契约化管理，管理人员竞争上岗率75.23%，末等调整、不胜任退出占比10.34%，均高于央企平均水平。三是开展年轻干部调研，搭建“赛马”平台，推动“摇篮计划”提档升级，全公司二级正职50岁以下年轻干部占比达到30%，其中，45岁左右占比达到13.3%；二级班子成员45岁左右、三级班子成员40岁左右总人数占比20.6%，达到中组部要求。

（二）聚焦人才强企战略打造人才集聚高地

一是修订人才引进管理办法，积极参与国聘行动，近三年引进各类人才849人，全年实现毕业生签约完成率100%。二是持续推进“英才计划”，采取专题培训、外部实践等方式入库人才989人，为鞍钢高质量发展积蓄人才动能。三是推动落实工程、研发、采销、高技能等人才序列评聘工作，在聘人才达5254人。继续实施技能人才十项措施，建成国家、省、市级技能大师工作站35个。

（三）聚焦抓党建促发展打造坚强战斗堡垒

一是修订直管党委党建工作责任制考核评价办法，严格开展党委书记抓基层党建工作述职评议，对1家党建考评排名末位的党组织主要负责人给予免职处理。二是开展建党百年系列活动。作为中组部指定8家单位之一，率先向老党员颁发“光荣在党50年”纪念章。开展“党旗在基层一线高高飘扬”和“党旗引领红色鞍钢”等庆祝中国共产党成立100周年系列活动，深入开展“七个一百”主题活动，召开“两优一先”表彰大会，37个先进集体和优秀个人受到上级党组织表彰，炼钢总厂党委荣获全国先进基层党组织称号。三是持续开展党支部建设提升年活动，深化党支部“强基固本”“晋位升级”“示范

引领”三大工程，1个党支部荣获中央企业基层示范党支部，5个党支部获评省级党支部标准化示范点。评选集团级“共产党员工程”100项，实施“万名党员进党校”培训工程。编撰《鞍钢基层党建创新案例选编》在党建读物出版社出版发行，鞍钢抓党建促改革经验在中组部组干学院作授课交流。

三、坚持以宣传思想文化工作为重点，强化新鞍钢建设使命任务

（一）党史学习教育走深走实

一是构建“四类会议+四个清单+四个指导”推进机制，明确32项重点工作计划。二是建立领导带头学、联系实际学等“四学”机制，组织4次专家辅导报告会和专题读书班。三是采取多种方式开展建党百年宣传，在央视财经频道“信物百年”栏目讲述共和国第一根重轨和“鞍钢宪法”的红色故事，在内部媒体开设专版、专栏、专题500余个，营造浓厚氛围。四是实施10件民生实事计划，各级党组织围绕“七个聚焦”确立2815个办实事项目，完成率100%。

（二）意识形态责任全面压实

党委常委会研究落实意识形态工作4次，印发年度形势任务教育安排意见。利用《鞍钢日报》、“摇篮鞍钢”等，推出“党旗引领红色鞍钢”成长印记专版15个，“红色鞍钢·百个品牌”100个，“红色鞍钢·百年百人”100个；加大对外宣传力度，在省部级以上媒体发稿量创历史最好水平。

（三）企业文化建设守正创新

推进文化引领，完善鞍钢视觉识别系统，鞍钢品牌价值发展指数的构建与应用入选国务院国资委案例集。落实鞍本文化融合方案，推进核心价值理念统一、视觉形象统一。鞍钢博物馆成为全国爱国主义教育示范基地，鞍钢博物馆、雷锋纪念馆成为首批中央企业爱国主义教育基地。

四、坚持以党风廉政建设为保障，营造新鞍钢建设优良环境

（一）驰而不息加强党风廉政建设

深入开展“揭疤问短·警钟长鸣”“六个一”警示教育活动，召开警示教育现场会186场，通报典型案例200个。加强对“一把手”和领导班子的监督，围绕4个层面责任主体，梳理83条履责措施。鞍钢纪委在中央纪委国家监委2020年度考核评价中获得“优秀”。

（二）多措并举保持惩治腐败常态高压

制定进一步加强巡视巡察上下联动实施办法，对4家党委开展常规巡视、2家党委开展“民企挂靠”问题专项巡视，发现问题181个。中央巡视整改完成率95.1%。坚持严的主基调不动摇，在减存遏增上持续加压用力，共立案407件、处分374人，分别同比增长36%、27%。持续深化“靠钢吃钢”“四个专项”“影子公司”“影子股东”等专项整治，查处典型案件160件，避免和挽回损失3146万元。

（三）强力整治形式主义官僚主义

开展专项监督1089项，发现问题2412个，提出改进建议1538条。深入整治形式主义、官僚主义，确定124项为基层减负任务，总部部门文件、会议同比减少61%、46%，子企业考核指标精简33%。实施安全履职日志电子化，打通为基层减负“最后一公里”。

五、坚持以统战群团工作为支撑，注入新鞍钢建设强劲活力

（一）广泛汇聚统战力量

召开统战工作座谈会，组织130名党外代表人士进行专题培训。开展联谊交友活动，集团领导班子成员每人联系1~2名党外代表人士。组织开展“庆百年、爱企业、献良策、做贡献”主题活动，强化对统战成员的政治思想引领。

（二）全心全意关爱职工

坚持以人为本，通过推进同利机制，职工收入实现了10%以上增长。开展困难职工精准帮扶，走访慰问困难职工2.88万人次。全年信访总量同比下降19%。

（三）引领青年建功立业

制定进一步加强党建带团建工作的意见，召开党建带团建工作会议，举办鞍钢“青马学堂”，召开第八届青年创新登高大会，打造首个集团级青年创新工作室和技能实训基地，为青年职工创新创效和成长成才搭建全新平台。

（鞍钢集团有限公司党委组织部）

鞍钢集团发布碳达峰碳中和宣言

5月27日，鞍钢集团总经理戴志浩在第十一届中国国际钢铁大会上发布了《鞍钢集团碳达峰碳中和宣言》。鞍钢集团积极践行绿色发展理念，郑重承诺：2021年底发布低碳冶金路线图；2025年前实现碳排放总量达峰；2030年实现前沿低碳冶金技术产业化突破，深度降碳工艺大规模推广应用，力争2035年碳排放总量较峰值降低30%；持续发展低碳冶金技术，成为我国钢铁行业首批实现碳中和的大型钢铁企业。

《鞍钢集团碳达峰碳中和宣言》提出，鞍钢集团碳达峰碳中和的实现路径：一是推进兼并重组，淘汰落后产能，优化产业布局及工艺流程，节能减排、减污降碳。二是致力产品全生命周期理念，推动绿色生产、低碳生活，制造更优材料，降低社会资源消耗。三是坚持科技创新引领，加快研发应用低碳冶金技术和前沿碳捕获、利用与封存技术。四是布局新能源产业，调整能源结构，提高氢能、太阳能、风能等绿色能源应用比例，降低化石能源消耗。五是发挥鞍钢先进采选工艺技术优势，提高铁矿、钒钛铬等资源综合利用效率，实施绿色开采；充分利用矿山土地资源，发展绿色能源；加大复垦力度，修复生态环境，增加森林碳汇。

戴志浩在大会上还作了《新时代 新鞍钢》主题发言。他说，中国钢铁行业进入了低碳新时代。应对新形势，钢铁产品生产重点应该向“绿色低碳、高效长寿”发展，通过采用高性能钢材降低钢材消耗量，以产品全生命周期理念体现钢铁行业对社会节能减排的贡献。“十四五”期间，鞍钢集团在构建新发展格局中以打造百亿鞍钢、一流企业的新时代“新鞍钢”为战略目标，制定了提升发展质量和效益、降低排放和能耗“两升两降”的总体思路，确定从新定位、新格局、新动能、新形象、新生态等五个方面聚力，实现新鞍钢的绿色低碳可持续发展。

（摘自2021年5月28日中国经济网）

鞍钢集团发布低碳冶金路线图

2021年5月27日，鞍钢集团总经理戴志浩在第十一届中国国际钢铁大会上发布了《鞍钢集团碳达峰碳中和宣言》，鞍钢集团郑重承诺：2021年底发布低碳冶金路线图；2025年前实现碳排放总量达峰；2030年实现前沿低碳冶金技术产业化突破，深度降碳工艺大规模推广应用，力争2035年碳排放总量较峰值降低30%；持续发展低碳冶金技术，成为我国钢铁行业首批实现碳中和的大型钢铁企业。

2021年12月29日，鞍钢集团发布《鞍钢集团低碳冶金路线图》，提出了低碳发展愿景、“三个使命”和“五大路径”。

一、低碳发展愿景

成为世界钢铁行业碳中和排头兵！

二、鞍钢低碳发展“三个使命”

绿色钢铁先行者、低碳技术引领者、美好家园守护者。

使命一：绿色钢铁先行者

鞍钢矢志构建气候友好型企业，作为“共和国钢铁工业的长子”，扛起率先达峰的央企责任，争做全球绿色钢铁的先行者。

使命二：低碳技术引领者

鞍钢坚持创新驱动，进化低碳工艺与技术，重塑低碳布局与路径，创造零碳钢铁的“鞍钢模式”，引领行业低碳绿色发展。

使命三：美好家园守护者

鞍钢践行绿色发展理念，努力实现人、企、城与自然生态的共融共生，为呵护人类共同美好家园、共享绿色地球贡献智慧和力量。

三、鞍钢低碳发展“五大路径”

路径一：推进兼并重组，产业布局优化，工艺流程再造，能效提升、减排降碳。

一是推进兼并重组，产业布局优化。继续推进兼并重组，系统优化基地布局，实施产能置换，实现源头减碳；短流程置换部分长流程，流程优化降碳；调整炉料结构，原料结构优化降碳。

二是全工序极限化能效提升。采用节能技术，实现工序内部能源高效利用；矿铁钢轧工序界面优化衔接，提升工序界面能效；余热余能资源高效回收，实现极限化节能降碳。

路径二：资源消耗减量。推进产品全生命周期管理，推动绿色生产，制造低碳材料，降低社会资源消耗。

一是推进全生命周期管理，制造低碳材料。建立产品全生命周期碳足迹数据库和管理评价体系；研发制造轻量化、长寿命、低功耗绿色材料；打造从供应端到客户端的绿色低碳钢铁全产业链。

二是资源循环利用。布局再生钢铁原料回收与加工产业，提升含铁含碳固废资源利用；深化产城融合，能源资源互供，节约和替代原生资源协同减碳；增强员工低碳意识，倡导简约适度、绿色低碳生活方式。

路径三：能源结构优化。布局新能源产业，调整能源结构，发展储能技术、构建源网荷储、多能互补能源体系。

一是发展绿色能源，调整能源结构。充分利用土地、空间等资源，发展风电、光电等绿色能源，打造绿色低碳工业园区；开展规模化高效水电解制氢技术研究和试验，为绿色氢能冶金技术提供低成本绿氢；发挥各基地自然环境等差异化优势，提升绿电比例。

二是布局钒电池储能。全钒液流电池关键材料电解液能量密度取得重大突破，在此基础上加速推进全钒液流储能技术产业化，为大容量储能提供解决方案。

三是构建源网荷储多能互补体系。建设智慧能源管控系统，实现能源综合优化利用；开展储能综合服务，提升系统调控能力。

路径四：绿色矿山示范。发挥先进采选技术优势，提高矿产资源利用效率；充分利用矿山土地资源，发展绿色能源；加大复垦力度，增加生态碳汇。

一是建设绿色智慧示范矿山，提高资源综合利用效率。实施高效智能采选，降低过程能耗；发挥工艺技术优势，提升铁精矿品位，提高钒钛矿综合利用率。

二是加大复垦力度，修复生态环境，增加森林碳汇。统筹规划，多形式推进矿山生态修复，实现矿区环境生态化、开采方式科学化、综合利用高效化、矿区社区和谐化，提升碳汇能力。

路径五：前沿技术创新。坚持科技创新引领，加快研发应用低碳冶金技术和碳捕集、利用与封存技术，成果开放共享。

一是研发流态化氢基直接还原铁技术。研发流态化氢基直接还原非高炉炼铁工艺技术，利用风电、光电等绿电，高效电解水制绿氢，制取直接还原铁；建设国内首台（套）中试生产线。

二是研发高炉喷吹焦炉煤气技术。以氢代碳作为还原剂，开展高炉富氢装置优化，降低高炉碳素消耗，减少 CO_2 排放，实现技术推广和普及。

三是研发新型碳铁复合炉料。研发和应用复合铁焦等新型炉料替代部分焦炭，提高高炉冶炼效率，降低焦比，实现低碳高炉炼铁。

四是推进钢化联产集成创新。焦炉、转炉煤气制 LNG，实现二次能源的洁净高效利用。

五是布局碳捕集、封存与利用技术。研发和应用 CO_2 捕集和资源化利用技术，降低碳捕集成本，生产甲醇、乙二醇；研究海洋藻类 CO_2 光催化繁殖与水处理协同技术；尝试应用 BECCS 技术，通过生物质发电，创造负碳排放；提钒转炉底吹 CO_2，RH 炉侧吹 CO_2。

六是充分利用国内外低碳冶金技术成果。倡导开放共享理念，积极参与全球低碳冶金创新联盟等平台，贡献和共享低碳发展成果。

七是氢基竖炉直接还原工艺。充分利用焦炉煤气资源，开展氢基竖炉项目试验；用矿产优势，研发适合氢基竖炉的铁精粉生产工艺，破解氢基竖炉原料难题。

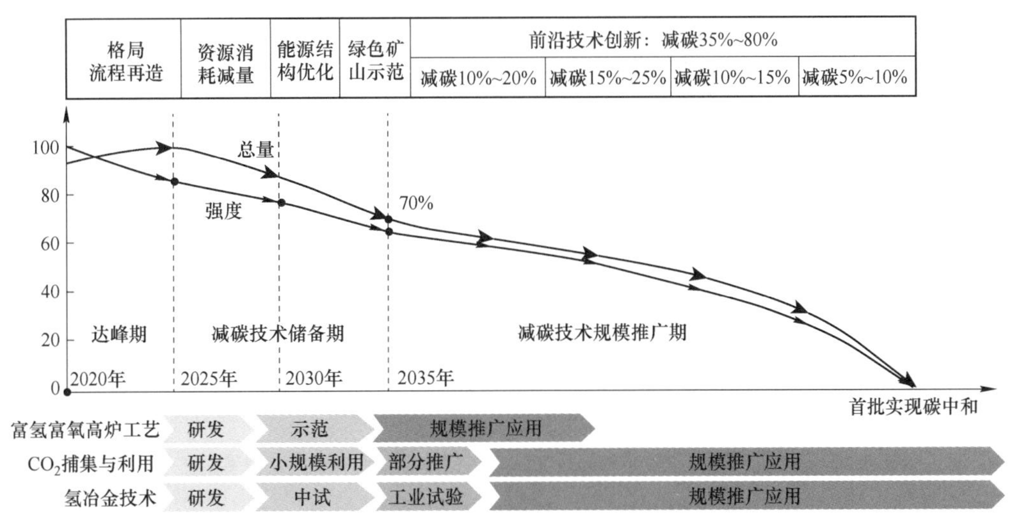

附图 低碳发展时间表

（鞍钢集团有限公司安全环保部）

第二部分

专　文

特　辑
▶ 专　文
大事记
概　况
机构与人事
规划发展
财务、资本运营与审计管理
人力资源管理
管理创新
科技创新
安全、环保与节能
法律事务
综合管理
企业文化与公共关系
党群工作
鞍山钢铁集团有限公司
攀钢集团有限公司
本钢集团有限公司
单位简介
荣　誉
附　录

践行新发展理念 打造高质量发展新鞍钢

鞍钢集团有限公司党委书记、董事长 谭成旭

2021年是党和国家历史上具有里程碑意义的一年，也是鞍钢发展史上具有里程碑意义的一年。鞍钢集团以习近平新时代中国特色社会主义思想为指导，全面贯彻党的十九大和十九届历次全会精神，深入学习贯彻习近平总书记重要指示批示精神，坚决落实党中央、国务院决策部署，立足新发展阶段、践行新发展理念、融入新发展格局，把党的领导贯穿改革发展始终，坚定不移走“改革+市场”发展之路，实现了“三个历史性突破”：一是鞍钢党委在国务院国资委2020年度中央企业党建工作责任制考核评价中首次晋级“A”；二是鞍本重组顺利完成并完成债转股和混改；三是经营效益创历史最好水平，“十四五”取得开门红。

“十四五”实现高起点开局，经营效益再创历史新高。认真贯彻党中央、国务院关于“十四五”时期国民经济和社会发展的重大决策部署，在立足新发展阶段、贯彻新发展理念、构建新发展格局中谋划企业发展，制定鞍钢“十四五”发展战略和规划，确定“7531”战略目标和钢铁、矿业“双核”战略，战略目标和战略路径更加精准清晰。高效应对鲅鱼圈、广州、莆田和大连等地疫情，慎终如始严格常态化疫情防控，取得阶段性胜利，鞍钢境内外职工实现“零”感染。面对辽宁地区特大暴风雪，广大干部职工爱厂如家、众志成城、抗灾保产，以实际行动续写了新时代鞍钢职工的钢铁意志和家国情怀。鞍钢全年实现营业收入3828亿元（其中本钢900亿元），经营利润390亿元（其中本钢76亿元）。这是鞍钢历史上营业收入、经营利润首次突破3000亿元、300亿元关口。2021年成为鞍钢发展史上重要里程碑，外界对鞍钢良好预期大幅提升，广大职工对鞍钢未来发展充满信心。

鞍本重组顺利完成并完成债转股和混改，整合融合初见成效。8月20日，重组工作正式启动；10月15日，鞍钢集团本钢集团有限公司揭牌，标志着重组工作正式完成。重组后，鞍钢粗钢产能达到6300万吨，位居国内第二、世界第三，形成“南有宝武、北有鞍钢”的钢铁产业新格局。加快推进重组整合融合，持续深化“六措并举”综合性改革，完成鞍钢集团股权多元化改革，成功召开第一次股东会，组建新一届董事会并有效运行；本钢44亿元债转股和引入优秀民营企业战略投资者的混改顺利完成；形成“1+2+N”改革方案，本钢市场化改革全面启动；注入200亿元资金支持本钢发展。聚焦“要素管控+管理移植”和“战略引领+资源协同”两条主线，制定实施首月、百日、半年、首年、两年、三年整合融合计划。本钢经营效益显著提升，实现利润创十年来历史最好水平；资产负债率比重组前降低10.79个百分点。鞍钢重组本钢得到党史学习教育中央第二指导组和中央企业党史学习教育第四指导组充分肯定，认为是辽宁和鞍钢开展党史学习教育的一项重大成果。

关键核心技术攻关如期完成，创新动能持续激发。服务国家战略，配置最优资源，着力攻克关键领域瓶颈技术，关键核心技术攻关任务全部完成。研发投入强度达到3.87%，总额同比提高41.6%。加快推进科技成果转化，超厚超宽高强度反应堆安全壳用钢AG728、X70级深海高应变管线钢、500兆帕级免涂装耐候桥梁钢实现全球首发；中标国内最大24000箱超大型集装箱船全部止裂钢合同，实现95毫米止裂钢国内首次应用。一批精品钢材广泛应用于北京冬奥会、中老铁路等工程项目建设。获国家科技进步奖二等奖2项，冶金科学技术奖14项。在中国钢铁企业专利创新指数排名中，鞍山钢铁、攀钢分列第三、四位。数字鞍钢建设全面启动，发布《鞍钢“十四五”信息化发展规划》《数字鞍钢建设方案》及8个专项方案，新放行数字鞍钢建设项目144项，总投资18.9亿元，完成鞍山钢铁、攀钢、鞍钢矿业

20%主体产线数智化改造建设目标。基于5G的机器视觉带钢表面检测、ET工业大脑等28项成果获评国务院国资委、工信部、中钢协试点示范。

国企改革三年行动扎实推进，内生动力显著增强。三年行动总体任务完成率76%，完成国务院国资委70%以上的目标要求。推进子企业加强董事会建设落实董事会职权，实现应建尽建和外部董事占多数，重要及具备条件的29户子企业完成差异化落实董事会职权。三项制度改革取得突破。强化顶层设计，形成“1+12+2”配套制度体系，坚决破除制约发展的堵点痛点。全面推进“两制一契”，314家单位实施经营层任期制和契约化管理，管理人员竞争上岗率75.23%，末等调整、不胜任退出占比10.34%，均高于央企平均水平。推行“双合同”管理，建立员工公开招聘、竞争上岗机制，组建赋能中心，加大市场化退出力度，净化用工环境，市场化退出率1.2%。全员劳动生产率56.9万元/(人·年)，同比提高44.3%。强化全员岗位绩效管理，合理拉开收入差距。全面实施即时激励，突出工资效益强相关，83%以上在岗职工收入增幅超过10%。积极推进多元多层激励，两家上市公司实施股权激励；11家符合条件的科技型企业中，8家实施股权和分红激励。亏损企业治理成效明显，鞍钢（不含本钢）当期经营亏损企业同比减少22户，降幅81%；亏损额同比减少15.6亿元，降幅97%，超额完成“亏损企业亏损面减少2/3、亏损额减少1/2”治理目标。朝阳钢铁、西昌钒制品公司入选国务院国资委管理标杆创建行动标杆企业，人力资源管理入选标杆项目，鞍钢获国务院国资委“三个标杆”满分评价。鞍钢改革工作得到国务院领导、国务院国资委和辽宁省委、省政府充分肯定。先后3次在全国和国资央企介绍经验。

深入开展党史学习教育，党建工作实现高质量引领。把开展党史学习教育作为一项重大政治任务，构建“4+4+4”推进机制，一体推进学党史、悟思想、办实事、开新局；建立“四学”机制，集团党委集体学习研讨9次；以“七讲”方式深入开展宣讲4251场，覆盖10万余人次，深刻感悟思想伟力；推进“我为群众办实事”实践活动，集团领导班子带头推进10项民生实事全部完成，推动基层党委实施办实事项目2815项，完成率100%，职工获得感幸福感明显增强；传承红色基因，弘扬“鞍钢宪法”精神、孟泰精神、雷锋精神，在中央电视台讲述新中国第一根重轨等“百年信物”故事，鞍钢博物馆成为全国爱国主义教育示范基地，开展“党旗在基层一线高高飘扬”和“七个一百”系列活动，向老党员颁发“光荣在党50年”纪念章，汇聚了建设高质量发展新鞍钢的强大合力；中央企业党史学习教育第四指导组对鞍钢党史学习教育经验做法给予肯定。基层党组织建设切实加强，围绕全国国有企业党的建设工作会议召开五周年，开展贯彻落实“回头看”；制定落实全面从严治党主体责任清单，进一步压实管党治党责任；推进党支部“三大工程”建设，打造坚强战斗堡垒，37个优秀个人和基层党组织受到上级党组织表彰，鞍钢股份炼钢总厂党委荣获全国先进基层党组织称号。干部人才队伍建设不断强化，树立重实绩重实干重担当的选用导向，构建“基层遴选推荐、党校系统培训、基层调研识别、赛马述职鞭策、实践实战历练”五位一体“摇篮计划”体系；到2021年底，二级正职50岁以下年轻干部占比达到30%，其中，45岁左右占比达到13.3%；二级班子成员45岁左右、三级班子成员40岁左右总人数占比20.6%，达到中组部要求。宣传思想文化工作切实提升，在省部级以上媒体发稿量创历史最好水平；在国务院国资委新闻中心发布的《中国企业500强新媒体指数榜》中，鞍钢排名升至第31位，同比提升143位，创历史最好排名；严格落实党委意识形态工作责任制实施细则，牢牢把握意识形态话语权和领导权。党风廉政建设和反腐败工作深入推进，巩固中央巡视整改成果，整改完成率95.1%，比上年底提升1.2个百分点，在中央企业处于前列；深化整治“靠钢吃钢”问题，扎实开展“清风行动”，立案407件、处分374人，同比分别增长35.7%、26.8%；鞍钢纪委在中央纪委国家监委年度考核评价中获得“优秀”。形式主义、官僚主义整治扎实深入，子企业考核指标精简33%，党建信息网填报事项减少72%，总部部门文件、会议同比减少61%、46%。

在鞍钢重组本钢大会上的讲话

鞍钢集团有限公司党委书记、董事长　谭成旭

2021 年 8 月 20 日

尊敬的刘宁省长、杰明副主任、有为副省长，各位领导、同志们：

国务院批准鞍钢重组本钢，这是我国钢铁工业发展史上的一件大事，也是鞍钢发展史上的一个重要里程碑，凝聚了几代鞍钢人的不懈奋斗，倾注了无数钢铁人的努力耕耘，终于实现了这一夙愿。这充分体现了党中央、国务院对鞍钢的亲切关怀，充分体现了国务院国资委及辽宁省委、省政府对鞍钢的高度信任，也得到了国家有关部委、行业协会、金融机构、兄弟企业、地方党委政府的大力支持和帮助。在此，我代表鞍钢集团，致以衷心的感谢和诚挚的敬意！

鞍钢重组本钢，是深入贯彻落实习近平总书记关于东北振兴、国资国企改革发展和对鞍钢“凤凰涅槃、浴火重生”重要指示批示精神的重大举措，对于推动我国钢铁产业健康发展、助力东北振兴辽宁振兴具有十分重要的意义。重组是深化供给侧结构性改革，促进钢铁行业高质量发展的必然要求，有利于进一步提高钢铁产业集中度，推动钢铁产业布局优化和结构调整，更好发挥行业引领作用；重组是构建国内铁矿资源保障体系，提升我国战略资源保障能力的有效途径，有利于充分发挥鞍钢和本钢丰富的矿产资源优势，巩固和增强鞍钢核心竞争力，更好服务构建双循环新发展格局，维护钢铁产业链供应链安全；重组是发挥国有经济战略支撑作用，加快推动东北振兴辽宁振兴的重要抓手，有利于优化资源配置，充分释放协同效应，全力打造世界一流企业，更好引领带动区域经济发展。

经过不懈努力，鞍钢和本钢盈利能力不断增强，发展基础逐步夯实。鞍钢妥善解决了 37 万人的厂办大集体改革和退休人员社会化管理历史难题，走出一条“改革+市场”发展之路，经营效益连创历史新高，上半年实现利润总额突破 200 亿元，利润总额、吨钢利润行业排名第二，销售利润率达到行业平均水平的 2 倍，资产负债率低于央企和行业平均水平；本钢厂办大集体改革等历史遗留问题也基本解决，上半年实现利润总额同比大幅增长，经营状况持续向好，为重组奠定了坚实基础。

本次重组，在鞍钢层面将实现股权多元化，刚才鞍钢集团和中国诚通、中国国新两家央企分别签署了增资协议；在本钢层面我们将推动混改，引入财投和民营企业等战略投资者。这么多的资本等要素注入鞍钢、投入辽宁，彰显了外界对辽宁振兴发展的预期和信心正在进一步增强，也彰显了辽宁的营商环境正在持续优化和改善。鞍钢重组本钢后，将成为我国乃至全球钢铁行业拥有完整产业链、最具影响力的企业之一。我们将以习近平新时代中国特色社会主义思想为指引，深入贯彻落实习近平总书记重要指示批示精神，立足新发展阶段，完整、准确、全面贯彻新发展理念，服务构建新发展格局，加快建设具有全球竞争力的世界一流钢铁企业。

要聚焦战略引领，勇当钢铁行业高质量发展和东北振兴排头兵。鞍钢将把本钢融入集团“十四五”发展战略规划，按照平台化、集约化、专业化、市场化原则，逐步实现钢铁资源主业一体化多基地运行，多元化业务分类培育、专业化发展，形成主业突出、多点支撑、有效平抑经济周期风险的新发展格局。大力推动本钢产业转型升级，构建以钢铁、矿产两个核心主业为基础，现代供应链、节能环保、产业金融等战略性新兴产业协同发展的产业格局。“十四五”时期，鞍钢将实现 7000 万吨粗钢、超 5000 万吨铁精矿、3000 亿元级营业收入、100 亿元级利润“7531”战略目标，打造世界级钢铁生产企业、世界级铁矿资源开发企业，勇当原创技术“策源地”、现代产业链“链长”，更好发挥国有企业在推动区域振兴和国民经济发展中的“压舱石”和“顶梁柱”作用。

要聚焦整合融合，勇当央地钢铁产业重组典范。依据重组后本钢作为鞍钢控股二级子企业的管控定

位，鞍钢将以发展战略和产业规划为方向，以关键资源和价值链核心业务整合协同为重点，以管控体系高效运行为基础，以规章制度和信息系统覆盖移植为保障，按照“要素管控+管理移植”和“战略引领+资源协同”两条主线，同步开展管理整合和业务整合工作，系统实施首月、百日、首年、二年、三年计划，全面推进战略、采购、产销、物流、科研、国际贸易、矿产资源、产业金融八大协同，确保一年内实现实质性整合、一体化运作，三年内逐步融合化合，实现管理体系统一化、治理管控最优化、产业发展专业化、效率效益最大化，充分释放“1+1>2”重组整合效应，打造央地钢铁产业重组新典范。

要聚焦市场化改革，勇当新时代国企改革先锋。全面落实国企改革三年行动，坚持以市场化改革为统领，把“效益有改善、员工有获得感、企业发展可持续”作为检验改革成效的重要标尺，引领本钢二次创业，积极推进混合所有制改革，引入战略投资者，深度转换经营机制；全面提速以放权赋能为核心、以三项制度改革为重点的市场化改革，充分激活企业内生动力和发展活力，实现效率提升、效益提升、质量提升、品牌价值提升、员工收入提升，资产负债率降低、碳排放水平降低的“五提升、两降低”，综合竞争实力达到国内先进水平，成为东北振兴发展中全面深化国企改革的引领者、具有示范意义的国企市场化经营标杆、极具国际竞争力的汽车用钢及优特钢棒线材生产基地。

鞍钢将把坚持和加强党的领导贯穿重组整合全过程，切实把全心全意依靠工人阶级的方针落到实处，传承红色基因，赓续红色血脉，坚决履行好央企政治责任、经济责任和社会责任。

各位领导、同志们，站在新的历史起点，我们坚信，有党中央、国务院的正确领导，有国务院国资委、国家有关部委、省市党委政府的指导帮助，有来自社会各界的全力支持，鞍钢一定不负厚望，加快打造高质量发展新鞍钢，早日建成具有全球竞争力的世界一流企业，为实现中华民族伟大复兴的中国梦作出新的更大贡献！

谢谢大家。

坚定不移听党话跟党走 再铸鞍钢新辉煌

鞍钢集团有限公司党委书记、董事长　谭成旭

习近平总书记在庆祝中国共产党成立100周年大会上指出：“中国共产党领导是中国特色社会主义最本质的特征，是中国特色社会主义制度的最大优势，是党和国家的根本所在、命脉所在，是全国各族人民的利益所系、命运所系。”作为“共和国钢铁工业的长子”“新中国钢铁工业的摇篮”，鞍钢是在中国共产党的领导下成长起来的，有着鲜明的红色基因，是“鞍钢宪法”的诞生地，也是英模辈出的地方，先后涌现出了孟泰、王崇伦、雷锋、郭明义、李超等一大批英模。鞍钢始终坚定不移听党话、跟党走，铭记长子担当，矢志报国奉献，以实际行动践行党的初心使命，扎实开展党史学习教育，奋力建设世界一流钢铁企业，再铸长子鞍钢新辉煌，在实现中华民族伟大复兴中彰显央企担当。

感悟思想伟力，铸牢钢铁报国初心。新中国第一代全国著名劳动模范孟泰，在70多年前就喊出了“跟着共产党走、棒打不回头”的豪迈誓言。党的十八大以来，鞍钢能够战胜钢铁行业冰冻期、新冠疫情等困难，近两年又取得了创造历史最好水平的经营业绩，最根本的是有习近平新时代中国特色社会主义思想的科学指引。2020年，鞍钢实现两个历史性突破：利润超百亿元创历史最好水平；“两项改革”实现历史性突破，37万人厂办大集体改革和退休人员社会化管理圆满完成，一举解决了多年想要解决而未能解决的历史难题，鞍钢终于不再“穿着棉袄游泳”，以崭新形象进入“十四五”。今年以来，经营效益再创历史新高，上半年实现利润首次突破200亿元，主要指标好于央企和行业平均水平，在央企和行业排名大幅提升。8月20日，鞍钢重组本钢，重组后粗钢产能达到6300万吨，位居国内第二、世界第三，成为我国乃至全球拥有完整产业链、最具资源优势的钢铁企业之一。

开展党史学习教育，就是要争当悟思想的表率。坚持从习近平新时代中国特色社会主义思想中找方向、找遵循、找方法，扛起加快建设世界一流企业的重大任务，当好有力支撑经济社会发展的国家队。“十四五”时期，鞍钢确定了实现“7531”（7000万吨粗钢、5000万吨铁精矿、3000亿元级营业收入、100亿元级利润）战略目标和钢铁、矿业“双核”主业战略，勇当现代产业链“链长”，打造世界级钢铁生产企业、世界级铁矿资源开发企业。鞍钢将坚决用习近平总书记关于国有企业改革发展和党的建设重要论述统领各项工作，增强“四个意识”、坚定“四个自信”、做到“两个维护”，不断提高政治判断力、政治领悟力、政治执行力，切实把学习成果转化为推动鞍钢做强做优做大的强大动力，更好发挥压舱石和顶梁柱作用，以钢铁强国梦助力伟大复兴中国梦。

站稳人民立场，践行党的群众路线。通过党史学习教育，鞍钢更加深刻体会到，发展70多年来，无论是新中国成立初期为解决修复设备急需职工献交器材，还是攀钢在不毛之地建起“象牙微雕”，职工群众始终是最根本的依靠力量。近年来，鞍钢积极践行党的根本宗旨，通过自身不断发展壮大，为保障和改善民生提供了重要支撑。把助力脱贫攻坚作为首要政治任务。“十三五”期间，投入无偿帮扶资金1.17亿元，鞍钢定点帮扶两个国家重点贫困县全部摘帽，区域对口帮扶的8县12村全部摘帽。鞍钢精准扶贫工作入选中央企业优秀案例。把履行央企责任作为重要使命。2020年全力抗击疫情，第一时间捐款3000万元，党员捐款478万元，捐赠443万元医疗物资，保供专用钢材2808吨；2021年第一时间向河南省慈善总会捐赠1000万元，支持防汛救灾及灾后重建，彰显了央企责任与担当。把改革发展成果惠及职工群众作为最大的实事。实施同利机制，强化业绩导向，今年上半年，在岗职工收入同比增长20.7%。

开展党史学习教育，就是要争当办实事的表率。作为维护人民群众根本利益的重要力量，鞍钢将矢志践行党的初心使命，把守护好、发展好职工群众根本利益作为政治责任。坚持践行以人民为中心的发展思想，把人民对美好生活的向往作为奋斗目标，在解决发展不平衡不充分问题上更好发挥重要作用，在巩固拓展脱贫攻坚成果、接续推进乡村振兴上更好履行央企责任。坚持贯彻党的群众路线，着力解决职工群众急难愁盼问题，带着感情办好职工群众的事情，成为保障和改善民生的钢铁力量。

发扬斗争精神，开创高质量发展新局面。社会主义革命和建设时期，鞍钢在一片“只能种高粱”的废墟上，浇铸了新中国第一炉铁水、第一炉钢水。改革开放和社会主义现代化建设新时期，鞍钢走出了一条老企业技术改造新路子，实现了“旧貌换新颜”。近年来，鞍钢坚决落实党中央国务院决策部署，迎难而上，开拓创新，发扬斗争精神，主动破解制约企业改革发展的各种难题。坚持把深化改革作为关键一招，把党的领导贯穿改革发展始终，把“效益有改善、员工有获得感、企业发展可持续”作为检验改革成效的重要标尺，走出了一条“市场+改革”的发展之路。推出以“授权+同利”为核心的朝阳钢铁市场化改革升级版，打造民营机制的国有钢铁企业样板，今年上半年，朝阳钢铁实现利润10.1亿元，同比增长206%，销售利润率15.8%，达到行业平均水平的2.4倍，行业排名第三。突出效率和效益，全力打通三项制度改革痛点堵点，坚决做到“四能”：干部能上能下、薪酬能高能低、员工能进能出、机构能增能减。截至今年上半年，鞍钢年化全员劳动生产率同比提高90.3%，超出央企平均水平。坚持把创新驱动作为第一动力，坚决当好科技自立自强的国家队，更好服务国家战略，发挥企业创新主体地位，进一步完善创新工作体系，打造“四个平台”，充分发挥两个国家重点实验室作用，国家关键核心技术攻关取得重要进展。坚持把绿色低碳发展作为重要引擎，发布《鞍钢集团碳达峰碳中和宣言》，努力成为我国钢铁行业首批实现碳中和的大型钢企，为实现碳达峰碳中和“3060”目标贡献鞍钢力量。坚持把党的领导贯穿改革发展全过程，推动党的政治优势转化为企业发展优势。鞍钢集团党委在国务院国资委党委2020年度党建工作责任考核中进入“A”级行列。

开展党史学习教育，就是要争当开新局的表率。国有企业是中国特色社会主义的重要物质基础和政治基础，是我们党执政兴国的重要支柱和依靠力量，是党领导的国家治理体系的重要组成部分，必须在推动高质量发展开新局上站排头、当先锋。鞍钢将坚定不移听党话、跟党走，坚决贯彻落实党的基本理论、基本路线、基本方略，切实履行央企经济责任、政治责任、社会责任，把企业改革发展和党的建设工作放到把握新发展阶段、贯彻新发展理念、构建新发展格局中去谋划和推动，打造高质量发展新鞍钢，勇当钢铁行业高质量发展和东北振兴排头兵、勇当新时代国企改革先锋、勇当新时代国企党建样板，为全面建成社会主义现代化强国作出新贡献。

（摘自2021年12月29日《学习时报》）

在鞍钢集团党史学习教育动员部署会上的讲话

鞍钢集团有限公司党委书记、董事长　谭成旭

2021年3月16日

下面，就开展好党史学习教育，我讲三点意见。

一、增强政治自觉，深刻认识党史学习教育重大意义

历史是最好的教科书，我们党历来重视党史学习教育。党的十八大以来，以习近平同志为核心的党中央高度重视学习党的历史，提出了一系列要求。特别是习近平总书记在动员大会上的重要讲话，全面系统深刻阐述了开展党史学习教育的重大意义。我们要提高政治站位，切实开展好党史学习教育。

（一）深刻认识开展党史学习教育是牢记初心使命、推进中华民族伟大复兴历史伟业的必然要求

习近平总书记指出，我们党从诞生那一天起，就同中国人民和中华民族的前途命运紧密联系在一起。回顾党的百年历史，从建党的开天辟地，到新中国成立的改天换地，到改革开放的翻天覆地，再到党的十八大以来党和国家事业取得历史性成就、发生历史性变革，根本原因就在于我们党始终不渝为中国人民谋幸福、为中华民族谋复兴。我们要深刻认识到，中国共产党人的初心和使命，就是为中国人民谋幸福、为中华民族谋复兴。我们必须不忘初心、牢记使命，朝着伟大梦想继续奋斗。

作为共和国钢铁工业的长子，鞍钢得到几代中央领导人的亲切关怀。毛主席3次复信鞍钢，多次就鞍钢工作作出重要指示批示。邓小平5次视察鞍钢，2次就鞍钢建立、恢复党委作出重要指示。江泽民视察鞍钢时盛赞鞍钢“旧貌换新颜”。胡锦涛视察鞍钢时指出：“鞍钢是我国钢铁企业的排头兵。”习近平2009年视察鞍钢时指出：“劳动光荣、工人伟大”；2017年参加全国人大会议审议时，对鞍钢提出“凤凰涅槃、浴火重生”要求。可以说，鞍钢的历史，就是党领导钢铁工业的历史。开展党史学习教育，就是要教育引导广大党员，了解党团结带领人民为中华民族作出的伟大贡献和根本成就，理解钢铁强国梦是伟大复兴中国梦的重要组成部分，加快把鞍钢建设成为世界一流企业。

（二）深刻认识开展党史学习教育是坚定信仰信念、在新时代坚持和发展中国特色社会主义的必然要求

习近平总书记指出，对共产主义的信仰，对中国特色社会主义的信念，是共产党人的政治灵魂。回顾党的百年历史，我们党团结带领人民，实现了中国从几千年封建专制政治向人民民主的伟大飞跃，实现了中华民族由不断衰落到根本扭转命运、持续走向繁荣富强的伟大飞跃，实现了中国人民从站起来到富起来、强起来的伟大飞跃。我们要深刻认识到，中国共产党的领导、中国特色社会主义道路，是历史的选择、人民的选择。我们必须不断增强历史定力，毫不动摇坚持和发展中国特色社会主义。

鞍钢是在党的领导下成长起来的。社会主义革命和建设时期，党领导人民军队解放鞍钢，人民当家做了主人，在一片“只能种高粱”的废墟上，浇铸了新中国的第一炉铁水、第一炉钢水。改革开放和社会主义现代化建设时期，党领导鞍钢走出了一条老企业技术改造新路子。进入新时代，鞍钢坚持“两个

一以贯之”，企业活力不断迸发，迈上了高质量发展新征程。可以说，鞍钢的历史，就是钢铁企业在中国特色社会主义道路上不断发展壮大的奋斗史。开展党史学习教育，就是要教育引导广大党员，深刻认识红色政权来之不易、新中国成立来之不易、鞍钢改革发展成果来之不易，不断增强中国钢铁人的志气、骨气、底气，为坚持和发展中国特色社会主义提供有力支撑。

（三）深刻认识开展党史学习教育是推进党的自我革命、永葆党的生机活力的必然要求

习近平总书记指出，勇于自我革命，是我们党最鲜明的品格，也是我们党最大的优势。回顾党的百年历史，我们党始终高度重视加强自身建设，从改革开放以后整党、“三讲”教育、先进性教育活动、学习实践科学发展观活动，再到群众路线教育实践活动、“三严三实”专题教育、“两学一做”学习教育、“不忘初心、牢记使命”主题教育，对保持党的先进性和纯洁性、提高党的领导能力和执政能力发挥了十分重要的作用。我们要深刻认识到，正是因为始终坚定不移推进自我革命、全面从严管党治党，我们党才能成为永远打不倒、压不垮的马克思主义政党。

鞍钢党的建设经历了曲折发展。鞍钢党委三次成立，其间两次撤销。由最初的 8 名党员、1 个党支部发展成为有 5 万多名党员、200 多个党委的坚强党组织。在此过程中，各级党组织扎实开展集中性学习教育，不断推进自我革命，党的建设得到不断加强，2 次获得全国先进基层党组织称号。近年来，推进全面从严治党，查处一批典型的腐败案件，开展“靠钢吃钢”专项治理和“清风行动”，党的自我净化、自我完善、自我革新、自我提高能力不断增强。可以说，鞍钢的历史，也是党的自我革命在国有企业的实践史。开展党史学习教育，就是要教育引导广大党员，深刻认识百年大党兴党强党的密码，坚持全面从严治党永远在路上，以新时代党的自我革命引领和保障鞍钢高质量发展。

二、增强思想自觉，准确把握党史学习教育重点内容

聚焦“六个方面”重点内容，突出鞍钢特色、突出学用结合、突出惠及职工、突出担当作为，做到学史明理、学史增信、学史崇德、学史力行，教育引导党员干部学党史、悟思想、办实事、开新局。

（一）深入学习中国共产党推进马克思主义中国化形成的重大理论成果，着力推动习近平新时代中国特色社会主义思想学懂弄通做实

习近平总书记强调，马克思主义的命运早已同中国共产党的命运、中国人民的命运、中华民族的命运紧紧连在一起。一百年来，我们党坚持解放思想和实事求是相统一、培元固本和守正创新相统一，不断开辟马克思主义新境界，指引新中国用 70 多年的时间，走过了发达国家几百年的历程，创造了人类历史上前所未有的发展奇迹。习近平新时代中国特色社会主义思想，是 21 世纪马克思主义，是马克思主义中国化最新成果。百年党史启示我们，马克思主义为什么“行”，根本原因在于它的科学性和真理性在中国得到了充分检验，它的人民性和实践性在中国得到了充分贯彻，它的开放性和时代性在中国得到了充分彰显。

党的十八大以来，习近平总书记关于国企改革发展发表了一系列重要讲话，作出了一系列重要部署，为鞍钢改革发展指明了前进方向。特别是 2017 年 3 月 7 日，在鞍钢生产经营连续五年亏损的关键时刻，习近平总书记对鞍钢提出“凤凰涅槃、浴火重生”要求，为鞍钢做强做优做大指明了前进方向，注入了强大动力和坚定信心，鞍钢 2017 年一举扭亏为盈，步入良性发展轨道，2020 年利润创历史最好水平，“两项改革”实现历史性突破，以崭新形象迈入“十四五”。对鞍钢来说，学习马克思主义中国化理论成果，就是教育引导党员干部深刻领会习近平新时代中国特色社会主义思想的真理力量、实践力量和人格力量，增强使命感、责任感，切实推动学习成果转化，成为学习贯彻习近平新时代中国特色社会主义思想、建设世界一流企业的钢铁力量。

（二）深入学习中国共产党百年奋斗的光辉历程，着力提升推进工作的系统性预见性创造性

习近平总书记强调，只要把握历史发展规律和大势，抓住历史变革时机，顺势而为，奋发有为，我们就能够更好前进。一百年来，我们党始终以马克思主义基本原理分析把握历史大势，在关系中华民族前途和命运的每一个关键时刻、每一个重大关头，始终能够作出适应时代进步潮流的正确决策和部署。我们党的诞生就是顺应十月革命胜利、社会主义兴起的世界发展大势的结果。中华人民共和国的成立和

巩固，也是顺应时代大潮的产物。百年党史启示我们，我们党之所以能够发展壮大、成为百年大党，一个重要原因就是我们党善于分析把握历史大势，善于抓住和用好各种历史机遇。

鞍钢改革发展的每一步，也都与党和国家的前途命运紧紧相连，是顺应发展大势和时代潮流的结果。解放前，党领导的东北抗联、北平市委东北特别支部、晋察冀北方分局等党组织，在鞍钢撒下了革命的种子。新中国成立后，党把发展重工业作为重点，鞍钢成为当时我国最大的工业企业。三线建设期间，毛主席把攀钢作为战略问题来看待，要“骑着毛驴下西昌”。2010 年，党中央推进鞍钢与攀钢重组，也是把握国有企业适应市场经济发展规律实施的。对鞍钢来说，学习中国共产党光辉历程，就是要深刻铭记我们党展现的巨大勇气、彰显的巨大力量，树立大历史观，把握大局大势，抓住鞍钢“十四五”时期实施“7531”战略契机，接过钢铁强国的接力棒，成为坚决贯彻执行党中央决策部署的钢铁力量。

（三）深入学习中国共产党为国家和民族作出的伟大贡献，着力坚定建功立业新时代的初心信心决心

习近平总书记强调，在一百年波澜壮阔的历史进程中，中国共产党紧紧依靠人民，跨过一道又一道沟坎，取得一个又一个胜利，为中华民族作出伟大历史贡献。一百年来，我们党团结带领人民进行 28 年浴血奋战，建立了中华人民共和国；团结带领人民推进了社会主义建设；团结带领人民进行了改革开放新的伟大革命。进入新时代，我们党解决了许多长期想解决而没有解决的难题，办成了许多过去想办而没有办成的大事，推动党和国家事业发生历史性变革。百年党史启示我们，没有共产党就没有新中国，就没有中国特色社会主义，就没有中华民族的伟大复兴。

鞍钢是“共和国钢铁工业的长子”“中国钢铁工业的摇篮”，在党的领导下，1949 年至 2020 年，累计生产铁 7.98 亿吨，钢 8.11 亿吨，钢材 6.81 亿吨，上缴利税 2724 亿元，相当于国家对鞍钢投入的 47 倍，作出了巨大经济贡献。从新中国成立 10 周年的北京十大建筑，到西气东输、南水北调等国家重点工程；从 59 式坦克，到辽宁舰、港珠澳大桥等大国重器，都使用了鞍钢钢材。攀钢在攀西将“呆矿变精品”，成为国家战略资源创新开发试验区的核心企业，作出了巨大的社会贡献。对鞍钢来说，学习中国共产党伟大贡献，就是要深刻认识中国共产党是中国人民和中华民族的主心骨。必须永远牢记党中央对鞍钢“为工业中国而斗争”的重托，为国分忧、无私奉献，成为党和国家最可信赖的钢铁力量。

（四）深入学习中国共产党始终不渝为人民的初心宗旨，着力增强职工群众的获得感幸福感安全感

习近平总书记指出，党的百年历史，就是一部党与人民心连心、同呼吸、共命运的历史。一百年来，我们党从“不拿群众一针一线”的严明纪律，到与群众“一块苦、一块过、一块干”的铿锵誓言，都是党同人民群众鱼水情深的例证。党的十八大以来，习近平总书记亲自谋划、亲自部署，用 8 年时间使近 1 亿贫困人口实现脱贫，创造了彪炳史册的人间奇迹！百年党史启示我们，江山就是人民、人民就是江山，人心向背关系党的生死存亡。

鞍钢始终践行全心全意为职工服务根本宗旨，是主人翁精神的重要发源地。解放初，为了解决修复设备急需，4200 多名职工献交器材 62400 多件；20 世纪 80 年代，为帮助公司解决购煤资金困难，职工自愿借款 2000 多万元。攀钢也是依靠职工群众在不毛之地“献了青春献终身、献了终身献子孙”建设起来的。近年来，我们助力脱贫攻坚，投入无偿帮扶资金 1.17 亿元，所负责的 10 县 12 村全部脱贫摘帽。2020 年，全力抗击疫情，第一时间捐款 3000 万元，党员捐款 478 万元，捐赠 443 万元医疗物资，保供专用钢材 2808 吨，彰显了央企责任与担当。稳妥推进涉及 37.8 万人的厂办大集体企业改革和退休人员社会化管理，妥善解决集体企业职工“老有所养、病有所医”等问题，兑现“在岗职工有岗位、不在岗职工有机会、特殊群体有保障”改革承诺，与集体企业签订“一企一策”支持发展协议，确保了改革完美收官。对鞍钢来说，学习中国共产党为民宗旨，就是要深刻把握人民性是国有企业的根本属性，鞍钢是人民的鞍钢。要带着感情办好群众的事情，推动改革发展成果更多更好惠及职工群众，成为保障和改善民生的钢铁力量。

（五）深入学习中国共产党在长期奋斗中铸就的伟大精神，着力汇聚建设高质量发展新鞍钢的引领力驱动力团结力。

习近平总书记强调，伟大的事业需要伟大的精神，伟大的精神来自于伟大的人民。一百年来，我们党从革命时期的红船精神、井冈山精神、长征精神、延安精神、西柏坡精神，到建设时期的抗美援朝精神、大庆精神、红旗渠精神、焦裕禄精神、“两弹一星”精神，从改革时期的特区精神、载人航天精神、抗洪精神、抗震救灾精神，到新时代的探月精神、伟大抗疫精神，构筑起了中国共产党人的精神谱系。百年党史启示我们，我们党之所以历经百年而风华正茂、饱经磨难而生生不息，就是凭着革命加拼命的强大精神。这些宝贵精神，深深根植于党、国家、民族、人民的血脉之中，为我们砥砺前行提供了强大动力。

鞍钢是培育精神的沃土。毛主席亲笔批示的“鞍钢宪法”精神，攀钢“艰苦奋斗、勇攀高峰”精神，“爱厂如家、艰苦奋斗、为国分忧、无私奉献”的孟泰精神，“走在时间前面”的王崇伦创新精神，干一行、爱一行、钻一行的雷锋精神，“当代雷锋”郭明义的敬业奉献、助人为乐精神，“当代发明家”李超的矢志创新、攻坚克难精神等，构筑起了鞍钢的精神谱系。对鞍钢来说，学习中国共产党伟大精神，就是要赓续共产党人的精神血脉，培育更多英模人物和崇高精神，将鞍钢的精神图谱汇入时代洪流，成为丰富中国精神、民族精神、国企精神的钢铁力量。

（六）深入学习中国共产党成功推进革命、建设、改革的宝贵经验，着力健全应对风险挑战的体制机制能力

习近平总书记强调，要更好应对前进道路上各种可以预见和难以预见的风险挑战，我们必须从历史中获得启迪，从历史经验中提炼出克敌制胜的法宝。一百年来，我们党能够一步步走过来，很重要的一条就是不断总结经验，不断提高化险为夷的能力水平。革命时期，毛泽东同志把统一战线、武装斗争、党的建设概括为克敌制胜的“三大法宝”，为我们党取得新民主主义革命胜利发挥了重要作用。党的十八大以来，以习近平同志为核心的党中央正是因为充分总结运用党在不同时期成功应对风险挑战的丰富经验，才能够在带领全党进行新的历史特点的伟大斗争中取得一个又一个伟大胜利。百年党史启示我们，党的经验是我们党在历经艰辛、饱经风雨的长期摸索中积累下来的，饱含着成败和得失，凝结着鲜血和汗水，充满着智慧和勇毅。

鞍钢在 70 多年发展进程中，总结不同时期应对风险挑战的宝贵经验，不断推动企业改革发展。包括：以“两参一改三结合”“大搞技术革新技术革命”为原则的“鞍钢宪法”经验，“高起点、少投入、快产出、高效益”的老企业技术改造经验，培养选树先进典型经验等。特别是 2020 年，推进以“五位一体”保障体系为核心的厂办大集体改革和退休人员社会化管理“两项改革”经验，一举解决了多年想要解决而未能解决的难题，实现历史性突破，得到刘鹤副总理、王勇国务委员，以及国务院国资委和辽宁省委、省政府充分肯定；推出朝阳钢铁市场化改革升级版经验，得到王勇国务委员充分肯定。对鞍钢来说，学习中国共产党宝贵经验，就是要从历史经验中提炼出克难制胜的法宝，做好较长时间应对外部环境变化的准备。深刻认识立足新发展阶段、贯彻新发展理念、构建新发展格局给鞍钢带来的机遇挑战，围绕“十四五”时期实现“7531”（7000 万吨级粗钢、5000 万吨级铁精矿、3000 亿元级营业收入、百亿元级利润）发展目标，统筹好发展和安全，成为有力维护经济社会大局稳定的钢铁力量。

三、增强行动自觉，推动党史学习教育走深走实

开展党史学习教育，是党的政治生活中的一件大事。我们要坚持高站位、高标准、高效率、高质量，推进学习教育各项任务走深走实，确保取得明显成效。

要加强组织领导。集团党委已经成立党史学习教育领导小组，制定了工作方案。各级党委要切实承担起主体责任，抓紧成立相应领导机构和工作机构。主要领导要履行好第一责任人职责，班子成员要履行“一岗双责”，组织好党史学习教育。这次学习教育贯穿 2021 年全年，面向全体党员，其中集团领导班子成员、总经理助理，集团总部机关二级总监及以上人员、各级党委领导班子成员、二级企业部门负责人及以上人员、其他 D 级及以上人员（含专业职能岗位一级、二级总监）是重点。集团党委将派出 3 个巡回指导组，对子企业进行指导督导。有下属党委的子企业也要组建巡回指导组加强督导，确保学习教育走深走实。

要把握正确导向。坚持马克思主义历史观，牢牢把握党的历史发展的主题和主线、主流和本质。坚持以我们党关于历史问题的两个决议和党中央有关精神为依据，学好用好习近平同志《论中国共产党历史》等指定学习材料和《中国共产党的100年》等重要参考材料，正确认识、科学评价党史上的重大事件、重要人物、重要会议等，引导党员干部树立正确的历史观、民族观、国家观、文化观。要旗帜鲜明反对历史虚无主义，积极强化思想引导，及时澄清对党史上一些重大历史问题的模糊认识和片面理解，更好正本清源、固本培元。

要周密推进实施。准确把握党史学习教育的重点要求和关键环节，是开展好学习教育的基础。要明确阶段学习重点，“七一”庆祝大会前，以全面学习党史为重点；“七一”庆祝大会到党的十九届六中全会，重点学习习近平总书记在庆祝中国共产党成立100周年大会上的重要讲话精神，从党的十九届六中全会到总结大会，深化党史学习教育，同学习党的十九届六中全会精神结合起来，学习习近平总书记在党史学习教育总结大会上的重要讲话精神。各级党委要采取多种形式，分专题开展学习研讨。集团人力资源部和党校要精心设计课程，组织好干部专题培训。“七一”前后，要组织各级党委班子成员、党支部书记、获得省部级以上荣誉的先进典型讲一次专题党课，我将为全公司党员干部群众代表讲党课。要组织开好专题组织生活会。年底，各级党委要围绕党史学习教育召开专题民主生活会。同时，要扎实开展“我为群众办实事”实践活动，把党史学习教育收获转化为真心服务职工群众的实际举措，这也是学习教育的一项重要内容。集团已经启动了2021年10项民生实事计划。比如，精准帮扶困难职工，保证集团在档困难职工当年100%解困脱困。比如，提高鞍山区域“金秋助学”标准，困难职工子女上学每年人均增加慰问金2000元。比如，改善一线职工工作条件，计划修缮现场操作室、休息室、卫生间533个。集团党委将定期进行检查、评价，各子企业要形成项目清单，确保民生实事件件有着落、事事有回音，让职工有更多获得感。

要加强宣传教育引导。要统筹内外部媒体，统筹鞍攀两地的宣传力量，形成综合效应，把红色鞍钢的故事讲得更动人，把新鞍钢的故事讲得更精彩。我今年已经多次接受新华社等媒体采访，积极宣传鞍钢，大家也要带头讲好鞍钢故事。要继续做好红色资源的挖掘，选树宣传传承孟泰精神、雷锋精神、“鞍钢宪法”精神等红色基因的新模范。要组织好庆祝中国共产党成立100周年系列活动，突出宣传主题，体现工作成效。

要注重方法成效。坚持集中学习和自主学习相结合、规定动作和自选动作相结合、突出重点和面向全体党员相结合。将学“四史”与学厂史、学英模贯通起来，与巩固“不忘初心、牢记使命”主题教育贯通起来，与“党旗引领红色鞍钢”主题活动贯通起来，与推进2021年重点工作和落实“十四五”规划贯通起来。坚决克服形式主义、官僚主义，将学习教育的成效体现在“突破五个关键、聚焦四个重点”高水平完成上，体现在加强党的建设创新上，体现在职工群众的满意度上。

同志们，开展党史学习教育意义重大。让我们更加紧密团结在以习近平同志为核心的党中央周围，不忘初心、牢记使命，扎实开展好党史学习教育，推动鞍钢高质量发展，以优异成绩庆祝建党100周年，为全面建设社会主义现代化国家、实现中华民族伟大复兴的中国梦作出新贡献。

在鞍钢党史学习教育总结会议上的讲话

鞍钢集团有限公司党委书记、董事长　谭成旭

2022年1月12日

按照党中央和国务院国资委党委的安排部署，在中央企业党史学习教育第四指导组的有力指导下，鞍钢党委精心组织实施、扎实有序推进党史学习教育，取得了一定成效。

一、提高政治站位，强化组织领导，推进党史学习教育取得实效

在全党开展党史学习教育，是以习近平同志为核心的党中央作出的一项重大战略决策。鞍钢党委把党史学习教育作为一项重大政治任务，快速部署启动，扎实统筹推进，各级党组织的创造力、凝聚力、战斗力持续提升，广大党员干部受到了一次全面深刻的政治教育、思想淬炼、精神洗礼，职工群众予以充分肯定、真心点赞，实现了学党史、悟思想、办实事、开新局的目标任务。

（一）深刻领会习近平新时代中国特色社会主义思想的真理伟力，在学思践悟中凝聚攻坚克难、发展壮大的精神力量，广大党员干部信仰信念信心更加坚定

把学习贯彻习近平新时代中国特色社会主义思想贯穿鞍钢党史学习教育全过程、各方面。强化学懂弄通。各级党组织开展专题研讨4483次、专题培训党员9251人，开展“七一”重要讲话精神、党的十九届六中全会精神宣讲4251场，覆盖10万余人次，组织召开专题组织生活会和专题民主生活会2000余次，引导广大党员干部深刻领会习近平新时代中国特色社会主义思想的理论伟力、时代伟力、实践伟力，更加坚定了对共产主义的信仰、对中国特色社会主义的信念、对实现中华民族伟大复兴的信心。开展高质量发展“新鞍钢”和新时代“鞍钢宪法”内涵研究，形成长子鞍钢、品牌鞍钢等“六个鞍钢”研究成果。在《学习时报》等媒体发表4篇学习贯彻新思想的理论文章。强化落实落地。在立足新发展阶段、贯彻新发展理念、构建新发展格局中谋划企业发展，制定了“十四五”发展战略，确定了“7531”战略目标和钢铁、矿业“双核”发展战略，战略目标和战略路径更加精准清晰。把坚持党的领导、加强党的建设落实到各项工作之中，在中央企业党建工作责任制考核评价中首次晋级“A”，定点扶贫工作被中央农村工作领导小组首次评价为“好”。

（二）深刻领会“江山就是人民、人民就是江山”的为民情怀，在办好事办实事中彰显为民惠民、服务群众的责任担当，职工群众获得感更加充实

坚持发展为了职工，发展成果与职工共享。完成2021年鞍钢集团领导班子10件重点民生实事、基层党委2578项实事项目。在急难愁盼中办实事。把职工最关心的收入作为最大的实事，实施同利机制，在岗职工人均工资同比增长超过10%，职工获得感幸福感显著增强。发放医疗救济金、金秋助学金、困难救助金2778万元，3万余人受益。为人才公寓加装空调和热水器，修缮操作室、食堂、浴池，加强职工技能培训，让职工更快乐、更体面地工作和生活。职工都说，2021年的好事喜事格外多。在大战大考中办实事。全力构筑疫情防控防线，实现境内外职工“零”感染。助力定点帮扶县在乡村振兴中起好步、开好局，帮扶资金9198万元。援建的贵州首条刺梨泡腾片项目正式投产，惠及10万余种植农户。

（三）深刻领会党百年奋斗的伟大历程、重大成就和宝贵经验，以强烈的使命意识勇开新局，社会各界对鞍钢改革发展的预期更加良好

从百年党史中汲取力量经验智慧，把学党史、悟思想的收获转化为推动企业发展的举措，鞍钢改革发展开创出崭新局面。鞍本重组顺利完成。以改革创新的思路和强烈的使命意识，完成鞍本重组。重组后，鞍钢粗钢产能位居国内第二、世界第三，形成“南有宝武、北有鞍钢”的钢铁产业新格局。鞍本重组是深入贯彻落实习近平总书记关于东北全面振兴、国资国企改革发展和对鞍钢重要指示批示精神的重大举措，对于推动我国钢铁产业健康发展、助力东北全面振兴和辽宁高质量发展、做强做优做大国有企业具有十分重要的意义。党史学习教育中央第二指导组组长朱虹在辽宁学党史开新局鞍本重组工作经验交流会上强调，鞍钢本钢重组既是辽宁开展党史学习教育办实事的一件大事，又是开新局的一件大事，也是可以写入中国钢铁工业发展史的一件大事，是辽宁开展党史学习教育的一项重大成果。经营效益创历史最好水平。1—11月，主要指标在央企和钢铁行业排名前列。归母净利润、净利润同比增利额在央企分列第24位、第10位；报表利润总额在钢铁行业排第3位，销售利润率达到行业平均水平的1.37倍。全年营业收入3828亿元、经营利润390亿元。这是鞍钢历史上营业收入、经营利润首次分别突破3000亿元、300亿元关口。2021年成为鞍钢发展史上的重要里程碑，外界对鞍钢良好预期大幅提升，广大职工对鞍钢未来发展充满信心。

（四）深刻领会第二个百年奋斗目标的实践要求，以高度的责任感和紧迫感推进世界一流企业建设，打造高质量发展新鞍钢的动能更加充沛

瞄准第二个百年奋斗目标，自觉扛起国有企业肩负的使命任务，努力把鞍钢建设成为具有全球竞争力的世界一流企业，以钢铁强国助力社会主义现代化强国。改革动能强劲有力。把改革作为“关键一招”，走出了一条“改革+市场”的新路子，通过市场化改革，动力活力、效率效益显著提升。深化三项制度改革，形成“1+12+2”改革制度体系，坚决破除制约发展的堵点痛点，业绩决定用人、效率决定用工、效益决定薪酬成为常态。鞍钢改革工作得到国务院领导、国务院国资委和辽宁省委、省政府充分肯定，先后3次在全国和国资央企介绍经验。创新动能持续迸发。服务国家战略，着力攻克关键领域瓶颈技术，6项关键核心技术攻关任务全部完成。研发经费投入强度达到3.87%，总额同比提高44.6%。3个产品实现全球首发，一批精品钢材助力国家重点工程项目。加快数字鞍钢建设，完成钢铁、矿业20%主体产线数智化改造，27项成果获评试点示范。获国家科技进步奖二等奖2项、冶金科学技术奖14项。在中国钢铁企业专利创新指数排名中，鞍山钢铁、攀钢分列第3、4位。绿色动能潜力巨大。聚焦“双碳”目标，发布碳达峰碳中和宣言、低碳冶金技术路线图。践行“绿水青山就是金山银山”理念，完成3000余亩矿山绿色化复垦。加快推进超低排放改造项目，吨钢综合能耗、吨钢耗新水、二氧化硫排放量大幅降低。开展危废“零”出厂攻关，打好污染防治攻坚战。鞍钢连续两个任期获评国务院国资委“节能减排优秀企业”和“节能减排突出贡献企业”称号。

二、把握主题主线，强化走深走实，不断探索总结推进党史学习教育的经验做法

习近平总书记强调，全党要高度重视，提高思想站位，立足实际、守正创新，高标准高质量完成学习教育各项任务。党史学习教育启动以来，鞍钢党委坚持突出鞍钢特色、突出学用结合、突出惠及职工、突出担当作为，“规定动作”精准到位、“自选动作”出新出彩，推进党史学习教育不断走深走实。

（一）坚持认真学习贯彻习近平总书记重要讲话和重要指示批示精神，不断增强开展好鞍钢党史学习教育的思想自觉政治自觉行动自觉

坚决贯彻习近平总书记在动员大会、庆祝中国共产党成立100周年大会、党的十九届六中全会、总结会议等重要讲话和重要指示批示精神，以及外出考察提出的关于党史学习教育的重要要求，第一时间组织学习研讨20余次，印发贯彻落实通知，确保鞍钢党史学习教育各项任务高标准高质量完成。我们的体会是：习近平总书记关于党史学习教育的重要论述，为鞍钢开展党史学习教育提供了根本遵循，指明了努力方向，使鞍钢党员干部对党的历史的认识提升到新高度。

（二）坚持全面对接严格落实党中央和国资委党委的各项安排部署，不断加强鞍钢党史学习教育的领导指导引导

建立党史学习教育领导机构、工作机构，制定党史学习教育工作方案，构建“四个会议+四个清单+四个指导”推进机制，召开“四个会议”28次，明确“四个清单”任务130余项，开展“四个指导”300余次。中央企业党史学习教育第四指导组加强对鞍钢的指导督导，牢牢把握重点内容、重点环节，组织开展访谈座谈、现场调研、随机测评、总结评估等工作，确保鞍钢党史学习教育有力有序推进。我们的体会是：党委的坚强领导，各级组织的有力指导，多种形式的广泛引导，增强了鞍钢党史学习教育的政治性、系统性、协同性、广泛性。

（三）坚持找准工作结合点、出发点和落脚点，确保党史学习教育与鞍钢改革发展和服务职工相融共进

紧盯落实党中央国务院重大决策部署、做强做优做大鞍钢、生产经营取得优异成绩、提高职工收入等重点任务，统筹谋划鞍钢党史学习教育的目标任务举措，用职工群众的获得感、鞍钢改革发展的成效检验学党史、悟思想的成果。我们的体会是：把党史学习教育融入服务国家大局之中，紧密结合企业改革发展重点难点，紧密结合职工群众所思所想所盼，鞍钢党史学习教育与改革发展工作同频共振，实现了相融共进。

（四）坚持上下贯通和守正创新，持续提升鞍钢党史学习教育的效率效果效能

各级党委班子既挂帅、又出征，党员领导干部率先垂范，全体党员广泛参与。实施启动部署会联开、党委理论学习中心组联学、党史读书班联读、现场教学联动等贯通学习方式。创新百年党史“四学”、运用“七讲”方式宣讲、“七个聚焦”办实事、“七个一百”教育活动等特色做法。用好用活孟泰、雷锋、“鞍钢宪法”等红色资源，开展讲述新中国第一根重轨、鞍钢宪法“百年信物”故事，向老党员颁发“光荣在党50年”纪念章等红色教育活动。我们的体会是：以“一把手”带动“一班人”、以“关键少数”带动“绝大多数”，把企业红色资源作为生动教材，把持续创新作为推进动力，为基层着想、替基层减负，促进鞍钢党史学习教育形成上下联动的良好局面，更加生动更有亮点更富成效。

在充分肯定成绩的同时，我们也要清醒看到存在的问题，主要是：在学习运用党百年奋斗的历史经验规律，推动高质量发展新鞍钢建设常态化、长效化上还需巩固；在学习与实践相融合，把党史学习教育成果转化为创新发展动力、攻坚克难的战斗力上还有差距等。

三、坚持以史为鉴，勇于开创未来，建立完善党史学习教育长效机制

习近平总书记强调，要认真总结这次党史学习教育的成功经验，建立常态化、长效化制度机制，不断巩固拓展党史学习教育成果。学习教育只有进行时，没有完成时。学党史、悟思想、办实事、开新局是鞍钢各级党组织和全体党员干部的永恒课题，要永不停歇、勇往直前，奋进新征程、建功新时代。

（一）建立完善学党史的常态化长效化机制，知史爱党、知史爱国

把学党史作为党委理论学习中心组学习、党校培训班、党支部“三会一课”的固定学习内容，在持续性上下功夫。挖掘党史中的感人故事、党史中的鞍钢元素，在生动性上下功夫。把学党史和用党史结合起来，推进新时代鞍钢宪法内涵等研究与实践，在深入性上下功夫。

（二）建立完善悟思想的常态化长效化机制，学深学实、弄懂弄通

要在学中悟，读原著、学原文、悟原理，系统掌握贯穿其中的马克思主义立场观点方法，不断提高思想理论水平。要在思中悟，每年重温习近平总书记对鞍钢“凤凰涅槃、浴火重生”重要要求，提升认识、把握实质。要在干中悟，认真落实习近平总书记关于国有企业改革发展和党建工作的重要论述，坚决做到“两个一以贯之”，以高质量党建引领鞍钢高质量发展。

（三）建立完善办实事的常态化长效化机制，关心职工、造福群众

始终把职工群众的“急难愁盼”放在心上、抓在手上、体现在行动上。完善常态化收集立项、流程化解决问题、制度化管控督导、群众化监督评价的全过程管理。确定实施2022年“我为群众办实事”重点民生项目计划，进一步提升办实事的水平和效果，让职工群众的获得感成色更足、幸福感更可持续、安全感更有保障。

（四）建立完善开新局的常态化长效化机制，牢记使命、担当作为

在2021年取得良好业绩的同时，全体党员干部务必要继续保持谦虚、谨慎、不骄、不躁的作风，务必继续保持艰苦奋斗的作风，埋头苦干、勇毅前行，在战略规划落地、改革三年行动、绿色低碳发展、企业基础管理、党建引领五个方面加快突破，对科技创新、数字鞍钢建设、全面预算管理、三项制度改革、专业化整合五项工作实施重点攻坚，握指成拳办大事，一环接一环、一浪接一浪地推动高质量发展新鞍钢建设开创一个又一个的新局。

以史为鉴、开创未来。鞍钢各级党组织和广大党员干部要以习近平新时代中国特色社会主义思想为指导，深入学习贯彻党的十九届六中全会精神，增强“四个意识”、坚定“四个自信”、做到“两个维护”，深入学习领会“两个确立”的决定性意义，始终在思想上政治上行动上与以习近平同志为核心的党中央保持高度一致。要弘扬伟大建党精神，坚定历史自信、增强理论自觉、践行时代使命、厚植为民情怀、勇于担当作为，团结带领广大职工加快推进高质量发展新鞍钢建设，以实际行动迎接党的二十大胜利召开，为中华民族伟大复兴作出新的更大贡献！

第三部分

大事记

特　辑
专　文
▶ 大事记
概　况
机构与人事
规划发展
财务、资本运营与审计管理
人力资源管理
管理创新
科技创新
安全、环保与节能
法律事务
综合管理
企业文化与公共关系
党群工作
鞍山钢铁集团有限公司
攀钢集团有限公司
本钢集团有限公司
单位简介
荣　誉
附　录

2021 年鞍钢大事记

1 月

5 日 鞍钢集团召开疫情防控工作会议，研究部署疫情防控工作，落实监管责任和防疫措施。

14—15 日 鞍钢集团领导班子以“认真学习贯彻习近平新时代中国特色社会主义思想，加强政治建设，提高政治能力，坚守人民情怀，夺取决胜全面建成小康社会、实现第一个百年奋斗目标的伟大胜利，开启全面建设社会主义现代化国家新征程”为主题召开民主生活会。中央第 36 督导组全体同志到会指导。鞍钢集团党委书记、董事长谭成旭主持会议，并代表领导班子作对照检查发言。

18 日 中共鞍钢集团二届三次全委（扩大）会议召开。会议号召，各级党组织要更加紧密地团结在以习近平同志为核心的党中央周围，坚决贯彻落实党中央、国务院决策部署，认真落实国务院国资委和省委、省政府要求，团结带领广大党员和干部职工以新格局、新举措、新作风、新气象，精准聚焦、守信践诺、狠抓落实，全面完成各项目标任务，以新的业绩迎接建党 100 周年。鞍钢集团党委书记、董事长谭成旭主持会议，并代表鞍钢集团党委常委会作《以党的十九届五中全会精神为指引 打造高质量发展新鞍钢》工作报告。

△ 鞍钢集团有限公司一届十次职代会召开，会议要求广大职工高举习近平新时代中国特色社会主义思想伟大旗帜，全面贯彻党的十九大和十九届二中、三中、四中、五中全会精神、中央经济工作会议精神、中央企业负责人会议精神，立足新发展阶段、践行新发展理念、融入新发展格局，坚持党的全面领导，坚持改革创新，坚持系统观念，在打造高质量发展新鞍钢上迈出新步伐、见到新气象，确保“十四五”开好局，以优异成绩迎接建党 100 周年。鞍钢集团总经理戴志浩代表鞍钢集团向大会作题为《以党的十九届五中全会精神为指引 打造高质量发展新鞍钢》的行政工作报告。报告提出了“十四五”及 2021 年重点工作。

△ 鞍钢集团召开 2020 年度总结表彰大会，表彰 2020 年为鞍钢集团改革发展作出突出贡献的先进集体和先进个人。

19 日 鞍钢集团党委书记、董事长谭成旭会见到访的本溪市市长、市委副书记一行，双方围绕深化国企改革、妥善处理历史遗留问题、携手高质量发展进行深入交流。

22 日 沈阳鞍钢国际贸易有限公司与鞍山神龙腾达工贸有限公司共同签署 2021 年首份“双鞍”融合合作协议。

25 日 鞍钢集团中标单个项目钢材标的量历史最大一单，21 万吨 X80M 管线钢中标中俄东线天然气管道工程，实现中俄东线全线供货。

△ 在广汽乘用车（广汽传祺）第十二届供应商大会上，鞍钢集团荣获多个大奖，鞍钢股份获得“十佳供应商”奖，鞍钢蒂森克虏伯汽车钢有限公司获得“最佳供应保障”奖。

本月 攀钢与西部金属材料股份有限公司签署战略合作协议，标志着双方战略合作伙伴关系正式建立。

△ 在中国冶金职工思想政治工作研究会公布的 2020 年冶金行业党建思想政治工作研究优秀成果中，鞍钢集团有 9 项研究成果获奖。

△ 对 2020 年底在册的在岗职工、离岗职工分别按每人 1500 元、750 元给予一次性奖励。在此基础上，鞍钢集团还依据各单位效益考核目标完成情况，按照完成预算目标、奋斗目标，差异化确定奖励标准。此次奖励还打破区域、板块整体划定奖励标准的惯例，依据每一个独立经营单元企业的效益完成情况，确定每个企业的奖励金额。

△ 鞍钢集团“5G 工业专网+智慧炼钢”全球首发，在鞍钢股份炼钢总厂实现工业化应用。

△ 鞍钢股份中厚板事业部4300厚板生产线成功轧制出厚度5毫米、宽度3400毫米的世界最宽7Ni钢薄板，标志着鞍钢超薄超宽钢板轧制技术达到世界领先水平，为我国LNG储罐和运输船建设提供强劲材料支撑。

△ 鞍钢DP600 EPS产品在浙江金固股份有限公司通过认证，鞍钢600兆帕强度EPS产品将率先于国内其他钢企产品应用在车轮制造上。

△ 第十二届全国五好家庭和2020年全国最美家庭评选结果揭晓，鞍钢绿色资源科技公司职工孙宝江家庭和鞍钢集团钒钛（钢铁）研究院技术发展研究中心职工郑小敏家庭获得全国五好家庭称号，鞍钢股份鲅鱼圈分公司炼钢部职工金百刚家庭和鞍钢集团钢铁研究院职工袁玲家庭获得全国最美家庭称号。

2月

2日 鞍钢集团党委召开2021年党风廉政建设和反腐败工作会议，总结2020年党风廉政建设和反腐败工作，部署2021年任务。

3日 鞍钢集团与鞍山市召开改制企业“1+N”支持协议落实情况座谈会，助推改制企业实现健康可持续发展。

7日 鞍钢集团召开数字鞍钢建设启动会，按照国务院国资委《关于加快推进国有企业数字化转型工作》部署，聚焦信息化数字化智能化建设重点攻坚，加快数字鞍钢建设，以全新姿态开启“十四五”信息化建设新征程。

△ 鞍钢集团召开对标世界一流管理提升行动工作会议，落实国务院国资委对标世界一流管理提升行动部署，系统总结鞍钢集团2020年对标提升行动工作，对2021年对标提升行动进行再动员、再部署、再落实。

19日 鞍钢集团董事长、党委书记谭成旭会见到访的中国铁路沈阳局集团公司董事长、党委书记张千里一行，双方表示要创新合作模式、拓展合作领域，携手实现高质量发展。

21日 鞍钢集团董事长、党委书记谭成旭率队走访格兰仕集团，与格兰仕集团董事长兼总裁梁昭贤进行高层会谈。

22日 鞍钢集团董事长、党委书记谭成旭率队走访美的集团，与美的集团董事长兼总裁方洪波进行高层会谈。

23日 《经济日报》在“奋斗百年路 起航新征程”专版报道鞍钢集团传承红色基因、坚持改革创新的历史进程，充分展现鞍钢集团为实现高质量发展而艰苦奋斗、砥砺奋进的精神伟力。

本月 鞍钢集团与中信集团、中国工商银行和中国农业银行以传签形式签署战略合作协议。

△ 攀钢建成西部首个5G+工业专网。

△ 鞍钢集团党委下发《关于深入开展形式主义、官僚主义问题专项整治的工作方案》，在全集团深入开展形式主义、官僚主义问题专项整治。

△ 鞍钢集团参与的中国首个国产船用耐蚀钢实船示范应用工程项目——“基于IMO标准的船用耐蚀钢应用技术研究”项目通过工信部验收。

△ 攀钢成功开发出高端页岩气油井管用钢，可满足国内页岩气油田勘探开发对高强高韧油井套管的需求。

△ 攀钢与多家单位联合起草的国家标准《增材制造　金属粉末性能表征方法》（GB/T 39251—2020）正式发布。该标准的发布，填补了国内增材制造金属粉末性能表征方法的标准空白。

△ 鞍钢集团党委在全集团范围内开展以反腐蚀、提质效、树新风为主要内容的“清风行动”，聚焦重点领域，在“反腐蚀”“堵漏洞”上下功夫，斩断“围猎”利益链条，逐步构建具有鞍钢集团特色的全业务廉洁管控体系，建设平等、诚信、互利的营商环境。

3月

3日 鞍钢集团总经理戴志浩会见到访的中国工商银行辽宁省分行党委书记吴迎春一行。双方表示，要发挥各自优势，打造银企合作典范。

8日 鞍钢集团总经理、党委副书记戴志浩率队走访沪东中华造船（集团）有限公司、江南造船（集团）有限公司，分别与沪东中华总经理、党委副书记陈军，江南造船总经理、党委副书记黄文飞举行高层会晤，表示要进一步加强协同创新，为海洋强国建设等国家重大发展需要作出新的更大的贡献。

9日　鞍钢集团博物馆重新开馆，特展“《流金岁月》——那些曾经伴随着鞍钢人成长的老物件”同时与公众见面。

10日　“鞍钢-东大先进材料工程研究院”在东北大学召开轧钢领域技术交流会，进一步推进产学研融合，加强全流程、智能化、绿色化科技合作。

16日　鞍钢集团召开党史学习教育动员部署会，深入学习贯彻习近平总书记在党史学习教育动员大会上的重要讲话精神，落实《中共中央关于在全党开展党史学习教育的通知》精神、国资委暨中央企业党史学习教育动员部署会精神和有关安排，全面启动鞍钢集团党史学习教育。

△鞍钢集团年轻干部工作座谈会暨鞍钢党校2021年春季开学典礼举行，鞍钢集团党委书记、董事长谭成旭主持会议并讲话。

24日　鞍钢集团召开一届十一次职代会，以无记名投票方式表决，全票通过《关于加强劳动合同和岗位合同管理全面推行用工市场化的指导意见（试行）》。会议还审议了《鞍钢集团有限公司深化三项制度改革指导意见（试行）》和《关于进一步加强全员岗位绩效管理的指导意见（试行）》。

26日　鞍钢集团董事长、党委书记谭成旭会见到访的江钨控股集团董事长、党委书记周少兵一行。双方表示要拓展合作宽度广度，携手实现“十四五”高质量发展。

29日　鞍钢股份“鞍钢高纯净度工业纯铁产品”和攀钢“系列在线热处理珠光体道岔轨”获得2020年度“中国钢铁工业产品开发市场开拓奖”。

30日　鞍钢集团领导与鞍山市领导共同参加2021年绿色矿山春季植树活动，积极践行习近平生态文明思想，持续推进“双鞍”融合，共建美丽鞍山。

31日　在全国推进学雷锋志愿服务工作电视电话会议公布的2020年度全国学雷锋志愿服务“四个100”先进典型名单中，鞍钢绿色资源科技公司职工孙宝江获评“最美志愿者”。

本月　鞍钢集团党委制定发布《鞍钢集团领导班子2021年度民生实事计划》，计划列出10项民生实事让职工群众共享鞍钢集团改革发展成果。

△“决胜脱贫攻坚·国企扶贫优秀案例公益推选活动”名单公布，鞍钢集团选送的“特色产业助脱贫”和“探索高原扶贫路”两个案例上榜。

△攀长特高性能盾构机刀盘用钢通过专家评审，入选“2020年度四川省重大技术装备首台套新材料首批次软件首版次产品”，标志着被国外垄断的盾构机刀盘用钢从此实现“中国造”。

△2020年中国企业发明授权专利排行榜（TOP100）发布，鞍钢股份以272件发明授权专利数量名列第71名，居钢铁行业首位。

△西昌钢钒通过四川省2020年第一批次高新技术企业认定。

△鞍钢集团成功中标中国西北第一高楼——中国国际丝路中心大厦项目，是鞍钢建筑用钢板首次应用在西北地区地标性项目。

△由东北大学、鞍钢股份等单位共同参与的国家课题“高温冶金熔体泡沫化控制与防喷溅技术研究”在鞍钢股份炼钢总厂开展工业示范应用。

△2021年一季度，鞍钢集团生产经营全线飘红，成绩喜人：铁精矿、铁、钢、材产量和营业收入、利润均创历史新纪录；实现营业收入642.44亿元，同比增长47.46%；实现净利润60.37亿元，是去年同期的25倍。

4月

2日　鞍钢集团工会召开一届十次全委（扩大）会议，对2021年工会重点工作进行部署，要求聚焦深化改革和“十四五”规划，团结动员职工群众建设高质量发展新鞍钢。

8日　鞍钢集团总经理戴志浩会见到访的江南造船（集团）有限公司总经理黄文飞一行，双方表示要推进高质量合作，携手打造大国重器。

△全球首条“跨海云轨”车辆——巴西巴伊亚云轨车辆下线，该云轨车辆所采用的转向架用钢由鞍钢集团独家供货，这是该产品首次“出海”。

12日　鞍钢集团董事长、党委书记谭成旭会见到访的辽港集团党委书记、总经理张翼一行，双方表示要开展更高层次的合作，为东北全面振兴、区域经济发展作出贡献。

14日　鞍钢集团董事长、党委书记谭成旭主持召开鞍钢集团第四届董事会第七次会议，审议通过《鞍钢集团“十四五”发展战略和规划》《鞍钢集团2020年度财务决算报告》《鞍钢集团2020年度内控体系工作报告》等5项议题。

15日 国务院国资委深化东北地区国资国企改革现场推进会在鞍钢集团召开，深入学习贯彻习近平总书记关于新时代东北振兴重要讲话和重要指示批示精神，以落实国企改革三年行动为重要抓手，总结交流朝阳钢铁等国资国企典型改革经验，不断推动东北地区国资国企改革向纵深推进。

19日 在中华全国总工会召开的全国先进女职工表彰大会上，鞍钢集团钢铁研究院造船用钢领军计划首席专家严玲荣获全国五一巾帼奖章，成为鞍钢集团历史上首位获得该项殊荣的女职工，也是该次表彰大会上辽宁省唯一一名获奖者。

20日 鞍钢集团董事长、党委书记谭成旭在攀枝花市与攀枝花市委书记张正红座谈，双方表示要共同推动攀西钒钛资源综合利用水平再上新台阶。

26日 鞍钢集团召开2021年首届“数字鞍钢”现场推进会，全面落实数字鞍钢建设要求，全力打造数字鞍钢。

27日 鞍钢集团与格兰仕集团签署战略合作协议，建立以产品为纽带的跨行业长期发展战略合作伙伴关系，促进钢铁与家电上下游产业链共赢发展。

△ 鞍钢集团董事长、党委书记谭成旭，鞍钢集团党委副书记栗宝卿到鞍钢青年创新工作室与优秀青年代表座谈交流。

△ 鞍钢集团召开经营活动分析会，总结评价2020年及一季度生产经营情况，安排部署下一步重点工作，强调要抢抓市场有利时机，高标准完成全年预算目标。

28日 鞍钢集团董事长、党委书记谭成旭率队走访福建省三钢（集团）有限责任公司，与三钢集团董事长、党委书记黎立璋会谈。

29日 由鞍钢工程发展建设公司承建的青岛特钢续建工程高速线材项目热负荷试车成功，鞍钢工程发展建设公司创造了所承建项目最晚开工、最早竣工，国内同类产线建设时间最短的纪录。

30日 国务院国资委党委召开中央企业党建带团建工作会暨五四表彰大会，鞍钢集团一批集体和个人获中央企业团工委13项表彰。

本月 由攀钢独家供应钢轨的广州地铁18号线成功完成逐级提速试验，运行速度刷新了世界地铁最快速度纪录。

△ 在中国绿色物流发展大会上，鞍山钢铁荣获“绿色物流创新引领企业”称号，成为钢铁行业中唯一一家获此殊荣的企业。

△ 鞍钢集团铝锌镁彩涂产品在鞍钢股份冷轧厂彩涂线成功生产下线。

△ 鞍钢集团北京研究院通过国家高新技术企业认证，荣获由北京市科学技术委员会、北京市财政局、国家税务总局北京市税务局联合颁发的“高新技术企业证书”。

△ 鞍钢股份荣获2020年度“中国钢铁工业清洁生产环境友好企业”称号。

△ 辽宁省2018—2020年度文明单位评选结果公布，鞍钢众元产业东山酒店管理有限公司、鞍钢集团工程技术有限公司、鞍钢股份大型总厂、鞍钢集团钢铁研究院、鞍钢股份中厚板事业部、鞍钢矿业生产服务中心、鞍钢汽车运输有限责任公司、鞍钢日报社等8家单位荣获“辽宁省文明单位”称号。

△ 鞍钢集团主办的钢铁产业金融区块链联盟启动仪式暨第一次理事会在成都召开，标志着钢铁产业金融区块链联盟正式成立。

△ 为深入贯彻落实党中央、国务院国资委党委工作部署，落实《鞍钢集团有限公司党委关于开展党史学习教育实施方案》要求，鞍钢集团党委实施“七个聚焦”，在全集团开展“我为群众办实事”实践活动，把学习党史同总结经验、观照现实、推动工作结合起来，切实发挥基层党组织战斗堡垒作用、党员先锋模范作用和党员领导干部表率作用，推动企业改革发展成果更多更好惠及全体职工，不断增强职工获得感、幸福感、安全感，团结带领广大职工在推进新鞍钢高质量发展中建功立业。

5月

6日 鞍钢集团、国家电力投资集团、鞍山市人民政府在沈阳签署战略合作框架协议，全面建立战略合作关系。三方表示将发挥各自优势，携手助力实现碳达峰、碳中和目标。

7 日　鞍钢集团董事长、党委书记谭成旭会见辽阳市委书记霍步刚一行。双方表示要加强地企交流合作，携手实现高质量发展。

10 日　鞍钢集团董事长、党委书记谭成旭会见到访的国家开发银行辽宁省分行党委书记黎鹏一行，双方表示要落实国家发展战略，精准对接、精诚合作。

△ 中国智造品牌论坛暨中央企业高端装备制造创新成就展在北京举行，鞍钢集团以“大国重器的钢铁脊梁”为主题参展，集中展示在高端装备制造领域的重要成果。

17 日　中央电视台新闻频道《新闻 30 分》栏目在“奋斗百年路　启航新征程 · 今日中国”专题中，以《5G 遇上“智慧炼钢”这座钢厂不寻常》为题，聚焦互联网时代鞍钢集团开启“云端”上的智慧炼钢，展现鞍钢集团在推进“数字鞍钢”建设中取得的丰硕成果。

19 日　举世瞩目的中俄两国核能合作重要项目——田湾核电站和徐大堡核电站开工，鞍钢集团独家中标田湾 7、8 号和徐大堡 3、4 号机组核岛关键设备用钢板，为这两个核电项目顺利建设注入了强劲的“钢铁动力”。

24 日　鞍钢集团董事长、党委书记谭成旭率队走访格兰仕集团，与格兰仕集团董事长兼总裁梁昭贤进行会谈。

27 日　鞍钢集团总经理戴志浩代表鞍钢集团，在上海举行的第十一届中国国际钢铁大会上发布《鞍钢集团碳达峰碳中和宣言》。

31 日　鞍山冶金集团产业链供应链对接会在鞍钢集团会展中心举行，鞍钢集团董事长、党委书记谭成旭，鞍山市委书记余功斌出席对接会签约仪式并讲话。

本月　鞍山钢铁团委荣获共青团中央授予基层团组织的最高荣誉——“全国五四红旗团委”称号。

△ 攀钢钒钛荣获全球最大涂料生产商宣伟公司“2020 年度优秀供应商——长期战略合作奖”，是该次峰会上唯一获奖的钛白粉生产供应商。

△“基于 5G 的机器视觉带钢表面检测平台”在鞍钢成功应用。

△ 鞍钢集团财务公司新一代财资管理系统再升级，鞍钢集团成为国内首家人民币跨境支付系统直联企业。

△ 鞍钢集团博物馆“钢铁是怎样炼成的——庆祝中国共产党成立 100 周年革命文物展”入选中央宣传部、国家文物局联合推介的“庆祝中国共产党成立 100 周年精品展览”。

△ 攀钢成功开发 900 ~ 1000 兆帕级别超高强热轧汽车结构用钢。

6 月

1 日　辽宁省委常委、省委宣传部部长刘慧晏到鞍钢集团调研。

△ 鞍钢集团董事长、党委书记谭成旭会见中国联通辽宁省分公司党委书记、总经理张成波，双方就深化交流合作、加强数字鞍钢建设等有关事宜进行充分交流。

2 日　鞍钢集团党委在鞍钢会展中心举行“光荣在党 50 年”纪念章颁发仪式，向党员代表颁发“光荣在党 50 年”纪念章。

3 日　在 2021 年（第四届）中国产业区块链峰会上，鞍钢集团凭借智慧供应链信息服务平台成功入选“2020 中国产业区块链企业 50 强”。

8 日　鞍钢集团党委书记、董事长谭成旭作为信物讲述人，将鞍钢的两件“传家宝”——新中国第一根重轨和“鞍钢宪法”带到央视财经频道《红色财经 · 信物百年》节目现场，向全国观众讲述两件信物背后的红色故事。

10 日　鞍钢集团董事长、党委书记谭成旭率队走访国网辽宁省电力公司，与国网辽宁省电力公司董事长、党委书记石玉东进行会谈。

16 日　鞍钢集团董事长、党委书记谭成旭，鞍钢集团总经理、党委副书记戴志浩率队先后走访中国诚通控股集团有限公司、中国国新控股有限责任公司，分别与中国诚通党委书记、董事长朱碧新，中国国新党委书记、董事长周渝波进行会谈。

17 日　鞍钢集团党委常委、副总经理，鞍山钢铁党委书记、董事长王义栋到鞍钢集团定点帮扶单位朝阳市上桃花吐村，实地调研帮扶工作。

18 日　中央企业党史学习教育第四指导组与鞍钢集团召开工作座谈会，中央企业党史学习教育第四指导组组长讲话，鞍钢集团党委副书记、党史学习教育领导小组副组长栗宝卿汇报鞍钢集团党史学习教育开展情况。

△ 鞍钢博物馆入选中共中央宣传部新命名的111个全国爱国主义教育示范基地，成为鞍山市首家国家级爱国主义教育基地。

21日 鞍钢集团党委主办的“永远跟党走”——鞍钢庆祝建党100周年文艺演出在鞍钢体育馆隆重举行。

22日 鞍钢集团总经理、党委副书记戴志浩，在西昌市与凉山州委书记段毅君，凉山州委副书记、州长苏嘎尔布座谈。

24日 鞍钢集团党委书记、董事长、党史学习教育领导小组组长谭成旭以《重温百年党史 传承红色基因 打造高质量发展新鞍钢》为题，为鞍钢集团党员领导干部讲党史学习教育专题党课。

25日 鞍钢集团“两优一先”和纪检系统表彰大会举行，热烈庆祝中国共产党成立100周年，表彰一批鞍钢集团优秀共产党员、优秀党务工作者、先进党组织和纪检系统先进集体、先进工作者。

28日 全球在建规模最大、单机容量最大、技术难度最高的水电工程——白鹤滩水电站首批两台机组投产发电。鞍钢800兆帕级大型水电工程高强度低焊接裂纹敏感性钢板成功应用于白鹤滩水电站引水系统，为我国大型水电工程建设完成从“中国制造”到“中国创造”跨越助力。

29日 鞍钢博物馆和鞍钢雷锋纪念馆入选国务院国资委命名的首批100个中央企业爱国主义教育基地。

30日 鞍钢集团董事长、党委书记谭成旭会见到访的中国银行辽宁省分行行长陈志能一行，双方表示要构建银企合作新模式，携手实现高质量发展。

本月 鞍钢集团成功入围2020年中央企业品牌建设能力TOP30排行榜，鞍钢集团的《品牌价值发展指数的构建与应用》和《“一键”炼钢》分别入选2020年度100个国有企业品牌建设典型案例和100个优秀品牌故事，标志着鞍钢集团品牌建设工作迈进中央企业一流水平。

△ 为庆祝中国共产党成立100周年，鞍钢集团党委在全集团开展“百名书记谈初心、百名党员话使命、百个堡垒展风采、百堂党课讲党史、百部教育片强党性、百项工程助发展、百件实事惠全员”主题活动（简称“七个一百”主题活动）。

△《钢铁行业智能制造联盟智能制造解决方案推荐名录》发布，鞍钢集团7个智能制造解决方案上榜。

△ 在2021（首届）钢铁工业品牌质量发展大会上，鞍钢集团4家子企业获评钢铁行业优秀品牌企业。

△“当代雷锋”郭明义被生态环境部聘为2021年度生态环境特邀观察员。

△ 鞍钢集团成功研制出低碳高锰硫A1215MS环保型易切削钢盘条，填补了鞍钢集团低碳高锰硫易切削钢产品空白。

7月

1日 鞍钢英模“老英雄”孟泰的外孙女党晓萍和“当代雷锋”郭明义、“时代楷模”李超、全国先进基层党组织——鞍钢股份炼钢总厂党委书记杨文、全国劳模陶功明等鞍钢职工在北京参加庆祝中国共产党成立100周年大会。

△ 由鞍钢博物馆承办，入选中央宣传部、国家文物局联合推介的“庆祝中国共产党成立100周年精品展览”的“钢铁是怎样炼成的”——庆祝中国共产党成立100周年鞍钢革命文物展览在鞍钢博物馆正式开展。

2日 鞍钢集团党委常委、副总经理景奉儒走访慰问辽宁省抗击新冠疫情先进集体——鞍山钢铁保卫部（人民武装部）党委，辽宁省抗击新冠疫情先进个人——鞍钢集团安全环保部安全监察总监赵玉强和原朝阳钢铁党委副书记、总经理杨旭，并颁发荣誉勋章。

△ 鞍钢集团党委举行欢迎仪式，祝贺鞍钢股份炼钢总厂党委荣获“全国先进基层党组织”称号并从北京载誉归来。

6日 鞍钢集团董事长、党委书记谭成旭会见到访的大连商品交易所党委书记、理事长冉华一行，双方就金融服务实体经济发展等相关内容达成广泛共识。

6—8日 鞍钢集团总经理戴志浩率队到新疆塔县调研，实地察看鞍钢集团定点帮扶项目推进情况。

15日 鞍钢集团人力资源部、鞍钢教培中心

（党校）与冶金工业教育资源开发中心、中国钢协职业培训中心联合举办的“大国工匠——高技能领军人才”高端论坛在鞍钢教培中心（党校）举行，来自全国20余家企业的80余名高技能领军人才参加论坛。

19日　鞍钢集团首套钢铁渣智能、检测系统在攀钢上线，收样、制样、检测全过程实现无人化操作，检测水平及智能化程度达到国内先进水平。

21日　鞍钢集团总经理戴志浩会见到访的国机集团党委委员、苏美达股份有限公司党委书记、董事长杨永清一行。

22日　鞍钢集团坚决贯彻习近平总书记重要指示精神，落实党中央、国务院决策部署，紧急向河南省慈善总会捐赠1000万元，用于河南省防汛救灾及灾后重建工作。

29日　我国首批超宽、超薄高温合金热轧扁钢在攀钢轧制成功。

30日　鞍钢集团出台《关于应对下半年经营形势的十项措施》，要求各单位继续保持昂扬斗志和进取精神，克服自满情绪和松劲思想，增强忧患意识，进一步提高工作标准，夯实和提升经营成果，坚决跑赢大盘、跑赢自身，促进鞍钢集团生产经营管理水平再上新台阶。

31日　鞍钢集团“高强度反应堆安全壳用钢自主化研制”项目成果通过中国钢铁工业协会鉴定，该项目成果属国际首创，达到国际领先水平。

本月　人力资源社会保障部发布第十五届中华技能大奖、全国技术能手和国家技能人才培育突出贡献单位名单。鞍钢股份炼钢总厂刘铁、西昌钢钒杨林被评为全国技术能手，鞍钢股份被评为国家技能人才培育突出贡献单位。

△ 鞍钢股份成功入围“中石化2021年度长输管线框架采购协议”，中标量位列第一。

△ 鞍山钢铁的“耐低温船舶用钢（FH32-FH690/VL4-4系列）”“大型集装箱船用止裂钢（EH40/EH47）”“高性能海洋油气输送用管线钢（X65/X70级）”“低温高压服役条件下高强度管线用钢（X70/X80级）”等4个项目入选《中央企业科技创新成果推荐目录（2020年版）》。

8月

2日　2021年《财富》世界500强排行榜揭晓，鞍钢集团以2020年308.86亿美元的营业收入位列榜单第400位，第8次入围世界500强。

3日　鞍钢集团总经理戴志浩会见到访的中国宝武欧冶工业品股份有限公司董事长、总裁王静一行，双方表示要发挥各自优势，共建高质量钢铁生态圈。

16日　鞍钢集团召开党风廉政警示教育大会推动鞍钢集团全面从严治党向纵深发展，推动生产经营各项工作在良好态势下开启高质量发展新篇章。

20日　鞍钢重组本钢大会在鞍钢会展中心隆重召开，鞍钢重组本钢工作正式启动。辽宁省国资委将所持本钢51%股权无偿划转给鞍钢集团，本钢成为鞍钢集团的控股子企业。辽宁省委副书记、省长刘宁，国务院国资委党委委员、副主任翁杰明出席大会并讲话，辽宁省政府党组成员、副省长姜有为出席。鞍钢集团党委书记、董事长谭成旭，中国诚通党委书记、董事长朱碧新，中国国新党委书记、董事长周渝波分别代表鞍钢集团、中国诚通、中国国新签署了《鞍钢集团股权多元化改革增资协议》；辽宁省国资委主任王永威，鞍钢集团党委书记、董事长谭成旭分别代表辽宁省国资委和鞍钢集团签署了《辽宁省人民政府国有资产监督管理委员会、鞍钢集团有限公司关于本钢集团有限公司国有股权无偿划转协议》。

24日　鞍钢重组本钢管理过渡期工作组见面会在本钢召开。会议强调，要深入贯彻落实习近平总书记重要指示批示精神，贯彻落实鞍钢重组本钢大会精神，进一步提高对重组重大意义的认识，统一思想、提高站位、统筹推进、真抓实干，以重组新成效向党中央、国务院，向辽宁省委、省政府交出满意答卷。

△ 鞍钢集团党委书记、董事长谭成旭在本溪市与本溪市委书记吴澜，市委副书记、市长吴世民会谈，就鞍钢重组本钢相关工作和推动地企合作共赢有关事宜进行深入交流。

26日　鞍钢集团董事长、党委书记谭成旭会见到访的中信证券董事长、党委书记张佑君一行。

27日　鞍钢集团董事长、党委书记谭成旭会见到访的盛京银行董事长、党委书记邱火发一行。

本月　国务院国资委公布国有重点企业管理标杆创建行动管理标杆企业、标杆项目和标杆模式（“三个标杆”）名单，鞍钢集团朝阳钢铁和西昌钒制品公司成功入选标杆企业，“以激发活力和提高效率为导向的人力资源管理”项目入选标杆项目。

△ 中国冶金报社 2021“钢铁产业链绿色标杆企业”榜单正式发布，鞍山钢铁和鞍钢股份鲅鱼圈钢铁分公司获评“钢铁绿色发展标杆企业”，鞍钢矿业大孤山铁矿获评原燃辅料领域“钢铁产业链绿色标杆企业”。

△ 采用鞍钢 9Ni 钢建造的全球首制双燃料超大型油船 C 型 LNG 低温储舱成功交付，鞍钢 9Ni 钢有力推动了中国大型船舶加速向绿色低碳转型。

△ 国内首个矿渣微粉设备智能运维系统在鞍钢众元产业绿源科技公司上线运行。

△ 鞍钢国贸公司成功开立 2.6 亿元人民币区块链电子信用证，标志着鞍钢集团在大宗原燃料进口采购方面与世界主要矿山公司应用区块链技术实现人民币跨境结算新突破。

△ 鞍山钢铁“大国重器的钢铁供应链新价值物流业钢铁业融合创新案例”成功入选国家发展和改革委员会经济贸易司、中国物流与采购联合会共同编制的《物流业制造业深度融合创新发展典型案例》。

9 月

2 日 鞍钢重组本钢整合融合工作《目标任务书》签订会在本钢召开，整合推进领导小组代表与 20 个项目组分别签订《目标任务书》，标志着鞍钢重组本钢整合方案计划制定阶段已经结束，鞍钢重组本钢整合融合工作正式进入实施阶段。

△ 由中国上市公司协会主办的“上市公司 2020 年报业绩说明会经验交流会”在北京召开，鞍钢股份荣获“上市公司 2020 年报业绩说明会最佳实践案例”奖。

5 日 在第十一届“中华慈善奖”表彰大会上，郭明义爱心团队被授予“慈善楷模奖”，成为该届辽宁省唯一获此殊荣的爱心慈善团队。

13 日 中国国新与鞍钢集团合作开展“墩苗行动（一期）”实践锻炼活动启动仪式在鞍钢博物馆举行。

15 日 鞍钢集团总经理、党委副书记戴志浩在成都与四川省委副书记、省长黄强会谈；与东方电气集团党组书记、董事长俞培根会谈。

16 日 鞍钢集团攀钢以“新攀钢、新材料、新画卷、新征程”为主题参展第十八届中国西部国际博览会，鞍钢集团总经理戴志浩应邀出席博览会开幕式等有关活动。

17 日 鞍钢集团董事长、党委书记谭成旭会见到访的瓦轴集团董事长、党委书记刘军一行，双方围绕深化合作、联合攻关，保障产业链、供应链安全稳定进行深入交流。

23 日 中央企业法治工作第二协作组 2021 年度第二次交流会在鞍钢集团举行，围绕“十四五”时期法治建设工作思路和重点任务等展开深入交流。

△ 鞍钢集团召开 2021 年法治工作会暨《鞍钢集团合规手册》发布会，深入学习贯彻习近平法治思想，全面提升依法合规经营管理水平。

24 日 贵州省委书记、省人大常委会主任谌贻琴在贵阳会见鞍钢集团党委书记、董事长谭成旭一行，双方表示要加强协同全面推进乡村振兴，携手实现高质量发展。

25 日 鞍钢集团党委书记、董事长谭成旭率队深入贵州省盘州市，实地考察定点帮扶项目情况，签订定点帮扶框架协议。

26 日 由鞍钢集团团委、鞍钢日报社、抖音辽宁官方联合举办的“辽宁工人有力量”抖音短视频大赛颁奖仪式在鞍钢会展中心举行。

27 日 鞍钢集团与国家石油天然气管网集团有限公司签订战略合作协议。

28 日 我国铁矿行业首个数字矿山联合创新中心在鞍钢矿业公司正式成立。

本月 在 2021 年全国机械冶金建材行业职工技术创新成果展示暨“创新百强班组”活动评选结果中，鞍钢集团荣获 2 个优秀组织奖、36 项职工技术创新成果奖、6 个“创新百强班组”。

△ 由鞍钢股份牵头制定的《高性能桥梁钢》团体标准通过中国钢铁工业协会组织的专家审定，推动了我国桥梁设计制造行业及钢铁冶金行业的技术进步。

△ 第 20 届全国青年文明号集体评选结果揭晓，鞍钢股份能源管控中心发电分厂检修作业区青年科技攻关小组、鞍钢矿业信息中心青年集体被认定为全国青年文明号。

△ 替代进口的 SK4 高端工具钢热轧卷板在鞍

钢股份鲅鱼圈分公司首次生产供货。

△ 在国务院未保办、民政部联合召开的全国未成年人保护工作推进会暨示范创建动员部署工作会上，鞍钢集团攀钢办公室信调民政处荣获“全国农村留守儿童关爱保护和困境儿童保障工作先进集体”称号，是全国钢铁行业唯一获奖的集体。

10 月

9 日　鞍钢集团与中国钢研科技集团有限公司签署战略合作暨项目合作协议。

△ 由人力资源社会保障部主办的 2021 年全国博士后创新创业大赛揭榜领题赛云宣讲“现代农业与食品 & 其他行业领域”专场举行，鞍山钢铁以“高硅高铝无取向硅钢轧制工艺与板型控制技术研究”为主题邀请广大博士、博士后揭榜领题，促进高层次人才向鞍钢流动。

12 日　鞍钢集团董事长、党委书记谭成旭会见到访的辽港集团首席执行官、党委书记张翼一行，并共同出席鞍山钢铁与辽港集团战略合作协议签约仪式。

13 日　鞍钢集团党委书记、董事长谭成旭会见到访的新华社辽宁分社党组书记、社长曹智一行。

14 日　鞍钢集团党委召开本钢干部会议，宣布鞍钢集团党委、鞍钢集团关于本钢领导班子成员任免的决定。

15 日　鞍钢集团本钢集团有限公司揭牌成立，在法律意义上正式成为鞍钢集团控股二级子企业。

△ 由辽宁省总工会主办、鞍钢集团工会承办的“永远跟党走 奋进新征程”主题示范宣讲暨学习贯彻习近平总书记“七一”重要讲话精神专题宣讲报告会（鞍山专场）在鞍钢博物馆举行。

19 日　鞍钢集团董事长、党委书记谭成旭会见山西焦煤集团董事长、党委书记赵建泽一行，围绕深化战略合作、建立共享共赢机制等进行深入交流。

21 日　鞍钢重组本钢整合融合推进工作组召开以“交作业 晒成绩 鼓干劲 开新篇”为主题的鞍钢重组本钢管理过渡期工作总结专项会暨整合首月动员会，标志着鞍钢重组本钢管理过渡期各项工作任务圆满完成，整合融合首月、百日计划全面启动。

25 日　鞍钢集团、鞍山市和天安集团在鞍钢会展中心共同举行氢能产业项目推进会。三方共同表示，要聚焦“双碳”目标，发挥各自优势，坚定不移走绿色低碳发展道路。

27 日　中央企业党史学习教育第四指导组与所指导的京外企业党委主要负责同志谈心谈话，听取鞍钢集团和中国一汽、中国一重、哈电集团关于党史学习教育的工作汇报，鞍钢集团党委书记、董事长谭成旭在鞍钢集团分会场参会并作工作汇报和表态发言。

29 日　鞍钢股份与上海核工程研究设计院有限公司在上海签订“国和一号”产业链联盟共建协议，联合开展核电设备 100%国产化攻关。

△ 鞍钢党校 2020 年秋季开学典礼暨“一把手”政治能力提升研修班开班，鞍钢集团党委书记、董事长谭成旭作开班动员讲话。

△ 积微物联入选“2020 年中国互联网综合实力百家企业”。

30 日　鞍钢集团董事长、党委书记谭成旭在攀枝花市与攀枝花市委书记贾瑞云、市长王波进行会谈，双方就深化地企合作深入交换意见。

本月　鞍钢矿业公司接轨新一代国际标准，推进网络信息技术创新和变革，成为国内首家完成 IPv6 一期升级改造的矿山企业。

△ 全球首艘双燃料超大型原油船（VLCC）91 号船顺利完成试航任务。该船在货油舱结构设计中改变过去使用普通钢板表面加涂层防护的传统方式，首次批量应用鞍钢集团免涂装耐蚀钢板。

11 月

1 日　鞍钢股份智慧运营一体化管控系统鞍山基地上线投运，范围之大在钢铁行业属于首创，标志着鞍钢股份开启了基地内集中一贯、基地间统筹协同、产销一体化、管控一体化和业财一体化的管理新模式。

3 日　辽宁省委常委、省委组织部部长熊茂平在鞍钢集团党委书记、董事长谭成旭的陪同下调研鞍钢集团改革发展和党建工作情况。

△ 在2020年度国家科学技术奖获奖名单中，鞍钢股份作为第二完成单位参与完成的“钢材热轧过程氧化行为控制技术开发及应用”项目和攀钢作为第二完成单位参与完成的“连铸凝固末端重压下技术开发与应用”项目荣获国家科学技术进步奖二等奖。

6日 鞍钢集团交易分团在第四届中国国际进口博览会上与淡水河谷、西马克、普锐特及西门子等8家世界知名企业签约，这是鞍钢重组本钢整合融合首月内，鞍、攀、本三基地首次联合签约。

7—8日 历史同期罕见的特大暴雪突袭辽宁。面对极端恶劣天气，鞍钢集团辽宁区域广大干部职工众志成城，奋战于雨雪交加的寒夜，冲锋在除雪保产的最前线，力保生产经营安全平稳顺行。

△ 鞍钢集团党委在攀枝花召开攀钢干部会议，宣布关于攀钢领导班子成员任免的决定，会议要求攀钢领导班子要推进攀钢改革发展各项工作开新局创佳绩。

10日 第十三届辽宁青年科技奖名单揭晓，鞍钢集团钢铁研究院林利获得辽宁青年科技奖，并同时荣获辽宁青年科技奖“十大英才”称号。

11—12日 鞍钢集团正式启动振兴东北央地百对企业协作行动。鞍山钢铁与鞍山冶金产业链集团有限公司、鞍钢矿业与辽宁集改建设工程有限公司成为结对企业。

15日 鞍钢重组本钢加快实质性整合融合步伐，本钢钢铁产业管理与信息化整体提升项目启动，鞍钢集团钢铁研究院本钢技术中心揭牌，鞍本协同研发协议签约。

19日 中国共产党鞍钢集团有限公司党员代表大会召开，选举产生九名出席辽宁省第十三次党代会代表。鞍钢集团党委组织部负责人对鞍钢集团出席辽宁省第十三次党代会代表候选人预备人选有关情况进行说明。辽宁省换届风气第三督导组全程列席会议指导工作。

△ 由鞍钢股份炼钢总厂和鞍钢汽运公司联合研发的绿色能源电拆炉机，在鞍钢股份炼钢总厂二分厂一次性试车成功，标志着鞍钢集团炼钢史上第一台绿色能源电拆炉机正式“上岗”。

22日 鞍钢集团与东北大学在鞍钢会展中心召开鞍钢东大先进材料工程研究院一届二次理事会，鞍钢集团总经理、鞍钢东大先进材料工程研究院理事会理事长戴志浩主持会议，并为新当选的副理事长发放聘书。

23日 鞍钢集团与辽阳市签署战略合作框架协议，鞍钢集团董事长、党委书记谭成旭，辽阳市委书记霍步刚出席签约仪式并讲话。

△ 由民政部、国务院国资委、国家乡村振兴局、中国红十字会总会等联合主办的以“汇聚慈善力量 助力乡村振兴”为主题的第九届中国慈展会云上开幕。鞍钢集团作为中央企业代表，在慈展会国际公益主题研讨会上介绍推广了助力乡村振兴经验。

24日 鞍钢集团董事长、党委书记谭成旭会见中国银行辽宁省分行行长陈志能一行，双方表示要加强绿色金融产品合作，开创互利共赢崭新局面。

△ 鞍钢集团与鞍山市举行高层会商会议，深入贯彻落实党的十九届六中全会精神，深化“双鞍”融合，鞍钢集团董事长、党委书记谭成旭，鞍山市委书记余功斌出席会议并讲话。

26—27日 鞍钢集团董事长、党委书记谭成旭率队走访中国一重、龙煤集团，分别与中国一重董事长、党委书记刘明忠，龙煤集团董事长、党委书记孙成坤举行高层会晤，表示发挥各自优势深化战略合作，在携手奋进中实现互惠共赢。

29日 鞍钢集团援建国内首条刺梨泡腾片生产线投产，惠及帮扶点贵州省盘州市10余万刺梨种植户。鞍钢集团党委副书记栗宝卿，贵州省六盘水市委副书记、盘州市委书记杨引明出席竣工投产活动。

本月 鞍钢信息产业公司自动化事业部入围辽宁省首批数字化转型促进中心名单。

△ 本钢成功研发冷轧增强成形性双相钢DH590和DH780。

△ 在第十七届中国企业教育百强年度颁奖盛典暨中国企业培训发展论坛上，鞍钢教培中心（党校）获三项大奖。

12月

2日 “一带一路”重点项目、中老友谊标志性工程——中老铁路全线开通运营。鞍钢集团供应3万吨钢轨、1200吨热轧卷板、6万余吨含钒抗震钢筋。

3日　本钢板材热连轧厂1700生产线一次顺利通钢，标志着该生产线年修比计划工期提前两天告竣。

5日　鞍钢集团科技资源共享信息系统正式上线运行。

7日　攀钢烧结焦化综合实验平台正式启用，这是西南地区装备最完善、技术最先进，集烧结、炼焦、球团和冶金性能检测等功能于一体的综合实验平台。

△ 鞍钢集团董事长、党委书记谭成旭会见到访的中国节能协会副理事长郭留成一行，就绿色低碳发展及双方合作事宜进行洽谈磋商。

10日　鞍钢集团董事长、党委书记谭成旭会见到访的通用技术集团总经理、党组副书记陆益民一行。双方表示要找准高质量战略合作切入点，携手推动高质量发展开新局。

12日　鞍钢集团创新成果在“第二十五届全国发明展览会——‘一带一路’暨金砖国家技能发展与技术创新大赛”中获28金49银48铜。

15日　鞍钢集团人力资源服务有限公司与鞍山市社会保险事业服务中心签订“2021年鞍钢集团鞍山区域工伤预防项目”协议，助力深化“双鞍”融合，强化工伤预防。

17日　鞍钢集团召开第一次股东会，审议通过鞍钢集团有限公司章程、董事会议事规则，选举产生鞍钢集团有限公司董事、监事，标志着鞍钢集团正式建立多元化公司治理结构。国务院国资委资本局局长李冰主持会议并讲话。国务院国资委企业改革局副局长唐祖君，鞍钢集团领导戴志浩、栗宝卿、景奉儒、邵安林、闫立兵列席会议。

△ 辽宁省首届互联网大会暨辽宁省互联网企业20强授牌仪式在沈阳举行，德邻陆港、鞍钢自动化公司获“辽宁省互联网企业20强”荣誉称号，德邻陆港获“鞍山市互联网领军企业”荣誉称号。

22日　鞍钢本钢重组工作经验交流会在本钢召开。会议要求贯彻落实党中央国务院决策部署，把鞍钢本钢重组作为辽宁党史学习教育的重大成果，并转化为推动辽宁高质量发展的强大精神动力。

23日　鞍钢集团第五届董事会第一次会议召开，新一届董事会正式运行。

24日　鞍钢集团党委举办学习贯彻党的十九届六中全会精神宣讲报告会，鞍钢集团党委书记、董事长谭成旭主持报告会，中共中央政策研究室原副主任施芝鸿在鞍钢会展中心主会场作宣讲报告。

△ 鞍钢集团第八届青年创新登高大会召开，命名表彰第八届创新登高“双十佳”及2020年度创新登高“金牌项目”，公布第一届鞍钢青年创新大赛获奖项目名单。

27日　鞍钢集团2021年第二届“数字鞍钢·数字生态”现场推进会在西昌钢钒召开，鞍钢集团总经理戴志浩，鞍钢集团党委常委、副总经理王义栋出席会议，并启动西昌钢钒智慧管控系统上线。

△ 24日、27日，中央企业党史学习教育第四指导组对鞍钢党史学习教育开展评估，通过随机测评、召开座谈会、个别访谈等方式，广泛听取党员干部、职工群众对鞍钢党史学习教育的反映和评价，深入了解党史学习教育开展情况和实际成效。中央企业党史学习教育第四指导组副组长王学军出席座谈会和访谈会并讲话。

29日　鞍钢集团与中国一重签署战略合作框架协议，建立互相支持、互相依托、共同发展的战略伙伴关系，全力打造央企合作新标杆。

△ 辽宁省人大常委会党组副书记、副主任孙铁一行就智能制造和大数据应用相关工作到鞍钢集团实地调研，对鞍钢集团在智能化集控和大数据应用等方面做出的努力和取得的成绩给予充分肯定。

△ 鞍钢集团发布低碳冶金路线图，提出了低碳发展愿景、“三个使命”和“五大路径”。

30日　第二十八届全国企业管理现代化创新成果发布，鞍钢集团4项创新成果获得二等奖；第二十届（2021年）冶金企业管理现代化创新成果发布，鞍钢集团9项创新成果榜上有名。

本月　鞍钢股份中厚板事业部一批止裂钢焊评板5500毫米产线下线，标志着该事业部独家中标的大连船舶重工集团有限公司9条16000箱集装箱船用止裂钢订单开始供货。中厚板止裂钢占市场份额的80%，以硬核实力领军行业。

△ 鞍钢集团研发生产的X70级深海高应变管线钢和500兆帕级免涂装耐候桥梁钢两个产品顺

利通过权威部门评价，关键技术指标达到国际领先水平，并实现全球首发。

△ 鞍钢股份荣获比亚迪“杰出战略合作伙伴”奖，成为所有汽车钢供应商中唯一获该奖项的企业。

△ 由鞍钢工程发展重机公司承揽的国内最大、最重青铜压下螺母浇注成功，展示了鞍钢集团有色金属设备部件制造实力。

△ 由人力资源社会保障部编制的《中国特色企业新型学徒制工作指南》正式出版，辽宁冶金技师学院（原本钢技校）新型学徒制培训典型经验成为辽宁省唯一被收录其中的典型经验。

△ 鞍钢集团案例入选《2020 年度国有企业品牌建设典型案例集》，并成为中央企业唯一入选该案例集“品牌考核评价”类的典型案例。

△ 鞍钢股份与辽宁移动签署合作协议，共同在鞍钢股份鲅鱼圈分公司建设“5G+工业互联网”融合应用先导区。

△《鞍钢集团有限公司 2020 可持续发展报告》连续三年荣获“金蜜蜂 2021 优秀企业社会责任报告·长青奖一星级奖”。

△ 鞍钢集团档案管理案例获评 2021 年度全国经济科技档案资源开发利用一类案例，是全国钢铁行业唯一一个一类案例。

△ 鞍钢股份大型总厂自主研发的钢轨轨底多向敏感涡流检测，标志着国内首台应用多向敏感涡流检测技术的钢轨轨底检测设备研发成功，该设备各项指标均领先于国际同类设备，将大幅度提高钢轨轨底缺陷检测准确率和劳动生产率。

△ 本钢在贝尔卡特（沈阳）公司季度供货商评选中，凭借帘线钢卓越的品质首次获评 2021 年三季度“A 级优秀供货商”。

△ 在第十九届中外企业文化武汉峰会上，鞍钢集团多个集体和个人荣获奖项。

第四部分

概　况

特　辑
专　文
大事记
▶ 概　况
机构与人事
规划发展
财务、资本运营与审计管理
人力资源管理
管理创新
科技创新
安全、环保与节能
法律事务
综合管理
企业文化与公共关系
党群工作
鞍山钢铁集团有限公司
攀钢集团有限公司
本钢集团有限公司
单位简介
荣　誉
附　录

总 述

截至2021年末，鞍钢集团共有在职员工173597人，在岗员工154228人。固定资产原值4318.41亿元，净值2154.57亿元。主体生产设备中烧结机23台、焦炉44座、高炉28座、转炉46座、连铸机44台、板材轧机48套、棒线材轧机13套、管材轧机6套、型材轧机8套。拥有热轧板、冷轧板、镀锌板、彩涂板、冷轧硅钢、重轨、无缝钢管、型材、建材、特钢（不锈钢）等完整的产品系列，全球第一的产钒企业和我国产业链最为完整的钛加工企业。产品广泛应用于铁路、建筑、汽车、机械、造船、家电、集装箱、石油石化、航空航天等数十个行业。

2021年，鞍钢集团坚持以习近平新时代中国特色社会主义思想为指导，坚决落实党中央国务院决策部署，把党的领导贯穿改革发展始终，确定“7531”（7000万吨粗钢、5000万吨铁精矿、3000亿元级营业收入、100亿元级利润）战略目标和钢铁、矿业“双核”战略，坚定不移走“改革+市场”发展之路，加快建设高质量发展新鞍钢步伐，“十四五”取得开门红，各项工作取得新成效。

做强做优做大迈出坚实步伐。聚焦主责主业，服务国家战略，制定鞍钢“十四五”发展战略和规划，锚定“7531”战略目标，加快实施钢铁、矿业“双核”战略，打造高质量发展新鞍钢。鞍本重组顺利完成并完成债转股和混改，重组后，鞍钢粗钢产能达到6300万吨，位居国内第二、世界第三，形成“南有宝武、北有鞍钢”的钢铁产业新格局。发挥资源储量、技术研发优势，把矿产资源事业发展上升为集团“双核”战略，系统规划辽宁和四川地区铁矿资源，着力推进矿山的“六化”发展，加快推进“三个一批”项目，打造世界级铁矿资源开发企业，维护我国钢铁产业链供应链安全。2021年，鞍钢矿业铁精矿产量创历史最好水平，继续保持国内第一，矿业对集团效益贡献近50%。鞍钢全年实现营业收入3828亿元，经营利润390亿元，历史上首次突破3000亿元、300亿元关口。

深化改革取得明显成效。国企改革三年行动年度任务全部完成，三年总体任务完成率76%，完成国务院国资委70%以上的目标任务。朝阳钢铁握指成拳持续发力，2021年实现利润15.5亿元，销售收入利润率12.59%，达到行业平均水平的2.5倍。国务院国资委在鞍钢召开深化东北地区国资国企改革现场推进会推广朝阳钢铁改革经验。大力推广朝阳钢铁以“授权+同利”为核心的市场化改革经验，市场化改革由点及面、变“盆景”为“风景”。聚焦三项制度改革重点攻坚，全面推进“两制一契”，管理人员竞争上岗率75.23%，末等调整、不胜任退出占比10.34%，均高于央企平均水平，全员劳动生产率56.9万元/(人·年)，同比提高44.3%。加大亏损企业治理力度，鞍钢（不含本钢）亏损企业数量降幅81%，亏损额降幅97%。鞍钢改革工作得到国务院领导、国务院国资委和省委、省政府充分肯定。

科技创新活力充分激发。服务国家战略，集中优势资源推进关键核心技术攻关，鞍钢承担的6项攻关任务全部完成。超厚超宽高强度反应堆安全壳用钢AG728、X70级深海高应变管线钢、500兆帕级免涂装耐候桥梁钢实现全球首发；中标国内最大24000箱超大型集装箱船全部止裂钢合同，实现95毫米止裂钢国内首次应用。一批精品钢材广泛应用于北京冬奥会、中老铁路等工程项目建设。加快数字鞍钢建设，用人工智能等新一代信息技术赋能增效，2021年，新放行项目144项，总投资18.9亿元，完成鞍山钢铁、攀钢、鞍钢矿业20%主体产线数智化改造建设目标，基于5G的机器视觉带钢表面检测、ET工业大脑等28项成果获评国务院国资委、工信部、中钢协试点示范。

积极履行央企责任担当。定点帮扶取得新成效，鞍钢2020年定点扶贫工作被中央农村工作领导小组首次评价为“好”；持续加力，投入无偿帮扶资金4205万元，同比增长9.5%；派驻帮扶干部51名；消费帮扶5383万元，主要指标均达到或超过上年水平，助力乡村振兴。绿色发展迈上新台阶，发布碳达峰碳中和宣言、低碳冶金路线图，勇担低碳发展的央企责任；完成超低排放改造200余项，污染物排放量持续降低。加快落实矿山生态修复三年规划，完成绿化复垦面积300余公顷，矿山绿化复垦工作保持国内同行业领先水平。

党的建设全面加强。扎实开展党史学习教育，构建“四类会议+四个清单+四个指导”推进机制，一体推进学党史、悟思想、办实事、开新局。在中央企业党史学习教育第四指导组进行的随机测评中，鞍钢党史学习教育总体评价和“我为群众办实事”实践活动评价为“好”的均占100%。坚持把党的领导贯穿改革发展始终，围绕全国国有企业党的建设工作会议召开五周年，开展贯彻落实“回头看”，推动党建工作与经营发展深度融合。深化党支部“强基固本”“晋位升级”“示范引领”三大工程，打造坚强战斗堡垒。树立重实绩重实干重担当的选用导向，加大年轻干部选拔培养使用力度，到2021年底，二级正职50岁以下年轻干部占比达到30%。其中，45岁左右占比达到13.3%；二级班子成员45岁左右、三级班子成员40岁左右总人数占比20.6%，达到中组部要求。坚持严的主基调不动摇，深入推进党风廉政建设和反腐败斗争，全年立案407件、处分374人，同比分别增长35.7%、26.8%。鞍钢党委在国务院国资委2020年度中央企业党建工作责任制考核评价中首次晋级“A”。鞍钢纪委在中央纪委国家监委2020年度考核评价中获得“优秀”。

（鞍钢集团有限公司办公室　郑　燕）

第五部分

机构与人事

特　辑
专　文
大事记
概　况
▶ 机构与人事
规划发展
财务、资本运营与审计管理
人力资源管理
管理创新
科技创新
安全、环保与节能
法律事务
综合管理
企业文化与公共关系
党群工作
鞍山钢铁集团有限公司
攀钢集团有限公司
本钢集团有限公司
单位简介
荣　誉
附　录

2021 年鞍钢集团有限公司组织机构表

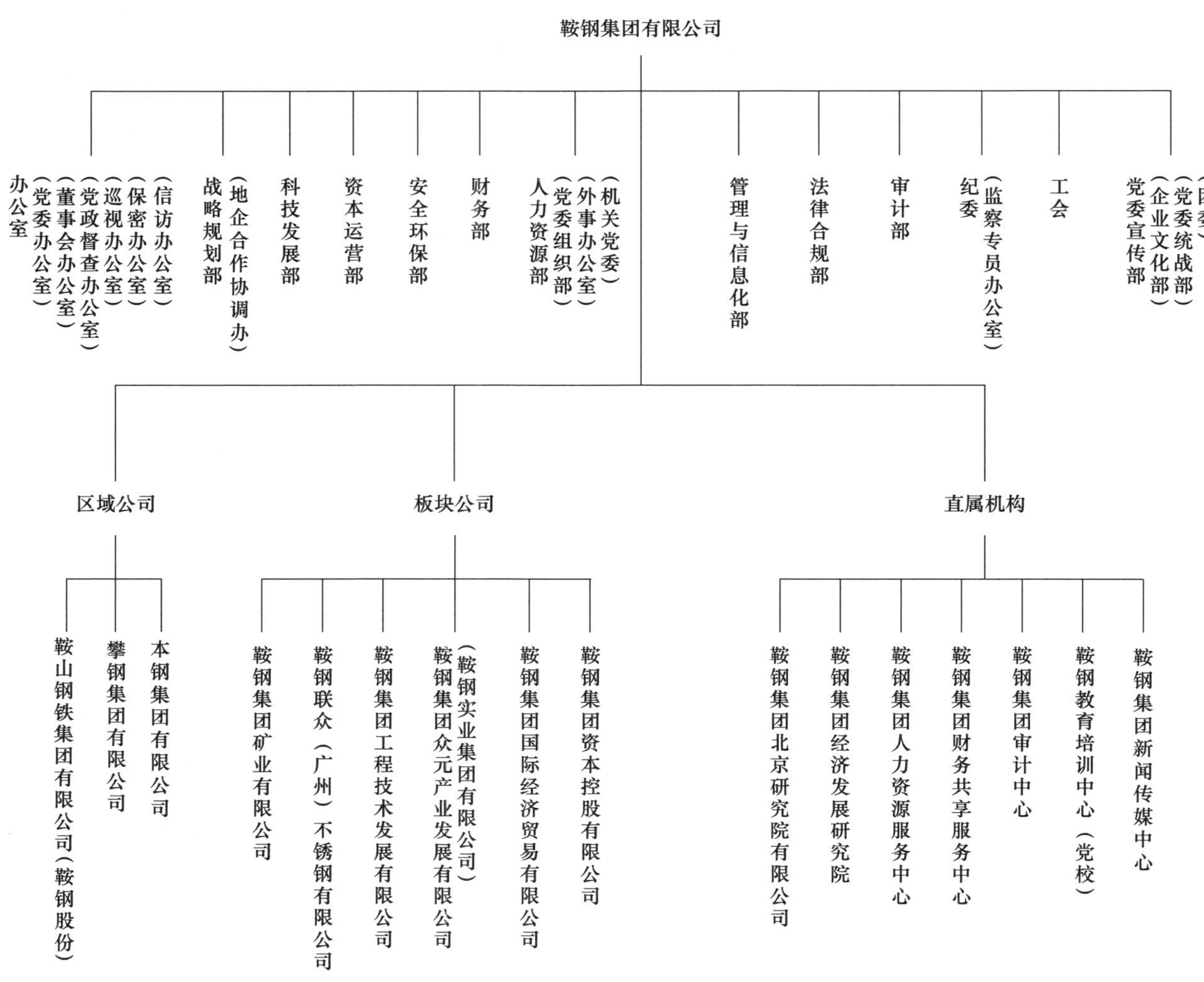

（鞍钢集团有限公司管理与信息化部）

中共鞍钢集团有限公司委员会

委　　员　（按照姓氏笔画为序）
王义栋　计　岩　龙　强
申长纯　刘宝山
闫立兵（12月7日任）
孙光辉　李　镇　杨　槐
张三健　陈　勇　邵安林
林大庆　孟庆旸（11月2日止）
段向东（10月14日止）
栗宝卿　徐世帅　郭明义
景奉儒　谢　峰　谢玉先
蔡恒君　谭成旭　戴志浩

常　　委　谭成旭　戴志浩　栗宝卿
王义栋　景奉儒　邵安林
段向东（10月14日止）
孟庆旸（11月2日止）
谢　峰
闫立兵（12月7日任）

书　　记　谭成旭

副 书 记　戴志浩　栗宝卿

鞍钢集团有限公司董事会

董　　事　谭成旭　戴志浩　栗宝卿
林大庆（职工董事，4月止）
刘　杰（职工董事，4月任）
张国发（外部董事）
刁钦义（外部董事，11月止）
顾惠忠（外部董事）
燕　桦（外部董事，11月止）
李连华（外部董事）
王文军（外部董事，12月任）
王　豹（外部董事，12月任）

董 事 长　谭成旭

董事会秘书　龙　强

鞍钢集团有限公司监事会

监　　事　冯凌旭（职工代表）
陈列希（职工代表）

鞍钢集团有限公司经理层

总 经 理　戴志浩

副总经理　王义栋　景奉儒　邵安林
段向东（12月23日止）

总会计师　谢　峰

鞍钢集团有限公司总经理助理级领导

总法律顾问　计　岩

总工程师　林大庆

总经理助理　都兴开

中共鞍钢集团有限公司纪律检查委员会

委　　员　王　琳　王伟任　王春明
王保军　王殿贺　刘　明
刘德勇　李　波　李　锐
李士涛　冷　松　张文彤
张政乐　陈列希

孟庆旸（11月2日止）
闫立兵（12月7日任）
都兴开
殷　勤（9月23日任）
黄福军（6月28日任）
景玉峰
谭克建（9月23日止）
穆铁健（2月1日止）

常　　委 孟庆旸（11月2日止）
闫立兵（12月7日任）
黄福军（6月28日任）
谭克建（9月23日止）
刘德勇
穆铁健（2月1日止）
李　锐　张政乐
殷　勤（9月23日任）

书　　记 孟庆旸（11月2日止）
闫立兵（12月7日任）

副 书 记 谭克建（2月1日止）
黄福军（6月28日任）
刘德勇

鞍钢集团有限公司总部各部门

办公室/党委办公室/董事会办公室/党政督查办公室/巡视办公室/保密办公室/信访办公室（合署办公）

主　　任 龙　强（2月1日止）
刘炳宇（2月1日任）

党政督查办公室/巡视办公室副主任
王春明

办公室/党委办公室副主任
吴洪志
王　欣

信访办公室副主任
周希春

战略规划部/地企合作协调办公室（合署办公）

战略规划部总经理
王　军（10月13日止）

战略规划部副总经理
李东伟
林　垚
杨　旭（6月28日任）
山　泽（挂职，11月17日任）

地企合作协调办公室主任
王　军（2月1日止）
李东伟（2月1日任）

科技发展部/军工办（合署办公）

科技发展部总经理
刘丰强

科技发展部副总经理
陈　新

军工办主任 陈　新

资本运营部

总 经 理 都兴开（12月14日止）
贾文军（12月14日任）

副总经理 王从庆（10月28日止）
杨建伟（10月28日任）

安全环保部

鞍钢集团安全总监
于　洋（10月28日止）
白旭强（11月17日任）

安全环保部总经理

于　洋（10月28日止）

白旭强（11月17日任）

财务部

总　经　理　张万斌（2月1日止）

金　彬（5月26日任）

副总经理　金　彬（5月26日止）

杨建伟（2月1日任，10月28日止）

李景东（11月17日任）

人力资源部/党委组织部/外事办（合署办公）

人力资源部总经理

孙光辉（2月1日止）

谭克建（2月1日任）

人力资源部副总经理

王殿贺（2月1日止）

李学佳（2月1日任）

党委组织部部长

孙光辉（2月1日止）

谭克建（2月1日任）

党委组织部副部长

王殿贺（2月1日止）

陈金华

李学佳（2月1日任）

外事办主任　孙光辉（2月1日止）

谭克建（2月1日任）

管理与信息化部

总　经　理　计　岩（5月26日止）

李顺健（5月26日任）

副总经理　刘炳宇（2月1日止）

刘　强

蔡恒君（5月26日任）

山　泽（挂职，11月17日免）

审计部

鞍钢集团总审计师

王保军（2月1日止）

张万斌（2月1日任）

审计部总经理

王保军（2月1日止）

张万斌（2月1日任）

法律合规部

总　经　理　刘　明（5月26日任）

工会

主　　席　林大庆（2月1日止）

刘　杰（2月1日任）

党委宣传部/企业文化部/党委统战部/团委（合署办公）

党委宣传部/企业文化部/党委统战部部长

谢玉先

党委宣传部/企业文化部/党委统战部副部长

曲明辉（10月28日止）

王相宇（11月17日任）

团委书记　曲明辉（10月28日止）

王相宇（11月17日任）

机关党委（与人力资源部、党委组织部合署办公）

书　　记　栗宝卿

副书记　陈金华

机关纪委

书　　记　陈金华

机关工会

主　　席　陈金华

鞍钢集团有限公司各直属机构

经济发展研究院

院　　长　林　垚
副 院 长　贾凤泳
　　　　　梁　军

人力资源服务中心

主　　任　王殿贺（2月1日止）
　　　　　李学佳（2月1日任）
副 主 任　吕文福
　　　　　崔晓光

财务共享服务中心

主　　任　金　彬（5月26日止）
　　　　　杨建伟（5月26日任，10月28日止）
　　　　　李景东（11月17日任）
副 主 任　郑良文
　　　　　刘国兴

审计中心

主　　任　王保军（2月1日止）
　　　　　张万斌（2月1日任）
常务副主任　尚志东

鞍钢党校/教育培训中心

校　　长　栗宝卿
第一副校长　杜学华
副 校 长　孙晓胜　李国志　赵　越
党委书记　杜学华
党委副书记　张　沛
纪委书记　张　沛
工会主席　张　沛
主　　任　杜学华
副 主 任　孙晓胜　李国志　赵　越

鞍钢日报社

党委书记　聂振勇
党委副书记　王　欣
纪委书记　王　欣
工会主席　王　欣
总 编 辑　聂振勇
副总编辑　王金侠

鞍钢集团有限公司所属子公司、直属单位

鞍山钢铁集团有限公司

党委常委　王义栋
　　　　　李　镇（10月28日止）
　　　　　徐世帅（10月28日任）
　　　　　杨　槐（2月1日止）
　　　　　衣晨光（2月1日任）
　　　　　李忠武
　　　　　刘　杰（2月1日止）

马连勇（2月1日止）

孟劲松

申长纯（2月1日任）

穆铁健（2月1日止）

王保军（2月1日任）

张红军（2月1日任）

张　鹏（12月3日任）

党委书记　王义栋

党委副书记　李　镇（10月28日止）

徐世帅（10月28日任）

杨　槐（2月1日止）

衣晨光（2月1日任）

纪委书记　穆铁健（2月1日止）

申长纯（2月1日任）

工会主席　杨　槐（2月1日止）

衣晨光（2月1日任）

董　　事　王义栋

李　镇（10月28日止）

张　鹏（12月3日任）

张万山　徐克汉　孙玉平

肖江山　于宝新

杨　槐（职工代表，2月1日止）

衣晨光（职工代表，2月1日任）

董事长　王义栋

监　　事　穆铁健（2月1日止）

孙晓辉

袁　鹏（职工代表）

监事会主席　穆铁健（2月1日止）

总经理　李　镇

鞍钢股份有限公司

党委常委　王义栋

李　镇（10月28日止）

徐世帅（10月28日任）

杨　槐（2月1日止）

衣晨光（2月1日任）

李忠武

刘　杰（2月1日止）

马连勇（2月1日止）

孟劲松

申长纯（2月1日任）

穆铁健（2月1日止）

王保军（2月1日任）

张红军（2月1日任）

张　鹏（12月3日任）

党委书记　王义栋

党委副书记　李　镇（10月28日止）

徐世帅（10月28日任）

杨　槐（2月1日止）

衣晨光（2月1日任）

纪委书记　穆铁健（2月1日止）

申长纯（2月1日任）

工会主席　杨　槐（2月1日止）

衣晨光（2月1日任）

董　　事　王义栋

李　镇（10月28日止）

徐世帅（10月28日任）

李忠武

马连勇（2月1日止）

王保军（2月1日任）

冯长利　汪建华　王旺林

朱克实

董事长　王义栋

监　　事　穆铁健（2月1日止）

刘　明（9月23日任）

　　　　　袁　鹏（职工代表）
监事会主席　穆铁健（2月1日止）
总 经 理　李　镇（10月28日止）
　　　　　徐世帅（10月28日任）
副总经理　李忠武
　　　　　刘　杰（2月1日止）
　　　　　马连勇（2月1日止）
　　　　　孟劲松
　　　　　王保军（2月1日任）
　　　　　张红军（2月1日任）
　　　　　张　鹏（12月3日任）
总会计师　马连勇（2月1日止）
　　　　　王保军（2月1日任）

攀钢集团有限公司

党委常委　段向东（10月28日止）
　　　　　李　镇（10月28日任）
　　　　　谢俊勇
　　　　　申长纯（2月1日止）
　　　　　杨　槐（2月1日任）
　　　　　陈　勇（2月1日止）
　　　　　张景凡（10月13日止）
　　　　　陈列希　杨秀亮　王衍平
　　　　　谢琪春
　　　　　王殿贺（2月1日任）
　　　　　王从庆（10月28日任）
党委书记　段向东（10月28日止）
　　　　　李　镇（10月28日任）
党委副书记　谢俊勇
　　　　　申长纯（2月1日止）
　　　　　杨　槐（2月1日任）
纪委书记　陈列希
工会主席　申长纯（2月1日止）
　　　　　杨　槐（2月1日任）
董　　事　段向东（10月28日止）
　　　　　李　镇（10月28日任）
　　　　　谢俊勇
　　　　　陈　勇（2月1日止）
　　　　　杨秀亮（2月1日任）
　　　　　张万山　白　刚　孙玉平
　　　　　于宝新　李治都
　　　　　申长纯（职工代表，2月1日止）
　　　　　杨　槐（职工代表，2月1日任）
董 事 长　段向东（10月28日止）
　　　　　李　镇（10月28日任）
监　　事　陈列希　徐克汉
　　　　　肖明雄（职工代表）
监事会主席　陈列希
总 经 理　谢俊勇
副总经理　陈　勇（2月1日止）
　　　　　张景凡（10月13日止）
　　　　　杨秀亮　王衍平　谢琪春
　　　　　王殿贺（2月1日任）
　　　　　王从庆（10月28日任）
总会计师　张景凡（10月13日止）
　　　　　王从庆（10月28日任）

本钢集团有限公司

党委常委　杨　维（10月13日任）
　　　　　王　军（10月13日任）
　　　　　赵忠民（10月13日任）
　　　　　杨成广（10月13日任）
　　　　　曹爱民（10月13日任）
　　　　　高　烈（10月13日任）

张　鹏（10 月 13 日任，12 月 3 日止）
张彦宾（10 月 13 日任）
张景凡（10 月 13 日任）
王代先（挂职，10 月 13 日任）
曹宇辉（10 月 13 日任）
党委书记　杨　维（10 月 13 日任）
党委副书记　王　军（10 月 13 日任）
赵忠民（10 月 13 日任）
纪委书记　曹宇辉（10 月 13 日任）
工会主席　张彦宾（10 月 13 日任）
董　　事　杨　维（10 月 7 日任）
计　岩（10 月 7 日任）
王　军（10 月 7 日任）
赵忠民（10 月 7 日任）
于宝新（10 月 7 日任）
张彦宾（职工代表，10 月 7 日任）
董事长　杨　维（10 月 7 日任）
监　　事　褚乃立（10 月 7 日任）
陶玉民（职工代表，10 月 7 日任）
总经理　王　军（10 月 13 日任）
副总经理　杨成广（10 月 13 日任）
曹爱民（10 月 13 日任）
高　烈（10 月 13 日任）
张　鹏（10 月 13 日任，12 月 3 日止）
王代先（挂职，10 月 13 日任）
总会计师　张景凡（10 月 13 日任）

鞍钢集团矿业有限公司

党委书记　邵安林（5 月 26 日止）
刘文胜（5 月 26 日任）
党委副书记　刘文胜（2 月 1 日任，5 月 26 日止）
唐学飞
纪委书记　余雅彬
工会主席　唐学飞
董　　事　邵安林
刘文胜（2 月 1 日任）
平守国（2 月 1 日止）
阳春平　孙晓辉　陈志迅
徐克汉　李治都　谭宇海
唐学飞（职工代表）
董事长　邵安林
监　　事　余雅彬　王立功
翟文相（职工代表）
监事会主席　余雅彬
总经理　刘文胜（2 月 1 日任）
副总经理　平守国（2 月 1 日止）
何方威　翟文相　朱长江
熊宏启　阳春平
总会计师　阳春平

鞍钢联众（广州）不锈钢有限公司

党委书记　洪树利
党委副书记　费　鹏
王　斌（4 月 7 日任）
纪委书记　王　斌
工会主席　王　斌
董　　事　洪树利　费　鹏　王　斌
陈志迅　苏裕昆　李必贤
郭中起
董事长　洪树利
监　　事　叶煌财

总　经　理　费　鹏（4月7日任）

副总经理　费　鹏（4月7日止）

田　勇（4月7日任）

鞍钢集团工程技术发展有限公司

党委书记　于　峰（10月28日止）

于　洋（10月28日任）

党委副书记　刘文胜（2月1日止）

平守国（2月1日任）

王　英

纪委书记　于显利

工会主席　王　英

董　　事　于　峰（10月28日止）

于　洋（10月28日任）

刘文胜（2月1日止）

平守国（2月1日任）

陈　涛　刘　钢　韩兆平

王立功　斯邦俊　张何之

王　英（职工代表）

董　事　长　于　峰（10月28日止）

于　洋（10月28日任）

监　　事　于显利　于宝新

王洪武（职工代表）

监事会主席　于显利

总　经　理　刘文胜（2月1日止）

平守国（2月1日任）

副总经理　陈　涛　周敬忠

总会计师　于　淼

鞍钢集团众元产业发展有限公司

党委书记　刘宝山（10月28日止）

于　峰（10月28日任）

党委副书记　徐世帅（10月28日止）

张　波

纪委书记　刘　明（5月26日止）

冷　松（5月26日任）

工会筹建组组长　张　波

董　　事　刘宝山（10月28日止）

于　峰（10月28日任）

徐世帅（10月28日止）

刘卫民（2月1日止）

聂常生（2月1日任）

王立功　褚乃立　斯邦俊

孙晓辉　谭宇海

张　波（职工代表）

董　事　长　刘宝山（10月28日止）

于　峰（10月28日任）

监　　事　刘　明（5月26日止）

冷　松（5月26日任）

白　刚

李继忠（职工代表）

监事会主席　刘　明（5月26日止）

冷　松（5月26日任）

总　经　理　徐世帅（10月28日止）

副总经理　刘卫民（2月1日止）

聂常生（2月1日任）

王新鹏（10月13日任）

鞍钢实业集团有限公司

执行董事　刘宝山（10月28日止）

于　峰（10月28日任）

监　　　事　刘　明

总　经　理　徐世帅（10月28日止）

鞍钢集团国际经济贸易有限公司

党委书记　张三健

党委副书记　王铁楠　王伟任

纪委书记　王伟任

工会主席　王伟任

董　　　事　张三健　王铁楠

童明华（5月26日止）

陈文龙（5月26日任）

王立功　陈志迅　徐克汉

白　刚　肖江山

金祥赴（职工代表）

董　事　长　张三健

监　　　事　王伟任　褚乃立

关　宇（职工代表）

监事会主席　王伟任

总　经　理　王铁楠

副总经理　童明华（5月26日止）

金祥赴

陈文龙（5月26日任）

总会计师　李　革

鞍钢集团资本控股有限公司

鞍钢集团副总会计师

刘　申（2月1日止）

董　　　事　刘　申（2月1日止）

都兴开（2月1日任）

龚　金　孙玉平　滕建辉

朱烨辛　桂浩明

汤金祥（职工代表，6月28日止）

曲明辉（职工代表，10月28日任）

董　事　长　刘　申（2月1日止）

都兴开（2月1日任）

监　　　事　宋英韬　张万山

王　斌（职工代表）

监事会主席　宋英韬

副总经理　龚　金　王　斌

风控总监　汤金祥（6月28日止）

曲明辉（10月28日任）

鞍钢集团财务有限责任公司

党委书记　李之奇

党委副书记　宋英韬

纪委书记　宋英韬

工会主席　宋英韬

董　　　事　谢　峰　李之奇

刘　申（2月1日止）

马连勇（2月1日止）

都兴开（2月1日任）

张万斌（2月1日任）

张景凡　王保军

董　炜（职工代表）

董　事　长　谢　峰

监　　　事　宋英韬　肖江山

赵立刚（职工代表）

监事会主席　宋英韬

总　经　理　李之奇

副总经理　董　炜

陈　锖（5月26日止）

王战维（5月26日任）

鞍钢集团北京研究院有限公司

党委筹建组组长 刘　军

党委筹建组副组长 路景宏

纪委筹建组组长 路景宏

工会筹建组组长 路景宏

董　　事 戴志浩　刘　军　李治都　孟劲松　陈　勇　唐学飞　路景宏（职工代表）

董事长 戴志浩

监　　事 谭宇海　林　染　张兴虎（职工代表）

监事会主席 谭宇海

总经理 刘　军

副总经理 王军生　王俊山

院　　长 刘　军

副院长 王军生　王俊山

（鞍钢集团有限公司党委组织部　周　克）

2021 年鞍钢集团有限公司直管干部任免名单

姓 名	任 免 职 务	任免日期
杨 槐	任攀钢集团有限公司党委副书记，建议任攀钢集团有限公司工会主席、职工董事，不再担任鞍山钢铁集团有限公司/鞍钢股份有限公司党委副书记、工会主席，鞍山钢铁集团有限公司职工董事职务	2021. 02. 01
衣晨光	任鞍山钢铁集团有限公司/鞍钢股份有限公司党委副书记（试用期一年），建议任鞍山钢铁集团有限公司/鞍钢股份有限公司工会主席，鞍山钢铁集团有限公司职工董事	2021. 02. 01
穆铁健	不再担任鞍钢集团有限公司纪委常委，鞍山钢铁集团有限公司/鞍钢股份有限公司党委常委、纪委书记、监事会主席职务，建议在鞍山钢铁集团有限公司从事专项工作	2021. 02. 01
申长纯	任鞍山钢铁集团有限公司/鞍钢股份有限公司党委常委、纪委书记，建议任鞍山钢铁集团有限公司/鞍钢股份有限公司监事会主席，不再担任攀钢集团有限公司党委副书记、工会主席、职工董事职务	2021. 02. 01
林大庆	不再担任鞍钢集团有限公司工会主席、职工董事职务	2021. 02. 01
刘 杰	建议任鞍钢集团有限公司工会主席、职工董事，不再担任鞍山钢铁集团有限公司/鞍钢股份有限公司党委常委，鞍钢股份有限公司副总经理职务	2021. 02. 01
张红军	任鞍山钢铁集团有限公司/鞍钢股份有限公司党委常委，建议任鞍钢股份有限公司副总经理（试用期一年）	2021. 02. 01
马连勇	不再担任鞍山钢铁集团有限公司/鞍钢股份有限公司党委常委，鞍钢股份有限公司董事、副总经理、总会计师、董事会秘书，鞍钢集团财务有限责任公司董事职务，建议在鞍山钢铁集团有限公司从事专项工作	2021. 02. 01
王保军	任鞍山钢铁集团有限公司/鞍钢股份有限公司党委常委，建议任鞍钢股份有限公司董事、副总经理、总会计师、董事会秘书，继续兼任鞍钢集团财务有限责任公司董事，不再担任鞍钢集团有限公司总审计师兼审计部总经理，鞍钢集团审计中心主任职务	2021. 02. 01
陈 勇	不再担任攀钢集团有限公司党委常委、董事、副总经理职务，建议在攀钢集团有限公司从事专项工作	2021. 02. 01
王殿贺	任攀钢集团有限公司党委常委，建议任攀钢集团有限公司副总经理（试用期一年），不再担任鞍钢集团有限公司人力资源部（党委组织部）副总经理（副部长），鞍钢集团人力资源服务中心主任职务	2021. 02. 01
刘文胜	任鞍钢集团矿业有限公司党委副书记，建议任鞍钢集团矿业有限公司董事、总经理（试用期一年），不再担任鞍钢集团工程技术发展有限公司董事、总经理、党委副书记职务	2021. 02. 01
平守国	任鞍钢集团工程技术发展有限公司党委副书记，建议任鞍钢集团工程技术发展有限公司董事、总经理（试用期一年），不再担任鞍钢集团矿业有限公司董事、副总经理职务	2021. 02. 01
刘卫民	建议任鞍钢集团有限公司董事会办公室专职董事、监事，不再担任鞍钢集团众元产业发展有限公司董事、副总经理职务	2021. 02. 01
聂常生	建议任鞍钢集团众元产业发展有限公司董事、副总经理（试用期一年）	2021. 02. 01
刘 申	不再担任鞍钢集团有限公司副总会计师，鞍钢集团资本控股有限公司董事长，鞍钢集团财务有限责任公司董事职务，建议在鞍钢集团资本控股有限公司从事专项工作	2021. 02. 01
都兴开	建议兼任鞍钢集团资本控股有限公司董事长，鞍钢集团财务有限责任公司董事	2021. 02. 01
龙 强	不再兼任鞍钢集团有限公司党委办公室（党政督查办公室、巡视办公室、保密办公室）主任职务，不再兼任鞍钢集团有限公司办公室（董事会办公室）主任职务	2021. 02. 01
刘炳宇	任鞍钢集团有限公司党委办公室（党政督查办公室、巡视办公室、保密办公室、信访办公室）主任，建议任鞍钢集团有限公司办公室（董事会办公室）主任（试用期一年），不再担任鞍钢集团有限公司管理与信息化部副总经理职务	2021. 02. 01

续表

姓　名	任　免　职　务	任免日期
李学佳	任鞍钢集团有限公司党委组织部副部长，建议任鞍钢集团有限公司人力资源部副总经理，鞍钢集团人力资源服务中心主任（试用期一年）	2021.02.01
张万斌	建议任鞍钢集团有限公司总审计师兼审计部总经理，鞍钢集团审计中心主任，鞍钢集团财务有限责任公司董事，不再担任鞍钢集团有限公司财务部总经理职务	2021.02.01
杨建伟	建议任鞍钢集团有限公司财务部副总经理	2021.02.01
王　军	不再兼任鞍钢集团有限公司地企合作协调办公室主任职务	2021.02.01
李东伟	建议任鞍钢集团有限公司地企合作协调办公室主任（试用期一年），继续兼任现职务	2021.02.01
谢俊勇	攀钢集团有限公司董事、总经理、党委副书记（试用期满，正式任职）	2021.02.01
杨秀亮	攀钢集团有限公司党委常委、副总经理（试用期满，正式任职），建议兼任攀钢集团有限公司董事	2021.02.01
刘丰强	鞍钢集团科技发展部总经理（试用期满，正式任职）	2021.02.01
王　欣	鞍钢集团有限公司办公室（党委办公室）副主任（试用期满，正式任职）	2021.02.01
谭克建	任鞍钢集团有限公司党委组织部部长，鞍钢集团有限公司纪委常委，建议任鞍钢集团人力资源部总经理兼外事办主任，不再担任鞍钢集团有限公司纪委副书记职务	2021.02.01
孙光辉	任鞍钢集团有限公司党委巡视办公室专职巡视员（G级），不再担任鞍钢集团有限公司人力资源部（党委组织部）总经理（部长）兼外事办主任职务	2021.02.01
费　鹏	建议任鞍钢联众（广州）不锈钢有限公司总经理，继续担任鞍钢联众（广州）不锈钢有限公司董事、党委副书记	2021.04.07
王　斌	任鞍钢联众（广州）不锈钢有限公司党委副书记，继续担任鞍钢联众（广州）不锈钢有限公司董事、纪委书记、工会主席	2021.04.07
田　勇	建议任鞍钢联众（广州）不锈钢有限公司副总经理（试用期一年）	2021.04.07
李　镇	鞍山钢铁集团有限公司董事、党委副书记，鞍钢股份有限公司董事、总经理、党委副书记（试用期满，正式任职）	2021.04.07
谢琪春	攀钢集团有限公司党委常委、副总经理（试用期满，正式任职）	2021.04.07
于　峰	鞍钢集团工程技术发展有限公司党委书记、董事长（试用期满，正式任职）	2021.04.07
于显利	鞍钢集团工程技术发展有限公司纪委书记、监事会主席（试用期满，正式任职）	2021.04.07
于　淼	鞍钢集团工程技术发展有限公司总会计师（试用期满，正式任职）	2021.04.07
张　波	鞍钢集团众元产业发展有限公司党委副书记、工会主席、职工董事（试用期满，正式任职）	2021.04.07
梁　军	鞍钢集团有限公司经济发展研究院副院长（试用期满，正式任职）	2021.04.07
邵安林	不再兼任鞍钢集团矿业有限公司党委书记职务	2021.05.26
刘文胜	任鞍钢集团矿业有限公司党委书记、董事、总经理，不再担任鞍钢集团矿业有限公司党委副书记职务	2021.05.26
童明华	建议任攀钢集团有限公司董事会办公室专职董事、监事，不再担任鞍钢集团国际经济贸易有限公司董事、副总经理职务	2021.05.26
陈文龙	建议任鞍钢集团国际经济贸易有限公司董事、副总经理（试用期一年）	2021.05.26
陈　锖	建议任攀钢集团成都钢钒有限公司副总经理、总会计师，不再担任鞍钢集团财务有限责任公司副总经理、四川分公司经理职务	2021.05.26
王战维	建议任鞍钢集团财务有限责任公司副总经理（试用期一年）	2021.05.26
金　彬	建议任鞍钢集团有限公司财务部总经理（破格提拔），不再兼任鞍钢集团财务共享服务中心主任职务	2021.05.26
杨建伟	建议兼任鞍钢集团财务共享服务中心主任	2021.05.26
计　岩	不再兼任鞍钢集团有限公司管理与信息化部总经理职务	2021.05.26
李顺健	建议任鞍钢集团有限公司管理与信息化部总经理（试用期一年）	2021.05.26
蔡恒君	建议任鞍钢集团有限公司管理与信息化部副总经理	2021.05.26

续表

姓 名	任 免 职 务	任免日期
刘 明	集团众元产业发展有限公司纪委书记、党委委员、监事会主席，鞍钢实业集团有限公司监事职务	2021.05.26
冷 松	任鞍钢集团众元产业发展有限公司纪委书记、党委委员，建议任鞍钢集团众元产业发展有限公司监事会主席，鞍钢实业集团有限公司监事，建议不再担任鞍钢集团信息产业有限公司党委副书记、纪委书记、工会主席、监事会主席职务	2021.05.26
黄福军	任鞍钢集团有限公司纪委副书记（试用期一年）	2021.06.28
余雅彬	任鞍钢集团矿业有限公司党委委员	2021.06.28
戴志浩	建议继续兼任中国金属学会第十一届理事会副理事长	2021.06.28
汤金祥	不再担任鞍钢集团资本控股有限公司风控总监、职工董事职务	2021.06.28
杨 旭	建议任鞍钢集团有限公司战略规划部副总经理	2021.06.28
孙光辉	不再担任鞍钢集团有限公司党委巡视办公室专职巡视员职务	2021.09.15
张万山	不再担任鞍钢集团有限公司董事会办公室专职董事、监事职务	2021.09.15
于 洋	鞍钢集团有限公司安全总监，安全环保部总经理（试用期满，正式任职）	2021.09.23
周希春	鞍钢集团有限公司信访办公室副主任，鞍山钢铁集团有限公司办公室常务副主任（试用期满，正式任职）	2021.09.23
刘德勇	鞍钢集团有限公司纪委副书记（试用期满，正式任职）	2021.09.23
唐学飞	鞍钢集团矿业有限公司党委副书记、工会主席、职工董事（试用期满，正式任职）	2021.09.23
熊宏启	鞍钢集团矿业有限公司副总经理（试用期满，正式任职）	2021.09.23
赵 越	鞍钢集团教育培训中心副主任，鞍钢党校副校长（试用期满，正式任职）	2021.09.23
王金侠	鞍钢日报社副总编辑（试用期满，正式任职）	2021.09.23
崔晓光	鞍钢集团人力资源服务中心副主任（试用期满，正式任职）	2021.09.23
刘国兴	鞍钢集团财务共享服务中心副主任（试用期满，正式任职）	2021.09.23
周敬忠	鞍钢集团工程技术发展有限公司副总经理（试用期满，正式任职）	2021.09.23
刘 明	建议任鞍钢股份有限公司监事	2021.09.23
谭克建	不再担任鞍钢集团有限公司纪委常委职务	2021.09.23
殷 勤	任鞍钢集团有限公司纪委常委	2021.09.23
杨 维	建议任本钢集团有限公司董事，推荐出任本钢集团有限公司董事长（法定代表人）	2021.10.07
计 岩	建议任本钢集团有限公司董事，委派为股东代表参加本钢集团有限公司股东会	2021.10.07
王 军	建议任本钢集团有限公司董事	2021.10.07
赵忠民	建议任本钢集团有限公司董事	2021.10.07
于宝新	建议任本钢集团有限公司董事	2021.10.07
张彦宾	建议任本钢集团有限公司职工董事	2021.10.07
褚乃立	建议任本钢集团有限公司监事	2021.10.07
陶玉民	建议任本钢集团有限公司职工监事	2021.10.07
杨 维	任本钢集团有限公司党委书记	2021.10.13
王 军	任本钢集团有限公司党委副书记，建议任本钢集团有限公司总经理，不再担任鞍钢集团有限公司战略规划部总经理职务	2021.10.13
赵忠民	任本钢集团有限公司党委副书记	2021.10.13
杨成广	任本钢集团有限公司党委常委，建议任本钢集团有限公司副总经理	2021.10.13
曹爱民	任本钢集团有限公司党委常委，建议任本钢集团有限公司副总经理	2021.10.13
高 烈	任本钢集团有限公司党委常委，建议任本钢集团有限公司副总经理	2021.10.13
张 鹏	任本钢集团有限公司党委常委，建议任本钢集团有限公司副总经理	2021.10.13

续表

姓 名	任 免 职 务	任免日期
张彦宾	任本钢集团有限公司党委常委，建议任本钢集团有限公司工会主席	2021.10.13
张景凡	任本钢集团有限公司党委常委，建议任本钢集团有限公司总会计师，不再担任攀钢集团有限公司党委常委、副总经理、总会计师职务	2021.10.13
王代先	任本钢集团有限公司党委常委，建议任本钢集团有限公司副总经理（挂职锻炼时间至2022年6月）	2021.10.13
曹宇辉	任本钢集团有限公司党委常委、纪委书记	2021.10.13
王新鹏	建议任鞍钢集团众元产业发展有限公司副总经理	2021.10.13
段向东	不再担任攀钢集团有限公司党委书记、党委常委、党委委员、董事长、董事职务	2021.10.28
李 镇	任攀钢集团有限公司党委书记，建议任攀钢集团有限公司董事长，不再担任鞍山钢铁集团有限公司董事、党委副书记，鞍钢股份有限公司董事、总经理、党委副书记职务	2021.10.28
徐世帅	任鞍山钢铁集团有限公司党委副书记，鞍钢股份有限公司党委副书记，建议任鞍山钢铁集团有限公司董事，鞍钢股份有限公司董事、总经理，不再担任鞍钢集团众元产业发展有限公司董事、总经理、党委副书记，鞍钢实业集团有限公司总经理职务	2021.10.28
刘宝山	不再担任鞍钢集团众元产业发展有限公司党委书记、董事长，鞍钢实业集团有限公司执行董事职务，建议在鞍山钢铁集团有限公司从事专项工作	2021.10.28
于 峰	任鞍钢集团众元产业发展有限公司党委书记，建议任鞍钢集团众元产业发展有限公司董事长，鞍钢实业集团有限公司执行董事，不再担任鞍钢集团工程技术发展有限公司党委书记、董事长职务	2021.10.28
于 洋	任鞍钢集团工程技术发展有限公司党委书记，建议任鞍钢集团工程技术发展有限公司董事长，不再担任鞍钢集团有限公司安全总监，安全环保部总经理职务	2021.10.28
邓 原	任鞍钢集团有限公司党委巡视办公室专职巡视员	2021.10.28
王从庆	任攀钢集团有限公司党委常委，建议任攀钢集团有限公司副总经理、总会计师，不再担任鞍钢集团有限公司资本运营部副总经理职务	2021.10.28
杨建伟	建议任鞍钢集团有限公司资本运营部副总经理，不再担任鞍钢集团有限公司财务部副总经理，鞍钢集团财务共享服务中心主任职务	2021.10.28
曲明辉	建议任鞍钢集团资本控股有限公司风控总监、职工董事，不再担任鞍钢集团有限公司党委宣传部（企业文化部、党委统战部）副部长，鞍钢集团有限公司团委书记职务	2021.10.28
白旭强	任鞍钢集团有限公司安全总监，安全环保部总经理（试用期一年）	2021.11.17
李景东	任鞍钢集团有限公司财务部副总经理，鞍钢集团财务共享服务中心主任（试用期一年）	2021.11.17
王相宇	任鞍钢集团有限公司党委宣传部（企业文化部、党委统战部）副部长，鞍钢集团有限公司团委书记（试用期一年）	2021.11.17
山 泽	挂职任鞍钢集团有限公司战略规划部副总经理（挂职时间从2021年11月至2022年11月）	2021.11.17
林大庆	鞍钢集团有限公司总工程师（试用期满，正式任职）	2021.11.17
都兴开	鞍钢集团有限公司总经理助理（试用期满，正式任职）兼资本运营部总经理，鞍钢集团资本控股有限公司董事长	2021.11.17
李之奇	鞍钢集团财务有限责任公司党委书记、董事、总经理（试用期满，正式任职）	2021.11.17
王 斌	鞍钢集团资本控股有限公司副总经理（试用期满，正式任职）	2021.11.17
张 鹏	任鞍山钢铁集团有限公司党委常委、鞍钢股份有限公司党委常委，建议任鞍山钢铁集团有限公司董事、鞍钢股份有限公司副总经理	2021.12.03
都兴开	不再兼任鞍钢集团有限公司资本运营部总经理职务	2021.12.14
贾文军	建议任鞍钢集团有限公司资本运营部副总经理（主持工作，试用期一年）	2021.12.14
耿树刚	建议不再担任通用鞍钢医院管理有限公司董事、总经理职务	2021.12.14
刘 新	建议任通用鞍钢医院管理有限公司董事、总经理	2021.12.14

（鞍钢集团有限公司党委组织部 周 克）

2021 年鞍钢取得高级专业技术职称任职资格人员名单

正高级工程师

孙为平 李忠武 李万海 王 越 谭 啸 张 华 罗建华 刘沛江 张 勇 刘 铁 林学斌 曲晓东 韩 鹏 刘磊刚 车 安 龙海萍 李广帮 赵 刚 苏洪英 黄 磊 孙殿东 徐 鑫 朱庆庙 陈 鹏 王 永 高 军 赵庆涛 孙厚广 解治宇 姚 强 王永增 陈晓云 宫国慧 陈继宏 戴若丁 于 洋 平守国 胡金旭 李翀一 李益民 刘 彤 周 航 张广进 朱 宏 刘继丹 宋宝宇 王奎越 曹忠华

正高级经济师

涂 杰 程连贵 许 灏 王 斌 周 勃 沈 宏 高 红

企业一级法律顾问职业岗位

刘 明 由广革 刘晓晖 徐锦文 刘政东

研究员

王艳红

正高级知识产权师

董 刚

高级工程师

付 薇 唐 鹏 苗 龙 徐小科 董淑华 穆春丰 张 欣 张 涛 朱文东 边子峰 梁 波 张 军 李林春 滕福亮 金建栋 吕 程 李叶忠 尚世震 宋吉锁 高立超 杨举宪 刘跃华 景 鹤 王 葛 孟 钢 徐 鹏 陈忠刚 王文杰 齐云勇 刘炳刚 肖争光 赵世栋 杨 松 田 宇 刘浩岩 张立然 宋 涛 韩久富 石 帅 邱荣刚 韩 帅 于 泳 刘 祥 康 伟 邵思维 李庆贤 王善宝 张 静 张 鹏 金耀辉 钱 峰 庞树芳 范刘群 王 伟 刘 芳 孙守斌 林 利 庞宗旭 胡智评 乔万有 冯国会 夏 伟 马富刚 蒋 益 滕雪亮 颜庆双 任俊威 范细忠 王 刚 孙 伟 韩 旭 肖青松 周 强 王亮亮 常福刚 王忠朋 贺 亮 侯远涛 孟磊磊 胡宗横 王 润 曹 洋 胡振涛 张 东 惠施亚 陈国荣 王殿龙 马纪鑫 刘太合 徐 凯 黄贵臣 吴 东 任海龙 卢晓辉 郭海涛 黄 旭 樊 伟 徐 峰 徐锦海 侯卫钢 梅灿国 张 冬 高艳辉 董 江 张 羽 赵长红 张洪亮 纪 红 郝利国 高 源 侯 勇 程诺嘉 孟 强 王 帅 金 鹏 徐向东 夏 晶 付亚峰 曹双福 胡绍磊

高级经济师

梁 威 王正国 刘旭东 傅 纯 梁 磊 梅新峰 汪永恒 杨志刚 赵 菲 田志军 李纪祥

高级政工师

赵广亮 张春雷 邢明贺 吴 锋 王诏静 孟国庆 郭 旭 韩艳艳 李勇伟 郭 瑞 方玉杰 申庆海 于丽娜 张海明 盛士鑫 张雪明 王海朋

高级会计师

梅 林 张丽华 张利谷 李 丹 王阿惠 蔺 亮 徐晓莉 厉贵吉

企业二级法律顾问职业岗位

周军杰 迟 森 朱 赫 张政乐 欧阳高威

王玉瑞 张博森 史广娟 董雁鸣 朱雪松 张思琪 陈东升

信息系统项目管理师

高 冰

高级教师

高 革 蒋伟红

（鞍钢集团有限公司人力资源服务中心 祁东宁）

第六部分

规划发展

特　辑

专　文

大事记

概　况

机构与人事

▶ 规划发展

财务、资本运营与审计管理

人力资源管理

管理创新

科技创新

安全、环保与节能

法律事务

综合管理

企业文化与公共关系

党群工作

鞍山钢铁集团有限公司

攀钢集团有限公司

本钢集团有限公司

单位简介

荣　誉

附　录

·发展战略与规划·

【战略规划管理】 鞍钢集团切实提高政治站位，深入贯彻习近平新时代中国特色社会主义思想和党的十九大及二中、三中、四中、五中全会精神，以习近平总书记“凤凰涅槃、浴火重生”指示精神作为前进方向和根本遵循，立足“发挥国有经济战略支撑作用”战略定位，承接落实党中央、国务院及国资委对“十四五”规划编制总体要求，完整、准确、全面贯彻新发展理念，统筹谋划“十四五”战略布局。加强顶层设计，成立以集团主要领导为组长的工作专班，制定工作指引，成立工作推进组、对标组、编写组等6个专项工作小组，分工协作、挂图作战；构建集团总部“三位一体”、公司整体“上下融合、内外联动、互动协同”的战略规划管理体系；创新工作方法，引入市场标尺，构建符合鞍钢特点的“五力”模型战略分析工具，对标梳理长短板，明确企业定位和发展方向，量化战略目标，选择战略路径，制定规划措施，实施战略监控和评估优化，引导企业跑赢自身、跑赢大盘，持续提升可持续发展能力；问计于民、集思广益，采取多种方式高质量完成“十四五”规划编制工作。鞍钢集团“十四五”规划凝结了全体职工的智慧和期盼，清晰了未来5年的战略布局，在全集团范围内达成广泛共识，明确了围绕“7531”战略目标，实施钢矿“双核驱动”战略，打造高质量发展的“新鞍钢”，形成“南有宝武、北有鞍钢”的钢铁产业新格局。

（鞍钢集团有限公司战略规划部　黄诗茗）

·战略合作·

【战略合作框架协议签署】 2021年鞍钢集团有限公司（简称鞍钢）本着平等互利、优势互补、合作共赢、共同发展的原则，积极与利益相关方开展战略合作。

2021年4月27日，鞍钢与广东格兰仕集团有限公司签署了战略合作协议。双方约定在钢材供应、技术开发、企业管理等方面加强战略合作，建立以产品为纽带的跨行业的长期发展战略合作伙伴关系，形成家电与钢铁企业的强强联合。

2021年5月6日，鞍钢与国家电力投资集团有限公司、鞍山市人民政府签署了战略合作协议。三方约定在规划咨询、清洁能源、综合智慧能源、核能产业、氢能产业、绿电交通、清洁能源用新材料、工程施工、设备制造等领域加强合作，贯彻落实“碳达峰、碳中和”重大战略决策，全面建立战略合作关系。

2021年9月27日，鞍钢与国家石油天然气管网集团有限公司签署了战略合作协议。双方约定在供需服务、技术合作、信息共享等领域加强合作。

2021年10月20日，鞍钢与中国石油化工股份有限公司签署战略合作协议。双方约定在采购销售、技术攻关、储备与物流、国际市场开拓、供应链阳光行动、“易系列”服务、工程技术、金融业务等领域加强合作。

2021年11月23日，鞍钢与辽阳市政府签署了战略合作框架协议，双方约定在资源开发、生态环保、产业协同、产品研发、投融资建设等领域加强合作，携手维护产业链供应链安全稳定。

2021年12月29日，鞍钢与中国一重集团有限公司签署了战略合作框架协议。双方约定在产品采购合作、研发合作、项目合作、环保产业合作、资本层面合作等领域加强合作。

（鞍钢集团有限公司战略规划部　张秋会）

·产业投资管理·

【投资管理制度建设】 1. 制定实施细则，细化投资管理要求。2021年，鞍钢集团根据《中央企业投资监督管理办法实施细则》《鞍钢集团有限公司投资管理规定》及有关制度要求，制定并印发了《鞍钢集团有限公司投资管理规定实施细则》。一是进一步细化了年度投资计划监督管理内容，制定投资计划报送工作流程，明确时间节点，强化责任落实。二是加强投资全过程监管，重点在项目决策、计划执行、项目实施、项目评价等方面细化标准，规范内容，抓好落实。三是充分利用信息系统监管投资活动，建立运转有效的内部协调机制，确保投资数据和信息互联互通、及时准确。鞍钢集团严格落实相关规定、管理制度，做到对年度投资计划、项目审批、备案及评价全过程规范管理。

2. 制定投资管理提升工作方案，并实现制度化。用系统化、流程化思维，对投资管理业务链进行了系统、全面的梳理和优化，不断完善投资全生命周期管理。一是沿着“战略指引”和“全面预算”两条主线，完善流程。二是通过优化五大投资业务（投资专项规划、项目储备及前期管理、投资计划编制、投资计划执行和项目管理），打造四个功能模块（保重点项目、保计划完成率、保投资质量和做到“三个严控”），进一步细化管理，共明确17项措施。

【投资风险管控】 严格依据《鞍钢集团有限公司投资管理规定》《鞍钢集团重大事项风险评估与合规审查管理办法》及有关规定开展年度投资计划和项目决策管理。一是在投资计划的制定上，严格落实“量力而行、量入为出”的投资原则，除了考虑规划落实、投资需求外，还要统筹降负债、投资能力等因素，确保投资需求与投资能力的高度匹配。二是在投资方向的把控上，采取“投资项目负面清单”和“年度投资方向清单”替代以往“投资项目负面清单”和依据战略规划把握投资方向的工作方式，进一步突出投资重点、准确把握投资方向，并优化了资源配置，不满足清单要求的项目不能列入投资计划。三是继续强化投资项目审批管理，对项目实施的必要性、可行性、合规性、项目方案、风险防范、投资回报等内容进行充分论证，坚持开展投资项目专业审核、风险评估与专项审查工作，做到项目决策科学，投资风险受控。四是加强项目专项审计、后评价，针对评价揭示的问题提出优化方案和改进建议，不断完善鞍钢投资决策机制，提升工程管理水平，切实防范投资风险。

【投资项目审批管理】 规范开展限上项目投资管理工作。严格按照鞍钢集团投资管理要求，组织开展限上项目审批工作。主要完成矿业公司马家田尾矿库接替库——中沟湾尾矿库工程项目建设方案重大调整、洋湖沟尾矿库工程、西昌钢钒钢钛共线可逆式轧机项目、鞍钢联众废钢合资项目、攀钢6万吨/年熔盐氯化法钛白科研中试线项目的批准。及时配合项目审核及放行的协同工作，配合放行科技创新管理系统、鞍钢集团OA系统改造升级、鞍钢集团财务共享通用费用报支单智能审核、鞍钢集团全面预算管理信息系统、鞍钢集团外事管理系统升级等项目。

（鞍钢集团有限公司战略规划部　刘长江）

【定点帮扶】 2021年，定点帮扶工作重心历史性转向全面推进乡村振兴。面对新的历史定位，鞍钢集团有限公司（简称鞍钢）坚决贯彻落实习近平总书记关于乡村振兴的重要指示批示精神，牢记帮扶使命，高站位统筹谋划鞍钢乡村振兴“十四五”规划，坚持“四个不摘”，推动乡村振兴工作落实落地，助力中央单位定点帮扶县新疆塔什库尔干塔吉克自治县（以下简称“塔县”）、贵州省盘州市及区域对口帮扶点在巩固拓展脱贫成果促进乡村振兴中起好步，开好局。

全面完成中央单位定点帮扶任务。2021年，鞍钢两位主要领导实现定点帮扶县调研全覆盖；全年拨付无偿帮扶资金2737.6万元，同比增长8.9%；派驻帮扶干部18名，其中第一书记2人；消费帮扶5383万元，同比增长3.4%；引进外部企业投入有偿帮扶资金1078万元，同比增长248%；培训县乡村基层干部920人，乡村振兴带头人156人，专业技术人才1323人；帮助实施农村厕改45户；倾斜采购政策，定向购买盘州市煤炭39.9亿元，支撑支柱产业发展，带动本地劳动力就业318名。

开创区域对口帮扶新局面。根据辽宁省和四川省政府要求，援派33名干部参与区域帮扶，投入帮扶资金1468万元，同比增长10.64%。实施帮扶项目36个，购买特色农产品306万元。全面完成辽宁1县3村、四川7县10村的对口帮扶任务。

2021年鞍钢帮扶工作得到上级部门和地方充分认可。攀钢信调民政处荣获民政部全国农村留守儿童关爱保护和困境儿童保障工作先进集体称号，鞍钢驻塔县工作组荣获新疆维吾尔自治区脱贫攻坚先进集体称号，攀钢荣获四川省脱贫攻坚先进集体称号；帮扶干部杜传、牛思川、江永亮分别荣获四川省、贵州省脱贫攻坚先进个人，塔县工作组2名同志荣获塔县优秀共产党员称号。

（鞍钢集团有限公司战略规划部　陈　玲）

·海外规划与投资管理·

【国际贸易】 平衡产品走出去，组织鞍攀联众三地快速响应，应对两次出口退税政策变化，与海关及保税区联动，减少涉税损失6000万元人民币；深耕拳头产品重轨和钒产品全球用户网络构架，打造鞍钢特色产品国际化名片。

保障原料资源供给，凭借国际市场影响力和优质资信，与四大矿山签订长协采购协议，满足生产基地需求，开拓社会贸易量；同时积极拓展焦煤替代及供给渠道，有效缓解国内市场资源不足困境。

【海外规划】 2021年，聚焦“十四五”期间鞍钢集团四个海外体系目标，有序推进海外营销网络建设，优化鞍本境外企业布局；重点开展海外基地研究，判定形成了投资目的国、目标、方向、方式、手段；开展重点项目交流，如与老挝、马来西亚、泰国、印尼、加蓬、巴基斯坦的6个项目交流。

【海外投资管理】 1. 海外投资概况。截至2021年12月31日，鞍钢集团境外企业总计32家（重组本钢后新增6家），其中全资27家、控股1家、参股4家。分布于亚洲、欧洲、美洲和大洋洲的14个国家和地区，重点投资地域为澳大利亚西澳地区；主营业务涉及国际贸易、矿产资源开发、钢材深加工及投资服务等领域，重点投资领域为矿产资源领域。2. 重点投资方向。2021年境外投资聚焦“十四五”国际化经营专项规划，重点优化海外布局及稳固存量项目，实施卡拉拉工艺完善项目；同时推进了多个海外初级产品基地项目的研究。

（鞍钢集团有限公司战略规划部　赵毓伟）

第七部分

财务、资本运营与审计管理

特　辑
专　文
大事记
概　况
机构与人事
规划发展
▶ 财务、资本运营与审计管理
人力资源管理
管理创新
科技创新
安全、环保与节能
法律事务
综合管理
企业文化与公共关系
党群工作
鞍山钢铁集团有限公司
攀钢集团有限公司
本钢集团有限公司
单位简介
荣　誉
附　录

·预算与统计管理·

【创新预算编制方法，引入行业对标制定年度利润预算目标】 按照集团公司确定的“十四五”规划高起点、高质量发展工作要求，财务部在制定2021年预算目标过程中，结合集团提出的增强“五力”能力，继续优化预算编制方法和原则，特别是针对企业盈利水平不高这一企业短板，首次从提升盈利水平入手，全面引入行业对标机制，确定更高起点的预算基本目标，并把钢铁主业盈利能力达到行业平均水平和平均先进水平分别作为奋斗目标和挑战目标；对其他非钢铁子企业，也围绕提升盈利能力这一关键要素，制定三档目标，促进各子企业采取更加积极有力的措施，深入开展提质增效活动，最大程度创造利润。

【加强预算管控，实行年度滚动预算和月份执行预算】 财务部围绕加强集团预算管控的工作思想实行了“年度预算总控，季度滚动平衡，月份预算执行”的预算过程控制管理。在年度预算总控的基础上，根据钢材市场价格及大宗原燃材料价格大幅上涨的变化情况，编制了公司年度滚动预算，重新确定了营业收入、利润总额、净利润等主要生产经营指标的季度和年度预算目标，对全年效益水平做出预测研判，并对编制月份执行预算提供支撑。

在年度滚动预算平衡的基础上，集团公司对二级子公司，二级子公司对三级以下单位，按月制定月份执行预算，并分解落实，实施过程控制。各二级公司及其下属单位通过编制月份生产经营执行预算（明细预算），对当月生产经营活动进行有效指导和管控。

针对限产要求，财务部组织相关部门提出增效措施，并编制下发《关于应对下半年经营形势的十项措施》，进一步明确下半年工作目标，并按季度跟踪十项措施落实进展情况，督促子企业高质量完成全年生产经营目标。

【加强生产经营运行监控与分析，促进子企业高质量运行】 结合鞍钢生产经营实际和进一步增加和完善集团公司对子企业重要经营指标的管控维度，把国资委提出的“两利四率”及营业收入、主要产品产量、两金占用、现金流、调品指数、铁钢比、降本增效等12项主要生产经营指标纳入重点监控预算指标体系。每月通过月中旬和月末的两次预测及时掌握月份预算执行情况。

按月开展对各子企业及重要三级经营单位的与行业和央企对标工作，分析生产经营中存在的问题，提出改进建议，形成月度生产经营分析报告，在集团公司一定范围内发布。财务部会同管理与信息化部、人力资源部到宝武集团、华菱集团、福建三钢集团进行对标学习，结合目前鞍钢集团管理模式，对鞍钢集团经营活动分析会内容进行调整优化，增加对集团重要工作完成情况的督导落实情况，三季度根据实际情况，选取规划、管理、科技、资本运营、人力资源、安全环保等部门发言，更好地发挥经济活动分析会对集团生产经营的引领作用。

【搭建成本对标平台，启动全面预算管理系统信息化项目】 为适应鞍钢深化预算管理工作要求，并结合国资委对中央企业进一步深化全面预算管理的工作要求，开发了鞍钢成本对标平台并启动了预算管理信息化建设项目。成本对标平台将集团各主要生产经营单元的主要成本费用数据及行业和部分先进企业对标数据进行展示，并从多角度、多维度、多用途进行对标分析，从总到细查找差距和不足，采取改进措施，推动精准降本。

预算管理信息系统按照全面提升集团管控力、战略和决策执行力、内部各单位的协同力和各要素集成力，实现“五化”为工作目标，建立集团统一，横向到边、纵向到底的融经营预算、资本预算和财务预算于一体的全面预算管理信息系统，并逐步实现与各业务系统互联，使预算管理贯穿供产销和人财物的各个环节，实现全员、全过程、全方位管理。

【落实推进冲A工作，确保鞍钢进入A级企业】 财务部围绕集团公司2021年度进入A级企业的工作要求，充分利用考核政策，提出进一步调高预算目标建议，力争一档利润目标额外加满分，为鞍钢进入A级企业创造条件。经党委常委会前置审议通过了《关于调整2021年考核建议值的方案》后，财务部积极与国资委沟通，将中央企业负责人经营业绩责任书的净利润目标值调高到52.5亿元，增幅30%以上；经济增加值目标值提高到2.0亿元，首次实现经济增加值由负变正，且为鞍钢集团历史最好水平，两项指标在完成时均可作为一档目标额外加满分。每月及时跟踪鞍钢及中央企业的运行动态，分析各类指标对鞍钢冲 A 的影响，测算冲 A 的各项指标最低要求。按照冲 A 要求，及时提示和督促相关部门和子企业加强相关工作，组织做好全年利润收口方案的制定工作，实现了鞍钢 2021 年度首次进入国资委 A 级企业。

【以市场为准绳，加强企业内部关联交易管理】 为保障各单位之间关联交易的有序进行，组织协调制定鞍钢集团、鞍钢股份、攀钢钒钛及财务公司之间的 2022—2024 年度原材料、金融等关联交易协议，履行内部审批程序后，组织上市公司提交股东大会批准。同时，做好重要关联交易价格的制定及关联交易日常调处工作，为鞍钢集团生产经营的稳定运行提供保障。同时，组织各单位对与本钢板材新增的关联交易项目进行统计，并做好相关信息披露工作，确保关联交易事项合规运行。

（鞍钢集团有限公司财务部　赵　鑫）

· 会计管理 ·

【执行新准则】 根据财政部颁发的《企业会计准则第 22 号——金融工具确认和计量》（财会〔2017〕7 号）、《企业会计准则第 21 号——租赁》（财会〔2018〕35 号）、《企业会计准则第 14 号——收入》（财会〔2017〕22 号）等准则（以下统称新准则）要求，鞍钢集团于 2021 年全面执行新准则，集团公司所属企业对照新准则，逐一调整金融产品、租赁、收入确认模式；按照新准则要求，调整了鞍钢集团 2021 年期初报表数据。

【鞍本重组，财务管理模式移植】 2021 年 10 月鞍本重组完成，本钢成为鞍钢子企业。鞍钢集团财务管理以统一、规范、高效为目标，以财务制度承接、会计政策统一为重点，向本钢实施财务管理模式移植。制定了有效的、可执行的财务管理整合工作计划，并按计划组织推进，为后续财务信息系统、会计政策、会计估计统一打下了基础。

（鞍钢集团有限公司财务部　梁雪荣）

【开展研发费用加计扣除专题培训】 2021 年 3 月 24 日，国务院常务会议明确，将制造业企业研发费用加计扣除比例由 75%提高至 100%，为促进各单位充分了解国家对科技研发工作的支持力度，集团财务部梳理 2008 年以来研发费用企业所得税加计扣除优惠政策沿革，同时为确保各单位应享尽享优惠政策，开展了研发费用加计扣除优惠政策的专题培训，并形成政策汇总材料。

【强化税务管理，组织建设推广鞍钢集团纳税管理系统】 为实现税务管理工作流程、政策解读、计税规则等事项的统一，进一步提升数据精准度，深挖税务数据价值，强化定期分析机制，财务部组织建设鞍钢集团纳税管理系统，建立鞍攀两地税控设备集中管理，通过纳税系统与业务系统、共享平台对接，实现增值税销项自动开票、进行自动勾选认证。

（鞍钢集团有限公司财务部　王金莹）

【优化完善会计核算体系，推动现代企业制度建设】 为贯彻落实集团主要领导“提高标准、对标一流、提升管理”的指示精神，进一步提高会计核算体系运行效率，满足鞍钢高质量发展和“十四五”规划要求，组织聘请毕马威咨询公司对鞍钢会计核算体系现状进行全面梳理，提出优化方案，制定鞍钢财务管理整体规划。经过近 5 个月的全面性调研、结构化分析和前瞻性对标，基本完成预期的工作目标，并通过了验收。在此基础上，组织财务共享和各子企业对鞍钢现行的核算体系进一步梳理和优化。一是对原有的 3154 个会计科目逐一梳理并优化，建立了集团统一的会计科目体系，以满足集团财务管理和业财融合需要。二是在明确财务管理定位的基础上，完善相关管理制度，并按照管理职责制订了 4 个管理制度、3 项业务规范，进一步健全了集团财务管理制度体系。三是从完善业务流程出发，全景化集团会计核算通用业务，首次制定鞍钢通用核算业务操作指导手册，明确了财务核算业务标准化流程。四是结合集团战略和现状，拟定了会计核算信息系统建设思路，未来将结合数字鞍钢建设工作逐步推进。会计核算管理体系的建立为鞍钢重组本钢、实现管理思想的移植奠定了良好的基础。

【积极探索财务智能化建设】 一是创新会计精算处理模式，试验在复杂会计业务处理中应用流程机器人（RPA）技术。利用财务共享平台实施经验，全面学习、研究流程机器人技术应用场景、方法，聘请鞍钢战略合作伙伴华为公司，开展智能账表归档和通用费用报支单智能审核项目建设，探索将流程机器人技术应用于复杂会计业务处理场景，同步建设集团通用智能图片识别和自然语言处理平台，提高财务工作效率，提升财务价值创造能力。二是创新会计档案管理模式，深度实施会计凭证电子归档。在统一核算系统和财务共享平台上线推广的基础上，通过系统性梳理、完善会计凭证原始要件影像，开发会计凭证电子归档、外来纸质单据归档整理及双向联查功能，实现财务共享集中业务单位电子归档，减少纸质会计档案数量。

（鞍钢集团有限公司财务部 孙彦涛）

·资金与资本管理·

【实施攀钢钒钛钒资产运作，履行对资本市场承诺】 2016年，鞍钢集团和攀钢在攀钢钒钛重大资产重组期间向资本市场作出“西昌钒业务连续三年盈利、具备注入上市公司条件的一年内，以公允价格将西昌钒业务资产注入攀钢钒钛”的承诺。为履行承诺，鞍钢在与招商局集团完成上市公司股权置换，优化了攀钢钒钛股权结构的基础上，组织攀钢制定钒资产注入攀钢钒钛方案并全力推进实施。2021 年 10 月 13 日，攀钢下属西昌钒制品公司取得西昌市市场监督管理局出具的《准予变更登记通知书》，完成了股权过户工商变更登记手续，有效解决了同业竞争问题，提高了上市公司资金使用效率。

（鞍钢集团有限公司资本运营部 杨 盛）

【有序推进本钢债务重组，切实防范金融风险】 为维护区域金融稳定，在债转股不打折的基础上，系统谋划、稳妥推进，统筹经营业绩与债转股规模，精心设计方案，争取银保监会、人民银行政策支持。积极拜访四大银行，进行沟通并达成共识，确保项目顺利推进。经过与四大行实施机构多轮洽谈，最终完成由建信投资出资 14 亿元，工银投资、中银投资、农银投资分别出资 10 亿元，合计 44 亿元。按本溪钢铁 2021 年 9 月 30 日净资产评估值确定股权比例，四大行实施机构合计持股 14.99%。2021 年 12 月 16 日，44 亿元债转股资金到账，12 月 20 日，本溪钢铁工商登记变更办理完毕，标志着本钢债务重组工作顺利完成。

（鞍钢集团有限公司资本运营部 陈子旭）

【落实鞍钢集团股权多元化改革，助力鞍本重组新发展】 贯彻落实国务院国资委“六措并举”战略举措，与中国诚通、中国国新两家央企协商确定股权多元化增资协议，配合开展尽职调查，实现两家国有资本运营公司各向鞍钢注资 75 亿元，分别持有鞍钢集团 17.826%股权。发挥多元股东治理优势，进一步提升鞍钢治理效能和资本运营能力。2021 年 8 月末，150 亿元权益资金如期落地，优化了鞍钢资本结构，为鞍本重组后实现高质量发展提供了有力支撑。

（鞍钢集团有限公司资本运营部 李 岩）

【强化预算管理，提高资金集中度】 集团公司总体平衡资金预算，监督子企业资金预算执行，跟踪重大筹融资进展和资金池资金存量情况，做好资金预测，保障资金流动性。全面清理银行账户，提高银行账户挂接比例，提高支付结算效率和资金集中度。

【推进鞍本重组，完成鞍本资金整合】 10 月 15 日鞍钢集团本钢有限公司正式揭牌。鞍钢统筹推进鞍、本财务公司整合，确保本钢纳入鞍钢资金集中管理体系的路径清晰、渠道畅通。推进鞍钢资金集中管理模式和资金管理制度向本钢移植，强化资产负债率、经营现金流、“两金”、融资等管理，推动本钢资金管理迈上新台阶。

（鞍钢集团有限公司资本运营部 李焕福）

【优化融资结构，降低融资成本】 集团公司持续压减融资规模，调整优化债务结构和资本结构，全年压降融资 270 亿元，长期融资占全部融资比例提高 8 个百分点。加强与大型银行合作，先后走访了国家开发银行、进出口银行等政策性银行和工、农、中、建等国有大型商业银行，大型银行贷款占比提高 4 个百分点。落实国资委提质增效专项行动，持续降低财务费用，全年同口径降低财务费用约 9 亿元。

（鞍钢集团有限公司资本运营部 梁 威）

【严控“两金”增速，提高资金周转效率】 2021 年集团公司进一步强化子企业“两金”精益管理，健全“两金”长效管理机制，防范资金风险，提升资金周转效率，各子企业“两金”管控意识逐步增强。一是对标行业先进，结合企业实际，建立科学定额模型。二是强化考核，从“确保底线、加快周转、跑赢大盘”三个维度进行考核，考核频次从年度调整为季度。三是开展月度预算管控，滚动下达“两金”计划值，强化过程跟踪和结果分析。2021 年末“两金”增幅低于收入增幅 21.8 个百分点。

（鞍钢集团有限公司资本运营部　唐聪玲）

·审计工作·

【审计总体情况】 2021 年，在鞍钢集团党委和董事会的领导下，鞍钢集团内部审计工作以习近平新时代中国特色社会主义思想为指导，全面贯彻党的十九大和十九届历次全会精神，落实党中央、国务院、审计署、国资委有关审计工作部署，深化鞍钢集团各级单位内部审计监督，强化违规经营投资责任追究；聚焦国家重大政策措施落实，聚焦重点管理领域和重大风险环节，聚焦问题整改难点和长效机制建设，进一步创新审计管理，持续增强内部审计和违规追责工作的系统性、针对性和有效性，有效发挥内部审计提升管理、改善运营、防范风险和创造价值的作用，为鞍钢集团实现经营目标和落实改革任务作出了贡献。

2021 年，鞍钢集团各级内审机构累计完成审计项目 236 项，发现各类问题 1286 个，提出审计建议 1073 条。其中集团层面内审机构完成审计项目 60 项，发现各类问题 563 个，提出审计建议 432 条，反映违规金额 4.98 亿元、损失浪费 2.17 亿元，促进企业增收节支 3.82 亿元；子企业层面完成审计项目 176 项，发现各类问题 723 个，提出审计建议 641 条，反映违规金额 0.24 亿元、损失浪费 0.30 亿元，促进企业增收节支 0.57 亿元。

【经营管理审计】 2021 年，鞍钢集团深入开展经营管理审计，主要围绕企业“两利四率”指标完成情况、提质增效措施落实情况、关联交易管理情况、审计问题整改情况，以及亏损企业专项治理情况、金融高风险业务管理情况、混合所有制改革情况、境外企业经营情况、设备资材采购情况等为重点开展审计监督，揭示企业运行质量和绩效的关键影响因素，以及存在的管理漏洞和风险隐患，并有针对性地提出改进建议，促进企业改善运营、提升管理、增加效益。全年各级内审机构共开展经营管理审计 34 项，其中集团层面组织实施 8 项，揭示问题 86 个，涉及问题金额 7.20 亿元，促进增收节支金额 0.54 亿元。

【工程投资审计】 2021 年，鞍钢集团强化重点工程投资审计，以审减工程投资和促进工程管理为重点，充分揭露投资管理决策、工程建设过程和项目运营中存在的重大问题和损失浪费。全年各级内审机构共开展工程投资和施工管理审计 48 项，包括重大工程项目过程跟踪审计、重点建设项目投资效益审计、工程投资管理审计、工程施工管理审计等。其中集团层面组织实施 14 项，审计项目投资 437.90 亿元，揭示问题 150 个，涉及问题金额 11.76 亿元，促进增收节支金额 1.66 亿元（含审减工程款 0.66 亿元）。

【经济责任审计】 2021 年，鞍钢集团按照全覆盖要求强化经济责任审计，围绕国家重大政策和集团重要措施落实情况、会计信息质量情况、内部控制与风险管理情况、资金资产管理情况等，扎实做好领导人员离任和任期经济责任审计，加强权力制约监督，堵塞管理漏洞，防范企业风险，促进领导人员认真履职尽责。全年各级内审机构共开展经济责任审计 86 项。其中集团层面组织实施 24 项，揭示问题 173 个，涉及问题金额 19.25 亿元，促进增收节支金额 0.96 亿元。

【专项管理审计】 2021 年，鞍钢集团大力开展专项管理审计，主要围绕处僵治困、退休人员社会化、厂办大集体改革、扶贫项目、国家优惠政策利用等国家重大政策措施落实情况，以及“十三五”战略执行、历史遗留问题处理、重大经济决策执行效果、研发经费投入强度、专项或特殊费用管理等内容开展专项审计调查，揭示专营领域或专项管理中存在的系统性、倾向性、苗头性问题，促进企业提升管理水平。全年各级内审机构共开展专项管理类审计 40 项。其中集团层面组织实施 13 项，揭示问题 126 个，涉及问题金额 3.77 亿元，促进增收节支金额 0.66 亿元。

【内部控制评价】 2021 年，鞍钢集团按照国资委和董事会工作要求，认真开展年度内部控制评价，积极推进内控缺陷整改，促进企业内部控制体系不断优化。2020 年度内控评价共发现 35 项内部控制缺陷，至 2021 年 12 月底，已完成整改 34 项，1 项持续整改；与集团法律部门共同组织各单位开展内控体系有效性自查自纠，全程配合国资委对鞍钢集团内控体系的评价；编制并印发《鞍钢集团 2021 年度内部控制评价工作方案》，将国资委抽查和企业自查问题或缺陷整改纳入评价范围，持续推进内控自评全覆盖，强化集团监督评价。

【投资项目后评价】 2021年，鞍钢集团深入开展重大投资项目后评价，推动投资项目依法合规和投资目标实现，为后续投资管理提供决策参考。2021年鞍钢集团共计开展投资项目后评价13项，其中集团层面组织完成1项，鞍山钢铁、攀钢等完成12项。针对后评价发现的有关项目立项、投资决策、经营管理、提质增效、风险防控等方面问题，后评价管理部门持续跟踪督促相关单位限期整改。

【督促审计整改】 2021年，鞍钢集团按照国资委和集团董事会工作部署，将建立和完善审计整改工作机制、加大审计整改工作力度、切实发挥审计成效作为提升审计工作水平的重要抓手，形成“领导重视、部门协作、分级督导、责任明确”的整改工作机制。截至2021年12月审计署审计及原国监会检查发现的184个问题，已完成整改164个，整改完成率89.13%，累计问责136名相关责任人；对未完成整改的问题，已组织相关部门和子企业制定了整改工作目标和具体计划，正在积极推进落实。

鞍钢集团总部层面印发的整改期为2020年7月至2021年6月的审计报告共49份，提出问题532个，其中已完成整改487个，持续整改45个，整改完成率为91.54%。通过整改，子企业实现增收节支或避免、挽回损失金额24640万元，及时收回应收款项87242万元，调整财务账目或报表金额31403万元，建立健全规章制度73项，处理相关责任人18人次。

【违规经营投资责任追究】 2021年，鞍钢集团按照国资委健全完善“3+X”配套制度工作要求，印发《违规经营投资责任追究工作指引》，细化违规追责工作流程，对工作底稿提出新要求；印发《违规经营投资责任约谈工作规则》，明确约谈情形，规范约谈流程；印发《违规经营投资问题线索督办工作规则（试行）》，明确问题线索督办流程及要求；印发《违规经营投资责任追究业务档案管理工作规则（试行）》，规范追责业务资料的收集、整理及移交等工作；印发《关于组织开展责任追究工作体系建设“回头看”及共性问题专项核查工作的实施方案》，指导违规责任追究共性问题专项核查。

2021年，鞍钢集团及子企业累计查办问题线索10项。其中集团审计部门查办2项，承办国资委移交1项，鞍山钢铁、攀钢等子企业自行查办问题线索7项。

【推进鞍本审计管理体系融合】 2021年，鞍钢集团审计部门通过鞍本两地审计对标，分析各自优劣和差异，按照鞍本重组总体工作部署，制定了《本钢审计管理整合实施方案》，并按过渡期、首月、百日、半年、一年分阶段深入推进和指导本钢审计管理体系优化，同步完善集团审计管理。重组后的本钢已完成审计领导体制建设、审计机构调整、审计岗位优化、审计制度承接、审计职责和业务界定，整合内部审计、违规追责、内控评价、投资后评价等职能。

（鞍钢集团有限公司审计部　韩明星）

第八部分

人力资源管理

特　辑
专　文
大事记
概　况
机构与人事
规划发展
财务、资本运营与审计管理
▶ 人力资源管理
管理创新
科技创新
安全、环保与节能
法律事务
综合管理
企业文化与公共关系
党群工作
鞍山钢铁集团有限公司
攀钢集团有限公司
本钢集团有限公司
单位简介
荣　誉
附　录

·领导人员管理·

【全面贯彻落实领导人员选拔任用制度】 1. 坚持党管干部原则，把好干部标准落到实处。坚决贯彻落实习近平总书记提出的新时期好干部标准和国有企业领导人员“20字”要求，把政治标准放在首位。2021年，鞍钢集团党委共集中调整领导人员12次，调整任用121人次，其中提拔任职20人，进一步使用6人。严格执行鞍钢集团党委组织部部务会议制度，召开部务会议讨论人事任免事项16次，调整192人次，其中提拔任职78人。

2. 持续改进领导人员选拔任用工作。突出领导班子建设，选优配强“一把手”，选配10名基层经验丰富、善于解决复杂问题、驾驭困难局面的70后年轻干部担任重要子企业和总部部门主要负责人，班子活力进一步增强。统筹考虑专业、经历和年龄等因素，对24家直管单位、部门的班子成员进行调整，班子整体功能显著增强，企业经营业绩持续向好。

【开展直管领导班子和领导人员年度考核评价工作】 1. 强化年度综合考核评价工作。按照《2020年度鞍钢集团直管领导班子和领导人员综合考核评价办法》规定的程序和要求，运用多维度测评、定量考核与定性评价和分析研判等方法，对30个子企业、直属单位和集团总部部门的领导班子、122名直管领导人员进行综合考核评价，形成2020年度考核评价报告。印发《2020年度鞍钢集团契约化考核及直管领导班子和领导人员综合考核评价结果的通报》，对4个优秀班子、3个优秀部室和18名优秀领导人员进行了命名表彰，对1个评价为“一般”的领导班子，1名“基本称职”领导人员进行通报和处理，引导广大干部任事担当、有所作为。

2. 落实党中央最新要求和集团党委工作部署，结合鞍钢集团推行管理人员“两制一契”、领导人员岗位分级分类管理等相关制度，修订印发《鞍钢集团子企业负责人综合考核评价与薪酬管理办法》，完善与企业功能性质相适应、与经营者选任方式相一致、与经营者业绩考核相挂钩的子企业负责人激励约束机制，有效激发子企业负责人积极性和创造性，促进企业健康可持续发展。

【深化干部人事制度改革工作】 1. 完善市场化用人机制。印发《关于推行领导人员岗位分级分类管理的意见》，拓展任用交流渠道，减少层级和台阶，为优秀人才脱颖而出创造条件。印发《关于管理人员推行“两制一契”管理的指导意见》，全面引入竞争机制，推行“揭指标竞聘，带契约上岗”，组织314家企业完成“两书”签订工作，变“伯乐相马”为“赛场选马”。

2. 逐级下放领导人员管理权限。按照分级分类原则，将鞍钢任前沟通领导人员人数由160人减少为56人，取消非直管领导人员备案程序，进一步激发了用人主体活力。取消领导人员任职试用期制度。推进子企业规范落实董事会职权，切实发挥好经理层谋经营、抓落实、强管理作用。

3. 推进领导人员能上能下。完善竞争上岗、末等调整和不胜任退出机制，集团总部积极发挥示范引领作用，2021年对空缺的22个岗位全部实行公开选拔，推动总部与基层双向交流56人，交流比例达到总部人数的28.4%。2021年，鞍钢各级新任职领导人员及管理人员竞争上岗比例达到75.2%，末等调整、不胜任退出比例达到10.3%，新进员工公开招聘比例达到100%，上述指标均高于央企平均水平。

【加强年轻干部培养选拔工作】 1. 健全发现储备机制。持续开展无任用调研，深入50余家二、三级单位，开展谈话700余人次，穿透式了解干部的日常表现和工作业绩。在年轻干部大调研中，鞍钢党委主要负责人深入鞍山钢铁等4家重点子企业，与40余名优秀年轻干部面对面座谈交流，发现了一批综合素质好、发展潜力大的优秀年轻干部。坚持动态调整补充，持续更新100名左右的高级管理人才储备库，组织全公司各级党委更新优秀年轻干部人才库，目前在库900余人。

2. 健全教育培训机制。全面开展优秀年轻干部政治素质和综合能力提升培训，组织一大批知名专家学者和外部公司高管走进课堂，着力提升年轻干部的理论水平和专业素养。强化实践锻炼，2021年共选派29名干部到贵州、新疆等地方挂职，鞍钢集团70后干部重点培训班的岗位交流达55人次，比例达到48.2%，同时加大80后、90后干部的实践锻炼力度，全年达175人次。搭建“赛马”平台，鼓励、鞭策新任职干部砥砺奋进、担当作为。

3. 健全适时使用机制。破除求全责备思想障碍，大胆启用年轻干部，论资历不唯资历，让一批有能力、有干劲、有激情的年轻干部及时走上重要岗位。2021年底，鞍钢二级正职50岁以下年轻干部占比达到30%，其中45岁左右占比为13.3%；集团公司二级班子成员45岁左右、三级班子成员40岁左右占比达到20.6%，达到中组部指标配备要求。

【进一步夯实领导人员管理和监督工作】 1. 扎实开展专项监督。按照中央关于选人用人巡视检查问题整改推进会议精神，积极开展问题整改“两看一查”工作，推动整改任务按期完成。对财务公司等4家单位开展选人用人专项检查，反馈选人用人问题53项，并督促整改落实。贯彻落实中央《关于加强对“一把手”和领导班子监督的意见》要求，认真开展“一把手”监督。对领导人员配偶、子女及其配偶经商办企业行为进行规范，对经甄别认定属于规范对象的领导人员，全部完成规范工作。

2. 严格开展日常监督。坚持抓早抓小、防微杜渐，贯彻落实谈心谈话制度，按要求开展“一报告两评议”工作，召开组织部长工作会议，加大通报及督促整改力度，对选人用人不满意率较高的单位点名批评、跟进整改，不断提高选人用人满意度。严格执行个人有关事项报告制度，做好警示教育和规范填报培训工作，2021年鞍钢个人事项报告查核一致率达到95.7%，较2020年提高4.3个百分点，随机抽查结果一致率达到100%，领导人员如实报告的红线意识持续增强。

【扎实做好扶贫、帮扶和驻村人员选派与管理工作】 1. 选优配强援派干部。结合定点扶贫点实际情况，按照“政治标准高、工作作风实、综合能力强、有管理经验和技术特长”的标准要求，层层推荐选拔优秀干部赴定点扶贫点挂职。2021年，共选派8名同志赴新疆塔什库尔干塔吉克县、贵州省六盘水市开展脱贫攻坚工作；选派25名优秀基层同志担任辽宁省、四川省驻村第一书记、4名同志任驻村工作队员，有效助力乡村振兴。

2. 关心关爱援派干部。落实《鞍钢集团援派干部管理办法（试行）》，加强考核评价和日常管理，落实援派干部薪酬福利待遇、生活补助和通信补贴，为援派干部办理人身意外伤害保险，每年组织援派干部开展健康体检，实现援派干部管理的制度化和规范化。在援派干部人数较多的塔县建立援派干部定期例会制度，加强日常沟通协调，推动帮扶工作有效开展。

（鞍钢集团有限公司党委组织部 亢 旭）

·人力资源管理·

【人力资源管理】 1. 人才引进工作。聚焦人才强企战略，实行更加积极有效的人才引进政策，修订完善《鞍钢集团人才引进管理办法》，简化人才引进程序，取消审批环节，对高端人才、成熟人才、毕业生引进结果采取备案制管理。各子企业按照市场化标准，结合地域、行业等因素，制定本企业引才办法，提高引才待遇竞争力，提升对人才的吸引力。2021年引进毕业生354人，首次实现毕业生签约完成率100%，其中博士40人，同比2020年增加11人；引进高端、成熟人才48人，其中博士9人，同比2020年增加1人。

2. 用工管理工作。按照深化三项制度改革总体安排，全面推进用工市场化，印发《关于加强劳动合同和岗位合同管理全面推行用工市场化的指导意见（试行）》《鞍钢集团人才赋能中心管理办法》《关于规范工伤、非因工患病职工管理的指导意见》等，在加强劳动合同管理的基础上，推行全员岗位绩效和岗位合同管理，打破员工身份限制，实现人力资源优化配置和有序流转，建立健全凭能力上岗、按贡献分配，以岗定薪、岗变薪变的激励约束机制。

3. 人力资源优化。围绕劳动效率每年提升10%规划目标，通过对标行业一流企业，差异化设置子企业劳动效率提升指标，强化全口径用工管理，建立劳务置换激励机制，全方位、多渠道优化人力资源。2021年鞍钢集团钢铁主业实物劳动生产率达到823吨/(人·年)。

4. 退役军人工作。2021年7月印发了《关于“八一”期间开展走访慰问建国前老战士、军转干部活动的通知》，要求各单位做好建国前老战士、军转干部等人员走访慰问工作。经统计汇总，各单位共走访慰问1305名新中国成立前老战士、军转干部等人员，发放慰问品及慰问金总价值36.9万元。

【人才队伍建设】 1. 进一步加强党管人才工作。坚持党管人才原则，将人才工作作为各级党委定期研究推动的重点事项，建立由鞍钢集团党委组织部主管，总部各职能部门分工负责，集团、子企业、三级企业党委分级管理的管控模式。各级企业党委统一领导本企业人才培养工作，党委书记承担第一责任，党委专职副书记承担直接责任，统筹研究部署人才工作。各级组织人事部门是本企业人才培养工作的归口管理部门，推动实施各项具体工作。

2. 推进实施重点人才培养工程。一是推动实施“英才计划”，按照领军、拔尖、骨干三个层次，建立涵盖冶金、钒钛、矿业、机电等专业领域的人才库，并对入库人才实施动态管理，2021年新入库技术拔尖人才、骨干人才分别为53人、186人，技能拔尖人才、骨干人才分别为17人、194人。二是组织实施“院士培养工程”，重点围绕资源开发与利用、绿色制造和智能制造及新材料研发等领域，优选科研基础强、培养潜力大、发展势头好的优秀人才作为培养对象，从政策倾斜、机制保障、管理服务等方面综合施策，集中优势力量和优质资源进行重点支持。2021年，已选拔11人作为院士后备人才重点培养，并根据院士后备人才的专业领域及其能力提升需求，实行一人一方案，制定详细培养计划和任务清单。

3. 大力弘扬“工匠精神”，加强技能人才培养。贯彻执行《关于加强鞍钢集团技能人才队伍建设的十项措施》。一是推进职业技能提升行动，2021年共有7198余人次实现技能等级提升，享受鞍山市培训补贴1475万元，技能人才队伍等级结构得到有效优化。二是补充技能人才后备力量，2021年引进大专院校毕业生80人，采取新型学徒制方式进行重点培养。三是强化技能人才培养阵地建设，2021年以来新建省级技能大师工作站1个、市级3个、子企业级16个。

4. 畅通人才发展通道。聚焦拓宽技术、技能人才成长通道，在工程技术、研发、高技能等岗位分别建立人才等级序列晋升制度，搭建H型发展通道，对应管理人员等级享受相应待遇，目前各序列人才达5254人。破除学历、年限等限制，建立技术和技能人才双向贯通评价机制，大力培养以曲晓东为代表的同时具备高级技师和高级工程师资格的“双高双师”人才，打造应用复合型人才队伍。

【职工培训工作】 1. 加强政治理论和党性教育培训，不断提升领导干部政治判断力、政治领悟力、政治执行力。把党史教育作为首要政治任务，在全体党员干部中全面部署，对领导干部提出更高标准更严要求，采取“线上全面系统学、线下结合实际学”方式集训，共开办培训班13期，轮训2040人。持续推进“‘一把手’政治能力提升计划”，抓好“一把手”政治能力提升班、五中全会精神培训班等重点项目，选调近500名领导干部，系统学习习近平总书记关于坚持和加强党的全面领导、加强党的政治建设、提高干部政治能力等重要论述；选调27名集团领导和二级正职参加上级政治理论研修班，全面提升领导干部适应新时代新要求的治企能力。

2. 围绕重大决策重点任务，及时开展专题培训，有效推动任务落实落地。聚焦三项制度改革举办专题培训，扎实推进政策宣讲和案例经验交流，助推改革顺行；聚焦安全生产形势任务严峻，选调各级主要负责人和主管领导，围绕强化落实主体责任、提升履责本领展开培训，有效扭转被动局面；聚焦碳达峰碳中和形势任务，选调主责部门和相关单位，开展以政策解析和案例分享等为重点的专题培训，推动党和国家决策部署在鞍钢落地。

3. 全面落实人才培养工程，抓好各类各级关键人才培训。按照“摇篮计划”部署，开展系列中青年干部培训，系统培养70后、80后、90后优秀年轻干部，实现源头培养、跟踪培养、全程培养；落实“英才计划”，举办技术技能领军人才、拔尖人才培训班，提升专家的专业能力和创新能力。推进国际化人才培养工程，选调培养对象参加专题培训，开拓国际化视野，提升国际化能力。按照加强财务专业人才队伍建设目标，与上海国家会计学院联办领导人员财务能力提升项目，选调700多名班子成员参加学习；与东北财经大学联办“工转财”培训班，选拔43人参加财务专业训练，考核合格后充实到相应财务岗位。

4. 推进培训管理转型升级，打造务实管用的教育培训体系。系统梳理鞍钢培训管理体系存在的问题，聚焦短板弱项，从打通体制机制壁垒入手，着重解决培训战略定位不清晰、管控体系不健全、运营体系不完整、资源和保障能力不完善、培训意愿和动力不足等5类问题，计划用3年左右时间，打造具有时代特征和实践特色的教育培训体系。2021年重点明确了“以训促学、以学兴企”的培训工作理念，初步形成了思想和行动共识；优化了三级管控架构，实行人才工作与培训、培养等职能统管，配齐配强力量；初步建立了以能力素质模型为标准的课程体系，确保内容精准；完善了“1+N”培训管理配套制度，夯实培训基础。

（鞍钢集团有限公司人力资源部　江松林）

·岗位绩效与薪酬福利管理·

【薪酬福利管理】 1. 健全完善工资总额管理与决定机制。印发《关于进一步健全工资总额管理与决定机制的通知》，突出业绩贡献导向，进一步激发企业动力和活力。一是优化工资总额预算管理机制。推进子企业对所属企业全面实行工资总额预算管理，健全“年初预算、月度跟踪、季度通报、年度评价”管理模式。二是完善工资总额预算结构化管理机制。对子企业工资总额预算按管理人员、技术生产服务人员、离岗人员三类实行结构化管理，采取差异化工资效益联动机制，并分别进行清算评价。三是建立递进式工资效益联动、增效“赛马”、效率对标调节相互联动的工资总额决定机制。按照子企业超额利润情况，递进式确定增提工资比例，实现差异化超额利润分享；按照超额利润水平排序，增加或减少分享工资比例，实现超利“赛马”；按照效率指标“跑赢大盘”情况调控人均工资增幅，实现效率对标调节。四是健全效率导向的减员工资总额保留机制。对子企业减员的在岗职工工资总额，依据劳动生产率行业对标情况差异化确定保留比例，对全员劳动生产率处于行业75分位及以上的子企业减人不减工资。

2. 强化薪酬即时激励作用。一是健全即时激励机制。印发《关于进一步加强考核分配激励及时性的通知》，指导子企业多措并举，全面实施即时激励，实现职工收入与企业效益刚性联动、同频共振。二是完善子企业负责人考核分配机制。在子企业负责人经营业绩考核、基薪标准确定、超额利润分享、任期激励设计等方面完善管理机制，更加体现市场化、差异化原则，强化薪酬兑现的及时性，正向激励效果明显增强。三是完善考核分配监督机制。印发《关于进一步规范子企业考核分配管理有关事项的通知》，督促子企业严肃考核纪律，维护分配秩序，坚持正确业绩观，严格依法依规取酬，健全对考核分配工作关键事项、关键环节、关键节点的全过程监督。

3. 建立健全全员岗位绩效管理体系。印发《关于进一步加强全员岗位绩效管理的指导意见（试行）》，构建更加科学有效的全员岗位绩效管理体系，切实解决绩效考核有死角、考核指标不科学、考核过程形式化等问题。一是健全全员岗位绩效管理机制。坚持“授权+同利”主线，以岗位绩效管理“无死角”为目标，按照“谁管人、谁考核、谁分配”和“能决定什么、控制什么就考核什么”，充分下放考核分配权，实现薪酬分配与绩效考核结果强相关。二是强化全员岗位绩效管理效果的考核。设置浮动工资差异系数考核指标，倒逼各单位通过强化绩效考核合理拉开收入分配差距；建立与所在单位单元绩效考核结果刚性联动的岗位绩效“赛马”机制，倒逼各单位切实解决机关考核流于形式的问题。三是强化典型引领。经过广泛征集、子企业筛选、专家组评审，编制了《鞍钢集团岗位绩效考核办法案例汇编（1.0版）》，供各单位学习借鉴。

4. 健全多元多层激励机制。一是健全关键人才中长期奖励机制。建立青年人才成长激励计划，聚焦年龄在45周岁以下，当期业绩突出，未来成长潜力大的青年人才，补齐制度短板。二是积极推进实施股权和分红激励。攀钢钒钛资源股权激励方案已通过国资委预审；工程发展轧辊公司、众元产业科德公司、水处理公司3家科技型企业岗位分红激励方案已经集团公司批复。三是以“双试”为突破口，推进健全科技创新激励保障机制。选择成都材料院为“企业”试点，推进建立可复制推广的考核评价、晋位升级、正向激励机制；选择攀钢纳米二氧化钛科技成果产业化转化为“项目”试点，打出一记“组合拳”，对项目收益分红、骨干员工持股、项目跟投、递延纳税等多种激励保障政策进行集成和尝试，努力为鞍钢科技成果产业化转化探索一条新路。

5. 规范履职待遇管理。根据国务院国资委相关政策规定，进一步完善了管理制度体系，修订印发《鞍钢集团子企业负责人履职待遇、业务支出管理办法》《鞍钢集团总部工作人员履职待遇、业务支出管理办法》《鞍钢集团负责人履职待遇、业务支出管理实施细则》。

6. 做好企业年金管理工作。截至 2021 年 12 月 31 日，企业年金缴费人数约 7.15 万人，2021 年职工个人缴费总额 1.84 亿元，企业缴费总额 3.93 亿元，合计 5.77 亿元。2021 年支付年金待遇 4158 人，其中一次性支付 1771 人，分期支付 2387 人，全年累计支付 3.32 亿元。企业年金总资产净值已达 49.72 亿元，当年投资收益率 8.06%，累计收益率 82.6%，累计年化收益率 7.84%，年化收益率远高于银行三年定期存款利率。

【三项制度改革】 1. 提高政治站位，凝聚改革共识。深入学习贯彻习近平总书记关于国有企业改革发展和党的建设重要论述，落实国务院对国企改革三年行动要求。鞍钢集团党委二届三次全委会将三项制度改革作为集团重点工作，明确任期制契约化管理这个“牛鼻子”，突破“三能”机制难点，充分激发活力，提高效率，劳动生产率每年同比提高 10%以上，为鞍钢集团实现战略目标提供坚强机制保障。

2. 突出问题导向，加强顶层谋划。坚持查找问题和深化改革相统一，与专业咨询机构合作，研究制定调研方案，发放并收回调查问卷 14328 份，梳理出存在的 4 个方面、22 个问题。聚焦改革重要领域、关键环节，制定鞍钢集团三项制度改革指导意见，形成“1+12+2”配套制度体系，构建“1 条主线、3 个标准、聚焦 4 能、5 个工具、8 个机制”的“13458”三项制度改革体系架构模型，为三项制度改革提供了坚强保障。

3. 建立保障机制，强化推动落实。一是建立定期调度机制。为保证改革任务协同推进，鞍钢集团每月定期召开调度会，及时掌握改革进度情况、分析问题、督导推进，并根据工作进度定期下发任务清单，形成了“月初提醒、月中督促、月末点评”的调度机制。二是建立调研督导机制。成立由集团分管领导带队的专项调研组，定期持续深入各单位开展调研，挖掘改革案例，梳理改革经验，加快推进改革，并与基层一线职工“一对一”进行访谈，听取意见建议，详细了解基层改革进展情况，查找问题和不足。三是建立改革评估机制。根据改革重点任务和目标，制定了鞍钢集团三项制度改革评估体系，细化考核维度和权重，实行“月度跟踪、季度评估、年度考核”，按季度开展考核评估，发挥牵引推动作用，并层层穿透。四是建立典型引领机制。深入挖掘内部案例，形成典型案例 50 余个、视频案例 20 余个，媒体报道 70 余篇，其中，中央主流媒体报道 30 余篇，营造良好的改革氛围。通过工作简报、现场交流等方式，详细介绍典型经验做法，形成“比学赶超”的改革环境。

4. 三项制度改革取得显著成效。一是国务院国资委等上级部门对鞍钢改革成效给予高度认可，三项制度改革在 2021 年度国务院国资委评估中，得分排名第十，评估为一级（A 类）。职工收入与企业效益大幅提升，2021 年，80%在岗职工收入同比上年增长 10%以上。职工群众共享改革发展成果，职工满意度显著增强。二是企业市场化机制成果取得新突破。市场化、契约化理念深入人心，应用效果逐步体现。2019—2021 年，实行任期制和契约化管理的经营层成员人数三年中占比分别为 7.32%、11.02%和 100%；管理人员退出比例分别为 1.45%、3.16%和 10.34%；员工市场化退出率分别为 0.33%、0.28%、1.19%；新进员工公开招聘比例均达到 100%；收入差距倍数合理拉大，分别为 1.40 倍、1.52 倍、2.14 倍，职工活力显著增强。三是企业高质量发展迈上新台阶。2021 年，鞍钢集团全员劳动生产率同比提高 44.3%，顺利实现 10%以上的提升目标。鞍钢重组本钢顺利实施，粗钢产能位居国内第二、世界第三，形成“南有宝武、北有鞍钢”的钢铁产业新格局；2021 年经营效益创历史最好水平，营业收入、经营利润首次突破 3000 亿元、300 亿元关口，“十四五”取得开门红。四是企业三项制度改革经验在全国推广。其中，2021 年 4 月 15 日，国务院国资委在鞍钢召开深化东北地区国资国企改革现场推进会，推广朝阳钢铁改革经验。2021 年 5 月 20 日，鞍钢集团在国务院国资委组织的国企改革先进典型媒体见面会上，专题介绍了鞍钢集团改革经验，现场接受了《人民日报》、新华社等众多新闻媒体采访。2021 年 6 月 4 日，在国务院国资委召开的中央企业改革三年行动推进会上，鞍钢就“授权+同利”市场化改革经验作交流发言。改革成果入选国务院国资委国有重点企业管理标杆创建行动的标杆项目名单。

（鞍钢集团有限公司人力资源部　李　巍）

·外事管理·

【密切关注疫情动态，切实抓好外事工作】 按照国家相关部委通知要求及疫情防控动态情况，严控出访团组，严格外事出访事前、事中、事后全过程监管。2021 年，共审核审批因公出国（境）任务 23 批 50 人次；办理因公证照 5 本，签证申请 4 人次；办理出境证明 4 个团组，4 人次；办理境外护照换发申请 5 人次；办理港澳通行证 1 本，办理签注、签转手续 9 人次。根据外交部《关于进一步做好当前邀请外国人来华管理工作的通知》和鞍钢集团外事办《关于规范复工复产外国人来华工作管理的通知》要求，从严把握邀请来华工作及复工复产配合工作，出具邀请函 32 份，邀请来华 78 人次。

（鞍钢集团有限公司人力资源部　许艳丽）

第九部分

管理创新

特　辑
专　文
大事记
概　况
机构与人事
规划发展
财务、资本运营与审计管理
人力资源管理
▶ 管理创新
科技创新
安全、环保与节能
法律事务
综合管理
企业文化与公共关系
党群工作
鞍山钢铁集团有限公司
攀钢集团有限公司
本钢集团有限公司
单位简介
荣　誉
附　录

·综 述·

【国企改革三年行动按计划完成】 2021年，鞍钢集团以习近平新时代中国特色社会主义思想为指引，全面贯彻党的十九大和十九届二中、三中、四中、五中、六中全会精神，深入落实习近平总书记重要讲话和重要指示批示精神，坚决落实党中央、国务院决策部署，围绕鞍钢集团二届三次全委会确定的“五个关键、四个重点”工作，聚焦改革三年行动，确保49项重点任务年内收官，三年总体任务完成率76%，任期制和契约化管理、对标一流管理提升等已开展评估项目完成率均高于央企平均水平；厂办大集体改革收尾平稳推进。在国资委《改革简报》上刊发多期典型经验，并承办了东北地区国资国企改革现场会，22家中央媒体对鞍钢改革成效进行集中报道，充分展示了新鞍钢的良好形象。

【数字鞍钢建设稳步推进】 数字鞍钢推进体系基本成形，制定发布7大类14小类46项信息化建设标准，完成《数字鞍钢典型应用场景目录》编制。重点项目建设成效显著，鞍山钢铁ERP+MES系统成功上线，一批智能制造项目正在实施，钢钢好、纳税管理等管理系统投入运行。西昌钢钒ET工业大脑等3个项目入选国资委优秀案例。网络安全可控，重大及以上安全事件为零。

【夯实基础管理，精益管理水平持续提升】 一是完善精准量化考核体系。构建“4+N+1”KPI指标体系和“双跑赢”“三区间”指标评价体系，并对标优化考核方式；建立“摸高”机制，对全集团316家单位895名经营层“一人一表”确定年度和任期目标，确保“两制一契”落地。二是抓好对标世界一流管理提升。围绕9大领域、37项重点、103项对标指标开展全面对标。朝阳钢铁、西昌钒制品公司入选国资委标杆企业，人力资源管理入选国资委标杆项目，同时培育创建内部标杆企业21家、标杆项目16个、标杆模式4个。三是提升采购管理水平。建立集团采购数据监管系统，加大采购数据分析挖掘，强化供应商准入管理，对48家违规违纪供应商进行通报处理。

【全力推进鞍本重组整合】 围绕“要素管控+管理移植”主线，组织推动鞍本管理整合，确保治理体系、授权体系、制度体系全面对接，三类31项管理信息系统正逐步全面覆盖。牵头指导本钢制定“1+2+N”系统性改革文件，协调解决实施中的问题。

（鞍钢集团有限公司管理与信息化部
王春利 马振翰）

·体制改革与创新管理·

【国企改革三年行动取得重要成果】 2021年，鞍钢集团深入学习贯彻习近平总书记关于国有企业改革发展和党的建设重要论述，落实习近平总书记“凤凰涅槃、浴火重生”重要指示精神，坚持把“效益有改善、员工有获得感、企业发展可持续”作为检验改革成效的重要标尺，深入实施国企改革三年行动，建立“党委负责制、工作专班制、任务清单制，督导评估制”的工作机制，推动改革任务落地落实，在国务院国资委改革三年行动重点任务考核评估中获评“A”，在央企中列第9位。现代企业制度持续完善。建立集团党委会前置审议清单、董事会决策清单、总经理办公会决策清单“三个清单”，清晰各治理主体决策事项和履职程序；坚持应建尽建，103户“应建企业”实现董事会建设、外部董事占多数“两个100%”。朝阳钢铁入选国务院国资委公司治理示范企业。市场化经营机制不断健全。316家单位实施经营层任期制和契约化管理，112家提前完成挑战目标；构建“4+N+1”KPI指标体系，实施“三区间、双跑赢”考核评价，建立“摸高”机制，强化即时激励，收入凭贡献。2021年新聘任管理人员竞争上岗比例达75%、管理人员调整退出占比10.34%。鞍钢的一系列重大改革举措和成效，得到了国务院国资委的充分肯定，在央企改革三年行动推进会上鞍钢作典型发言，东北地区国资国企改革现场推进会在鞍钢召开。

【鞍本整合融合效应充分释放】 鞍钢将鞍本重组作为服务构建新发展格局、实现高质量发展的重大举措，“六措并举”坚定不移推进重组整合，坚持“要素管控+管理移植”“战略引领+资源协同”两条主线协同发力，实现从规模体量的纵身飞跃到效益质量的全面提升。推进管理体系软覆盖与信息系统硬移植。公司治理体系、差异化授权体系、规章制度体系“三位一体”覆盖本钢集团层面主要业务，“国资监管、集团监督、管控共享”三类38项管理系统本钢覆盖率超过60%。推进价值链核心业务协同整合。鞍本采购、销售、物流、国际贸易、矿产资源等核心业务领域协同机制逐步建立；成立鞍钢钢铁研究院本钢技术中心，构建“一院多中心”模式，提升集团科研体系整体效能；成立鞍钢新闻传媒中心本钢记者站，构建“一中心多记者站”模式，服务新鞍钢宣传思想建设；启动本钢智慧运营一体化管控系统建设，推进基地内集中一贯、基地间统筹协同，产销一体化、管控一体化、业财一体化，鞍钢集团向多基地一体化运营迈出关键一步。

（鞍钢集团有限公司管理与信息化部 陈 雷）

·体系管理·

【积极开展对标提升行动】 2021年，鞍钢集团认真贯彻国务院国资委对标世界一流管理提升行动工作部署，聚焦短板弱项，推进对标提升行动走深走实。一是坚决落实国资委考核指标。在实施方案得到国资委充分肯定的基础上，加强与国资委改革局的沟通，按照国资委关于对标提升行动考核指标抓好工作落实。2021年，鞍钢工作清单完成率91.23%，超额完成国资委80%的年度考核指标；朝阳钢铁、西昌钒制品公司2家企业、人力资源优化1个项目入选国资委“三个标杆”行动名单；鞍钢集团各子企业围绕对标提升行动9个职能领域，结合实际，分别承接制定了实施方案和工作清单，实现工作全覆盖。二是抓住核心指标推动重点攻关。按照集团年度工作会议精神，系统盘点存在的问题，进一步聚焦短板弱项，形成《鞍钢集团对标提升核心指标体系》，其中集团层面核心指标10项，8家子企业级核心指标80项。以核心指标为抓手，强化服务督导，推动在线管理，解决存在问题，坚持过程控制与结果评价相统一，开展工作评价，推动工作落实，检验工作成效。三是强化典型引路。组织印发创建管理提升“三个标杆”实施方案，开展内部“三个标杆”创建工作，共征集标杆企业34家、标杆项目36项、标杆模式23项。评选出20家标杆企业、15个标杆项目和5个标杆模式。四是以精益管理为着力点提升管理能力和水平。推动管理层面“改革、创新、管理”三管齐下，坚持提效争简，加强全面预算管理，推动“简化、优化、量化”三化融合，提效率，增效益。生产制造层面将精益管理融入全流程全链条，以成本、质量和工艺为重点开展攻关，持续提升精益管理水平。

【持续完善规章制度体系，优化固化改革创新成果】 一是组织制定制度立项计划。从支撑集团改革发展、推进公司治理现代化和规范落实内外部监管要求等方面，开展制度立项，制定发布《鞍钢集团有限公司2021年规章制度立项计划》。二是按计划推进制度立改废释。2021年，鞍钢集团各部门持续完善集团以基本制度为基础、专业管理制度为主体、工作规范为补充的规章制度体系，完成了46项规章制度的制（修）订工作。三是指导本钢开展规章制度体系建设。坚持符合性、合规性、全面性、操作性工作原则，制定《本钢规章制度优化调整意见》，组织各部门梳理本钢承接鞍钢集团规章制度清单，明确承接方式，指导本钢制定工作方案、编制工作计划、建立工作机制、完善岗位标准，全面推进本钢规章制度体系重塑工作，切实做到“横向到边，纵向到底，上下一脉相承”。

（鞍钢集团有限公司管理与信息化部 王春利 马振翰）

·绩效管理·

【突出“精准和有效”，持续优化负责人考核评价体系】 2021年，鞍钢集团深入贯彻落实习近平总书记关于深入推进东北全面振兴、国资国企改革发展和对鞍钢重要指示批示精神，突出工作主线、深化改革、协同融合、党建引领，优化完善“战略、预算、考核、薪酬、职位”一体化考核体系，充分激活“人”的活力动力。一是突出重点，精准设计KPI指标体系。以服务国家战略、建设高质量发展新鞍钢为导向，全面承接国资委“两利四率”考核指标，以“十四五”发展战略规划为引领，以国企改革三年行动为契机，构建“4+N+1”KPI指标体系，即：生产经营效益指标+发展战略性指标+提质增效专项指标，对子企业负责人业绩考核指标更加精准有效，更加聚焦高质量发展，KPI 指标比 2020 年度减少 33%，形成“跑赢自身、跑赢大盘”二维考核评价体系。二是实行目标管理，建立赛跑机制。将效益指标分为“基本目标、奋斗目标、挑战目标”三档，基本目标按照上年完成值及集团发展要求综合确定，奋斗目标按照行业对标平均水平确定，挑战目标按照行业对标平均先进水平确定，并针对短板瓶颈指标，加大考核频次及力度，将“产量、资产负债率、‘两金’压降”纳入“跑赢大盘”指标，加快对标赶超，实现“高目标、高激励，低目标、弱激励”。三是严格契约管理，强化刚性考核。尊重契约精神，约定在前，避免事后“分析”，对企业在考核期内经营环境发生重大变化，或发生清产核资、改制重组等因素，对效益产生重大影响的，予以适当调整，其他一律不予分析考核，对非生产经营性收益予以剔除。根据经营业绩考核结果刚性兑现薪酬，对年度效益指标完成率低于基本目标 70%的，效益年薪为零。

鞍钢集团坚持高目标引领，充分发挥考核分配引领作用，推动经济效益快速增长，被评为 2021 年度中央企业考核分配工作先进单位。

【突出“科学和刚性”，推进“两制一契”落地落实】 一是做好顶层设计，搭建任期制和契约化管理体系框架。构建涵盖“经济效益类、经营管理类、重点任务类、风险合规类”指标的任期经营业绩考核体系，根据企业功能定位实施分类考核。契约目标突出科学性、挑战性，建立目标“摸高”机制，实行“双跑赢、三区间”评价，抓住关键岗位职责，实施经营层“一人一表”差异化考核，推行“揭指标竞聘，带契约上岗”。明确契约底线，薪酬兑现体现强激励、硬约束，岗位退出做到更坚决、更刚性。二是深入基层指导，规范有序推进任期制和契约化考核。深入 9 家二级企业、18 家三、四级企业开展调研访谈，针对“效益指标缺乏挑战性，年度任期目标未有效衔接、班子副职未体现差异化、兼职领导责任不落实”等共性问题，现场解答，研究解决方案，着力提升任期制和契约化管理考核的实效性。三是落实“两制一契”，提升契约质量。紧盯契约目标科学性、挑战性，狠抓契约质量，进行两轮抽查评估，抽查单位比例达到 76%。2021 年，148 家完成挑战目标，占比 47.1%；67 家完成奋斗目标，占比 21.3%，予以加分激励；7 家未完成契约底线，免去领导班子全体成员职务；1 家业绩考核不合格，全额扣罚领导班子成员效益年薪。

国资委对鞍钢集团推行经理层任期制和契约化管理工作措施到位、抽查中全部合格予以表扬，将鞍钢集团列为标杆企业。

（鞍钢集团有限公司管理与信息化部
陆　颖　杨汝艾）

· 采购管理 ·

【开展 2021 年国资委中央企业采购对标工作】 2021 年，鞍钢采购工作严格贯彻落实国务院国资委采购阳光化、集约化、规范化的要求，兼顾采购效率与采购规范平衡、采购成本与采购质量平衡，强化供应商准入管理，提升采购数字化与招标智慧化管理能力，按照国务院国资委《关于开展 2021 年采购管理对标评估工作的通知》（改革函〔2021〕7 号）中对标工作安排，围绕 4 大方面、35 项具体评价要素进行一一对照、分析和填报，全面评价集团采购管理情况，明确采购管理提升方向，不断提升鞍钢集团采购管理工作水平，在第二评估组 13 家中央企业中取得了第 4 名的成绩。

【开展国务院国资委中资阳光采购监管工作】 按照国务院国资委《关于按时报送中资阳光采购平台数据资源有关工作的通知》（办公厅函〔2020〕390 号）国资国企数据监管要求，组织建设了鞍钢集团国资国企采购数据监管系统，加强大额采购项目监管，指导各子企业对 8 个科目、58 项统计要素进行监管、填报，规范采购实施的相关要求，督促子企业加强采购规范管理。

【推进采购数字化工作】 加强采购领域数字化建设，以提升采购主数据管理和招标采购智慧化为主要目标，制定《关于鞍钢招标信息系统完善和提升的建议》《关于鞍钢招标信息系统升级建议的报告》，明确了集团采购物料主数据“统一系统、统一标准、统一编码、统一管理”的建设要求，增强招标采购的价值创造力，实现招标业务数字化转型升级。

【进一步优化供应商准入管理】 营造公正公平的

供应商生态，发布《关于进一步优化供应商准入管理的通知》，并通过集团专项检查和子企业自检自查，对70家违法违规违纪供应商进行集团范围内黑名单通报处理，持续优化鞍钢集团营商环境，构建阳光采购供应链。

【推进鞍本协同采购】 为全面推进鞍本价值链核心业务整合协同，发布《关于鞍本协同采购管理的通知》，发挥鞍钢集团规模采购优势，规范鞍本协同采购管理工作，实现鞍本整合从体量规模的纵身飞跃到效率效益的全面提升。

【开展采购专项检查及整改工作】 加强采购监督，集团管理与信息化部、纪委、审计部联合开展招标采购专项检查。对照中央企业采购管理有关问题清单内容，重点围绕采购领域存在供应商准入门槛不合理、招标竞争不充分、围标串标等突出问题，通过对招标数据信息抽取筛查、招标项目穿透分析、投标中标信息多维度比对、与采购单位交流等方式，挖掘采购问题，发布两期《关于招标采购专项检查工作情况的通报》，明确整改要求，补齐管理短板。

2021年鞍钢集团集中采购率为93.3%，上网采购率100%，电子招标率100%。

（鞍钢集团有限公司管理与信息化部
王又翊）

·信息化管理·

【产业数字化整体水平取得新突破】 2021年是数字鞍钢建设的开局之年，重点聚焦“智慧管理、智慧运营、智能制造”三个层面推进产业数字化建设，放行数字鞍钢建设项目144项，总投资18.9亿元。数字鞍钢建设成果多次获央视新闻、《人民日报》等权威媒体报道。钢铁智慧能源管控平台、基于5G的机器视觉带钢表面检测、ET工业大脑等28项成果获评国务院国资委、工信部、中钢协等试点示范。全年累计获政府专项资金2163万元。

1. 智慧管理水平有所提升。集团钢钢好办公平台、纳税管理系统、劳务用工、合资企业监管等信息系统上线运行，集团管控监督类系统由31个增加到37个，全面提升企业在线监管水平，支撑信息共享，实现风险防控。其中：国资监管信息系统7个，满足国务院国资委对鞍钢集团在线监管需要；集团监督类系统10个，全面支撑集团公司对子企业穿透式监督；管控共享类系统20个，集团公司统一组织建设，各单位共享使用，在统一平台上实现统一标准、统一语言、统一规范。截至年底，23个系统已完成对本钢覆盖，有效支撑鞍本整合融合。

2. 智慧运营取得新成果。钢铁产业全面引进宝钢股份先进管理思想及系统平台，结合企业实际优化提升，建成鞍钢钢铁产业一体化经营管理与制造管理模式、系统平台，全面实现一体化经营管控、多基地协同制造、对内高效协同、对外快速响应的目标，11月率先在鞍钢股份上线运行，随后全面启动向本钢钢铁产业的移植覆盖工作。众元产业ERP系统、智慧商旅服务平台建成运行，财务公司通过升级资金管理系统成为国内首家实现人民币跨境支付的直联企业，标志着工业服务事业经营管理效率上了新台阶。

3. 智能制造初见成效。鞍山钢铁深化本部炼钢、热轧、冷轧区域智能化应用，推进本部、朝阳钢铁铁前工序智能化建设，布局鲅鱼圈智慧透明工厂，在2020年完成6条产线智能化改造的基础上，全面向炼钢四分厂、热轧1700、鲅鱼圈1580、朝阳钢铁原料场、本部能源集控5条产线移植推广，主业产线智能化改造完成率达22.4%。攀钢着力推进西昌钢钒炼铁等集控建设，全力打造西昌钢钒智慧板材，在2020年完成5条产线智能化改造的基础上，全面推进攀钢钒轨梁厂万能一线、铁路物流，西昌钢钒板材厂等6条产线智能化改造建设，主业产线智能化改造完成率达22%。鞍钢矿业在数字矿山建设成果基础上，建成齐大山采场、关宝山选厂2个智慧矿山试点示范，主业产线智能化改造完成率达24%。众元产业绿源科技智能运维项目成功上线，优化减少定员23人。

【数字产业建设初见雏形】 鞍钢信息产业公司、星云智联公司等数字企业加强关键技术创新攻关，积极研发安全自主可控的软件平台产品，2021年新获得专利授权24项、软件著作权20项。加强大数据、人工智能等新一代信息技术与企业场景深度融合，形成信息化、数字化、智能化解决方案64项，具备对外输出服务能力。鞍信公司建成国内首个钢铁行业工业互联网标识解析二级节点平台，正式接入国家标识解析体系；与中国工业互联网研究院共建“国家工业互联网大数据中心辽宁钢铁行业中心”；入选辽宁省首批数字化转型促进中心。星云智联公司取得中国软件行业协会的软件服务商交付能力二级证书。

【数字鞍钢推进体系基本成形】　一是集团标准规范日趋完善，制定发布 7 大类 14 小类 46 项信息化建设标准，钢铁、矿山、钒钛三大产业智能制造建设标准形成初稿。二是完善数字鞍钢现场推进会举办权遴选机制，召开“数字鞍钢 · 数字生态”现场推进会，分享数字化、智能化建设成果与经验；编制并发布《数字鞍钢典型应用场景目录》，总结梳理典型应用场景 40 余项，为集团内部同类场景快速建设提供示范和指南。三是携手政府共建共享，与辽宁省工信厅、鞍山市政府紧密协同，举办“数字企业 · 智造未来”主题论坛，面向全国解决方案供应商发布数字鞍钢需求场景 235 项。四是强化网信人才培养，召开数字化专题培训，邀请行业顶尖专家、先进企业代表分享数字化转型经验和新一代信息技术发展趋势，全集团数千人参加学习。

（鞍钢集团有限公司管理与信息化部　徐　鑫）

【网络安全体系持续优化完善】　持续优化完善“管理+技术+运维”三位一体管理体系，针对国家数据安全法、正版化等最新政策要求，完成了网信安全、保密制度的修订，从管理上完善承接了国家各项要求；组织完成 11 个子企业互联网出入口统一收敛至国资委在线监管平台，有效降低了暴露风险，得到了国资委的肯定；推进全集团终端准入平台统一部署，实现终端精准防护；实现态势感知平台集团全覆盖，常态化实时监测、预警集团重点区域网络安全状态，从技术手段提升整体防护水平；组织内外部专家对 6 个重点子企业进行了“自查+检查+评估”的网信安全专项检查，以查促管，以查促改，促进各单位网络安全运维精细化，集团公司较大及以上安全事件为零。

【网络安全主动防御能力整体提升】　参加公安部、辽宁省、鞍山市分别组织的攻防实战演习，通过了公安部首次实战演习的大考，整体主动防御能力得到了检验并提升，获得了公安部应对大规模勒索病毒攻击演习中表现突出的通报表扬；健全信息通报和应急机制，主动监测各类网络攻击告警 156 万次，下发 10 期网信安全通报，37 期预警周报，自动态清零行动以来，连续呈大幅下降趋势。组织 500 余人次网信安全知识培训，选拔网安技术人员参加国家“网鼎杯”网络安全大赛，并取得进入半决赛的历史好成绩。

【信息化项目建设进一步推进】　按照国资委对央企的在线监管信息化建设要求和集团总部信息化项目建设管理要求，会同集团相关部门及鞍信公司等单位，组织完成国资监管网升级、国资委商密视频会议系统等 7 个国资国企在线监管项目的改造，实现数据协同共享，支撑鞍钢集团国资监管数据的在线采集与业务的在线监管；会同业务管理部门完成集团人力资源改造、OA 系统改造、司库系统、财务共享扩展、全面预算、纪检监察等 12 个集团管控监督信息化项目的前期规划及可研，并按期推动项目建设；协同推进集团系统向本钢推广，保证信息系统安全、持续、稳定运行，为集团各业务快速有效开展提供了信息化手段支撑。

（鞍钢集团有限公司管理与信息化部　梁会霞）

第十部分

科技创新

特　辑
专　文
大事记
概　况
机构与人事
规划发展
财务、资本运营与审计管理
人力资源管理
管理创新
▶ 科技创新
安全、环保与节能
法律事务
综合管理
企业文化与公共关系
党群工作
鞍山钢铁集团有限公司
攀钢集团有限公司
本钢集团有限公司
单位简介
荣　誉
附　录

·科技创新管理·

【综述】 2021 年，鞍钢集团以习近平新时代中国特色社会主义思想为指导，全面贯彻党的十九大及十九届历次全会精神，深入落实习近平总书记重要指示批示精神，以服务国家战略需求、提升企业核心竞争力、实现高质量发展为目标，在原创技术策源地、关键核心技术攻关、“拳头产品”攻关、科技创新体制机制完善、开放协同创新、科技成果管理、专项品牌建设等方面推进各项工作并取得积极进展。核心技术竞争力显著增强，研发经费投入强度达到 3.86%。世界钢铁企业技术竞争力的排名从第 8 名前进到第 6 名，拓展培育了 11 项拳头产品，5 项产品实现全球首发。获得国家科技进步奖二等奖 2 项，冶金科学技术奖 14 项。累计拥有有效专利 10055 项，有效发明专利在中央企业排序 20 位。鞍山钢铁、攀钢集团连续两年被评为中国最具专利创新力钢铁企业。

【科技创新体制机制建设】 2021 年，鞍钢集团科技创新委员会召开首次创新委员会会议，部署了面向国家战略和市场需要打造产业链生态圈、争当原创技术策源地和现代产业链链长、加快推进科技创新体制机制改革、加大研发投入和注重产出成效等科技创新工作，鞍钢集团科技发展部制定了《鞍钢集团有限公司优化科技管理提升创新能力指导意见》，聚焦鞍钢集团战略性科研项目开展重大项目立项，编制《鞍钢集团有限公司“十四五”重点产品发展规划》。深入推进“科改示范行动”，成都材料院“科改示范行动”改革成果案例“把握时代机遇，锐意改革进取，勇当钒钛特钢新材料产业创新排头兵”入选国务院国资委《改革创新“科改示范行动”案例集》。

【鞍钢集团项目管理】 2021 年，承担在研国家项目 34 项，其中牵头的国家项目“高强度安全壳钢板研制”取得突破进展，实现高强度安全壳用钢 AG728 全球首发。围绕关键核心技术和补短板材料研究、基础研究、低碳冶金技术三个领域新立鞍钢集团级科研项目 7 项。

【协同创新】 2021 年，按照“连续投入、持续研究、成果共享、效益分享”的原则推进产学研合作。与中国钢研续签战略合作协议，与江南造船厂等建立联合实验室，与中科院大连化物所、中科院过程所、上海大学联合开展零碳氢能冶金技术开发合作，建设氢能冶金示范项目。修订了《鞍钢集团有限公司科技对外合作管理办法》，完成《鞍钢集团“十四五”科技发展规划》《鞍钢集团有限公司“十四五”重点产品发展规划》和 10 项科技创新规章制度向本钢覆盖。

（鞍钢集团有限公司科技发展部　李黎明）

·知识产权管理·

【科技成果】 1. 重大科技成果情况。鞍钢作为第二完成单位申报的“连铸凝固末端重压下技术开发与应用”和“钢材热轧过程氧化行为控制技术开发及应用”2 个项目获得国家科技进步奖二等奖，获国资委经营业绩考核奖励加分 0.2 分。

“连铸凝固末端重压下技术开发与应用”项目是东北大学、攀钢等单位，历经 10 年攻关，从理论、工艺、装备等方面，研发了适用于我国“一线多产”的动态重压下关键工艺与装备技术，分别在唐钢、攀钢建成投产了国际首条连续、动态重压下宽厚板坯与大方坯连铸示范产线，解决了高端大断面连铸坯中心偏析与疏松严重的技术质量瓶颈，首次实现轧制压缩比 1.87：1 条件下 150 毫米厚高建用钢大批量稳定生产；率先实现了轧制压缩比 3.74：1 下车轴方钢等大规格棒材产品制备；生产的长尺重载钢轨轨腰致密度提升 5.81%，在大秦线重车线铺设率达 90%。生产的高强工程机械用钢、高端塑料模具钢、高性能耐候钢、汽车轮毂轴承钢、热作模具钢、大规格曲轴用钢等供货奔驰、宝马、NSK 等高端用户，已应用于万吨级远洋货轮、高铁动车、风电传动、矿机液压支架等重大装备；该项目获授权发明专利 26 项，软件著作权 14 项，在宝武、鞍钢、韩国现代钢铁等国内外钢企的近 20 条产线推广应用，年创经济效益超 4 亿元，实现了重大连铸技术的国际领跑。

“钢材热轧过程氧化行为控制技术开发及应用”项目是东北大学、鞍钢股份等单位通过“产学研用”深度融合，构建起了钢材热轧过程氧化控制理论体系，不仅生产出免酸洗、易酸洗及氧化皮耐腐蚀等新品种，而且开发出具有完全自主知识产权的氧化行为控制技术并大规模工业应用，应用于鞍钢、河钢、太钢、宝武等 19 家企业 45 条产线，并输出至韩国浦项和现代制铁，实现了钢材热轧氧化调控由经验试错向数字化、智能化控制的转型，扭转了我国钢铁产品外观难看的形象，解决了因表面缺陷引发的钢材使用性能和服役性能降低等问题，打破了国外对高表面质量产品的垄断；该项目生产出系列热轧新产品，氧化皮因具有免酸洗、易酸洗或耐腐蚀等特殊功效而“变废为宝”，助力了钢铁工业的节能减排和绿色制造，为下游制造业的“高质、高效、清洁”生产提供了原材料保障。本项目全面提升了钢材表面质量，满足了重大工程严苛要求，引领了钢铁行业技术进步，保障了制造业转型升级。

2. 科技成果获奖情况。“极寒环境用高强韧易焊接海洋装备用钢关键技术创新及工程应用”等 14 项成果获得冶金科学技术奖（另“地下矿山采矿工程精细爆破技术研究”作为参加单位获得一等奖）。“提高连铸坯质量的智能电磁控制技术开发与应用”等 11 项成果获得省级科技进步奖。

组织开展 2021 年集团公司科学技术奖评审工作，评选出一等奖 3 项、二等奖 8 项、三等奖 19 项、一线工人奖 2 项。

2021 年度鞍钢集团有限公司获冶金科学技术奖情况

一等奖 1 项	
大国重器舰船用钢不平度调整技术	鞍钢股份有限公司
二等奖 2 项	
钒铬渣分离提取钒铬技术研究	攀钢集团有限公司、钒钛资源综合利用国家重点实验室
高精度中厚板关键技术及纵向变厚度轧控模型研发与集成	鞍钢股份有限公司
三等奖 7 项	
攀钢氧化钒清洁生产装备集成设计研究与应用	攀钢集团有限公司、钒钛资源综合利用国家重点实验室
钢企热轧油泥平流池在线气浮除油关键技术开发及示范应用	鞍钢股份有限公司、辽宁华孚环境工程股份有限公司、辽宁科技大学
攀西地区露天矿山边坡安全监测与云平台远程预警关键技术研究	攀钢集团有限公司、中国安全生产科学研究院
新一代绿色高强系列热轧宽带工具钢制造技术创新及应用	鞍钢股份有限公司
钢轨万能生产线技术升级研究及应用	攀钢集团有限公司
基于 5G 的机器视觉带钢表面检测平台研发与应用	鞍钢集团自动化有限公司、鞍钢集团北京研究院有限公司、中国移动通信集团辽宁有限公司
重轨钢连铸坯凝固组织和成分均匀化研究与应用	攀钢集团有限公司

2021 年度鞍钢集团有限公司获冶金科学技术奖情况（作为参加单位）

一等奖 3 项	
地下矿山采矿工程精细爆破技术研究	北京科技大学、中国矿业大学（北京）、鞍钢集团矿业弓长岭有限公司
钢-轧过程产品质量智能管控技术与平台	北京科技大学、鞍钢股份有限公司、湖南华菱涟源钢铁有限公司、江苏沙钢集团淮钢特钢股份有限公司、马鞍山钢铁股份有限公司、新余钢铁股份有限公司、攀钢集团西昌钢钒有限公司、北京科技大学设计研究院有限公司
含碲高端特殊钢冶金工艺技术的开发和应用	上海大学、芜湖新兴铸管有限责任公司、南京钢铁股份有限公司、攀钢集团江油长城特殊钢有限公司、宝钢特钢韶关有限公司、广东韶钢松山股份有限公司、承德建龙特殊钢有限公司、中天钢铁集团有限公司、鞍钢集团北京研究院有限公司、浙江青山钢铁有限公司

续表

二等奖 1 项	
基于腐蚀大数据的低合金耐蚀钢研发关键技术创新及工程应用	北京科技大学、首钢集团有限公司、南京钢铁股份有限公司、鞍钢股份有限公司
三等奖 1 项	
钢铁冶金渣开发绿色胶凝材料与充填采矿产业化应用	北京科技大学、河北钢铁集团沙河中关铁矿有限公司、福建省三钢（集团）有限责任公司、鞍钢集团矿业设计研究院有限公司、北京华晟创元环境科技有限公司

2021 年度鞍钢集团有限公司科学技术奖情况

一等奖 3 项	
高品质全系列建筑结构用钢开发与应用	鞍钢集团钢铁研究院、鞍钢股份中厚板事业部
电控柜用高表面高性能热镀铝锌板涂镀层关键工艺技术研究及应用	攀钢集团攀枝花钢铁研究院有限公司、攀钢集团攀枝花钢钒有限公司、成都先进金属材料产业技术研究院股份有限公司、攀钢集团研究院有限公司
鞍山式极贫赤铁矿高效利用技术研究及工业应用	鞍钢集团鞍千矿业有限责任公司、鞍钢集团矿业设计研究院有限公司
二等奖 8 项	
基于选择性碳化-氯化理论的高钛型高炉渣高值化利用技术	攀钢集团攀枝花钢铁研究院有限公司、攀钢集团攀枝花钢钒有限公司、攀钢集团钒钛资源股份有限公司、攀钢集团工程技术有限公司
××类××用包覆高活性超细铝研制项目	鞍钢集团众元产业发展有限公司、鞍钢实业微细铝粉有限公司
钒钛磁铁矿制备高品质炉料协同技术与应用	攀钢集团攀枝花钢铁研究院有限公司、攀钢集团西昌钢钒有限公司
炼钢-连铸全流程流体流动可视化技术开发及应用	鞍钢集团钢铁研究院、鞍钢股份炼钢总厂、鞍钢集团北京研究院有限公司
低温高压管道用 X70～X100 系列热连轧卷板全流程关键技术研究及应用	攀钢集团攀枝花钢铁研究院有限公司、攀钢集团西昌钢钒有限公司、成都先进金属材料产业技术研究院股份有限公司、攀钢集团研究院有限公司
大断面连铸坯生产百米长尺重载钢轨关键技术研究与应用	攀钢集团攀枝花钢铁研究院有限公司、攀钢集团攀枝花钢钒有限公司、攀钢集团研究院有限公司、中冶南方连铸技术工程有限责任公司、中国重型机械研究院股份公司
冷轧镀铝锌机组工艺及设备自主集成创新	鞍钢股份有限公司冷轧厂
焦炉煤气硫氰深度脱除技术开发与应用	攀钢集团攀枝花钢钒有限公司、攀钢集团研究院有限公司、鞍钢集团工程技术有限公司
三等奖 19 项	
航天高品质 1Cr21Ni5Ti 关键工艺技术研究及应用	攀钢集团江油长城特殊钢有限公司
高钢级低温油气管道用钢热轧卷板开发	鞍钢集团钢铁研究院、鞍钢股份热轧带钢厂
攀西地区露天矿山边坡安全监测与云平台远程预警关键技术研究	攀钢集团矿业有限公司、中国安全生产科学研究院
鞍钢线材 1 号生产线工艺产品开发、效率提升及自主集成创新	鞍钢股份有限公司线材厂
高遮盖力钛白产品生产关键技术开发及应用	攀钢集团攀枝花钢铁研究院有限公司、攀枝花东方钛业有限公司、成都先进金属材料产业技术研究院股份有限公司
焦炉加热控制关键技术研究与应用	鞍钢股份炼焦总厂、鞍钢集团钢铁研究院、鞍钢股份鲅鱼圈钢铁分公司炼焦部、鞍钢集团北京研究院有限公司
钒钛磁铁矿冶炼高炉狭窄场地高效原位大修技术研究	攀钢集团工程技术有限公司、攀枝花攀钢集团设计研究院有限公司、攀钢集团攀枝花钢钒有限公司

续表

三等奖 19 项	
基于 Consteel 电炉环保用料的高过热、长周期浇铸的铸坯质量提升研究	鞍钢铸钢有限公司、鞍钢集团钢铁研究院、辽宁科技大学
钒渣钙化熟料分步深度浸出技术及应用	攀钢集团研究院有限公司、攀钢集团钒钛资源股份有限公司、重庆大学、成都先进金属材料产业技术研究院股份有限公司
朝阳钢铁大废钢比条件下低成本高效率冷轧基料用钢若干技术的研发与应用	鞍钢集团朝阳钢铁有限公司炼钢厂、鞍钢集团钢铁研究院
超高强及极限规格热冲压成型用钢的研制开发及应用研究	鞍钢集团钢铁研究院
高性能压力容器用钢关键技术开发及重点工程应用	鞍钢集团钢铁研究院、鞍钢股份中厚板事业部
煤焦油产品开发及应用	鞍钢化学科技有限公司
脱脂清洗机械消泡系统开发与工业应用	鞍钢集团北京研究院有限公司、鞍钢股份有限公司冷轧厂、鞍钢集团信息产业有限公司
高品质钢坯助推中厚板产品高效生产工艺开发与应用	鞍钢股份有限公司鲅鱼圈钢铁分公司炼钢部
国家重点工程用高性能不锈钢制造技术开发与应用	鞍钢集团钢铁研究院、鞍钢股份中厚板事业部
钛及钛合金带卷热连轧高效轧制共性技术研究及应用	攀钢集团攀枝花钢钒有限公司、攀钢集团研究院有限公司
选铁尾矿中超粗及超细钛铁矿强化回收工艺及装备产业化研究	攀钢集团矿业有限公司
弓长岭露天矿采空区垮塌风险监测预警云平台	鞍钢集团矿业弓长岭有限公司露采分公司
一线工人奖 2 项	
绿色智能化连铸机结晶器保护渣加渣机的研发与应用	鞍钢股份有限公司炼钢总厂
热轧带钢卷形缺陷的分析及其操作调整控制技术的创新应用	鞍钢股份有限公司热轧带钢厂

（鞍钢集团有限公司科技发展部　鄂秋乐）

【专利和专有技术】 2021 年，鞍钢集团获得专利申请受理 2102 项，其中发明专利 1387 项，发明专利占比 66.0%，PCT 国际专利申请 7 项；获得专利授权 1435 项，其中发明专利 650 项，发明专利占比 45.3%。完成专有技术认定 271 项。截至 2021 年底，鞍钢集团累计拥有有效专利 10055 项，其中有效发明专利 5322 项，发明专利占比 52.9%；有效海外专利 129 项。在国资委 2021 年中央企业专利情况排序中，有效发明专利数量在前 86 名企业中排名第 20 位。2021 全球钢企专利创新指数排名位列第 5 名。累计有效专有技术 1570 项。

2021 年鞍钢集团各子企业专利完成情况表

子企业	申请受理量/件		授权量/件		拥有有效专利数量/件	
	总量	发明	总量	发明	总量	发明
鞍山钢铁集团有限公司	631	396	579	295	3522	2024
攀钢集团有限公司	937	708	502	284	4427	2583
本钢集团有限公司	233	116	147	30	353	106
矿业有限公司	163	76	141	24	1314	418
工程技术发展有限公司	37	15	36	13	302	122
众元产业发展有限公司	31	13	21	3	98	44
北京研究院	45	45	2	1	30	23

续表

子企业	申请受理量/件		授权量/件		拥有有效专利数量/件	
	总量	发明	总量	发明	总量	发明
鞍钢联众	25	18	7	0	9	2
合计	2102	1387	1435	650	10055	5322

鞍山钢铁PCT国际专利申请3项，在11个技术领域形成专利集群布局保护，签订专利实施许可合同3项；攀钢集团制定了《核心技术保护指导意见》，新增海外专利授权13项，累计有效海外专利123项，获省部级知识产权专项资金120万元；本钢集团完善知识产权管理体系，发布知识产权、专利和专有技术管理办法；鞍钢矿业、工程发展公司首次提出PCT国际专利申请，实现海外专利布局突破；北京研究院申请专利45项，发明占比100%；鞍山钢铁、攀钢集团被评为中国最具专利创新力钢铁企业。

（鞍钢集团有限公司科技发展部　张　倩）

·国际标准化管理·

【国际标准情况】 ISO 630-1《结构钢　第1部分：热轧产品一般交货技术条件》、ISO 630-2《结构钢　第2部分：一般用途结构钢交货技术条件》、ISO 630-3《结构钢　第3部分：细晶粒结构钢交货技术条件》和ISO 630-4《结构钢　第4部分：淬火和回火高屈服强度结构钢板交货技术条件》共4项于2017年4月成功立项，于2021年4月完成修订并由ISO正式发布。其中ISO 630-3为鞍钢集团主导修订，ISO 630-1、ISO 630-2和ISO 630-4为鞍钢集团参与修订，实现我国结构钢领域国际标准化工作的重大突破。攀钢主导修订的ISO 7692《钛铁　钛含量的测定　滴定法》成功立项。截至2021年底，鞍钢集团累计制修订发布国际标准16项，其中主导4项，参与12项。

（鞍钢集团有限公司科技发展部　张　倩）

第十一部分

安全、环保与节能

特　辑
专　文
大事记
概　况
机构与人事
规划发展
财务、资本运营与审计管理
人力资源管理
管理创新
科技创新
▶ 安全、环保与节能
法律事务
综合管理
企业文化与公共关系
党群工作
鞍山钢铁集团有限公司
攀钢集团有限公司
本钢集团有限公司
单位简介
荣　誉
附　录

·安全管理·

【综述】 2021年，鞍钢集团以习近平新时代中国特色社会主义思想为指导，深入学习贯彻党的十九届二中、三中、四中、五中、六中全会精神、习近平总书记关于安全生产工作的重要指示批示精神，增强“四个意识”，牢固树立安全发展理念，弘扬以人为本、生命至上思想，坚守发展决不能以牺牲人的生命为代价红线和遏制重特大事故发生底线，以目标责任管理为引领，以电子化安全履职日志为载体；以落实各级管理者安全责任和反违章为重点，以严格查处事故背后的形式主义、官僚主义为驱动，开展专项整治，夯实安全基础，推动工作落实，实现安全生产形势的进一步稳定向好。

2021年，全公司杜绝较大及以上生产安全事故，实现火灾事故为零，发生全口径一般生产安全事故11起（不含本钢，以下同；其中：死亡事故4起、重伤事故1起、轻伤事故6起）。与上年相比，实现事故起数、死亡事故和火灾事故“三下降”，其中：事故起数下降9起，下降比例45%；死亡事故下降5起，下降比例56%；火灾事故下降2起，下降比例100%。

【提高政治站位，树牢安全理念】 公司领导率先垂范，以实际行动践行安全发展理念。党委书记、董事长主持5次党委常委会和1次党委中心组学习，专题学习贯彻习近平总书记关于安全生产的重要指示批示精神。年初深入安环部调研，年中和年末听取工作汇报，把关定向、督导工作；深入矿业齐大山铁矿、股份冷轧厂、炼钢总厂、攀钢重庆钛业等重点单位进行安全生产检查，约谈发生事故子企业负责人。戴志浩总经理3次主持安委会会议，定期召开总经理办公会，研究部署安全生产工作、审定安全制度；深入众元微细铝粉、攀钢矿业、鞍钢矿业、鞍山钢铁、鞍钢联众等多家单位检查安全工作。景奉儒副总经理带领安环部按季度分析总结安全工作，坚持问题导向，动态制定工作措施；检查鞍钢化学科技、攀钢攀枝花铁矿、鞍钢矿业弓长岭、众元铝粉、爆破公司等单位安全工作；组织指导专项整治、春节长假及全国两会、庆祝建党100周年等重点时段安全工作。王义栋、邵安林、段向东副总经理强化履职担当，认真研究部署安全重点工作，严格依据领导包保责任落实重大危险源、重大风险区域督导检查，鞍山钢铁、攀钢、矿业公司均实现安全生产指标的明显改善。

【坚持目标引领，实施精准激励】 贯彻“安全指标设立要科学，考核对象要精准，责权利要对等，奖励要及时，要有针对性、更有效”的要求，明确、细化子企业年度工作指标。制定《鞍钢集团有限公司安全生产目标责任管理办法》和《鞍钢集团有限公司总部安全生产目标责任管理办法》，与6家子企业及总部签订2021年安全生产目标责任状，传递压力、压实责任、催生动力，建立年度签状、季度考核、递进奖励、及时兑现的精准激励机制。守信践诺，及时按季度完成对子企业安全指标的考核与奖励的兑现，进一步激发了子企业安全生产工作的主动性和积极性。

【坚持问题导向，让违章有成本】 安环部、党政督查办、纪委三部门联动，制定《鞍钢集团有限公司关于开展“反违章”工作的通知》，以“杜绝违章，远离事故”为主题，强力推进反违章工作落实。组织子企业按照违章类别、严重级别和管理者层级三个维度，梳理现场作业各环节可能出现的违章情况，确定违章类别、严重级别、监管人员，建立反违章工作清单。截至6月底，6家子企业全部完成清单建立工作；并根据可能出现严重违章的岗位、部位增设视频监控设施，建立录像回放倒查制度，落实严重违章监管全覆盖，构建起常态化反违章工作机制。结合履职检查，分层级督导违章监管履职、监控录像倒查及连带考核落实，推进反违章工作落细、落实，取得初步成效。全年查处违章人员15322人次，考核367.8万元，为实现事故降低奠定坚实基础。

【增强斗争精神，严查形式主义】 建立安全、纪委、党政督查办三方事故报告联审机制，严格审核重伤及以上事故内部调查报告，深挖事故管理根源，严格事故责任追究问责，严查事故背后形式主义，对每一起事故切实做到“四不放过”。全年11起事故，问责处罚相关责任人员137人，其中D级及以上管理、领导人员20人；开展重伤及以上事故整改“回头看”，严查整改中存在的不到位、不落实等形式主义现象，发现并督促整改问题122项。严肃追究考核西昌钢钒炼钢厂、攀钢二次能源中心等整改不及时、吸取事故教训不落实问题，监督指导各单位真正吸取教训，杜绝重复事故。

实施评价互检，强化工作落实。每季度抽调各子企业专家，开展重点工作落实评价互检，通报检查结果排名及存在的问题，督导限期完成问题整改，全年检查6家子企业及所属单位58家，发现问题217项，100%完成整改，促进了重点工作在子企业、在基层单位的落实。

建立安全管理信息系统，构建涵盖岗位安全责任清单、履职清单及实际履职记录的“两清单一日志”安全履职电子管理体系。6月启动实施，9月全面上线，实现履职的动态督促检查、统计分析、追溯考核，全面推进各级、各部门管理者安全生产“党政同责、一岗双责”的“依法履职、按章尽责”。截至2021年底，系统中履职人数4196人，3695人按规定履职，规范履职率88%。

【吸取事故教训，开展专项整治】 严格贯彻国务院安委会、国家应急部、国务院国资委工作部署，开展危险化学品、民爆器材安全专项检查，组织各单位对煤气、氢气、天然气及苯、氨、铝粉等各类危险化学品和民爆器材的生产、储存、运输、使用开展全面排查整治；深刻吸取山东烟台五彩龙金矿“1·10”爆炸事故教训，组织鞍攀两地20家非煤矿山企业，对照11大项、82条专业安全管理标准和要求，全面排查整治露天矿、井下矿、尾矿库生产安全事故隐患；吸取湖北十堰“6·13”燃气爆炸事故教训，结合为建党百年华诞营造安全稳定环境，全面开展煤气系统安全大检查，组织对煤气系统基础设施完好情况、煤气区域动火作业管理情况、煤气防泄漏、防中毒、防爆炸预案演练情况进行全面排查整治，共发现问题隐患1893项，全部完成整改。

【突出风险防控，坚守安全底线】 把重大安全风险防控挺在前面，深化安全生产专项整治三年行动、风险分级管控和隐患排查治理双重预防机制落实。一季度组织开展新一轮危险化学品重大危险源辨识评估，确定重大危险源43处，其中一级重大危险源2处、二级重大危险源4处、三级重大危险源28处、四级重大危险源9处，全部建立健全管控措施、巡检制度和专项应急处置预案，依法依规向属地安全监管部门报备，确保重大危险源的安全稳定运行。鞍钢工程发展公司采取管道氢气替代氨分解制氢，消除重大危险源1处。三季度组织开展重大安全风险的重新辨识评估，辨识重大安全风险122项，子企业按照《鞍钢集团有限公司重大安全风险监督管理（暂行）办法》，落实重大安全风险8个方面管控要求，排查隐患、完善措施、夯实管理，层层建立安全包保检查制度，确保重大安全风险实时受控，防范重特大事故发生。

【强化措施落实，防范火灾事故】 深刻吸取火灾事故教训，组织子企业进一步健全消防安全责任体系，以消防安全责任制为基础，建立防火安全责任清单，明确量化防火工作任务，推进防火责任落实到岗、到人。逐级加强动火作业检查，促进审批前防火措施确认、作业过程全程管控、作业结束现场清理确认落实，严把动火关口。结合季节特点，开展火灾隐患排查和电气火灾综合治理，及时发现和消除可能引发火灾事故的易燃易爆物质泄漏、设备过热、打火及检测设备失效等隐患，排查整改隐患2875项。突出“七一”建党百年、全国两会、春秋两季和国庆、春节长假等关键时段的防火工作，重点部署、专项检查、交叉互检，实现全年消防安全形势的持续稳定。

【注重统筹服务，开展教育培训】 结合安全生产法的重新修订颁布，举办全公司安全管理人员能力提升暨《安全生产法》宣贯培训班，深入学习贯彻习近平总书记关于安全生产的重要论述，全面树立企业安全生产主体责任法治观念，提高依法治安能力。认真吸取“9·28”事故动火作业管理缺失教训，10月27日以现场和视频联合的方式，举办全公司动火作业管理专项培训，培训子企业及基层单位动火作业管理人员400余人，促进动火作业管理能力的提升。服务基层，统筹组织鞍山区域注册安全工程师考前培训，鼓励和引导子企业安全管理人员报考注册安全工程师，加强安全管理队伍建设。

· 环保与节能减排 ·

【综述】 2021年，鞍钢集团坚持以习近平新时代中国特色社会主义思想为指导，深入践行习近平生态文明思想，全面贯彻新发展理念，坚决贯彻落实国家实现“双碳”目标、深入打好污染防治攻坚战等决策部署，积极推进鞍钢集团“双碳”工作启动、超低排放改造实施、矿山绿化复垦等工作，强化能源“双控”管理，“双碳”、节能、环保工作取得新进展，主要节能减排指标水平持续提升，同时实现了重大环境污染事件为零的目标，实现“十四五”起步之年良好开局。

【指标完成情况】 2021 年，鞍钢集团（不含本钢）吨钢综合能耗同比下降 1.70%；吨钢耗新水同比下降 3.07%；万元产值综合能耗（可比价，2015 年基期）累计同比下降 0.80%；二氧化硫排放量同比下降 12.88%；氮氧化物排放量同比下降 3.90%；COD 排放量同比下降 8.77%，并全面完成国资委第六任期考核指标。

【主要荣誉】 鞍钢实业微细铝粉有限公司获得工信部 2021 年度“绿色工厂”荣誉称号；鞍钢股份炼铁总厂西烧 328 平方米烧结机和新 2 号高炉、炼钢总厂 A 号和 D 号转炉获得 2020 年度全国重点大型耗能钢铁生产设备节能降耗对标竞赛优胜炉荣誉称号（2021 年发布竞赛结果通报）；攀钢集团获得四川省“十三五”节能工作先进集体荣誉称号；攀钢钒、西昌钢钒及股份公司攀枝花钒厂、西昌钒制品、东方钛业、钛业公司等六家单位获得 2021 年度四川省级“绿色工厂”荣誉称号。

【节能减排重点工作】 1. 深入学习贯彻习近平总书记重要指示批示精神及党中央、国务院决策部署，提高政治站位。将习近平总书记关于生态文明建设方面重要指示批示精神作为“第一议题”，在集团公司党委常委会议上传达学习、专题研究，并形成工作台账落实，全力将学习成果转化为实际工作与成效。

2. 强化“双碳”顶层设计，发挥央企表率作用。为贯彻落实党中央、国务院“双碳”工作战略部署，鞍钢集团主动作为、勇于担当，完成了“双碳”顶层设计，彰显央企绿色担当。一是 5 月 27 日在上海世界钢铁大会上发布了《鞍钢集团碳达峰碳中和宣言》；二是 12 月 30 日通过媒体发布了《鞍钢集团低碳冶金路线图》，提出了低碳发展“三个使命”“五大路径”；三是完成了《鞍钢集团碳达峰及减碳行动规划》初稿的编制工作，初步确定了“双碳”工作的具体目标、时间节点、主要举措等。

3. 为有序、有效推动“双碳”工作落地、落实，制定了《鞍钢集团碳达峰碳中和工作方案》，确定了集团公司“双碳”工作的组织机构、工作原则、重点任务、工作要求及 2021 年“双碳”工作计划。按照统筹策划、协同联动、分步实施、分层负责的原则，一是建立了“双碳”工作推进机制，细化了各专业职能组责任分工，明确了沟通协调、报告及评价考核相关要求；二是建立了集团公司专家库，充分调动各专业专家的积极性、主动性和创造性，发挥智囊作用；三是积极与同行业先进和专业咨询机构学习交流碳资产管理经验，完成了攀钢集团、鞍钢矿业 2019—2020 年全国碳排放权交易市场第一个履约周期碳排放配额清缴工作。

4. 强化能源“双控”，提升节能管理水平。针对能源“双控”指标持续收紧，尤其是下半年以来限产、限能等政策要求，为确保各项能源指标持续向好，全面完成国资委第六任期能源节约指标要求，一是加强能源指标过程监管，从生产组织、铁钢比、燃料比、热装率等生产环节采取有效措施，迅速扭转由于限产导致能源指标恶化的被动局面；二是拓展节能管理思路，创新节能监察模式，采用常规监察和专项监察相结合模式，督导各生产单位合理使用能源，提升能源使用效率；三是充分借鉴第三方机构先进节能技术及专业管理经验，协调中国节能协会绿色低碳金融产业委员会专家对子企业开展工序用能评估诊断，提出能效提升整体方案建议；四是积极推进节能环保信息平台开发、建设与使用，有力推动节能环保指标管理系统化、信息化水平持续提升。

5. 大力推动节能改造，加快节能技术进步。一是加大节能项目投资放行力度。全年累计放行包括鲅鱼圈分公司能动部烧结空压站节能改造、化学科技蒸汽系统优化改造、朝阳钢铁炼铁厂主抽电机变频改造、攀钢钒能动分公司 100 兆瓦余热余能利用发电工程、攀钢矿业能源智能管控系统项目等节能改造项目 70 余项，放行投资 8 亿余元。二是推动清洁能源使用。充分利用矿山排土场、尾矿库等土地、空间资源，推动光伏发电项目实施，已完成 54 兆瓦光伏项目合同签订、310 兆瓦光伏项目意向协议签订，预计项目投产后年发绿电量 3.9 亿千瓦时，折合当量值 4.8 万吨标准煤。

6. 推动超低排放改造提速提效，打造样板示范基地。结合生产实际梳理、完善年度超低排放改造计划，明确2021年度超低排放改造实施项目计划放行、完成时间节点及投资估算，并将超低排放改造工作纳入部门重点工作及子企业提质增效专项考核，压实责任。集团公司领导、部门多次部署推进，对超低排放改造实施进度、存在问题进行梳理，制定解决方案与措施，推动超低排放改造项目“能干尽干，能干快干”。截至2021年末，鞍钢集团已累计完成超低排放改造项目200余项，正在实施130余项，累计放行投资130余亿元。

此外，积极推进鲅鱼圈分公司、西昌钢钒作为超低排放改造样板示范基地，开展超低排放预评估工作，聘请第三方对现场进行全面核查，逐工序、逐点、逐项查找与国家超低排放改造要求存在的差距，制定整改方案，力争提前完成超低排放改造，发挥标杆引领作用。

7. 持续加大污染防治投入，深入打好污染防治攻坚战。以持续提升污染防治水平为目标，大力推进污染防治项目实施，在相继完成鞍山钢铁西区烧结机烟气超低排放改造、鲅鱼圈焦化VOCs治理及炼焦配煤系统无组织扬尘治理、朝阳钢铁原料储煤料场棚化封闭、西昌钢钒2号360平方米烧结烟气超低排放改造等30余项污染防治改造项目的基础上，又新放行了污染防治项目100余项，放行投资30亿余元，重点开展了鞍山钢铁炼铁总厂新1号烧结机及三烧烟气脱硫设施升级改造和增设脱硝设施改造、炼钢总厂增设三次除尘改造、鲅鱼圈原料储煤料场棚化封闭、鲅鱼圈炼铁部Ⅱ系列烧结机烟气脱硫脱硝超低排放改造、西昌钢钒焦化化产VOCs治理、西昌钢钒物料皮带通廊封闭输送改造、攀钢集团炼铁厂煤料仓全封闭改造、攀钢钒荷花池污水处理站雨污分流工程、矿业公司齐矿北部振动给矿倒场噪声治理工程等，持续降低污染物排放总量及对厂区周边居民影响，为改善区域环境质量贡献鞍钢力量。

8. 持续开展矿山绿化复垦与厂区绿化，践行绿色发展理念。为践行习近平总书记“绿水青山就是金山银山”生态文明理念，2021年，鞍钢集团持续开展矿山绿化复垦工作，通过采取增加作业设备、夜间施工等措施克服了辽宁地区9月连续降雨、11月特大暴雪导致的施工现场泥泞、土壤结块等不利因素，完成全年矿山绿化复垦300余公顷工作计划。与鞍山市政府部门志愿者，在“双鞍共建绿色矿山复垦示范园”一起开展绿植活动，推动植树、养护活动常态化。实施参观景观环线绿化工程，开展了灵山料场和能源管控中心防护林的绿化栽植工作，通过栽植乔木、灌木、藤本植物、花卉、草坪，播撒草籽，持续提升景观区域的绿化水平。

9. 着力推动鞍本环保节能管理整合融合，确保各项举措落实见效。鞍本重组以来，为加快推进鞍本“双碳”、节能、环保管理整合融合，根据集团公司重组过渡期、首月、百日、一年工作的统一安排部署，组建了节能环保专项整合工作组，推动本钢完成了规章制度承接修订、工作信息报送、节能减排数据合并报表、建立“双碳”工作机制并纳入集团工作体系等工作，推动本钢“双碳”、节能、环保管理与集团公司全面衔接。

（鞍钢集团有限公司安全环保部　李　林）

第十二部分

法律事务

特　辑
专　文
大事记
概　况
机构与人事
规划发展
财务、资本运营与审计管理
人力资源管理
管理创新
科技创新
安全、环保与节能
▶ 法律事务
综合管理
企业文化与公共关系
党群工作
鞍山钢铁集团有限公司
攀钢集团有限公司
本钢集团有限公司
单位简介
荣　誉
附　录

·法治工作·

【制定鞍钢“十四五”法治建设实施方案】 以习近平法治思想为指导，承接落实国务院国资委深化中央企业法治建设的要求，紧紧围绕鞍钢集团“十四五”整体规划和国企改革三年行动重点任务，制定《关于进一步深化法治鞍钢建设的实施方案》，统筹规划“十四五”期间法治鞍钢建设。

（鞍钢集团有限公司法律合规部　刘　明）

【压实法治建设第一责任人职责】 严格执行《鞍钢集团有限公司法治工作考核评价办法》，围绕21项关键要素指标和62个工作标的，从定性和定量不同维度进行考核评价。将法治考核结果纳入子企业年度战略绩效与薪酬考核评价体系，有效推动法治建设第一责任人职责落实。

（鞍钢集团有限公司法律合规部　迟　森）

【持续深化法律合规审核】 在集团及二级子企业实现规章制度、经济合同和重要决策三项法律审核率100%的基础上，推动三项法律审核向重要单位企业和其他各级经营实体延伸，严把法律审核关口，持续提升审核效能。2021年全年，全集团开展三项法律审核5000余项。

（鞍钢集团有限公司法律合规部　王晓婷）

【持续深化案件管控工作】 以“强基础、强防控、强处置、强维权”为工作重点，全面开展案件管理工作。不断强化案件管理基础，持续完善案件管理制度、机制，制定《鞍钢集团外聘法律中介机构管理办法》，强化案件分析总结，以案促管，法律纠纷案件管理能力进一步提升。不断强化案件处置能力，持续完善公司律师队伍建设，扩充公司律师数量，强化公司律师专业能力培训，法律纠纷案件自办能力进一步提升。不断强化主动维权工作，持续开展专项整治工作，系统排查名称字号侵权、专利侵权等问题，主动发起攀钢专利维权系列诉讼案件，着力名称字号侵权企业处置，充分展示鞍钢维护企业合法权益的坚定决心。

（鞍钢集团有限公司法律合规部　潘冠弛）

【持续加强工商管理工作】 及时变更鞍钢集团法定代表人工商信息，换发鞍钢集团营业执照，为集团及子企业相关业务运营提供支撑；指导本钢集团提速办理鞍钢集团重组本钢后工商变更，确保“揭牌”仪式如期举行，保障鞍本重组工作顺利进行。

（鞍钢集团有限公司法律合规部　汪　洋）

【有序推进关闭集体企业处置工作】 组织相关子企业、冶金集团对701户关闭集体企业开展了资产排查、各类风险问题梳理、营业执照及印章收缴、“一户一档”建档等工作；并根据关闭集体企业实际情况，明确了试点先行、并分类分批开展处置的工作路径。2021年完成47户关闭集体企业处置，其中破产清算8户，股权转让3户，自行清算注销36户。

（鞍钢集团有限公司法律合规部　王　娟）

【不断提高干部职工法治意识】 制定发布《鞍钢集团有限公司关于开展法治宣传教育的第八个五年规划（2021—2025年）》，从整体战略层面对鞍钢集团法治宣传工作作出总体安排部署，推动普法工作常态化、长期化和多样化，切实提高鞍钢广大领导干部的法治素养和依法经营能力。

（鞍钢集团有限公司法律合规部　汪　洋）

·合规管理·

【探索“法务、风控、合规”一体化运行】 创新提出“坚持核心功能差异化定位，强化内部管理要素趋同性整合”的理念，聚焦协同融合发展，围绕组织领导、部门管理、防线搭建、机制运行、流程管控等方面，建立以风险管理为导向、以法治建设为引领、以合规管理为重点的“法务、合规、风控”一体化运行体系。

【推进境外企业合规体系建设】 在实现鞍钢集团及二级子企业合规体系全覆盖的基础上，全面推进境外合规体系建设工作，以鞍钢矿业所属卡拉拉公司为示范单位，推动鞍钢集团境外企业建立完善符合中国和所在国监管规定的合规管理体系，防范重大系统性合规风险，提升境外企业合规管控水平。

【培育鞍钢集团合规文化】 制定发布《鞍钢集团合规手册》，围绕合规文化理念、合规管理目标、合规基本原则、合规义务遵从、合规管理体系、企业合规责任、员工合规义务七方面，为全体员工诚信合规提供基本遵循。开展合规文化建设专项活动，开展合规宣誓，大力宣传“企业重视合规、全员主动合规、合规创造价值”的鞍钢特色合规文化理念。

（鞍钢集团有限公司法律合规部　王振东）

·风险内控·

【建立健全全面风险与内部控制“三道防线”】 以各业务主管部门为第一道防线，承担各业务分管领域风险与内控体系的建立运行与责任落实工作，实施本业务领域全面风险辨识与防范；以法律合规部为第二道防线，负责建立完善鞍钢集团风险与内控体系，组织推进、统筹协调全面风险与内部控制工作；以审计部为第三道防线，负责内控体系监督评价与检查工作，揭示风险隐患和内控缺陷，促进内控体系不断优化。

（鞍钢集团有限公司法律合规部　朱　赫）

【组织开展年度风险总结及重大风险评估】 鞍钢集团组织各部门、各子企业于年初全面总结上一年度重大风险防控工作情况，并系统梳理风险辨识要素，筛选查找关键问题，制定有针对性、可操作的风险防控措施，实施季度跟踪监测，实现季度重大风险监测全覆盖，重大风险可控在控。严格落实重大经营风险事件报告工作机制，压实工作责任，优化工作程序，系统增强重大风险预警监测及处置应对能力。

（鞍钢集团有限公司法律合规部
朱　赫　李玉东）

【深化风险合规联合审查机制】 鞍钢集团有效运行风险评估与合规“5+X”联合审查机制，集团总部资产重组、资产处置、投资并购等重大项目全部制定《专项风险与合规评估报告》，制定风险防范措施，业务部门与联审部门严格履行风险评估与合规审查职责，实现对重大事项风险与合规环节的联合监管和有效管控，全面提升鞍钢集团科学决策水平和风险防范能力。

（鞍钢集团有限公司法律合规部　朱　赫）

【建立风险内控“2+N”工作机制】 鞍钢集团建立风险内控“2+N”工作机制，以法律合规部和审计部为推进风险内控工作的一体两翼，进一步建立健全风险内控与审计监督的常态化协作机制，为业务部门和子企业搭建贯穿问题揭示、风险识别、缺陷研判、组织整改、落实责任、健全内控全过程的监督服务长效化工作平台，全面深化风险内控“三道防线”建设，压实问题整改的“三个责任”，增强风险防范和内控工作合力。

（鞍钢集团有限公司法律合规部
朱　赫　李玉东）

第十三部分

综合管理

特　辑
专　文
大事记
概　况
机构与人事
规划发展
财务、资本运营与审计管理
人力资源管理
管理创新
科技创新
安全、环保与节能
法律事务
▶ 综合管理
企业文化与公共关系
党群工作
鞍山钢铁集团有限公司
攀钢集团有限公司
本钢集团有限公司
单位简介
荣　誉
附　录

· 董事会工作 ·

【综述】 2021年，鞍钢集团董事会认真贯彻落实习近平总书记重要讲话和重要指示批示精神，以及党的十九大、十九届历次全会精神，加快建立健全中国特色现代企业制度，突出功能定位，积极担当作为，规范高效运作，推动鞍钢集团实现“三个历史性突破”：一是鞍钢党委在国务院国资委2020年度中央企业党建工作责任制考核评价中首次晋级“A”；二是鞍本重组顺利完成并完成债转股和混改；三是经营效益创历史最好水平，“十四五”取得开门红。荣获2021年度中央企业负责人经营业绩考核、中央企业党建工作责任制考核双“A”。

【坚决贯彻落实党中央、国务院决策部署，以及国务院国资委监管部署要求，推动企业高质量发展】 一是强化“两个一以贯之”的贯彻落实。贯彻落实全国国有企业党的建设工作会议精神及关于中央企业在完善公司治理中加强党的领导的意见，将党的领导有效融入公司治理各环节，在公司章程中明确了党委发挥把方向、管大局、保落实的领导作用。落实《中央企业党委（党组）前置研究讨论重大经营管理事项清单示范文本》，完善了党委前置研究讨论重大经营管理事项清单，厘清了党委与董事会、经理层等治理主体的权责界面。股权多元化改革高质量圆满完成，鞍钢集团第一次股东会顺利召开，建立起多元化的公司治理结构。

二是牢记“国之大者”，当好大国重器的钢铁脊梁。适应服务国家战略需要，董事会积极推动企业配置最优资源，着力攻克关键领域瓶颈技术，确保了6项关键核心技术攻关任务全部完成。推动企业加大科技投入，研发投入强度3.86%。加快推进科技成果转化，超厚超宽高强度反应堆安全壳用钢AG728、X70级深海高应变管线钢、500兆帕级免涂装耐候桥梁钢实现全球首发；中标国内最大24000箱超大型集装箱船全部止裂钢合同，实现95毫米止裂钢国内首次应用等。

三是推进矿产资源事业发展，保障钢铁产业链供应链安全。董事会积极关注资源保障，把矿产资源事业发展上升为集团“双核”战略，形成铁矿资源开发利用规划。加快推进“三个一批”项目，鞍钢矿业铁精矿产量创历史最好水平。通过加大投入，加快铁矿山开发，计划2025年铁精矿产量比2020年增长50%，2030年实现翻一番，成为保障我国钢铁产业链供应链安全的“稳定器”和防范钢铁市场周期性波动风险的“压舱石”。

四是强化董事会建设相关要求的贯彻落实。落实《中央企业董事会工作规则（试行）》，谋划鞍钢集团董事会建设，完善了《鞍钢集团董事会议事规则》等相关制度，满足了股权多元化改革后董事会规范运作的要求。

五是强化改革和战略目标有效落地。董事会积极推进国企改革三年行动各项要求在鞍钢集团有效落实。三年行动总体任务完成率76%，超额完成国务院国资委的要求。聚焦三项制度改革重点攻坚，全面推进“两制一契”，管理人员竞争上岗率75.23%，末等调整、不胜任退出占比10.34%，均高于央企平均水平。加快推进战略目标有效落地，实现“十四五”高起点、高质量开局，营业收入、经营利润首次突破3000亿元、300亿元关口。粗钢产能达到6300万吨，在规模上位居中国第二、世界第三。

【突出董事会功能定位，充分发挥经营决策主体作用】 一是充分发挥定战略作用，引领企业高质量发展。高站位谋划战略规划。董事会认真贯彻落实习近平总书记对“十四五”规划编制作出的重要指示精神，积极推进鞍钢集团“十四五”发展战略规划的编制工作。巩固2020年度董事会务虚会研讨成果，将外部董事的集体智慧融入鞍钢集团“十四五”发展战略规划，确定了实现“7531”战略目标，即达到7000万吨级粗钢、超5000万吨级铁精矿、3000亿元级营业收入、百亿元级利润，到2025年成为国内钢铁行业高质量发展排头兵。高质量编制战略规划。有效发挥专门委员会对董事会的支撑作用，召开四届四次战略与风险管理委员会，与会董事针对企业发展现状，结合国内国外形势、钢铁行业发展趋势，以及各自的专业特长和工作经验认真进行完善，确保了鞍钢集团“十四五”发展战略规划顺利通过四届七次董事会审议，及时上报国务院国资委备案。高效率实施战略规划。董事会召开务虚会，围绕立足新发展阶段、贯彻新发展理念、融入新发展格局，推进“十四五”“7531”战略目标有效落地进行深入研讨、出谋献策，助推“十四五”打造高质量发展新鞍钢，有效推动企业转型升级，“7531”战略目标有效落地并取得重要进展。

二是充分发挥作决策作用，推动企业高质量发展。董事会运行制度有效完善。加强制度管理，按照在完善公司治理中加强党的领导的有关要求，落实多元公司治理要求，在各股东的支持和指导下，完成了公司章程制订和审核工作，确保了第一次股东会顺利召开，新一届董事会正式运行并有效行使职权，满足了股权多元化后鞍钢集团各项工作顺利开展的需要。按照公司法、国务院国资委及公司章程的规定，重新完善了董事会、总经理及专门委员会议事规则，健全完善了以公司章程为核心的董事会制度体系，满足了董事会规范高效运作的需要。董事会的决策质量有效提升。积极推动鞍钢重组本钢工作，总经理3次专题汇报鞍钢重组本钢进展及方案情况。邀请外部董事召集人张国发董事列席党委常委会，会后召开了外部董事召集人会议，通过集体讨论形成共识，确保了重组本钢工作方案顺利通过四届八次董事会审议，及时上报国务院国资委批准。10月15日鞍钢集团本钢集团有限公司揭牌，标志着重组正式完成。董事会的监督作用有效发挥。按照《中央企业董事会工作规则（试行）》关于加强董事会管理监督的要求，明确了审计与风险委员会履行董事会监督职责，在加强董事会决议事项执行的基础上，将各位董事在董事会提出的意见建议进行认真梳理，以董事会决定事项通知的形式下发落实，并向下次董事会汇报。全年共下发落实通知4期，落实决定事项46项，有效维护了董事会的决策主体地位。加强投资项目综合评价。按照《鞍钢集团投资管理规定》的要求，2021年初制订限上项目自我评价计划，组织子企业依据项目目标任务书确定的投资、工期、规模及收益等开展自我评价，鞍钢集团选择部分项目进行综合评价。目前，符合自我评价的6项限上项目全部完成自我评价，其中3项完成了综合评价，评价结果为基本完成目标任务书投资目标，推动了投资决策的有效执行，提升投资决策的科学性。

三是充分发挥防风险作用，保证企业高质量发展。全面推进法治鞍钢建设。贯彻落实国务院国资委关于法治央企建设各项要求，构建纵向以法务管理、风控管理、合规管理为支柱，横向以信息化建设为链条的“三纵一横”法治鞍钢建设工作体系，建立风险内控“2+N”工作机制，协调推进风险、内控与合规管理的整体运行。巩固拓展三项法律审核，2021年累计审核规章制度、经济合同、重要决策6000余项。建立健全风险防范机制。建立健全以《鞍钢集团全面风险与内部控制管理办法》为基础的包括风险内控、合规管理与监督追责的“1+N”内控制度体系。推进企业落实四届三次董事会“在内控管理方面尝试建立内部子企业间交叉互评机制”，拓展监督评价工作方式，确保子企业在自评过程中规范流程、消除盲区。积极推进亏损企业治理。董事会高度关注亏损企业治理，组织外部董事对鞍钢联众、鞍钢莆田冷轧等开展专题调研，提出意见建议并加快推进落实，督促和推动建立“集团-子企业-亏损子企业”三级联动机制，确保了亏损企业治理取得显著成效。鞍钢集团（不含本钢）当期经营亏损企业降至5户，同比减少22户，降幅为81%；亏损额为0.41亿元，同比减亏15.6亿元，降幅为97%，超额完成国务院国资委下达的“亏损企业亏损面8.6%，同比下降6.3个百分点；亏损额8.2亿元，同比减亏11亿元”治理目标。国务院国资委认定的4户重点亏损子企业提前完成“三年减亏50%”的治理任务，鞍钢联众和卡拉拉实现本年度扭亏。加强参股企业分级分类监管，投资回报能力显著提升，实现实收分红5.09亿元，同比增幅为71.96%；股权转让收入5.59亿元，同比增幅为193%。董事会审议通过了《关于低效无效参股股权处置退出方案》，困扰鞍钢集团多年的参股企业退出难问题在2021年基本解决。加强重点风险事项管控。董事会推动开展重大风险辨识评估，针对战略风险、现金流风险、安全环保风险等8大方面25个风险点，制定了30项应对措施并强力推进，保证了全年生产经营稳健运行。巩固降杠杆成果，债务规模持续压降，鞍钢集团负债率61.92%（不含本钢），比年初下降2.05个百分点。

【董事会自身建设不断加强，规范有效运作能力显著提升】 一是董事会制度体系有效健全。适应股权多元化改革要求，建立健全了以公司章程为核心的董事会制度体系。落实国企改革三年行动工作部署，完善了重大事项决策的权责清单，厘清了治理主体的权责边界。有效健全授权机制，制定了《鞍钢集团董事会授权管理办法》，确保经理层依法行权、有效落权，切实提高经营决策效率。优化专门委员会的职能，在审计与风险委员会中增加监督职责，为董事会有效开展监督工作提供了保证。

二是董事会运行规范性有效性显著提升。全年共召开董事会8次，审议议题36项。董事认真代表股东依法履职行权，全年共开展集体调研4次，分别到重点用户、先进制造业企业和行业标杆宝钢股份湛江钢铁、中冶赛迪等外部单位，以及鞍钢莆田冷轧、鞍钢联众等内部单位开展调研，有效促进了鞍钢集团与上下游企业深度融合，以及亏损企业治理工作。

三是外部董事支撑作用明显增强。搭建"一个平台"、完善"三个机制"，全方位提升外部董事履职支撑保障能力。建立履职保障平台，定期向外部董事报送鞍钢集团工作进展情况；完善"企情问询"机制，将外部董事问询事项细化为落实措施和推进时间，及时报送外部董事；完善信息支撑机制，坚持做到突发事件时报、重要信息周报、经营数据月报、重要事项季报、总结报告年报；完善决策保障机制，经理层专题汇报鞍钢重组本钢项目进展情况等，为董事会科学决策提供有效保证。

四是积极推进董事会年度评价意见整改。积极推进整改工作，制定《落实国资委关于2020年度鞍钢集团董事会评价意见的工作方案》，共三大方面23项具体措施，明确了责任部门和责任分工。董事会办公室积极组织推进各项措施有效落地，按要求完成了各项整改任务，有效提升了董事会决策主体地位。

【推进子企业董事会建设取得新突破】　一是运行管理制度持续完善。制定《鞍钢集团子企业董事会工作规则（试行）》《鞍钢集团子企业董事会和专职董事评价办法》，推进子企业董事会规范有效运作、专职董事勤勉履职尽责。

二是配齐建强取得明显成效。制定《鞍钢集团加强各级子企业董事会建设工作方案》，推进子企业实现董事会应建尽建和外部董事占多数，提前1年3个月完成国资委确定的两个100%目标，完成率明显高于央企平均水平。

三是落实董事会职权全面完成。制定《鞍钢集团落实子企业董事会职权工作方案》，将23户重要子企业和具备条件的6户非重要子企业纳入落权范围，差异化落实董事会职权，逐级完成了纳入落权范围的29户子企业落实董事会职权实施方案审批工作。

四是专职董事队伍建设有效加强。加强履职管理，坚持专职董事集体研讨制度，确保子企业董事会科学决策。加强培训管理，采取"走出去"的方式，组织专职董事到宝武领导力发展中心参加专题研修班；采取"引进来"的方式，邀请国内高校专家学者等开展专题培训。加强调研管理，拓展调研方向和内容，形成《关于鞍钢集团专职董事意见和建议情况的报告》，为促进企业发展提供参考、建议和支撑。

（鞍钢集团有限公司董事会办公室　高洋洋）

·参股企业管理·

【综述】　2021年，鞍钢集团深入贯彻落实国务院国资委《关于做好中央企业参股经营投资自查整改工作的通知》要求，强化分级分类监管，持续提升整改成效，参股投资质量有效夯实，投资回报能力持续提升。全年实现实收分红5.09亿元，同比增幅为71.96%；股权转让收入5.59亿元，同比增幅为193%。"鞍钢集团参股企业分级分类监管体系构建的探索与实践"荣获2021年冶金企业管理现代化创新成果一等奖。

【分级推进，确保监管工作上下贯通】　按照母子公司权限，以派出专职董事为抓手，积极推进分级监管，纵向实现监管通道上下贯通，增强监管的穿透力和执行力。

一是鞍钢集团领导亲自组织推进。2021年6月鞍钢集团分管领导主持召开C类参股企业处置推进会议。会议传达了国务院国资委《关于加快完成参股经营投资问题整改工作的通知》有关要求，通报鞍钢集团C类参股企业的处置进展情况，对加大探索创新及加强指导检查提出明确要求。7月鞍钢集团总经理主持召开专题会议，听取整改完成情况汇报，详细分析存在的问题及原因，讨论通过了《鞍钢集团加快推进C类参股企业处置工作方案》，下发各单位加快推进落实。11月鞍钢集团分管领导在参加中央企业加强参股管理工作推进会后立即召开会议，要求各单位认真贯彻会议精神，学习借鉴交流经验的中央企业的做法，在加快C类参股股权清理退出的同时，高质量完成新一轮自查整改工作，详细梳理分析问题，明确整改重点、措施和目标。

二是职能部门加强检查指导。集团董事会办公室积极履行牵头抓总职责，组织自查整改领导小组办公室成员单位深入10家二级子企业进行检查，指导完善工作台账，细化整改措施，加快推进落实。各子企业每月末及时更新工作台账，集团董事会办公室梳理汇总后在自查整改工作简报上进行通报，对未按期完成工作进度的起到督促作用，推动其加快推进整改措施。对于全面完成整改任务的资本控股公司和工程发展公司，董事会办公室详细总结提炼其经验做法，在自查整改工作简报上通报表扬，起到了示范和引领作用，全年共刊发简报8期。监管信息系统正式上线运行，实现了参股企业运营情况动态实时监控。

三是子企业层面加强执行落实。各子企业积极履行监管主体职责，加强参股企业监管工作。加强股东权责管理，根据股权变化、股东变更、兼并重组等情况及时修订了10户参股企业章程，新增或修改涉及加强党建、股东权益等条款。加强产权管理，新增4户参股企业均及时完成了参股股权国有产权登记。加强财务监管，督促参股企业收回逾期超过1年的应收账款，共收回1766.63万元。加强派出人员管理，完成因职务变动派出人员调整，实现了应调尽调、应派尽派。加强内部监督管理，共开展涉及参股企业的审计5项。

【分类推进，确保监管工作全面覆盖】 按照战略符合性及运行质量等，实施ABC分类监管，横向实现监管对象全面覆盖，增强了监管的针对性和实效性。

一是加强A类分红监管，投资回报持续提升。对于A类（战略发展类），通过参加董事会、监事会、经理会，依法维护国有股东收益权，投资回报能力持续提升。全年实现实收分红5.09亿元，同比增长71.96%。

二是加强B类运营监控，适时实施动态调整。对于B类（保留观察类），在观察期内（2年）采取“一企一人”的方式，定期掌控运营状况，为及时动态调整提供依据。截至2021年9月，5户因运营状况显著改善上调到A类；2户因运营状况没有显著改善下调C类，提前实现B类清零。

三是加快C类清理退出，夯实参股投资质量。对于C类（处置退出类），采取挂牌转让、协议转让、破产清算等，加快清理退出。在上年完成13户的基础上，2021年又完成27户，近两年清理退出总量是2014—2018年的3倍，获得股权转让收入5.59亿元，同比增长193%。11月22日召开总经理专题会议，贯彻落实国务院国资委翁杰明副主任关于加大“两非”“两资”处置力度及11月4日中央企业加强参股管理工作推进会的要求，形成了《鞍山钢铁和攀钢所持10户C类参股股权无偿划转国有资产管理公司工作方案》，经12月7日鞍钢集团党委常委会前置研究讨论，12月23日五届一次董事会审议通过，上报国务院国资委。

【加强探索创新，确保全面完成整改任务】 为进一步加快参股经营投资自查整改工作，确保全面完成整改任务，鞍钢集团认真贯彻落实国资委《关于加快完成参股经营投资问题整改工作的通知》要求，加强对本钢集团42户参股企业的监管工作，实施分级和ABC分类监管，对A类9户企业实施分红监管；对B类8户企业实施运营监控；对C类25户企业通过集中打包、内部重组、央企间整合等多种方式加快清理退出。

一是实施集中打包转让。对于参股股权挂牌后无人摘牌、评估费用高于转让收入、长期应对诉讼、破产清算耗时较长等，采取集中打包转让国有资产管理公司的方式，依法合规完成退出。

二是加快推进清算注销。对于已启动破产清算或清算注销程序，因债权债务纠纷导致工作进展缓慢等，由子企业指派专人负责，并聘请中介机构跟踪推进，确保清算注销工作尽快完成。

三是加快推进财务核销。对于财务账面上有股权投资，工商登记中无我方股东信息的，在出具法律意见书、责任认定书并追究相关责任人责任后，依规履行财务核销程序。

四是加强通报与督查。集团董事会办公室每月组织自查整改领导小组办公室成员单位开展检查，指导和督促子企业加快推进处置工作，每月上旬在简报上通报子企业处置进展情况。

（鞍钢集团有限公司董事会办公室　阎　强）

·档案管理·

【综述】 2021年，在习近平新时代中国特色社会主义思想、党的十九届五中、六中全会及鞍钢集团第二次党代会精神指引下，根据《鞍钢集团有限公司2021年档案工作安排》（鞍钢办发〔2021〕1号），按照“系统管、管系统”模式，紧紧围绕鞍钢集团“突破五个关键、聚焦四个重点”，加强档案资源建设，积极推进档案工作数字转型，档案管理水平稳步提升。

【贯彻落实习近平总书记对档案工作的重要批示精神】 鞍钢集团党委高度重视习近平总书记对档案工作重要批示精神的贯彻落实工作。2021年8月18日，鞍钢集团召开第22次党委常委会传达学习，鞍钢集团党委书记、董事长谭成旭主持会议，就深入学习贯彻提出迅速传达批示精神，扎扎实实做好贯彻落实；加强党对档案工作的领导，完善档案治理体系等五个方面的要求和部署，并分解成13项重要事项清单。截至2021年底，完成制订鞍钢集团档案工作发展“十四五”规划等5项工作。

【制订“十四五”规划，加强制度建设】 依据中共中央办公厅、国务院办公厅印发的《“十四五”全国档案事业发展规划》及鞍钢工作实际，制订《鞍钢集团有限公司档案工作发展“十四五”规划》（鞍钢办发〔2021〕8号）。修订下发《鞍钢集团有限公司科学技术档案管理办法》（鞍钢政发〔2021〕27号）和《鞍钢集团有限公司重大活动和突发事件档案管理办法》（鞍钢政办发〔2021〕8号）。

【围绕企业中心工作开展档案收集】 一是为全面记录鞍钢重组本钢历史时刻，收集谭成旭董事长在鞍钢重组本钢大会上的讲话、合作协议、《人民日报》等媒体的宣传报道等99份，用档案见证了鞍钢深入贯彻落实习近平总书记关于东北全面振兴、国资企业改革发展和对鞍钢集团重要指示批示的完整过程。二是持续跟踪28户C类参股企业处置工作，归档材料290份。下发《关于C类参股企业处置材料归档情况的通报》，督促监管主体对照参股企业归档范围及保管期限表进行自查，确保一项一档，形成闭环管理。三是以《鞍钢日报》为线索，落实重大事件归档责任。2021年，鞍钢集团总部机关及下属32个单位跟踪重大事件255项，收集材料286份，主要包括：谭成旭董事长通过央视财经频道《红色财经信物百年》栏目讲述新中国第一根重轨和“鞍钢宪法”诞生的故事声像档案、国务院国资委命名首批100个中央企业爱国主义教育基地牌匾等档案。

【积极推进档案工作数字转型】 一是数字档案馆建设有序推进。鞍山钢铁办公室档案模块全年累计上传图像1903.9万页、目录196万条。同时，二级单位数字化工作取得新进展。众元产业发展有限公司将档案数字化工作列入公司年度48项重点工作之一。矿业公司对近40家单位数字化费用进行测算，现已完成档案数字化合同签订工作。二是增量档案电子化有突破进展。完成鞍钢股份科研管理系统与档案管理系统对接，按科研项目进行电子归档。实现了鞍钢集团财务共享平台线上归档电子记账凭证、账簿、报表。完成鞍攀两地在职人事档案数字化信息在档案系统中对接，并互为备份。攀钢集团档案管理系统项目竣工，档案信息化水平和档案服务质量跃上新台阶。三是开展在职员工人事档案规范化整理及数字化工作，现已整理完成11.8万卷，并组织验收6批次165个单位7.94万卷（含复检），抽查9795卷。

【国防科技工业固定资产投资项目档案通过专项验收】 中厚钢板××项目、攀长特地震××项目等两个项目档案通过正式验收。攀长特新建××挤压机生产线工程进行了档案预验收。

【挖掘档案资源，开展档案编研，实现信息共享】 一是为庆祝中国共产党百年华诞，完成《档案中的鞍钢党委组织建设》汇编，用档案还原鞍钢党委发展的历程和历次党代会召开情况。二是会同鞍钢日报社、鞍山市新闻传媒中心以鞍山钢铁档案馆保存的1918年以来的近万张珍贵历史照片为素材，制作城市纪录片《老照片》。该片在百年鞍钢的时间轴上，细述那些鲜为人知的鞍钢发展的故事。三是扎实开展我为群众办实事实践活动，档案库变身“智慧库”。将2018—2021年的516份鞍钢集团普发文件上传到钢钢好平台“档案管理”模块，实现PC端和手机移动端利用查阅，扩大了档案查询受众面。

【深入推进双随机检查，注重整改落实】 2021年，分别对攀钢集团、耐火材料公司等11个单位的档案工作体制机制、制度标准规范等6方面进行全面检查，下发检查反馈意见，要求限期整改。

（鞍山钢铁集团有限公司行政服务中心
档案管理室　于安妮）

·保密与国家安全管理·

【保密管理】 2021年，鞍钢集团在国资委组织开展的中央企业保密工作对标管理中再次被评为“标杆企业”，在中央企业排名中从第22名晋升到第14名。集团公司董事长、党委书记、保密委主任谭成旭同志带头履行国安保密工作领导责任，16次就国安保密工作作批示、提要求，并监督落实；根据集团机构改革和相关单位领导人员变动情况，及时与18家新重组、新任职单位主要负责人签订《国安保密责任书》。加强制度建设，制定下发《鞍钢集团有限公司微信使用保密管理规定》。指导业务职能部门在7个制度文件制（修）订中明确了保密要求。编发《国家保密法律法规规章选编》《鞍钢集团保密管理制度汇编》。依托鞍钢党校、攀钢党校、本钢党校，共举办保密管理人员、国家秘密涉密人员、商业秘密涉密人员培训班，共培训4429人。

【国家安全人民防线建设】 召开鞍钢集团国安小组（保密委）会议，谭成旭董事长就如何做好国安保密工作提出具体要求。按照国家安全机关的要求和部署，鞍钢集团在“4·15”“11·1”等重要时间节点，开展各类全民国家安全教育日活动，如观看警示教育片和央视专题报道、庆祝中国共产党成立100周年保密宣传教育作品征集评选、组织参观辽宁省国安教育基地和沈飞航空博览园、开展国安保密知识竞赛等，普及国安保密知识，增强国安保密意识。

（鞍钢集团有限公司办公室　袁厚刚）

·信访管理·

【综述】 2021年，在国务院国资委的正确领导下，在属地省市的大力支持下，鞍钢集团党委坚持以习近平新时代中国特色社会主义思想为指导，深入学习贯彻习近平总书记关于加强和改进人民信访工作的重要思想，全面落实国务院国资委的工作部署，坚持把防控稳定风险作为重大政治任务，继续保持2020年“两项改革”时的奋斗状态和工作机制，坚持底线思维，上下同心、协调顺畅，层层落实责任，着力从源头上化解矛盾，坚决维护“两项改革”来之不易的稳定工作成果。按照“三到位一处理”的信访工作要求，不断夯实“三维度”大信访工作格局和六个方面长效机制，以党史学习教育“我为群众办实事”实践活动为依托，全力推进集中治理重复信访、化解信访积案专项工作。“两项改革”总体稳定的趋势得到持续巩固，“三项制度”改革平稳推进，鞍钢重组本钢顺利实施，信访维稳工作总体呈现稳中向好的局面，信访总量持续下降，央企排名取得了历史最好成绩。

【高位推动、统一部署，“十四五”规划得到有效落实】 一是鞍钢集团党委组织召开了常委会，会上传达学习了国务院国资委关于贯彻落实《“十四五”时期信访工作发展规划》（以下简称《规划》）通知精神，并对贯彻落实《规划》和下一步信访工作进行了具体部署，要求各级党委强化大局意识、责任意识，不断增强政治敏锐性和政治鉴别力，进一步强化斗争意识，提高斗争本领，善于运用法治思维观察、分析、解决信访突出问题，遇到风险矛盾不回避、遇到困难不畏惧，以《规划》有效落实推动信访维稳工作再上新台阶。二是针对《规划》中六个方面的要求，结合实际梳理出了18项重点工作事项清单，明确了工作任务、主责单位和完成时限。同时，组织开展各子企业信访干部业务培训，着重对《规划》和信访各项规章制度进行专题培训，确保《规划》和各项规章制度落实落地，推动企业信访工作高质量发展，不断取得新成效。

【以人为本、依法依规处理信访问题，信访总量持续下降】 全公司各级党组织及信访部门在工作中认真践行以人民为中心的发展思想，依法依规接待职工群众来信来访，做到件件有着落、事事有回音，进一步增强了信访工作公信力。年初以来，共接待和受理职工群众来访共296批（案）次、1351人次，同比分别下降18.9%、19%（其中，集体访61批次、1038人次，同比分别下降16.4%、22.9%；个访235案次、313人次，同比分别下降19.5%、2.8%）；办理国家信访局、民心网交办的案件2485件，同比上升16.9%，国家信访局、国务院国资委交办的信件425件，同比上升4.4%；处置鞍钢集团重点部位上访共61批（案）次、280人次，同比分别下降1.6%、

8.2%。进京访批次和人次在国资委央企信访总量排名分别退到第17名和第20名，取得了历史上最好成绩。

【提高站位，落实稳控责任，国家重大政治经济活动期间维稳安保工作实现预期】 在全国两会、中国共产党建党100周年和党的十九届六中全会等重大政治活动期间，鞍钢集团党委高度重视维稳安保工作，超前部署、统一调度、防控结合，通过全公司上下密切配合，圆满完成了信访维稳各项工作任务。期间，共收集重要涉稳信息76条，涉及87人，均超前得到化解处置。为加大稳控劝返力度，建立了鞍山和北京区域两道稳控防线，鞍山区域成立两个稳控劝返工作小组，28个重点单位共投入维稳力量836人次，每天对进京车次进行巡查值守，有效劝返欲进京的群体和个人55批（案）次、80余人次，在北京成功劝返进京访4批（案）次、4人次，在京滞留访及倒流访为零。鞍钢信访维稳安保工作实现了国务院国资委确定的“三个确保”和省市委及鞍钢确定的“三个不发生”的工作目标，到国务院国资委集体访、个人登记访为零。

【规范管理，巩固有效工作机制，组织效率和工作效果不断提升】 一是压实责任、提高效率。按照“横向业务有分工、纵向包保有责任、主责明确有定位、组别配合有协助”的四有工作原则，重新梳理、整合、匹配了信访办工作职责，提炼关键绩效指标，制定了考核细则，压实了工作责任，提升了工作效能。二是落实信访工作会议制度。集团党委年度召开信访维稳工作会议，听取年度工作报告，部署下一年工作；每季度召开信访工作联席会议，分析研判阶段信访维稳形势，协调解决信访突出问题，明确工作重点和工作要求；信访部门每周召开两次信访工作联席会议办公室工作小组专题会议，通报维稳工作情况，沟通涉稳信息，落实化解措施，对涉稳信息做到第一时间发现、第一时间下交督办、第一时间处置，把信访矛盾消灭在萌芽状态。三是落实信访信息报告制度。为畅通涉稳信息收集、传递渠道，组建了三个层级9个微信工作群，实行信息日排查“零报告”制度，确保苗头性、倾向性等涉稳信息及时掌控、及时处置。四是落实信访通报考核制度。为有效压实各级党委维稳主体责任，强化绩效导向，实行月通报月考核。全年共下发信访工作情况通报12期，有31个单位被通报批评，10个单位被追责考核。五是加大信访法治政策宣传力度。制作了信访法治宣传片《贯彻条例促规范、践行初心解民忧》，重点围绕《信访工作条例》、国家法律法规及违法信访的处罚等内容，对信访人开展宣传教育，在信访接待场所滚动播放，引导上访职工群众依法依规合理诉求，有效维护了信访工作秩序。

【高度敏感，联防联动，信访突出问题得到及时有效化解】 不断夯实“三维度”大信访工作格局和六个方面长效机制，充分发挥信访联席会议机制作用，巩固纵向分级负责、横向部门联动、内部有效衔接和外部地企强强联合的信访工作格局。特别是在“三项制度改革”和“两项改革”后续工作中，按照鞍钢集团党委的统一部署，坚持“稳”字当头，不懈怠、不松劲，统筹协调相关业务部门、公安、子企业、冶金产业链集团等各方维稳资源，集中所有精力随时处置每一个信访问题，无论是对一个点一个人的问题，还是涉及面上的群体性问题，均保持高度敏感，集团各责任主体单位，主动作为，层层压实责任，充分发扬斗争精神，做到涉稳信息不过夜，矛盾问题不上交。截至目前，共收集涉稳信息407条、涉及702人，均得到有效处置。强化与政法、公安等政府部门沟通协调，对涉稳信息共同分析研判，发挥政府优势，实施地企、警企维稳联动，对违法信访行为依法进行训诫及处置，形成了良性互动，为企业改革发展保驾护航。公安依法训诫共30余人次，行政拘留5人。

通过综合施策，各方努力，解决了大量信访突出问题，实现了大规模群体性事件、个人极端事件和去省进京集体访为零，部分长期上访难题逐步有效化解。

【“台账式管理、销号式落实”管控机制取得较好效果】 在鞍钢集团2020年“两项改革”的工作实践中，形成了“台账式管理、销号式落实”的工作机制，为保证“两项改革”的平稳推进发挥了重要作用。2021年，集团信访办从修订完善台账模板、扩大信息收集范围、增强台账检索功能等方面入手，进一步强化了该工作机制的实际应用，为提高信访维稳工作效率和增强对稳定形势研判的准确性，提供了强有力的信息支持。“台账式管理、销号式落实”的工作机制已推进到子企业层面，各单位按照统一模板建立台账，专人管理，对每一条涉稳信息做到及时应录尽录、动态管控、一跟到底，直至销号。台账共收录重点群体 9 个，信访重点人 272 人，其中，重点管控类 74 人，关注类 50 人，销号类 148 人。同时，为了持续关注原集体企业改制后信访稳定动态，建立了集改企业涉稳信息台账，收录信访重点群体 5 个、重点人 127 人。

【紧盯目标，一案一策化解信访积案】 2021 年，鞍钢集团共收到来自中央信访联席办、省信访联席办及国务院国资委交办的“治理重复信访、化解信访积案”三本台账。截至 11 月 22 日，中央信访联席办（统称 20681 案件）交办 53 件，化解了 48 件，化解率 90.6%；省信访联席办（统称百日攻坚 1318 案件）交办 4 件，化解 3 件，化解率 75%；国务院国资委交办 15 件，化解了 14 件，化解率 93.3%，受到了国务院国资委通报表扬。各级党委将“治理重复信访，化解信访积案”工作作为一项政治任务，建立了包保责任体系，按照属人、属事、属地原则，坚持重心下移，逐级压实化解攻坚任务，明确责任和工作目标，不等不靠，全力攻坚化解信访积案。坚持因案施策，推进难案攻坚。实施一人一档、一案一策，全方位查找分析案件出现的原因、政策依据、上访人的心理状态与家庭构成等各类因素，千方百计寻找化解案件的突破口，并按照“三到位一处理”的工作要求，细化工作措施，努力在化解工作上寻找新突破。坚持结果导向，强化督查问责。鞍钢集团信访办定期对化解情况进行督办，定期通报化解进度，不定期组织召开专题会议研究信访疑难案件，积极指导帮助各责任单位制定详细化解措施，并提出化解工作要求，通过综合施策，化解陈年旧案，做到“事心双解、案结事了”。

（鞍山钢铁集团有限公司办公室　常铁军）

第十四部分

企业文化与公共关系

特　辑
专　文
大事记
概　况
机构与人事
规划发展
财务、资本运营与审计管理
人力资源管理
管理创新
科技创新
安全、环保与节能
法律事务
综合管理
▶ 企业文化与公共关系
党群工作
鞍山钢铁集团有限公司
攀钢集团有限公司
本钢集团有限公司
单位简介
荣　誉
附　录

·企业文化·

【以文化引领鞍钢重组本钢速见成效】 制定实施“以鞍钢集团文化为引领，实现鞍本核心价值理念统一、视觉形象统一、管理体系统一、宣传机构整合”的文化融合方案，成立党委宣传专项工作组驻本钢推进宣传文化融合工作。

1. 完成本钢标识更换，实现企业标识统一。鞍钢重组本钢后，本钢统一使用鞍钢集团标志。本钢揭牌仪式当天，完成76家下属企业铭牌、司旗统一更换；首月第一周，完成视频会议背景墙、重点建筑标识和电视、报纸、新媒体、第一批工作服、安全帽、系列办公用品等场景标识更换，本钢崭新的视觉形象第一时间展现在社会公众和全体员工面前。

2. 成立本钢记者站，实现宣传机构整合。2021年11月5日，在本钢宣传中心举行鞍钢集团新闻传媒中心本钢记者站揭牌仪式，将本钢宣传中心作为鞍钢新闻传媒中心本钢记者站，由本钢党委和鞍钢新闻传媒中心实施双重领导。本钢记者站正式成立后，本钢区域纳入集团统一宣传报道范围。

3. 整合宣传资源，实现集团声音全域传播。2021年8月24日，《鞍钢日报》发行至本钢机关、厂矿班子。重组首月，鞍钢集团官方微信、官方微博、官方抖音等集团新媒体在本钢区域全域传播；完成鞍钢集团网站、本钢网站整改，实现鞍本信息融合传播。

4. 完成制度承接，统一核心价值理念。本钢完成对《鞍钢集团企业文化与品牌建设管理办法》的承接，明确了本钢愿景、使命、核心价值观与鞍钢集团一致。

【鞍钢红色文化影响力进一步提升】 1. 红色文化基因更加鲜明。谭成旭董事长在中央电视台财经频道讲述新中国第一根重轨、“鞍钢宪法”等“百年信物”故事；出版《鞍钢英模故事集》《雷锋在鞍钢的423天》电视片等文化作品；在《鞍钢日报》开设“党旗引领红色鞍钢”“红色鞍钢·百年百人”“红色鞍钢·百个品牌故事”等专栏，推出“党旗引领红色鞍钢”专版15个，“红色鞍钢·百个品牌”79个，“红色鞍钢·百年百人”77个，在《人民日报》、新华社、中央电视台等20多家主流媒体广泛宣传鞍钢红色文化，鞍钢精神作为“国企精神”的重要内容，被列入大连经理学院“习近平关于发展国有经济的重要论述数字化主题教室”，鞍钢红色基因更加鲜明。

2. 红色文化阵地影响力显著提升。2021年，鞍钢博物馆入选全国爱国主义教育示范基地，鞍钢博物馆、鞍钢雷锋纪念馆入选首批中央企业爱国主义教育基地，鞍钢孟泰纪念馆、雷锋纪念馆成为“红色地标”在“学习强国”中推介。

【鞍钢品牌价值稳步提升】 1. 规范了集团品牌集群视觉形象。编制印发鞍钢首个《鞍钢集团品牌架构手册》，梳理构建了鞍钢集团品牌架构，清晰了集团品牌集群，规范了不同品牌模式下企业品牌和产品品牌视觉表达形式，形成覆盖集团所有品牌、清晰有序的品牌视觉识别系统。

2. 统一了集团品牌传播口径。编制印发了《鞍钢集团品牌传播手册》，首次提出鞍钢集团品牌传播口号“制造更优材料，创造更美生活”，规范了鞍钢简介和品牌形象基础信息，设计了鞍钢简介PPT、形象海报、品牌口号系列海报，保证了鞍钢品牌形象聚焦塑造和一致性传播。

3. 提升了品牌建设能力。继续实施品牌价值发展指数考核评价，鞍钢集团2019年度、2020年度品牌价值发展指数分别达113.7、128.96，品牌价值持续上升。2021年，鞍钢位列国务院国资委发布的“2020年中央企业品牌建设能力TOP30排行榜”第26名；鞍钢集团《品牌价值发展指数的构建与应用》入选国务院国资委编制的《2020年度国有企业品牌建设典型案例集》，共有58个中央企业品牌建设案例入选，鞍钢是中央企业唯一入选该案例集“品牌考核评价”类的典型案例。

（鞍钢集团有限公司党委宣传部 佟 力）

·公共关系·

【开展建党百年系列宣传】 组织开展鞍钢集团“大国顶梁柱·永远跟党走”群众性主题宣传教育、“四史”学习教育，印发《鞍钢集团有限公司党委关于庆祝中国共产党成立100周年宣传报道工作方案》，在《鞍钢日报》开设“党旗引领红色鞍钢”“红色鞍钢·百年百人”“红色鞍钢·

百个品牌故事”等专栏。全年推出“党旗引领红色鞍钢”专版15个，“红色鞍钢·百个品牌”79个，“红色鞍钢·百年百人”77个，“献礼建党100周年”专栏刊发报道52篇、推出专刊81个。牵头推进鞍钢集团党史学习教育。制定印发《鞍钢集团有限公司党委关于开展党史学习教育的工作方案》，成立党史学习教育领导机构和工作机构，选派3个巡回指导组，明确32项重点工作计划。构建“四类会议+四个清单+四个指导”推进机制，全集团206个党委和2040名重点人员党史学习教育全覆盖。加强党史学习教育宣传，制定《鞍钢集团有限公司党委党史学习教育宣传工作方案》。编发党史学习教育简报62期、增刊30期。中央党史学习教育简报上稿5条，进入央企前10名。

【开展鞍本重组宣传】 邀请中央、行业、省市主流媒体高标准推进重组本钢宣传，共刊播鞍钢重组本钢新闻报道73条，全网转发18835条次，累计阅读量超过6000万次，鞍钢重组本钢迅速成为社会关注焦点，社会公众普遍给予好评，大大提升了鞍钢发展的良好预期。编发了《鞍钢重组本钢新闻报道集》。

【提高新闻宣传力度】 全年，在省部级以上媒体发稿11747篇，为往年同期10倍。制定印发《鞍钢集团党委关于讲好新鞍钢故事树立新鞍钢形象专题活动通知》，对讲好新鞍钢故事进行安排部署。策划开展成就宣传，在北京举办国企改革典型媒体见面会，《人民日报》、新华社、中央广播电视总台等22家中央主流媒体集中宣传鞍钢改革典型经验成果。聚焦建党百年、党史学习教育、鞍钢本钢重组、生产经营、三项制度改革等重点工作，统筹策划、全媒体发力，全集团各级网络平台发布正面报道35481条次，讲好了新鞍钢故事，传播了正能量，振奋了精气神，有效提升了职工和社会公众对鞍钢发展的良好预期。

（鞍钢集团有限公司党委宣传部　吴先明）

【加强新媒体阵地管理】 2021年，鞍钢集团开通了官方头条号、快手号、知乎号和微信视频号，进一步扩大了网络阵地。开展政务新媒体专项清理整顿工作，规范新媒体内容运营和报道秩序。全年全集团累计新开通官方新媒体27个，关停僵尸账号14个，规范标识头像185个，对Ansteel Italy、Ansteel India和Ansteel Africa等长期不使用的海外账号进行注销，加强海外网络媒体管理。截至2021年底，全集团各子企业上报集团具有信息发布功能的网站38个，新浪微博4个，微信公众号156个，抖音号17个，头条快手等其他新媒体号9个，海外社交账号7个，网络论坛1个，APP（客户端）4个。

【强化舆情管控工作】 针对建党百年、党的十九届六中全会、全国两会、国庆、鞍钢本钢重组等重大事件和重大时间节点，实施舆情日报告制度和24小时监测。2021年，全集团共发生“本钢减员2万人”和“鞍山钢铁火车溜车事故”2起一般舆情事件，未发生重大负面舆情。集团党委宣传部每周编发一期全年编发50期《网络舆情简报》，编制《鞍钢集团2020年度舆情报告》，分析研判舆情形势。加强舆论引导，发挥全集团234名网络评论员作用，对涉及鞍钢的网络负面信息有针对性地进行跟帖回复，澄清事实、批驳谣言，正面引导舆论。

（鞍钢集团有限公司党委宣传部　马明铭）

第十五部分

党群工作

特　辑
专　文
大事记
概　况
机构与人事
规划发展
财务、资本运营与审计管理
人力资源管理
管理创新
科技创新
安全、环保与节能
法律事务
综合管理
企业文化与公共关系
▶ 党群工作
鞍山钢铁集团有限公司
攀钢集团有限公司
本钢集团有限公司
单位简介
荣　誉
附　录

·党建管理·

【党内统计】 截至2021年末，鞍钢集团共有各级党委272个，党总支185个，党支部2687个，党小组5989个；有党员77640名，其中居家休息职工党员3316名。2021年，新发展党员1820名，有入党申请人5512名，入党积极分子2731名。专职党务工作人员1652名。

【庆祝建党100周年系列活动】 严格落实党中央各项安排部署，在全公司开展“党旗在基层一线高高飘扬”和“党旗引领红色鞍钢”等庆祝中国共产党成立100周年系列活动，深入开展“百名书记谈初心、百名党员话使命、百个堡垒展风采、百堂党课讲党史、百部教育片强党性、百项工程助发展、百件实事惠全员”“七个一百”主题活动，37个先进集体和优秀个人受到上级党组织表彰，炼钢总厂党委荣获全国先进基层党组织称号。鞍钢集团作为中组部指定8家单位之一，成功举办“光荣在党50年”纪念章颁发仪式，率先向老党员颁发“光荣在党50年”纪念章。

【全国国有企业党的建设工作会议精神贯彻落实情况“回头看”】 鞍钢集团党委坚持把“回头看”作为一项重大政治任务，加强组织领导，成立领导小组，统筹谋划推动，细化实施方案，强化督促指导，聚焦习近平总书记全国国企党建会重要讲话精神，把坚持党的领导、加强党的建设作为鞍钢的“根”和“魂”，强化“一个引领”、用好“关键一招”、深化“三个融合”、抓住“四个关键”、提升“五种力量”、构建“四个体系”，有效解决了党建工作弱化淡化虚化边缘化问题，党的领导作用充分发挥、党建责任层层压实、党员队伍士气提振、基层党建面貌焕然一新、企业高质量发展迈入新阶段，鞍钢集团党的建设和改革发展得到实质加强。鞍钢党委在国务院国资委2020年度中央企业党建工作责任制考核评价中首次晋级“A”。

1. 做到“两个维护”的自觉性显著提升。各级党组织和广大党员自觉用习近平新时代中国特色社会主义思想武装头脑、指导实践、推动工作，党内政治生活气象更新，广大党员干部理想信念更加坚定，基层党组织政治功能充分发挥，极大提升了增强“四个意识”、坚定“四个自信”、做到“两个维护”的思想自觉和行动自觉。

2. 党的全面领导作用显著提升。全面构建党委发挥领导作用制度体系，党委与其他治理主体权责界面更加清晰，党委把关定向与董事会、经理层科学决策，党管干部与市场化选人用人等工作深度融合，确保了“两个一以贯之”落地落实。

3. 管党治党意识显著提升。各级党组织履行党建工作责任更加自觉，主动把党建责任扛在肩上、抓在手上，基层党建工作越来越严、越来越实，基层组织体系更加健全，组织力进一步提升，党员教育管理监督更加严格，党支部战斗堡垒作用、党员先锋模范作用得到充分发挥。

4. 做强做优做大的信心决心显著提升。坚持把党的领导贯穿改革发展始终，用高质量党建引领保障高质量发展，把“效益有改善、员工有获得感、企业发展可持续”作为检验改革成效的重要标尺，“两项改革”实现历史性突破、“三大攻坚战”成效显著，关键核心技术取得重大进展，供给侧结构性改革深入推进，鞍钢重组本钢全面启动。

【压实党建责任】 贯彻落实《中国共产党国有企业基层组织工作条例（试行）》精神，贯彻落实新时代党的建设总要求和新时代党的组织路线，强化使命意识和责任担当，推动各级党委发挥把方向、管大局、保落实的领导作用。

1. 完善党建制度体系，贯彻落实《关于中央企业在完善公司治理中加强党的领导的意见》，聚焦党的领导融入公司治理，在集团层面突出制度完备，修订鞍钢集团党委工作规则、常委会和全委会议事规则，以及党委常委会直接决策事项清单、前置审议事项清单；在基层层面突出精准执行，修订基层党委工作规则，印发《关于进一步加强混合所有制企业党建工作的指导意见（试行）》。把党建制度建设情况纳入党建工作责任制考核评价、巡视巡察内容，不断提升基层党建制度执行效力。开展《中国共产党组织工作条例》《中国共产党国有企业基层组织工作条例（试行）》精神专题培训，举办制度大讲堂三期，对各子企业党委组织部部长、副部长等开展专题培训，全面提升业务人员的综合素质和工作能力，为鞍钢高质量发展提供坚强保障。

2. 召开鞍钢集团党委常委会议听取领导班子

成员抓党建工作情况，坚持执行鞍钢党委月工作计划制度，强化督查督办，推动责任落实。

3. 牢固树立“抓好党建是最大的政绩”意识，修订印发《鞍钢集团直管单位党委党建工作责任制考核评价办法》，突出个性化考核评价，针对直管单位党委中有所属党委和无所属党委两种情形，细化考核评价重点内容，使党的建设工作由软指标变为硬约束，推动党建考核与战略绩效考核内容对接、成果应用对接，严格开展党委书记抓基层党建工作述职评议考核，对1家单位因党建考评排名末位的党组织主要负责人给予免职处理，充分发挥考核“指挥棒”作用。

【严格换届选举】 认真学习贯彻《中国共产党基层组织选举工作条例》，增强基层党组织政治功能，推动基层党组织换届选举工作规范有序开展。

1. 认真贯彻落实《中国共产党基层组织选举工作条例》，召开鞍钢集团党委常委会进行学习传达，为各级党组织书记、党务工作人员配发《条例》，将《条例》纳入基层党组织书记和党务工作人员培训内容。印发《基层党组织换届选举组织工作流程》《直管单位党委换届选举工作“两请示、一报告”审批流程》。

2. 修订完善换届选举制度，落实《中国共产党基层组织选举工作条例》，建立直管单位党委换届情况工作台账，加强日常监督考核，将“应建尽建、应换尽换”作为巡视巡察及党建工作责任制考核重点内容，指导鞍钢联众、北京研究院、财务公司三家党委成功完成党委换届，做到“应换尽换”。严格换届纪律和程序，组织选举产生鞍钢出席辽宁省第十三次党代会代表，组织推荐鞍钢出席鞍山市第十七届人大代表候选人建议人选。

3. 确保组织设置全覆盖，加强对三项制度改革、混合所有制改革等过程中党建工作的指导，健全完善混合所有制企业党建工作制度，印发《关于进一步加强混合所有制企业党建工作的指导意见（试行）》，区分国有资本绝对控股、相对控股和参股企业等不同类型，明确加强混改企业党建工作要求。

【党支部建设】 贯彻落实《中国共产党支部工作条例（试行）》精神，落实党要管党、全面从严治党要求，全面提升党支部组织力。

1. 持续开展党支部建设提升年活动，实施突出“一条主线”、抓住“一个重点”、深化“三大工程”、实现“一个目标”等措施，创建中央企业基层示范党支部1个、辽宁省基层党支部标准化规范化示范点5个、鞍钢“样板”党支部48个、党支部工作示范基地6个。

2. 开展经验交流，10月20日召开鞍钢集团党委基层党建工作推进会，深入学习贯彻习近平总书记在全国国有企业党的建设工作会议上的重要讲话精神，落实国资委党委召开的习近平总书记全国国有企业党的建设工作会议重要讲话发表五周年学习座谈会精神，6家单位作现场交流、6家单位作书面交流，持续巩固深化全国国企党建会议精神贯彻落实成果，推动提升基层党建工作质量。编撰《鞍钢基层党建创新案例选编》，2021年5月在党建读物出版社发行。鞍钢抓党建促改革经验在中组部组干学院作授课交流。

3. 发挥战斗堡垒作用，推动党支部建设与生产经营深度融合、提质增效，做到抓党建从生产出发、抓生产从党建入手，围绕贯彻落实集团公司“突破五个关键、聚焦四个重点”部署，开展“戴党徽、亮身份、树形象、作贡献”活动，找准服务生产经营切入点、凝聚职工群众着力点，最大限度把党员和职工群众组织起来、把力量凝聚起来，评选“红旗党员责任区”100个、“最佳党员先锋岗”100个，引导党员干在实处、走在前列，在联系服务群众、完成重大任务中勇于担当作为。开展的“党课开讲啦”优秀党课和第九届“钢花奖”优秀党员教育电视片评选活动，选用19个优秀作品制作《旗帜》《先锋》音像资料，作为基层党支部组织开展季度上党课的优质教育资源。

4. 进一步加强党务工作者队伍建设，加大集中学习培训力度，举办新任职党支部书记培训班6期371人次，实施“基层党支部书记上岗培训合格证”制度，做到党支部书记上岗培训全覆盖。

【党员教育管理】 贯彻落实《中国共产党党员教育管理工作条例》精神，激发党组织生机活力，进一步提高党员队伍建设质量。

1. 抓实党内集中教育，举办专题辅导讲座、读书班、专题培训等。学习习近平总书记在党史学习教育动员大会、建党100周年庆祝大会上的重要讲话精神和党的十九届六中全会精神等，举办专题轮训 12 期 3080 人次。充分利用鞍钢博物馆、孟泰纪念馆、雷锋纪念馆等内部资源，开展红色教育。落实每年 32 学时要求和“三会一课”、组织生活会等制度，强化党员意识。将党史学习教育作为党员教育重要内容，纳入党支部“三会一课”，同时开展主题党日、现场教学等活动，教育引导党员学史明理、学史增信、学史崇德、学史力行。组织开展党史学习教育专题组织生活会。注重把握关键环节，严格审核把关、督导指导，确保组织生活会高质高效。

2. 深入开展“七个一百”系列活动，组织各级党组织书记、先进党组织和优秀共产党员、先进模范等开展主题鲜明、特色突出、形式多样的学习教育活动，通过《鞍钢日报》《摇篮鞍钢》《鞍钢视讯》及鞍钢党建网等鞍钢内外部主要媒体平台大力宣传“两优一先”、辽宁工匠、鞍钢楷模等先进典型事迹，引导各级党组织和广大党员讴歌新时代、奋进新征程、展现新气象、争创新贡献，为庆祝中国共产党成立 100 周年、推动高质量发展新鞍钢建设营造浓厚氛围。

3. 着力建设网络教育平台，通过鞍钢 e 学、视频教育、钉钉直播等方式，开展线上培训 1.1 万人次。实施“万名党员进党校”工程，通过“共性+个性”课程培训、“双考制+电子合格证”等方式，开展培训 23 期 6811 人。开展“党旗在基层一线高高飘扬”和“党旗引领红色鞍钢”等系列主题实践活动，广大党员立足岗位创先争优，完成集团级共产党员工程 100 项，创效 1.87 亿元。

4. 重塑教育培训管理体系，建立集团、子企业、单元企业、厂矿四级管理模式，开发领导干部培训赋能体系任职基础课程。建立常态化严格管理机制，全面实施“逢班必考”和重点班次跟班制度，落实“考、用、调”机制。健全培训管理配套制度，累计评聘内训师 440 名。

5. 印发《关于认真做好 2021 年全公司发展党员工作的实施意见》，聚焦无党员空白班组问题，采取组织发展、岗位交流调整等方式，压实党支部委员、党小组长包保无党员班组的责任，充实加强生产一线班组中党的力量。截至 2021 年底全公司党员空白班组同比减少 46 个，空白班组比例由 0.63%降至 0.16%。

6. 加强党内关怀帮扶，划拨党费用于支持新冠疫情防控工作，组织全公司各级党组织开展走访慰问生活困难党员、老党员、老干部活动，累计发放慰问金 241.89 万元。

【党内表彰】 2021 年 6 月 25 日，在庆祝中国共产党成立 100 周年之际，鞍钢集团党委召开“两优一先”和纪检系统表彰大会，授予严玲、徐斌等 199 名同志“鞍钢集团优秀共产党员”称号，授予刘宝山、练仕均等 100 名同志“鞍钢集团优秀党务工作者”称号，授予鞍钢股份炼钢总厂党委、鞍钢集团矿业公司东鞍山烧结厂选破作业区党支部等 200 个党组织“鞍钢集团先进党组织”称号。

（鞍钢集团有限公司党委组织部　杨　松）

·宣传工作·

【加强政治理论学习】 坚持不懈用习近平新时代中国特色社会主义思想武装头脑、指导实践、推动工作，持续深入学习贯彻习近平总书记系列重要讲话精神和重要指示批示精神。印发《2021 年鞍钢集团有限公司党委理论学习中心组学习安排》。突出学习及时性。第一时间为各级党委理论学习中心组成员印发学习资料 31 期。突出学习系统性。坚持系统思维，精心制定学习计划，加强学习管理，扎实开展子企业中心组学习秘书培训工作，推动学习科学化、制度化、规范化。突出学习实效性。组织召开集团党委理论学习中心组集体学习研讨 8 次，聚焦改革发展稳定的重点、难点、关键点和问题点开展学习和讨论。突出学习穿透力。扎实开展集团与子企业党委理论学习中心组联学，实现习近平总书记“七一”重要讲话等学习安排一贯到底、上下联动。采取“领导干部带头讲、权威专家辅导讲、先进典型生动讲、宣讲队伍广泛讲、党校教师深入讲、特色群体鲜活讲、新闻媒体立体讲”等“七讲”方式，确保习近平总书记“七一”重要讲话精神宣贯到基层。鞍钢理论武装相关做法，在国务院国资委《宣传工作》上交流。

【加强思想政治工作】 认真学习贯彻《加强和改进新时代思想政治工作的意见》，做实国企改革三年行动中的思想政治工作。形成《鞍钢集团三项制度改革宣传思想舆论引导工作方案》，在《鞍钢日报》开设改革先锋专栏，刊发《三项制度改革宣传提纲》《三项制度改革指导意见及配套制度有关情况的说明》，引导广大职工支持改革、参与改革。印发《鞍钢集团有限公司2021年形势任务教育安排意见》，统筹安排全集团形势任务教育。加强思想政治工作研究，开展孟泰精神专题研究，启动“新时代鞍钢宪法内涵研究”项目，完成中国政研会委托课题“建党100年来中国钢铁工业红色文化研究”，《党旗引领，红色鞍钢迸发红色动力》经验做法在《企业文明》杂志发表，“提升思想引领力 助推国企高质量发展的实践”研究成果，获中国政研会优秀研究成果三等奖。

（鞍钢集团有限公司党委宣传部 李 勇）

【扎实开展党史学习教育】 按照党中央和国务院国资委党委的统一安排部署，鞍钢党委在中央企业党史学习教育第四指导组的精心指导下，自2021年3月16日起，组织全公司205个党委、1880个党支部（总支）、2040名党员领导干部、54382名党员，自上而下开展了党史学习教育，取得了一定成效，积累了一定经验，坚定了发展信心。

鞍钢各级党组织和广大党员干部从百年党史中汲取力量智慧经验，推动高质量发展新鞍钢建设实现“三个历史性突破”：一是鞍钢党委在国务院国资委2020年度中央企业党建工作责任制考核评价中首次晋级“A”；二是鞍本重组顺利完成并完成债转股和混改；三是经营效益创历史最好水平，“十四五”取得开门红。

1. 坚持提高政治站位，拥护“两个确立”。深入学习贯彻习近平总书记关于党史学习教育的重要指示精神，朝着学史明理、学史增信、学史崇德、学史力行，学党史、悟思想、办实事、开新局的目标努力前行。鞍钢党委牢牢把握习近平总书记在党史学习教育动员大会、庆祝中国共产党成立100周年大会、党的十九届六中全会、党史学习教育总结大会等会议上的重要讲话和重要指示批示精神，以及到福建、广西、青海、西藏等地考察提出的关于学史明理、学史增信、学史崇德、学史力行的具体要求，并作为鞍钢党史学习教育的根本遵循，贯穿鞍钢党史学习教育始终，第一时间组织学习20余次，制定鞍钢党史学习教育工作方案，将党史学习教育与推进鞍钢改革发展目标任务相结合，明确32项重点工作计划，使中央关于党史学习教育的各项要求全部在鞍钢得到严格贯彻落实。

2. 坚持强化组织领导，统筹协调推进。强化党委领导，强化顶层设计，强化一体推进。建立党史学习教育领导机构、工作机构，制定党史学习教育工作方案，构建“四类会议+四个清单+四个指导”推进机制。召开领导小组会、领导小组办公室会、书记专题会、党委常委会“四类会议”28次，研究问题、部署工作。明确重点工作、最新安排、直管党委、分类人员等“四个清单”任务130余项，动态完善、全面覆盖。开展调研指导、巡回指导、重点指导、专项指导“四个指导”150余次，发现解决问题200多个，促进各项工作高标准高质量完成。

3. 坚持领导率先垂范，保持上下贯通。坚持领导带头、层层传导压力、逐级落实责任，一贯到底、覆盖全员。集团领导班子坚持既挂帅、又出征，研究部署重点工作，带头宣讲重要会议精神、专题党课、红色故事，带头推动民生实事计划、开展工作调研。各级领导干部带头宣讲7600人次，带动全体党员共同完成党史学习教育任务。以启动部署会联开、党委理论学习中心组联学、党史读书班联读、现场教学联动等方式，组织各级党委、全部重点人员一起学、一起悟、一起动，使全集团上下统一思想、统一意志、统一行动。组织宣讲习近平总书记“七一”重要讲话2580场、覆盖65509人次，党员干部提交体会11634个。

4. 坚持突出鞍钢特色，用好红色资源。在党史学习教育中，鞍钢始终把特有的红色资源融入其中，提升学习教育效果。挖掘红色资源，首次梳理形成鞍钢“6+6+6”红色资源体系。丰富红色阵地，鞍钢博物馆获得全国爱国主义教育示范基地称号。编发红色故事，《老英雄孟泰》《雷锋在鞍钢的423天》等红色故事广为传播，增强了党史学习教育吸引力。赓续红色血脉，将鞍钢红色资源纳入学习培训、宣传宣讲、教育活动，100集鞍钢老照片的故事、鞍钢青年创作的MV《唱红船》，作为全国8家地方和单位之一，率先向老党员颁发“光荣在党50年”纪念章，增强了党史学习教育的感召力。鞍钢博物馆等红色教育场馆接待职工群众和社会公众1376场次、78597人次，运用社会资源开展红色教育1257场次、29422名职工参加。

5. 坚持深入开展创新，提升效率效果。发扬马克思主义优良学风，结合鞍钢实际，不断推进党史学习教育创新，增强针对性和有效性。创新形式，强化宣传引导，中央和省级主流媒体宣传鞍钢11747次，约为往年同期10倍，深入挖掘电影《长津湖》主人公伍千里的原型——鞍钢退休职工、抗美援朝老战士李昌言事迹，引发中央电视台、《人民日报》等媒体重点报道。开设党史“云”课堂、“鞍钢e学”，推送党史精品课程192门，为自学习、“微学习”创造条件，5万余人参与学习。众多基层党组织党员干部自己动手，制作党史长廊、党史画报、党史小故事。创新内容，集团党委书记在中央电视台讲述新中国第一根重轨、“鞍钢宪法”“百年信物”故事，邀请105岁的胡东汉祖孙三代，讲述不同年代的鞍钢故事，在鞍钢内外引发广泛热议。创新方法，形成了百年党史“四学”、运用“七讲”方式宣讲“七一”大会精神，组织实施“七个聚焦”办实事、“七个一百”教育活动等，让学习教育生动活泼起来。

6. 坚持结合鞍钢实际，抓好融合结合。从实处出发、在实处立足、于实处发力，突出解决急难愁盼重大问题，确定并完成2021年鞍钢集团领导班子10件民生实事。突出办好职工身边好事、实事，基层党委完成实事项目2578项。开展办实事项目测评和访谈，共发放测评票8501张，满意率和基本满意率达到99.82%；访谈职工365人，满意率达到100%。

（鞍钢集团有限公司党委宣传部　秦永春）

·纪检监察工作·

【召开鞍钢集团2021年度党风廉政建设和反腐败工作会议】 2021年2月3日，鞍钢集团党委召开2021年党风廉政建设和反腐败工作会议，鞍钢集团党委书记、董事长谭成旭出席会议并讲话，全面总结鞍钢集团2020年党风廉政建设和反腐败工作，安排部署2021年工作任务。鞍钢集团总经理、党委副书记戴志浩传达十九届中央纪委五次全会、国务院国资委党风廉政建设和反腐败工作会议暨警示教育大会精神。鞍钢集团党委副书记栗宝卿主持会议。国家监委驻鞍钢监察专员，鞍钢集团党委常委、纪委书记孟庆旸提出具体工作要求。谭成旭在讲话中对2020年鞍钢集团党风廉政建设和反腐败工作成绩给予充分肯定，强调要在政治监督上聚焦，不断增强“两个维护”的自觉性、坚定性；在“三不”一体推进上发力，一刻不停推进党风廉政建设和反腐败斗争；在作风建设上跟进，营造清正廉洁的新风正气；在巡视巡察上深化，充分发挥党内监督利剑作用和联系群众纽带作用；在创新监督模式上突破，以更加精准的专责监督为企业改革发展保驾护航；在爱护干部上担当，点燃党员干部干事创业激情。孟庆旸就进一步强化全面从严治党主体责任和监督责任，强调各级党委要着力增强履行全面从严治党主体责任的自觉性和主动性，把严的主基调长期坚持下去，以系统施治、标本兼治的理念正风肃纪反腐；各级纪检监察机构要聚焦打造高质量发展新鞍钢目标要求，切实履行监督保障执行、促进完善发展的基本职能职责，着力推动纪检监察工作高质量发展；广大党员干部要坚守对党忠诚的政治品格、纪律规矩的底线红线、务实担当的过硬作风，争当新鞍钢建设的主力军。

【担负“两个维护”重大政治责任】 1. 坚定纪检监察工作根本政治方向。深入学习领会习近平新时代中国特色社会主义思想和党的十九大、十九届历次全会精神，深刻领悟“两个确立”的决定性意义，增强“四个意识”、坚定“四个自信”、做到“两个维护”，在思想上政治上行动上始终同党中央保持高度一致。全面落实习近平总书记关于纪检监察工作的重要讲话和重要指示精神，深入贯彻十九届中央纪委五次全会部署要求，印发《鞍钢纪委（驻鞍钢监察专员办）2021年工作要点》，明确推进政治监督具体化常态化、加大腐败惩治力度、锲而不舍纠治“四风”等16项重点工作，年初、年中两次召开纪检监察工作会议推动落实。坚持边学习、边调研、边工作、边总结，向中央纪委国家监委专题报送地企协作联合办案、纪律审查工作等汇报材料，报送信息简报40篇信息，中国纪检监察报、中央纪委国家监委内网6次刊发鞍钢纪委“靠钢吃钢”专项治理、查询调取措施使用、案管系统管理等工作经验。

2. 推进政治监督具体化、常态化。聚焦党中央决策部署强化监督，围绕党中央关于落实全面从严治党主体责任、强化对“一把手”和领导班子监督、国企改革三年行动等5个方面部署要求，制定政治监督工作方案和“重点看”内容清单，列准列细38项重点监督内容，采取清单式、点穴式、跟进式方式对集团机关6个部门和7家二级单位全方位“扫描”，现场解决并推动整改问题60余项。聚焦习近平总书记重要指示批示精神跟进监督，综合运用谈话提醒、发函提示等方式督促集团党委制定落实习近平总书记重要指示批示精神台账，细化分解12项落实措施、29个阶段目标，组织开展自检自查和“回头看”，确保习近平总书记重要指示批示落地生根。

3. 推动“两个责任”贯通协同形成合力。及时传达学习习近平总书记和中央纪委国家监委关于全面从严治党、党风廉政建设等部署要求，围绕党委、纪委、党的工作机关、“一把手”和领导班子4个层面责任主体，梳理出83条履责措施，形成4张落实《意见》责任清单，督促各级党委持续落实全面从严治党主体责任。督促严格执行“三重一大”决策制度，印发《关于进一步规范和加强领导人员违规插手干预重要事项记录报告工作的通知》，有效防范决策程序、事项不规范等问题发生。从酝酿开始全程参与选人用人工作，出具党风廉政意见7149人次，提出否定性意见25人次，坚决防止“带病上岗”“带病提拔”“带病评优”。紧盯生产、改革、采购、安全等关键环节，开展专项监督1089项，发现问题2412项，提出建议1538条，形成党委高位推动、纪委专责监督的协同高效工作格局。

【强化专责监督保障】 1. 紧盯安全生产事故实施“回头看”。针对2020年以来发生的9起工亡事故整改情况，组建监督组深入鞍山钢铁、攀钢、矿业公司及其下属单位开展“回头看”专项监督，针对4个方面问题提出意见建议。成立专项检查组系统核查安全事故中领导干部不担当、不作为、乱作为问题，指导直管单位纪委立案1件，给予1人政纪警告，给予4人批评教育、诫勉谈话，督促修订完善《生产安全和火灾事故管理办法》等3项制度。第一时间向有关部门发送《关于进一步加强军品及危化危爆品安全管理工作的提示函》，提出5个方面建议，坚决做到“五清五杜绝”。

2. 紧盯关键核心技术攻关创新监督。围绕主体责任落实、创新能力提升、体制机制完善、科技经费投入、科技成果奖励、人才创新活力激发6个方面强化监督，组织召开直管单位纪委书记工作会议1次，调研推进会5次。联合有关部门定期跟踪了解鞍钢牵头承担的6项国家重点科技攻关项目、高附加值“拳头产品”研发工作进展，“科改示范行动”改革任务台账2021年工作推进情况，增强监督合力、提高监督质效。

3. 紧盯国企改革三年行动主动监督。围绕2021年66项改革项目进行全面检查、逐项梳理，查管党治党责任、查廉洁风险、查管理漏洞，推动落实主体责任，确保改革任务落地见效。紧扣鞍钢股权多元化改革、子企业混合所有制改革等重点项目，定期跟踪参股经营投资自查整改及处置情况。围绕落实应对下半年经营形势的“十项措施”开展监督，印发《关于开展备件采购及库存管理问题专项整治的通知》，严肃查处4起在物资及备件采购、库存管理中存在的不作为、乱作为，造成大量积压库存及死库存的典型案件，督促强化管理、开源节流。

【一体推进不敢腐、不能腐、不想腐】 1. 坚持严的主基调不动摇。保持正风肃纪、惩贪治腐的战略定力，坚持违纪违法一起查、受贿行贿一起查，严肃查办鞍山钢铁原党委常委肖明富、众元产业原副总经理陆明、攀钢钒原总经理袁宏伟等严重违纪违法案件；严惩法律合规部原副总经理李文冰、鞍山钢铁铸钢公司邢文玉、陈军等权钱交易、以权谋私的腐败分子，将6名涉嫌行贿的供应商移送审查起诉；依法独立行使监察权，查处鞍钢莆田原设备分厂主任杨凤新职务犯罪案。2021年，鞍钢各级纪检监察机构立案407件、处分374人，联合地方监委留置18人，同比分别增长36%、27%、80%，在震慑和感召下，224人主动向组织说明问题。

2. 坚持深化“靠钢吃钢”专项治理。开展以反腐蚀、提质效、树新风为主要内容的“清风行动”，围绕68个治理项目，整改管理问题294个，完善制度110项，查处“靠钢吃钢”典型案件160件，收缴违纪款1449万元。针对“围猎”鞍钢人员的不法供应商，建立“黑名单”“灰名单”制度，清理供应商33家；针对领导人员配偶、子女及其配偶经商办企业，出台禁业范围和管理规定；针对民企挂靠和“影子公司”问题，清理挂靠企业9户，处理处分5人，斩断了伸向企业利益的“黑手”。

3. 坚持以案促改、固本培元。针对“2·23”

等典型案件开展3次整改检查，从治安保卫、招标采购等重点领域向系统整治拓展，印发建议书531份，完善制度431项。深化大数据监督平台建设，“拓展升级、复制推广”两项工作有序推进，攀钢、矿业公司平台上线运行，排查问题线索71件，立案13件。做深做实“后半篇文章”，2次开展集中警示教育，以“揭疤问短、警钟长鸣”“廉政第一课”等为主题，开展系统性警示教育活动3839次，教育18万人次。深化以案释纪，拍摄张大德案件警示教育片，编发《违纪违法典型案例汇编》《每月一鉴·抚心自省月圆时》等，公开通报违纪违法案例200件。

【持之以恒纠治“四风”树新风】 紧盯重要时点，强化节前提醒、加强监督检查，一刻不停推动中央八项规定精神落实，持之以恒纠“四风”、树新风。从严查处违规收送礼金、私车公养、公款旅游等违反中央八项规定精神问题115件，党纪处分115人。开展形式主义、官僚主义专项整治，完成124项基层减负任务，精简33%的子企业考核指标，减少党建信息网72%的填报事项，总部部门文件、会议同比减少61%、46%，职工满意度达到90%。坚持“惩戒失责缺位、激励担当作为”双向发力，查处形式主义、官僚主义典型问题136个，处理处分88人；认真落实“三个区分开来”，建立容错机制，印发尽职免责容错清单，对2起案件采取容错纠错，做到严管和厚爱相结合。

【巩固拓展纪检监察体制改革成果】 1. 持续完善纪检监察工作制度机制。推行分析通报机制，每月分析统计直管单位审查调查情况并通报排名，季度对标兄弟央企，半年在工作推进会上总结分析，定期向集团党委报告审查调查情况，不断查短板、找差距、促提升。建立约谈提醒机制，围绕纪律审查工作，纪委书记约谈提醒直管单位党委书记4人次、纪委书记15人次。重点关注“零立案”单位，约谈相关单位纪委书记并责令其在工作推进会上做表态发言，2个“零立案”纪委取得突破。建立案件审核机制，对基层纪委查处的5类101件案件情况全面审核，提出建议200余条，严把案件质量关。完善考核评价制度，修订直管单位纪委书记履职考核评价办法，按照单位性质、业务领域、体量大小，定性与定量相结合进行科学评价，做到奖优罚劣。规范工作流程，修订纪委常委会议事规则、纪委全委会议事规则、“走读式”谈话安全工作管理规定，编制《纪检监察工作常用文书模板》《审查调查措施文书模板》等，推动制度优势转化为治理效能。

2. 稳步推进本钢集团纪检体制改革。聚焦“要素管控+管理移植”整合融合原则，抽调骨干成立专项工作组，制定重组过渡期至重组后三年的整合推进工作计划及实施方案，确保各项任务稳步推进。积极与辽宁省纪委监委组织部及鞍钢、本钢两级组织部门沟通，优化本钢纪检管理体制，印发《本钢纪委机构设置及岗位编制方案》《本钢所属各级单位纪检机构设置及岗位编制优化方案》，编制《本钢纪检工作制度立改废方案》，指导本钢纪委承接39项制度及11项政策性文件，确保纪检各项工作无缝衔接。

【建设高素质专业化纪检监察队伍】 1. 自觉践行伟大建党精神。坚持用习近平新时代中国特色社会主义思想培根铸魂，建立“三学三用三结合”理论学习机制，采取“每周一练、每月一测”深化巩固学习成果。坚持以支部建设带动团队建设，顺利完成党支部换届选举，加强支委会建设，制定《鞍钢纪委党支部委员会责任分工制度》《4+X主题党日制度》等制度，组织开展“旗帜引领前进路、筑强堡垒当先锋”主题党日活动，在实践活动中不断增强支部组织力、凝聚力、战斗力。

2. 自觉加强能力建设。实施“以案代训”，抽调35名基层纪检干部参与专案工作，在反腐败斗争第一线磨炼干部，先后派出2名同志参加中央纪委国家监委专案工作，扩大视野、提升能力。组织38人赴中国纪检监察学院参与培训，4人参加辽宁省纪委监委培训，邀请广东深圳罗湖区纪委监委业务骨干、辽宁大学法学教授等为全集团纪检监察干部授课，推动业务能力提升。开展纪检系统先进集体和个人评选工作，评选先进集体10个、先进工作者30人。

3. 自觉加强自我约束。在本委内从严从实开展“清风行动”，党支部书记与党小组长、关键岗位人员之间逐级“一对一”谈心谈话，筑牢拒腐防变防线。坚持为全体党员过“政治生日”，组织专题会议通报央企违纪违法典型案例，对照张大德案件自检自查，撰写心得体会，始终绷紧廉洁自律这根弦。聚焦治理重点，组织本委人员深刻反思、对照查摆，立行立改、及时纠正。定期排查反映纪检监察干部问题线索，坚决防止“灯下黑”。

（鞍钢集团有限公司纪委　王柏羽）

·统一战线工作·

【加强党外代表人士队伍建设】 推荐市级党外政协委员人选35名，选派30名党外知识分子参加上级统战部门组织的专题培训。举办鞍钢集团党外代表人士培训班，对130名党外代表人士进行为期3天的专题培训。无党派人士邹明当选全国总工会执委，无党派人士李毅提拔为众元产业绿源科技公司副经理，无党派人士周明顺研究的“超厚料层烧结项目”入围世界钢协年度创新奖。

【召开鞍钢集团党委统一战线工作领导小组会暨2021年统战工作会】 2021年8月30日，鞍钢集团党委召开统一战线工作领导小组会暨2021年统战工作会。鞍钢集团党委书记、董事长，统一战线工作领导小组组长谭成旭出席会议，就深入学习贯彻习近平总书记“七一”重要讲话精神，进一步做好鞍钢集团统一战线工作提出要求。鞍钢集团党委副书记、统一战线工作领导小组副组长栗宝卿主持会议，并领学习近平总书记“七一”重要讲话精神，通报鞍钢集团今年以来重点工作完成情况。攀钢党委、鞍钢集团钢铁研究院党委、民建鞍钢支部主委陈福成和全国人大代表、九三学社攀钢二支社主委吴洪英交流发言。全国政协委员、无党派人士孙朝晖作书面交流。

【加强活动组织】 组织开展“庆百年、爱鞍钢、献良策、做贡献”主题活动，印发《关于评选表彰2021年鞍钢集团“庆百年、爱鞍钢、献良策、做贡献”优秀成果的通知》《关于表彰2021年鞍钢集团“爱献做”活动优秀成果的决定》，评选表彰2021年鞍钢集团“爱献做”优秀成果49项。组织10名党外代表人士、统战干部赴井冈山开展庆百年专题学习培训。无党派人士、鞍钢集团钒钛（钢铁）研究院一级专家孙朝晖《风雨同舟 永远跟党走》入选国务院国资委优秀征文汇编。推进党外代表人士建言献策工作室建设，在西昌钢钒公司成立了以西昌市政协委员、九三学社西昌钢钒支社主委、西昌钢钒制造部炼铁室主任黄云为带头人的建言献策工作室。

（鞍钢集团有限公司党委宣传部　秦永春）

·精神文明工作·

【精神文明建设】 推进爱国主义阵地建设。组织爱国主义教育基地申报工作，鞍钢集团博物馆入选中央宣传部新命名的111个全国爱国主义教育示范基地，成为鞍山市首家国家级爱国主义教育基地。鞍钢博物馆、鞍钢雷锋纪念馆入选首批100个中央企业爱国主义教育基地。加强精神文明单位创建。推荐鞍钢股份炼铁总厂、矿业公司眼前山铁矿等15个单位为鞍山市文明单位。加大先进典型选树力度。众元产业职工孙宝江入选2020年度全国学雷锋志愿服务“四个100”先进典型“最美志愿者”候选人，孙宝江家庭获全国五好家庭荣誉称号。推荐陶功明、杨旭、林学斌、孙宝江为第六届“央企楷模”获选人。

（鞍钢集团有限公司党委宣传部　秦永春）

·党校工作·

【发挥党史学习教育优势】 贯彻落实党中央和集团公司党委的部署，发挥职能作用，助力集团公司党史学习教育走深走实。加大党史教育培训力度，精心策划，集中开设5门党史系列课程。编印《“画”说党史》学习教材、《鞍钢》杂志党史学习教育专刊，推动党史学习深入基层、深入人心。

【承办集团重点培训项目】 承办了集团公司领导人员十九届五中全会轮训、领导人员党史轮训、中高级研修班、80后/90后青年干部培训班、“一把手”培训班、领导人员财务能力提升培训班、新任职领导人员培训班、新任职党支部书记培训班、鞍钢集团机要管理培训等14个重点培训项目。

【推进培训方式创新】 在矿业公司党委书记培训班，首次尝试情景模拟式教学，将学员在实际工作中遇到的党建业务问题演绎出来，带领学员置身情景之中，以沉浸式情景式教学的形式，帮助学员于情景中自然接受知识灌输，提高参训兴趣，收获热烈反响。在鞍钢集团中高级研修班引入结构化研讨，提高了学员的参与度，起到了学学相长、教学相长、案例收集、推动创新的作用。实施鞍钢集团中高级研修班“走进红色鞍钢大型团队拓展活动”，丰富鞍钢博物馆参观形式，让学员“观”有所获、不虚此“行”，达到寓教于乐的学习目的。

【提升科研能力】 完成集团公司及以上课题 15 项，“坚持党的领导，加强党的建设，全心全意依靠职工办企业”荣获中央企业党建政研会优秀成果二等奖，“习近平总书记关于东北、辽宁全面振兴全方位振兴系列讲话研究”荣获省委党校科研协作课题一等奖，“习近平总书记关于新时代中国特色社会主义文化建设重要论述研究”“习近平总书记关于新时代党的建设重要论述研究”荣获省委党校科研协作课题二等奖，“做好三项制度改革中基层一线职工思想政治工作专题研究”荣获集团公司思想政治优秀成果一等奖，“传承和弘扬鞍钢红色基因，打造高质量发展新鞍钢的研究”荣获集团公司思想政治优秀成果三等奖。“中国共产党百年华诞‘听我说’”培训课程，成功入编《中国企业培训蓝皮书 XIII》。

【发挥网络培训平台功能】 在“鞍钢 e 学”平台实现了领导人员十九届五中全会培训、领导人员党史培训等 6 个重点项目的线上培训，配置 42 门课，覆盖培训学员 3447 人。建设领导干部培训赋能线上学习体系，录制了政治理论、管理理论、专业知识三个子模块 226 门、258 学时课程。建立了五中全会精神、党史专题、中高级研修等 18 个学习专题，配置 549 门、589 学时课程。

（鞍钢党校　刘允壮）

· 工会工作 ·

【民主管理】 规范落实职代会各项职权。集团公司成功召开了一届十次、十一次职代会，审议行政工作报告及企业年金报告等议题，民主测评集团公司领导班子和领导班子成员，选举职工董事，充分发挥了职代会民主管理主渠道作用。围绕深化三项制度改革等重点事项，各级工会全程参与制度建设，从促进改革顺行和维护职工利益出发提出修订建议，在政策出台前广泛收集职工代表意见，沟通落实情况，反馈职工意愿，为制度及时出台提供了有力保障。集团公司职代会以无记名投票方式表决，全票通过了《关于加强劳动合同和岗位合同管理 全面推行用工市场化的指导意见》，同时审议了《鞍钢集团有限公司深化三项制度改革指导意见》和《关于进一步加强全员岗位绩效管理的指导意见》，充分体现了职工代表对集团三项制度改革的高度认可，为集团公司三项制度改革顺利推进奠定了基础。围绕重组本钢，指导本钢承接 8 项制度的制（修）订工作，促进本钢工会制度建设标准化、规范化。协调指导本钢召开了一届六、七、八、九次职代会，在本钢重组和三项制度改革中依法履行民主程序，助力重组本钢工作顺利推进。推进基层厂务公开，促进企业稳定发展。顺利完成迎接第十一次全国企业民主管理工作调研检查工作，三省区联合检查组对鞍钢厂务公开民主管理工作给予了充分肯定。

【职工思想引领】 认真学习贯彻党的十九届五中全会精神，把学习贯彻习近平总书记关于工人阶级和工会工作的一系列重要论述融入工会各项工作中，融入深入开展党史学习教育中，引导职工听党话跟党走。贯彻落实习近平总书记在全国劳动模范和先进工作者表彰大会上的重要讲话精神，大力弘扬劳模精神、劳动精神、工匠精神，鞍钢劳模群体不断壮大。2021 年，集团公司获得省级以上五一劳动奖状、奖章 16 项，工人先锋号 6 项。命名表彰了鞍钢集团先进集体和先进个人、三八红旗集体和三八红旗手。组织劳动模范宣讲活动，在《鞍钢日报》《鞍钢视讯》开设了 2 期专题报道，广泛宣传全国五一奖和工人先锋号先进事迹，建立劳动模范事迹库，不断丰富鞍钢英模文化的内涵，营造干事创业良好氛围。以庆祝建党 100 周年为契机，丰富职工文化生活。成功举办鞍钢集团“永远跟党走”——庆祝中国共产党成立 100 周年文艺演出，作为歌颂党、歌颂新时代、歌颂新鞍钢的重要活动，充分展现了鞍钢广大干部职工奋进新时代、建设高质量发展新鞍钢的壮志豪情。演出由鞍钢职工自主创作，全力弘扬鞍钢红色文化、展现新鞍钢风采，首次采取直播方式，浏览量达到 23000 余人次，干部职工受到极大鼓舞，广泛给予好评。

【劳动竞赛】 鞍钢集团工会认真贯彻落实集团公司党委关于“大规模开展各个层级的劳动竞赛，提高劳动生产率”的要求，深入推进“建功‘十四五’、奋进新征程”主题劳动竞赛，积极营造劳动光荣的良好风尚和精益求精的敬业风气。各子企业围绕制约企业生产、经营、服务的难点、痛点和关键点选题立项，创新模式，深入推进，共开展“保安全、提产能、增效益”等5项主题劳动竞赛和36项专项劳动竞赛，呈现了“党委领导、行政主导、部门配合、工会运作、职工参与”的劳动竞赛格局。工会深入基层挖掘竞赛经验，编发《鞍钢集团劳动竞赛情况通报》4期，在《鞍钢日报》和自媒体编发劳动竞赛专版，在《鞍钢视讯》录制专题报道，及时推介基层开展竞赛的好做法。向全国总工会和国务院国资委报送鞍钢劳动竞赛情况报告，全总主要领导作出批示给予充分肯定，《工人日报》头版专题报道，扩大了鞍钢竞赛活动影响力。

【群众性自主创新】 鞍钢集团深入推进群众性创新工作。集团工会围绕降本增效、节能减排、智能制造、提质增产等，进一步把握问题导向，总结创新经验，形成职工创新工作室、先进操作法、群众性合理化建议、创新项目“四轮驱动”的创新活动新模式。2021年新培育命名集团级职工创新工作室10个。获评辽宁省劳模（职工）创新工作室10个。评选2020年度122个优秀项目（实施1年以上的），其中一等奖14项、二等奖39项、三等奖69项，奖励256万元。各子企业多层次开展创新沙龙、现场交流、网络交流等，建立创新活动基地，形成定期交流机制，扩大参与范围。

【职工技能竞赛】 鞍钢集团积极组织职工技能竞赛。集团工会会同人力资源部组织26个工种职工技能竞赛。鞍山钢铁首次采用“钉钉”网上培训形式，帮助职工系统学习理论和操作知识。矿业公司利用技能竞赛搭建人才成长舞台，多名技术能手在各自岗位上发挥示范带头作用。攀钢组织了90个工种的职工技能运动会。众元产业绿源科技公司举办了水渣加工、汽车维修等7个工种竞赛，技术能手既得到了荣誉又获得了奖金。

【服务职工】 坚持以人民为中心的发展思想，深入推进2021年度民生实事计划，聚焦职工群众关注的急难愁盼问题，坚持不懈为职工办实事、做好事、解难事。制定鞍钢集团民生实事计划10个项目，其中8项列入上报国资委的首批民生项目清单，2项列入第二批清单。自3月计划启动以来，在集团公司工会的综合协调下，在各级党委的全力支持和各级工会的积极配合下，全部圆满完成。期间，工会广泛宣传报道民生实事计划，深入子企业、厂矿及鞍钢总医院、人才公寓、职工食堂等实地调研，与一线职工面对面交流，对职工健康体检、鞍钢人才公寓加装空调和热水器、改善一线操作室、道路设施修缮等项目专题研究落实方案。各级工会开展民生实事项目满意度调查，以职工满意度作为检验项目实施效果的标准。在中央企业党史学习教育小组调研指导中，把民生实事计划作为专题汇报，突出了鞍钢特色，得到良好评价。开展困难职工精准帮扶，共走访慰问各类困难人员28843人次，发放救助金1744.89万元；审核发放医疗救济金938.34万元，2035人受助。开展“夏送清凉”活动，为400余个岗位的一线职工送去100余种防暑降温物资。创建2个“女职工关爱室”示范点，评选23名最佳悦读者、60篇“书香女性”最佳征文、10个“最美家庭”。

（鞍钢集团有限公司工会　杨　杨）

· 共青团工作 ·

【丰富思想教育平台建设】 强化理论学习，武装青年头脑。组织团委委员集中学习习近平总书记重要讲话精神，团委书记带头讲党史主题团课；为基层团委书记派发党史及四史学习材料；开展青年大学习行动，评选“青年学习之星”；利用“青春鞍钢”专版，号召各级团组织积极开展党史学习教育和四史宣传教育活动；启动鞍钢“青马工程”，联合党委组织部开办第1期鞍钢“青马学堂”培训班。用好活动载体，引领青年修身。印发《鞍钢集团团委“学党史、强信念、跟党走”学习教育实施方案》，紧扣庆祝建党100周年和党史学习教育主题，开展以“青春心向党、建功新鞍钢”为主题的青年多媒体创意大赛、摄影大赛，组织青年参加“辽宁工人有力量”抖音大赛，引导青年把个人追求与企业高质量发展紧密结合起来；开展“跟着郭明义学雷锋”志愿服务活动，引导青年向上向善；开展“本质安全、青年先行”主题教育活动，引导青年树牢安全生产意识；开展“青年合规文化建设”主题团日活动，引导青年树立合规意识。鞍山钢铁、攀钢等子企业团委广泛开展学习研讨、宣讲交流、知识竞赛等各类学习活动，激发青年干事创业的斗志。选树先进典型，激励青年向上。加强青年典型选树和先进团组织推荐评优，胡奉雅、朱婉桐等18名青年荣获中央企业“青年岗位能手”及全国钢铁行业“优秀共青团员”等荣誉，股份鲅鱼圈分公司团委等16家基层团组织荣获中央企业和全国钢铁行业“五四红旗团委”等荣誉称号；股份能源管控中心发电分厂青年科技攻关小组等2个青年集体荣获全国“青年文明号”称号；鞍山钢铁团委荣获“全国五四红旗团委”荣誉称号。

【推进青创基金平台建设】 推进青年创新登高持续发展。全面完成第八届创新登高“双十佳”及2020年度创新登高“金牌项目”命名表彰工作，评选出创新登高领军人物10人，金牌项目31个；强化“六位一体”创新登高项目管理机制，高质量完成2021年青年创新登高项目申报工作，累计申报立项1592项。召开第八届鞍钢青年创新登高大会，坚定不移推动创新登高活动提档升级，助力青年实现更有效率、更有质量、更有价值、更可持续的创新。以“青春建功新鞍钢”为主题开展首届鞍钢青年创新大赛，深入挖掘高质量、可孵化的青年创新项目，促进项目价值提升和青年创新水平突破，实现青年创新成果有效转化。打造青年创新阵地。在厂区内选址与股份炼钢总厂党委联合打造了首个集团级青年创新工作室和青年技能实训基地，为青年提供创新实践、技能培训、项目交流的活动阵地，推动构建青年创新生态圈。

【加强综合服务平台建设】 落实中长期青年发展规划。按照《鞍钢中长期青年发展规划（2021—2025年）》工作安排，有序推进青年马克思主义者培养工程、“青年大学习”行动、鞍钢青年创新登高计划、“十百千”征途计划、“跟着郭明义学雷锋”青年志愿服务行动等重点项目，促进鞍钢青年优先发展、全面发展。构建青年技能培养体系。以提高青工整体素质和技术水平，培育能够满足鞍钢高质量发展需要的新时代鞍钢青年工匠为目标，以新建成的鞍钢青年创新工作室和青年技能实训基地为活动阵地，以全国五一劳动奖章获得者、鞍钢集团团委常委刘铁为带头人，探索建立鞍钢青年高技能人才协会。已吸纳161名会员，覆盖连铸、炼钢、电焊、电气、机械点检、机修钳工、仪表7个重点工种，开展焊接培训、机器人培训、液压培训等技能培训13次，开展大型技术交流活动5次。发挥党联系青年群众的桥梁纽带作用。坚持鞍钢青年“青春合伙人”定位，完善人才公寓“青年之家”运行机制，支持基层团组织和青年自组织在“青年之家”开展形式多样的文化活动，全年开展活动20余次，覆盖青年近300人次。举办“鞍钢人才公寓第五届青年文化节”及青年交友联谊活动，为住宿青年提供暖心服务。

【创新开放交流平台建设】 加强企业负责人与青年交流。“五四”前夕组织开展“青春心向党、建功新鞍钢”主题论坛暨企业负责人与优秀青年代表面对面座谈会，推动各子企业开展相关座谈活动，打造企业高层与青年高质量沟通交流品牌工作。拓展跨区域青年沟通交流朋友圈。2021年，集团团委与鞍山钢铁、攀钢、矿业公司三家子企业团委签署契约书，重点推动子企业实施“十百千”新时代鞍钢青年征途计划中的“百千”层次文化交流；鞍山钢铁团委组织开展三地青年技能人才交流座谈会，搭建青年高技能人才交流平台，支持高技能人才协会常态化开展技能交流、技能比武、技能分享、技能培训等活动，为培育青年工匠提供梯队准备；攀钢团委和矿业公司团委联合开展优秀青年业务骨干跨区域交流考察，开阔青年视野、拓展工作思路。指导青年自组织互动交流。与青年自组织“七点半梦响团”和“钢蹦儿舞团”签署融合发展合伙协议，指导两个青年自组织制定组织章程，常态化规范化在青年中开展活动，促进青年在互动交流中实现自我管理和自我服务；两个自组织的原创节目成功入围鞍钢集团庆祝建党100周年大型文艺汇演；“七点半梦响合唱团”原创合唱作品《红船》自主编导拍摄的MV，于“七一”期间在“学习强国”APP上宣传推广。

【锻造一支钢铁之团】 强化制度保障。与党委组织部联合下发《鞍钢集团有限公司党委关于进一步加强党建带团建工作的意见》和《鞍钢集团青年马克思主义者培养工程实施意见》，为基层团组织建设筑牢政治基础、为青年思想政治教育工作提供制度保障。加强组织建设。经与中央企业团工委、辽宁团省委、鞍山团市委充分沟通同意，将鞍钢集团团委组织隶属关系由鞍山团市委协管调整到辽宁团省委协管；召开一届四次全体（扩大）会议，增补 4 名同志为第一届团委委员；与众元公司党委联合下发了《关于明确鞍钢人才公寓团工委组织隶属关系的通知》，明确了鞍钢人才公寓团工委的组织关系、团干部管理和工作阵地等事宜，提升了人才公寓团工委为住宿青年提供服务的工作效率。加强队伍建设。坚持“专、挂、兼”相结合的工作机制，选调多名基层团干部到集团团委挂职，着力提升团干部的政治理论素养和工作设计能力；选派 1 名团干部到团省委组织部挂职，期间表现突出受到团省委领导充分肯定；将团委重点工作项目化、契约化，号召大家主动领任务、担责任，与鞍山钢铁、攀钢、矿业公司及教培中心团委签署了《重点工作项目契约书》，分别承担集团级重点工作；举办 2021 年度井冈山鞍钢优秀团干部培训班和“钢铁之团·园丁计划”团干部培训班，坚持“凡训必考”原则，普遍提升团干部政治理论素养和工作能力。

（鞍钢集团有限公司团委　王相宇）

第十六部分

鞍山钢铁集团有限公司

特　辑
专　文
大事记
概　况
机构与人事
规划发展
财务、资本运营与审计管理
人力资源管理
管理创新
科技创新
安全、环保与节能
法律事务
综合管理
企业文化与公共关系
党群工作
▶ 鞍山钢铁集团有限公司
攀钢集团有限公司
本钢集团有限公司
单位简介
荣　誉
附　录

· 生　　产 ·

【综述】 2021 年，鞍山钢铁公司深入学习党的十九届五中全会、六中全会精神，认真贯彻落实集团公司两级党委的决策部署，围绕疫情防控和生产经营目标，强管理，控事故，求稳顺、抓均衡、提效率、打规模、保合同，注重系统协同和联动，加强鞍营朝三地生产互动，上下工序密切配合，刚性衔接，快速反应；产量规模精准完成限产目标，部分成材产线创历史，合同执行符合预期，生铁成本跑赢大盘，为公司完成生产经营预定目标提供了强有力保障。在公司 31 项主要技术经济指标中，三地分别有 4 项、5 项、3 项指标创历史最好水平。

1. 攻坚克难，变革创新，精准完成全年计划产量。面对雾霾限产、新冠疫情、限产政策、特大暴雪等各种不利因素，鞍山钢铁通过产销融合、生产联动、基地互动、优化排产，各部门紧密协同、实时跟踪、预判调整、变革创新、攻坚克难、精益组织，较好完成了各阶段产量目标任务。

限产前：抓机遇、提规模、增效益。

上半年，鞍山钢铁组织原燃料保供、保高炉群顺行，提废增钢、产销协同、精细排产、路径优化，提节奏、控事故，全力释放产能，铁、钢、材产量分别完成 1354.99 万吨、1461.46 万吨、1363.31 万吨，同比提高 90 万吨、199 万吨、195 万吨，增幅分别达 7.13%、15.78%、16.69%，均创历史最好水平。

限产后：刚性执行、资源优配。

自 7 月 5 日收到国资委限产文件后，强化全公司一盘棋、各基地统一平衡理念，以“集约高效、补弱促强、管理管控”为原则，不断完善控产方案，各月不仅精准完成了预定钢产量，同时以效益为导向保障高效益产线规模，有力地保证了公司盈利能力。

一是高炉追求单体高效，保证炼铁规模效率。二是炼钢刚性控产，合理分配三地资源，各月钢产量精准完成。三是轧钢严格按照效益排序分配资源，保障重点合同资源。四是补弱促强，利用限产时机，完成了鞍山 3 号高炉、鲅鱼圈 2 号高炉；鞍山 4 号 5 号板-1700 线硅钢专业线、万能重轨线、鲅鱼圈 1580 线等大修改造项目，提高竞争力。

2. 注重全局，基地互动，规模效益最大化凸显。鞍山钢铁充分发挥三地整体规模和管控优势，积极应对市场变化，组织多基地生产资源互动，实现生产有效衔接、资源合理配置。

（1）铁料调剂互补。鞍山供鲅鱼圈精矿 6.4 万吨、烧结矿 5 万吨、球团矿 0.1 万吨、生铁块 1.19 万吨；鲅鱼圈供鞍山焦炭 6.5 万吨、烧结矿 5.3 万吨、球团矿 1 万吨。

（2）调坯提升规模。鞍山供鲅鱼圈基地钢坯 70.32 万吨，供朝阳基地钢坯 13.44 万吨，充分释放三地产能。

（3）调卷调品增效。因硅钢等品种钢利润急剧上升，为保证品种钢生产，阶段组织鲅鱼圈基地调拨冷轧和硅钢原料 5.54 万吨，缓解鞍山基地 RH 生产压力。

3. 目标倒逼，项目拉动，推进系统降本工作。1—12 月，坚持系统管、管系统成本管理理念，目标倒逼、项目拉动成本，建立有效的督导机制，明确管理责任，固化推进人员，切实推进系统降本工作有序进行。建立了课题攻关体系及课题滚动推进机制，通过对标推进、系统挖掘，共形成九大项 74 个课题，有效推进系统降本工作。全年完成降本创效 49 亿元，折吨材降本 307 元。

4. 统筹规划，确保重点型号供货任务。2021 年，专项工作克服疫情影响，不断完善专项产品合同执行管理流程，加强生产计划的执行力，确保国家重点型号所需材料的按期供货。全年销量 6.5 万吨，销售收入 8.43 亿元，市场占有率稳定在 70%以上。国家专项产品配套科研项目阶段任务基本完成。全年共下发公司级“专项产品科研计划”4 批，确立专项系列产品开发与质量工艺技术研究等共计 48 项课题。与钢铁研究总院合作确立专项及相关共性技术类横向合作科研项目 5 项。顺利完成超宽 X80、专用 390 钢等鉴定认可用钢板的试制，并陆续提供给评价单位开展检测。根据公司管理及信息化整体提升项目工作安排，完成专项产品在新产销系统的维护、运行测试，顺利通过上线切换。

（鞍钢股份有限公司制造管理部　张金栋）

【炼焦生产】 2021 年，鞍山钢铁焦炭产量完成

1099万吨。

鞍山区域：2021年，洗煤供应形势恶化：澳煤断供；三季度煤矿安全治理整顿；10月山西洪涝灾害、煤矿停产。鞍山钢铁多措并举，较好的应对外部冲击，全年生产运行平稳。

鲅鱼圈分公司：以产量增加为重心，强化企业管理，焦炭产量突破历史；以质量最佳为先，优化配煤方案，稳定提高焦炭质量；加大焦炭质量日常监督管理，通过“日分析，周小结，月总结”的方式，及时跟踪处理焦炭质量变化。

朝阳钢铁公司：围绕焦炉四大车智能化改造、备煤筒仓智能下料系统、智慧煤焦研究中心建设、物料集控中心L1系统升级改造等项目进行系统论证与交流。智慧煤焦研究中心建设项目于2021年11月末正式投入生产。

（鞍钢股份有限公司制造管理部　陆　云）

【炼铁生产】 2021年，鞍山钢铁公司铁产量完成2535万吨，比2020年降52.4万吨。其中鞍山基地1746万吨，同比降低26.7万吨；鲅鱼圈基地569万吨，同比降低21.5万吨；朝阳基地220万吨，同比降低4.2万吨。

鞍山基地：原料稳质保供，保证铁前系统用料平衡。建模配煤配矿，挖掘降本潜力，推进成本变革。烧结以提产保质为工作核心，严格控制质量关键点，实现一机一炉。高炉抓操作、保稳顺，稳产提效。

鲅鱼圈基地：紧扣“双跑赢”，推动专业管理和精益管理，取得成本指标与经济效益新业绩。以“铁矿石经济性测算模型”为基础，促进铁水成本降低。升级“软硬件”，抓好两化融合与定修管理促发展。

朝阳基地：管理提升，指标优化，推动趋势化管理和分步控制，保证高炉长周期稳定顺行；抓工序成本管理，实现降本增效。开展对标工作，生产工艺、操作技术上创新突破，优化配煤配矿。抓设备基础管理，提升精准运行能力。

（鞍钢股份有限公司制造管理部　冯清裁）

【炼钢生产】 2021年，鞍山钢铁集团公司钢产量完成2647.7万吨。其中本部完成1792万吨，鲅鱼圈分公司完成610万吨，朝阳公司完成244.7万吨。

1. 生产效率实现新突破。严格执行公司生产计划，上半年提废增钢，下半年提铁限钢，通过加强生产管控，精准完成了控产目标。全年一分厂板坯铸机单中包罐数、二分厂2号方坯铸机拉速、三分厂D转炉全炉役底吹、四分厂火清机月产量等指标均创历史最好。

2. 成本管控取得新成效。坚持挖潜和对标结合，突出成本管控的精准性和系统性，做到指标到岗，责任到人。按照“精益、全员、受控”原则，从“指标降本、结构降本、费用降本”三个维度，分工序组织系统降本。

3. 产品质量达到新高度。以无缺陷铸坯生产为核心，依托技术质量“集中一贯”管理，全面推进质量管理标准化工作，质量得到大幅提升。

（鞍钢股份有限公司制造管理部　王文科）

【轧钢生产】 2021年，鞍山钢铁公司钢材产量完成2480.19万吨。其中，鞍山基地完成1595.93万吨，鲅鱼圈基地完成644.37万吨，朝阳基地完成253.49万吨。

1. 上半年钢铁公司铁钢材产量创历史新高。上半年，钢铁公司攻坚克难，通过三地紧密协同全力推动规模提升，铁、钢、材产量分别完成1354.99万吨、1461.46万吨、1363.31万吨，同比增长7.13%、15.78%、16.69%，铁、钢、材产量均创历史新高。

2. 产销紧密衔接，产质高效协同，保合同执行。通过加强产销衔接，优化资源配置，质量攻关提高一次合格率，加大重点合同监管力度，确保重点品种合同执行率高位运行。鞍山基地合同执行率累计完成96.45%，比目标高0.45%。其中，冷轧厂4月合同执行创历史新高，达到96.93%；大型厂5月、6月、8月合同执行率达到100%。

（鞍钢股份有限公司制造管理部　张金栋）

·经　　营·

【指标完成情况】 钢材售价超额完成“双10%”提升目标，跑赢大盘、跑赢预算、跑赢同行；五大区域售价全部跑赢市场，盈利能力大幅提升；调品指数达到340元/吨，完成挑战值。直供比例比年计划高8.6%，出口比例比年计划高1.2%，工程销量比年计划高9.3%；拳头产品、独有领先产品、新产品、战略产品比例分别比年计划高

1.59%、2.53%、1.63%、2.35%。公司效益增幅创历史最好水平。

【营销改革打造新引擎】 改革工作多角度、全方位推进。体系建设方面，组建供应链管理部，增加客户与产品技术服务部职能，推进管操分离、两段物流及两段式销售，横向一体、纵向一贯的职能架构更加清晰，用户体验、品牌形象全面提升。三项制度改革方面，制定人力资源五年发展规划（2021—2025年），建立“1+δ”营销赋能培训体系，畅通人才成长通道，完善薪酬分配体系。推行“两制一契”管理，组织5家区域公司经营者竞争上岗，对区域公司经营层成员全面实行三年任期制管理。推行机关部门负责人聘期制管理，通过双向选择、竞争上岗等竞争性选拔方式大力推行“揭指标竞聘、带契约上岗”，激发干事创业活力。推行“双合同”管理，完成中心职工“双合同”（劳动合同、岗位合同）签订工作；规范劳动关系，严肃劳动纪律，建立人才赋能中心。推行全员岗位绩效管理，制定《全员岗位绩效管理办法》，建立“人人承担指标，人人争创绩效”、导向更加明确的绩效考评体系。信息化建设方面，推进销售管理、工贸一体、电商平台建设，将鞍钢经验融入营销信息化平台。通过统一销售资源管理、营销策略制定和客户服务标准，实现销售、制造、财务、物流信息集成共享、高效协同，不断提高客户满意度。销售系统10月成功上线，信息化建设迈进一大步。AB整合融合方面，打造“1+9”营销业务推进体系。组建AB渠道服务（区域）团队，启动营销管理、客户服务、海外工程业务合署办公，统一AB定价模式、价格表和价格政策，高标准完成过渡期、首月、百日三个阶段的重点工作，实现产销整合融合工作良好开局。

【价值创造实现新突破】 对公司经营目标实现支撑更加有力。坚持市场导向，按效益排序配置产线资源。以销定产，按产品利润排序，将资源向高效益产线配置。推进亏损产线、品种、客户资源调整常态化，确保公司整体效益最大化。按售价调整品种结构，发挥技术总监优势，推进销研产一体化工作。编制“十四五”重点产品发展规划，聚焦拳头产品开发及推广，签订技术协议85项。耐磨钢实现全规格供货，搪瓷钢产品实现全系列供货，集装箱、工业纯铁、彩涂铝锌镁等高价产品实现供货比例大幅提升，成为新的利润增长点。工业纯铁荣获钢铁工业产品开发市场开拓奖。坚持区域引领，按“三点四维度”推进营销渠道建设。设立市场维度的价格标尺，按照跑赢区域市场、跑赢区域竞争对手的原则，对区域公司实施价格后评估，“三点四维度”价格“Δ值”完成42元/吨。坚持效益优先，向价格高地调配销售资源。在保A、B类客户和渠道稳定的基础上，按效益最大化原则，分品种调配五大区域资源，累计增利1.7亿元。

【渠道拓展开创新局面】 坚持“直供+工程”主线，内外兼修，线上线下协同，渠道建设效果显著。国内市场拓展方面，热轧品种集装箱用钢销量超过106万吨，创近10年新高；铁路机车车辆用钢市场占有率连续18年位居国内首位；彩涂品种在华东、华南区域成功推行区域代理制，新开发畜牧行业，成功供货牧原集团和优然牧业项目；线材品种立足冷镦、帘线、焊丝三大支柱型产品，工业线材销量为5年来最好水平。推出“产能预售”模式，制管客户产能预售1.36万吨；推进电商平台现货销售，全年销量174万吨。海外市场拓展方面，落实公司国际化和走出去战略，出口订货量同比增长39%；打通钢坯进口路径，采购钢坯12万吨；聚焦“一带一路”“借船出海”海外工程，供货12万吨，同比增长20%。内外贸营销网络融合，国内战略客户海外工厂供货2.4万吨。工程销售拓展方面，中标多个“十四五”国家能源储备战略规划项目，成为首家与国家管网公司签订战略合作协议的企业。与国内大型建筑施工企业形成合作，成功中标亚运会萧山机场项目、新郑机场扩建等重点工程项目。完成巴西东西部一体化铁路项目供轨，中标中老铁路、越南南北铁路等国际重大工程项目，鞍钢品牌海外市场知名度、美誉度显著提升。

【服务能力得到新提升】 客户满意度稳步提升，上半年客户满意度95.2分，较上年提高0.6分。体系建设方面，围绕QCDDS持续优化一站式三级服务体系，实施客户分类管理和差异化服务策略，运行大客户经理制、首问负责制，提升客户感知价值。完善服务体系，制（修）订管理程序、管理办法15个。合同交付方面，推动合同全生命周期管理。紧跟资源分配、合同下发、生产进度、物流交付等环节，最大程度满足客户需求，2021

年月均合同兑现率 96.79%。创新服务模式，推动两段物流，打通物流服务“最后一公里”，全年累计试行 6.25 万吨。异议处理方面，发挥龙头作用，对外快速响应客户诉求，注重异议处理效率。对内及时传递客户声音，推动生产、物流和服务等环节改进提升，形成产品发展良性循环。全年处理异议 1472 件，同比减少 28%；异议平均处理周期 11 天，同比减少 9 天，异议结案率 100%；经济损失同比减少 1743 万元。

【品牌建设迈上新台阶】 紧密围绕集团品牌发展战略，培育世界一流品牌，参加中国国际冶金工业展览会、上海国际粉末冶金硬质合金展览会等国内外展会 6 次，举办、参与钢之家、兰格钢铁、我的钢铁等行业论坛 14 次，全面展示鞍钢产品优势和品牌实力。借助《中国冶金报》、中国发展网、中国钢铁新闻网、《鞍钢日报》等 20 余家内外部媒体，宣传报道、品牌推介 190 余篇次，鞍钢产品的知名度和美誉度持续提高。荣获海信家电集团战略互信奖，被中集、贝卡尔特等多家企业集团评为优秀供应商。

（鞍钢股份有限公司市场营销中心　王长宇）

· 技术改造 ·

【技术改造综述】 2021 年，鞍山钢铁实际完成投资 46.42 亿元，其中固定资产投资 46.28 亿元。新开工项目投资 9.22 亿元，续建项目 37.20 亿元。投资资金来源均为自有资金，无境外投资。与 2020 年相比，2021 年股权投资占比下降较多，原因是公司根据市场情况，加大了固定资产投资，股权投资更为审慎所致。

2021 年，鞍山钢铁围绕优化产业布局，做精做强钢铁产业，全面提升创收创效能力的战略发展方向，重点推进了环保减排、提质增效和数字鞍钢的投资项目。全年钢铁产业投资 42.77 亿元，其中环保减排项目投资 10.59 亿元、提质增效项目投资 14.27 亿元、数字鞍钢项目投资 6.61 亿元。重点推进项目如下。

1. 炼铁总厂烧结机环保升级改造项目。项目总投资 12.7 亿元，该项目通过拆扒 2 号 265 平方米烧结机，新建 600 平方米烧结机，降低炼铁总厂烧结矿成本，提升烧结矿质量，满足高炉的用料需求，环保达到超低排放标准。项目内部收益率 13.72%，投资回收期 8.58 年。2021 年累计投资 4.06 亿元，已开工建设，计划 2022 年投产。

2. 鞍钢股份鲅鱼圈原料场棚化封闭项目。项目总投资 4.92 亿元，项目内容为对鲅鱼圈矿石料场、副原料场、混匀料场进行棚化封闭，同时对露天皮带和附属区域封闭改造。项目建成后可减少无组织粉尘排放量 4793 吨/年。2021 年累计投资 1.05 亿元，项目现已开工建设，计划 2022 年投产。

3. 2150ASP 产线铸机升级改造。项目总投资 4.68 亿元，项目内容主要为对 1 号、2 号、3 号板坯连铸进行升级改造。完成后铸坯清角比率由 7.1%降到 1.5%，非汽车板钢种具备直装条件比率 98.5%。夹杂缺陷率由 2.3%降至 0.95%以下，200 毫米铸坯生产的汽车板钢种铸坯经表面清理后，可满足 2150 线生产汽车钢的需求，1 号、2 号设计产能达到 550 万吨。

4. 管理与信息化提升项目。项目总投资 7.15 亿元，建设公司级智慧运营层的相关信息系统，实现钢铁主业一体化运营模式，在组织运作上体现运营管控下多制造基地制造与物流协同的效益，实现订单管理、质量设计和物流信息的共享对接与高效流转。2021 年累计投资 2.15 亿元。

在技术补链方面，鞍山钢铁紧紧围绕国家科技创新和产业发展重大战略需求，积极承担国家补齐产业链关键领域、关键产品、关键技术的薄弱环节和短板弱项的责任，基于自身在我国高等级船舶及海工用钢研发、工艺装备及产品应用方面的坚实基础和领先优势，开展了工信部“极地船用低温极端环境用钢实施方案”项目研发工作。该项目于 2021 年 12 月通过省工信厅组织的验收。项目实施后，2019 年 11 月—2021 年 6 月间，生产极地低温造船及海工用钢和极地管线用钢 21 万多吨，较好地发挥了鞍山钢铁大国重器的作用。

在优化塑链方面，鞍山钢铁着力推进了产业链数字化智能化改造、新一代信息技术赋能实体经济、大数据平台建设的投资项目。鞍钢股份一体化经营系统及制造管理、PES 系统全部成功上线投运，标志着鞍钢股份开启了基地内集中一贯、基地间统筹协同、产销一体化、管控一体化和业财一体化的管理新模式，助力“数字鞍钢”建设迈出关键一步。通过从基础自动化升级、智能装备应用、工艺模型优化、大数据分析、集控中心等对 11 条产线智能化改造，打通制造端与客户端，主动为上下游用户提供服务性生产，实现协同增值，全面提升公司“制造+服务”的核心竞争力。

鞍山钢铁为早日实现钢铁产业超低排放和创 A 级企业，大力推进了环保减排项目实施，放行实施鲅鱼圈原料场棚化封闭等 81 个超低排放改造项目，SO_2、NO_x、COD 污染物排放同比分别下降 7%、1.1%、2.8%，为环境生态保护作出较大贡献，取得良好社会效益；鞍山钢铁为实现企业战略规划目标，持续加大产品、产线升级改造力度，通过大型厂万能线质量提升改造项目、热轧带钢厂 1700 线大修升级改造工程等项目实施，在拓展品种、提升产品质量、产品盈利能力等方面均有明显提升。

（鞍钢股份有限公司科技与规划部　崔树文）

【鞍钢股份大型厂万能线质量提升改造项目】 该项目是公司重点改造项目，设计产能为 65 万吨/年。项目更新 BD1 轧机，实现全自动轧制。增加一架 UF2 精轧机，与万能机组脱离、不保持连轧关系，进而消除百米钢轨两端轨高高点。采用动态辊缝控制、全自动轧制等先进技术，达到国际一流、国内领先的装备水平。

建设单位为大型厂，主体设计单位是中国第一重型机械股份公司，土建及公辅设计单位是鞍钢工程技术有限公司，主要施工单位有鞍钢建设集团有限公司、鞍钢自动化公司。

计划总投资 1.995 亿元。2021 年 10 月 22 日开工，2021 年 11 月 20 日竣工。项目经理：李元华；工程负责人：张智华。

【热轧厂 1700 线升级改造项目】 设计产能为 300 万吨/年。

主要改造内容：E2R2 轧机设备改造；E1R1、E2R2 主传动电气改造；全线一、二级计算机系统升级，采用 TMEIC 最新动态控制数学模型。

建设单位为鞍钢股份热轧带钢厂，设计单位为鞍钢工程技术有限公司，主要施工单位有鞍钢建设集团有限公司、鞍钢集团信息产业有限公司等。

计划总投资 3.5 亿元。2021 年 9 月 1 日开工，2021 年 10 月 6 日投产。项目经理：于斌；工程负责人：周军。

【鞍钢钢材加工配送（长春）有限公司杭州分公司项目】 项目主厂房长度约 200 米，设计产能为 22 万吨/年。

开卷落料线及激光拼焊机组均为成套进口设备，分别由世界著名制造商 Schuler Pressen GmbH 和 Baosteel Lasertechnik GmbH 供货。纵剪机组由国内著名专业供货商江苏亚威机床股份有限公司制造。

建设单位为鞍钢钢材加工配送（长春）有限公司，设计单位是鞍钢集团工程技术有限公司，施工单位为鞍钢建设集团有限公司。

计划总投资 1.18 亿元。2021 年 3 月 10 日开工，2021 年 12 月 4 日竣工投产。项目经理：李新民、程愉；工程负责人：杨志明。

【鞍钢化学科技脱硫废液制酸项目】 工程总建筑面积 1473 平方米。设计硫酸产量为 3.33 万吨/年（按 100%硫酸计），操作时间为 8000 小时/年。

主要建设内容：建一套脱硫废液制酸设施。主要包含预处理工序、焚烧工序、净化工序、干吸工序（干燥和吸收）、转化工序、尾吸工序六个工序及公辅设施，处理鞍钢化学科技有限公司一回收、三回收氨法脱硫的脱硫废液及朝阳钢铁焦化厂脱硫后的固体混盐。

项目自主研制开发出的“富氧燃烧、二转二吸”制酸工艺，可将 SO_2 最终转化率从 97%提高到 99.9%以上。

建设单位为鞍钢化学科技有限公司，总包单位是中冶焦耐（大连）工程技术有限公司。

计划总投资 8700 万元。2020 年 4 月 1 日开工，2021 年 4 月 26 日竣工。项目经理：薛占强；工程负责人：杨志明。

【鞍钢股份炼钢总厂三分厂两座 RH 提效改造项目】 原超低碳汽车钢夹杂率偏高，RH 精炼炉产能不足，无法满足汽车市场的要求。炼钢总厂三分厂对两座 RH 精炼炉提效改造，改造后 2 座 RH 精炼炉年处理钢水能力由 240 万吨提升至 320 万吨。

主要改造内容：联通管增容，提升气体增容，氩气加压站增容，减少热弯管积渣，优化钢包揭盖工序，浊环冷却系统优化，1 号 RH 柱塞系统优化，真空铝斗系统优化，提升气冷器降温降尘能力，待机位真空室烘烤提速，水平给料器优化。

建设单位为鞍钢炼钢总厂，设计单位是鞍钢工程技术有限公司，施工单位为鞍钢建设集团有限公司。

计划总投资4500万元。2020年8月11日开工，2021年4月2日竣工。项目经理：姜振生；工程负责人：薛军发。

【鞍钢化学科技东区精脱硫增建3号脱硫塔项目】 该项目是公司重点环保改造项目，是鞍钢集团工程技术有限公司专利项目。

主要建设内容：脱硫塔区新建脱硫再生塔、脱硫液冷却器、溶液循环泵、捕雾器、冷却水泵、水环真空泵组、真空泵换热器、蒸发釜、蒸发釜冷却器、地下放空槽。

建设单位为鞍钢化学科技有限公司，设计单位是鞍钢工程技术有限公司，总包单位是鞍钢工程技术有限公司。

计划总投资3500万元。2021年6月4日开工，2021年11月30日竣工。项目经理：薛占强；工程负责人：王天宇。

（鞍钢股份有限公司设备工程部 郇全海）

·科技发展·

【科技创新工作综述】 出台了原创技术策源地实施工作方案、“四个创新”平台建设方案、科技创新激励措施、科学技术奖评选管理办法等，进一步激发了科技创新活力动力。国家重点研发项目“低温、高压服役条件下高强度管线用钢”和工业强基项目“极地船用低温极端环境用钢”通过结题验收，开发的高强度安全壳用钢AG728等3个产品、基于大数据分析下高精度中厚板控制工艺研究等4项关键技术实现全球首发，完成的“钢材热轧过程氧化行为控制技术开发及应用”项目获得国家科技进步奖二等奖，化学科技西部回收作业区乙班获全国质量信得过班组，中厚板事业部热处理设备QC小组获全国优秀质量管理小组。

1. 创新科技体制机制，系统提升研发效能。制定了《“四个创新平台”建设行动方案》，构建研发、制造、合作、应用全链条协同创新体系。组织完成《科技类政府项目（课题）管理办法》等6项制度制（修）订，夯实担当大国重器、研发关键核心技术、当好行业排头兵的基础。通过强化科技重大项目超前设计、用军令状压实责任、加大价值创造奖励力度等方式，实施了“揭榜挂帅”项目管理新模式。制定《科技创新激励措施》《科学技术奖评选管理办法》，明确了以价值创造为导向，实施分类激励的分配体系，丰富了科技激励工具箱。制定《关于推进鞍山基地分公司实施市场化经营的意见》，推进科技体制改革，改进放权模式，提高研发效率。

2. 立足技术领先战略，抓好规划制定实施。按照科技服务、引领公司战略的思路，以充分发挥好技术领先在产品布局中的支撑作用，在效率变革、成本变革、服务引领、智慧制造、生态融合上的引领作用为核心，高质量完成《鞍山钢铁“十四五”科技发展规划》的编制，涵盖10个工艺、13产品、10专业领域，布局185个重大研发项目，实现全领域覆盖，并围绕关键核心技术和补短板材料、应用基础、低碳冶金技术等，形成年度滚动计划。

3. 聚焦大国重器使命，研发关键核心技术。面向经济主战场、国家和公司战略，以科技领军计划、科技卓越项目、“揭榜挂帅”项目为载体，勇当原创技术“策源地”。下发科研项目计划13批，新立各类科研课题381项。48个国家课题进展顺利，26个国家课题完成研发任务，“高品质中厚板智慧设计及大数据分析”等集团重大课题进展顺利，一批产品实现全球首发和国际首创。通过强力组织、充分放权、高效管理，有效激励，4个1025项目中有2个项目达到国际领先，2个项目达到国际先进水平。“低温高压服役条件下高强度管线用钢”等4个产品系列入选《中央企业科技创新成果推荐目录（2020年版）》。

【召开科技创新工作会议】 2021年3月30日，召开年度科技工作会议，总结过去一年科技工作成效，部署新一年科技工作任务。鞍山钢铁/鞍钢股份党委常委、鞍钢股份副总经理孟劲松作了《提升科技创新能力，突破关键核心技术，打造技术领先“钢铁旗舰”》的工作报告。

鞍山钢铁党委副书记、总经理李镇出席会议，要求广大科技工作者解放思想，增强做好科技工作的紧迫感、使命感和责任感；要围绕中心，抓好科技创新工作的立足点、关键点和发力点；要夯实基础，落实好科技创新的新战略、新目标和新任务。

（鞍山钢铁集团有限公司科技与规划部
李维兵）

【科协工作】 科协坚持“四服务”宗旨和“三型”组织定位，积极发挥科协桥梁和纽带的作用，助力鞍山钢铁科技创新，服务科技工作者。组织100多人参加“中国钢铁年会”等国内学术会议，邀请宣讲交流论文80多篇。组织相关人员参加“2021年（第一届）材料加工国际研讨会”等国际学术会议。参加中国金属学会冶金青年创新创意大赛，获一等奖4项。参加中央企业熠星创新创意大赛，获优秀奖1项。有5个项目获辽宁省创新方法大赛奖，2个项目代表辽宁省参加中国创新方法大赛获三等奖。分别组织1人获冶金青年科技奖、辽宁青年科技奖。表彰优秀论文146篇、优秀“讲、比”项目130项。

（鞍山钢铁集团有限公司科技与规划部
曹新全）

【知识产权】 制订鞍山钢铁知识产权策略和年度知识产权工作计划。年度专利申请受理量639件，发明专利申请比例达到62.4%；获得PCT国际发明专利申请3件，巴黎公约国际发明专利申请2件；获得国家授权专利594件，发明专利授权比例达到49.8%；获巴黎公约国际发明专利授权1件。公司累计拥有有效专利3524件，发明专利比例达到57.5%。提出专有技术申报760件，完成专有技术认定备案105件，累计有效认定备案专有技术968件。申请22项计算机软件著作权保护，累计拥有软件著作权152件。在“细小析出强化的高塑变管线钢板及其生产方法”等11个技术领域形成包括82件发明专利在内的专利集群。“一种利用化工废弃物制备高强度炼铁用焦炭的方法”荣获第二十三届中国专利优秀奖。“一种高强高韧性船用低温钢及其制造方法”等2项专利分别获得辽宁省专利一等奖、三等奖。鞍山钢铁在2021中国钢铁企业专利创新指数排行榜位列第三。

（鞍山钢铁集团有限公司科技与规划部
仉　勇）

·管理创新·

【企业改革】 2021年，是国企改革三年行动的攻坚之年、关键之年。鞍山钢铁以“授权、同利、e考核”为重要抓手，全面推进现代企业制度建设，建立健全分类管控体系，深化“三项制度”改革，促进各项改革走深走实，实现高质量发展。

1. 建立健全企业分级分类管理体系。对所属企业实施“纵向分级、横向分类”动态评价管理，引导企业“自我驱动、追求卓越”，持续提升自身价值创造能力和核心竞争力。

2. 推进部分管理职能、机构编制优化工作。一是出台《鞍山钢铁机构编制优化实施方案》，压减厂级单位6个、各级机关部门65个、作业区37个、管理和专业职能编制506人；二是取消信息化管理中心建制；三是推进财务职能业务管操分离，取消会计核算中心、驻厂财务组等建制；四是将测量、量值传递等管理职能，整合至质检计量中心；五是核减公司办公室内设机构2个、编制12人；六是对资产实施分类管理，出台《关于规范资产处置业务的通知》；七是压减远东船检、建设监理等5户法人企业；八是结合“管理与信息化整体提升”项目，推进市场营销中心等营销、制造单位机构编制优化；九是增强京津冀区域的营销能力，成立北京鞍钢国际贸易有限公司。

3. 总结推广相关单位改革经验，提升标杆引领带动效应。朝阳钢铁作为央企改革样板，2021年4月15日在国务院国资委召开的深化东北地区国资国企改革现场推进会上作典型交流。总结提炼形成“热轧实践”和“彩涂做法”典型案例，并在鞍钢集团内部交流推广。

4. 加大授权放权，落实市场主体地位。优化完善差异化授权体系，修订完善公司《业务审批权限手册》《核心业务权限规范》等授权体系文件；结合经营改革实际，增加鲅鱼圈钢铁分公司固定资产投资、物资采购、科研管理、预付款审批等方面的授权。

5. 有序推进对标提升工作，推动管理体系和管理能力建设上水平。出台《鞍山钢铁集团有限公司对标世界一流管理提升行动实施方案》，13项对标指标按期完成提升目标。朝阳钢铁成功入选国务院国资委创建管理标杆企业名单；共有5家单位、3个项目及1个管理模式入选鞍钢集团创建“三个标杆”名单。

6. 开展央地企业协作，促进“双鞍融合”。贯彻国务院国资委央地协作总体部署，与结对企业鞍山冶金集团深入协作。2021年，地企双方累计签订各类包保业务合同约520项，合同额共计13.8亿元。

7. 妥善解决历史遗留问题，减轻企业负担。一是积极推进厂办大集体改革后续工作。成立鞍山钢铁落实改制企业“1+N”支持协议工作小组；组建非存续集体企业管理中心。二是协调解决“三供一业”分离移交收尾问题。鞍钢集团与鞍山市政府签署《鞍山市政府和鞍钢集团解决“三供一业”遗留问题协议》。

（鞍山钢铁集团有限公司企业管理部
王　茹　王恩家）

【绩效考评】 2021年，鞍山钢铁绩效考评工作承接鞍钢集团2021年子企业负责人经营业绩考核指标，以“十四五”发展战略规划为引领，以落实鞍钢集团改革三年行动实施方案及开展对标世界一流管理提升行动为契机，坚持市场化方向，持续优化绩效评价体系。

1. 落实“十四五”发展规划，提升“效率变革、成本变革、服务引领、技术领先、智慧制造、生态融合”六大能力，精准发力、精准施策。

2. 坚持市场化方向，推广朝阳钢铁市场化改革经验，充分授权放权，使各级企业享有同市场主体地位相适应的经营自主权，有效落实各级企业的市场主体地位。

3. 落实鞍钢集团改革三年行动实施方案，实现“五力”新目标，在三项制度改革、亏损企业治理、创新发展动力方面取得突破。

4. 优化目标管理，对主要效益指标设定分档目标，构建“目标分档、激励分级”的赛跑机制。

（鞍山钢铁集团有限公司企业管理部
李　莉　王洪涛）

【管理创新成果】 鞍山钢铁为及时总结推广各单位通过变革创新所取得的管理创新经验，优化固化改革创新成果，持续增强和激发企业创新驱动发展新动力，积极组织开展2020年度管理现代化创新成果申报与评审工作。荣获鞍钢集团级管理现代化创新成果8项（一等奖1项，二等奖2项，三等奖5项），荣获辽宁省管理创新成果5项（一等奖1项，二等奖4项），荣获冶金行业创新成果3项（三等奖3项）。

【规章制度体系建设】 鞍山钢铁贯彻落实鞍钢集团相关工作部署，有效承接内外部监管要求，开展规章制度立改废工作，为鞍山钢铁高质量发展提供有效制度供给。2021年共制（修）订规章制度70项，集中废止10项，规章制度体系管理水平进一步提升。

（鞍山钢铁集团有限公司企业管理部
徐长维　杨新兵）

【投资企业运营监管】 1. 加强子企业专职董监事队伍建设。2021年，鞍山钢铁加强子企业专职董监事队伍建设，配备5名高级专家担任部分投资企业的专职董监事，提升了投资企业的决策能力和运营效率。

2. 对重点投资企业开展实地调研。贯彻国资委《关于中央企业加强参股管理有关事项的通知》精神，落实《鞍钢集团有限公司参股经营投资自查整改工作方案》要求，强化投资企业的规范运行管理，鞍山钢铁组织对重点投资企业开展实地调研，协助查找问题根源，制定有针对性的整改措施。

3. 历史遗留问题投资企业股权处置。经党委常委会前置审议，报请董事会批准，对新世纪金融租赁、辽宁大通智胜等6家参股企业实施了股权处置。

【子企业董事会规范运作】 1. 落实子企业董事会职权。按照鞍钢集团部署，鞍山钢铁组织朝阳钢铁、德邻陆港等6家重点子企业制订落实董事会职权实施方案，完善相关配套管理制度。

2. 规范子企业董事会运行。按照国资委相关要求和鞍钢集团统一部署，组织监管企业完善《公司章程》，明确党组织、董事会、经理层的权责划分；修订《董事会议事规则》《总经理办公会议事规则》等管理制度，进一步规范监管企业的“三会”运作。

（鞍山钢铁集团有限公司企业管理部
许国林　郭丽娜）

·战略管理·

【编制发展战略和规划】 做好顶层设计，谋划企业长远发展，编制形成《鞍山钢铁“十四五”发展战略和规划》。确定了公司“11361”发展战略，一以贯之加强党的建设，践行“集约、减量、智慧@客户”的发展理念，持续推进优化空间、产品和产业布局，致力于加强效率变革、成本变革、服务引领、技术领先、智慧制造及生态融合六大能力建设，确立了把鞍山钢铁打造成让党放心，让职工满意，最具行业竞争力的“钢铁旗舰”的战略目标。着力推进产业结构转型升级，加强科技创新和管理创新等重点工作，注重质量、效益、效率等关键指标的提升，兼顾投资方向、投资额、效益、投资速度的关系，集中保优、有保有压，做到精准投资，严控战略风险，打造产品、成本、效率、技术、服务模式等独特的竞争优势，提升企业竞争力。

（鞍山钢铁集团有限公司科技与规划部
赵　利）

【亏损企业治理】 2021年，鞍山钢铁坚决落实鞍钢集团工作部署，把亏损企业治理列为重点工作，建立“月度有跟踪、季度有评价、年度有考核、过程有审计”督导工作机制，压实治理责任。通过治理，圆满完成2021年度“亏损企业为零、亏损额为零”的治理任务。

鞍山钢铁先后14次召开治理工作会议，部署、推进治理工作，发布《鞍山钢铁集团有限公司治理亏损企业专项行动方案》《鞍山钢铁集团有限公司治理亏损企业专项行动工作实施方案》《鞍山钢铁2021年治理亏损企业专项行动评价考核细则》，压实亏损企业治理责任，根据治理企业实际，制定“一企一策”治理方案，并强化组织落实及滚动修订治理方案，按月发布治理工作动态报告；对全部法人企业的经营状况进行全面梳理和预测，针对可能趋于亏损的企业及时进行预警，确保不出现新增亏损企业。通过治理，到2021年末，鞍山钢铁无亏损企业，与上年同期相比，亏损企业减少3家，降幅100%；亏损额减少1812万元，降幅100%，圆满完成治理任务。

（鞍山钢铁集团有限公司科技与规划部
夏红斌）

【全面超额完成定点帮扶年度工作计划指标】 2021年，鞍山钢铁党委持续按照“好”的标准，开展定点帮扶工作，助力新疆塔县及省内对口帮扶点在巩固拓展脱贫成果促进乡村振兴中起好步、开好局。

深入帮扶点调研68人次；全年共投入帮扶资金1729.6万元，实施帮扶项目13项；消费帮扶购买农副产品2514.8万元。国家乡村振兴局中央企业考核指标40项全部完成，其中：投入塔县帮扶资金1529.6万元，实施5个项目；辽宁省内共投入帮扶资金200万元，实施帮扶项目8项。

（鞍山钢铁集团有限公司科技与规划部
代显明）

·信息化管理·

【概述】 2021年鞍山钢铁集团有限公司遵循鞍钢集团有限公司《智慧鞍钢发展规划》，积极运用先进信息技术，以智慧制造为目标，顺利实施了管理与信息化整体提升项目，全面提高了企业信息化水平。

【夯实管理基础，优化信息化顶层设计】 2021年鞍山钢铁集团有限公司修订完善了《鞍山钢铁集团有限公司通讯管理办法》，持续推进公司信息化管理制度体系建设。结合“数字鞍钢”建设要求，围绕“集约、减量、智慧@客户”发展愿景，统筹顶层设计，编制完成了《鞍山钢铁“十四五”信息化发展规划》《鞍山钢铁2021—2023年信息化滚动规划》，明确了企业信息化规划愿景、目标和路线图，按照“着力一个点、打通一条线、辐射一个面、形成一个模式”方针推进企业智慧制造，2021年鞍钢股份炼钢智能排产等7个项目成功申报为工信部智能制造优秀场景和智能制造示范工厂。

【推进信息化建设，加大项目实施力度】 为全面推进企业智慧制造，不断提高整体运营和服务能力，2021年鞍山钢铁集团有限公司放行了信息化、智能化类固定资产投资项目71项，重点开展鞍山本部、鲅鱼圈一体化经营系统、制造管理与制造执行系统，以及炼钢总厂三分厂、炼钢总厂四分厂、热轧2150产线、冷轧2130产线、热轧/冷轧彩涂产线、本部能源集控、鲅鱼圈厚板产线、鲅鱼圈炼钢产线、鲅鱼圈原料场、鲅鱼圈1580产线、朝阳钢铁原料场共计11条智能化产线的建设；实施信息化、智能化项目115项，完成了53项。

【加强统筹推进，确保整体提升项目按期投运】 2021年全面推进鞍钢股份管理与信息化整体提升项目建设，围绕“以客户为中心、多基地一体化管控、基地内集中一贯、对外快速响应、对内高效协同”

等项目建设目标，统筹兼顾系统开发、系统测试、上线准备和上线投运等各阶段事项，确保项目按期完成，鞍山本部基地于2021年10月31日按计划成功投运，鲅鱼圈和朝阳基地于2021年12月31日按计划成功投运，其中，朝阳基地比计划工期提前了3个月。此外，同步推进管理提升相关配套事项，按照《鞍钢股份产销体系改革实施方案》要求，调整产销模式，推行销售体系管操分离，实行制造体系集中一贯管理，制定了《鞍钢股份财务、采购、物流、设备体系管理提升方案》，推进完成9大专业105项公司级制度的修订完善，确保各项管理提升成果有效落地。

【保障信息系统运维，实现系统稳定运行】 鞍山钢铁集团有限公司对各级核心信息系统进行了日常性及季节性维护，切实保障了国家重大活动期间企业网络及信息系统稳定运行；2021年实施信息系统运行维护各类变更794项，其中功能类变更23项、业务数据变更422项、权限变更159项、系统配置变更190项，实现了在线运行信息化管理系统稳定运行率超过99.9%；编制了《疫情期间网络运维预案》，保障设备安全稳定运行；搭建了公司机房设备监控系统，实现了机房内空调、UPS设备及温湿度等指标的远程监控。

【加强信息安全管理，提高风险防控能力】 2021年鞍山钢铁集团有限公司认真履行信息系统风险管控，持续开展网络安全态势感知风险监测与防范，通过“周报+循环处置”的长效机制，全年发布了47期网络安全情况周报，强化了内部单位的责任意识；累计完成200多个IP地址的封锁处理，更正定位有误的IP地址或网段约120条，网络威胁风险下降近500项；对新建信息系统按照等级保护工作流程规范开展等保定级，完成了4个等保三级系统及1个新建等保二级系统的测评，提升了系统安全防护水平；完成了鞍山本部网络态式感知平台物理服务器、鲅鱼圈分公司及朝阳钢铁园区网探针的安装部署，进行了互联网出入口集中、规范化改造，并配备相应安全防护措施，收敛攻击面，切实减少暴露面和风险点，开展了一系列网络攻防实战演练，加强了网络安全防护能力，实现了公司全年较大及以上网络安全事件为零的目标。

（鞍钢股份有限公司数智发展部　王述千）

·设备管理·

【设备管理】 2021年，设备系统贯彻落实公司部署，聚焦设备系统难点痛点，落实“三同五统一”，以“三个追求”为目标，以两支队伍能力提升和项目建设为手段，强化TPM、OEE管理，提升设备管理能力，为公司高质量发展提供设备保证。

1. 抓规范，保稳定

（1）抓标准，严执行。一是推进点检、定修标准化作业，做优公司级状态监测，突出预判管理，有效避免39起较大事故。二是定修抓质量、抓拖延、抓非计划，延长周期、减少开停机损失。三是及时下发46起典型事故通报，杜绝重复及责任事故。

（2）抓规范，提精度。持续完善“一名录一明细三清单”，持续推进58项维修费功能精度项目，工艺技术挂牌计划整改率达到100%。

（3）抓防范，控风险。长效坚持“五清五杜绝”，按周排查整治设备隐患116项，有效避免重大事故2起。专项设备本质安全缺陷整治106项，排查整治起重机“双限位”装置缺陷420项。8月17日短时强降雨，公司主管领导带队分六组巡查，确保防御措施全覆盖，汛期稳运行。

2. 抓管理，稳保供

精益备件。一是优化备件修复采购模式，扩大修复类功能承包范围，强化修复过程管控，按月跟踪48项备件质量异议，监督整改。二是落实备件库存管理三年规划，5年以上库存备件同比上年降幅25.7%；备件和生产工具库存同比上年降幅20.03%。

3. 抓技术，提能力

（1）攻关克难。一是首席领军，找出“瓶颈”及重复发生的问题，精准查明线材厂软水水质硬度超标问题成因。二是推进国产化、长寿化、新技术应用41项。冷轧硅钢20辊轧机钩头国产化，使用寿命达到原进口备件寿命，预计年创效66.23万元。

（2）重培训，提技能。开展19期、973人参加的公司级培训（液压基础、西门子中高压系统等），12期、643人参加的新系统应用培训和12

期、2493人参加的典型事故案例培训，不断提高两支队伍的管理素养和技术技能。

（3）油脂、水质管理。一是长效坚持清洁度控制、漏油整治、按质换油，一次检验合格率96.4%；追究漏油相关方责任，挽回经济损失。二是严格水质药剂过程评价，整治49项问题，确保运行稳定。

4. 抓项目，提效能

（1）项目控制。围绕功能精度、产品质量提升，策划“逢修必改”，放行89项大修理、6007台（套）零固项目，计划投资14.28亿元。

（2）过程控制。一是高效推进工艺装备改进、产品质量改进、环保项目的实施，炼钢4号、5号板坯铸机升级改造，分别提前12天、16天投运，铸机最大断面从135毫米提升到150毫米，最大拉速达到2.7米/分，投产当月产量实现23.7万吨，超年设计产能（220万吨）。二是以项目安全、质量为目标，下发监理通知单59份，评价考核建设单位49次，约谈责任单位及相关方单位4次。

（3）有序推进管理及信息化整体提升项目。完成236套L2/L3系统离线测试、87套切换演练；完成各基地130多万条设备码、80万条点检标准、5万条计量和特种设备台账等静态数据的编制及检核；完成主业务流程、系统功能测试，发现并解决问题452个，10个功能模块顺利上线运行。

5. 抓精细，提质量

（1）优化设备管理。一是完成8个程序文件、10个管理办法及3个预案的修订发布，确保制度可执行。二是联动推进19条产线OEE管理、25个攻关项目，改善提升制度化、常态化、长效化。三是与本钢共同制定改进提升方案，逐步提升管理水平。四是按周开展52次设备管理专项检查，曝光典型问题598项。五是预算降采1.12亿元，38个公司级民生实事项目，受到职工的好评。

（2）强化相关方管理。一是落实“三同”，推进检修基本盘。二是严格相关方准入，严肃过程管理评价，处罚61家违约相关方。6个检查组，按周现场检查发现安全问题324项，约谈相关方8次，4家停标一个月。

（3）强化资产管理。一是完成退管服务资产及大集体改制资产移交；二是完成经营性房屋租赁合同的排查梳理，资产对外租赁年创效4395.04万元。

（鞍钢股份有限公司设备工程部　李　哲）

·质量能源管理·

【标准工作】 开展1项国际标准的修订，提出2项国际标准工作提案，其中主导修订ISO 630-5《结构钢　第5部分：改进型耐大气腐蚀结构钢交货技术条件》已完成CD稿；提出《热轧纵向变厚度钢板》《结构级冷轧碳素钢薄板》等2项工作提案，国际标准化工作取得重大进展。完成《水下耐压舱体用钢板》等31项国家、行业及团体标准制（修）订项目的申报，积极抢占标准的话语权，已成功立项《极寒环境用结构钢》等9项标准。开展《高应变海洋油气输送管用钢板》等47项国家、行业及团体标准制（修）订，已完成《核电站用双相不锈钢板》等19项。鞍钢股份参与的《耐硫酸露点腐蚀钢板和钢带》等6项标准已发布实施。配合公司管理及信息化整体提升项目，完成了公司企业标准复审及换版升级，按新的编码原则重新编号企业标准，优化了企业标准体系，其中新制定56项，修订118项，换版226项，废止14项。按照公司鞍本整合工作计划，完成了热轧、冷轧、镀锌、彩涂、硅钢、盘条6大类产品的标准整合结论及双方企标技术比对分析，为统一标准打好基础。配合冶炼处，完成164项采购标准的制（修）订，完成煤、焦炭、废钢铁、合金、熔剂、覆盖剂类采购技术条件的三地整合工作。确认及发布实施67项国外标准，34项国家行业标准。

2021年发布实施的国家、行业标准一览表

序号	标准编号	标　准　名　称	标准类型	公司主编或参与	备注
1	GB/T 28907—2021	耐硫酸露点腐蚀钢板和钢带	国家	主编	修订
2	YB/T 4927—2021	桥梁减震榫用热轧圆钢	行业	主编	制定

续表

序号	标准编号	标 准 名 称	标准类型	公司主编或参与	备注
3	YB/T 4918—2021	干熄焦系统热平衡测试与计算方法	行业	主编	制定
4	YB/T 4899—2021	用于混凝土中的改性烧结烟气脱硫灰	行业	主编	制定
5	T/CISA 137—2021	非开挖钻杆用无缝钢管	团体	主编	制定
6	T/CISA 161—2021 T/CSM 28—2021	高性能桥梁用钢板及焊材	团体	主编	制定

（鞍钢股份有限公司制造管理部　管吉春）

【推进质量攻关管理】 针对公司各攻关项目有效推进，全年完成30余个项目结题，降低热卷结疤率等一批项目效果明显。同时，聚焦重点指标，对标先进完成新一轮攻关项目立项实施。

【完善客户质量体验指标】 完善重点客户质量体验指标体系，针对冷镦钢碳精度，船板标识合格率等设立10项指标，定期按用户反馈评价改进，指标达到较好水平。

【提升质量设备功能精度】 推进设备挂牌管理，完成质量设备挂牌370余次；完成重点产线年修及改造质量效果评价，以设备功能精度稳定促进质量提升。

【提升公司质量管控能力】 按公司质量督查要求，重点从异议闭环、重点工作落实等维度，完成质量督查，有效提升了质量管控能力。

【推进六西格玛质量管理】 选取对公司影响较大的质量、效率等重点难点问题，完成第12期20余个六西格玛项目培训、实施及评审工作，提高取向硅钢磁性能合格率等一批项目效果明显。

【推进产品质量认证管理】 组织重轨钢等各类认证，取得国内CRCC、日本JIS、欧盟CE、印度BIS等认证30余项，为公司拓展更为广阔的市场奠定了基础。

【冷轧低碳钢获评“金杯优质”产品】 中国钢铁工业协会冶金质量品牌培育“金杯优质”产品是行业最具权威的认定，2021年公司的冷轧DC04低碳钢获评“金杯优质”荣誉。

（鞍钢股份有限公司制造管理部　都青山）

【能源管理】 牢固树立节约循环利用资源观，以资源高效和循环利用为核心，践行绿色循环低碳发展理念，各项节能减排工作有序开展且取得实效。坚持“系统管、管系统”的工作思路，推进能源集约减量、优化运行，注重高效利用煤气多发电、充分发挥余热余能潜力，强化经营能源理念，追求能源成本最低、能源指标最优，实现能源创效最大化目标。2021年各项能源指标继续保持较好水平，其中吨钢综合能耗569吨标准煤，同比降低12吨标准煤；吨钢外购能源成本完成216元，同比降低9.5元；吨钢耗新水1.7吨，同比降低0.11吨。

绿色发展取得新进展。一是坚持可持续发展理念。2021年，通过采取增加废钢用量，减少动力煤消耗等措施，实现碳排放同比减少137万吨。二是节能措施有效落地。放行实施厂级节能项目20项，总投资6894万元，年节能量达1万吨标准煤；推动淘汰高耗能落后机电设备，总投资2亿元，更新设备4521台，年节能量达1.5万吨标准煤。三是加大节能技术储备力量，开展风力发电、空浮风机等26项技术交流活动，其中节能型水泵等技术装备，已在现场应用。

能源效率取得新突破。一是生产运行更加科学合理。动态调整电网运行方式，指导产线“避峰就谷”错时用电，提高系统功率因数，降低最大需量，全年购电成本同比降低2535万元。提前研判各产线气体需求，调控制氧机组经济运行，实现氧气电单耗0.608千瓦时/立方米，氧气放散率0.45%，均创历史最好水平。释放新水系统潜能，降低地下水取水量，取水量实现7392吨/时，同比降低303吨/时，创历史最好水平。二是二次能源得到有效利用。优化蒸汽管网运行方式，干熄焦余热发电量增加4525万千瓦时。优化煤气资源利用，自发电比例提升到59%。三是能源购销创效成绩显著。通过开展电力市场交易，降低购电费用2471万元。通过能源产品外销，实现创收6.6亿元。

智慧能源初见成效。完成了能源管理系统的上线试运行，实现了能源操控、调度、分析、管理的多维度完整融合。实现无人机、电气机器人、隧道机器人上线运行，开启了设备巡检自动化、智能化的新阶段。

（鞍钢股份有限公司能环管理中心　杨　东）

· 安全环保 ·

【安全工作综述】 2021年，鞍山钢铁集团有限公司杜绝较大及以上生产安全事故，发生一般生产安全事故4起，其中死亡事故2起（含相关方1起）、重伤事故1起、轻伤事故1起，千人负伤率为0.054‰。

【健全、落实“党政同责、一岗双责、齐抓共管、失职追责”的全员安全生产责任制】 为强化安全履职，夯实责任链条，公司自6月开始实施电子履职，强化了对基层单位各级负责人和业务部门负责人履职的督促和检查，履职完成率逐月提高，各级管理人员自觉履职意识显著增强。

【狠反违章，从严管理】 2021年3月开始实施违章记分制，累计查处在岗职工违章5946人次、违章记分6902分；执行“黑名单”制度，清退严重违章相关方人员54人，对4个连续发生严重违章行为的相关方单位予以停标1个月的处理。通过这些措施，有力地促进了相关方单位自觉加强作业过程监管，现场违章作业行为呈下降趋势。

【加强重大危险源监控和提高系统本质安全】 通过组织第三方机构专家开展安全管理体检服务，对重点单位的煤气管理体系进行了全方位安全诊断，提出4111项问题；开展了3次重大安全风险辨识，持续修订完善管控措施。重点升级危险化学品企业、重大危险源工艺自动化水平，完善了快速切断装置、关键工艺故障检测装置，提高了设备设施本质安全水平，全部重大危险源实现与辽宁省应急管理中心联网监控。累计排查整改各类安全隐患21568项，放行104项安全生产项目，使用安全生产费7400余万元。

【结合“智慧工厂”建设工作，构建“智慧安全”管理架构】 建设了公司“0123”智慧安全管理平台，扩展移动端数据输入功能，开发使用移动端APP，实现了隐患排查治理全过程跟踪、特种作业证在线查询、安全教育培训在线管理及施工检修作业现场远程实时监控、管理者电子履职等功能，全面提高了安全管理工作效率，切实为基层单位减负。

（鞍钢股份有限公司安全管理部　刘宏舒）

【环保工作综述】 2021年是“十四五”开局之年，公司坚决贯彻党中央决策部署，牢固树立“绿水青山就是金山银山”的理念，着力解决聚焦的环境问题，切实改善环境空气质量，厂区美化绿化水平不断提升，城市钢厂建设得到持续加强。

【全面完成环保绩效指标】 2021年，实现较大环境污染事故为零，建设项目环保“三同时”执行率、危险废物合规处置率、放射源合规使用率均为100%，污染物总量指标全面完成，较计划指标分别下降26.1%、11.9%和35.0%。

【有序推进超低排放改造】 1. 强化建设项目“三同时”。完成了600平方米烧结机环保改造等8个项目的环评批复及新建针状焦生产线等32个项目的竣工环保验收。

2. 加强辐射管理。完成了新增6枚放射源及2台射线装置的环评及辐射安全许可证变更。

3. 开展现状评估监测。完成了地下水、土壤及VOCs现状评估监测，形成了VOCs“一厂一策”综合治理方案，明确了重点治理工序及项目。

4. 开展了泄漏检测与修复工作。对冷轧厂及化学科技近3万个点位进行泄漏检测，并建立了LDAR检测数据查询管理平台，实现了数据的实时查询及对比分析。

5. 规范排污许可管理。为理顺管理流程，对排污许可证管理内容及范围进行变更。

6. 推进实施污染治理项目。投资21.7亿元，放行了1号高炉炉前除尘改造等80项超低排放改造项目；放行实施了2号、3号高炉冲渣水回用等6个水处理项目。

【开展鞍山钢铁“绿色行动”】 全体员工广泛参与，发布环保相关报道39篇，征集环保合理化建议321条，评选出各级奖项190项，充分调动了职工积极性，现场环境显著改善。

【持续提升厂区绿化美化水平】 公司组织实施了中央大道、立耐大道等环线绿化工程，提升正门区域和炼焦、炼钢、热轧带钢等景观区域的绿化水平。共栽植乔木16874株、灌木1027664株、花卉219930株、草坪8000平方米，绿化覆盖率40.5%。

（鞍钢股份有限公司能源环保部　李文博）

·财务审计·

【发挥预算价值引领，盈利能力实现新突破】 一是组织编制下达生产经营预算，制定效益保障措施，鞍山钢铁2021年经营效益实现历史最好水平；二是细化分解落实责任，通过预算严控成本，加强预算执行评价，为公司决策和运营改善提供支撑；三是加强关联交易管理，组织完成关联交易额度追加工作，夯实与鞍钢矿业2022—2024年度关联交易定价原则及基础；四是强化保险内控，加强出险案件跟踪，组织业务培训，提高工作效率；五是夯实统计基础，完善统计管理制度建设。

【系统降本深入推进，成本变革实现新突破】 一是通过鞍攀两地生铁成本对标、与行业及标杆企业对标、鞍营朝三地专业委员会对标，深层次对标挖潜；二是建立系统降本体系，通过预算拉动、项目支撑、措施保障、效益跟踪、绩效评价PDCA循环，有效推动系统降本，全年实现吨材降本107元；三是分析三项费用超降项目和原因，严控可控费用支出；四是对各单位成本预算严格把控，年初制定降本任务，每月按产量变化调整、下发考核指标。

【强化资金管控，风险防范能力实现新突破】 一是通过内部有偿拆借等方式盘活货币资金24.74亿元偿还有息负债。年末，债务融资规模589亿元，比年初降低62亿元，资产负债率63.4%，比年初降低0.06个百分点。二是持续降低资金成本，综合融资成本比年初降低0.04个百分点，全年财务费用17.23亿元，同比降低1.86亿元。三是制定压降“两金”专项行动方案，持续加强“两金”管控，积极推进应收账款保理，降低资金占用。四是加大管控力度，开展票据风险排查、外汇掉期合约展期、应收预付款项风险排查，加强不良债权追索，防范资金风险。

【突出合规守底线，会计协同管控实现新突破】 一是组织年度财务决算和审计工作，审计师出具标准无保留意见审计报告；开展会计核算专项检查，形成整改台账并按时间节点完成整改，会计核算质量不断提升；二是常态化开展财务风险监控管理，发现风险及时预警，并动态调整风险事项，完善风险防控措施；三是开展税收筹划及纳税风险自查，梳理纳税风险点，提出风险应对措施，防范税务风险；四是配合系统上线，修订20项财务制度，夯实制度体系；五是严格执行保密规定，建立健全保密组织体系。

【完善投资管理，资本增值创效能力取得新突破】 一是加强投资企业资本管理及分红管理，参与C类低效无效参股投资处置清理；二是延伸战略协同，完成德邻陆港、电气公司等增资注资工作及认购辽港股份增发股票工作，促进投资保值增值；三是强化对外投资监管，实现鞍山钢铁法人单位和直属单位财务负责人全覆盖，下发《鞍山钢铁集团有限公司对外派财务负责人绩效考评办法》和《财务系统从事专项工作领导人员对外投资公司监管办法》，利用绩效考评、专项人员监管，防范投资风险。

【狠抓落实，亏损企业治理取得新突破】 一是跟踪钢绳公司各项扭亏措施落实，协调解决资金短缺问题，完成扭亏目标；二是组织莆田冷轧重整损失评估测算，协助重整方案设计，研究报表处置方案，确保鞍山钢铁股东权益；三是助力南沙物流扭亏方案制订，提供财务测算数据支撑；四是充分发挥财务职能，完成沈阳薄板厂资产划转及税务注销。

【系统创新变革，数字化智慧财务取得新突破】 一是提升精细化管理水平，推行计划值管理，建立指标体系指导生产现场管理，提升工序降本；二是组织三地两线开展成本标准编制工作，完善成本管控系统；三是梳理本部44条产线成本业务，进行成本管控模块测试，组织相关培训，确保上线成功；四是统筹会计科目体系，组织系统联调测试，协调财务子系统与纳税管理系统对接，完成期初数据导入，12月5日完成新系统首月成本月结，实现财务、成本新老系统平稳切换。

（鞍钢股份有限公司财务运营部 郑 顺）

【审计概述】 1. 审计项目情况。2021年完成审计项目23项，发现问题85项，提出审计意见和建议90条；2项跟踪审计有序开展。

2. 内部控制评价情况。完成鞍山钢铁、鞍钢股份2020年度内部控制评价工作。

3. 投资项目后评价情况。完成2个投资项目后评价工作。

4. 违规经营投资责任追究工作。制定违规经营投资问题线索查处工作指引，规范追责分工与流程，细化工作要求与标准。

5. 完成2020年企业年度工作报告编报工作。

6. 完成各项配合工作。

【有序开展经济责任审计，促进权力规范运行和责任有效落实】 根据职责权限，完成经济责任审计9项，发现问题28项，提出审计意见和建议28条。落实“三个区分开来”要求，客观评价领导人员任职期间履职尽责及守纪、守法、守规情况。

【强化工程决算审计，促进投资管理水平持续提升】 完成工程决算审计4项，发现问题24项，提出审计意见和建议30条。审减工程投资额235.58万元，调整工程投资额57.94万元。紧抓工程关键环节，揭示问题和风险，客观评价投资活动的经济效益，提升建设项目管理水平。

【加大重点关键业务监督，促进风险有效防范与管控】 完成专项审计9项，发现问题33项，提出审计意见和建议32条。对重点领域、关键环节、高风险业务、重大政策落实情况开展审计，发挥专项审计审深审透的优势，揭示管理问题与运营风险。

【持续开展后续审计】 对2020年7月至2021年6月完成的自审项目开展后续审计。后续审计结果表明，被审计单位主要负责人基本履行了第一责任人职责，对审计发现问题认真整改，对审计建议积极落实，审减施工单位费用全部扣回，对相关问题的责任人也进行了考核，审计作用得到了有效发挥。

【开展跟踪审计，有效发挥审计“预防”和咨询作用】 开展跟踪审计2项，做到事前介入、事中跟踪，有效发挥动态监督作用；在跟踪审计中，紧盯关键环节，坚持监督与服务并重。

【开展年度内部控制评价工作，着力完善内控体系建设】 完成对鞍山钢铁、鞍钢股份2020年度内部控制评价工作。围绕内部控制五要素，排查控制漏洞，评价内控有效性。

【发挥后评价全面系统总结项目经验教训的作用，提升投资管理水平】 完成投资项目后评价2项，发现问题14个，提出意见与建议12条，明确投资项目管理不足之处，总结管理经验，提出具有可操作性的管理建议，为进一步提高公司项目决策水平、加强施工过程管理提供有价值的参考。

【严肃开展违规追责，以追责促止损、防风险】 制定违规经营投资问题线索查处工作指引，进一步规范违规追责的分工与流程，细化追责工作要求与标准。规范开展违规追责4项，督促前期追责事项整改情况。

【完善整改长效机制，压实整改三个责任，切实做好审计整改“后半篇文章”】 以推动有效整改、巩固整改效果为目标，逐项分解任务，明确整改责任，建立专人督办检查，以月跟进、季通报的形式，防止敷衍整改、虚假整改、推诿整改，举一反三，标本兼治，做实做好审计监督后半篇文章。

【高效完成企业年度工作报告编报工作】 准确把握国资委企业年度工作报告编报要求，高效、高质量完成鞍山钢铁、鞍钢股份2020年企业年度工作报告的编报工作及下属单位的年度工作报告审核工作。

【圆满完成各项配合工作】 1. 安排专人配合审计署专项审计工作，协调提报相关资料，组织研讨反馈，对审计署提出的意见及时督促、立行立改。2. 配合国资委内部控制体系有效性评价工作。成立公司迎检工作组和六大专业组，按业务职责，逐项分解、落实整改内部控制缺陷。3. 配合国资委鲅鱼圈项目后评价工作。积极筹备后评价材料，组织现场访谈与踏勘。4. 配合鞍钢集团审计部、审计中心各类审计（评价）项目62项，充分发挥承上启下的作用，专人全流程跟踪落实，确保高效沟通。

（鞍山钢铁集团有限公司审计部　孙　齐）

· 人力资源管理 ·

【人力资源管理】 2021年，鞍山钢铁集团有限公司人力资源管理工作进一步加强。

一是制定鞍山钢铁“十四五”人力资源发展规划，持续提升劳动效率。坚持以“对标世界一流管理提升行动”为抓手，认识差距，深挖问题，通过“两化”融合，流程再造、功能整合等措施不断提升劳动效率。二是组织修订《鞍山钢铁集团有限公司人才引进管理办法》，完善人才引进范围、条件、待遇及人才服务举措，进一步提高人才引进的系统性、精准性和规范性。三是为规范岗位管理，妥善处理工伤、非因工患病等特殊群体，结合鞍山钢铁实际承接制定《鞍山钢铁集团有限公司工伤、非因工患病职工管理办法》等，进一步提升员工管理能力。

（鞍山钢铁集团有限公司人力资源部
任佩剑　徐　琦）

【薪酬管理】 完善薪酬体系建设，深化三项制度改革。制定了《鞍山钢铁集团有限公司工资总额管理办法》，进一步健全工资总额管理与决定机制，完善工资效益联动机制，实行递进式差异化效益联动。制定了《鞍山钢铁集团有限公司进一步加强全员岗位绩效管理实施方案》，实行覆盖全员的岗位绩效管理，推行“e 考核”岗位绩效管理体系，实现岗位绩效考核指标数量化、实时化、自动化，考核过程客观、公开、公正，体现考核激励的及时性、有效性。健全工资增长机制，继续实施职工基本岗薪奖励晋级，引导广大职工通过不断争创佳绩，实现薪酬稳步晋升。

（鞍山钢铁集团有限公司人力资源部
杨　澈）

【深化干部人事制度改革】 一是按照三项制度改革要求，建立与企业分级分类相对应的领导人员岗位管理体系，减少晋升台阶。二是在广州钢加、冶金炉材等单位开展职业经理人选聘；对鞍山基地实施模拟市场化运营，下放干部人事任免权限，有效激发干部队伍活力。

【高标准选拔配备领导人员】 一是树立鲜明业绩导向，注重在一线考察识别干部，提拔 40 名在急难险重任务中表现突出、作出贡献的优秀干部。二是推行“两制一契”管理，对 58 个直管岗位推行“揭指标竞聘，带契约上岗”，强化契约精神，对 25 名领导干部安排转岗或退出领导岗位，退出占比 5.3%，畅通领导人员“下”和“转”的渠道。

【加强专业技术人才队伍建设】 一是抓好人才培养及高层次人才创新工作。评选鞍钢集团“英才计划”领军人才 20 人，拔尖人才 55 人，骨干人才 308 人。二是做好人才选树工作。4 名职工获评国务院政府特殊津贴，1 人获评“辽宁省优秀科技工作者”，1 人当选“兴辽英才计划”青年拔尖人才，2 人获评鞍山市“孟泰传人”。

【加大年轻干部培养使用力度】 一是扎实推进鞍山钢铁“春苗工程”，着力提升年轻干部“七种能力”。二是加大基层与机关、鞍山基地与外埠等岗位交流挂职锻炼力度，选派 25 名年轻干部到巡视巡察组、攀钢、精益管理办公室等挂职锻炼。

（鞍山钢铁集团有限公司人力资源部　范吉瑞）

【劳动合同管理】 推行“劳动合同+岗位合同”双合同管理，完善以劳动合同管理为核心、以岗位管理为基础的市场化用工体系。下发《鞍山钢铁集团有限公司劳动合同管理办法》和《鞍山钢铁集团有限公司岗位合同及员工三岗制管理办法（试行）》，强化员工契约意识，为员工能进能出提供法律依据和制度支撑。截至 2021 年 12 月 31 日，鞍山钢铁集团有限公司在职职工 39664 人，双合同签订率为 100%。2021 年办理解除劳动合同手续 203 人。

（鞍山钢铁集团有限公司人力资源部
刘东明　赵敬言）

【职工培训工作】 2021 年，鞍山钢铁从以下六个方面加强培训工作。一是坚持政治引领，不断夯实和强化领导力学习培训。围绕习近平新时代中国特色社会主义思想，深入推进依法治企、管理创新和国际化经营等前沿培训，以选派调研、案例论坛等方式持续提高党员干部的党性修养和履职能力提升。二是坚持人才培养，不断推动领军拔尖人才培养能力。以开办国际化人才英语培训，“鞍钢英才”和鞍山钢铁“春苗”人才培养、专家讲堂、专业特训、进修挂职学习等方式持续促进工程岗位专业技术人员卓越智能领军能力提升。三是坚持注重市场，不断巩固采销人员能力水平提升。强化现代物流、互联网钢铁电商、客户沟通等研修培训，以调研进修、模拟实训、技巧汇编等方式，持续推进采销运岗位人员市场感知能力、发掘能力、服务能力和成本管控能力提升。四是坚持岗位练兵，不断加强职工岗位技能操作培训。深入推进《关于加强鞍钢集团技能人才队伍建设的十项措施》，以技师论坛、创新微课、大师讲堂、对口支持等方式，持续推进工匠技艺和岗位创新能力提升。五是坚持持续改善，不断推进精益管理水平稳步提升。以查漏洞、补短板，实现业务流程与管理机制的持续改善与变革，推动精益管理能力持续提升。六是坚持精准对接，不断推进技能大师工作站全覆盖。夯实技能大师工作站建设力度，以推进技能人才实训能力为载体，与大专职业院校合作搭建培养平台，开展“2+1”技能人才培养模式，促进技能人才培养与岗位需求精准对接。

（鞍山钢铁集团有限公司人力资源部
成　强）

【博士后工作站】 持续加强博士后科研人员管理。以科研计划书为载体，对科研项目推进情况、主要完成的技术工作内容等实施动态评价跟踪，对存在的问题及时提出意见和建议。同时，发挥合作导师在博士后研究人员招收、培养、质量管理过程中的主导作用，明确合作导师在博士后培养过程中的权利和责任，形成齐抓共管、齐抓共育的良好态势。2021 年，鞍山钢铁博士后科研工作站共有在站博士 3 人，分别为庞宗旭博士、胡智评博士、利成宁博士，其中庞宗旭博士、胡智评博士分别于 2021 年 1 月、2 月经考核评定合格后出站。

（鞍山钢铁集团有限公司人力资源部 顾　香）

·保密与国家安全管理·

【保密责任落实】 组织鞍山钢铁机关各部门、所属各单位签订《鞍山钢铁集团有限公司国安保密责任书》，建立责任体系，一级抓一级、层层抓落实，促进国安保密责任的分解和落实。

【保密监督检查】 实施保密工作“有规范、有计划、有检查、有评价、有整改”五有管理模式。按照保密对标标准，对鞍山钢铁各部门、单位开展全覆盖式保密系统化检查，针对存在问题的 38 家单位提出整改要求，92 项问题全部整改。每月开展日常保密管理检查，2021 年全年共开展各类检查 66 次，发现问题全部整改。

【保密资格认定】 按照认定标准，对鞍钢钢绳公司认定工作筹备情况开展 17 次保密管理检查指导，针对日常管理、材料准备、申请书递交和现场审查全程跟踪，积极协调。2021 年 11 月，鞍钢钢绳公司以 460 分的成绩通过现场审查，获得二级保密资质。

【专项整治活动】 按照鞍钢集团工作部署，制定专项整治活动第一阶段实施方案，召开 4 次会议迅速传达、部署专项整治工作。通过第一阶段的集中整治和全面清理，摸清了微信工作群、小程序底数，现仅余 155 个工作群，建立完整的微信工作群管理台账。鞍山钢铁所属各部门、单位微信群已经通过班前五分钟宣传材料，对全体职工进行全覆盖保密知识教育。

【国家安全工作】 开展全民国家安全教育日活动和反间谍法宣传日活动，组织 26 名保密管理人员参观辽宁省国家安全教育基地。配合鞍山市国家安全局开展特殊身份人员因私出入境护照排查工作，调查车载 GPS 定位信号发射情况。

（鞍山钢铁集团有限公司办公室保密办 宋　丽）

·企业内保工作·

【健全维护国有资产安全长效机制】 修订下发了物资持出、办证管理等核心制度 7 项，规范物资审批、持出票据、监装管理、交叉回放等工作流程。健全完善责任体系，坚持打击与防范并重，定区域、定责任、定考核，落实区域管理责任，深化了“网格化”管理。

【强化警企协作、联勤联防】 统一设置鞍钢厂区治安报警、举报电话，持续保持高压严打态势，组织开展了 3 次集中突击整治行动。查获利用火车皮盗窃废钢铁及东部围墙盗窃电缆犯罪团伙。2021 年，共查处违规问题（案件）126 起，行政治安拘留 21 人，涉嫌刑事案件抓获 16 人，扣缴废钢铁 31.3 吨、有色金属 1.7 吨、烧结矿约 40.6 吨。企业内保工作荣获“全省企业事业单位治安保卫工作集体一等功”。

【推进技防物防智能升级改造】 进一步完善了北斗（BDS）管控系统实时监控、应急管理、数据分析等功能，强化了主厂区智慧安防。指挥中心利用监控系统共发现各类违规问题 310 余起，承接公司相关指令 4800 余次。推进新物持管理系统项目实施，针对软件系统设计、设备安装调试、系统使用培训等方面统筹考虑、跟踪落实，保证了系统正式运行前准备落实到位。厂区东部围墙等 6 个技防项目高标准完成。

【交通管理和道路扬尘治理】 实施鞍山钢铁主厂区通行车辆 12 分考核制，厂区道路交通管理取得新进展，共查处超速超载等各类交通违规问题 11600 多起，清理“三无”车辆 271 台次，厂区道路实现清洁运输。

（鞍山钢铁集团有限公司保卫部 蒋　珅）

·法律事务·

【深入推进法治建设，落实第一责任】 2021 年，按照法治鞍钢建设整体部署，结合鞍山钢铁实际，制定《关于进一步深化鞍山钢铁集团有限公司法治建设的实施意见》及《鞍山钢铁集团有限公司“八五”普法工作规划》，法治保障纳入鞍山钢铁“十四五”规划，法治工作与改革发展同部署、同推进。组织召开2021年度鞍山钢铁法治工作会议。深入开展法治学习。推进公司党委理论学习中心组法治学习，重点学习习近平法治思想深刻内涵，以及关于建设中国特色社会主义法治体系的重要讲话精神。制定下发《鞍山钢铁“美好鞍钢·民法典相伴”主题宣传活动方案》，宣贯《鞍钢集团合规手册》，制定活动工作计划，大力宣传合规文化，提升全员合规意识。组织人员参加“法治讲堂”、民法典等专题法律培训，完成《鞍钢日报》法治专栏供稿任务。

【完善合规管理体系，促进合规经营】 完善合规管理六项工作机制。强化业务领域和重点项目合规主体责任，推动开展安全环保、劳动用工、上市公司治理等专项整治行动。制定下发《鞍山钢铁集团有限公司混合所有制改革法律合规风险防范指引》，梳理企业改革改制所涉重要法律法规和规范性文件53个，识别法律合规风险事项44项，分别制定了防控措施并明确责任部门。研究制定合规管理体系评价工作方案，组织对合规体系、规章制度、资质证照等管理及对安全、环保等重点领域进行合规性评价。组织完成适用法律法规清单、重大合规风险库及专项合规管理指引。梳理法定代表人印章及证件使用范围及流程，开展专用印章专项检查，查找管理漏洞，形成专项工作报告。规章制度合法合规性把关，法律审核率达100%。

【发挥法律支撑作用，保障改革顺行】 发挥企业改革法治支撑作用。主动承担鞍钢莆田冷轧重整组织推动任务，落实公司决策部署，完成公司下达的确保年底前重整立案的目标。做好大集体改革后续法律保障、混改项目法律保障、推动混改项目实施。梳理8家C类参股企业状况，研究制定退出方案，就参股企业既不经营也不注销困局，为公司顺利完成参股企业股权退出工作提供有力保障。指导鞍信大连工程公司诉讼案件处理，推动完成清理注销。指导鞍信天硕公司通过挂牌进场交易完成股权退出。积极推进沈薄注销，组织对职工安置方案进行法律合规分析，配合公司妥善安置职工，按期完成工商注销登记。做好三项制度改革法律服务。针对某典型案例中旷工事实认定标准及司法实践，组织研究提出法律分析意见，指导应诉，该员工提起解除劳动合同争议被依法驳回。

【重大决策严格把关，重大项目法律先行】 提升重大决策法律审核能力。2021年，法律合规部审核重要决策涉法事项100余项，出具法律意见书111份。提升重大项目法律保障能力。全程参与能源科技合资、鞍山市政府土地置换、南沙物流治理、炼铁总厂球团烟气脱硫脱硝等重大项目，及时提供法律保障。在能源科技AP项目中，研究补充协议中所涉控制权及增资条件，推动商务谈判。

【加强重大案件处置，依法维权创效】 集中力量应对重大疑难案件。票据系列案完成天物、海航、力帆债权申报，同时不放弃权益，华海案针对案件证据疑点申请法院鉴定，同时就案涉违法问题配合公安侦办，全力保障国有资产安全；天誉仲裁案提出撤裁申请和不予执行，目前案件已结案，公司权益得到保障，未产生额外损失。妥善处理各类案件，处置了安徽展览合同纠纷案、上海重机合同纠纷案等30余件案件，企业权益得到有效维护。2021年，通过诉讼避免损失5000多万元。

【提升合同管理能力，防范经营风险】 在全公司范围开展2020年度合同履行后评估工作，形成合同履行后评估专项报告。持续推进合同签约人员持证上岗制度。克服疫情影响，完成5期合同签订人员培训及考试工作，共培训合同签约及管理人员430名。

（鞍山钢铁集团有限公司法律合规部 史广娟）

· 医疗卫生 ·

【撤销卫生业务模块】 按照公司2021年2月8日下发的《关于对党委办公室（公司办公室）实施组织机构改革的决定》要求，公司将卫生业务模块中涉及鞍山区域公共卫生、计划生育、红十字会等管理职能调整至鞍山钢铁办公室行政事务模块。

【新冠疫情防控工作】 一是鞍山区域在职职工新冠疫苗接种率96.9%，完成鞍钢集团及属地政府疫苗接种率 92%、95% 目标，实现了应接尽接。二是针对 5 月 14 日辽宁省鲅鱼圈、5 月 26 日广东省广州市、9 月 10 日福建省莆田市、11 月 4 日辽宁省大连市等地出现疫情，鞍山区域疫情防控指挥部坚持问题导向，强化精准施策，积极应对突发疫情。截至 2021 年底，实现了零感染、零输入的目标。

【食品安全工作】 一是组织召开了鞍山区域暑期食品安全工作会议。二是对鞍山区域所属 176 个餐饮服务场所开展了暑期食品安全大检查活动，为实现鞍山区域食品安全事故为零的工作目标奠定基础。

【爱国卫生工作】 开展第 33 个爱国卫生清洁月活动。累计组织义务劳动 979 次，参加职工 25297 人次；清理卫生死角 4477 处，清理垃圾 1002 吨；更换维修浴池、卫生间等公共设施 690 处。

【红十字会工作】 一是在鞍山区域开展无偿献血活动。全年 36 家单位 944 名职工参与捐献，累计献血 29.81 万毫升。二是开展红十字应急救护知识大讲堂活动。共 24 家单位累计培训 1000 余名职工。三是开展“99 公益日一块做好事”募捐活动。9 月 7—9 日，鞍山区域 125 个基层单位共 32299 人次参与了此次捐款活动，累计捐款近 50 万元，使得鞍山市募捐总额位列全省第一名。

（鞍山钢铁集团有限公司办公室　徐静滔）

·党群工作·

【组织工作】 1. 党内统计数据 2021 年末，鞍山钢铁集团公司有党委 60 个，党总支部 45 个，党支部 540 个（居休党支部 18 个，离退党支部 12 个），党小组 1597 个。有党员 21047 名，其中离休党员 248 名、退休党员 16 名、居家休息职工党员 1308 名、其他方面党员 142 名。全年发展党员 426 名，申请入党人 507 名，入党积极分子 381 名。党务工作人员 975 名，其中，专职党务干部 430 名，兼职党务干部 545 名。“样板党支部” 126 个，党支部工作示范基地 22 个，“样板党支部”空白党委为零，无党员班组为零。

2. 压实党建工作责任。组织鞍山钢铁党委班子成员向公司党委报告 2020 年度抓党建工作情况专题会，从严从实履行管党治党“一岗双责”。贯彻落实《党委（党组）落实全面从严治党主体责任规定》，制定下发了《鞍山钢铁党委 2021 年度全面从严治党重点工作任务清单》，明确了 5 方面、20 项具体内容，把全面从严治党责任压实、落地。完成 33 家直管党委（党总支）书记述职考核评议，将述职结果纳入党建责任制考核综合评定。同时组织基层党委开展基层党支部书记抓党建工作述职评议，将评议结果作为评先评优、选拔使用的重要依据。修改完善了鞍山钢铁/鞍钢股份党委工作规则、全委会和常委会议事规则、党建工作责任制考核评价办法等一系列文件制度，组织签订了鞍山钢铁直管党委书记 2021 年度目标责任书，进一步细化明确了管党治党责任体系，压紧压实各级党委全面从严治党主体责任。

3. 开展庆祝建党 100 周年系列活动。贯彻落实鞍钢集团庆祝中国共产党成立 100 周年活动方案，承接制定了《鞍山钢铁集团有限公司党委庆祝中国共产党成立 100 周年活动方案》，组织开展“党旗在基层一线高高飘扬——以实际行动庆祝中国共产党成立 100 周年”活动和“七个一百”主题活动。征集优秀党建工作成果 300 余项，组织百名新发展党员集体入党宣誓，开展“学百年党史 守初心使命”党史知识竞赛，为 199 名老党员颁发了“光荣在党 50 年”纪念章。在“七一”前夕，走访慰问生活困难党员、老党员 1505 名。鞍山钢铁荣获全国先进基层党组织 1 个，中央企业先进基层党组织 2 个、优秀共产党员 1 人、优秀党务工作者 1 人，辽宁省先进基层党组织 3 个、优秀共产党员 3 人、优秀党务工作者 3 人。组织召开了鞍山钢铁“两优一先”和纪检系统表彰大会，69 个先进基层党组织、172 名优秀个人受到表彰。

4. 聚焦党史学习教育。组织全公司基层党支部紧扣“学党史、悟思想、办实事、开新局”这一主题，高质量召开了党史学习教育专题组织生活会。各级党委 271 名领导班子成员以普通党员身份参加了组织关系所在党支部专题组织生活会。鞍山钢铁所属 573 个党支部，共查摆问题 8051 项，制定整改措施 8616 项。

5. 严肃党内政治生活。组织召开 2020 年度鞍山钢铁领导班子“不忘初心、牢记使命”专题民主生活会。成立 4 个督导组，对 33 家直管党委（党总支）2020 年度民主生活会进行督导，对一些单位班子成员相互批评"辣味"不足，制定措施可操作性不强等问题及时叫停，切实找出了存在的差距和不足，提出了有针对性的措施和办法，全面提升了民主生活会质量。通过严肃认真开展"双评"工作，切实抓好12个"未达标"党支部和33名"不合格"党员的教育整改工作，进一步提升队伍整体素质，增强了凝聚力和战斗力。

6. 健全党的组织体系。严格落实中央办公厅《关于党的基层组织任期的意见》《中国共产党基层组织选举工作条例》《鞍钢集团基层党组织换届选举组织工作流程》，制定了《基层党组织换届统计表》《基层"两委委员"届内统计台账》，摸清底数，系统谋划，对2021年须换届（增补）党组织及时提醒、跟踪督导，重点解决集中换届、延期换届，坚决杜绝"应建未建""应换未换"等问题。同时制定了《鞍山钢铁基层党组织（增补）换届模板》，做到流程规范、纪律严明，把党组织任期制度、换届选举制度落实落严。指导3家基层党委做好本单位党组织的换届选举工作，完成了11家基层单位"两委委员"增补工作。

7. 推进党支部规范化建设。继续深入开展基层党支部建设提升年活动，制定了《关于持续深入开展党支部建设提升年活动的通知》，围绕"强基固本""晋位升级""示范引领"三大工程，牢固树立大抓基层的鲜明导向，充分发挥先进典型的示范引领作用，推动基层党组织全面进步、全面过硬。持续加强党建工作保障力度，组织完成全公司各级党委"党组织活动经费"按照1%比例补提工作，下拨党组织活动经费43万元，帮扶8个基层党支部加大党员活动室建设。落实"中央企业党建创新拓展年"要求，结合党建现行有效工作制度，优化完善了鞍山钢铁党建工作"一模板、两清单"，整顿"软弱涣散"党支部16个，"薄弱"党支部22个，整改问题37项，推进基层党支部建设全面进步全面过硬。2021年，获评辽宁省基层示范党支部1个，鞍钢集团党支部工作示范基地2个，鞍钢集团"样板"党支部14个。

（鞍山钢铁集团有限公司党委组织部　关贵威）

【老干部工作】 2021年，鞍钢集团有离退休老干部4703人（离休708人，退休3995人）。

2021年，鞍钢老干部工作以习近平新时代中国特色社会主义思想为指导，深入学习贯彻党的十九届历次全会精神，不断推动老干部工作高质量发展。

高度重视老干部工作。集团党委常委会学习传达了全国老干部局长会议精神，同时召开全公司鞍钢老干部工作会议。各级党委将离休干部党组织建设纳入本单位党建工作总体布局，与在职人员党建工作同部署、同规划、同表彰。

为党和人民的事业增添正能量。一是深入学习贯彻习近平新时代中国特色社会主义思想和党的十九届历次全会精神，持续推进党史学习教育。二是开展中组部"我看建党百年新成就"专题调研活动，收集建议74条。三是开展征文、书画摄影作品展、主题党日等建党百年系列活动，讲好党史故事。四是鞍钢关工委开展捐资助学活动，捐款29950元，资助了26名贫困学生和特困青工。五是开展典型宣传，宣传抗美援朝老战士李昌言的事迹，配合中央电视台军事频道录制专题片《战旗》。六是加强信息化建设。

精准落实老干部"两个待遇"。全年走访慰问662人次，发放慰问金31.3万元。为老干部办好事、实事61件，受益2541人次。为抗日离休干部办理了提高医疗待遇手续。攀钢离休办为特需人员办理了"特诊就诊卡"。

鞍钢在全国离退休干部统计报表工作中获得100分，鞍钢离休人员管理办公室主任张沛获得"全国老干部工作先进个人"称号。

（鞍山钢铁集团有限公司人力资源部老干办　刘　森）

【宣传工作】 1. 坚持用党的创新理论武装头脑，指导实践，推动工作。坚持把学习贯彻落实习近平新时代中国特色社会主义思想作为政治理论学习的首要任务、长期任务，及时跟进学习习近平总书记最新重要讲话和重要指示批示精神。组织公司党委理论学习中心组集体学习11次，其中学习研讨9次，学习研讨重要讲话和重要指示批示50篇，推动了政治理论学习持续抓牢抓实。

2. 扎实推进党史学习教育。制定公司党委党史学习教育实施方案，组织召开党史学习教育领导小组会议4次、领导小组办公室会议7次、"我为群众办实事"实践活动推进会议3次、巡回指导组工作会议29次。派出6个指导组深入基层调研指导访谈203次，发现并督导解决问题136项，编发《党史学习教育简报》110期，在鞍钢集团简报和各级各类媒体及时发布公司党史学习教育动态信息30余篇。在《中国冶金报》《鞍钢日报》等各级各类媒体发布动态成果、典型案例及党史资料500余条。

3. 深入学习贯彻习近平总书记“七一”重要讲话精神。把学习“七一”重要讲话精神作为加强理论武装的重中之重，作为党史学习教育的核心内容，制定《鞍山钢铁党委深入学习贯彻习近平总书记“七一”重要讲话安排意见》《鞍山钢铁党委认真学习贯彻习近平总书记在庆祝中国共产党成立100周年大会上的重要讲话精神指导、督导要点》，明确了3方面17条指导、督导要点。

4. 认真学习宣传党的十九届六中全会精神。印发《鞍山钢铁集团有限公司党委关于学习宣传党的十九届六中全会精神的实施方案》《学习贯彻党的十九届六中全会精神，深化拓展鞍山钢铁党史学习教育工作方案》，对认真学习宣传党的十九届六中全会精神做出具体部署和安排。举办党的十九届六中全会精神专题辅导报告会，邀请鞍钢党校副教授张丽妍作《学习领会党的十九届六中全会基本精神》专题辅导报告。

5. 意识形态工作的凝聚力、引领力得到新提升。坚持以强化理论学习夯实主流意识形态，巩固马克思主义在意识形态领域的指导地位。全面落实党委意识形态工作责任制实施细则和党委网络意识形态工作责任制责任分工方案，逐级压实了公司各级党委和有关部门的意识形态工作责任。截至12月31日，未发现公司在意识形态领域存在重大问题、突出问题的人和事件，保持了意识形态领域的安全稳定。

6. 新闻宣传的传播力和影响力得到新提升。围绕庆祝中国共产党成立100周年、党史学习教育、“讲好新鞍钢故事树立新鞍钢形象”，以及公司生产经营、技术创新、深化改革等，制定了专项宣传工作计划、宣传工作方案，牢牢把握正面宣传的话语权，保持正确舆论导向的主基调。在《鞍钢日报》发表公司动态成果660篇，在公司网站发布信息218条，自媒体发布信息1005条。在新华社、《人民日报》、中央电视台、光明网、中国发展网、国资委网站等中央媒体和省市各类媒体发表各类新闻稿件720篇（条）。

7. 品牌形象的塑造力得到新提升。在新华社、中国发展网、辽宁电视台等中央、省级媒体和《中国冶金报》《世界金属导报》等行业媒体发布“鞍钢生产出世界最宽7Ni薄板、鞍钢彩涂板再次供货北京大兴机场”“鞍钢EPS产品市场版图再扩张”等报道110篇（条）。成功参加了第二十届上海国际冶金展，集中展示了公司在相关产品领域的最新技术、最新工艺、最新成果，进一步提升了公司品牌的影响力。

8. 培育和践行社会主义核心价值观取得新成果。评出2020年度鞍山钢铁优秀文明单位6个、文明单位29个，实现了文明单位创建活动及总结评比全覆盖。炼铁总厂等5个基层单位获评鞍山市文明单位，技术中心等4个基层单位获评辽宁省文明单位。能源管控中心煤气调压工陈晨参评鞍山市最美志愿者。鞍钢博物馆被授予全国爱国主义教育示范基地。鞍钢博物馆、雷锋纪念馆被授予首批中央企业爱国主义教育基地。年初以来，两馆充分发挥公司独有的红色教育基地作用，累计接待50个基层单位党委及外部企事业单位到馆参观学习，人数超过30000人。

9. 统一战线工作得到新加强。重新调整公司统一战线工作领导小组。广泛开展了“爱献做”活动，征集成果253项，组织广大统战人员立足岗位作贡献。公司2名重点统战人士在鞍钢集团党委统一战线工作领导小组会暨2021年统战工作会上作了重点发言。组织3名统战人士、1名统战工作人员参加了鞍钢集团和辽宁省举办的统战培训班。完成了12名市政协委员、3名市第七次归侨侨眷代表大会代表人选的推选工作。

（鞍山钢铁集团有限公司党委宣传部　黄　辰）

【纪检监督工作】 1. 聚焦职责使命强化政治监督。全面承接鞍钢集团纪委政治监督工作要求，制定《政治监督工作方案》，充分发挥监督保障执行、促进完善发展作用。强对“一把手”的日常监督，公司纪委与基层党政主要领导谈心谈话40余人次，对新任职直管单位“一把手”廉洁谈话38人；通过巡察及巡察“回头看”对33名党组织负责人进行检视，促进正确履职。加强选人用人监督，审查拟提拔调整、换届选举、评选表彰等廉政情况800余人次，防止“带病提拔”。围绕疫情防控、安全生产、三项制度改革、亏损企业治理和科技创新等开展监督检查，推动各项工作措施落实落地。常态化抓深抓实巡视整改监督工作，“9+1”问题整改措施完成率实现98.8%，鞍钢集团党委扶贫惠民领域专项巡视“回头看”反馈问题措施完成率实现93.6%。

2. 持续正风肃纪保持高压态势。将案件查办作为正风肃纪的重要抓手，通过集中办案、交叉办案和完善工作机制，持续释放“严”的主基调，全年立案121件，处分110人，挽回经济损失300余万元。持续推进“惩治极少数”向“管住大多数”拓展，运用第一种形态137人次。完成“2·23”案件24名涉法人员和9件问题线索处置，对20名案件相关人员进行追责问责。下发纪律检查建议书42份，做好纪律审查“后半篇”文章。深刻剖析典型案例根源，教育覆盖1300余人次，切实提高警示教育穿透力。做实做细受处分党员干部思想政治工作，回访教育15人次，引导帮助受处分人员放下思想包袱。

3. 抓牢关键重点推进作风建设。深入推进形式主义、官僚主义问题专项整治，明确40项减负任务、5项专项整治任务，统筹推进整改持续发力。严肃追责问责，高效查处并通报14名相关责任人，“不担当、不作为”现象得到有效震慑。对减负工作再调研、再梳理，再聚焦、再落实，聚焦点检员减负、“年末效应”等7项重点任务，建立运行整治长效机制，工作综合测评满意度均达到92%以上。坚决整治群众身边腐败和作风问题，严肃查处收受好处、公车私用等违反中央八项规定问题，3人分别受到党纪处分。严厉打击虚报差旅费用、不规范劳动关系等侵害企业和职工利益问题，立案18件、处分13人。抓住春节、中秋、国庆等重要时间节点，各级纪委制定教育提醒通知、方案400余份，发送提醒短信微信4000余条，组织开展监督检查1000余次。

4. 创新监督方式提升监督质效。大数据监督平台实现监督建模全覆盖、数据采集全覆盖、大数据监督立案“0”突破，避免和挽回损失60余万元，大数据监督的实效性和震慑作用初步显现。深入开展“清风行动”专项整治，加强对权力运行的制约和监督，24人主动报告自身存在问题，收缴违规违纪款5.6万元，相关问题线索立案56件、处分35人。深化“清风行动”的工作抓手，聚焦关键领域强化8项公司级专项治理项目取得实效，积极营造“亲”“清”企商氛围。把发现问题作为专项监督的工作方向，全年立项45项，专项监督立案12件、处分12人，避免和挽回经济损失3511万元。

5. 围绕“全覆盖”目标扎实完成巡察任务。抓实巡前准备、巡中指导、巡察整改等环节，逐步形成提前会商研究、跟进指导督导、重点整改督办提醒等工作机制。2021年完成两轮8家直管单位党委的巡察工作，共发现问题197项、问题线索9件，全面完成本届常规巡察“全覆盖”目标。19家巡察“回头看”单位588项常规巡察问题整改率达到99.1%。

6. 纪检系统建设水平切实得到加强。修订纪委常委会、纪委全委会议事规则，完善2021年度直管单位纪检工作考核评价办法，对19项工作重点实施“清单化”管理，不折不扣贯彻落实上级纪委和公司党委各项决策部署。开展纪检工作创新成果评选，评选出优秀项目20项，提升全系统总结思考工作的能力。开展纪检业务培训，举办3期业务讲座，培训300余人次，提升工作水平。加强实践锻炼，共组建6个核查组，“以案代训”20余人次。建立纪委机关联系基层制度，及时掌握、反馈工作动态，上下联动解决问题，为基层协调解决问题10余项。2021年，6个单位和20名同志分别被评为鞍钢集团和公司纪检先进集体、先进工作者。

（鞍山钢铁集团有限公司纪委　梁　亮）

【工会工作】 1. 发挥民主管理平台和权益保障平台作用，劳动关系更加和谐。坚持把落实职工民主权利作为体现职工主人翁地位的关键。一是规范召开职代会，审议集体合同、三项制度改革等相关制度文件，确保涉及职工切身利益的重大事项依法合规履行民主程序。二是做好民主评议及厂务公开工作，实现基层单位民主评议率100%。三是加强劳动关系矛盾预防和化解。在冶金炉材、钢绳公司等企业混合所有制改革、“处僵治困”工作中，规范指导、有效落实职工劳动关系调整、企业改制方案履行民主程序。

2. 发挥精神传承平台作用，劳模精神、劳动精神、工匠精神更加彰显。一是开展劳模事迹宣讲“下基层、进一线、到岗位”活动，重点宣传2个先进集体和8名劳动模范的事迹，累计举办现场宣讲10场。二是指导基层单位召开劳模座谈会34场，分享劳模成长经历、工作经验和人生感悟，762名劳模参加座谈。

3. 强化思想政治引领，提高政治站位。一是加大对公司政策制度、惠民举措、基层特色工作及文化体育活动的宣传力度，全年在各类媒体发布信息 100 余条。二是开展庆祝建党 100 周年主题系列活动。征集书法、美术、摄影、征文、才艺等优秀作品，开展“走百日红色路 学建党百年史”职工线上徒步健身走活动，举办“百年回眸盛世圆梦”主题文艺汇演。

4. 发挥帮扶济困平台作用，职工获得感、幸福感、安全感进一步提升。一是持续开展走访慰问“送温暖”活动。组织各基层单位走访慰问困难职工、困难退休人员 20504 人次，发放救济费 902.84 万元；核发医疗救济金 473.35 万元，救助 1089 人次；发放“金秋助学”专项资金 51.95 万元，帮扶 640 人次。二是拓展帮扶渠道。为全国级困难职工申请到中央帮扶资金 55 万元，为鞍钢级困难职工申请到省总送温暖专项资金 32 万元。

5. 坚持完善典型选树、培养、宣传长效机制，不断壮大劳模工匠队伍。一是广泛挖掘后备人才。通过广泛挖掘摸底、基层集中推荐、公司综合审核的方式，将 40 名优秀职工纳入后备人才库。二是实施“1+3+N”典型示范模式。制定下发《关于加强先进典型后备人才管理的指导意见》，为培养先进典型提供保障。炼钢总厂刘铁荣获全国五一劳动奖章、全国技术能手；鲅鱼圈钢铁分公司热轧部生产运营室、热轧带钢厂 1780 线生产作业区甲班等 2 个集体荣获全国工人先锋号；冷轧厂张哲、朝阳钢铁炼铁厂李泽安、鲅鱼圈分公司炼焦部夏伟荣获辽宁五一劳动奖章；能源科技公司火焰切割供气站荣获辽宁工人先锋号。

6. 扎实开展劳动竞赛，不断激发创效活力。开展“保安全 扩规模 提效率 增效益”主题劳动竞赛及 8 个专项劳动竞赛，指导各基层单位自主设计开展各级各类劳动竞赛 215 项。完善竞赛工作机制，加大激励范围和力度，高炉利用系数、钢材原品种成材率、钢材综合成材率均实现同比提高。

7. 发挥素质提升平台作用，促进职工职业素养与技能水平双提升。一是启动 2021 年鞍山钢铁职工技能竞赛，470 名职工参加 8 个工种的理论知识和岗位操作竞赛。首次采用“钉钉”网上的培训形式，对参赛职工进行赛前辅导。二是组织职工参加 2021 年辽宁省职工技能大赛，取得 3 个第二名、1 个第三名、2 个第四名和 1 个第五名的成绩。

8. 发挥创新创效平台作用，助推企业提升创新力、竞争力、发展力。一是加强职工创新工作室建设，投入职工创新支持资金 499.98 万元，共支持 128 项。炼钢总厂刘铁荣获辽宁省科学技术进步奖二等奖，刘铁、曲晓东获 2021 年度鞍钢集团科学技术奖。二是推进对标交流工作，组织职工创新工作室成员赴宝钢股份等先进企业开展对标交流，归纳出专业性收获 25 条，为企业提出专业性建议 7 条。

9. 扎实开展“我为群众办实事”实践活动，让职工切身感受到党史学习教育带来的新变化。一是全年共确立“我为群众办实事”项目 714 项，完成率 100%。二是职工工作环境持续改善，修缮操作室 33 间、休息室 81 间、卫生间 41 间、食堂 6 个、浴池 3 个，加装空调 310 台，职工工作环境明显改善。三是职工福利待遇持续提高。提高职工疗休养标准并扩大参与面，提高体检标准并增加体检项目，进一步提高职工工作餐补助标准。四是职工因病致困率有效降低，为全体职工投保企业救助责任险，共有 100 名职工获得理赔，累计赔付 800 万元，每人 8 万元的一次性补助直接抵消了手术、住院等费用，极大地减轻了职工治病的经济负担。

（鞍山钢铁集团有限公司工会　赵　贺）

【共青团工作】 1. 实施思想引领工程，团青理想信念更加坚定。扎实推进“学党史、强信念、跟党走”学习教育，有效运用“青年大学习”“三会两制一课”“鞍山钢铁青春舞台”等载体平台，补足精神之“钙”，激活动力之“源”。一是引导团青学好党史必修课，开展“四史”、习近平总书记“七一”重要讲话精神等各类专题学习 425 次、6317 人次参与。二是以党史培训、红色观影、文体拓展、青创作品及团属品牌展示发布等为主要内容，开展活动 116 次、5018 人次参与。三是选拔鞍山钢铁“青马工程”第 1 期学员 66 名，其中，推荐的 10 名鞍钢集团级青马学员已圆满完成第一阶段培训。四是擦亮“跟着郭明义学雷锋”志愿服务品牌，广泛开展义务奉献活动 701 次、6366 人次参与，充分展现了鞍钢青年良好形象，3 名青年荣获“鞍钢最美青年志愿者”称号。五是开展丰富多彩的合规文化建设主题团日活动，引导青年进一步树立了依法合规、守法诚信的价值观。

2. 实施创新发展工程，团青业绩成果更加丰硕。站在“十四五”新的历史起点，立足建设高质量发展新鞍钢目标，培育高素质青年队伍。一是持续深化青年创新登高计划活动，686 项公司级项目结题670 项，结题率97.67%；评选第六届鞍山钢铁（杰出）青年创新人才25 名；获评鞍钢集团青年创新登高“十佳组织单位”3 个、“十佳领军人物”3 名、“金牌项目”10 个，占全部奖项的31.4%，17 个项目在首届鞍钢青年创新大赛中获奖，占全部奖项的53.1%。二是建成首个鞍钢集团级青年创新工作室和实训基地，开展培训竞赛20 余次，接待参观30 余场；试点运行鞍钢青年高技能人才协会，招募炼钢、连铸、机械、电气专业会员194 人，开展技术技能实践12 场次，310 余人次参与。三是持续开展创客讲堂，精心策划公司级创客讲堂暨青年创新成果转化培训，130 余名青年直接受益，基层团组织开展创客讲堂399 次，3862 人次受益。四是擦亮团属品牌，评选宣传年度鞍山钢铁“青年安全生产示范岗”16 个、“最佳青年安全监督岗”11 个、“青年文明号”23 个、“青年岗位能手”21 名。

3. 实施综合服务工程，团青满意度进一步提升。将“我为青年办实事”活动贯穿共青团及青年工作全过程，靶向提升团组织服务能力，增强青年获得感幸福感。一是深化“走进青年”行动，组织召开公司领导与优秀青年代表、住宿青年代表座谈会2 场；开展2021 年度“5+1”青年大调研，与230 余名青年进行座谈交流。二是拓宽青年成长渠道，青年人才成长积分制挂职青年437 名（其中27 名青年已提职或职级晋升）。三是开展鞍营朝“三地”青年技术交流4 场，分享成果26 项，炼铁、炼钢、热轧、物流系统120 余名青年在“走出去”学习对标交流中增长才干。四是开展“新春送欢乐 祝福暖人心”线上主题活动、“迎中秋庆国庆”系列活动、单身青年趣味运动会、首届青年新媒体创意大赛、名校精英成长分享会及各类文体活动，持续创新载体，延伸服务手臂。

4. 实施从严治团工程，团的建设更加坚强有力。着眼于建设一个纪律严明、信念坚定的青年政治组织，对标全面从严治党各项标准，基层团建工作整体提升。一是落实党建带团建工作要求，推进“四带一健全”任务落地见效。二是加强团干部能力建设，选派64 名团干部参加中央团校、井冈山团校及鞍钢集团“园丁计划”培训；持续开展基层团委书记论坛，评比征文体会107 篇；9 名团干部转业到其他重要岗位任职。三是落实“双推”工作要求，向鞍山钢铁“春苗库”推荐入库优秀团干部5 名、优秀青年5 名，完成以“双推”为主题的鞍钢集团党建研究课题1 篇。四是加强共青团品牌推介，优化改版“鞍山钢铁青春舞台”，开辟的“青春朋友圈”等专栏；对外发表宣传报道29 篇；获得鞍钢以上集体荣誉22 项、个人荣誉44 项，鞍山钢铁团委荣获共青团中央授予基层团组织的最高荣誉——“全国五四红旗团委”称号。

（鞍山钢铁集团有限公司团委　王诏静）

· 人民武装工作 ·

【民兵工作】 2021 年，圆满完成鞍钢集团鞍山区域27 支分队、1787 名民兵年度编组整顿工作，分3 批圆满完成鞍钢民兵应急营所属森林灭火1 连、森林灭火2 连、工程机械连及3 个直属保障排共310 名民兵年度集训任务。

【宣教工作】 在鞍山钢铁人民武装部门前设计制作安装了5 组共17 块、面积达400 余平方米的宣传展板，构建了民兵政治教育和职工国防教育宣传主阵地。开展“民兵号”创先评比竞赛活动，通报表彰了2021 年度22 个先进武装部、27 名武装工作先进个人、39 名优秀退伍军人。

【基地建设】 重新铺设了鞍山钢铁人武部大院内5100 余平方米柏油马路，鞍山钢铁民兵军事训练基地硬件条件得到进一步改善。加强民兵应急营装备库房建设，硬件配置、货架定制、装备收储、分类摆放及相关附属设施得到进一步规范和健全。

【人防工作】 按时组织2021 年度防化、运输、伪装、平战结合等人防专业4 支专业分队共计278 人的编兵整组工作，人防专业分队编组任务圆满完成。人防设施管护工作得到加强，2021 年先后完成了鞍山市人防办组织的人防专业分队2 期共40 人的集训保障任务。

【优抚工作】 及时走访慰问残疾军人、烈士遗属、现役军人家属、复退军人及优抚对象特困户，全年共接待优抚对象来电来访260多人次。

（鞍山钢铁集团有限公司保卫部
（人民武装部）　邱若彬）

·所属单位简介·

鞍钢集团信息产业有限公司

【概况】 鞍钢集团信息产业有限公司（以下简称“信息产业公司”）是集自动化、信息化、通信和数字化技术于一体的信息技术企业。公司拥有专业配套齐全的自动化、信息化技术力量，在矿山、烧结、焦化、炼铁、炼钢、连铸、轧钢及钢材处理等冶金全流程自动化、信息化领域拥有多年工程业绩。

【科技创新增添新动力】 加大力度推进高效协同的创新体系建设，深化开放合作和技术交流，促进自主创新和激励落实，以创新机制提升公司核心竞争力。

1. 搭建技术创新平台。获批认定辽宁省第一批数字化转型促进中心、辽宁省企业技术中心。获得钢铁行业首个国家工业互联网标识解析二级节点企业资质。

2. 技术创新有新突破。成功完成机器视觉技术、设备状态检测技术等智能制造领域19项科技成果转化，实现了盆景变风景。

3. 科研工作结硕果。荣获集团重大科学技术奖3项。牵头制定钢铁智能制造团体标准2项，参与制定1项，取得国家、行业优秀科技成果10余项。

【生产经营创造新业绩】 经营业绩提升是一切工作的落脚点，经统筹规划，2021年实现了可持续发展，呈现新景象。

1. 深化市场开拓。成立鲅鱼圈和冷轧办事处，强化销售人员协同管理。加强公开招标信息跟踪，投标109项，中标57项，中标率52%。

2. 规范招标采购。采购项目公开招标率73.18%，分包项目公开招标率43.62%，全年实现降采1.08亿元，推进降采额归集为利润新举措。

3. 推动财务管控。持续强化预算管理，合规开展税收筹划，利用税收优惠政策，享受所得税减免和节省资金2665万元，创效64万元。

【承担数字鞍钢建设重任】 信息产业公司发挥自身数字化、信息化、智能化建设优势，助力数字鞍钢建设目标实现。

1. 推进新型基础设施建设。承接了鞍钢股份管理与信息化整体提升项目基础平台建设，广域网核心及域名系统IPv6升级改造，5G基站建设，工业互联网标识解析二级节点建设。筹建新的鞍钢数据中心。完成网络安全规划编制，基础网络安全专项工作方案落地实施。

2. 承担智能制造重点项目。承接在建智能化项目131项，确立数字鞍钢重点建设项目23项，确保鞍钢股份管理与信息化提升等重点项目有序开展。

3. 孵化培育打造数字产业。研发数字化产品与方案，独立完成2150、1700热轧三电系统设计编程调试工作，实施1580热轧三电系统设计编程调试工作，建设本部、鲅鱼圈二期、朝阳钢铁智慧能源项目。建设完成热轧层流全5G模组电机在线诊断，研发基于5G的云化软PLC系统。

（李　嵩）

鞍山钢铁集团耐火材料有限公司

【概况】 2021年，鞍山钢铁集团耐火材料有限公司生产冶金熔剂161万吨，其中炼钢用石灰72万吨，炼铁用石灰74万吨，轻烧白云石15万吨；实现收入8.5亿元，利润5765万元，突破挑战值；成功通过国家高新技术企业认定。实现安全生产轻伤及以上事故为零，一般及以上火灾事故为零，重大环境污染事故为零，污染因子合格率100%。

【深入推进，三项制度改革成效显著】 该公司深入贯彻鞍山钢铁三项制度改革要求，对标“三钢”，借鉴朝阳经验，精简机构，重塑架构，将“5室、1会、1办、6个作业区”压缩为“5室、5个作业区”，取消了工段管理层级，作业区直管班组，全面提升了管理效率。压减编制，扁平管理，管理人员由113人压减至77人，压减比例达31.9%。

【蒸蒸日进，保产保供服务钢铁主业】 该公司在保证冶金石灰正常生产的前提下，克服困难，加大投入，持续对机械化竖窑进行改造，提升轻烧白云石生产能力，实现对炼钢总厂1~5号线全部供货，兑现了对鞍山钢铁的承诺。积极主动听取用户对石灰产品的意见，眼睛向内找问题，开展质量攻关，不断提升产品质量，坚持“优质优服”降低了炼钢成本。积极做好电力供应紧张情况下的生产运行工作，确保了对鞍山钢铁冶金熔剂的保产保供。

（高慧楠）

鞍钢集团房产物业有限公司

【概况】 2021年末，房产物业公司共有在职职工737人，其中管理和专业技术人员128人（高级职称13人，中级职称62人，初级职称53人）。2021年实现利润1206万元，创历史最好水平。

2021年，该公司推行三项制度改革，机关部门由6个减至3个，基层单位由15个减至12个，管理和专业技术人员由194人减至128人，中层干部由62人减至47人，机关由101人精简至45人。

在维修材料和供暖准备工作上加强与市供热集团沟通协调，全年共处理诉求件及来电接访1.08万件，处理来电接访2450件次，处理诉求件满意率100%。全年承揽厂内工程和维保等项目183项，工程收入6710万元。完善《房屋租赁实施细则（试行）》，房屋租赁实现闭环管理。32处闲置房屋成功签约租赁合同，增加收入374.98万元。清理逾期租赁合同172份，追缴陈欠租金965.8万元。在克服租金减免等不利条件下，房屋租金完成3712万元（不含税），创历史新高。全年实现清欠额693.26万元（不含税），创历史新高。与鞍山市师范学院签订了战略合作协议，实现了转型发展第一个项目知津书院老年大学项目成功落地。知津书院老年大学已设置9个学院，69门专业课程，共招收学员3000多名，已成为鞍山地区规模最大、影响最广的面向老年办学机构。

（米　岩）

德邻陆港供应链服务有限公司

【概况】 德邻陆港坚持“产业化发展、市场化改革”工作主线，抢抓产业结构调整发展机遇，对内捋顺经营管理要素，深化三项制度改革，全面激发企业经营活力；对外锐意进取，推进营销网络布局，全面提升市场竞争能力。2021年，该公司电商平台GMV实现777.88亿元、完成运量7082.95万吨、钢材贸易量222.20万吨，实现营业收入144.16亿元，利润11557.77万元，主要生产经营指标均创历史最好水平。

【坚定不移“走出去”】 该公司依托功能日趋完善的智慧供应链服务平台，发挥全流程服务业务优势，2021年新开发客户177家，外部市场收入占比达到83.31%。大力推进仓储布点，形成互联互通的物流网络，积极发挥港口、库房的“桥头堡”作用，为市场开发提供前沿支撑。已在全国重要节点城市布局102个协议监管库和11个港口协议码头，业务覆盖东北、华北、华东、华南区域共17个省、4个直辖市。

【坚定不移深化企业改革】 积极推进资本整合本钢腾达公司和与本钢恒达公司的业务协同工作，实现鞍本物流资源共享和智慧供应链服务平台协同，进一步“补链全链强链”。创新“用人”机制，畅通“用工”通道，推行一岗一策、岗位绩效差异化考核机制，充分利用工资总额周期预算制管理政策，坚持“说到做到、干到给到”，员工收入同比增长15.99%。

（胡竞文）

鞍山钢铁劳研所科技有限公司

【概况】 鞍山钢铁劳研所科技有限公司（以下简称“劳研科技”）共有职工79人，其中专业技术人员67人。建筑面积4293平方米，占地面积3432平方米，拥有先进仪器设备500余台（件）。具有国家“安全评价机构资质证书”、国家“职业卫生技术服务机构资质证书”、辽宁省医疗放射领域“放射卫生技术服务机构资质证书”、辽宁省“检验检测机构资质认定证书”“安全生产标准化二级企业评审单位资质”及鞍山市“安全生产培训机构和特种设备作业人员考核资质”等资质。

【主要工作】 2021 年，劳研科技全体干部职工以习近平新时代中国特色社会主义思想为指导，贯彻落实鞍钢集团“突破五个关键、聚焦四个重点”和鞍山钢铁“聚焦六个推进、实现六项提升”决策部署，面对新冠疫情带来的不利影响和严峻的市场挑战，力争实现“双跑赢”目标。劳研科技与四川劳研科技公司建立鞍钢集团内部合作的商业模式，完成“攀钢钛白产品应用研究中心建设”等 5 个职业卫生评价项目。与中国疾病预防控制中心中毒所协作，开展鞍山地区“工效学因素致 WMSDs 风险评估项目”，与江苏省疾病预防控制中心合作开展《黑色金属冶炼与压延加工作业人员相关肌肉骨骼疾患的工效学预防指南》编制工作；申报鞍钢集团专有技术 1 项、专利 1 项。2021 年共签订合同 3283.4 万元，比上年同期增加 857 万元，增幅 33.97%。完成经营收入 3057 万元，实现利润 771 万元，完成目标值的 256%，连续两年实现“跑赢大盘，跑赢自身”。

（孙　占）

鞍钢铸钢有限公司

【概况】 截至 2021 年 12 月末，鞍钢铸钢有限公司职工总数 691 人（其中全民在岗职工 457 人、劳务职工 111 人），管理岗位人员 70 人，生产操作、服务岗位人员 510 人。公司下设：党委工作室（综合管理室）、营销管理室、计划财务室、安全环保室和工会，以及炼钢事业部、铸造事业部、运行保障部。

【生产经营】 公司坚持稳中求进的主基调，经过全体职工的共同努力，2021 年，铸钢公司完成钢产量 10.58 万吨，比 2020 年同期增加 11.61%；实现销售收入 7.68 亿元，同比增加 16.47%；实现利润 2386 万元，同比增加 18.82%，连续三年完成利润目标。2021 年，公司认真开展落实“规章制度执行年”和“五清五杜绝”活动，实现安全事故为零、职业健康事故为零、环保事故为零、火灾事故为零的目标。

【深化改革】 公司制定《铸钢公司改革三年行动实施方案》《鞍钢铸钢有限公司深化三项制度改革实施方案》，并按计划推进实施，职能机构由 10 个压缩至 7 个，实现扁平化管理；薪酬改革、人力资源改革按公司要求稳步推进，全面完成 2021 年的各项改革任务。

【技术创新】 成功浇注 1700 轧机摆动框架，打破国外技术垄断，实现了大型轧机框架国产化生产。为日本新日铁生产制造世界最大的 70 立方米渣罐，拓宽了专业化铸钢件市场。

（张　锋）

鞍钢电气有限责任公司

【概况】 2021 年，鞍钢电气有限责任公司在岗职工 246 人，其中管理和专业技术人员 89 人。公司机关设置综合管理室（党委工作部、工会、党政督查室、董事会办公室）、生产管理室（安全环保部）、财务会计部 3 个部门，下设电机修理事业部、电机制造事业部、变压器事业部、电控事业部、工程公司、鲅鱼圈公司、销售公司 7 个基层单位。公司 2021 年全年共签订销售合同 327 项，合同金额 1.84 亿元，实现销售收入 1.7 亿元。

【主要工作】 2021 年，电气公司以习近平新时代中国特色社会主义思想为指导，实现了创效能力提升。深入学习贯彻习近平总书记重要指示批示精神和党的十九大及十九届历次全会精神，以党的领导为统领、切实发挥党组织的政治核心和领导核心作用，以生产管理为核心、提升创效能力，以“三项制度”改革为抓手，建立市场化运营机制，各项工作有序开展，有力推动了公司高质量发展。全年完成电机修理、制造 3.8 万余台次，电气工程 117 项，全年完成应急抢修任务 120 余次。

（贾吉云）

鞍钢股份有限公司

【概述】 2021 年，面对复杂多变的宏观经济、行业形势和极端天气影响，鞍山钢铁/鞍钢股份党委以习近平新时代中国特色社会主义思想为指导，深入学习贯彻党的十九大和十九届历次全会精神，坚决落实鞍钢集团二届三次全委会议部署，坚持“两个一以贯之”，切实将党史学习教育成效转化为企业发展动力，获得中央企业第四指导组“挖掘红色资源，最具企业特色”的赞誉，“为全体在职职工投保企业救助责任保险”项目被国资委评为中央企业特色实践项目。公司党委连续5年在鞍钢集团党建工作联合考评中获评“优秀”。特别是在各级党组织坚强领导下，广大干部职工锐意进取、埋头苦干，不仅完成“双跑赢”目标，而且经营业绩取得历史性突破，实现了“十四五”高起点开局。

1. 经营效益创历史新水平。紧跟市场形势变化，优化资源配置，确保整体效益最大化。上半年，抢抓市场机遇，千方百计提升效率效益，铁、钢、材产量同比分别增长7.1%、15.8%、16.7%；下半年，严格执行限产政策，稳铁控钢，精准完成粗钢压减任务书。全年实现销售收入1445亿元，同比提高39.2%；经营利润102亿元，同比提高281%；销售收入利润率7.06%，同比提高4.48个百分点，经营效益创历史最好水平。

2. 四项重点工作取得新成效。坚持守信践诺，逐级压实责任，合力攻坚。三项制度改革卓有成效。推进“两制一契”管理，73名直管领导人员“揭指标竞聘，带契约上岗”，经营层任期制和契约化企业户数实现100%，管理人员调整、不胜任退出比例达到7.7%。完善业绩决定薪酬的分配机制，浮动工资差异系数达到1.13。推进全口径人力资源优化，分级搭建人才赋能中心，全员产值劳动生产率同比提高65.1%，实物劳动生产率同比提高5%。亏损企业治理目标圆满完成。实施“一企一策”治理，3户亏损企业和3户亏损边缘企业治理任务全面完成。沈薄注销解决了多年想解决而难解决的问题。钢绳公司顺利引入战略投资者，成功转换经营机制，摘掉了亏损帽子。启动莆田冷轧重整工作，推动企业可持续发展。形式主义、官僚主义整治扎实深入。建立减负长效机制36项，全面完成47项基层减负任务和5项专项整治任务，在验收测评中被广大干部职工评为“满意”。数字化建设业绩斐然。围绕“智慧管理、智能生产、数字产业”三条路径，提升全价值链智慧运营水平。鞍钢股份智慧运营一体化管控系统全面上线运行。完成11条智能化产线布局，炼钢集控中心等34个项目成功投运。启动“国家工业互联网大数据中心辽宁钢铁行业中心”建设。成功举办了首届“数字鞍钢”现场会，助力数字鞍钢建设迈出坚实步伐。

3. 深化改革注入新活力。落实鞍钢集团改革三年行动部署，实施7大类81个标的综合改革工作，当好深化改革排头兵。现代企业制度更加完善。优化党委议事规则，理清党委和各治理主体责任边界。推动董事会应建尽建，外部董事占多数实现100%。分级分类管理体系建立健全。对所属企业实施“纵向分级、横向分类”动态评价管理，引导企业自我驱动、追求卓越，提升自身价值创造能力。市场化改革走在鞍钢集团子企业前列。朝阳钢铁“授权+同利”的改革经验得到国务院国资委通报表扬，入选国务院国资委管理标杆创建行动标杆企业。推广朝阳钢铁改革经验，实施鞍山基地模拟市场化运营，构建基地统筹协调、集中一贯的市场化管理新模式。形成的“热轧实践”“彩涂做法”及鲅鱼圈“e考核”等一批改革经验在鞍钢集团得到推广。

4. 科技创新释放新动能。勇担“大国重器”重任，强化关键核心技术攻关，提升科技自立自强水平。创新能力不断增强。推动“四个创新平台”建设，着力建设基于技术中心和国家重点实验室为载体的自主创新研发平台、基于制造基地为主体的降本提质平台、基于高校院所的战略合作平台、基于客户的技术联合研发平台，增强了系统创新能力。创新成果丰硕。完成26项“十三五”国家科技研发任务，承担的首批4个“1025”项目、国家“十三五”科技重大专项和工业强基项目顺利通过验收，制定原创技术策源地和产业链链长项目实施方案。全面推动21个领域科技领军项目和5个科技卓越项目，推进5个“揭榜挂帅”项目，实现4个产品全球首发、4项技术国际首创，在中国钢铁企业专利创新指数排行榜位居第三名，取向硅钢生产技术取得重大突破，综合成材率稳定在70%以上，钢材热轧过程氧化行为控制技术开发及应用获得国家科技进步奖二等奖，“5G+智慧炼钢系统”项目获得国资委第三届熠星创新创意大赛优秀奖。

5. 成本变革取得新成果。落实鞍钢集团“十项措施”，制定“减产不减效”实施方案，强化“系统管、管系统”的降本工作方法，全年实现吨材降本 107 元，创效 26.4 亿元。强化能源系统动态平衡，外购能源成本完成 185 元/吨，同比降低 3.1 元/吨。强化工艺操作和纪律执行，钢材原品种成材率、综合成材率同比分别提高 0.05 个百分点和 0.07 个百分点。克服资源紧张、价格高涨等不利影响，拓展原燃料采购渠道，实现差异化降采 37.9 亿元。强化费用管控，三项费用完成 303 元/吨，同比降低 12 元/吨。

6. 市场开拓取得新业绩。坚持市场导向、客户至上原则，优化资源流向，提高控制力、竞争力和市场影响力。营销区域内市场占有率稳步提升。围绕“北斗望月、面向大海”战略布局和“三点四维度”价格评价体系，深耕区域市场，畅通营销渠道，直供比例达到 78.6%，同比提高 2.7 个百分点，工程销量超计划 23 万吨，出口合同订货量同比增长 39%。优化品种结构，拳头产品比例完成 41.6%，同比提高 3 个百分点，调品指数达到 340 元/吨，同比提高 174 元/吨，与宝武价差缩小 39.6%。成功入围“中石化 2021 年度长输管线框架采购协议”，中标量位列第一。品牌影响力日益增强。800 兆帕水电钢供应白鹤滩水电站，得到三峡集团致函感谢。同国家管网签署其成立以来首个与钢铁行业的战略协议。成功参加第二十届上海国际冶金展。打造隐形冠军。耐磨钢实现全规格覆盖。工业纯铁销量增长 29%，荣获产品开发市场开拓奖。

7. 产业发展获得新突破。加快产业规划落地，深化地企合作，增强发展动能。钢铁主业不断做强。制定公司“十四五”规划，形成鲅鱼圈二期项目建设方案，完成鲅鱼圈 2 号高炉系统配套年修工程和本部 3 号高炉、热轧 1700、无缝 ϕ177 线等大修改造，为提质提效创造了有利条件。释放鞍本协同效应，采购、销售、科研和物流等快赢项目取得阶段性成果。相关产业稳步发展。深化“双鞍”融合，19 项地企合作重点项目取得了阶段性成果。围绕“1+6”产业规划，加快发展现代物流、能源科技、化学科技、清洁发电、炉材科技、数字产业，相关产业收入达到 333 亿元，同比增长 79 亿元，增幅 31%。新建 4 个燃气发电机组、焦炉煤气联产制氢气等项目取得可喜进展。

8. 企业管理得到新提升。树牢忧患意识，突出重点环节，增强风险防范能力。疫情防控取得阶段性胜利。落实疫情防控措施，及时应对鲅鱼圈、莆田等突发疫情，实现“双零”目标。资金风险有效防控。坚持“降两金、提两率，零负债经营”，存货周转率和应收账款周转率分别为 8.87 次、59.56 次，同比提高 0.63 次、23.8 次，资产负债率比年初下降 2.18 个百分点。环境治理成效凸显。制定低碳行动方案，实施环保超低排放改造，投资 21.7 亿元，放行实施鲅鱼圈原料场棚化封闭等 81 个超低排放改造项目。加大污染治理力度，SO_2、NO_x、COD 同比分别下降 7%、1.1%、2.8%，完成环保任期考核目标。安全生产基础得到夯实。落实“一岗双责”“五清五杜绝”要求，强化安全履职和相关方管理，建设双重预防体系，开展“安全培训年”活动，开发“智慧安全”移动端 APP，筑牢安全生产底线。全年发生安全事故 4 起，同比减少 3 起；千人负伤率 0.054‰，同比下降 0.108 个千分点。精益管理试点推进。坚持“一切皆可变”理念，强化符合性生产的观念，启动以鲅鱼圈基地、鞍营朝三地炼铁工序为试点的“1+1+3”精益管理项目，打造特色精益管理体系和精益企业文化。

9. 党的建设取得新优势。坚持党的领导、加强党的建设，筑牢企业“根”和“魂”。理想信念更加坚定。学习贯彻习近平新时代中国特色社会主义思想、习近平总书记重要讲话精神和党的十九届六中全会精神，组织“第一议题”传达学习 24 次、党委理论学习中心组集体学习 11 次。党史学习教育扎实有效。深化“四史”学习，突出“鞍钢特色、学用结合、惠及职工、担当作为”要求，党史学习教育高标准高质量开展。鞍钢博物馆入选全国爱国主义教育示范基地，与雷锋纪念馆同时获评首批中央企业爱国主义教育基地。成功举办庆祝建党 100 周年系列活动。开展迎接建党百年“七个一百”主题活动，举办“两优一先”和纪检表彰大会，为 199 名老党员颁发了“光荣在党 50 年”纪念章。基层组织建设坚强有力。围绕国企党建工作会议召开 5 周年，开展重点任务落实情况“回头看”，优化“一模板两清单”，推动基层党组织全面进步，获评全国先进基层党组织 1 个、中央企业先进党组织 2 个。思想政治引领力切实增强。落实意识形态工作责任制，牢牢掌握意识形态工作领导权。广泛开展形势任务教育，引导广大干部职工认清形势、干事创业。在主流媒体发表新闻报道650余篇，传递好声音，弘扬正能量。干部人才队伍建设日益加强。树立重实绩重实干重担当的用人导向，大力培养未来接班人。建立年轻干部“赛马”机制，搭建与优秀年轻干部座谈交流平台，强化无任用考核，三、四级单位班子中年轻干部比例达到23%。激发人才队伍活力，对58名人才实施中长期激励和股权激励，4人荣获国务院政府特殊津贴。

10. 从严治党取得新成绩。强化党风廉政建设，营造风清气正政治环境。深化政治监督。围绕“4+2+N”重点工作加强监督，完成27家单位党组织常规巡察及“回头看”工作。强化对“一把手”的监督，对33名党组织负责人进行检视，促进履职尽责。强化巡视巡察整改。实施整改闭环管理，“9+1”问题整改措施完成率98.8%、扶贫惠民领域专项巡视“回头看”反馈问题整改措施完成率93.6%、588项常规巡察问题整改率达到99.1%。严肃监督执纪。深化“2·23”案件以案促改，开展“清风行动”，大数据监督平台实现“两个全覆盖”和“一个突破”目标。运用“四种形态”批评教育253人次。加大纪律审查力度，立案121件，处分110人。

11. 共建共享工作取得新收获。全心全意依靠职工群众办企业，汇聚强大合力，实现企业有效益、职工有收益。职工获得感和幸福感大幅提升。鞍营朝三地均完善了职工收入与企业效益共同增长机制，职工收入同比殷实增长。把握“学史力行”实践要求，关心关爱职工，714项“我为群众办实事”项目全部完成。加大扶贫救助力度，发放救济费902.8万元，核发医疗救济金473.4万元。劳动精神、劳模精神、工匠精神充分彰显。广泛开展各种劳动竞赛，群众性创新创效9500万元。大力选树各类典型，炼钢总厂刘铁荣获全国五一劳动奖章、全国技术能手称号，2个集体获“全国工人先锋号”荣誉，鞍钢股份被评为国家技能人才培育突出贡献单位。面对鞍山市近50年来最强暴风雪，广大干部职工战风雪、保生产、展担当，表现突出的360名先进个人分别给予记功授奖。共青团生力军作用充分发挥。完成青年创新登高项目670项，成长积分制挂职锻炼437人。公司团委荣获全国五四红旗团委称号。扶贫成果更加稳固。落实“四个不摘”要求，投入帮扶资金1730万元，完成13个扶贫项目，驻塔县帮扶工作组荣获新疆维吾尔自治区脱贫攻坚先进集体称号。

此外，围绕审计署、鞍钢集团和鞍山钢铁三级审计发现问题，建立整改台账，压实整改责任，整改完成率达到94.08%，位居鞍钢集团前列。法治建设取得新成效。国安保密工作取得长足进步，获得鞍钢保密工作标杆单位荣誉称号。强化信访维稳工作，全力化解存量积案，严控增量，初访案件办结率、积案化解率分别达到100%、95%，切实解决了一批职工群众急难愁盼问题。

（鞍山钢铁集团有限公司办公室　华玉佳）

【汽车钢营销(服务)中心】 该中心是鞍钢集团汽车钢产品的专业销售服务平台。中心协调ANSTEEL、TAGAL、AHK、本钢、攀钢等与汽车钢相关的技术研发、产品发展、加工配送及客户服务等业务。中心下设经营企划部、冷系产品销售部、热系产品销售部、技术营销服务部、客户需求保障部。2021年末，在岗职工71名。代管长春钢加等13个钢加中心。2021年鞍山钢铁汽车钢销量313万吨，获广汽传祺“优秀合作奖”等多个客户奖项。

理想信念更加坚定。开展“不忘初心、牢记使命”主题教育，认真学习党的政治理论和方针政策。

市场占有率持续提高。2021年实现市场占有率达15%。首次供货广汽菲克；完成15家小微客户开发，新增订货量超1万吨；实现5家新能源汽车的开发；加速认证，完成20个主机厂产品认证。

服务能力不断深化。基于车型全生命周期管控，全面推广QCDDS管理体系，开展项目91个；EVI服务模式探索由项目制向平台化转变。

鞍本攀协同不断强化。建立TAGAL和AHK供应链体系无缝对接的协同平台，实现三地四大品牌供应链全流程一体化服务。

品牌影响力继续扩大。举办东风日产-鞍钢联合车展，售车300余辆；与广汽联合开展员工购车活动，售车百余辆；为一汽大众员工家属开放日制作《钢铁是这样炼成的》宣传片；参加广州汽车用钢展览会；制作鞍钢汽车钢产品手册。

（刘媛媛）

【市场营销中心】 2021年末，鞍钢股份市场营销中心共有职工388人，其中在岗职工358人。有高级职称50人，中级职称254人，初级职称54人。该中心承担着对全公司钢铁产品的营销管理职能，大部分品种的销售单元职能，市场化运作的区域销售平台职能，也是客户服务中心，是鞍钢股份有限公司重要且主要的销售力量。销售产品涵盖热轧系列产品、冷轧系列产品、型材产品、线材产品、重轨等。该中心下设综合管理部（党委工作部）、纪委2个党群管理部门；营销管理部、供应链管理部、客户与产品技术服务部、海外与工程技术服务部等4个业务管理部门；热轧销售部、家电销售部、长材销售部等3个专业产品销售部；东北区域公司、华北区域公司、华东区域公司、华南区域公司、中西部区域公司等5个国内区域公司，各区域公司在部分城市设有办事处，营销业务实现国内市场全覆盖。

2021年，市场营销中心积极推动营销体系改革，聚焦营销价值创造，构建营销特色党建，强化监督保障作用发挥。钢材售价超额完成“双10%”提升目标，跑赢大盘、跑赢预算、跑赢同行；五大区域售价全部跑赢市场，盈利能力大幅提升。全年直供比例比年计划高8.6%；拳头产品、独有领先产品、新产品、战略产品比例分别比年计划高1.59%、2.53%、1.63%、2.35%。

（王长宇）

【设备资材采购中心】 2021年末，设备资材采购中心有在岗职工186人，其中党员128人。机构设置8个部门，即综合管理部、采购运营管理部、供应商管理部、市场开发销售部、生产备件采购部、工程设备采购部、资材采购部和仓储事业部。拥有固定资产4976.65万元，净值1069.92万元。仓储用库房15座，大型露天货场2个，区域库6座。

2021年，设备资材采购中心以习近平新时代中国特色社会主义思想为指导，全面落实鞍山钢铁/鞍钢股份二届二次全委（扩大）会议决策部署，紧紧围绕“保供、降采、创利”三大任务，在PPI同比上涨11%情况下，降采5.09亿元，实现逆势有为，跑赢大盘。

深化改革，管理人员职数降低20%，干部业务调整69.41%。吨钢资材消耗完成公司挑战值，实现创效2.97亿元。高效完成3号高炉等同步检修工程和生产供应工作。

落实“第一议题”制度，将学习贯彻习近平新时代中国特色社会主义思想、习近平总书记重要讲话和重要指示批示精神作为首要政治任务，开展党史学习教育成果显著，中心党委获得公司基层先进党组织荣誉称号。党建基础得到不断夯实，宣传引领作用得到不断深化，风清气正氛围逐步形成，和谐共享取得新突破，19项“我为群众办实事”项目全部落地落实，提升了职工获得感幸福感。

（李永华）

【物流管理中心】 2021年，物流管理中心以习近平新时代中国特色社会主义思想为指导，认真学习党的十九大和十九届历次全会精神，落实习近平总书记重要讲话和重要指示批示精神，树立钢铁物流集约、减量、@客户的服务新理念，完善供应链物流服务生产、服务客户协同新机制，物流体系运营、改革创新、“四化”建设等各项工作均取得历史性突破。物流成本实现351元/吨，创历史新低；鞍钢营口港务有限公司盈利7609万元，超计划109万元，鞍本快赢项目落实落地3项；物流效率、产成品资金占用等关键指标均持续向好。

充分发挥党委政治引领作用，扎实推进党史学习教育，认真组织学习党史、“七一”重要讲话精神，党委中心组学习研讨13次，党委委员、党支部书记上专题党课20次，举办了“学百年党史，守初心使命”现场党史知识竞赛和全员网上党史知识答题，营造浓厚学习氛围。

持续强化党风廉政建设，抓好廉洁地图建设，新录入风险防控点8项。严肃查处信访举报案件，接收公司转办线索2件，实现自办案件为零的突破，完成初核结案线索2件。运用第一种形态8人次。推进“清风行动”落地实施。按照管理层级开展“一对一”谈心谈话57人。排查廉洁风险10项，制定专项治理项目6项，已全部完成。

（朱　宏）

【原燃料采购中心】 2021年，原燃料采购中心实现鞍山钢铁三地原燃料采购总量6009万吨，采购总成本904.4亿元，外购原燃料与同期市场相比差异化降采37.89亿元，同比增加6.19亿元，全品种战略采购率88.53%，采购核心竞争力明显增强，全面完成两级公司下达的各项绩效考核任务，全年进口矿、煤炭采购价格均完成挑战值，铁合金采购价格完成目标值。进口粉矿采购成本在行业重点钢厂中排名第二位，喷吹煤采购成本在行业重点钢厂中排名第四位，炼焦煤采购成本在行业重点钢厂中排名第七位，实现了“跑赢大盘、跑赢自身”的工作目标，保持了采购市场竞争力。

2021 年，大宗原燃料市场资源紧张，保供压力突显，中心顶住疫情防控压力积极实施保产措施，提前低价锁定进口煤资源，协调国内低价长协煤炭增量 85 万吨进行补充，降低采购成本 23.5 亿元，配煤成本实现对宝武集团的赶超，全面完成保供任务。灵活采取多种手段，利用北方七钢原燃料协同平台及南方七钢协同平台，以及鞍本建区域协同平台，联合开展大宗原燃料价格谈判工作，平抑煤炭、焦炭、铁合金市场价格。积极开拓创新，套期保值累计创效 1.39 亿元。强化采购质量监控，通过现场考察、质量交流、质量监督、抽查工作前移、修订外购废钢铁接收管理细则等方式，质量工作不断完善。深化与战略煤炭供应商的合作，稳定资源，稳固战略渠道。持续开展对标工作，鞍本协同采购创佳绩累计创效 4.5 亿元。

（李井杰）

【能源管控中心】 2021 年末，该中心有职工 2088 人，其中管理和专业技术岗位 258 人（高级职称 31 人、中级职称 165 人、初级职称 55 人，副厂处级及以上干部 9 人、科级干部 70 人），生产服务岗位 1539 人；离退休职工 4442 人。中心机关设置党委工作室（工会、党政督查室）、综合管理室、生产技术室、能源管理室、设备管理室、安全环保室，基层机构设发电分厂、供电分厂、氧气分厂、燃气分厂、给水分厂，分厂设置锅炉作业区、变电一作业区等 18 个作业区。厂区占地总面积 2757435.3 平方米，固定资产原值 81.28 亿元，净值 26.38 亿元。拥有发电机组 15 台、锅炉 10 台、鼓风机组 81 台，制氧机组 7 套、各类气体压缩机 91 套；69 个水站；1 套湿法高炉煤气洗涤系统、7 套干法高炉煤气除尘系统、8 套 TRT 发电装置、8 座煤气柜；管辖运行变电所 53 座。设备总重 503326 吨。

能源效率取得新突破，克服了限电、限产、特大暴风雪等不利因素的影响，超额完成公司设定的主要能源指标。其中，吨钢综合能耗 569 千克标准煤，同比降低 12 千克标准煤；吨钢外购能源成本完成 216 元，同比降低 9.5 元；吨钢耗新水 1.7 吨，同比降低 0.11 吨；均创历史最好水平。另外，吨钢余热发电等其他 5 项主要指标，均实现历史较好水平。

深化改革取得新成效，各级组织“瘦身+扁平”，实现机构“能增能减”。通过同类业务整合，使机关部室和作业区全年精简 14%。

（赵春华）

【资源储运经营中心】 2021 年末，资源储运经营中心（以下简称“中心”）有职工 482 人，其中，生产和服务岗位 303 人，管理和技术岗位 61 人，居家职工 89 人，列编外 6 人，人力资源市场 23 人。机构设置为三个部室、五个作业区。固定资产原值 48234 万元，净值 34711 万元。主要设备有 1250 吨液压冷剪机、1000 吨液压打包机，吊车 59 台，龙门吊车 2 台，储油罐 33 个、酸罐 2 个、卤水罐 3 个、解冻库系统 1 台。

2021 年，该中心以习近平新时代中国特色社会主义思想为指导，深入贯彻落实党的十九大、十九届历次全会精神、公司第二次党代会精神和新时代党的建设总要求，一以贯之加强党的建设，团结带领广大干部职工，以深入开展党史学习教育和“党旗引领红色鞍钢”主题实践活动为契机，通过深化“一体两翼”建设，全力推进中心的转型升级。在深化三项制度改革、保产保供和疫情防控等重点任务中，政治核心作用明显，充分发挥党支部战斗堡垒作用和党员先锋模范作用，实现疫情防控和保产保供双胜利。全年实现安全、环保、设备、质量、火灾、交通责任事故为零的目标。废钢铁内外销 711447.87 万元，超计划 10.65 亿元。原燃料收发 1402.53 万吨，材料入库金额 4872.377 万元，入站金额 23.06 万元。通过进行 AB 两家公司对标、“精确销售结算”和“精细物流发运管理”等举措，全年再生资源实现销售收入 9.52 亿元，超计划 1.05 亿元。其中水渣销售收入 8.35 亿元，废旧物资 1.17 亿元，实现逆势增长。

（马文莉）

【鞍钢化学科技有限公司】 2021 年，化学科技公司共有职工 1094 人。在岗管理及专业技术人员 152 人（高级职称 32 人，中级职称 87 人，初级及以下职称33人）。该公司机关设有5个室，基层设有11个作业区和3个中心。该公司主要产品有针状焦、焦油系列、萘系列、苯系列、酚系列、吡啶系列等品种。

2021年，化学科技公司以习近平新时代中国特色社会主义思想为指导，深入学习贯彻党的十九大和十九届历次全会精神，坚决落实两级公司决策部署，以“改革发展、提质增效”为工作主线，紧跟市场形势变化，优化资源配置。化产品销售量77.6万吨，同比增长4%。实现利润总额3.66亿元，同比增长163%。

强化安全生产，保障经营稳顺。开展专项检查52次。全年审批特殊作业计划14847处，有效监管作业过程。多角度多形式全方位排查隐患2782项，整改2546项，整改率91.5%，控制率100%。开展多样化员工安全培训。在鞍山市消防比武竞赛16支参赛队伍中，化学科技公司取得总成绩第一名。

推进制度改革，完善绩效体系。完成环保作业区巡检制改革试点，实现该作业区岗位数量优化65%、定员优化30%、人员优化13%的目标。实施公开竞争上岗及组阁制，完成34名管理人员“揭指标竞聘，带契约上岗”及114名管理技术岗位人员双向选择组阁上岗，管理人员末等调整、不胜任退出比例达到5.9%。

坚持市场导向，增强服务意识。增加与大型直供企业合作，开发16个产品新用户，纯苯直供占比84%，改质沥青直供占比82%，东北市场产品投放占有率86%。核心用户份额86%，同比增加3%，出口合同订货同比增长12%。电商平台销售成交产品8.5万吨，成交金额2.9亿元。充分把握粗苯原料市场机遇，同比增加采购量1.3万吨，扩大了粗苯深加工盈利水平。

增强竞争优势，促进产业发展。完成专利授权14件，专有技术认定5件，11篇科技论文被收录至第十三届钢铁年会、全国焦化会议等论文集。炭材研发中心被授予“省级企业技术中心”称号。组织科技降本增效立项35项，完成21项，创效2770万元。

（赵　毅）

【鞍钢集团朝阳钢铁有限公司】　鞍钢集团朝阳钢铁有限公司前身是鞍钢集团朝阳鞍凌钢铁有限公司，占地面积367万平方米，企业注册资本28亿元，鞍钢和凌钢分别持有75%和25%股份。2014年9月15日凌源钢铁与鞍山钢铁签署了《国有股权无偿划转协议》，将其拥有的25%全部股权无偿划转给鞍山钢铁。2014年9月26日，“鞍钢集团朝阳鞍凌钢铁有限公司”更名为“鞍钢集团朝阳钢铁有限公司”，作为鞍山钢铁全资子公司管理。

截至2021年12月末，在职职工人数2006人，其中管理技术岗位人员297人，岗位操作人员1709人；居家及列编外人员34人，退休职工人数177人。机关设9个职能部门，分别为综合管理部（党委工作部、董事会办公室）、市场营销部、物资采购部、制造管理部、安全环保部、设备工程部、财务运营部、纪委（党政督查室）和工会。下设7个基层单位，分别为焦化厂、炼铁厂、炼钢厂、热轧厂、能源管控中心、加工储运中心、计量化检验中心。

规模年产200万吨钢，拥有1座综合原料场，2座50孔焦炉及干熄焦等配套设施，1台265平方米烧结机，1座2600立方米高炉，2座120吨顶底复吹转炉及2座LF炉、2台单流板坯连铸机，1条1700ASP连轧生产线，3台10000立方米/时制氧机，1座容量为3×25兆瓦的热电站，以及供电、供排水、燃气、热力、制氧、石灰、总图运输等配套设施。

2021年，朝阳钢铁以习近平新时代中国特色社会主义思想为指导，深入学习贯彻党的十九大和十九届历次全会精神，在两级公司正确领导下，坚持深化改革、释放效能，经受住了新冠疫情复杂多变、产业政策不断加严和市场形势大起大落的“三重考验”，在“双跑赢”战场取得完胜，创造了一系列突破历史的新成就。

深化改革成果显著。将巩固市场化改革升级2.0成果与三项制度改革部署相融合，完成“两制一契”模式、“双合同”管理的落地，确保“授权+同利”机制不断深化。获评国务院国资委“中央企业先进党组织”和“管理标杆企业”两项殊荣。

行业地位持续攀升。全年盈利15.5亿元，销售利润率13.58%，吨材利润664元，三项指标都创历史最好水平。

管控能力不断加强。上半年充分释放产能，高炉利用系数、炼钢最高日产、热轧班产都突破设计极限，刷新历史最好成绩。下半年，根据产业政策要求及时切换生产组织模式稳妥完成限产控电降能耗要求。

人员素质大幅提升。49 人职称提档，166 人技能晋级，员工能力素质显著提升。举办“朝阳”人才培训班，优秀学员中 2 人荣获鞍钢集团劳模，4 人荣获鞍钢集团先进生产（工作）者，人才集聚效应更加凸显。

（王　健）

【鞍钢能源科技有限公司】 2021 年末，鞍钢能源科技有限公司共有职工 34 人。其中管理及专业技术人员 21 人，生产一线人员 13 人。与中集安瑞科合资成立鞍钢中集（营口）新能源科技有限公司。与空气化工产品（中国）投资有限公司成功签约，组建鞍钢新能源空气产品有限公司。

2021 年，能源科技实现销售收入 2.46 亿元，实现利润 1838 万元，超额完成年初鞍山钢铁下达的利润挑战值。公司党委被评为 2020 年度鞍钢集团先进党组织和先进单位。公司党委、氧气厂党支部荣获鞍钢集团“先进党组织”荣誉称号。党建课题荣获鞍山钢铁三等奖。组织拍摄了鞍钢集团“优秀共产党员”佟强先进事迹。实施鞍山本部、鲅鱼圈基地低温液体销售一体化管控，全年销售低温液体 10.70 万吨；实现收入 7943 万元，实现利润 1234 万元。新增炼钢连铸切割区域包保作业业务，实现炼钢切割产线供气维保一体化运营，增加收入 310 万元。形成了聚焦“四大产业”，明确“三个定位”的“3045”发展规划。推进市场化选人用人。招聘高端人才、管理和专业职能人员 13 人。制定经营者奖励方案，建立了“目标分档，激励分级”的激励细则，低温液体事业部 8 月创造单日低温产品销售 616 吨，全国大型气体企业单日充装量第二名的佳绩，创鞍钢低温液体销售单日充装量历史最好成绩。

（王　乐）

【德邻智联（鞍山）有限公司】 德邻智联（鞍山）有限公司是一家提供以钢铁产品为主的大宗商品互联网交易服务公司，前身是鞍山钢铁集团电子商务中心，注册资本 6000 万元，由鞍山钢铁集团有限公司与鞍钢股份有限公司共同注资成立。打造了钢铁期货销售平台、钢铁现货销售平台、循环物资销售平台、工业品及办公用品采购平台、大宗商品销售平台和基于区块链技术的供应链金融等六大平台。2021 年电商平台 GMV 实现 777.88 亿元。通过聚拢资源，重构生态圈，完成了找运输、找加工、找金融、找仓储系列平台功能的建设，实现供给端和客户端的精准匹配、全链条的一站式服务。

（胡竞文）

【鲅鱼圈钢铁分公司】 1. 运营水平持续提升。2021 年该公司焦、铁、钢、材产量分别完成 250 万吨、569 万吨、610 万吨、644 万吨，实现有限资源效益最优化。全年实现利润 32.32 亿元，超额完成挑战目标，创开工以来新纪录；钢材销售利润率达到 10.24%，处于行业先进水平；组织 35 家单位、5000 余名人员完成了 12 套机组的同步大修工作，创造了开工以来的检修纪录；实现了“三保三控”目标，高炉投产后 10 天达到 2.3 系数，各机组设备功能状态明显改善，为提升运行效率奠定了坚实基础。

2. 品牌建设持续创优。热轧产线在产品全覆盖的基础上，重点聚焦集装箱、热轧硅钢、优结钢等高效品种，系统增强品种盈利能力。中厚板产线坚持“规模+精品”发展路线，实现 95 毫米厚止裂钢稳定供货，首次承接反应堆 ZQ460 钢板合同，完成世界最宽（5048 毫米）耐热合金钢的生产供货，继续保持高精尖产品在中厚板行业的领先地位，全年新产品、独有领先产品和战略产品比例分别达到 39.5%、41.7%和 59.7%。

3. 绿色低碳持续升级。按照双碳发展要求，坚持不降水平原则，深入推进节能降耗，强化节能项目攻关，完成 35 吨锅炉增容改造、冲渣余热水采暖、压缩空气节能等 6 个项目，累计投资 8450 万元，年创效 7470 万元。强化能源集控管理效能，系统优化燃气、热力、制氧、电力、水系统综合效率，开展各工序节能技术竞赛，实现节能管理创效 1756 万元。推动外销嘉里粮油蒸汽、外销矿渣煤气、低温液体等市场化创效，年累计创收 2278 万元；加速推进“创 A”工作，全面完成公司下达的污染物排放总量指标，二氧化硫和颗粒物同比分别减少 10.6%和 7.7%，全面推动美丽厂区建设，升级绿化面积 5000 余平方米，修复零星破损道路 40 余处、2.1 万平方米，生态发展竞争力持续提升。

4. 深化改革持续发力。持续深化“3+1”市场化改革，对炼焦部、炼铁部、厚板部完成扁平化规范改革工作，实现技术质量、行政事务等业务集中到专业室管理。深化机关部门去行政化管理，取消内部模块建制，破除内部行政壁垒；推行“两制一契”管理，内部不同层级管理人员两制管理覆盖率达到100%，经营层人员契约化管理覆盖率达到100%；试点高炉区域承包，有效发挥了绩效评价的精准导向作用。创新岗位绩效考核模式，持续提升“e考核”管理成效，同岗位收入差距拉大，有效激活微观主体活力。持续深化三项制度改革，打破身份级别限制，111名管理人员揭指标上岗，提拔管理人员10名，退出管理岗位12人。

5. 智能制造持续上新。全年投资3.6亿元实施智能制造项目43项，集控改造基本完成，原料场、高炉、炼钢、热轧、厚板5个集控中心建成投运。示范产线加速建设，完成原料、炼钢、厚板3条智能制造示范产线建设，热轧智能制造产线、智慧铁水运输等项目建设积极推进。重点区域操作室集控率达到59%，3D岗位换人率达到32%，生产流程100%实现自动化。智能装备应用、工艺模型优化、基础自动化水平显著提升。

6. 和谐企业持续发展。选树各层次先进典型，热轧部生产运营室荣获“全国工人先锋号”称号，夏伟等89名同志分别获得省市和鞍钢集团级荣誉称号；投入437万元，实施11个关爱项目，职工工作环境和生活福利设施得到显著改善；积极开展送温暖活动，走访慰问职工429人次，发放救济金29.2万元。

（乔秀权）

【炼焦总厂】 2021年末，炼焦总厂共有在职职工1419人。其中在岗职工1085人，管理和专业技术人员133人（正高级职称3人、高级职称20人，中级职称84人，初级职称26人），生产操作人员970人；居家休息职工149人，离退休职工2762人。该厂机关设置生产技术室、安全环保室、设备管理室、党委工作室（党政督查室、综合管理室、工会），基层设12个作业区。炼焦总厂现有大型焦炉12座，其中6米焦炉8座、7米焦炉4座，以及与之相配套的配煤系统；处理能力为190吨/时的干熄焦装置2座，处理能力为140吨/时的干熄焦装置4座。焦炭设计生产能力730万吨/年，干熄焦蒸汽回收1021.53万吉焦/年，年消耗洗煤968.84万吨。主要产品焦炭用于炼铁生产，回收焦炭显热产生蒸汽用于发电，同时为鞍钢化学科技有限公司提供荒煤气。全年生产焦炭751.19万吨，完成公司计划。其中，M40提高0.34%，M10改善1.08%，硫分改善0.1%，灰分改善0.2%；全焦单位成本降低24.05元/吨，降低成本1.8亿元。连续第8年获评集团先进单位。

科技创新取得新势能。开展公司级科研课题43项、厂级科技创新项目70余项，获得集团重大科技进步奖、辽宁创新方法大赛等各类奖项17项，申请专利15项，科技成果创效7000余万元。

稳定运行取得新提升。全年调整配煤比36次，开发新煤种17个；全年完成检修项目845项、定修实现率100%，高质量完成二、四和西部炼焦3套干熄焦年修及大修工程，全年整改设备缺陷35862项。

企业文化取得新业绩。评选表彰“我身边的雷锋”先进个人14名、先进集体4个。鞍钢雷锋纪念馆接待鞍钢、社会团体127个，近万人次，2021年6月被命名为中央企业爱国主义教育基地。

共建共享取得新成果。总厂荣获第25届全国发明展览会金奖1项、银奖1项、铜奖2项。完成12个职工群众急难愁盼的办实事项目。慰问困难、离退休职工828人次，发放救济金36万元。处理职工代表提案12件，办理“一日厂长”建议44项。创新登高完成项目56项，累计创效357万元。团委荣获2021年度鞍钢集团创新登高十佳组织单位。

（张金鹏）

【炼铁总厂】 2021年末，炼铁总厂有职工2915人，其中在岗职工2448人，管理及专业技术人员288人，生产操作人员2160人，居家休息职工425人，离退休职工4607人。固定资产原值为120亿元，净值为53.3亿元。主体设备有大型现代化烧结机6台、带式球团焙烧1台、高炉8座。

领航作用有效发挥。“第一议题”学习文章27篇，中心组学习研讨7次，完善党委贯彻落实习近平总书记重要指示批示工作机制清单、台账51项。开展党史学习教育，制定方案，形成4类17条措施，整改问题256项。实施党委委员围绕生产经营抓党建项目12项。开展庆祝建党100周年表彰大会，感受发展的步伐、榜样的力量。球团党支部被评为集团“样板”党支部，5个党支部被公司表彰。3高炉共产党员工程获集团一等奖。

关键指标取得新突破。高炉利用系数提升

0.035吨/(立方米·日)，入炉焦比、燃料比下降1千克/吨、12千克/吨。3200立方米高炉关键指标超行业标杆。高炉工序能耗（以标准煤计）降低12.83千克/吨，人造富矿工序能耗（以标准煤计）降低0.34千克/吨。生铁和烧结矿产量实现1745.73万吨和2027.17万吨，跑赢大盘63.4元/吨。

设备保障能力进一步增强。通过延长定修周期、合理组织定修工序等措施，高炉设备开动率提高0.66%，烧结设备开动率提高0.26%。实施智能制造项目9项，炼铁集控中心项目，主体工程完工。600平方米项目按计划推进。

安全环保基础管理得到夯实。建立"五级"履职评价体系，109人签订责任状，实施履职事项578项，厂领导挂牌督办27项重点隐患。开展新《安全生产法》培训、"五清五杜绝"等工作，考核相关方单位47个91.21万元，33人入"黑名单"清退。全厂48套环保设施实现了超低排放，补植绿地4.6万平方米，完成创新攻关18项，获公司一等奖4项。

三项制度改革初见成效。建立3个分厂、5个室、3个直属作业区的管理格局，作业区压缩至21个，管理专业技术岗位编制定员减至292个。管理人员末等调整和不胜任退出人数占比5%。新提职人员中"80后"占比65.3%。

职工的获得感显著提升。以"我为群众办实事"为核心，立项31项，全部完成。安装储水箱35处，铺设地砖墙砖等2200平方米，安装空调118台，马路硬覆盖2万余平方米。全年职工人均年收入增长15.5%。走访职工1006人次，累计53.94万元。

（赵　岩）

【炼钢总厂】 2021年末，鞍钢股份炼钢总厂共有职工4083人，其中在岗职工3680人，管理及专业技术人员400人，生产操作人员3280人，居家休息职工403人。该厂机关设五室，即综合管理室、党委工作室（党政督查室、工会）、生产技术室、安全环保室、设备管理室；划分4个分厂、下设23个作业区。现有转炉13座，精炼炉20座，连铸机13台，具备年生产2000万吨钢能力。2021年，主体和全口径劳动生产率分别提高到5490吨/(人·年）和3829吨/(人·年)。

生产经营工作卓有成效。一是生产效率实现新突破。全年产钢1792万吨，最高日产纪录达5.99万吨，最高达月产174.08万吨。二是成本管控取得新成效。耐材成本完成50.37元/吨，全年完成加工成本614.75元/吨。吨钢综合能耗完成-8.04千克标准煤。三是产品质量达到新高度。全年钢坯质量合格率99.71%，原品种合格率99.31%，一次合格率95.66%。

设备管控水平不断增强。一是不断提升设备保障能力。设备开动率达95.40%。二是抓好改造项目落实。完成5号转炉年修工程、4号和5号板坯铸机升级改造、5号线钢水罐冷修工位移迁项目、3号铸机一期升级改造工程。三是加快智慧炼钢建设。完成了三分厂倒罐、脱硫、精炼、精整区域智能制造二期集控工程，鱼雷罐车插拔电机器人、倒罐间铁水辅助测温取样机器人、LF多功能机器人已陆续投入使用。

体制机制改革再突破。一是制定《炼钢总厂三项制度改革方案》和《任务清单》，完成了三项制度改革任务。二是优化健全干部考核机制。修订《中层及以上岗位人员管理办法》，增强了中层干部想事、干事的动力。三是全面实施人才素质工程。在第二十五届全国发明展览会中，获得金奖2项、银奖4项、铜奖5项。刘铁、王振奎创新工作室分别晋级省级和集团级创新工作室，首个鞍钢集团级青年创新工作室和技能实训基地"落户"该厂。

服务基层水平明显提升。深入推进"惠民工程"建设，累计投资440万元，完成现场环境优化项目80项。完成"我为群众办实事"实践项目26项。帮扶救济困难职工587人，发放救济金50.29万元。

（曾　文）

【热轧带钢厂】 2021年末，热轧带钢厂轧出产量1145.8万吨，超公司计划0.8万吨，实现利润14亿元，同比增加204%；工序成本216元，同比改善4%，全年降本1.03亿元；有效作业率增至85.5%，劳动生产率提升10.2%；各项核心生产经营指标均创历史新高。"热轧实践"改革经验在全公司推广，热轧厂被评为2021年度鞍钢集团先进单位。

三线日产分别达到8700吨、12700吨和14350吨，年产水平分别增至275万吨、450万吨和485万吨，吨钢成本分别降至211元、226元和

212元，全厂煤气单耗、电单耗、综合能耗（以标准煤计）分别完成1.11吉焦/吨、106.8千瓦时/吨、45.8千克/吨，均创历史最好水平。全年5类19项重点改革任务全部完成。圆满完成1700线升级改造，改造后最高日产达到9678吨，建成集控中心，实现11人制班组。三线月均事故时间同比分别降低29.4%、38.7%和22.2%。缴库成材率、外异率、现货率分别完成97.49%、0.06%、0.88%，均为历史最好水平。扎实开展“我为群众办实事”活动，全年共完成关爱项目31项。走访慰问困难党员职工603人次，发放慰问金34.42万元；大病医疗救助10人次、发放救助费9.97万元。全年申报专利28项，专有技术14项，QC成果2项，重大合理化建议26项，公司级科研课题12项，获得辽宁省创新方法大赛一、三等奖各1项；获得集团科学技术奖2项。全年完成各类课题65项，创效13172万元。全年排查隐患2424项，整改完成率99.92%。该厂荣获2021年度鞍山钢铁“安全生产先进单位”“消防安全先进单位”双荣誉称号。举办“党支部工作大讲堂”2期，总结2150生产作业区党支部“三盯”工作法；全年完成共产党员“挑战项目”97项，创效3600余万元，表彰先锋岗288个、责任区67个。对外宣传报道116篇。曲晓东荣获“辽宁省优秀共产党员”称号，106名一线职工被评为“热轧先锋”月度人物，37名“老黄牛”入选“绿叶之星”。抓深抓实形式主义、官僚主义问题专项整治，完成重点任务清单8项，减负任务清单29项。扎实推进“清风行动”，排查出关键业务27项、风险点224个，制定整改防控措施71项；专项监督成果被鞍山钢铁纪委评为二等奖。1780线生产甲班被评为“全国工人先锋号”；在第二十五届全国发明展览会上，获1金1银4铜；厂团委荣获两级公司“五四红旗团委”称号。

（刘　晟）

【冷轧厂】 2021年末，冷轧厂在岗职工总数2470人，其中干部354人，工人2172人。居家职工270人，列编外职工19人，市场人员17人。该厂设四室一会，5个分厂，3个工区，2个直属作业区；党委下属4个党总支，23个党支部，党员1211人。2021年，该厂生产规模达到639万吨，全年营业利润18亿元。

科技创新取得新成果。开发出铝锌镁基彩涂产品；实现厚规格铝锌镁产品国内首发；实现超高强汽车钢TBF稳定轧制，实现鞍钢590兆帕、780兆帕级DH钢首次生产；高氧搪瓷钢通过客户批量认证，搪瓷钢总销量翻倍增长。铝硅涂层热冲压钢项目获得工信部专项资金支持。

降本增效成果显著。推行集约化生产，各机组实现105%产能提升。连退直下比例提升至72%；优化包装方式，实现降本1000余万元。综合能耗持续降低，全年能耗（以标准煤计）完成51.5千克/吨，同比降低0.52%。

质量管控稳中有进。顺利通过JIS、QEO、IATF16949质量体系审核；异议件数、异议率降低40%；大连TAGAL及广州汽车钢冷硬卷降级率降幅分别达到0.2%、3.18%；高铝锌镁新产品开发进展顺利，填补了鞍钢此品种空白。

设备保障再登新高。对标宝武，推进联合机组设备自动化率管理，全线自动化率均值达到91%。进一步释放轧机效率，全年轧机OEE指标同比提升7.2%。

风险控制能力得到新提升。落实“党政同责、一岗双责”，明确各级管理人员安全生产责任。组织开展安全生产专项检查56次，整治安全隐患2444项；安全投入资金900余万元，用于焊机区域封闭联锁、酸洗工艺段安装消防水炮等重点项目。

职工队伍建设能力得到新提升。投入关爱员工工程资金627万元，持续改善职工休息及工作环境。全年共走访慰问职工416人次，发放慰问金27.87万元。刘炳刚工作室被命名为集团公司级职工创新工作室、二分厂创新工作室被鞍山钢铁命名为齐云勇创新工作室。二分厂设备作业区联合机组电气点检组获得全国机冶建材行业“创新百强班组”荣誉称号。在第二十五届全国发明展览会评比中，荣获金、银、铜奖各1项。

职工队伍建设成果显著。张哲荣获“辽宁五一劳动奖章”，刘炳刚荣获“鞍山市劳动模范”，徐涛、杨勇荣获“鞍钢集团劳动模范”等荣誉称号；田宇、王亮在辽宁省及鞍山市技能竞赛中取得佳绩。

（孟祥瑞）

【冷轧硅钢厂】 2021年末，冷轧硅钢厂职工总数1023人，其中在岗813人，管理及专业技术岗位85人（高级职称10人，中级职称67人，初级职称5人，其他3人），生产及服务岗位728人。厂机关设党委工作室（综合管理室、党政督查室、工会）、生产技术安全室、设备管理室，下设东区生产作业区、西区生产作业区、机械作业区、电气作业区、公辅轧辊作业区、检修作业区、运转作业区7个作业区。

生产经营业绩突出。2021年完成产量118万吨，盈利16.24亿元，创历史最好水平。西区全年产量规模提升至11万吨，成本同比降低2182.20元/吨，实现扭亏盈利。高磁感取向硅钢两次试制综合成材率分别为71%和67%，具备批量生产条件。新能源汽车用硅钢30ADG1500实现突破。实施东区连退1号、3号机组及西区成品退火机组项目改造。“家电硅钢智慧产线”和“新能源硅钢智慧产线”“十四五”规划项目通过公司审批。

品种结构持续优化。全年“双高产品”增幅达到52.88%，中牌号产品增幅达到58%，中高产品比例达到26%以上。高端压缩机用硅钢、新能源汽车驱动电机用硅钢、高磁感取向硅钢等高端战略品种开发取得重大突破，中车高端牵引电机用硅钢已认证合格，成功打开风电用钢市场。

推进三项制度改革。深化市场化、契约化经营机制，实施全员岗位绩效考核，充分体现业绩贡献决定薪酬分配。在全公司范围内率先运行赋能中心，清理不规范劳动关系解除劳动合同4人，全年劳动生产率达到1308吨/(人·年)。

坚持以职工为中心。深入开展“我为群众办实事”专项行动，高质量完成1个公司级项目、26个厂级项目，职工获得感持续提升。全年走访慰问各类困难职工、居退休人员等173人次，发放救济金9.86万元。为2名患重病职工申请保险救助。为70名女职工办理团体安康保险。严防安全和疫情风险。强化红线意识和底线思维，落实“一岗双责”要求，强化各层级安全履职，维护了广大职工群众的健康安全。

（高　瑞）

【中厚板事业部】 2021年末，中厚板事业部职工总数1042人，其中在岗808人，管理及专业技术岗位179人，生产及服务岗位629人，离退休1085人。该事业部下设鞍山中厚板厂和四部一会，固定资产原值23.16亿元，净值4.81亿元。鞍山中厚板厂厂区占地面积41.01万平方米，建设面积17.56万平方米。生产能力达到520万吨/年。

生产经营成绩斐然。实现利润8.36亿元，同比增加133%；吨钢利润177元，同比提高96元；完成产量464.95万吨，同比增加29.04万吨；合同执行率达到97.2%，同比提高2.6%；成材率达到91.51%，同比提高0.91%。

盈利能力持续提升。成功入围“中石化2021年度长输管线框架采购协议”，三峡集团发来感谢函。国家管网与鞍钢集团签署其成立以来首个与钢铁行业的战略合作协议。东北区域全年销量217万吨，同比增幅10.7%；提高盈利能力，平均销售利润率为4.3%，同比提升2.3%。

产能效能持续突破。战略品种占中厚板总订货量的54.98%，“拳头”产品订货量占比42%。5500产线探索出围绕管线钢为主导的生产新模式，管线钢月供能力提升至5万吨；4300线耐磨钢年交货1.9万多吨。四条产线都创同期最好水平。

科技创新成果丰硕。超厚超宽强度反应堆安全壳用钢AG728、500兆帕级免涂装耐候桥梁钢、LPG船用低温钢、深海高应变X70级管线钢、风电塔筒示范工程LP钢板实现全球首发；参与3个原创技术策源地项目和3个“1025”项目，1个项目成功申请国家自然科学基金、1个项目获得全国发展金奖、1个项目获得国家科学技术进步奖。

降本增效持续深化。坚持“系统管、管系统”，实现吨钢系统降本47元。降低在产品库存，同比降低17%，创历史最好水平。提高两线热送热装率，2500产线煤气单耗创历史最好水平；开展合金减量化设计，实现合金降本1.07亿元。

设备保障能力持续增强。2500线和4300线设备作业率完成89.15%和88.94%，其中4300线作业率及超90%作业率次数均达到近10年最好水平。加强设备功能精度管理。

企业管理取得新突破。安全环保局面持续改善。全年实现人身伤害事故和重大安全、疫情、质量、设备、环保事故为零的目标。10名直管领导人员“揭指标竞聘，带契约上岗”。职工收入同比提升20%以上，浮动工资差异系数达到1.1。完成“我为群众办实事”项目22项。在第二十五届全国发明展览会荣获金奖1项、银奖1项。

（张　璐）

【大型总厂】 截至2021年末，大型总厂共有在职职工2095人。拥有轨梁、无缝钢管两个分厂，型材、连轧、小型三条生产线，热处理、轧辊、检修三个直属作业区，增设工艺技术研究所、技术服务中心，是集重轨、无缝钢管、大中小型材、方圆钢生产于一身的一流精品长材生产基地。

安全管理水平不断提升。建立《安全履职清单》，引进连带考核机制，促进了安全责任的落实。充实完善了28个管理制度，修订《安全技术规程》共14条，新增4条。

产品实物质量不断提升。进行全万能工艺改进，实现常规品种100%全覆盖。全年重轨质量指数综合评价行业排名第一。一次性通过了QEO、CRCC、GJB、TS审核及BV、RINA、LR船级社换证、探伤机设备等认证审核。轨梁产线全年成材率同比提高0.45%；小型产线成材率完成101.72%，创历史新高；连轧产线成坯率完成98.52%，创历史新高。

产线技术装备水平不断提升。无缝产线通过改造可将无缝产线年产量增加28万吨，劳动生产率提高650吨/(人·年)，实现扭亏为盈。连轧产线改造后满足线材、无缝高端产品对原料的需求。轨梁产线进行升级改造，解决了轨梁产线只能生产路内轨和出口轨的品种单一问题，逐步提升作业率、成材率及产品合格率，行业整体排名将进入前两名。

企业管理水平不断提升。进一步优化人力资源106人，提高劳动生产率。轨梁分厂依托智能化操控平台，通过程序优化及硬件升级，达到8号台独立操控，实现岗位减员8人。优化管理专业技术岗位人员6人，有5名青年干部走上领导岗位。打破身份界限，有2名生产服务岗位人员通过竞聘走上管理岗位。

职工幸福指数不断提升。开展"大指标创优，小指标夺冠"劳动竞赛活动，全年评选优胜班组162个班次，"优秀操作工"及"优秀点检员"共计307人次。开展"提质降耗、降本增效"优秀合理化建议评选活动，共评选优秀合理化建议成果212项。聚焦《"我为群众办实事"实践活动实施方案》，确立了厂级专项服务项目18项，基层单位项目82项，所有项目均按期结题。

（贺　冰）

【线材厂】 2021年末，该厂在岗职工298人，生产及服务岗位职工242人。设3室、4个作业区。固定资产原值15.13亿元，净值6.91亿元。厂区占地面积12.58万平方米。主要设备：高速线材轧机4套，步进梁式加热炉2座，打包机4台。

该厂以习近平新时代中国特色社会主义思想为指导，深入学习贯彻党的十九大和十九届历次全会精神，认真落实上级工作安排，带领职工开拓进取，经营效益及改革创新等工作实现历史突破。

技经指标实现新提升。产量147.28万吨，超计划11.28万吨；废次降率控制在1.41%，比计划降低0.42%；一次合格率达96.56%，比计划提高0.19%；责任异议率控制在0.03%，比计划降低0.04%；利润超计划1.7亿元。荣获鞍钢两级公司先进单位、辽宁省用户满意企业等称号。

创新成果再添新收获。申报公司专利6项、专有技术4项；2个项目分获25届全国发明展览会金奖、铜奖。

企业管理迈上新台阶。推进三项制度改革，压缩机关部门30%，管理技术岗位压减到7%。争创安全生产标准化一级企业，获评鞍山钢铁"安全生产和消防安全达标单位"。通过QEO及IATF16949年度内审、日本JIS认证复审。

党的建设得到新加强。以高质量党建引领企业高质量发展。1号线生产作业区党支部获评鞍钢集团党支部工作示范基地、辽宁省党支部标准化规范化建设示范点。

（刘　丹）

【技术中心】 2021年末，技术中心现有在职职工476人，其中，在岗职工469人，包括管理及专业技术岗位431人、操作岗位38人。中心下设党委工作部（人力资源部、工会）、综合管理部、科研管理部3个管理部门，研发保障中心、汽车与家电用钢研究中心、海工用钢研究所等13个基层单位。固定资产原值4.41亿元，净值1.66亿元，占地面积2.87万平方米，建筑面积4.69万平方米。

全年承担科研课题783项，其中国家课题51项；实现合同收入3.32亿元，科技降本增效4.67亿元，新产品推广344万吨，技术贸易利润518万元；修订ISO国际标准2项，申请发明专利296件，授权PCT专利1件，认定专有技术56件；发表论文33篇，其中，SCI收录6篇、EI收录5篇；科研成果4项入选《中央企业科技创新成果推荐目录》，11 项获省部级奖，10 项获鞍钢科学技术奖；26 件专利获第二十五届全国发明展览会奖。

科研创新取得突破。新型 500 兆帕级（HPS 系列）免涂装耐候桥梁钢、SKZ 用吉帕级海工钢、深海高应变海洋管线钢 X70 等 3 项新产品实现全球首发；形成深海承压结构“配套技术—装备—制备工艺”关键技术、深海高应变海洋管线钢板应变能力控制技术、高强度反应堆安全壳用钢自主化研制等 3 项国际引领技术；4 项“1025”项目提前完成全部攻关任务。

改革攻坚持续发力。确定 5 类 17 项三项制度改革项目；深化“去行政化”改革，实现领导指数压减 75%；完成研发岗位等级序列评定办法新旧转换，建立以积分制为基础的人才评价体系；签订《鞍本研发机构协同研发合作协议》。

保障能力显著增强。积极应对国家重点实验室重组，启动《重点实验室未来五年规划》；着力推进自主创新专业化研发平台建设；冶金研发大数据一期项目正式投入使用，中试基地搬迁建设方案通过公司论证。

发展合力不断凝聚。在国家和省级媒体刊发科研人员和团队事迹宣传稿件 67 篇；开展“我为群众办实事”实践活动，食堂、浴池修缮一新，完成 25 项中心级、34 项研究所级项目；举办建党百年职工文艺汇演，组织开展多项体育比赛和社会公益活动。

（孙艺娜）

【质检计量中心】 2021 年末，该中心共有在职职工 857 人。其中在岗职工 716 人，管理、专业职能及工程技术岗位 131 人（高级职称 27 人、中级职称 87 人、初级职称 15 人），生产及服务岗位 585 人，居家休息 113 人，其他人员 28 人。该中心下设“五室”、7 个实验室/作业区及 2 个代管机构。

2021 年，该中心主要里程碑事件：一是于 7 月 20 日被授予计量管理职能，成立计量管理室，建立“五位一体”计量管理模式，开创公司计量管理新局面。二是鞍钢本部首个全自动炼钢化验室正式投产，智慧运营一体化管控系统如期运行，助力“数字鞍钢”建设。三是联合开发的布洛维氏硬度达到国内一流水平，自主开发的具有称重功能的超偏载轨道衡实现国内首创。四是中化炼铁区域实现取样人员集中管控，外购地煤由倒班改为白班检验。J306、C5、西部炼焦 3 套自动转鼓实现远程集控，二烧、三烧一体机与自动荧光仪实现烧结矿取制化的全自动分析。五是以开展党史学习教育为契机，召开“两优一先”表彰大会暨“奋斗百年路 启航新征程”文艺汇演，献礼建党 100 周年。开设微信公众号，编发《质计通讯》、讲好质计故事。六是对外购镁石“换样”问题立案调查，实现无自办案件的突破。七是潘杰创新工作室晋级为鞍山市劳模创新工作室。

（徐晓霞）

营口市鞍钢水业有限公司

【概况】 营口市鞍钢水业有限公司现有在岗职工 70 人。公司设有综合管理部（党务工作部）、生产运行部、技术设备部、财务部四个部门，玉石水库、杨家店净水厂两个基层单位和经营事业部。2021 年实现销售收入 6869 万元，实现利润 2757 万元，超额完成全年利润指标挑战值。

【保产保供工作】 加强输配水管线管理和供水调配，2021 年调配水作业 340 余次，不断提高水量调节能力，采取错峰供给，在确保供水保证率的基础上，保证供水运行平稳，提高用户满意度。

【度汛防洪工作】 编制 2021 年《玉石水库防洪抢险应急预案》和《玉石水库调度规程》。开展玉石水库水工模型实验，通过模型试验对水位、库容、闸门开度及溢洪道泄量等数据进行校核，为玉石水库在防汛期间提供更精准的决策依据。2021 年汛期通过综合分析和及时调度决策，做到提前避险、精准操作，确保了玉石水库安全生产运行和下游百姓的生命财产安全。

【设备的日常管理】 2021 年累计完成设备维修、保养及维护 290 项，保证了设备可靠运行。严格执行设备点检程序，切实发挥设备点检对生产设备运行的作用。实施高位水池自动化改造项目，设备安装调试全部完成，工控机远程监控画面已传至杨家店净水厂中控室使用，为该公司生产集约化管理打下良好基础。

【三项制度改革】 推行“两制一契”管理，经营层人员契约化管理覆盖率达到 100%，全体职工实现 100%“双合同”管理；通过规范组织机构，调整业务职责，实现体制运行与业务管控调度一致。完善绩效考核办法，按照“高目标、强激励、低目标、弱激励”的原则，推进薪酬差异化管理。

（张媛媛）

鞍钢冷轧钢板（莆田）有限公司

【概况】 鞍钢冷轧钢板（莆田）有限公司（以下简称莆田公司）有酸轧联合机组、冷轧连退机组、热镀锌机组各一条，生产用于家电、汽车行业的高质量冷轧和镀锌产品，产能规模100万吨/年，其中冷轧70万吨/年，镀锌30万吨/年。

莆田公司在职职工227人，其中管理技术岗位人员63人，岗位操作人员164人。公司组织架构设有6个部门、3个工区。

2021年，面对新冠疫情肆虐、限电停产压力、市场形势多变等复杂局面，该公司以习近平新时代中国特色社会主义思想为指导，深入学习贯彻党的十九大和十九届历次全会精神，坚持以高质量发展为核心，紧扣“向规模要效益，向效率要效益”的工作主题，切实将党史学习教育成效转化为企业发展动力，团结带领广大职工群众坚定发展信心，直面风险挑战，积蓄发展动能，推进规范运营，净化政治生态，企业改革发展取得新突破。全年完成产量95.39万吨，实现销售收入14.15亿元，同比提高88%；经营利润2442万元，同比提高60%，创历史最好水平。在培育树立先进典型上，1人荣获莆田市劳模称号，1人荣获“莆田工匠之星”荣誉称号，2人获得鞍山钢铁集团公司先进生产工作者称号，联合机组丙班获评鞍山钢铁集团公司2021年度五好班组。

（陈　骁）

鞍钢钢绳有限责任公司

【概况】 2021年面对严峻、频发的新冠疫情，钢绳公司全面贯彻习近平总书记关于疫情防控重要指示批示精神，保证了生产经营稳定和职工生命安全，2021年实现金属制品产量2.2万吨，收入27591万元，利润169万元，完成利润计划指标，实现脱僵治困目标。

【强化改革】 2021年该公司持续深化内部改革，实施组织机构和人力资源优化，对管理机构进行了重新调整，将8个部室、2个作业区调整成3个中心、3个部室，实现了归口化、职能化和区域化，强化了职能管理，确保工作流程高效运行。

【战略合资】 成功引入黑龙江龙煤物流有限责任公司和山西凯嘉能源集团有限公司两家股东，修改了公司章程，选举产生了新一届董事会、监事会，完成股权治理结构设置。对717名售卖股权的职工股东发放了股权转让金。9月24日，完成了工商登记注册变更手续。

【质量创新】 组织科研课题立项，设立并完成“港口机械用钢丝绳的产品试制及推广”等5个科研项目，编制下发了索道绳、压实股钢丝绳等19个新工艺技术规程，生产了6×K41WS-68毫米的最大直径、生产难度最大、质量要求最高的压实股钢绳。特种产品方面，开展了两个专项产品研发，进行了多次试验，外观、尺寸良好，试验数据效果理想。2021年向集团公司上报实用新型专利两项。

（马　玲）

鞍钢汽车运输有限责任公司

【概况】 截至2021年末，该公司现有在岗职工2977人，在职职工659人。公司机关设6部1会。2021年，汽运公司完成运量5877万吨，较上年增加2.45%；完成周转量10.1亿吨·千米，较上年增加7.45%；实现营业收入18.3亿元，较上年增加32.13%；利润4200万元，较上年增加107%。

【深化三项制度改革】 该公司通过紧抓三项制度改革，助力企业扭转不利局势突出重围，主要采取了四项措施：推进“两制一契”管理；建立员工收入与效率效益同步增长机制；优化鲅鱼圈分公司岗位编制和人员配备；在修理场与运输分公司之间建立起模拟市场化运行模式。

【涉足物流贸易延伸产业链条】 朝阳分公司大胆尝试在钢厂与港口间涉足物流贸易业务，以延伸自身的产业链。2021 年朝阳分公司物流贸易业务成交量 104.1 万吨，实现销售收入 6469.4 万元，实现利润 385.7 万元，为汽运公司下一步拓展产业链、建立朝阳商业模式奠定了良好基础。

【聚焦国家环保政策，布局绿色能源产业】 广达新能源广场内新建 3000 千瓦变电所，广达汽车服务产业园安装汽车充电桩 8 台，鞍钢教培中心安装 3 台，并均已上线运营，积极抢占鞍山新能源市场先机。

（赵　阳）

鞍山钢铁冶金炉材料科技有限公司

【概况】 2021 年，该公司全面推进“混改”工作，以习近平新时代中国特色社会主义思想为指导，根据企业“混改”实际，转变体制机制运营模式，深入推进三项制度等各项改革工作，全面实现三个跑赢目标。该公司主要生产转炉、钢包、中间包及炼铁用各种定型和不定型耐火材料，产品主要销往鞍钢股份公司。

【生产经营】 据统计，该公司 2021 年共生产耐火材料 11.45 万吨，其中机压耐材制品 11.45 万吨，散料产品 4.73 万吨，预制产品 2.21 万吨，实现销售收入 10.57 亿元，实现利润 9313.5 万元，企业资产负债率 69.88%，比上年 76.43% 下降 6.55%。

【三项制度改革】 截至 2021 年末，管理人员由 107 人减至 86 人，降幅约 20%；劳务人员由 861 人减至 585 人，降幅约 25%，劳动生产率由 19.65 吨/人提高至 24.2 吨/人，增幅 23.15%，实现全口径人工成本利润 1.15，比 2020 年的 0.086 增加 12.3 倍，人均工资涨幅 24%。

【管理架构优化】 该公司创建以“扁平矩阵”的管理架构，管理层级变“4 级”为“2 级”，全面提升企业运行效率。2021 年被鞍钢集团公司评为管理创新标杆企业。

【技术创新】 2021 年该公司实现低碳镁碳砖、优质中包衬等新品种产品的开发。在炼钢三分厂、四分厂分别实现钢包 166 次、126 次历史使用记录，铁水罐取得 1307 次运行的历史成绩。

（陈国兴）

第二发电厂

【概况】 2021 年末，第二发电厂共有职工 509 人，其中干部 60 人（高级职称 7 人、中级职称 46 人、初级职称 7 人），工人 449 人，离退休职工 642 人。下设党委工作室（综合管理室、党政督查室、工会）、生产技术室（安全环保室）、设备管理室 3 个职能部门，运行、设备保障、燃料 3 个作业区。

2021 年，第二发电厂完成发电量 28.48 亿千瓦时，完成利润 3975 万元，超额完成公司下达的指标。

合理设置组织架构及人员编制，机关部门由原“三室一会”整合为“三室”，精简机构 25%。基层作业区由原“六个作业区”整合为“三个作业区”，精简机构 50%，全厂岗位定员精简幅度 11.8%。

降低安全环保风险，夯实安全管理基础，筑牢安全红线，实现人身伤害、火灾事故为零、厂内交通事故为零目标。

提升机组创效能力，开展机组经济运行竞赛，4 号机组厂用电率为 2.5%，创历史最佳水平。圆满完成 300 兆瓦 CCPP 机组大修。

深挖降本增效潜力，年减少蒸汽使用 1.5 万吉焦、新水 2 万吨。将空压机冷却水引入 3 号炉脱硫用水系统，年节约新水 43 万吨。实施对外供暖凝结水回收，提高生水温度，减少能源流失。组织清煤车车底煤 300 吨，合计 22.5 万元。

发挥职工“创新工作室”技术引领作用，全年创新工作室确立并完成攻关项目 20 项，年创效 500 余万元；全年申报实用新型专利 3 项，申报专有技术 1 项，荣获鞍钢集团职工创新项目二等奖 1 项，荣获第二十五届全国发明展览会银奖、铜奖各 1 项。

（张　鑫）

铁路运输分公司

【概况】 2021 年末，鞍山钢铁铁路运输分公司在职职工3385人，其中管理及和专业技术人员336人，生产和服务人员3049人。公司机关设5个职能部门，分别为生产经营部、安全环保部、设备保障部、党委工作部（纪委、党政督查室、工会机关党委）、综合管理部（党委办公室、保密办公室）。下设4个基层单位，分别为运输总站、机车厂、修建厂、机械化装卸厂。

【生产经营】 该公司普通车运输量5894万吨，周转量72940万吨·千米；冶金车运输量6693万吨，周转量42067万吨·千米；装卸量879万吨。实现利润2735万元。

【安全管理】 该公司实现了轻伤及以上生产安全事故为零，责任路外事故为零，三级以上行车事故为零，火灾事故为零的目标，非责任路外事故环比减少50%，其他安全指标全部完成。

【技术设备】 完成新2、3高炉铁路混凝土枕化大修和驼峰三缓大修工程和成功在环市线崔七段试铺设60千克/米百米重轨，成为冶金行业铺设百米重轨第一家。新购内燃机车5台，零固新增移动式、检验用筛分机各1台，推广使用遥控内燃机车2台，增加铁路道口故障远程检测系统23处。

【科技创新】 制定“十四五”科技规划，全年科技支出2474万元。完成“双革一化”项目29项，科研项目鉴定2项，授权专利6件，专有技术3项，科技降本创效2667万元。

（王　浩）

工程质量生产监测管理中心

【概况】 鞍山钢铁集团公司工程质量生产监测管理中心（以下简称“管理中心”）2021年完成利润707万元，超额完成生产经营任务。2021年末管理中心共有在岗职工71人，其中管理人员2人，技术人员51人，生产服务岗位14人，从事专项工作3人，赋能中心1人。

【多维度、抓重点，严把工程质量关】 2021年监督工程共有415项，各专业专项检查20151项次，复核测量数据25452个，对59项工程中的64个施工部位开展专项检查工作，共发现质量缺陷186项。

【做好环保监测服务工作】 2021年全年人工监测报出有组织污染源颗粒物等项目监测数据1.1675万个，无组织污染源TSP监测数据252个；厂界昼夜噪声报出监测数据5400个；降尘点位监测报出监测数据480个，报出废水监测数据2.34万个。

【全面完成特种设备检验检测工作】 2021年特种部定期检验起重机械1492台，锅炉内检26台，锅炉外检27台，压力容器定期检验385台，压力容器年度检查968台，压力管道年度检查680条，压力管道定期检验385条，保证了集团公司特种设备的安全运行。

【勇于开拓，完成三项制度改革年度任务】 2021年管理中心管理岗位由6个缩减为2个；建立全员绩效管理机制；建立人才赋能中心，增强了企业活力。

【关爱职工，加强人才培养】 管理中心2021年帮扶困难职工21人次；4名检验人员参加特检取证考试并取得相应资格。

（王志洋）

资产经营中心

【概况】 2021年，该中心有管理、专业职能人员16人（高级职称7人，中级职称7人，初级职称2人）。

【资产处置成果突显】 2021年，该中心实现处置额2.26亿元，溢价1512万元，溢价率7.16%；收支差底线值-4300万元、挑战值-2400万元，实际完成-3847万元；资产评估处置率、资产处置工作质量达标率、资产交易及时率、依法合规率均创新高；工亡、千人负伤率为零，各项指标均超额完成公司考核指标。

【夯实资产管理，为高质量开展资产处置奠定基础】 2021年，该中心在对原值6.4亿元、1063项固定资产和存续资产管理中实现账务准确、点检到位、快速处置。重点开展了沈薄注销后水、电、房屋、车辆划转、维修、费用、报废及土地出租和资产保管等后续工作，完成对化学科技公司1055.45万元资产转让；完成原实业诚服公司87台闲置车辆、市场营销中心3台车辆及房屋、土地的报废、移交工作。

【拓展销售经营渠道，提升资产处置创效能力】 2021年，对市场价格波动较大的鞍钢冷轧（莆田）委托处置的可利用材期货项目，引入“单价价差”和“溢价系数”的概念，该项目销售收入7082万元，实现收益最大化；精心组织策划欧陆峰商业网点出售项目，该项目在北京产权交易所成功挂牌，该项目成交后可实现2000余万元的销售收入。

（白振云）

保卫部（人民武装部）

【概况】 保卫部（人民武装部）是鞍山钢铁集团有限公司直属单位，现有在岗职工571人。2021年，保卫部（人民武装部）荣获“全省企业事业单位治安保卫工作集体一等功”及“辽宁省优秀护路办”等荣誉称号，被鞍山钢铁评为“特别贡献奖”单位。

【维护国有资产安全取得显著成效】 深化“网格化”管理，落实区域管理责任，组织开展了3次集中突击整治行动。厂区东部围墙等6个技防项目按时间节点高标准完成。深化警企协作，2021年，共查处违规问题（案件）126起，行政治安拘留21人，涉嫌刑事案件抓获16人。

【厂区疫情防控取得阶段性胜利】 严把鞍山钢铁主厂区疫情防控“头道”关口，做好工作区域防疫消杀，强化了外埠车辆和人员入厂扫码、测温和查验核酸检测报告，荣获“辽宁省抗击新冠肺炎疫情先进集体”称号。

【“三项制度”改革】 实行物资持出审批与门岗查验等业务管办分离，清理整顿不规范劳动关系14人，其中4名职工被解除劳动合同。

【党建工作全面强化】 深化党史学习教育，提高了工作指导性、实效性。高标准完成21项“我为群众办实事”具体项目。加强党风廉政建设，深入开展“清风行动”，2021年，22名违法违纪职工被解除劳动合同。

（蒋　珅）

消防应急救援中心

【深化消防安全体系建设】 2021年，鞍山钢铁消防应急救援中心围绕“打造技能过硬、装备精良、国内一流的企业专职消防队伍”奋斗目标，凝心聚力，攻坚克难，实现鞍山钢铁较大以上火灾事故为零。

加强党的建设。组织党员以“三会一课”、晚课等方式深入学习贯彻党的十九大、十九届历次全会精神和习近平总书记在国家综合性消防救援队伍授旗仪式上的训词精神，推进党史学习教育走深走实。中心党总支获鞍山钢铁集团有限公司先进党组织荣誉称号。

筑牢消防安全屏障。落实消防安全专项整治三年行动方案，深化“五清五杜绝”和“反违章”工作，持续开展“一月一专项”检查，推进全员消防安全治理。强化教育培训，参加基层作业区班前会，开展“点对点”帮扶指导。加强相关方区域“一体化”管理，编发火灾事故宣教材料，提高相关方职工的消防安全意识和技能。

加强专职消防队伍建设。探索建立起严格管理、科学训练、响应及时、指挥准确、行动迅速、灭战高效的专职消防队伍“六化”管理模式。对主厂区一级动火作业、年修工程及其他有重大火灾风险的特殊作业现场实施24小时消防监护备勤。2021年，共接出警25起，其中火警21起，救援4起，出动消防车辆84台次，参战435人次。

（毛国涛）

人力资源综合服务中心

【改革取得新进展】 完善了岗位说明书，推行了全员解聘、揭指标竞聘上岗，签订了岗位合同；加大了收入“固活比”，将收入向关键岗位、重点工作倾斜，合理拉大收入差距；在人员不增的情况下，全面完成公司交办的各项新增业务，成功完成了第一批105人的转岗安置、鞍山钢铁居家审核办理、鞍钢股份员工满意度调查等工作。

【管理取得新成效】 一是重新梳理、完善管理制度，完成了相关业务流程再造；采用“一键式”管控体系，整合了离退休工资业务，实现了工资发放智能化。二是消除了安全隐患，提高了办公、会议质量，解决了“饭缸子”“澡堂子”问题，把实事都办好。三是通过多种形式开展自我赋能，提升业务素质、管理能力，执行力显著提升。

【服务取得新提升】 2021 年，走访慰问各类离退居人员 12224 人次，发放各类救济金、慰问品约 1185.8 万元，直管人员全年调待 5852 人次，走访 213 人次；组织到 57 个社区、170 名社区派驻人员调研、培训片组长 279 场、4732 人次；建设居退人员自管委员会，提高自主管理能力；全面实施生存认证，认证率达 100%；对 7 家改制托管办统筹外费用发放存在的问题进行整改；组织召开托管费用审核专业会议，规范过程管控、确保结果受控，维护了企业利益。

（尚 峰）

工程技术有限公司

【概况】 鞍钢集团工程技术有限公司是由央企独资企业改制的混合所有制企业。股东构成：鞍钢系股东 46%，建龙集团 39%，中冶赛迪 10%，员工持股平台持股 5%。公司设 5 个职能管理部门、5 个子公司、13 个事业部和分公司。截至 2021 年底，公司员工总数约 1000 人。拥有国家及省级各类专家 98 人、中高级技术人员 530 余人、各类注册资质人员约 350 人。2021 年全年营业收入 30.11 亿元、利润 1.50 亿元，签订合同 48 亿元，入选国有企业混合所有制改革百家典型案例，获鞍钢管理提升“标杆企业”称号。

构建现代企业法人治理体系，确立“8533”战略目标。深化三项制度改革，发布“1+N”系列文件。以“专业成就产业”为导向，成立勘测公司与监理公司。引入“轻筑”管理系统，实现施工现场闭环管理。开展“挂图作战、百日攻坚”活动，劳动效率同比增长 31%。持续加大科技投入，实现科技创效 1925 万元。千万吨级钢铁工业园全生命周期节水减污技术获冶金科学技术二等奖，全国发明展览会金奖。申请专利 30 项，其中发明专利 16 项，专有技术申报 10 项。加大同利共享力度，改革红利惠及全体员工。全年共走访、救济 151 人次，发放救济金 6.23 万元。

（边钰现）

第十七部分

攀钢集团有限公司

特　辑
专　文
大事记
概　况
机构与人事
规划发展
财务、资本运营与审计管理
人力资源管理
管理创新
科技创新
安全、环保与节能
法律事务
综合管理
企业文化与公共关系
党群工作
鞍山钢铁集团有限公司
▶ 攀钢集团有限公司
本钢集团有限公司
单位简介
荣　誉
附　录

·概　　述·

【生产经营】 2021年，攀钢集团有限公司（以下简称“攀钢”）以习近平新时代中国特色社会主义思想为指导，深入贯彻党的十九大和十九届历次全会精神，全面落实鞍钢集团决策部署，坚持把党史学习教育贯穿全年工作始终，各项工作取得了新成效。全年营业收入达到1073.27亿元，同比增长32.46%；实现经营利润70.53亿元，同比增长269.61%，为历史同期最好水平；实现工业总产值773.33亿元，同比增长20.03%；实现工业增加值162.09亿元，同比增长13.75%。严格落实粗钢控产要求，分别完成铁、钢、钢材1054.42万吨、1018.14万吨、926.57万吨。强化极限挑战思维，铁精矿、钛精矿产量再创历史新高；钒产品同比增长1.93%；钛白粉、海绵钛、钛材分别同比增长3.77%、6.6%和2.64%。紧贴市场积极销售，综合产销率达到100.19%；热轧和冷轧产品在西南市场占有率分别为31.6%、60.2%。

【改革创新】 2021年，攀钢坚决推进国企改革三年行动，实施改革任务47项，两年累计完成总任务量的77%。建立市场化选人用人机制，121家企业经营层全部实行任期制和契约化管理，13家企业完成职业经理人制度试点。钢铁主业劳动生产率、全员劳动生产率同比分别提升14.7%、35.6%。实施即时激励，推进中长期激励，全公司浮动工资差异化系数达到1.17。董事会建设实现“应建尽建”，9家企业开展落实董事会职权试点。全面推进依法治企，成立合规管理部，实现审计监督全覆盖；慎终如始抓好疫情防控，职工疫苗接种应接尽接。深入开展安全生产三年专项整治行动，安全生产形势总体受控。抓实抓细基础管理，西昌钒制品科技公司被评为国务院国资委“管理提升标杆企业”。

【科技创新】 2021年，攀钢研发费用全口径支出44.97亿元，占营业收入比例4.19%；科技创新指数提升至81.5，新增专利授权502件。成都材料院“科改示范行动”改革成果案例入选国务院国资委案例集，获评四川省高价值专利育成中心；企业技术中心获评2021年四川省“优秀创新平台”。服务国家战略，提前完成两项“1025”先进材料研制任务；高炉渣提钛示范线实现月度达产达效；熔盐氯化废盐资源化利用项目实现连续3个月稳定运行；联合开发的“连铸凝固末端重压下技术开发与应用”项目获国家科技进步奖二等奖。全年独有领先产品产量达到625万吨，钢铁产品综合售价优于行业平均359元/吨。高性能盾构机刀盘用钢入选2020年度四川省重大技术装备首台套新材料目录；1000兆帕级大梁钢进入试用阶段；成功研制满足川藏铁路极限服役条件的原型钢轨。

【产业升级】 2021年，攀钢坚持以构建“1+1+4+4”产业体系为主线，制定实施《攀钢“十四五”发展战略和规划》，完成投资38.56亿元。强链延链补链加速推进，中沟湾尾矿库工程开工建设；海绵钛镁电解升级改造、专用小粒度海绵钛产品结构优化升级等项目竣工投产，高端钛及钛合金生产线、高端特殊材料电渣能力提升工程等项目投产在即；6万吨熔盐氯化法钛白等重大项目正式启动。数字攀钢建设加速推进，编制发布《攀钢“十四五”信息化发展规划纲要》，全年放行数字化项目28项，总投资突破7亿元；西昌钢钒智慧管控中心、攀钢钒铁路运输管控一体化系统等20个“四化”项目上线投运。攀钢3D岗位换人率达到13%、管理业务信息化率达到85%，分别较年初提升12个百分点和28个百分点。绿色低碳发展加速推进，顺利通过中央、四川省的环保督察；编制攀钢碳达峰及低碳行动规划；完成西昌钢钒2号烧结机烟气超低排放改造项目等环保升级项目47项，年底超低排放率达到85.29%，较年初提高10.06个百分点；全年SO_2、NO_x、COD排放量同比分别降低36.6%、17.7%、16.1%。

【企业文化】 2021年，攀钢牢固树立以人民为中心的发展思想，职工收入实现了较大幅度增长，获得感幸福感安全感不断提升。贯彻落实《关于新时代加强和改进思想政治工作的意见》精神，实行意识形态责任清单化管理，舆情形势平稳受控；深入推进“文化浸润工程”，《三线之光——攀钢向共和国报告》列入建党百年重大选题精品书目，联合出品的电视剧《火红年华》在央视播出。举办攀钢第九届职工技术运动会，开展劳动竞赛388项，命名职工先进操作法10项；注重选树先进典型，获得省级及以上先进集体及个人荣誉8项。建立攀钢青年人才库，评选表彰首届“攀钢十大青年创新人才”。全年走访慰问党员职工、退休人员等1500余人次，发放救济金、助学款和慰问品510余万元。持续推进对口帮扶，攀钢荣获四川省“脱贫攻坚先进集体”称号；全年投入帮扶资金2415.98万元，消费帮扶1960万元，援建的贵州首条刺梨泡腾片项目惠及10万余种植农户。

【战略与规划管理】 为将攀西战略资源创新试验区建成世界级钒钛产业基地，打造世界一流新材料企业，推动攀钢在“十四五”期间高质量发展，组织编制了《攀钢“十四五”发展战略和规划》，于2021年6月底履行相关程序后发布，并报送鞍钢集团战略规划部备案。

【投资管理】 2021年，攀钢制订了《攀钢集团有限公司全面风险管理与内部控制管理办法》，对投资项目风险管理有系统管理体系，每个项目均编制了《专项风险评估与合规审查报告》，对投资项目可能存在的各种风险进行了详细分析，并制定了相应的防范措施，明确了责任单位和责任人，对重大投资项目开展6+X部门评审。组织对《攀钢集团有限公司发展战略和规划管理办法》《攀钢集团有限公司境外投资及监督管理办法》进行了修订，同时严格执行2020年修订的《攀钢集团有限公司固定资产投资管理办法》《攀钢集团有限公司产业类长期股权投资管理办法》等管理办法，形成了较为健全的投资管理制度体系。

2021年，攀钢组织对矿业公司兴茂公司建设高效浓缩大井、西昌钒制品分公司干燥还原扩能工程项目、攀枝花钒厂新建钒铝合金生产线、攀长特公司炼钢总厂工业水循环利用改造项目、攀中伊红三期工程智能激光拼焊项目、西昌钢钒公司新增热轧4号加热炉项目共6个项目开展了后评价工作。完成了攀钢集团高炉渣提钛示范项目——高温碳化工程等18个项目工程审计，开展了钛材公司高端钛及钛合金生产线项目工程管理审计，并对硫酸法钛白技术改造升级搬迁项目等6个钛产业项目进行了投资效益审计，通过评价和审计工作的开展，对投资决策、实施及达产达效等情况进行全方位检查、总结，为下一步投资工作改进提供经验和建议。

【工程管理】 2021年，攀钢在产业发展部新增了技改工程处，主要对项目立项放行后的实施进行流程管控，重点监管项目建设过程中安全、投资、工期受控情况，结合项目建设目标着重跟踪达产达效。2021年技改工程项目按计划开工68项（不含数字化项目），已完工项目29项（含2021年前开工项目），其中海绵钛分公司镁电解升级改造项目、海绵钛分公司专用小粒钛产品结构优化升级项目、矿业公司白马铁矿及及坪采场物流优化工程（破碎—胶带运输段）、攀钢钒高品质制品材产线升级改造项目、攀钢钒能动分公司荷花池110千伏输变电等项目已建成投产，为公司推进钛金属产业发展、产业结构优化升级、生产保供等提供条件。西昌钢钒高炉炉料结构优化升级改造项目、攀钢高端钛及钛合金生产线项目、攀长特锻轧厂锻造生产线新建31.5兆牛快锻机组项目、攀长特钛特结合工程等重点项目克服疫情、征地等因素影响，全力推进。

2021年项目决算共完成61项，竣工验收完成38项，总体完成进度受控。

严格按照深入贯彻国家“六稳”“六保”要求，推进资金支付计划办理相关事宜。2021年攀钢共完成投资385602万元，其中股权投资5766万元、固定资产投资379836万元，计划完成率95.83%，完成额较2020年增加60421万元。圆满完成鞍钢下达的全年支付完成率不小于85%的指标要求。

【土地管理】 2021年，攀钢按期完成攀长特涉及的520项目19.3万平方米无证房产及9宗土地的不动产权证办理；完成攀成钢青白江轧管片区4宗土地，13栋无证房产的不动产登记工作，解决了攀成钢历史遗留的权证问题；完成攀钢钒、矿业公司注资土地转移登记2宗；按期完成西昌钒厂土地分割及转移登记工作；完成西昌钢钒38亩转运站办证，350亩公辅设施用地办证方案已获得西昌市政府批复。攀成钢将三利公司、物流公司、东楼等三个地块（面积约272亩）确定为2021年上市拍卖的目标地块，已完成地面资产清理工作并将待上市地块移交政府，其中川化地块（面积约21亩）已于2021年9月上市交易成功，成交金额1.05亿元；新钢业明确拟上市的目标地块为A2-04及B2-05（面积178亩），已上市交易成功，成交金额合计9.7亿元；攀长特与江油市政府拟定了二厂区征收补偿资金支付计划，已收回

7697.13万元；攀长特灾后重建3100亩土地的处置方案已通过江油市政府审批。攀钢地理信息管理系统于2021年3月完成竣工验收，系统已正式启用。

【设备管理】 2021年，攀钢全面推进设备点检定修制，督导子分公司差异化的制定和执行《设备管理综合提升方案》，2021年攀钢主要产线设备未发生三级及以上事故；维修费218854.83万元，优于目标11845.17万元；设备可开动率为97%，优于目标0.5%；备件储备资金84733.43万元，优于年初35056.32万元，优于目标44086.57万元。

全面检查设备稳定运行情况，降低设备本质化安全及检修安全事故发生。2021年攀钢共排查出设备隐患78项，完成整改73项，整改率93.59%，其余5项均已制定了整改措施，落实了整改责任人和临时防控措施。

按照2021—2023年全面推进进口备件国产化，减少进口备件保障“受限”的影响；2021年攀钢钒、西昌钢钒等6家主要生产单位实施进口备件国产化64类（1199件），降低采购成本1828.23万元。根据《关于整合油脂品牌、降低油脂使用成本的工作方案》推进油脂整合工作，将6家生产基地在用油品牌95个整合为38个，减少57个，降幅60%，采购成本比2020年降低1550.74万元，降幅17.88%；全面完成公司下达的“降低油（脂）单一来源采购，整合、减少油（脂）的品牌不小于30%，降低油（脂）的成本费用不小于10%”的工作目标。

【资产管理】 2021年，攀钢资产盘活合计收入31439.81万元，其中：房屋、建（构）筑物盘活收入360.95万元，设备盘活收入12081.06万元，其他物资盘活收入（含报废固定资产）18997万余元。北海钢管生产线资产及存货，以及攀成钢340、508管加工生产线资产及存货等已完成处置交易；加强与地方政府的联系、沟通与协调，协同完成矿业公司原846厂、银江水及乌东德水电站建设涉及攀钢资产的征收补偿，确保国有资产管护安全，处置依法合规。

【股权管理】 2021年，攀钢持续强化对继续持有类参股企业的监督管理，不断加强与参股企业深入沟通友好协商，严格按照公司章程和攀钢外派人员管理相关规定履行参股企业决策事项审批和表决程序，2021年获得分红18753万元，同比增长81%（2020年获得分红10364万元、2019年获得分红7039万元）。

按照国资委和鞍钢集团要求，加强探索创新，对低效无效参股股权通过集中打包、内部重组等多种方式加快清理退出，对参股企业股权整改处置方案进行了调整，参股股权处置完成了年度任务目标，并履行了相应的决策程序。

【审计管理】 2021年，攀钢完成了对西昌钢钒、攀长特和物贸公司等7家子公司领导人员经济责任审计和公司机关人力资源部、技术发展部等4家部门负责人经济责任审计。开展了公司国家优惠政策利用情况专项审计，攀港、攀欧两家境外公司经营管理审计，工科咨询、嘉德精工混合所有制专项审计等，公司重大经济决策事项合规性专项审计、公司相关方安全管理专项调查，钛材公司高端钛及钛合金生产线项目工程管理审计、高风险金融业务经营管理审计、石灰资源保障管理情况专项调查等；开展了西昌钢钒维修费审计，劳务费、教育经费、职工福利费等专项费用管理审计，亏损企业治理专项审计，星云智联财务管理审计等。

开展公司2021年度内部控制评价，对公司内部权力运行和责任落实、制度制定和执行、授权审批控制和不相容职务分离控制等进行评价，对重点业务流程进行检查，对重要业务经营风险进行评估，揭示内控缺陷和管理薄弱环节。审计部组织各单位和部门对国资委内控体系有效性抽查评价揭示的问题落实整改、举一反三、全面排查内控缺陷和风险，提升防范化解重大风险的能力。

攀钢持续完善审计整改工作机制，形成了规范有效的整改工作流程，审计部和相关整改责任单位对每份审计报告编制审计整改问题清单、责任清单和措施清单，压实审计整改主体责任、督促责任，建立并动态完善审计整改台账，按月度、季度、年度滚动分解整改任务、落实整改，按季度编制审计整改通报，对整改结果进行复核，跟踪未完成整改问题的进展情况，推动审计问题整改落实到位，实现了审计闭环管理。2021年，攀钢完成了38份审计报告整改、整改完成问题256项，审计整改完成率92%，完成鞍钢集团考核指标。通过整改，修订完善制度40项、挽回损失141.72万元、扣回工程款1887.1万元。建立审计问责机制，对审计发现的违规和整改不力事项进行考核，全年累计考核责任人 219 人次、金额 20.8 万元，维护了公司制度的严肃性。

【人力资源管理】 2021 年，攀钢已构建工资总额与效益效率挂钩机制，效益增长则分台阶计提超利分享，效益下降则同比例核减工资；鸿舰公司、劳研科技已实施工资总额周期制管理，三年内可合理调剂使用其他年度工资总额。全面推行全员岗位绩效管理，并根据职工反馈意见持续优化绩效指标，收入差距逐渐显现，在岗职工浮动工资差异化系数 1.17。制定《青年人才成长激励实施方案》，评选出符合条件的青年 42 名；制定《纳米钛科技成果转化实施方案》，对 25 名科研骨干实施员工持股激励；已制定《攀钢钒钛限制性股票激励计划》。制定 2021 年项目分红激励方案，拟对“轧制法制备钛-钢钛复合卷”等 15 个项目实施激励。研究院对领军人才、高层次人才实施市场化协议工资制；攀钢钒对职业技能晋级的职工实施一次性奖励；国贸公司对营销人员增加产品溢价、开拓新市场等工资预算，并设置驻外区域津贴；矿业公司对苦脏累险岗位设置岗位津贴。

通过两化融合、大工种作业、一专多能等持续精简岗位定员，已优化在岗职工 2825 人，减幅 7%，其中市场化退出 573 人，市场化退出率 1.5%。按照“控制管理+专业职能比例、适当补充专业技术人员”原则，鼓励管理与专业技术人员双向交流，管理+专业职能人数较上年减少 1386 人，减幅 2.5%。西昌钢钒、西部物联、钛材公司等 3 家试点单位岗位合同书签订率达 100%，将岗位合同与全员岗位绩效管理深度融合，构建了岗位能上能下机制。组建人才赋能中心 45 个，对岗位绩效考核结果不胜任或因违规违章等待岗的 147 名员工开展赋能培训，经培训合格重新竞聘到新岗位。攀钢钢铁主业劳动生产率同比提高 14.7%，全员劳动效率同比提高 35.6%。

2021 年攀钢共引进高校毕业生 126 名，其中博士研究生 22 人、硕士研究生 26 人、本科生 38 人、大专生 40 人；引进钒钛新材料等领域成熟人才 15 人；依托院士专家工作站和博士后科研工作站，柔性引进院士和博士后各 1 人。新增政府特殊津贴人员 4 名、全国技术能手 1 人、入选“天府计划”3 人，选拔“鞍钢英才计划”技术（技能）拔尖和骨干人才 140 名。

【企业管理】 2021 年，攀钢产业资源整合稳步推进。制定了《关于推进集团公司内部产业资源整合 实现集约化发展的初步方案》，按照“成熟一家实施一家”的原则，持续推进内部同类业务资源、产业链上下游关联企业整合协同，集团公司直管单位减少 7 家（含天府惠融），压减率 25%，专业化管理水平和企业管理效率不断提升。

组织机构效率大幅提升。结合各单位实际，推动实施组织机构优化调整，打造“扁平短精”组织架构，全年共压减厂矿级单元 5.5%、各级机关部门 13.4%、各级作业区 23.6%、法人企业 1.2%，完成集团公司控制目标。

改革示范工程取得突破。聚焦改革重点难点问题，深入推动国有企业改革“1+N”政策体系，力争在改革重点领域和关键环节率先取得突破，打造一批治理结构科学完善、经营机制灵活高效、党的领导坚强有力、创新能力和市场竞争力显著提升的国企改革尖兵和示范样板。

公司制改革工作取得突破。按照“四清、两落实”工作要求，系统梳理三家全民所有制企业现状，一企一策制定改革推进方案。昆明物业于 2021 年 12 月 13 日改制为有限公司并取得新的营业执照；珠海工贸、惠阳华益分别于 2021 年 8 月 2 日、11 月 8 日完成注销。

健全完善全周期授权体系，对各子分公司（单位）授权体系与规章制度进行了调研评价，重点关注投资管理、筹融资管理、资本运营、人力资源管理、科技创新管理、资产处置等领域的行权履职情况、制度建设执行情况，并与各子分公司（单位）就发现问题进行了现场沟通交流，提出整改意见，形成评估报告。持续完善公司制度体系，促进企业管理更加制度化、规范化，全年共发布制度 39 项，其中新制定《境外投资及监督管理办法》《劳务派遣用工管理办法》等制度 9 项。

2021 年，攀钢主创的《大型国有企业“六位一体”精准扶贫管理》获得全国企业管理现代化创新成果二等奖；西昌钢钒《智慧高效的钢铁企业物流管理实践》获得冶金企业管理现代化创新成果三等奖；攀钢有关单位获得鞍钢集团级管理创新成果 9 项。重启集团公司级管理现代化创新成果的申报评选工作，评选集团公司级管理现代化创新成果 19 项，其中一等奖 2 项、二等奖 6

项、三等奖11项。

【风险与绩效改善管理】 2021年，攀钢按照风险管理工作流程，制定跟踪监测表，按季度监控风险情况，全年重点风险受控，未发生重大风险事件，实现生产经营稳健运行。

绩效管理体系更加完善。全面承接鞍钢集团战略绩效评价考核相关要求，结合新攀钢建设实际情况，进一步深化契约化管理，形成“战略、预算、考核、薪酬、职位”一体化评价考核体系，对标中国五矿、三明钢铁等企业，按照“指标体系简洁、考核规则清晰”原则，“一企一策”差异化设置经营指标体系，有效支撑攀钢战略落实落地。

【数字化管理】 2021年，攀钢根据“数字鞍钢”建设发展，发布了《攀钢“十四五”信息化发展规划纲要》，结合公司下达的“四化”攻关指标，组织各制造单位修编完善本单位“十四五”信息化发展规划。调整发布了《攀钢数字化智能化转型升级指挥部》，按月组织指挥部例会，推进公司数字化智能化转型升级工作。启动公司总部数字化建设前期工作，按双周例会及项目群方式组织推进，构建公司总部数字化运营体系，支撑公司高层数字化决策。

结合“数字鞍钢”建设工作方案，制定了攀钢建设方案，组织各单位分解“四化”攻关指标，形成指标分解清单、51个项目建设清单及34个主要工作任务清单，截至11月底，17个续建项目已全部上线运行，新建项目已放行27个，项目建设按计划推进；完成31个主要任务，累计完成18.5%主业产线智能化改造建设。

组织完成数字钒钛建设方案及钒钛产业智能工厂（产线）建设标准的编制。组织申报2021年“数字鞍钢”现场推进会承办方案，鞍钢集团最终确定西昌钢钒为此次推进会承办主体并顺利召开会议。

按月由公司分管领导组织，相关单位主要领导参加的推进例会，通报当月工作进展情况和布置下步工作安排。建立对子分公司全覆盖的“四化”工作现场调研推进工作机制，完成对攀钢钒、西昌钢钒、钛材公司、物贸公司等主要单位现场调研。联合产业发展部落实新建产线、重大技改投资项目等数智化建设方案设计、审查、评估等管理规范。初步形成了新建技改项目数智化评估工作机制。加强对标交流，组织相关单位开展了宝武集团全流程成本盈利能力分析（CE Plus）、华为公司数字化转型、阿里巴巴数据治理等学习交流，积极推进酒钢西沟矿5G+远程矿山的对标交流等。

【财务管理】 2021年，攀钢全力推进“5+3”战略性银行合作体系构建工作，保证外部融资环境安全可控，新增银行授信额度80.63亿元、新增到位融资74.89亿元，引入国开行、农发行两家政策性银行，实现了与国内全部三大政策性银行的融资业务合作，实现了攀钢融资历史性突破。

抓住企业效益好转机会，严格债务风险预算管控，通过财务资源“存量管理”，全年压降带息负债55.13亿元（其中提前归还建信债转股24亿元，提前归还2022年到期类永续债9亿元，解决信达历史遗留问题0.81亿元）。

推行标准化支付，助力采购降本。按照《攀钢集团有限公司党委开展“清风工程+”专项行动实施方案》要求，制定下发《关于推行标准化支付的方案》，进一步规范支付行为、减少人为裁量，充分发挥采购议价优势，全力推动采购降本。标准化支付已于11月初上线试运行。

推动系统降本工作，对标先进和行业，全面提升成本竞争优势，进一步挖掘企业降本增效潜力，制定系统降本、持续降本、全员降本的工作目标和主要措施，推动与行业领先企业及竞争对手开展深入对标，全面提升成本竞争力。

引入战略投资者，攀钢与营口港集团置换所持下属上市公司股份，在优化攀钢钒钛股权结构的同时，增加攀钢母公司投资收益1.13亿元，有利于攀钢母公司减亏脱困，同时降低攀钢资产负债率0.72个百分点。开展转通融出借业务，盘活存量股票增加收益，出借集团母公司持有的2.26亿股辽港股份股票，并充分利用辽港股份定增机会，委托鞍钢集团资本控股向头部券商询价，在标准出借收益基础上实现增强收益，最终中信证券、华泰证券提供6%的增强收益，出借期限不低于182天，预期出借收益约1700万元。

【运营改善管理】 2021年，攀钢遵照国家粗钢产量调控政策及鞍钢控产要求组织生产，钢产量完成控产目标，钒产品超目标0.13万吨、钛白粉产量超目标0.24万吨；重轨、汽车用钢、电器用钢、管线钢、特钢自炼材等重点品种产量超目标

34 万吨。

2021 年，攀钢战略品种销量完成 461 万吨，超目标 34 万吨，同比增加 28 万吨（其中，汽车用钢超目标 15 万吨，同比增加 6 万吨；电器用钢超进度目标 25 万吨，同比增加 23 万吨）。钢轨出口 13.73 万吨，超目标 1.73 万吨，同比增加 35%；钒钛产品坚持国内国际市场架构布局，出口钒产品 0.89 万吨，同比增长 10%，出口比例 20.83%；出口钛白粉 7.94 万吨，同比增长 22%，出口比例 32.1%。

2021 年，攀钢表外矿、废石利用模式由简单外销改为外委加工全量回收。全年回收铁精矿 280 万吨，同比增加 67 万吨；回收钛精矿 42 万吨，同比增加 19 万吨，共计增加收益约 3.64 亿元。

全力提升外购煤节点保供能力与采购质量。一是针对铁路保电煤运输运力紧张及节假资源减少等不利影响，加大运输协调与资源落实，确保了生产所需；二是加大低硫低灰等重点品种资源采购力度，有效控制了炼焦煤的硫含量与灰分（硫 0.75%以下，灰分 10.2%以下）；三是扩大高性价比的南线煤采购比例，年末南线炼焦煤采购比例增至 60%以上；四是克服煤炭资源地保电煤供应及疫情等不利影响，顺利完成冬储计划。2021 年共计采购铁矿石 1886 万吨、煤炭 945 万吨，计划兑现率分别为 103%、95%，确保了足量供应与库存安全。

通过专项治理进一步引导建立以市场化定价为原则的废旧物资处置模式，2021 年冶金渣实现处置增效 1.79 亿元；追缴物资违规处置款项 6.06 万元，挽回了经济损失。全面清理并统筹废钢资源配置，实现内部废钢资源高效利用，2021 年回收利用废钢铁 76.92 万吨，同比增加 9.53 万吨；对外处置 12.04 万吨，提高对外处置单价实现增效 1.38 亿元。通过废旧耐材循环利用及集中外销等方式，统一攀枝花、西昌区域各单位废旧耐火材料回收及利用途径，实现增值创效。2021 年，冶材公司通过此种方式实现创效 297 万元。

【节能和减碳】 2021 年，攀钢编制形成碳达峰及低碳行动规划；完成了 2020 年度发电、钢铁、钒钛等行业温室气体排放数据核算、报告及第三方现场核查；组织自备电厂开展碳排放权注册登记、交易账户开立、激活，配合开展碳排放配额核定和发放，组织实施碳排放权配额市场交易，并开展 2019—2020 年度发电行业碳排放配额履约清缴工作；组织相关子、分公司单位和部门参加碳市场基础能力建设相关培训。

【期货交易】 2021 年，攀钢共组织制定和开展了买进铁矿石、卖出热卷、卖出焦煤、买进焦煤或螺纹等 4 个套期保值方案，全年实现套保现货 5426 吨，其中铁矿石 2500 吨、热轧 100 吨、焦煤 2826 吨，攀钢钒期货账户累计盈利 11.11 万元（不含资金利息）。

【科技管理】 2021 年，攀钢修编下发了《攀钢集团有限公司产品发展规划（2021—2025）》《攀钢集团有限公司“十四五”科技创新发展规划（2021—2025）》《攀钢集团有限公司“十四五”专项发展规划（2021—2025）》。

2021 年，攀钢承担国家级政府科技项目共 9 项，承担省级政府科技项目 16 项。申报鞍钢集团重大科技项目 5 项，初评通过 3 项。策划申报省级科技计划项目 27 项（2 项获批）。按四川省科学技术厅要求，组织攀西试验区第五批项目申报 14 项，通过评审并获得省科技厅推荐 7 项（攀钢牵头 6 项、参与 1 项）。

按照国资委和鞍钢集团要求，组织申报 3 项原创技术策源地和 2 项现代产业链链长。成立了攀钢集团加快打造原创技术策源地和现代产业链链长领导小组；明确领导小组职责和推进机制；建立了 3+2 工作台账；制定工作方案，明确责任人，保障工作落实落地。已制定并下发了策源地和链长工作方案，主要包括目标体系、专项机构、重点实施计划及工作要求。

2021 年，攀钢获国家科技进步奖二等奖 1 项；申报四川省科技进步奖 41 项，获奖 13 项，其中一等奖 1 项。申报中国冶金科技奖项目 11 项，获奖 3 项。组织申报有色金属工业科技奖 9 项，初评获奖 3 项。申请专利 937 件，其中发明专利 708 件，国际专利 17 件。认定 2020 年度专有技术 52 项。

【安全管理】 2021 年，攀钢共发生全口径安全事故 3 起 3 人，同比减少 5 起 5 人。其中，内部职工工亡事故为零，同比减少 4 起 4 人；轻伤事故 3 起 3 人，同比减少 1 起 1 人；相关方事故为零，同比持平。实现危险化学品、较大火灾事故和特大道路交通事故为零。职业危害监检率 100%，职业健康体检率 100%，重大事故隐患按期整治率100%。

公司领导深入基层督导检查工作121次，查改各类问题98项。建立完善“两书一表一通报”；全年共开展监督检查102次，发现问题466项，对76项典型问题在月度例会上进行曝光，考核相关单位及责任人员20.65万元。梳理明确了20项严重违章行为，并纳入岗位履职清单；建立重点区域视频回放制度，并对违章者采取违章记分、办班学习、纳入黑名单等措施；查处违章3684起，考核120.57万元。修订完善安全规程2491个；取消报送各类工作报表总结10项。

编印《隐患排查工作指南》，开展非煤矿山、危险化学品、煤气系统等68个专项排查治理。开展滚动排查，全年排查重点隐患33项，已完成整改17项。开展危险区域及危险作业辨识清理，建立了清单和台账；组织安装435台视频监控。依法依规提取使用安全生产费4.99亿元，使用5.05亿元；投资4523.78万元，推进21项本质化项目实施，完成12个。

修订完善《相关方安全管理细则》，对94家工程施工相关方进行综合能力评审，合格77家，清退17家；开展相关方单位及人员清理，对73名相关方违章人员纳入黑名单，在全公司范围实施禁入。对攀钢钒、股份公司等7家单位2019年以来的相关方项目安全管理进行专项审计，排查57项问题，已全部完成整改。

公司49家生产性单位均进入安全标准化序列，其中二级38家、三级11家。开展主要负责人、安全管理人员新训及复训7期共1097人；办理的特种作业（特种设备作业）人员证书共4731个，其中复审3285人、新办证1446人；组织256人参加注册安全工程师培训。

涉林单位开展森林防灭火演练12次；投入资金928万元，清理防火隔离带96.7万平方米，对267基输配电铁塔进行硬化；完善高温渣铁铁路运输沿线防火摄像监控。对非煤矿山、皮带运输及学校、幼儿园、宾馆、超市等人员密集场所开展消防安全专项检查，排查整治隐患148项。对危险化学品、民爆器材生产、储存、运输、使用和废弃处置开展安全专项检查，排查整改问题及隐患242项。依法合规核销3个重大危险源。开展矿区运输车辆专项整治，通勤车、机关服务车辆的安全检查，查改隐患88项，考核3.78万元；开展相关方资质合规性专项检查，对不符合管理规定的85台车辆及70名驾驶员进行清退。

【环保管理】　2021年，SO_2排放量3700吨，NO_x排放量8100吨，COD排放量405吨。均完成鞍钢集团下达给攀钢的考核指标。

攀钢顺利通过了中央环保督察组于2021年8月26日—9月26日进驻四川开展的环保督察，涉及攀钢信访举报件10件，均已办结，制定整改措施34项，按照立行立改要求，已完成26项，余8项按计划推进。

将生态环境保护工作纳入《“十四五”发展战略和规划》《生产经营白皮书》，与生产经营同部署、同落实、同检查、同考核；组织各级领导人员及环保管理人员400余人次进行新固废法、超低排放知识培训。

2021年缴纳环保税4208万元，较上年同期减少537万元，降幅为11%，达到2017年费改税前的水平。组织申报中央、省环保专项资金项目25项，其中，攀钢钒新2号烧结机烟气脱硝改造等3个项目获得中央环保专项资金1.0616亿元。公司参评环境信用评价的20家单位中，8家为“诚信企业”，12家为“良好企业”，无“警示企业”及“不良企业”。

2021年投入7.38亿元实施了西昌钢钒2号360平方米烧结烟气超低排放改造等47项环保项目；投入7432万元实施完成马家田尾矿库、尖山排土场、肖家湾排土场等9项生态建设项目，绿化面积1694亩。

【疫情防控管理】　2021年，攀钢新冠疫情总体受控，实现了职工新冠病毒零感染。

落实责任。强化疫情防控统筹作用，压实压紧疫情防控主体责任，从政治高度认真贯彻国家、省市、鞍钢集团疫情防控要求，主要领导亲自指挥、亲自部署、亲自检查，结合公司实际，主动配合属地落实疫情防控措施。

常态化措施。及时配合政府部门开展人员排查，对相关人员严格按照属地政府要求进行核酸检测、隔离等，共排查出需集中隔离83人，居家隔离（观察）74人，进行核酸检测1359人次，严格做到应检尽检、应隔尽隔。根据国内疫情形势，对会议、培训等大型活动的方式、规模、频次，有针对性提出管控措施及要求，有效降低了被传染的风险。持续加强办公楼、学校、会议室、食堂、超市、通勤车辆、集体宿舍、宾馆等重点区域卫生消杀和人员测温的常态化管控措施。向各单位发放酒精7000余升、消毒洗手液9000余瓶等防疫物资，有力确保了防疫物资保供。加大疫情防控工作的督查检查，开展防疫检查60余次，有效确保了各项防疫措施的落实落地。

强化重点管控。做好人员流动管控，对疫情期间职工休假（外出）、出差等人员流动有针对性提出了管控要求，并严格履行审批报备程序。严格落实北京地区防控政策，强化对驻京、进京单位及人员的监管，支持首都疫情防控工作。做好国外（境外）人员疫情防控，加强股份公司攀欧公司人员的教育、管理，专人负责，紧密跟踪掌握情况，严格落实驻地防控要求，并将国内防控措施及时宣传，保障防疫物资，做好专项应急预案，确保万无一失。

疫苗接种。积极组织职工接种新冠疫苗，与社区医院加强组织协调，并在攀钢大剧院设置疫苗接种专场，在岗职工应接尽接率100%，进一步筑牢疫情防控防线。

【诉讼管理】 2021年，攀钢诉讼管理按照“统一协调、分级负责”的管控模式向全面预防转变，规范案件报告流程，完善案件动态管理机制。攀钢律师共计22人，代理各类纠纷案件共计22件（含专利维权案件），涉案金额4.08亿元，挽回经济损失5800万元，节约律师代理费300万元。

在重大案件处置方面，加大知识产权保护维权力度，统筹策划维权方案，分批次主动提起专利维权诉讼。妥善应对企业环境公益诉讼案，利用最新司法解释中的生态环境损害赔偿磋商机制，在诉前程序中妥善处理公益诉讼中的赔偿义务。处理票据纠纷系列案，对持有到期未兑付的票据以诉讼方式发起票据追索，同时积极应对持票人的票据追索，有效防范了票据纠纷系统风险。积极应对平安银行诉国贸公司合同纠纷案，一审法院判决我方不承担任何责任。通过和解方式解决与龙蟒公司股权转让纠纷，妥善处理了长达十多年的历史遗留问题。

【法律保障】 2021年，为公司党委会、总经理办公会等决策会议提供法律保障，对涉法事项独立发表法律意见。为30余项重大改革项目提供法律保障，包括股份公司收购西昌钒科技公司股权、C类参股股权投资核销、新金属材料公司设立（520项目）、昆明物业公司制改制、采购合同标准化支付、海绵钛分公司资产重整等；其中，通过公司律师出具法律意见核销2家C类股权投资企业。对53项重大项目开展6+X联审，审查股份公司、工科咨询、四川电交易中心、钢城集团、中信钛业、攀钢梅塞尔等参控股公司的股东会、董事会、监事会决议事项32项，出具法律意见。

对经济合同进行法律审核。审查各类融资协议、职业经理人聘用协议、金沙江银江乌东德水电站建设征地补偿协议、攀枝花华润燃气有限公司吸收合并攀枝花市燃气有限公司协议、信息化研究合同等60份重大合同，对其中37份合同提出修改完善意见，防范了合同法律风险，公司未因合同风险而发生重大法律纠纷。

加强对规章制度的合法合规性审查。对集团公司制修订并发布实施的《劳务派遣用工管理办法》《人才工作管理办法》《专项业务管理办法》《领导人员管理办法》等25项规章制度全部进行了法律审核。重点对公司实施三项制度改革中“两制一契”“员工合同化管理”涉及的相关工作方案及《聘任协议》《岗位合同》等制度进行了修改完善，确保依法合规。

【合规管理】 2021年，攀钢组建了合规委员会，并将合规管理作为企业主要负责人履行法治建设第一责任人职责的重要内容。明确了公司党委会是合规管理的政治领导机构，董事会是合规管理的最高决策结构，监事会是合规管理的监督机构，经理层是合规管理的执行机构。通过修订《党委会议事规则》《董事会议事规则》《总经理办公会议事规则》，将合规管理职责纳入议事范围。

将合规管理体系与风险、内控、法律体系有效融合，建立完善协同运作机制。将合规风险管理作为全面风险管理与内部控制的专项管理，将合规审查作为规章制度制（修）订、重大事项决策、重要合同签订、重大项目运营等经营管理行为的必经程序；将合规管理评价纳入内部控制评价范畴，在开展内部控制评价时，同步评价合规管理有效性，并对合规管理的缺陷进行整改；建立境外经营法律合规风险定期排查处置长效机制，加强对境外两家贸易公司的管理。

对四川省内外6家违规使用“攀钢”字号的企业进行了整治，其中3家已停止使用并进行了更名，其他3家将被列入了异常经营企业名录。

对攀钢所属163家单位进行了民企“挂靠”国资问题专项排查，对9家民企挂靠问题进行了全部清理。对第三方服务机构进行了信息整理和审查，规范了服务机构管理。推进各级企业董事会“应建尽建”，完成7家新设董事会建设及工商变更登记工作。

【武装保卫工作】 2021年，攀钢武装保卫工作紧密结合生产经营、改革发展实际，进一步筑牢治安防控基础，着力巩固反盗防盗成果，坚持防范在先、稳定压倒一切的工作思路，未发生影响公司稳定的群体性事件；内部治安秩序总体受控，未发生影响生产的重特大侵财案件；无新增吸毒人员；“防邪”工作实行“三零”目标；未发生重大火灾、危险化学品、道路交通安全事故；民兵训练扎实有效，武器装备管理安全无事故，达到“四无”目标；人防工程维护和管理到位。

结合公司《“清风工程+”专项行动实施方案》，开展反盗防盗专项整治。系统梳理公司工程材料、贵重物资、废旧物资及进出门管理现状，新建、完善管理制度92项，整改各类治安隐患282项；重点区域新增摄像头385个，基本杜绝管控盲区。编发《改装、夹带典型案件宣传册》，组织学习强化物资出入管控，全年共查获暗改水箱车辆2台、夹带物资车辆12台。内部治安管理效果突出，处理违规事件82起，积极摸排情报线索7条，在公安机关支持下，核实办结5件，对涉及盗窃的内部人员绝不姑息，解除劳动合同3人，清退劳务人员30人，对发生案（事）件的单位考核8.7万元；配合公安机关破获刑事案件4起，打掉犯罪团伙3个，抓获涉案人员18名，追赔64.7万元，警企协作保驾护航作用发挥更显著，净化了企业治安环境。

强化民兵组织建设，完成120人体格检查和450人政治审查，确定586名民兵，不断夯实民兵建设基础，得到西部战区高度评价。加强装备安全管理，确保装备器材达到“四无”标准。完成人防专业分队整组工作，做好人防工程及防空警报器维护管理，“9·18”鸣放率100%。

【党群工作】 2021年，攀钢注重弘扬伟大建党精神，党史学习教育取得实效，开展党史学习教育专题读书班79期，举办庆祝建党100周年系列活动13项，完成“我为群众办实事”实践活动项目680项。党的组织建设取得实效，制定攀钢治理主体决策事项清单，全面强化党委把方向、管大局、保落实作用。落实年轻核心管理团队培养计划，提拔任用年轻领导人员14人，截至年底40岁以下领导人员占比提升至16.8%。实施科技领军人才专项培养工程，引进成熟人才15人，新增政府特殊津贴人员4人。党风廉政建设取得实效，深入实施“清风工程+”专项行动，规范自由裁量权、治理监管缺失、纠正不良惯例共51项。深化形式主义、官僚主义专项整治，制定落实为基层减负措施31条，职工对减负工作满意度达到97%。

2021年，攀钢在内部媒体开设专栏，广泛宣传鞍钢集团、攀钢2021年重点工作和各单位形势任务教育动态及经验成果。积极运用微信等新媒体传播渠道，将形势任务宣传到一线、到岗位、到职工。全面落实党中央、鞍钢集团党委的安排部署，组建专项领导小组，精心制定实施方案，建立“28+N”滚动任务清单，切实加强巡回指导，经验做法得到中央企业党史学习教育第四指导组的充分肯定。累计发放“四史”等系列书籍20000余册，组织开展“七一”重要讲话精神宣讲881场次，各级领导班子成员讲专题党课394场次；在《攀钢日报》开设“红色记忆”栏目，开展线上线下“祭英烈”祭扫活动。各级党组织举办党史学习教育专题读书班79期，开展专题学习研讨1596次，参与研讨9565人；举办庆祝建党100周年系列活动13项。

2021年，攀钢纪委督促党委研究制定学习贯彻习近平总书记重要指示批示精神具体措施，落实“第一议题”制度。将反对浪费延伸到备品备件管理领域，严肃查处通报4起案件。严把选人用人和评先评优政治关、廉洁关、形象关，对13人（集体）提出暂缓或否决性意见。上下联动开展政治巡察，两级党委对46家单位党组织开展巡察，实现一届任期内巡察全覆盖。持续督促跟进中央巡视反馈和主题教育检视发现问题、扶贫惠民领域专项巡视“回头看”反馈问题整改，完成率97%；对鞍钢集团党委2021年政治监督反馈问题，制定16项整改措施并按期推进。

按照谭成旭书记提出的“总体感受、具体事例、问题与期待”的调研要求，各级纪委书记深入基层“面对面”访谈4298人次，攀钢纪委梳理11个方面减负诉求，制定落实措施31条，向鞍钢集团提出建议3条；严肃惩处不担当、不作为、乱作为，给予通报批评、诫勉谈话及调整岗位处理116人，立案44件；开展整治效果问卷调查、"回头看"调研访谈7000余名职工，群众好评满意率超过97%。围绕废弃物处置、反盗防盗、知识产权保护、标准化支付体系建设、冶金辅料及设备备件采购、规格矿外委加工和废石销售等开展7个专项治理，规范自由裁量权、治理监管缺失、纠正不良惯例共51项，推进完善制度50项，增效约3.5亿元。全年受理问题线索222件，办结242件；运用"第一种形态"993人次，立案131件，结案128件，党纪处分、政纪处罚127人，移送留置9人，收缴和挽回损失1486万元；为5名受到不实举报人员澄清正名；探索建立"清风预警系统"，发现问题线索转立案5件，收缴违纪款60.4万元。各单位分层分类开展七个"第一课"共5611次，7万余人次接受了警示教育。组织部分领导人员参加鞍钢集团"8·16"警示教育大会，撰写警示教育心得体会599篇；攀钢党委及6家基层单位党委召开专题民主生活会，深刻反思张大德严重违纪违法案件。鞍钢集团党委、纪委主要领导对攀钢6期专报做了批示，10期专报在鞍钢纪检系统内转发；4次向攀钢党委专题汇报纪检工作和纪检监察体制改革情况；全年7人次参加中纪委培训，400余人次参加鞍钢集团、攀钢纪检业务培训。

2021年，攀钢开展劳动竞赛鞍钢集团级1项、集团公司级（重点）18项。成功推选四川省第五届"劳模和工匠人才创新工作室"4个，创建鞍钢级2个、攀钢级14个，完成创新成果352项。组织召开鞍钢一届十次、十一次职工代表大会攀钢区域会议；召开攀钢四届一次、二次、三次、四次职工代表大会，完成职代会换届、职工董（监）事选举、三项制度改革履行民主程序等相关工作。召开攀钢十一届一次、二次、三次、四次工代会，完成工代会换届，选举产生新一届攀钢工会委员、经审委员、女职工委员。制定下发《2021年度攀钢集团有限公司工会工作目标考核评价细则》，加强工会财务、经审管理，基层单位工会主席离任审计21人，经费收支审查6项。精心策划攀钢第九届职工技术运动会，完成比赛项目90项。组织开展攀钢第二届女职工"天车"技能挑战赛，100余名职工参加。自主管理创新活动有2个项目被评为全国总工会第六届职工群创优秀成果，19个项目分获第25届全国发明展金银铜奖；33项群创成果被鞍钢集团表彰；8个单位获四川省总工会"五小"先进单位、先进集体称号，10个项目获四川省总工会"五小"优秀成果奖。成功举办四川省机电冶煤系统创新工作室联盟材料能源组工作会。

2021年，攀钢党委常委会两次听取统战工作专题汇报，研究部署具体工作。在鞍钢集团党委统一战线工作领导小组会上，攀钢党委作了题为《做好"四个着力"文章，不断开创统战工作新局面》的交流发言。3月8日，四川省委统战部副部长陈武率领省委统战部、省国资委调研组，深入攀钢考察调研，并充分肯定了攀钢统战工作成效。开展喜迎中国共产党成立100周年活动，举办统一战线"庆建党百年，情系新攀钢"主题教育活动。向四川省委统战部推荐无党派人士、钢轨研发专家邹明参评"四川百年百杰科学家"，并推荐为全国无党派人士重点人选候选人。在2021年全国两会期间，全国政协委员孙朝晖、全国人大代表吴洪英分别提报"加快红格南矿区开发利用的建议"等3件提案、建议，积极为钢铁行业发声。

2021年，攀钢团委围绕习近平总书记"七一"重要讲话精神开展党史学习教育宣讲共40余场次；开展青年创新登高活动，项目立项548项，结题率85%以上；开展青年创新联盟活动，结对青年创新联盟7对，立项联盟攻关项目7项；举办青年大讲堂4期，共370余名团员青年参加；举办青安岗岗长（员）培训班，共73人参加培训；组织申创攀钢级青年安全生产示范岗、青年文明号、青年突击队109个，建立青安岗责任区100余个。组织开展"跟着郭明义学雷锋"青年志愿服务活动共20场次；开展"润"行动公益志愿服务活动15场次。共获得2020年度中央企业"青年文明号"等省部级及以上荣誉4项，获得全国钢铁行业"五四红旗团委"等行业级荣誉30项。《攀钢团委扎实推进党史学习教育纪实》被团中央主办的《中国共青团》杂志收录。矿业公司白马铁矿生产技术管理组青年集体荣获中央企业"青年文明号"荣誉称号。攀钢集团"润"行动志愿服务项目获"四川省十佳志愿服务项目"，5名优秀青年志愿者分别获"四川百名优秀志愿者"

"鞍钢最美青年志愿者"等荣誉称号。评选表彰首届"攀钢十大青年创新人才"；建立攀钢青年人才库，202名优秀青年入库；推荐2批次6名优秀青年到攀钢机关职能部门挂职。

2021年，攀钢广泛开展文明创建活动，积极做好攀枝花市创建第七届全国文明城市和历史文化名城工作。完成爱国主义教育基地普查和迎检。推荐第六届"央企楷模"候选人3名、"四川好人"候选人3名、"攀枝花好人"候选人9名、第六届攀枝花市道德模范候选人2名，获评"四川好人"1人、"攀枝花好人"3人，在各类媒体宣传先进典型394人（次）。

·所属单位简介·

攀钢集团攀枝花钢钒有限公司

【概况】 2021年底，攀钢集团攀枝花钢钒有限公司（以下简称"攀钢钒公司"）总资产260.30亿元，较上年上升2.21亿元；净资产112.13亿元，较上年下降1.32亿元。在岗职工人数9046人，较上年减少940人。

【生产经营】 2021年攀钢钒公司完成铁622万吨、钢572.5万吨、材539万吨、钒渣25.96万吨、碳化渣10.97万吨，实现营业收入299.6亿元，考核利润21.5亿元，销售利润率比行业平均水平高2.61个百分点，均创历史最好水平。运营效率不断提升，18条主要产线产能利用率全面提升；铁钢界面铁水直兑温度、满罐率创历史新高。技术经济指标持续优化，高炉利用系数2.656吨/(立方米·日)、吨钢综合能耗617.42千克标准煤、热轧成材率97.83%、冷轧成材率93.97%，均创历史最优。市场竞争力不断增强，钢轨国内市场占有率同比提高4.8个百分点，PG5钢轨成功打入国际高端市场，完成雅万高铁独家供轨任务，获得墨西哥玛雅铁路50%供货合同，家电用钢西南市场占有率81%，制品材SWRH82B钢绞线用钢云南市场占有率80%。

【改革创新】 全面贯彻落实国企改革三年行动部署，深入推进三项制度改革，顺利完成年度改革目标任务。全员劳动生产率632吨/(人·年)，同比提高10.7%；四级单位（部门）减少4个、减幅19%，作业区（室）减少16个、减幅11.3%。全面实施经营层任期制和契约化管理，管理人员竞争上岗率50%，末等调整、不胜任退出占比15.8%。组建赋能中心，职工市场化退出率1%。推行全员岗位绩效管理，实施即时激励，职工浮动工资差异化系数达到1.20，职工收入增长创近年来最高水平。推行项目承包、工资总额承包、计件工资制等内部模拟市场化经营，激发了各级经营主体的动力活力。

【技改建设】 制定落实《攀钢钒公司"十四五"发展规划》，加快产线装备提档升级步伐，补短板、强弱项、提能力。按计划组织实施了炼铁A焦炉、炼钢1号和3号方坯、轨梁万能一线950轧机、热轧1450轧机第一次停产改造、金属制品高品质制品材等一批结构调整和转型升级技改工程项目并相继建成投产。炼铁B焦炉、1/2号焦炉脱硫脱硝、100兆瓦余热余能利用发电项目等技改工程按计划稳步推进。全力抓好新投产项目快速达产达效，成都板材2号热镀（铝）锌线产量22.73万吨，利润1.63亿元；能动30兆瓦余热余能利用发电机组发电量1.91亿千瓦时，利润2748万元。

【创新驱动】 2021年直接研发费投入7.47亿元，同比提高57%；获得攀钢及以上科技成果24项次（其中国家和省部级成果5项），新增专利授权71项。产品研发取得新成果，家电用锌铝镁实现向战略客户批量供货，成功开发PG5 136RE过共析钢轨等1新产品，独有领先产品占比59.62%。关键技术取得新突破，高炉钒钛磁铁矿强化冶炼技术再上新水平，4号高炉利用系数月度最高达2.955吨/(立方米·日)，创单座高炉历史纪录；高温碳化示范线电炉产能较设计提高20%，碳化渣成本同比降低15.6%。数字化智能化转型取得新进展，编制下发"1645"智能制造五年规划，实施重点"四化"项目17项，铁路运输管控一体化系统、轧钢系统6台无人行车改造等智能化项目建成投运；能源集控中心、智造协同执行系统等项目稳步推进，完成主业产线数字化智能化25%、主要业务信息化率94%的年度目标。

【管理变革与管理流程优化】 推进公司机关管理职能整合、业务流程优化，公司机关管理部门由

2020年的8个优化调整至6个。推进集中一贯制和扁平化管理，实施发电厂与能动分公司一体化整合，将二次资源综合利用中心整合至物流中心。公司二级单位由2020年的13个优化调整至11个（含托管单位）。实施科级机构专业化整合，公司科级机构由142个减少到126个，减少16个。

【工艺技术攻关】 通过冶炼工艺优化、电极改进和立磨提产改造等创新攻关，高温碳化示范线产能较设计提高20%。探索出“钒钛烧结矿+钒钛球团矿”新型炉料结构与“增大布料角度+增大炉料批重”装料制度，4号高炉利用系数突破单座高炉历史纪录，最高达2.955吨/(立方米·日)；通过开展厚料层烧结实验、优化配矿与熔剂结构、引进应用柔性转运技术等研究工作，烧结返矿率由38.46%降至37.46%。通过中间包加热、凝固末端电磁搅拌等工艺优化攻关，重轨内部质量进一步提升。新一代孔型工艺体系进一步完善，解决道岔轨通长底宽、轨高、对称波动等问题。完成热轧后段冷却技术研究，为热轧技改期间保产提供有力技术支撑。热轧氧化铁皮控制技术实现突破，冷轧酸洗机组提速10%左右。

【两化融合】 推动两化融合重点项目实施，启动了能源集控项目、制造部快分中心项目、智造协同执行系统、铁钢包智能跟踪系统等项目，完成了铁路运输管控一体化系统、热轧冷轧无人行车等项目。完成两化融合管理体系认证，促进了两化融合实施过程的规范、有序，形成了业务流程和组织结构优化、技术应用、数据开发利用的协同管理机制。承接集团四化要求，完成轨梁万能二线、万能一线、炼钢方坯、铁路运输、计量检化验等5条智慧产线的建设。加强网络安全管理，降低网络风险，生产网病毒防护及桌面行为管理软件推广覆盖率100%；办公网趋势杀毒覆盖率从年初的约70%提升到95%，完成了炼铁厂、提钒炼钢厂工控系统安全加强。

攀钢集团钒钛资源股份有限公司

【概况】 攀钢集团钒钛资源股份有限公司（以下简称“股份公司”）于1993年3月成立、1996年11月在深圳证券交易所主板上市（股票代码：000629），是我国主要的国有钒钛资源企业，总部坐落在被誉为“钒钛之都”的四川省攀枝花市。股份公司坚持依靠科技创新驱动，探索出独具特色的多金属共生的钒钛磁铁矿资源综合利用道路，形成了钒氮合金生产技术等一批国际领先、拥有自主知识产权的专有技术，其中钒氮合金生产技术获国家技术发明奖。经过历次重大资产重组，股份公司已发展成为专营钒钛、致力于钒钛产品开发的上市公司，公司拥有以五氧化二钒、高钒铁、钒氮合金、钒铝合金为代表的钒系列产品，以钛白粉、钛渣等为代表的钛系列产品，具备年经营钛精矿100万吨和年产钒制品（以V_2O_5计）4万吨、钛白粉23.5万吨的综合生产能力，是世界主要的钒制品供应商，中国主要的钛原料供应商，中国重要的钛渣生产企业，中国重要的硫酸法、氯化法钛白粉生产企业。股份公司产品广泛应用于钢铁工业、电子工业、有色金属及涂料油墨等领域，畅销国内外市场。

【生产经营】 2021年，股份公司生产钒产品（折合V_2O_5）4.33万吨，超白皮书基本目标1326吨，同比增长1.93%，创历史最好水平。生产指标明显改善，主要是氧化钒收率进一步提高，其中攀枝花钒厂较2020年提高0.35个百分点，创股份公司成立以来新高；西昌钒制品科技公司较2020年提高0.91个百分点，创历史新高。狠抓产线产能提升，攀枝花钒厂、西昌钒制品分公司氧化钒产线产能得到充分发挥，分别达设计能力123%、132%，同比分别提高3%、10%。继续发挥钒产品市场引领作用，利用平台优势积极开展经营贸易，把控进口矿销售节奏，创效效果明显。克服海运“梗阻”，钒产品出口占比20.83%，同比提高0.62%，实现FeV50出口零突破。

生产钛白粉24.44万吨、钛渣21.24万吨，分别超白皮书基本目标9299吨、10382吨，同比分别增长3.77%、3.20%，均创历史最好水平。东方钛业持续保持稳定高产，产量8次刷新历史纪录；生产指标明显改善，二氧化钛收率较上年累计提高0.25%，创历史新高。氯化钛白厂产量首度实现年达产。市场架构不断完善，钛精矿、钛渣国内市场占有率分别达14.9%、41.9%，均居国内第一。充分发挥钛原料资源掌控能力，钛白粉积极跟随策略，主营品种销售增利效果明显。

通过矿渣联动，实现了始终保持并扩大钛渣产品与云南渣的价差优势。

【股东大会】 2021年，股份公司共召开4次股东大会，共审议并通过议案25项。

2021年4月29日，股份公司以现场和网络投票相结合的方式召开2020年度股东大会，现场会议地点为四川省攀枝花市南山宾馆会议中心多功能厅。会议审议并通过了《2020年度董事会工作报告》《2020年度监事会工作报告》《2020年度财务决算报告》《2021年度财务预算报告》《2020年度利润分配预案》《2020年年度报告和年度报告摘要》《2021年度投资计划（草案）》《关于续聘信永中和会计师事务所（特殊普通合伙）的议案》《关于修订〈关联交易管理办法〉的议案》《关于补选第八届董事会非独立董事的议案》。

2021年7月9日，股份公司以现场和网络投票相结合的方式召开2021年第一次临时股东大会，现场会议地点为四川省攀枝花市南山宾馆会议中心多功能厅。会议审议并通过了《关于补选第八届董事会非独立董事的议案》《关于增加2021年度日常关联交易金额上限的议案》。

2021年9月29日，股份公司以现场和网络投票相结合的方式召开2021年第二次临时股东大会，现场会议地点为四川省攀枝花市南山宾馆会议中心多功能厅。会议审议并通过了《关于收购攀钢集团西昌钒制品科技有限公司100%股权暨关联交易的议案》《关于修订〈公司章程〉的议案》。

2021年12月31日，股份公司以现场和网络投票相结合的方式召开2021年第三次临时股东大会，现场会议地点为四川省攀枝花市南山宾馆会议中心多功能厅。会议审议并通过了《攀钢集团钒钛资源股份有限公司2021年限制性股票激励计划（草案第二次修订稿）及其摘要的议案》《攀钢集团钒钛资源股份有限公司2021年限制性股票激励计划实施考核管理办法》《攀钢集团钒钛资源股份有限公司股权激励管理办法（第二次修订稿）的议案》《关于提请攀钢集团钒钛资源股份有限公司股东大会授权公司董事会办理2021年限制性股票激励计划相关事宜的议案》《关于补选第八届董事会非独立董事的议案》《关于补选第八届董事会独立董事的议案》《关于补选第八届监事会股东代表监事的议案》《关于〈修订公司章程〉的议案》《关于公司拟与鞍钢股份有限公司签订〈原材料供应协议（2022—2024年度）〉的议案》《关于公司拟与攀钢集团有限公司签订〈采购框架协议（2022—2024年度）〉和〈销售框架协议（2022—2024年度）〉的议案》《关于公司拟与鞍钢集团财务有限责任公司签订〈金融服务协议（2022—2024年度）〉的议案》。

【董事会】 2021年，股份公司共召开董事会12次，审议并通过议案55项。

【信息披露】 股份公司累计通过深交所信息平台累计发布正式公告共计152项，主要包括季报、年报等定期报告及股东大会、董事会、监事会决议公告和其他重大事项的公告。

【股份解除限售】 股份公司在接到攀钢集团、攀长钢及攀成钢关于解除限售股限售的《通知函》后，向深圳证券交易所正式提交了解除限售申请。经深交所、登记公司审核通过，上述定向增发限售股于2021年6月9日成功解除限售，解除限售后攀钢集团、攀长钢及攀成钢持有的11.25亿定向增发限售股恢复上市流通。

【收购股权】 为有效履行两级集团公司关于解决与上市公司同业竞争的承诺，彻底解决股份公司与西昌钢钒之间钒业务同业竞争问题，股份公司在2021年6月启动了收购西昌钒制品100%股权相关工作。9月29日，股份公司召开2021年第二次临时股东大会审议通过了收购相关议案，并于2021年10月顺利完成股权交割及工商登记相关工作。

【股权激励】 积极推进股权激励相关工作，编制了股权激励草案，草案于2021年12月14日获得了国资委的同意批复。2021年12月31日，股份公司召开2021年第三次临时股东大会审议通过了股权激励相关议案。股份公司后续将按照股东大会决议推进股权激励实施各项工作。

【资本市场】 积极参与主流证券媒体组织的价值评选活动，股份公司获得由证券时报主办的第12届中国上市公司投资者关系天马奖“主板最佳董事会奖”“主板最佳董秘奖”。2021年6月30日由上海报业集团、界面新闻在上海举办“界面资本论坛”，公司董秘罗玉惠女士获2021金勋章“最佳董秘奖”。

【风险管理】 辨识评估2021年重大重要风险，建立公司2021年重点风险管控清单，包括风险辨识、应对措施、工作标的、风险预警指标及主责部门（单位），实行季度跟进、动态调整、提前预警、有效防控。落实风险与内控“2+N”工作机制，深入开展内控执行专项检查，2021年完成10家单位检查工作，发现6大类72项问题，健全内控全过程的监督服务长效化工作机制。常态化开展规章制度“立改废释”，2021年公司修订制度28项；下属单位制度修订302项、废除62项。发挥审计监督风险防范效能和审结结果运用。2021年开展审计项目25项，聚焦典型问题编写案例，印发《公司风险与内控案例库》。

【科研机制】 系统构建科技创新驱动体系，投入直接研发费用1.82亿元，实现科技降本创效3.32亿元；新增授权专利65项，获得四川省科技进步奖三等奖4项；与攀研院、中科院等单位签订外协合同82项，组织公司级对外技术交流110次，创新能力持续提升。

【新产品研发】 开发了坩埚冶炼高端钒铝合金新工艺，高端钒铝合金质量显著提升，累计销售80.6吨，较2020年提高210%；高温色母专用钛白R-249产业化技术定型，成功实现了转产，累计推广3126吨，完成年度目标的156.3%。

攀钢集团西昌钢钒有限公司

【概况】 攀钢集团西昌钢钒有限公司（以下简称“西昌钢钒”）是国家攀西钒钛战略资源创新开发试验区的重要骨干企业。2008年9月开始筹备，2009年11月正式开工建设，2011年12月正式竣工投产；2015年6月重庆高强竣工投产，标志着西昌钢钒公司全面建成投产。厂区占地7976亩，总投资约310亿元，其中环保投资达52亿元，具备年产钒制品（以V_2O_5计）2万吨、铁450万吨、钢400万吨、热轧材400万吨、冷轧板210万吨、热轧酸洗板70万吨和钛板（卷）的制造能力。

【生产经营】 2021年，西昌钢钒生产经营实现历史性突破，主要核心经营指标创历史最好水平。铁、钢、材产量分别完成432万吨、417万吨和409万吨，实现集团控制目标；完成营业收入237.73亿元，较上年上升19.06亿元，增幅为8.72%；实现经营利润17.06亿元，其中钢铁板块15.46亿元，创历史最好水平；钒资产证券化收益30.03亿元；覆盖财务费用后经营现金流21.46亿元；资产负债率降至45.69%，环比降低12.91个百分点。公司被授予信用最高等级，获四川省诚信企业称号。

【产供运销】 西昌钢钒强化采购环节原燃料外延管理，加强对白马球团、恒禾球团和酸性烧结矿原料供应、生产运行及检修跟踪、成品发运等协调工作，有效稳定高炉炉料结构；结合进口矿石价格上升情况，积极拓展采购渠道，全年国内高粉累计到货97.7万吨，创历史最高。生产环节紧密围绕“均衡、稳定、经济、高效”目标，强化生产运行风险控制，优化生产组织模式，不断提升工序物流通过能力和效率，全流程钢铁料消耗1104.67千克/吨、热轧成材率98.29%、冷轧成材率95.65%、热装率65.7%、吨钢综合能耗596.63千克标准煤、热轧小时产量764.81吨、酸轧小时产量307.46吨、全流程废钢消耗119.2千克/吨、铁钢比1.033等多项提效指标创年度最优。销售环节坚持以缩短合同交付周期和实现资源流向效益最大化为准则，加大与国贸公司协同，全年冷轧材产量238.46万吨和调品指数264元/吨，均创年度最优水平；年度产销率完成100.02%，存货周转率处于行业先进水平。

【改革创新】 2021年，西昌钢钒共实施15项重点改革措施，集团下达的11项重点改革指标全部完成。深化管理创新与流程再造，实施大部制改革，机关部门由10个减少至7个；实行管办分离，整合制造部与物流中心业务，成立运保中心；实现管理创新，成立能动分公司、炼铁焦化分厂，由分公司（分厂）直管倒班班组，建成智慧管控中心，实行全公司一体化生产管控，减少管理层级，提升管理效率。实施管理人员契约化、一般员工合同化管理，聘期制合同签订率100%、员工岗位合同签订率100%。量化绩效考评，制定岗位绩效量化考核表，全员实施绩效量化考评；在炼铁厂实行工资总额承包制，工资总额与产量、成本刚性挂钩。实施主营岗位劳务置换、离岗赋能学习及协解等制度，减少岗位用工。各二级单位实行“一厂一特色”举措，改革全面铺开、多点发力，增强改革穿透性，激发基层活力。公司全年浮动工资差异系数达到1.15，劳动生产率提升10%。

【智能制造及信息化管理】 2021年，西昌钢钒高质量成功承办了第二届数字鞍钢现场会，数字项目建设成果得到两级集团高度评价，包含质量治理平台和设备数字化状态维修（“万点受控”）平台。公司适时升级了第三版《数字西昌钢钒发展规划（2021—2025年）》，发布了《西昌钢钒公司工业大数据平台数据字典（炼钢和板材各机组）》，数据底座初步建成；探索云桌面、瘦终端的场景应用取得成功；构建了基于自有云的装备管理与数据采集系统，在自有云的基础上，DMS数据采集下位系统的建设初见成效，为各级管理者把握设备状态、倾向，运行分析提供了有力支撑，该成果获得中国设备管理协会2021年冶金行业管理与技术创新一等奖。ET钢铁大脑项目被工信部评为优秀解决方案，西昌钢钒被评为中国基本盘智能制造“标杆工厂”，在中央电视台中央新影品质节目作为“未来钢铁”的典型进行宣传。

【财务管理】 2021年，西昌钢钒实现经营利润17.06亿元，其中钢铁板块15.46亿元，取得历史最好水平；钒资产证券化收益30.03亿元；实得大于应得现金流量0.42亿元，全年降低财务费用2.24亿元；经济增加值完成8.01亿元，超目标2.08亿元；资产负债率降至45.69%，较年初下降12.91%，资产负债率创历史新低，2021年存货平均占用12.91亿元，较年初下降0.58亿元；存货增幅4.41%，营收增幅37.25%，存货比营收增幅低32.84个百分点；存货周转率13.59次，较2020年加快2.62次；完成集团公司下达的三家亏损企业治理目标，均实现持续盈利。

【科技创新】 2021年，西昌钢钒以三年科技滚动规划为导向，紧盯科技创效目标，开展铁钢材关键技术提升研究，不断优化生产工艺和产品升级换代，持续提升公司科技创新技术水平。科研成果成效显著，2021年实现科技创效5.2亿元，取得受理专利102项，授权专利69项，其中发明专利32项；获得冶金科学技术奖一等奖1项，四川省科技进步奖三等奖3项，鞍钢科学技术奖二等奖2项，攀钢科技进步奖7项；获得政府支持资金900万元。狠抓生产经营中的痛点、难点，以重大技术问题为主攻方向，成立科技攻关队，深入开展专项技术攻关，炼铁工序吨钢废钢单耗达到41千克；转炉冶炼时间不大于33分钟合格率达到90.06%，创历史最优。

【品牌质量】 2021年，西昌钢钒顾客满意度、产品质量异议率、降级改判率分别实现90.14、1‰、0.82%，较计划目标大幅优化。品种开发推广方面取得新突破，全年汽车用钢推广量完成173.13万吨，同比增长23.13万吨，增长率为15.42%，连续两年实现大幅增长。酸洗板推广量36.42万吨，同比增长7.23万吨，增长率为24.77%，同时，国内高端汽车主机厂用户认证取得新突破，完成吉利汽车、东风小康、长城汽车、长安汽车、五菱工业等主机厂多个车型零件的认证发包。2021年有7个产品入选“四川省地方名优产品”、15个产品被中国钢铁工业协会认定为“金杯奖”、4个产品获得“四川名牌”。

攀钢集团矿业有限公司

【概况】 攀钢集团矿业有限公司（以下简称“矿业公司”）先后获得首届全国矿产资源合理开发利用先进矿山企业、第二届全国冶金矿山“十佳厂矿”、钒钛磁铁矿资源综合利用示范基地、全国冶金绿化先进单位、四川省创先争优活动先进基层党组织等荣誉称号。

矿业公司内设8个职能部室、7个直属单位和2个子公司，职工5730人。经营范围为矿石采选及其技术开发、咨询服务；碎石、矿产品加工、销售；矿产品质量检测；金属制品、机械设备制造；机械设备修理等。

作为攀钢高炉冶炼的主要原料供应基地，矿业公司拥有钒钛磁铁矿、白云石矿等矿山。截至2021年底，境界内可采资源量约4.81亿吨，其中，攀枝花矿区1.63亿吨（露天1.13亿吨，地下0.50亿吨），白马矿区3.18亿吨。主要生产钒钛磁铁精矿、钛精矿、硫钴精矿、石灰石、生石灰粉、高镁石灰等矿产品。经过四十余年的发展，已形成年产钒钛磁铁矿精矿1300万吨，钛精矿140万吨，冶金辅料矿80万吨的生产规模，其中铁精矿产量位居全国前三，钛精矿产量持续保持全国第一。

【生产经营】 2021年，矿业公司生产铁精矿、钛精矿产销规模均创历史最好水平。其中铁精矿1319.51万吨，同比增产98.33万吨，产量规模上升至全国第二位；钛精矿 144.95 万吨，同比增产 21.25 万吨，产量规模持续保持全国第一；外销铁精矿 85.99 万吨，溢价增利 1 亿元以上。生产石灰石粉矿 34.77 万吨、生石灰粉 46.06 万吨、高镁灰 5.08 万吨，全面满足了攀钢需要。

【企业管理】 2021 年，矿业公司完成国企改革三年行动任务 80%以上，推进组织机构扁平化，优化厂级机构 3 个、作业区级机构 17 个，精简厂级领导职数 9 人、作业区级岗位职数 24 人。强化“两制一契”管理，经营业绩、年度目标责任书和聘用、岗位合同签订率 100%。全员劳动生产率增加 1.15 倍。加大授权放权力度，分级制定授权清单；落实即时激励要求，对 11 项专项工作进行奖励。

加快推进矿山数字化智能化建设，编制了以“1+3+7（+N）”为蓝图的《矿业公司“十四五”智慧矿山建设规划》；23 项“四化”项目加速推进，密地选矿厂磨选工序智能控制系统、财务一级核算信息管理系统等已竣工验收；江南选厂 MES 系统及配套系统改造等项目已上线运行。

【工程管理】 2021 年，重点工程项目建设有序推进，马家田尾矿库接替库——中沟湾尾矿库工程全面开工建设；矿业公司白马铁矿及及坪采场物流优化工程完成热负荷试车；选矿厂马家田尾矿库闭库工程开工建设，龙潭沟闭库工程全部完工，阿署达沟一期闭库工程完成覆土，阿署达沟二、三期闭库工程如期实施。各项设备技术经济指标完成值均优于计划指标，其中主要设备可开动率 97.37%，创历史新高，维修费及吨铁、钛精矿维修费均保持低位。

【科技管理】 “攀西地区尾矿污染场地修复关键技术研究与环境风险管控综合示范”顺利通过四川省科技厅验收；“超细粒级钛铁矿高效回收技术开发与示范”完成了工业试验和产业化工艺设备考察；铁精矿提质改造完成初步设计；“攀西地区钒钛磁铁矿中伴生资源的高效分离技术研究及产业化应用示范”获批攀西试验区项目，获得国家政府资金支持 894 万元。“攀西地区露天矿山边坡安全监测与云平台远程预警关键技术研究”“选铁尾矿中超粗及超细钛铁矿强化回收工艺及装备产业化研究”2 项科技成果获鞍钢集团科技进步奖三等奖。推行科技项目负责人制，设置项目推进单项奖，激发科技创新活力，2021 年科技创效 2.7 亿元。

攀钢集团成都钢钒有限公司

【概况】 2021 年，攀钢集团成都钢钒有限公司（以下简称“攀成钢”）“处僵治困”取得积极成效，企业转型、职工转岗取得了新的进展。三项制度改革成效显著，金堂钢管分公司大幅度增效。2021 年底，在岗职工 781 人，二级机构 7 个。

【业务经营】 2021 年，攀成钢高效提速推进资产处置，7 家单位经过 126 轮激烈竞争，以高于预期的价格成功竞卖了 340 产线资产。在上半年市场高位时集中处置电缆、紫铜、变压器等废旧资源，为公司增效 2000 多万元。经过与多方各层面反复沟通协调和开展工作，多年悬而未决的历史难题——508 产线资产处置取得突破性进展。持续提升资产租赁经营业绩，租金总体增长 20%以上，进一步盘活厂房空地等资产，全年新增租赁面积近 8 万平方米。

金堂钢管分公司月拔制产量由最高 6 万支提升到 9 万支，合同兑现率由 72%提高到 96%，冷轧吨管天然气消耗同比降低 29 立方米。承接四代核电技术的国家重点工程项目合同相关指标数据优于国内同行水平；成功试制开发 15-5PH 高强度耐腐蚀管。新开拓西宁特钢等 16 家市场用户，恢复哈锅供货资质并实现首批供货，进入中国兵器工业集团合格供应商名录，恢复 JG 集采供货资质；获取了民用核安全设备制造许可证延续，通过国家核安全局现场综合检查及资格评审，国内核电小管市场份额超过 60%。特别是保供国家重点项目得到了鞍钢集团主要领导的批示表扬。

2021 年，金堂钢管分公司产量同比增长 40%；销量同比增长 39%，其中核电管同比增长 230%，实现盈利 68 万元，同比增效 835 万元。

攀成钢推进实施园区一体化智慧化管理建设，支撑公共物业管理和相关服务项目拓展。挖掘成都材料院、成都板材、高管委、大数据等服务需求，实现产值 600 万元，同比增长 10%。

对能源系统实施适应性优化改造，供能效益明显提升；充分对接园区入驻企业，积极开展检验检测、计量校准、电气和行车维保、科研试样加工等服务业务，做到业务能接尽接。持续拓展成都板材产线操作和公辅系统能源服务、成都材料院中试线运维等产线服务岗位，加大转岗创效力度。2021 年能源供应服务收入 1. 37 亿元，同比增长 20%；工业服务对外创收突破 1500 万元，同比增长 40%以上。

【改革创新】 2021 年，攀成钢扎实推进三项制度改革，两级机构及管理人员职数大幅压减，其中厂级机构压减 30%，科级机构压减 50%，厂级职数精简 47%，科级职数精简 40%，浮动工资差异化系数达到 1. 17，全面完成了三项制度改革 11 项重点指标。

成立人才赋能中心，为部分未能竞聘上岗的职工设置过渡性临时岗位，同时重点打造电力电气、行车维保、钢管生产等 3 个实训基地，针对金堂产线、三个服务平台外创项目等开展 12 项培训。全年公司开展各类培训累计 2200 余人次。加强与成都材料院、成都板材、鸿舰钛焊管、嘉德精工等单位对接沟通，共组织 8 批 123 人次招聘工作，45 名职工调整到新的工作岗位。

完成了困难企业治理公司分立和资产过户工作，注册成立了攀钢集团成都润生工业发展有限公司。通过资产处置和土地运作，新设公司和现有存续公司分别进行治理，新公司 2021 年盈利 7567 万元。

【园区开发】 完成东楼、物流公司、三利等地块清理并向政府交地，川化水库地块上市成交。破解产权难题，彻底解决了钢管区工业建筑多年没有产权的历史遗留问题，成为青白江区国有企业第一个解决工业建筑物产权的成功案例。

与 5 个区（市、县）税务部门经过多次沟通协调，争取到 2021—2022 两年减免房土两税 5000 万元以上；开展股权清理，推进投资企业经营改善、处置、监管，实现股权投资收益 542 万元；清理核销符合条件的公司债务 124 笔，创效 386 万元。

攀钢集团江油长城特殊钢有限公司

【研发能力】 攀钢集团江油长城特殊钢有限公司（以下简称“攀长特”）作为国家三大 JG 用特殊钢科研生产基地之一，建厂以来，完成国家下达的 JG 及民用科研项目 350 项，国家级科研课题 2800 余项，先后研制生产了 50 多个牌号、300 多个规格品种的新材料，为我国航空、航天、兵器工业、核工业提供了 600 余项工程和国防 JG 材料，为民用工业领域提供了超过 400 项新材料，卫星装置用钢、抗氢脆 HR 系列钢、飞机涡喷发动机用钢填补国内空白。

【产能规模】 攀长特拥有特种冶炼、锻材锻件、大型材、扁平材、薄板、热挤压管、精密钢管、棒线材连轧等 8 条生产线，其中 4 条生产线为 JG 产品专用。精密无缝钢管生产线处于世界一流水平，棒线材连轧生产线和锻钢生产线处于国内先进水平。拥有 40 吨电炉、LF 炉、VD（VOD）炉、电渣炉、真空感应炉、非真空感应炉、自耗炉等特种冶炼设备和 825 初轧机、3150 吨和 4500 吨挤压机、棒线材连轧机、4500 吨快锻、1800 吨精锻等专业化成套加工设备，具备年产特殊钢 70 万吨的生产能力。主要产品为国防 JG 用高温合金、特种不锈、高强钢及民用高合金模具钢，居于国内前三甲。

【生产经营】 2021 年，攀长特产钢 28. 2 万吨，同比增长 9%，自炼钢成材 20. 3 万吨，同比增长 11%，营业收入 40. 4 亿元，同比增长 24%，其中专项产品销售收入三年翻番突破 10 亿元，创历史新高。通过疏通产能瓶颈，强化产线联动，实现了产线效率持续提升。

【品种结构】 专项产品一体化推进航空、航天等 27 项重点型号渠道建设，大力开发兵器、3D 打印、新能源等两用市场，实现销售 2. 65 万吨，同比增长 39%，开发新用户 56 家，其中高温合金、特种不锈、高强钢销量分别增长 50%、27% 和 70%。民品产品成立 12 个升级组，高纯净冶炼、氮合金化冶炼等 4 项关键技术实现突破；升级产品销售 12. 2 万吨，增长 27%，升级占比 32%，提高 7 个百分点，6 个品种实现进口替代；高端热作模具钢销量首次突破 1 万吨，易切削不锈钢销量增长 129%，高碳马氏体不锈钢销量增长 25%。全年实现结构增利 7815 万元。

【降本增效】 通过优化生产组织、推进炼钢攻关、压降财务费用等措施，全年系统量化降本 1. 8 亿元，实现年度“4 连增”；发布 254 个品种工艺控制计划，实施工艺升级 69 项，工序降本 1. 16 亿元，其中冶炼环节降本 0. 82 亿元，吨材降本 291

元，降幅 4.03%。

【三项制度改革】 制定《攀长特公司深化三项制度改革实施方案》《关于加强劳动合同和岗位合同管理全面推行用工市场化的实施方案》等改革配套文件。推行业务模块化和职能总监制，科级机构精简至 79 个；科级干部竞争上岗 68 人，末等调整和不胜任退出 8 人；建立全口径定员体系，开展岗位写实、白班清理、主辅流动、赋能培训等工作，全口径优化用工 204 人，人均劳动生产总值提升 17.7%；初步建立全员岗位绩效考核体系，浮动工资差异系数 1.22。

【新品攻关】 制定《特钢“一体化”技术营销奖励办法》《航空航天用紧固件 SBU 项目奖励与考核办法》，修订《新产品攻关奖励办法》。设立 25 个新产品攻关项目，成功开发高温轴承钢×××等 4 项关键核心产品，“×基地低温风洞工程”专用材料×××等 5 项重点产品、7 个专项产品开发项目全部完成计划进度，项目进度完成率达到 108.6%；全年开发推广新产品 13.84 万吨，比计划增加 1.09 万吨，有力地支撑了公司产品结构调整，调品指数达到 5666，超计划 1166。

【科研成果】 通过“GH×××合金冶炼工艺及棒材组织优化研究”“难变形高温合金 GHYYY 冶炼及棒材开坯工艺研究”攻关，全力突破航空新机型涡轮盘用棒材质量瓶颈，已初步打通高纯净冶炼、组织调控、变形工艺等关键技术；通过“超低温服役环境用新型高强不锈钢的开发及应用”“×××用锥形 JYT 锻件材料优选及加工制造工艺开发”攻关，突破冶炼、锻轧成型及热处理等关键核心技术，产品通过终端全面冶金质量考核，实现工程化应用，新增合同额 6665 万元，支撑了 JG 不锈钢市场开拓；“×××管路连接材料研制”项目主要材料×××航空精密高压输油管已通过第二阶段工艺稳定性验证评审；高强钢通过“×××、×××棒材关键技术研究”攻关，突破高纯净冶炼、成分精确控制和锻造技术关键工艺，具备了向后续工作推进的基础。全年获省部科技进步奖 2 项，鞍钢科技进步奖 1 项，攀钢科技进步奖 5 项，“含硫高端特殊钢冶金工艺技术的开发和应用”获中国钢铁工业协会、中国金属学会冶金科学技术奖一等奖。

【市场开拓】 开展新材料预先研制和难点技术攻关，培育未来拳头产品，全年共完成产品资质认证 20 项，其中专项产品资质认证 11 项。持续强化技术营销，紧盯重点用户，开展大用户走访，成功开发 56 家 JG 新客户，签订合同 1137 吨，产值 5040 万元。

攀钢集团研究院有限公司

【概况】 攀钢集团研究院有限公司（以下简称“研究院”）是攀钢集团的核心研发机构，鞍钢集团五大研究院之一，中国极具影响力的以钒钛为主的国家级综合性研究开发机构。研究院现拥有以国家级技术中心、钒钛资源综合利用国家重点实验室为核心的技术研发平台，以国家钒钛质检中心、CNAS、CMA 为代表的分析检测平台，以钒钛磁铁矿资源综合利用产业技术创新战略联盟、四川省院士工作站、博士后工作站为代表的智力共享平台，以系列钒钛中试线为特色的工程转化及产业孵化平台。

2021 年底，研究院有在岗职工 627 人，其中外聘院士专家、国家有突出贡献中青年专家、新世纪百千万工程国家级人选、国务院政府津贴专家等 40 余人，博士、硕士学位人员 371 人，高级技术职称人员 264 人。有总资产 13 亿元，仪器设备 3292 台（套）。全年承担各类合同项目 355 项，重点项目完成率达到 97%，支撑公司科技创效 20.3 亿元。荣获国家科技进步奖二等奖 1 项、省部级科技进步奖 18 项。获授权发明专利 219 件，其中国际专利 14 件。制定国家（行业）标准 19 项。完成集团公司下达的经营利润挑战目标。创新支撑攀钢位列中国钢铁企业专利创新指数排名第四，连续四年荣膺“最具专利创新力企业”。“四川省先进金属材料增材制造工程技术研究中心”被认定为省级工程技术研究中心。

【重大科研项目】 2021 年，完成重大科研项目 14 项。

1. 高炉渣提钛产业化。高炉渣提钛示范线实现年达产，全流程模拟成本核算盈利 3600 万元。

2. 钒渣低钙焙烧—碳酸化浸出提钒技术研究。建成钒渣低钙焙烧—碳酸化浸出提钒工艺中试平台，完成全流程中试验证试验，实现了钠、铵、碳酸根、工艺水等介质循环利用。

3. 小粒度海绵钛生产工艺与装备技术开发。

开发出高品质小粒度海绵钛镁热还蒸工艺及装备技术，解决7.5吨大型Ⅰ型炉生产小粒度海绵钛结构致密、备料成功率低的问题，设计建成3000吨/年的小粒钛生产用还蒸炉。

4. ZJ用钛合金材料抗弹防护性能提升与优化。形成了“中厚板轧制+中厚板焊接+专用焊材”ZJ防护钛合金成套应用技术包。

5. 钒钛磁铁矿选冶联合低成本制造技术。根据提质钒钛精矿冶金试验结果提出了高品位钒钛矿采用球团工艺和高炉球团矿配比至50%以上的工艺思路。

6. 钛合金化钢关键技术。研究开发出高钛新材料高效低成本“转炉—连铸—轧制”制备流程，成功实现120吨转炉和200吨转炉生产Ti含量0.25%~0.5%耐磨钢的多断面、连浇不少于2炉的多炉浇注，打破了“高钛钢无法连铸”的技术壁垒，填补了我国连铸生产高钛钢的工艺技术空白。

7. 汽车面板用钢夹杂控制技术研究。突破了困扰汽车面板用钢夹杂“瓶颈”问题，夹杂降级率连续三个月小于10%，达到集团公司年度攻关奋斗目标。

8. 川藏铁路钢轨开发及应用技术研究。围绕川藏铁路特殊线路条件要求，通过系统研究，提出了耐磨、耐蚀、抗疲劳钢轨成分体系，掌握了Cu、Ni等元素对钢轨显微组织及关键力学性能的影响规律，在实验室及工业生产条件下均制备出原型产品。其中，钢轨抗拉强度平均1185兆帕、延伸率平均15%、−40℃断裂韧性K_{IC}平均38兆帕·米$^{1/2}$，相比现有U71Mn热轧钢轨，耐磨损性能提高108%、模拟海洋大气环境下钢轨耐蚀性能提高20%。

9. 电控柜用热镀铝锌板涂镀层工艺技术。针对热镀铝锌板涂镀层性能不易提升、锌花尺寸控制困难等行业共性难题，发现并研究了细化锌花尺寸提升性能的作用机理，开发形成Ti-Re微合金化镀层集成控制、可涂装环保综合表面处理、高耐蚀性环保耐指纹表面处理和黑斑缺陷控制等关键技术，确保电控柜用热镀铝锌板1.5~2.5号锌花比例不小于90%，涂层经NSST/240小时锈蚀面积不大于5%，NSST/480小时锈蚀面积不大于20%。产品已在施耐德、ABB等知名企业推广应用，实现了对进口料全方位替代，市场份额占有率全国第一。

10. 第三代低膨胀GH2909合金棒材制备关键技术。开展航空发动机机匣用GH2909合金缺口敏感性产生机理、热变形组织演变规律、快锻+精锻过程组织调控等研究，掌握了合金晶粒和析出相精细化调控方法，提出“快锻控制晶粒度+精锻控制析出相”的小变形精锻方法和具体优化工艺，解决了GH2909合金联合持久缺口敏感问题，使小规格锻棒合格率由不足40%提升至90%以上。

11. 精密无缝钢管关键共性技术研究。针对高压精密某油管的小口径厚壁、高尺寸精度、高表面质量、高强性能要求，开展××油管自主化制备关键工艺及模具工装核心攻关，形成了原创高精密高压无缝油管游动拉拔制造技术和高强组织均匀性及性能调控技术，使成品性能提升300兆帕左右，强度值稳定控制在30兆帕以内，脉冲疲劳检测值达180多万次（超进口管40余万次）。批量试制产品尺寸精度及表面质量全达到P级要求，已实现两个规格多次批量供货。“××油管自主化研制”国家项目全流程整套工艺通过国家项目专家组评审，提前完成项目验收内容，关键技术成果实施将实现高品质高压精密油管国产化率达96%以上，打破进口依赖。

12. 整车EVI技术研究。开展五菱某新能源乘用车整车静态性能分析、结构优化、选材荐材、碰撞分析、零件成型等全流程研究工作，提供该车型的整车设计—结构优化—科学选材—零件成型及应用一揽子解决方案，实现攀钢在新能源汽车整车EVI领域从0到1的突破，该车型白车身用材100%选用攀钢汽车用钢。

13. 熔盐氯化渣资源化处理工程化技术研究。通过工艺优化和设备升级改造，氯化废盐资源化利用中试线连续稳定运行时间突破120天，负荷达80%~107%。产品质量及工艺控制指标达到设计要求。NaCl成功返炉应用369.5吨，开发形成了用于离子膜烧碱生产的NaCl盐水深度精制技术，中试线产NaCl盐水全量用于离子膜烧碱生产超过14000立方米，打通了NaCl循环利用工艺。开展中试线技术经济评价，熔盐氯化废盐资源化处理工艺技术成熟、经济可行，为攀钢“十四五”新上熔盐氯化项目提供了技术支持。

14. 分析测试平台。分析测试中心围绕集团重大科研项目，开展矿物中三稀元素分析超低含量检测、钢铁中稀土分量、钛白粉中微量有色元素的快速检测方法开展研究，为高钙高磷提钒工艺提供理论指导，为钢轨、汽车钢、家电钢、钛卷等质量异议提供失效分析报告，强有力地支撑了集团和分子公司科研项目；发布国家、行业、团体标准10项，钒钛磁铁精矿标准样品4项。

攀钢集团工程技术有限公司

【概况】 攀钢集团工程技术有限公司（以下简称“工程公司”）系攀钢集团有限公司所属全资子公司，注册资本金21.68亿元，是集设计、施工和服务于一体的工程总承包一级企业，具备每年40亿元以上的施工生产能力。

【经营指标】 2021年，工程公司合同签约量突破40亿元大关，超奋斗目标6.2亿元，同比增加8.7亿元；营业收入34.14亿元，超奋斗目标8.64亿元，同比增加9.37亿元；利润总额再创佳绩，超奋斗目标1836万元，同比增加2330万元；经营活动现金流1.32亿元，实得超应得2125万元；年末“两金”净值增幅为-11.22%，超额完成集团公司考核指标；年末母公司资产负债率79.66%，实现“处僵治困”治理目标。

【科技创新】 2021年，工程公司研发费用全口径支出1.46亿元（占营业收入4.5%），启动科研项目95项，形成公司级科技成果45项，获得省市级资金支持180万元，实现科技创效5344万元；申请专利57项，获得专利32项；申报省部级工法20项、攀钢及以上科技进步奖9项，3项科研项目分别荣获攀钢、鞍钢和四川省科技进步奖三等奖；编制实施质量突出问题治理方案172个，杜绝了重大及以上质量事故，验收项目质量合格率100%；将创优目标纳入项目经营责任书，申报省部级质量奖9项，获四川省优秀设计奖3项、优秀工程咨询奖2项；筛选“建筑业十项新技术”中的30个子项进行推广，BIM、高效焊接、矿山技术三个推进小组对外开展技术交流69次，取得了一些关键性的突破；引进矿山自动打孔装药、液压软管数控机床等先进工机具48台（套），提升了技术装备水平。

【品牌建设】 2021年，工程公司钒钛冶金工程修建、工程设计服务、矿建交通工程等三大品牌完成市场签约量26亿元，保持在攀西地区的竞争优势；承接实施攀西钒钛科技产业园总部办公园、中科院压缩空气储能系统设备安装等工程项目，为房建、机安两大基础产业提供了业绩支撑；着力培育专精特新品牌，消防专业、液压附件与电气成套产品合同签约量稳中有升，一批相关多元产业的“小巨人”崭露头角。

【产品制造】 2021年，工程公司成功开发攀枝花市西区金沙湖片区基础设施建设项目等商品混凝土供应市场，混凝土合同签约量达5081万元、装配式钢结构产品签约量达1.2亿元、矿山废石生产砂石合同签约量达8576万元、消防设施工程合同签约量2011万元、液压附件产品合同签约量4882万元、电气成套产品合同签约量6600万元。

攀钢集团国际经济贸易有限公司

【概况】 攀钢集团国际经济贸易有限公司（以下简称“国贸公司”）是攀钢集团有限公司全资子公司，前身为中国冶金进出口攀钢公司，1994年6月组建为攀钢集团国际经济贸易总公司，国贸公司销售的普钢产品包括重轨、热轧、冷轧、涂镀、棒线材等系列，特钢产品包括碳结、合结、碳工、合工、高工、模具、弹簧、轴承、不锈（包括耐热、耐蚀）、高温合金、低合金和工业纯铁等系列，钛产品包括海绵钛及高端钛卷、钛板、钛锭等系列，广泛用于铁路、汽车、造船、机械、家电、建筑、石油、航空航天等行业和领域。

历经三十余年的开拓创新，国贸公司建立了健全的销售体系，建立了覆盖国内主要市场的营销网络，在成都、昆明、重庆、攀枝花、贵阳、深圳、北京等地设立了7个分公司，在武汉、柳州、无锡、西安等地设立了4个商务处，与70余家客户建立了战略直供关系，与近100家客户建立了重点直供关系，发展战略、重点经销客户百余家。截至2021年底，拥有在册职工387人（其中在岗362人）；共有党支部15个，党员217名，专兼职党务工作者25名。

2021年，国贸公司靶向发力，战略品种销量突破；多措并举，价格能力持续提升；引领担当，龙头作用更加凸显；变革创新，体制机制活力提升；居安思危，构建立体风控体系；数字驱动，智慧营销如虎添翼；以史为鉴，传承优秀文化基因。突出营销变革创新，品种结构持续优化，数智化营销实现新跨越，关键营销指标保持行业先进，为攀钢生产经营稳定顺行奠定了坚实的基础。

【营销贸易】 2021 年，国贸公司关键营销指标保持行业先进，销售产品 947 万吨，综合产销率完成 100.2%；存货周转率、应收账款周转率、综合销售价格在 20 家大型钢铁企业中分列第 5 位、第 1 位和第 5 位。

国贸公司科学研判市场走势，统筹谋划产销各环节，提前应对大起大落的市场变化。2021 年 5 月市场价格处于高位高效益时期，产品销售 92.8 万吨，销量创月度新高；月末库存 19.4 万吨，为年内最低水平。2021 年坚持不懈做大冷系产品，冷系销量 405.6 万吨，在板材总量中占比 61%，较去年增加 6.5 个百分点，创效 5000 余万元。

攀钢战略品种销量占外销总量的 48.7%，同比增加 27.6 万吨，提升 3.4 个百分点。推动特钢产品升级，高端产品销量增幅明显，叶片钢、热轧高性能模具钢及中高端齿轮钢销量 6 万吨，增幅 20%。小粒钛销售 1531 吨，同比增长 343%。高端涂镀产品销售实现突破。电器用钢实现销量 120 万吨，同比增加 22.6 万吨。

国贸公司积极维护区域市场价格，适时调整资源流向，大力优化品种结构，全力做大高附加值品种，价格水平持续巩固。2021 年，主要产线中重轨价格综合排名保持行业第一；板材综合价格在 47 家板材企业中排名第 5 位，较上年上升 4 位；热轧价格综合排名第 7 位，较上年持平；涂镀价格综合排名第 4 位，较上年上升 1 位。

攀钢集团物资贸易有限公司

【概况】 攀钢集团物资贸易有限公司（以下简称“物贸公司”）是攀钢集团有限公司全资子公司，是集采购供应、经营贸易于一体的综合性服务平台。2021 年，物贸公司完成营业收入 259 亿元、贸易利润 1.1 亿元。

【渠道建设】 物贸公司继续加大替代、补充资源渠道开拓力度，陆续开发乡宁主焦、百灵主焦等新煤种 11 个，开辟矿石、煤炭、熔剂资源点 51 个，引进浙江中控、三一起重机械、东方锅炉等资材设备类生产型供应商 270 家。不断巩固战略采购主渠道，2021 年度战略供应商增至 113 家，同比增加 8 家，战略采购比例提升至 53%，同比增长 6 个百分点；其中外购矿石、煤炭和资材备件战略采购比例分别达到 76%、68%、23%。

2020 年 6 月成立四川卓峰供应链有限公司以来，逐步推进保供与贸易业务分离，促进贸易业务向专业化运行，全力打造卓峰公司品牌，激活产业链贸易活力。继续深耕供应链渠道建设，深挖上下游供需商机，2021 年完成贸易销售收入 43 亿元，同比增长 57%，利润首次突破亿元大关，达到 1.1 亿元，同比增长 27%，实现了贸易规模与贸易创效快速增长。

【供应保障】 物贸公司强化计划执行，累计采购大宗原燃料 2867 万吨、314 亿元，计划兑现率 100%。采购资材设备 134 亿元，合同兑现率 99%，有效保障了攀钢各基地的规模化生产顺行。通过深化与成都局、昆明局、太原局等重点路局战略合作，不断增强铁路运输物流组织和管控能力，全年实现成都局、昆明局管内发运 1016 万吨，发运目标完成率 101%。协同开展富余自产矿外销，衔接富余自产矿外销合同 87.5 万吨，确保了矿业公司放量生产，实现集团利益最大化。

【适配客户需求】 物贸公司协同推进攀钢炼铁产能提升攻关，及时调整矿石进货结构，增加高品位矿石资源占比，攀西钢钒矿石综合铁品位同比提升 0.2 个百分点，为高炉利用系数提升提供强有力支撑。加大低硫资源开拓力度，在未能采购低硫澳洲煤前提下，炼焦煤综合硫含量保持在 0.75%左右，满足了基地提升焦炭质量需求。

【经济供应】 煤炭、矿石紧抓市场下行时机实施多轮次降价；国内高粉采购量创新高，资材在市场大涨前完成补量、锁价，综合价格全部跑赢市场，2021 年攀钢国内高粉综合单价优于矿石综合指数涨幅 11 个百分点。纵深推进公开采购与直供，全年公开采购率 88%，按金额统计直供比例稳定在 90%以上。着力提升性价比采购，2021 年性价比采购比例 67%，其中综合评标采购比例 61%，同比增长 10 个百分点。持续推动通用化、标准化与国产化，重点开展油品专项整合，推进 3~5

年油脂长周期合同，进一步提升了规模化效益。

成都西部物联集团有限公司

【战略投资】 2021 年，成都西部物联集团有限公司（以下简称“西部物联”）完成投资 7297.78 万元（其中完成股权投资 5100 万元），完成固定资产投资 2197.78 万元（其中两化融合项目投资 958.56 万元）。

【生产经营】 2021 年，西部物联实现营业收入 324.03 亿元，较上年增长 63.82%；报表利润 2.06 亿元，与上年同口径比较增幅 20%。年末资产总额 61.94 亿元，较上年增长 18.57%；资产负债率 79.05%，较上年下降 0.07%。2021 年，西部物联核心指标、发展指标、关键控制指标共 10 项指标，完成 9 项指标。

【重点业务】 1. 仓储业务。2021 年，各达海园区及加盟仓库全面完成疫情防控及安全生产目标，在西南外钢厂资源减量的情况下，仍保持业务规模持续增长，全年达海物流园自营库实现仓储吞吐量 2384 万吨，同比增长 25%，加盟仓库新增攀枝花齐运库，加盟库合计实现吞吐量 100 万吨，同比增长 16%。

2. 加工业务。2021 年，成都达海完成加工量 156 万吨，同比增长 13%，热轧、冷轧、酸洗三种主要加工品类同比增长均超 10%。

3. 供应链一体化业务。2021 年供应链业务实现营业收入 262.39 亿元（较上年同比增长 104.38 亿元，同比增幅 65.10%），全年实现利润 11176.99 万元（较 2020 年增加 4860.01 万元，同比增幅 76.93%）。实现外部业务收入 226.09 亿元，占比 86.67%。2021 年度实现一体化业务收入 195.89 亿元，较上年同比增长 79.91 亿元，同比增幅 68.90%；一体化业务结算量较上年增加 99.73 万吨，增幅 22.14%。

4. 积微运网平台。2021 年，积微运网平台进一步完善了结算系统，开发了车队管家，平台功能进一步优化。2021 年 7 月，积微运网获得网络货运道路运输许可证。积微运网平台被中国物流与采购杂志评为全国网络货运综合排名第 5 名。积微运网积极参与表外矿运输项目，启用无人机对现场进行管理，全年运量 1021 万吨。积微运网平台全年总运量 5013 万吨，成为运网平台发展的里程碑。

5. 积微循环平台。2021 年积微再生公司完成营业收入 15.9 亿元，同比增加 10.71 亿元，增幅 208%；完成利润总额 4463 万元，同比增加 2729 万元，增幅 157%，营业收入与利润总额较前四年均有大幅增长。积微循环平台完成再生资源交易量 117 万吨，同比增长 80%，完成交易额 33 亿元，同比增长 61%，平台注册客户突破 4000 家，月活跃用户 300 余家，综合溢价率达到 9%。

6. 铁路物流运输。2021 年强化路企合作，圆满完成成都局集团公司“1550 项目”，铁路运费降本 18806 万元。

7. 互联网技术落地情况。开展海星工业互联网平台等 13 项科研与产品化项目建设，研究成果已成功应用到集团多个四化项目，加速推动两化深度融合。2021 年承揽集团各级四化项目 78 个，完成新基建二期建设，提交数智化解决方案 47 项，形成两化融合典型案例及产品解决方案 45 个，取得各类知识产权 35 项并实现全部成果转化应用，技术赋能企业数智化升级，助力企业优化操作、提质降本增效，打造安全绿色和谐新型企业。

四川机电职业技术学院（攀钢党校）

【概况】

类　目	数　量	类　目	数　量
一、学生情况		普通专科生数/人	10248
1. 普通高等教育在校学生总数/人	10248	2. 普通高等教育招生数/人	3820

续表

类　目	数　量	类　目	数　量
普通专科生数/人	3820	四、办学条件	
3. 普通高等教育毕业生数/人	2883	1. 年末固定资产总值/万元	22318.32
普通专科生数/人	2883	2. 校园占地面积/千平方米	586.89
4. 成人教育学生数/人	70	3. 年末校园（舍）面积/千平方米	222.88
5. 网络教育学生数/人	0	4. 教学科研仪器设备总值/万元	8608.24
二、学科及专业设置		5. 图书馆面积/平方米	6963
专科专业数/个	40	6. 年末纸质图书量/万册	56.91
三、教职工构成		年末电子图书量/吉字节	9240
1. 专任教师数/人	293	7. 教学用计算机数/台	1699
2. 总数/人	428	8. 各类实验室总数/个	96
3. 正高级职称人数/人	8		
4. 副高级职称人数/人	143		

【党建工作】 2021年，四川机电职业技术学院（以下简称“学校”）召开党委会28次，党委中心组学习12次，学校领导班子到各党支部讲党课14次；实深入开展“我为群众办实事”实践活动，为群众办理实事9件。

【行政工作】 2021年共计完善17项规章制度。压减科（室）级机构16个，减少科（室）级机构100%，解聘管理人员（B、C级）18名，机关管理人员压缩30%以上。挂职见习、顶岗交流9名；新提拔2名80后任直管干部；6名80后任教研室主任、主任科员，增强了干部队伍活力。共引进80后员工11人，其中硕士3名。

强化费用清收力度，学生收费清收比例达99%，保证了学校资金的稳定。

学生资助工作扎实开展，全年共有7700余人次获得各项资助，总金额超过3000万元。全年163个班6512人次参加劳动课。

【校园建设】 集中资金2000余万元完成马家田校区6栋学生宿舍改造，彻底改善学生住宿及洗澡条件。完成零星维修6000余次；实施基建维修30余项；投入维修费用200余万元。

【职业教育与培训】 完成各类培训办班1090余个，培训学员47233人次，为学校发展提供了强力支撑。组织开展攀枝花市职业技能提升培训班554个，培训学员23670人次；承办了第二届“攀枝花工匠杯”职业技能大赛暨第五届“四川工匠杯”职业技能大赛选拔赛、攀钢第九届职工技术运动会竞赛、钢城集团第五届职工职业技能大赛，开展了钢城集团职工队伍技能提升培训；全年签订各类重要培训协议180余份，开展培训项目调研67个；开展党史教育集中培训、党的十九届五中全会精神、党支部书记任职培训等党员干部培训6269人次；开展领导干部管理能力、民法典等培训4316人次；开展专业技术人员继续教育等培训2394人次；开展特种作业等安全类培训4382人次。

学校通过了四川省人力资源和社会保障厅第三方评价机构职业技能等级认定工作备案，成为了四川省首批备案的第三方评价机构，是首批成功通过备案的6所高职院校之一，畅通了学生技能培训渠道，拓展了为社会技能人才提供培训的空间。完成了16个职业32个工种的备案，组织在校学生业余培训3288人次，开展职业技能等级认定考试考核1629人；开展凉山州人力资源和社会保障局第三方机构备案，促进“产、教、评”深度融合、为打造学校技能人才评价证书品牌、推动人才成长培养提供了重要保障。

【教学与科研】 教学方面，疫情期间做到“停课不停学”，复学期间加强日常教学与管理考核，实行过程管理及严格考核，提高了工作实效。积极参与四川省2021年职业教育教学成果奖申报工作，获教学成果二等奖1项。完成了4项教学成果申报2021年四川省职业教育教学成果奖的工作。组织各级各类课题申报7次、19项。完成了教师校内培训和省级教师培训任务。完成了15名教师下厂挂职锻炼工作。精心组织第十八届“耕耘杯”竞赛，并组织了185名教师参加“耕耘杯”

竞赛优秀成果分享和推广活动。积极推进 1+X 证书融通工作，开拓专业建设新通道，打造优势特色专业，完成首批 6 个工种证书培训、认证考试工作，开展了“铁路行车组织”等 6 门课程线上线下混合式教学改革试点。立项第二批线上线下混合式教学改革项目 22 项。“机械类创新通识教育”等 2 门省级创新创业示范课程立项；“环境工程原理”等 2 门省级思政课程通过了认定。

科研方面，学院 2021 年课题立项共 11 项，其中省级及以上 6 项、市级 3 项、攀钢集团级 2 项。全年结题 5 项，其中“服务攀西国家级战略资源创新开发试验区建设的高技能人才培养的创新与实践”课题获得四川省委教育工作委员会四川省教育厅 2021 年四川省职业教育教学成果二等奖。

【招生与就业】 2021 年，学校普通高职招生 3815 人，面向退役军人、在岗职工、失业人员、农民工等高职扩招 170 人，毕业生合格率达 95%。学院采取线上线下相结合的招聘方法，开拓就业市场，联系京东方、成都铁路局、攀钢集团、瑞星时代等优质就业单位到校招聘，成都铁路局录取学生 264 人。2021 年专升本录取 499 人。组织校园招聘会，全年共提供就业岗位数 7800 个，就业率达 97%，就业率居于四川省前列。

攀钢集团生活服务有限公司

【概况】 攀钢集团生活服务有限公司（以下简称“生活公司”）为攀钢集团有限公司下属全资子公司，注册资本金 1.18 亿元。设有机关部门 4 个，基层单位 10 家，在岗职工 1046 人。产业涵盖超市、餐饮团膳、酒店宾馆、食品加工、幼儿教育、物业管理等。业务分布于攀枝花、西昌、成都、昆明、重庆等地。

【改革与管理】 2021 年，生活公司共压减基层单位和机关部室 4 个，降幅 22%。4 家整合单位的 15 名中层干部全体起立，竞聘上岗 10 人；新聘任中层管理人员竞争上岗比例 66.6%；在岗职工减少 104 人，降幅 9%；职工市场化退出 4 人。推进“两制一契”管理，完成 9 名经营层人员任期制聘用合同、35 名中层管理人员聘期制岗位合同签订。

实现浮动工资差异化系数 1.19。加大绩效考核力度，实施专项考核 310 人次、金额 23 万元。建立公司董事会、监事会，完善董事会、总经理议事规则和相关管理制度；昆明市攀钢物业管理中心改制为昆明攀钢商务酒店有限责任公司。成立“餐饮拓展项目组”等 5 个项目组，统一资源要素配置；整合相同业务，食堂生活物资划归吉靓轩超市统一配送。推行工程项目经理制。深入开展安全生产专项整治三年行动，严格领导干部安全包保制度，切实履行“一岗双责”“三管三必须”，全年开展安全隐患检查 42 次，督促基层单位整改隐患 53 处，考核 91 人、金额 10.53 万元；投入资金 400 余万元，整改历史遗留安全隐患 100 余处。狠抓反违章，对 7 名违反安全规程人员比照离岗研修处理。修订公司级管理制度 11 项，配合鞍钢集团审计部完成公司原总经理离任审计，反馈问题 7 项，完成整改 6 项。完成内部 3 家单位经营管理审计。常态化开展财务工作自查自检，2021 年省税务局推送的 8 个税务风险，经内审和市税务局评估全部通过，公司获评“AAA”级信用等级、2021 年四川省“诚信企业”。做优品牌建设。完成公司品牌建设树状图绘制；与“攀枝花故事”平台合作，推出老食匠等品牌文化系列视频。实施人才队伍建设，挂牌成立“老厨匠餐饮研发实训基地”，打造餐饮学习交流平台。加强年轻后备人才培养和动态管理，安排 1 名年轻后备干部挂职锻炼。建立全员培训课时档案，落实各类送培、办班 86 个，参培人员 3 505 人次，同比增加 43%。

【连锁超市】 吉靓轩超市新开青年路店、米易白马食堂店、隆庆路店及金江店，连锁门店累计达 32 家。中标仁和区幼儿园、花城新区幼儿园、市二中等单位生活物资供应业务，拓展攀枝花多家市政单位工会、党建等福利费之外的团购业务。利用“京东到家”平台、微信小程序开展社群营销，线上销售 3115 单、19.9 万元。坚持从产地、源头采购性价比高的商品，建立攀枝花本地特色水果及蔬菜供应基地，探索超市+农户定向种植模式，多渠道降低采购成本。吉靓轩超市实现经营收入 4.03 亿元，同比增加 1014 万元。

【餐饮服务】 将钢钒协力中心人员、业务整合至老厨匠餐饮分公司，提升老厨匠餐饮品牌影响力。生活公司现有服务型食堂 34 个，其中 13 个食堂开办有深夜餐服务，偏远班组和作业现场送饭点

76个。做优服务保供工作，开通总经理服务热线，建立机关人员定期陪餐制度，走访、征询被服务单位意见，就餐职工满意度大幅提升；推进现场“7S”管理，提升精细化管理水平；发挥餐饮大师工作室作用，“师带徒”提升专业技能。新拓展攀枝花市教体局食堂、市十八中小学校食堂等4个团膳项目，对外团膳累计达到25个。到电子科大后勤部学习对标，新开机电学院“匠兴餐厅”、研究院“科技餐厅”；升级改造西昌“精典小苑”餐厅，成为西昌市政府部门工作餐定点餐厅，月均营业额由改造前的23万元增加至47万元。

【幼儿教育】 2021年攀钢幼教共有幼儿园11所，其中省级示范幼儿园4所；在园幼儿月均1958人，较2019年增加477人次。坚持特色办园，致力打造精品早教、公益早教，为1~3岁幼儿及家长提供早期教育指导。坚持精品办园，关停并转1所生源较差的幼儿园。抓好教育帮扶，线上培训贵州省盘州市幼儿教师400余名，为54名盘州来攀幼儿教师安排顶岗学习和现场教学培训。投入改造资金90余万元，对园舍设施进行完善，提升办园质量。

【食品加工】 老食匠食品分公司建成食品标准化生产车间，配套万能包馅机、金属探测仪等生产设备，有效缓解了季节性产品生产期间的用工荒问题。持续做好市场营销，在内部市场竞争压力日益加大的情况下，粽子、月饼等季节性产品生产销售同比增加76万元。

【宾馆酒店】 南山宾馆分公司完成集团公司各项重要接待和会务工作。疫情期间改造设备设施，提升宾馆硬件水平。加大营销力度，开发党史学习教育参观线路，拓展会务和培训业务，与18家攀钢外部单位签订服务协议；加强荷塘月色菜品创新和服务提升，服务工作得到顾客肯定，月均营业额增加11.6万元。昆明攀钢商务酒店在疫情影响下，确保了目标利润完成，月均营业额增加20.25万元。

【房改办工作】 办理攀钢房改房上市交易审核614户。代收1993年以后竣工的房改房土地出让金45.28万元。完成“芳草苑”报税工作，上市交易84户。完成产权证93本、土地使用证205本，不动产权证43本清理登记工作；开具住房证明132份。开展攀钢未购、已购三分之一产权、已购未办证房改房清理登记工作，登记89户。归集职工住房公积金49446.3万元。配合集团公司相关部门处理历史遗留的成都攀钢大酒店家属楼房改信访问题，安排专人到成都市政府住建、房管、设计等部门，了解成都市房改政策和攀钢大酒店家属楼基本信息，为集团公司决策提供政策支持。

四川鸿舰重型机械制造有限责任公司

【概况】 2021年，四川鸿舰重型机械制造有限责任公司（以下简称“鸿舰公司”）实现主营收入7.38亿元，同比增加1.18亿元，增幅为19%；实现盈利1581万元，同比增加791万元，增幅为100.13%，主营收入和利润均达到历史新高。年末存货占用17523万元，比年初上升5767万元，超营收增幅3310万元（主要是钛带备料4000万元影响）；外部应收账款占用840万元，比年初上升179万元，较营收增幅上升41万元；经营活动现金货币净流量为1675万元；全员劳动生产率，同比提升15.3%。对照契约化经营业绩目标责任书，鸿舰公司各项指标全面完成，实现了“跑赢自身，跑赢大盘”的目标。

【企业管理】 鸿舰公司制定了《鸿舰重机公司深化三项制度改革工作实施方案》和系列实施方案及任务清单。按照国务院国资委《关于中央企业加强子企业董事会建设有关事项的通知》要求，高质量高效率完成了董事会应建尽建改革任务；按照集团业务整合要求，相继完成攀钢钒公司机车车辆检修业务划转和攀长特机电业务划转整合，分别成立铁路设备分公司、江油分公司；对公司机构及主要职责进行调整，将10个部门整合为5个，完成改革总体目标的100%。

深入开展“深化对标管理、打造最优工厂（产线）”工作，持续深化精益六西格玛管理，实施黑带项目5个、绿带项目3个；多维度组织开展职工技能提升培训，举办各类培训班64期，参培2811人次；强化规章制度学习、执行、检查和落实，促进各项业务规范有序运行。

【技术改造】 2021年，鸿舰公司精密铸造1期蜡模精铸线完成系统安装、调试、试生产工作，全年完成精铸件4.61吨；钛锻造：2000吨压力机项目已完成改造，全年完成钛锻件3.1吨；钛结构件：完成了 60 吨钛结构件产能相关场地、设备、设施配套，全年完成钛结构件制作 5.63 吨；钛加工件：补充完善了刀具刀片、工装夹具，强化了操作者柔性加工单元编程及操作水平提升，全年完成钛加工件 2.32 吨；钛焊管：新增的 4 条钛焊管产线已全面达产，钛焊管产能及生产自动化程度全面提升，全年完成钛焊管生产 405 吨；冷轧钛带：新增钛带准备线，持续提升装备能力，全年完成钛带生产 413 吨。新拓展的钛保温壶项目，已进入实施阶段。

成套分公司新增辊类桁架柔性加工单元 1 套，新增中型盘类件柔性加工单元 1 套，新增中型异型件柔性加工单元 2 套，提高了轴类零件、中型盘类零件、工件孔加工、高难度和高精度产品加工能力、效率和精度；成套和特种各新增焊接工作站 1 套，大幅提高生产效率，降低劳动强度，有效保证产品焊接质量；铸造分公司新上 2 套泡沫数控热加工系统，提高主体模样制作效率 5 倍。

【科技创新】 2021 年，“钒钛耐磨合金制备研究”项目申报省级科技进步奖。全年新产品研发设计实现产值 5153 万元，实现利润 114.3 万元。科研费用归集 1538.6487 万元，科技创效 1913.29 万元，其中工艺降本 1034.8 万元，新产品创效 878.49 万元。获得发明专利授权 1 项，实用新型专利 7 项。

攀钢集团攀枝花坤牛物流有限公司

【概况】 2021 年，攀钢集团攀枝花坤牛物流有限公司（以下简称“坤牛公司”）营业收入 12.45 亿元，同比增长 29.37%；实现利润 2007 万元，同比增长 14.42%；非攀钢收入 5.93 亿元，同比增长 39.19%；成功获评国家级 4A 物流企业；安全环保工作稳定受控。

【三项制度改革】 2021 年，坤牛公司发布“1+9”配套改革方案及《关于加强劳动合同和岗位合同管理全面推行用工市场化的实施方案》等文件。内设机构由 17 个优化至 12 个，优化率 29.41%；中层干部从 29 人优化至 24 人，优化率 17.24%；班组按照作业内容由 41 个精简为 20 个，优化率 51.22%。

【数字化建设】 1. 建设数智服务中心。建成坤牛物流数智服务中心，投用数智监控大屏，实现业务过程实时监督、业务执行集中管控，进一步提升了业务运行效率和企业形象，为公司线上线下融合发展奠定了信息化基础。

2. 开发汽车综合服务系统。立足攀西物流生态圈，开发汇集车辆销售、油料、车辆维修、轮胎、润滑油、汽车租赁、运输等物流全要素为一体的汽车综合服务系统，“坤牛运运”“坤牛滴滴”“坤牛优优”微信小程序为用户提供一站式服务。

3. 投用协同办公系统。建设坤牛物流协同办公系统，实现线上公文运转、业务审批等功能，极大提升了办公效率。

【业务板块协调发展】 整合内部货运资源，成立货运分公司，先后完成了火车煤、废钢材、钝化灰、建材碎石等保产任务。货运板块实现产值 2.61 亿元，同比增长 25.67%。

以打造高端客运品牌为导向，成立客运分公司，依托智能化管理平台，通过抓管理、提服务、强安全、树典型等措施，优质完成了职工通勤、市政及中高考的用车任务。客运板块实现产值 1.05 亿元，同比增长 6.81%。

按照修理产业化发展方向，整合修理业务，建立攀钢坤牛汽车检修中心，开展各类重型货车、工程机械、潜孔钻和社会乘用车的维修业务；积极开拓攀长特等单位的泵阀维修业务，实现了维修多元化发展。修理板块实现产值 1.65 亿元，同比增长 1.93%。

通过深入用户、跟进市场、开展促销等活动，加大了油料、轮胎、润滑油、汽车备品备件等贸易。驾培、汽车检测等产业蓬勃发展。后端服务板块实现产值 2.72 亿元，同比增长 56.92%。

大力开展无车承运业务，坚持“品牌+服务+创新商业模式”的经营策略，积极开展铁精矿、石灰石等运贸一体业务；区域影响力不断扩大，掌控联运车辆 2000 余台，非攀运输业务进一步拓展。联运板块实现产值 4.42 亿元，同比增长 37.57%。

成立仓储配送分公司，充分利用 21 个仓储库房，面向攀钢钒公司、股份公司开展 3 万余个品种材料设备的收、发、存和配送工作，有效地保证了物料收发顺畅；面向社会市场盘活闲置仓库，开展耐火砖供应商前置仓储服务，钢材客户中转仓服务，对外租赁8处仓库。

【西部货运市场发展】 开设东风标致4S店、合作销售重汽车辆、建设2座撬装加油站30个充电桩；警企合作建立“攀钢警企共建机动车服务站”，全年检测机动车8000余台；深化与中国人保、中国平安合作，通过坤牛平台推送保险车辆1642台，投保金额533万元。

以川煤集团煤炭承运为突破口，开辟运输线路30余条，运输业务北至内蒙古乌海，西到新疆库车，南达广西北海，构建起了西部地区网络货运新布局。同时，在攀枝花、重庆、达州等地设立区域项目经理，为进一步拓展物流业务提供有力支撑。

攀钢冶金材料有限责任公司

【概况】 攀钢冶金材料有限责任公司（以下简称“冶材公司”）系攀钢集团全资子公司，是攀钢从事冶金辅料和耐火材料研发、生产的专业化子公司。冶材公司布局攀枝花、西昌两大生产基地，占地面积19.91万平方米，总资产达4.14亿元，截至2021年末共有从业人员633人。

【生产经营】 2021年，冶材公司实现营业收入9.15亿元，同比增加8900万元，增幅为10.7%；实现经营利润2891万元，同比增加902万元，增幅为45.3%，创历史最好水平。耐火材料产品产量首次突破4万吨，达到了46316吨，同比增长7640吨，增幅为19.8%；自主开发了转炉用喷补料、扣补料、护炉料等高附加值产品，供应攀钢耐火材料品种由原来的121个增加至132个，供货产品基本实现全覆盖；石灰系列产品产量与质量西南地区持续领先。充分发挥两地回转窑的产能，2021年度实现活性石灰产量754725吨，钝化石灰42815吨，石灰石粉产量156435吨，石灰产量保持稳定，石灰质量在西南地区稳居领先地位；内部市场占有率创历史新高。全面承接攀钢钒6号及7号炼钢转炉、3号中间包、2号方坯和板坯RH真空处理业务，攀钢钢钒本部市场占有率由32.64%提升到47.92%；承接了西昌钢钒2座炼钢转炉、20%连铸中间包、改进型镁质护炉料、3号高炉主沟浇注料承包和摆动流嘴总包业务，西昌钢钒市场占有率由17.63%提升到26.33%。至此，冶材公司在攀钢内部市场占有率由28.34%提升到38.30%，实现历史性突破。

【企业管理】 先后制定下发了《三项制度改革实施方案》等1+12个文件，实行全员岗位绩效管理。实施组织机构“扁平化”管理，优化了管理流程，将原15个组织机构合并为9个，机构精简率40%。实行分公司直管班组，取消了11个作业区，班组由55个整合为40个。实施中层管理人员“揭指标上岗、带指标竞聘”上岗，实现干部能上能下。64人次参与25个中层管理（专业职能）岗位竞聘，中层管理（专业职能）人员优化率21.9%。开展全体职工定岗定员工作，通过岗位竞聘、主动退出等方式调整了30余名职工岗位。

【科技与技改】 核心产品高温碳化炉用镁碳砖突破1200炉使用纪录、重轨浇铸用耐火材料攀钢内部市场稳居第一。高端耐火材料产线升级及资源循环利用项目于2021年1月26日开工建设，9月18日实现产线热负荷试车，较计划工期提前1个月生产出合格产品并实现月达产；钝化石灰生产线扩能改造项目10天内完成工艺设备及除尘安装并投产，1个月内实现达产达效。通过工艺优化和技术改进，干式振动料生产产线产能提升87.5%；原碾泥工段部分产线改造成为扣补料、喷补料生产线，年新增产能8000吨以上。

攀钢集团有限公司综合服务中心

【机构整合】 2021年5月，按照攀钢集团有限公司《关于整合综合服务中心、传媒中心、人力资源服务中心和财务共享服务中心的通知》（攀钢政发〔2021〕23号）文件精神，以综合服务中心为主体，对传媒中心、人力资源服务中心和财务共享服务中心实施整合，成立新综合服务中心（以下简称“中心”）。整合工作于2021年6月底完成，中心于7月1日正式运行，各项业务得到完整稳定有序承接。按照“资源专业化、同质化、同业化整合”原则，中心设有2个机关管理部门，18个业务部门；设立“文化传媒、人力资源服务、财务共享服务、其他服务”4个板块，科级机构总数由30个优化为20个，减幅为33.3%；中层干部职数由原44名减为30名，减幅达31.8%。2021年底，中心在岗员工319人（其中董监专26人）。

【攀钢日报社】 2021年6月，攀钢传媒中心整合到攀钢综合服务中心，列为专业化业务机构之一，对外保留攀钢集团有限公司传媒中心（攀钢集团有限公司传媒分公司）机构名称。经过机构改革，撤销原总编室，成立攀钢综合服务中心记者部、编辑部两个部门；撤销原攀钢电视台电视新闻科，电视新闻记者、编辑分别归属记者部、编辑部。

2021年，攀钢日报社先后完成了鞍钢职代会、攀钢职代会、鞍钢集团第二届“数字鞍钢·数字生态”现场推进会等重大报道，实施了攀钢庆祝中国共产党成立100周年系列重大报道，刊发党史学习教育相关报道874篇、三项制度改革报道332篇、疫情防控报道338篇、安全环保报道2891篇、扶贫报道90篇。

【攀钢电视台】 2021年6月，攀钢传媒中心整合到攀钢综合服务中心后，撤销了原新闻科，电视新闻记者、编辑、播音7人分别归属攀钢综合服务中心记者部、编辑部，所承担的电视新闻业务不变；原专题科改为电视专题部，负责电视专题片制作和影视节目编排。

2021年，攀钢电视台共计播出《攀钢新闻》140期，转播《鞍钢视讯》98期，为《鞍钢视讯》提供攀钢电视新闻423条。全年完成庆祝中国共产党成立100周年专题片《英雄攀钢》《新生——攀钢非钢产业深化改革典型案例》《启航新时代——攀钢集团有限公司2021迎春晚会微信直播》等电视专题60部。三集大型文献纪录片《攀钢：向党报告》获得四川省企事业电视节目社教类特别奖，同时获得四川省广播电视纪录片优秀奖（最高奖项）。四集历史教育片《历史使命与新征程》获得中企电视建党百年特别节目，并受到中央党史学习教育简报第97期和鞍钢党史学习教育简报第33期的充分肯定。专题片《追梦人·圆梦人》获得四川省企事业电视节目社教类二等奖；公益MV《白衣战士》在四川省第二届公益广告大赛中获得优秀奖。

【集团机关服务】 2021年7月将原攀钢文化艺术馆场馆运营部和原集团机关服务部整合为集团机关服务部。完成集团机关、股份公司机关会议服务2644场。完成集团机关及中心各类文件、材料的制文1040个。接待勤政树廉馆讲解58场次，接待参观人员2060人次。承接各项会议、演出、公益服务15场次。协助集团公司工会做好攀钢集团职工乒乓球比赛、集团机关拓展活动、攀钢各协会及各二级单位各项比赛的场地服务。对向阳片区各配电室、用电单位电表情况进行摸底、现场查看、统计相关数据，并于10月开始向各办公用户单位收取电费，全年收支差为正20861.14元，完成集团机关办公室及公共区域粉刷、更换室内窗帘、灯具等和卫生间改造，以及105会议室视频会议系统改造，并对616会议室、421接待室空调系统进行升级。

2021年集团机关车队为集团、钢钒两级机关提供公务用车3.28万余台次，安全行驶210万千米，实现了生产安全事故、维修质量事故及轻微以上交通安全事故零，为各项指标按计划完成，基本实现公务车辆运行高品质和维护检修（保养）高品质。

【人力资源服务】 中心每月完成80多家单位员工关系任务件模板和100家单位薪酬业务任务件模板导入；按照公司机构、业务、政策调整，开展专项信息清理。共新设/合并/撤销了14余家三级单位、四级单位，同时有效衔接了财务、人事系统接口条件，满足其业务正常开展需要。调整5000余个岗位的专业职能序列和层级，办理3000余人岗位变动，为公司“去行政化”改革政策落地提供了数据支撑。执行属地省（市）公布的当年社保（公积金）缴费基数、高低限、比例等数据，调整HR系统社保（公积金）高低限和执行时间，完成4万多名在职职工缴费标准、补缴月数、补缴额的确认，并在工资发放时实现同步扣缴。全面推广运用鞍钢劳务用工系统，确保劳务用工项目、人员信息化全覆盖。加强攀钢职业技能等级认定考评员队伍建设，取得四川省职业技能鉴定指导中心颁发的技能人才评价考评员证书共217人。开展了专业技术职务任职资格评审，合格514人；开展了攀钢首次职业技能等级认定工作372人通过；开展了特种作业（特种设备作业）人员培训及考试办证工作，办证4747人次。推进“以竞创优、以赛促效”职工技能竞赛，组织13个工种1200余名职工参加考试。按时完成了各项社会保险费征缴工作。截至2021年12月，累计征缴社会保险费131033万元（在攀参保职工）；为新参加工作的214名职工办理新参保手续，累计为1058名符合退休条件的职工办理了退休手续；截至2021年11月底，组织118名工伤、因病或非因工负伤人员参加市劳动鉴定委员会组织的工伤评残等级、护理、丧失劳动能力鉴定。

【财务共享服务】 攀钢共享平台上线单位共86户，综合上线率达到93.67%；累计审核各类单据43 556张；集团公司本部代报各类单据1562张。顺利完成了审批流程简化的整改工作。鞍钢集团纳税管理系统一期建设由鞍钢集团投资立项、攀钢财务共享中心主建，项目于2021年4月启动，11月5日成功在鞍钢试点单位上线；完成攀钢集团数智化营销项目财务配套改造；攀钢集团OCR识别与影像系统，与财务NC系统、矿业、股份一级核算系统集成，为电子档案奠定基础；攀钢集团财务NC6.5机器人报表系统计算流程优化不断优化，每套报表编制用时为50分钟，是手工编制时间的1/2，大大提高了报表编制效率。会计核算规范性不断提升，根据新准则及鞍钢统一科目设置要求，科目调整210个及修改各类取数公式或审核公式2000余个；集团公司凭证自动化率达到77.60%；完成了月报表等调整，数量由106张调整为91张，减少各单位工作强度和难度。

【离休服务】 2021年，中心在广大离退休党员中开展了学习贯彻习近平总书记“七一”重要讲话精神专题宣讲活动；扎实推进老党员老干部党史学习教育走心走实走深；加强组织建设，成立了离休党支部。

邀请4名公司老领导回攀参加“攀钢庆祝中国共产党成立100周年晚会”；攀钢各级领导带头对老党员、老干部进行走访慰问，并送去慰问金；为45名符合条件的老干部办理了特约医疗证，为1名离休干部申报成功享受副省（部）长级医疗待遇，为13名离休干部申报成功享受按副省（部）长级标准报销医疗费待遇；审核报销离休干部及家属、遗属医药费1128万元；组织593名老干部参加攀枝花地区、成都地区的健康体检，金额48.07万元。

开展了“我看建党百年新成就”主题座谈活动；“七一”前夕，对160名离休干部全部进行了走访，并送去慰问金，开展了“光荣在党50年”纪念章颁发活动；为146名特需人员办理了“特诊就诊卡”；开展了“学党史感党恩·记初心担使命”学习答题竞赛活动，共收到答题试卷161份。

【退休人员社会化服务】 2021年5月26日，攀枝花市国资委下发《关于进一步做好我市国有企业退休人员常态化移交辖区政府实行社会化管理工作的通知》（攀国资发〔2021〕18号），标志着攀枝花市国有企业退休人员社会化管理进入常态化，形成了明确的常态化移交工作流程。完成工程公司等15家单位在攀参保34969名退休人员、退休供养遗属4604人未移交事项统管工作。完成2021年新办理退休人员1110人的管理服务关系移交工作。

四川劳研科技有限公司

【概况】 2021年，四川劳研科技有限公司（以下简称“劳研科技”）医疗收入2201万元，较2020年增加35.1%；职业卫生收入1691万元，较2020年增加44.7%；环境监测收入4022万元，较2020年增加30.2%；其他收入773万元，较2020年增加37.0%。

劳研科技经营收入从2011年的2621万元增长到2021年的10654万元，利润从-689万元增长至1271万元，成为四川省技术服务机构中唯一一家省级健康企业、与华西公共卫生学院并列成为四川省职业卫生工程防护技术支撑机构，以及四川省职业健康培训甲级机构。

【职业卫生】 2021年，职业健康检查47276人次，健康体检7071余次；接收住院病人255人次，门诊接诊721余人次；劳动能力鉴定60人次，受理并诊断职业病7例；完成重点职业病监测任务2.2万余人次；报出职业健康监护总结报告865余份，职业健康监护个人报告4.7万余份，为1家单位编写了职业健康监护评价报告。

2021年，完成建设项目职业病危害评价报告84份。其中，职业病危害预评价有33份，职业病危害控制效果评价有18份，现状23份，专篇10份；出具放射检测报告16份，报出个人剂量检测135份，防护检测数据1048个，医疗放射设备性能检测7台。

【环保监测】 2021年，劳研科技废水监测7600多项次，废气监测 3760 多根次，固废监测 540 多点次，环境空气监测 3600 多项次，噪声监测 1480 项次；完成 9 项环境应急预案编制工作，土壤污染调查 17 家，完成 2 家企业的排污许可证申报办理；完成环评监测近 15 次；出具报告 2700 多份。

2021 年，报出化学因素检测数据 9601 个，粉尘检测数据 6097 个，物理因素检测数据 8765 个，完成日常检测报告 860 多份。

2021 年，安全评价工作完成预评价 34 项，验收评价 16 项，现状评价 4 项；完成车间安全评价报告 28 份、危险岗位安全评价报告 3 个；完成 19 家企业安全应急预案编制工作。

（攀钢集团有限公司综合服务中心　张凤池）

第十八部分

本钢集团有限公司

特　辑
专　文
大事记
概　况
机构与人事
规划发展
财务、资本运营与审计管理
人力资源管理
管理创新
科技创新
安全、环保与节能
法律事务
综合管理
企业文化与公共关系
党群工作
鞍山钢铁集团有限公司
攀钢集团有限公司
▶ 本钢集团有限公司
单位简介
荣　誉
附　录

·概　　述·

【历史沿革】 本钢集团有限公司（以下简称“本钢”）前身是创建于1905年的本溪湖煤铁公司。1949年7月，本溪湖煤铁公司全面恢复生产。1953年3月，改称本溪钢铁公司。本钢为建设新中国作出了卓越贡献，新中国自己设计制造的第一批枪、第一门炮、第一辆解放牌汽车、第一台汽轮发电机、第一颗返回式卫星、第一枚运载火箭和第一艘核潜艇上都使用了本钢钢材，被誉为“中国钢铁工业摇篮”和“共和国功勋企业”。

改革开放后，本钢重新焕发青春与活力。1994年11月，被国务院确定为全国百家现代企业制度试点单位之一。1996年7月，经国家批准改制为本溪钢铁（集团）有限责任公司，成为国有独资的大型钢铁联合企业。1997年4月，被国务院确定为全国120家大型企业集团试点单位。1997年6月，成立本钢板材股份有限公司，发行A股股票1.2亿股、B股股票4亿股并成功上市。2010年，在辽宁省委、省政府的主导下，本钢完成与北钢的合并重组，组建成立了本钢集团有限公司。2021年10月，本钢完成与鞍钢集团重组，成为鞍钢集团控股子公司。

【企业现状】 本钢现有在职员工6万人，占地面积87平方千米，拥有板材公司、北营公司、矿业公司三大钢铁主业板块，同时正在全面整合构建多元产业板块。目前，本钢已成为以钢铁产业和矿产资源为基础，贸易物流、装备制造、金融服务、工业服务、城市服务等多元产业协同发展的特大型钢铁联合企业，具有年产2000万吨优质钢材的生产能力。拥有亚洲最大单体露天铁矿——南芬露天矿。拥有东北地区最大容积的4747立方米高炉和国内首条最大宽幅2300毫米热连轧生产线；与韩国POSCO合资组建的本钢浦项冷轧厂，工艺技术水平达到世界领先；本钢三冷轧厂能够提供国内最宽幅、最高强度汽车用冷轧板和最高强度汽车用热镀锌板。

本钢拥有国家级技术中心和检测中心，建有博士后科研工作站、先进汽车用钢开发与应用技术国家地方联合工程实验室等研发平台，汽车板、高强钢、硅钢、棒线材等产品生产和研发达到国内领先水平，形成了线材、螺纹钢、球墨铸管、特钢材、热轧板、冷轧板、镀锌板、彩涂板、不锈钢、硅钢等60多个品种7500多个规格的产品系列，广泛应用于汽车、家电、石油化工、航空航天、机械制造、能源交通、建筑装潢和金属制品等领域。

【生产经营】 2021年，本钢集团全面贯彻党中央、国务院关于鞍钢本钢重组的决策部署，认真落实国务院国资委、辽宁省委省政府和鞍钢集团工作要求，改革发展取得了历史性突破。本钢广大干部职工坚持“以效益为中心”的理念，紧紧围绕“5+1”工作格局和“1+4”重点任务，抓住重组整合和市场向好的重大机遇，顶住大幅限产、限电双重压力，转变观念、提振信心，破立并举、激发活力，协同协作、提质增效，一举扭转了持续被动的困难局面，利润水平呈指数级攀升，创历史最好水平，资产负债率大幅下降，本钢在行业、社会和客户中的形象显著提升。2021年，本钢完成铁矿石开采量2179万吨、烧结矿产量2436万吨、球团矿产量499万吨、铁精矿产量816万吨、焦炭产量766万吨、生铁产量1677万吨、粗钢产量1745万吨、钢材产量1676万吨（其中热轧板卷产量696.49万吨、冷轧板卷产量590.28万吨、特殊钢产量62万吨、钢筋产量91万吨、线材产量235万吨）。完成现价工业总产值858.07亿元，工业增加值182.44亿元，实现营业收入907.89亿元，实现经营利润75.6亿元，创十年来最好水平，上缴税金56亿元，企业效益明显改善，职工对企业的信心和外界对本钢的预期显著增强。

【规划投资管理】 发挥战略规划引领作用，推进鞍本战略规划整合融合，组织完成专项规划和多项重大课题论证，推进与央企和国内一流民企战略协作，高效应对国家限产、地方限电政策。按照《本钢集团“十四五”规划落实工作方案》要求，确定了本钢战略经营领域以及价值创造流程，建立了“战略—规划—计划—项目（任务）—关键绩效指标考核”的工作体系。确定88项重点支撑项目和25项工作任务。重组后，按照整合融合工作任务，积极承接鞍钢集团战略规划，引用鞍钢集团战略规划分析工具。2021年11月，完成本钢集团“五力”分析，选择针对性准、可对标性强的18项核心指标进行“五力”分析，分析出

2020年本钢存在9项短板、9项中板，定位测试属于行业四类企业。进行本钢“十四五”发展战略和规划调整稿编制和宣贯工作，承接鞍钢集团“7531”战略目标，制定2025年本钢“25115+”发展目标，即粗钢2000万吨以上、拳头产品占比50%、铁精矿产量1400万吨、营业收入1000亿元以上、利润50亿元以上，职工收入随企业效益同向增长。为实现“25115+”目标，参照“五力”指标体系的战略选择功能，通过补短板、锻长板，从四个维度梳理出促进本钢“二次创业”的11条规划路径。牵头推进鞍本整合融合战略规划组工作，编写鞍本战略规划对标报告、战略规划组整合目标任务书和实施方案。按照专项整合目标任务书时间节点，制定工作事项48项。高效组织完成百日工作标的。制订板材、北营两厂区节能规划、双碳规划暨低碳行动方案，完成两厂区超低排放改造实施计划、料场改造可研、北营4.3米焦炉大型化可研等工作，为公司决策提供支撑。组织与三峡集团、葛洲坝集团、上海电气等央企签订战略协议；有效推进格力银隆-北重新能源矿用车等合作项目。协同相关部门，借助外部研究咨询公司等平台，紧密跟踪国内限产政策落实情况，及时提出应对策略，同时向省工信厅等部门申请外购电基准值报告，积极争取省里支持。

全面承接鞍钢投资管控制度，移植全面预算管理理念，坚持战略指引、量力而行、保证收益等投资原则，严格把控投资方向；做好项目可研等前期工作，积极争取中央预算内项目政策资金，扎实推进在建项目合规性管理。完成鞍钢投资管理理念宣贯，合理确定重组过渡期、首月、首季等各工作时段标的及里程碑事件，有序推进鞍钢本钢重组投资管理业务整合工作。2021年投资计划规模41.58亿元（不含可抵扣增值税），实际完成38.84亿元，计划完成率93.4%。2021年，围绕超低排放、节能降碳、矿产资源开发、钢铁基地升级改造、信息化移植等，立项开展了131个项目前期。重点完成了板材、北营两厂区铁前集控可研、板材能源集控可研预审等8项前期设计审查工作。积极争取中央预算内项目政策资金。紧跟国家政策支持方向，组织各相关单位办理项目申报所需要件，协调省市主管部委，为集团公司争取到6620万元奖励资金，其中花岭沟铁矿地下开采项目4120万元、板材转炉煤气回收提效改造项目1210万元、板材信息化系统数字化网络化升级项目480万元、板材轧钢工序MES信息化升级改造420万元、板材铁路运输系统智能化升级改造390万元。积极推进在建项目合规性管理。2021年项目备案需要提供节能登记表，规划科技部积极与业主单位、能源环保部落实，完善项目能源篇，审核项目实施前后年能源消耗量，并协调市工信局，完成了68项政府核准和备案。

【科技管理】 2021年，本钢集团围绕“推进产品研发，建立创新体系，提升直供比例”开展重点科技项目管理和品种开发攻关。依托本钢现有工艺设备，坚持以效益为中心，积极开展适销对路的新产品。

强化新产品开发，成功开发了超深冲电镀锌汽车外板、渗氮汽车用特钢产品、980兆帕级热镀锌复相钢、高性能高效硅钢等突破性品种，累计完成新产品55个牌号，同比增加19个新牌号，增幅达52.7%，创历史最好水平。首次与北美通用汽研院、东北大学合作开发“免涂层热成型钢”，完成了工业化试验，被行业院士专家认定为国际首创，达到了国际领先水平。

推行“科技项目摘牌制”，严格按照摘牌程序组织111项科技类项目成功摘牌，全年共计增效2.5亿元。全面构建本钢技术创新体系，组建了本钢集团科技创新委员会和技术专家委员会，逐步建立起由总工程师牵头，本钢集团、厂矿、作业区各层次上下贯通，各工序横向联合的技术创新体系。牵头组建“辽宁省钢铁产业产学研创新联盟”，本钢成为辽宁省公开发布的首批典型联盟试点单位，营造了推崇技术、鼓励创新的浓厚氛围。提升产品直供比例，各品系通过细分市场新开发60家直供用户，直供用户订货比例达到61%，同比增长11%。

围绕产品研发、工艺技术进步、质量提升、节能环保等方面，着力解决制约企业发展的重点技术难题。全年开展公司级科技项目30项、各单位自管项目92项，对公司级科技项目实施全过程闭环管理；按照集团公司“精准激励”工作安排，制定了《本钢集团研发人员项目摘牌制实施方案》，90项科技类项目成功摘牌，其中产品研发类43项、工艺技术类14项、产品认证类33项，极大激发了研发人员的科技创新积极性。全年共有233件专利获国家知识产权局受理，其中发明专利116件；有153件专利获授权，其中发明专利30件；申报中国专利奖2项。

对外积极申报各类政府项目，争取资金支持、宣传本钢形象。申报国家、行业、省级各类科技项目27项，已获批3项，其中与中科院金属所合作的“多孔介质燃烧技术研究及其在钢铁行业应用示范”被列为辽宁省首批揭榜挂帅项目。参与了东北大学王国栋院士及其团队牵头申报的省工信厅“数字化、智能化钢铁”重大专项。全年共获得政府资金支持1156.8万元。

重视产学研用联合，强化校企合作，注重技术资源合理配给，积极推进对外合作项目实施。与上海大学、北京科技大学、冶金工业信息标准研究院等进行多层次、多渠道、多形式的合作与交流，签订7个合作项目，加速了科技成果向现实生产力的转化。与上海大学联合开展的“本钢2兆帕汽车热成型钢涂层板技术开发”项目及与北京科技大学合作的“北营高炉布料机理及其模型优化”项目的成功实施，对集团公司产品结构优化、工艺技术进步等起到积极推进作用。

【运营管理】 切实落实国企改革三年行动部署，深化管理机制改革创新，推动企业高质量发展。一是推进国企改革三年行动走深走实。制定“1+2+N”系列市场化改革方案，建立工作台账与月例会制度，推进改革落实落地，本钢集团混改、“4+6+3”管控格局搭建、落实主业板块法人企业市场主体地位等23项改革任务已完成。二是推进“僵尸企业”处置收尾工作。处置5户企业，甘肃陇辽房地产开发有限责任公司、本溪经济开发区新广厦装饰工程有限公司自主清算注销，厦门本钢贸易有限公司、厦门本钢钢铁销售有限公司依法破产清算注销，沈阳冷轧型材有限公司破产立案。三是签署托管北钢公司协议。梳理本钢北钢合并重组实施情况，制定《关于鞍本重组本钢对北钢公司处置意见的报告》，与本溪市政府、市国资委签订托管北钢公司的《委托管理协议》。四是推进厂办大集体改革工作，为鞍本重组和本钢实施混改创造条件。按照省政府、省国资委要求，本钢集团将厂办大集体改制企业（本溪钢联发展有限公司）100%国有股权及钢联公司持有的下属59家子公司的全部国有股权，整体无偿划转给本溪市国资委（含由钢联公司管理的未参加厂办大集体改革的3家存续企业），并完成工商登记变更。

按照国企改革三年行动和鞍钢本钢重组总体部署，依据鞍钢集团《本钢机构编制优化调整指导意见》，制定并下发《本钢集团有限公司总部及主要子公司管理职能和机构优化调整改革实施方案》，优化总部及直属机构设置。一是将科技创新部与战略规划部合并成立规划科技部，运营改善部更名为管理创新部，新设运营管理部，行使本钢集团生产运营管理、设备能源管理、计划统计管理、采购销售管理、物流管理等综合管理职能。二是强化法人主体地位，重新组建北营、矿业机关部门。三是打造本钢集团“4+6+3”管控架构，设立板材公司、北营公司、矿业公司及多元产业4个产业板块，财务共享中心、人力资源服务中心、行政管理中心、保卫中心、国贸公司、不锈钢公司6个直属机构（单位），鞍钢党校本钢分校、鞍钢集团新闻传媒中心本钢记者站、环保监测站3个分支机构。

坚持效益中心原则，创新多元激励政策，通过构建模拟市场化考核机制，配套实施精准激励政策，充分发挥绩效考核的引领和激励作用。一是按照“上道工序服从下道工序，整个工序服从市场”原则，将市场化机制引入主业板块，通过建立模拟价格体系，划小利润单元，在各工序间形成模拟市场环境，实施工效挂钩考核，把市场意识传递给全体职工。二是以“工资总额预算”为核心，对多元子公司按照工资总额基数考核，实施“授权和同利”的总额管控，进一步引导内部按业绩自行分配，鼓励多劳多得和减员增效。三是优化考核体系，配套实施季度超利共享利润奖、降本创新及科技创效摘牌奖、经理层奖励金等多项精准激励政策。继续对各单位领导班子实施责任状红黄牌考核，坚持刚性执行，2021年有1家单位被亮黄牌。鞍钢本钢重组后，承接“两制一契”管理模式，强化经营者责任状考核理念，以“两制一契”为抓手，实施经营者绩效考核，首次开展任期制考核。聚焦“两利四率”，构建“双跑赢、三区间”考核机制，按照“一岗一责、一人一表”制定差异化考核指标。

组织各部门梳理规章制度和流程，全面推动鞍钢集团规章制度体系承接工作，构建以“基本管理制度为基础、以专业管理制度为主体、以工作规范为补充”的三级规章制度体系，明确各类规章制度效力，清晰界定各治理主体权责界面，优化审批签发程序，提高决策效率。修订《本钢集团有限公司规章制度管理规定》，进一步清晰界定制度管理、监督和执行主体权责，明确业务部门、风控管理部门、法律合规部门、制度归口管理部门审核职责。实际承接鞍钢集团规章制度238个：基本管理制度47个、专业管理制度163个、工作规范28个，包括公司治理与管控体制、战略规划与投资管理、科技管理、资本运营管理、财务管理、人力资源管理、法律合规管理等16项管理职能44个业务模块。

围绕“要素管控+管理移植”“战略引领+资源协同”两条主线，积极推进管理和业务对标。一是成立了战略规划、管理与信息化、人力资源等13个对标工作组，围绕“工序+成本”主线，成立技经指标、财务成本、设备运维、“工序EVA”4个对标组，本钢单方面和鞍本共同提升项目78项。二是按集团公司“5+1”工作格局，对重点指标推进实施“专班制度”。对标工作专班对采购、销售、人资等8个系统共制定32项重点指标，进行动态跟踪，周、月通报。三是推进鞍本整合融合对标工作全面对接。深挖驱动因素，确定本钢集团对标提升核心指标14项。管控共享，推进鞍钢对标活动管理系统覆盖本钢。四是引领示范，积极组织参加鞍钢集团“三个标杆”创建评选，“以效益为中心的日清日结”管理模式获标杆模式，“摘牌制引领新产品研发”“设备智能在线运维体系”项目获标杆项目，板材炼铁总厂、北营炼钢厂、本钢浦项有限责任公司获标杆单位。

【人力资源管理】 10月28日，本钢党委常委会、董事会审议通过了“1+2+N”改革管理体系方案及31项配套管理制度。11月3日，本钢一届九次职代会全票表决通过《本钢集团有限公司深化三项制度改革实施方案》，以健全市场化管控体系为核心，建立健全市场化运营体系，推动管理人员能上能下、员工能进能出、收入能高能低，激发内生活力和动力，实现企业增效，员工增收。围绕三项制度改革工作，邀请专家就人力资源服务业发展和企业人事制度改革做专题讲座和推介经验，并与中国上海人力资源服务产业园区签订《人力资源服务战略合作框架协议》。

构建与本钢深化改革平台架构建设相配套的授权体系，严格贯彻“管少、管好、管活”原则，按照“下管一级、充分授权”的方式，下放领导人员管理权限，制定推行“两制一契”管理及竞争上岗等实施方案。按照“全体起立，重新聘任”原则，采用自上而下、选竞结合的操作方式，逐层级开展D级以上人员重新聘任工作，共进行七轮干部调整（包含四轮公开竞聘），重新聘任上岗302人，切实优化班子结构，选准用好干部。

为全方位、多角度了解掌握本钢各单位领导班子和领导干部经营业绩和履职能力，建立健全领导班子和领导干部日常管理考核体系，制定领导班子和领导干部日常考核实施方案，会同有关部门对国贸公司、采购中心等单位领导班子和领导人员以“无任用”调研方式开展日常考核。为进一步加强对本钢直管领导班子和领导干部队伍的管理和监督，参照鞍钢集团领导班子和领导人员综合考核评价办法，制定本钢直管领导班子和领导人员2021年年度综合考核评价工作方案，对本钢机关职能部门、业务机构和直管子企业领导班子和D级及以上人员（含专业职能、工程技术等其他岗位序列）进行考核评价。组织召开本钢干部视频大会，点评考核情况，开展廉政教育，对排名“末位”的领导干部提出工作建议及处理意见。

按照鞍钢本钢整合融合工作部署，聚焦“要素管控+管理移植”主线，根据鞍钢集团领导人员管理模式，深化本钢干部人事制度改革，承接修订本钢领导人员管理办法、“两制一契”管理、领导人员岗位分级分类、市场化选聘职业经理人、选拔任用工作监督检查等15项制度文件，进一步夯实本钢干部管理制度体系建设，规范选人用人等程序，扩大选人用人视野，营造风清气正的选人用人环境，激励干部担当作为。

扎实做好人才选拔推荐工作，组织完成省青年拔尖人才、“百千万人才工程”人选科技活动资助项目申报、对数字化转型和智能化改造专家的推荐工作，积极向省级及以上推荐高精尖人才。优化年轻干部人才库建设，将75后正科级纳入统计范围，并对参加过MBA和青干班等重点班次培训的优秀人才进行梳理，持续关注、跟踪培养。

整合融合平稳推进。按照鞍本重组总体推进要求，鞍本双方组织人事部门经过充分对接，形成了包括10项具体业务、65项工作标的《人力资源组专项整合目标任务书》，分别安排了各阶段工作内容及标的。推进鞍钢HR系统与本钢ERP系统双系统并行，组织基层单位开展本钢ERP人资系统组织机构、岗位设置、职群职级等数据梳理完善；积极学习鞍钢HR系统运维，配合鞍信技术人员做好主数据、岗位及人员等信息数据采集。依据国家2015年职业大典梳理整理生产操作岗433个工种（岗位），为HR人资系统岗位上线提供了基础支持；鞍钢HR系统推广覆盖本钢系统，按计划完成了数据采集、导入、再维护及报表合并等一系列工作，积极做好“鞍本双系统”机构、岗位、人员及职群职级等相关模块的运维管理工作。

以提升干部政治素养和员工业务能力为目标，开展切合实际的培训工作。为提升培训效果，增强培训工作的系统性、针对性和有效性，建立“逢训必考”制。根据干部教育培训实施方案总体要求，依托本钢党校，采取请进来、走出去的培训方式开办优秀年轻干部综合能力提升培训班和领导干部轮训班；围绕集团公司重点工作，完成数字化智能化等培训；借助北京科技大学师资力量，为板材研发院开办金属材料的力学性能分析、热处理原理及其工艺实现等培训，全年累计开办各类培训班1993个班次，共计培训147593人次，全员培训率达到86%，

为缓解各单位因退休、自然减员等岗位缺员带来的人员压力，制订《本钢集团有限公司工资包干办法》，通过包干工资政策有效调动缺员岗位职工的工作积极性，鼓励单位少要人、不要人，达到减员增薪的目的。根据集团公司工资包干办法，按月核定集团公司工资包干人数；完成2021年度工资包干单位劳务费奖励统计工作；承接鞍钢集团薪酬管理制度，制定并下发了《本钢集团有限公司工资总额预算管理办法（试行）》《本钢集团有限公司全员岗位绩效管理实施方案》《关于规范子公司考核分配管理办法的通知》《本钢集团有限公司子公司负责人综合考核评价与薪酬管理办法》《本钢集团有限公司关键人才中长期奖励办法》，为本钢薪酬改革打下良好基础。2021年，实际发放工资总额52.18亿元，在籍职工人均工资7015元/月，较上年同期增长23.2%。

【财务管理】 坚持以效益为中心的经营理念，充分发挥全面预算管控功能，引导各单位及时关注市场，增强市场意识，采取积极有效措施，优化调整产品结构，持续关注原料成本，不断提升本钢集团盈利能力和抗风险能力。开展模拟市场化运作，重点推行三大板块模拟市场化核算利润并进行考核。坚持产品价格与市场、生产联动，分析出最优化的各品种钢生产量和比例和全流程生产中各项成本比例，及时做好各产线盈利能力测算和分析，为合理配置资源、做好产线调整提供强有力的数据支撑，促进研发、生产、销售紧密结合，使品种增利工作得到进一步深化和落实。推进落实日效益测算，建立日效益计算分析模型，为公司决策提供数据支撑。深入开展日清日结，对工序重点指标细化分解，对成本消耗指标进行量化，2021年钢铁主业降低工序成本9亿元，实现成本指标、定额指标、经济技术指标有效改善。强化考核政策执行，实现考核政策激励目的。细化生产经营分析，健全成本利润分析模型，详细分析重要指标和偏差较大数据形成差异的具体原因，深刻剖析存在的不足，提出建设性意见，为本钢集团经营发展提供决策依据和数据参考。持续跟踪鞍本协同快赢项目，财务成本组针对主线单位成本与鞍钢实施对标，形成《鞍本财务成本指标改进提升工作实施方案》，组织钢铁主线7家单位到鞍钢本部进行深入交流，逐项梳理与鞍钢存在差距指标，实行周监控月总结，提报年度快赢项目34项，降本效益额3.76亿元。

坚持以全面预算为纲领，积极对接鞍钢资金预算管理系统，抓好经营预算的落实，整合总体资金资源，统筹协调平衡资金，实现内部资金的集中归集和有效管理，全面提升资金运营效率，降低资金成本，防范资金风险。加强现金流量预算统筹管理，完善资金预警机制，协调平衡月度、周、日资金预算，努力提升经营现金流获取能力，维持资金链平衡和安全，确保经营净现金流量为正，2021年本钢集团经营活动现金流量净额为115.24亿元。进一步规范了各单位资金支付流程，强化了资金支付过程中的内部控制，优化付款结构，统一付款政策。持续完善债权债务管理，实现债权债务管理制度化、规范化。强化外部债权清收管理，全年实现当年应收尽收103.9亿元。

按照“要素管控+管理移植”工作方针，初步实现鞍本税务管理统一。以企业税费管理制度

建设、优惠政策宣贯、降低涉税风险为主线，在依法纳税的同时，充分享受国家优惠政策，合理降低企业税负。承接鞍钢相关涉税管理制度，制定下发《本钢集团有限公司纳税管理办法》《本钢集团有限公司研发费用管理规定》。充分享受税收优惠政策，减轻企业资金压力。

重组前，面对可用资金极为紧张状况，财务部通过提前预判各月到期融资情况，积极与各金融机构沟通提前倒贷等事宜，克服困难，按日根据集团公司资金情况科学合理安排融资倒贷，充分利用集团有限资金，累计倒还各类存量融资936.3亿元，确保在重组前本钢集团资金平稳运行。重组后，融资管理以降低融资规模、调整融资结构和降低财务成本为主要工作目标。凭借鞍钢集团在资金方面给予的有力支持，以及通过债转股和混改引入的增量资金，本钢统筹规划去杠杆、降负债工作，降低融资规模。截至2021年12月末，本钢有息负债融资总额788亿元，较鞍本重组前降低134亿元，降幅为14.53%，本钢集团财务风险降低。在鞍钢集团的协同效应下，降利率工作取得显著成效。各大中小银行境外对本钢实行融资成本和贷款利率下浮。截至2021年末，本钢集团带息负债融资综合平均成本比上年同期下降0.19个百分点；本钢集团融资利率下浮，年化节约财务费用约1.33亿元，减轻了本钢财务负担。建立健全资金管理制度，全部承接了鞍钢集团资金管理制度，修订下发了《本钢集团有限公司融资管理办法》《本钢集团有限公司担保管理办法》。

【资本管理】 2021年4月15日，鞍本重组专题会召开后，积极对接重组项目工作推进组，制定工作方案，全力配合鞍钢推进重组各项工作。8月20日，鞍钢本钢重组正式启动，对接鞍钢资本运营部，按时间节点完成重组各项工作。10月12日，鞍钢本钢重组完成工商变更登记和产权登记变更，辽宁省国资委将所持本钢51%国有股权无偿划转给鞍钢。同月，完成本溪钢铁公司向鞍钢发行200亿元权益类产品，有效降低了资产负债率、有息负债和资金成本。12月20日，本溪钢铁公司债转股项目完成工商变更登记，成功引入债转股资金44亿元。同月，完成了北营公司共计发行422亿元、北营所属控股子公司北方铁业公司发行80亿元类永续债工作。

规范上市公司管理工作。2021年8月19日，完成本钢板材定增投资者退出事宜。通过有效的市值管理手段，实现本钢板材市值大幅提升。9月9日，本钢板材股价最高达到7.48元，市值超过240亿元，与2021年初相比，本钢板材市值增加超过90%。本钢板材市净率明显提升。

积极推进国企混改及合资合作工作，为本钢集团混改引入战略投资者。经上海联交所挂牌交易，并经本钢股东会审批，确认抚顺新钢铁为最终投资者，引入资金16.37亿元（占比5%），于12月22日完成工商变更。推进本钢宝锦公司增资扩股引入战投事项。本钢宝锦公司增资扩股项目于2021年8月20日在沈阳联合产权交易所挂牌，增资后，本钢宝锦公司将成为本钢板材参股子公司。

产权登记系统的数据更新和参股公司监管工作有序进行。组织各单位对国资产权信息管理系统中的企业状态等信息进行核对、确认和修正。梳理汇总167户企业产权登记资料，完成鞍钢本钢重组产权登记系统对接，为国资产权登记系统本钢模块整体上线运行做好准备。对38家本钢集团参股企业进行监管，按照本钢产权管理办法，对东特集团、本溪银行、中天证券、新动能基金、大连摩根耐火公司的董事会、股东会议案形成意见，报集团批准后进行反馈。对上海本钢济福金属制品加工有限公司、本溪高新钻具制造有限责任公司、中石油（本溪）本钢油气销售有限公司、浙江本钢精锐钢材加工有限公司4家参股企业收回投资收益595万元。

积极开展资产处置工作。对参股投资、“两非两资”企业进行清理。一是对参股投资进行梳理，完善参股经营投资信息资料。完成参股企业清查，明确分类管理建议和东特集团、本溪银行、中天证券、新动能基金、大连摩根耐火公司初步处置工作安排，制定低效、无效参股投资企业处置工作方案。二是指导各单位（含北钢）开展两非两资工作自查，对不具竞争优势、缺乏发展潜力的低效、无效资产，提出改革思路、工作建议和两非两资企业建议名单，并提出矿渣微粉等公司具体扭亏方案。三是对各单位（含北钢）闲置资产分类梳理汇总，定期督导业主单位闲置资产盘活工作。组织清理非公司制企业和部分吊销未注销企业。协调新实业公司、集团工会等单位和部门，完成了文体中心、计控安装公司、天弘善宾馆的改制工作，至此，本钢集团范围内正常经营的非公司制企业全部完成了公司制改革。对长春钢模板厂、科技经贸公司、亨通实业公司等无生产经营活动的企业清理提出建议。

【审计管理】 深入贯彻中央审计委和全国内部审计相关会议精神，紧紧围绕两级集团公司发展战略，牢固树立“参谋有道、监督有力、整改有效”的审计工作理念，坚持“全面覆盖、依法审计、彻底整改”的工作原则，以问题为导向，以促改革、控风险为目标，切实抓好审计质量，跟踪问题整改，履行审计监督职责。全年累计完成各类审计项目53项（工程竣工决算审计9项、工程后评价审计3项、经济责任审计40项、专项审计调查1项）。其中审计直接削减创效2359万元；发现违规问题金额5406万元；提出审计建议248条，审计建议采纳率100%；督促被审计单位健全规章制度61项，规范流程65项；审计整改完成率94%，较去年提升6%。以“审计—整改—规范—提高”为工作主线，实行多措并举抓整改，确保审计工作形成闭环管理。2021年审计发现问题248项，已完成整改235项，正在持续整改13项，整改完成率达94%，较2020年提高11个百分点。完善审计整改销号制度，对审计问题逐项分解、明确整改责任主体，对于能够立行立改的，提出明确、具体、可操作、标准统一的整改要求；涉及体制机制或相关制度不完善的，提出深化改革、完善制度的意见建议，督促相关单位研究改进。

整合融合审计业务，完善制度体系。全面对接鞍钢审计部业务职能，整合后新增审计业务5项，调减审计业务1项。本钢集团审计部原有审计制度10项，整合后，结合重新划定的审计管控职能，全面承接鞍钢审计部制度体系，承接、修订、转发制度13项，按期完成审核、印发工作，其中基本制度2项、专业制度7项、工作规范4项，同时指导本钢各板块审计机构研讨、承接及转化相关审计制度。优质、高效推进审计专项整合工作。秉持“统一体系、统一制度、统一标准”的工作原则，先后开展5次对口业务交流和2次专项调研，制定《审计专项整合实施方案》，在审计管理体制建设、组织机构优化、规章制度承接、审计业务培训和项目实施指导等方面，锚定25项工作标的和110个节点任务，已全面完成过渡期、首月、百日设定的10项工作标的及55项工作节点。

探索审计工作新模式，开展联合审计，凸显审计成效。组织鞍本联合专项审计组对板材炼铁厂5号高炉产能置换等4项工程进行审计，鞍本两级审计机构有针对性地共同探讨、剖析“两钢”在工程管理、效益评价等工作上存在的差异，细化审计实施方案，规避了以往工作中的审计盲区，全面重新确定审计重点，有效拓展了审计深度和广度。实现审计资源优势互补，切实提高审计工作效率和质量。搭建审计内容共商、审计项目共审、审计成果共享、审计整改共抓的平台，有效弥补了内审人员不足及知识结构单一等问题，实现鞍本审计人员相互交流、支撑和取长补短的目标，有效提升了审计效能。全面协调、提前介入，迅速移植审计管理信息系统。多次召开审计管理系统、违规追责系统需求调研和业务对接会议，详细制定系统移植网络图，落实具体目标、责任和节点，提前完成信息采集、管理流程和权限设置等工作。审计管理系统较标的时间提前2个月上线试运行，违规追责系统在于2021年末完成准时上线。

【法律事务管理】 深入宣传贯彻习近平法治思想。2021年，法律事务部严格贯彻“三项法律审核”100%原则，广泛深入地参与集团公司生产经营活动，将法律业务与经营任务深度融合，从集团公司整体战略和业务实际预测法律风险，审慎提出法律意见，重点关注重大决策事项的合法合规，将法律审核作为集团公司业务流程重要节点。实现了省国资委要求的“重大决策、经济合同、规章制度”三项审核100%。共计审核国贸公司、不锈钢公司、战略规划部、能源环保部等单位报送的协议文本235份，审核供应商资质变更资料52份，审核集团公司及板材公司各部门下发的规章制度202份。以重大诉讼案件处理为核心，强化法院沟通，加大案件执行力度，积极处理往年结转案件；规范子公司案件管理及呈报备案工作，及时妥善处理法律纠纷案件，维护集团公司合法权益。2021年，办理未审结案件55件，标的金额41980.91万元；新增诉讼仲裁案件61件，标的金额8948.28万元；审理结案30件，标的金额47150.24万元。全年挽回经济损失9671万元，实现执行回款927.75万元。

尽职尽责做好工商事务及商标管理工作，提前完成鞍钢重组本钢股权无偿划转工商变更登记工作，按期完成本钢集团公司混改工作、本钢公司四家银行债转股工作、本钢板材股公司法定代表人变更和增选董事、监事人选在辽宁省工商局备案登记等工作。完成本钢集团新章程备案及多项重大工商变更事项。审核、指导集团公司下属各单位工商变更登记、备案事项 20 余次，确保工商登记变更事项合法依规，最大限度减少经营风险。指导并完成信息报送及公示工作，集团公司及各所属单位公示通过率达到 100%。经过驳回复审、撤三和行政诉讼等程序，本钢取得 BENGANG 及图在第六类上的注册行政诉讼案件的胜诉判决。国家知识产权总局重新核定本钢集团的商标申请，并向本钢集团下发第六类 BENGANG 及图商标证书，案件取得圆满结果。

从多方面采取有效措施，促进风控工作的大力推进。制订《本钢集团风险控制管理委员会议事规则》和风险管控等有关制度；对相关部门进行风险排查，查找风险事项及内控缺陷问题。完成本钢 2021 年风险管理工作总结及 2022 年重大风险评估报告。在广泛收集国内外、钢铁行业、下游行业及内部风险信息基础上，组织集团公司相关职能部门、直属单位开展了 2021 年度风险评估工作。针对评估出的 23 项风险，组织研究、制定了管理解决方案，细化 79 项风险表现，制定 96 项应对措施，设置 49 项预警指标。

加大法治宣传力度，为本钢党委中心组开展专题法治学习供稿；在《本钢日报》开辟法治专栏，在《鞍钢日报》编发“法治鞍钢”专版，开展宪法宣传周系列活动。组织开展合同管理岗位培训，培训各单位合同员 292 人次，新办合同员资格证 196 人，复审 96 人。

【生产质量管理】 以效益为中心，以提高产能利用率和降成本为工作重点，以强化质量管理为手段，努力提升大宗原燃料管控能力，为高炉生产提供有力的原燃料保障。大力推进“日清日结”工作，以效益为中心，以问题为导向，通过“日研判、周分析、月总结”，不断堵塞管理漏洞，从入炉原燃料、设备、能源、工艺操作等深挖潜力，实现配煤配矿降成本 0.83 亿元。推行按煤和矿的经济性排序进行资源结构优化调整，平衡采购量，严格按计划组织实施。积极组织召开专业会研究应对方案和措施，确保生产顺行。实行炼焦煤保产预警机制，针对进口煤和内贸煤个别品种库存量威胁正常生产接续情况及时预警。充分利用“摘牌”机制，积极“开源”和“节流”，面对澳煤限制进口后国内炼焦煤资源紧张、价格大幅上涨的不利局面，积极配合采购部门开发新煤种，与高炉联动优化调整炼焦配煤结构。2021 年开发炼焦煤新品种 11 个，为稳定配煤结构和焦炭质量创造良好原料条件。通过铁系统均质化管理，提高配矿准确率，烧结质量稳步提升；在将自产矿粉全部消耗的前提下，根据产量和质量情况，通过配矿模型合理计算，充分使用经济矿粉，优化配矿结构。建立高炉有害元素管控体系，监控、均衡、控制不同炉型高炉有害元素负荷；打破传统生产工序壁垒，强化“以高炉为中心”的工序服从原则，以四座高炉为四条主线实施“联动式”绩效考核，各工序基本实现长期稳定顺行。

为尽快盘活资金，最大限度降低生产成本，组织相关部门、单位积极研究制定回收含铁料加工消耗方案并全力推进落实。在将新发生量全部消化的基础上，实现主要品种回收含铁料总场存降低 26 万吨，保守测算可减少资金占用 7000 万元，实现阶段攻关目标。针对焦煤和矿砂资源不足、港口发运困难等制约生产难题，按日组织召开协调会议，强化信息沟通预警，根据急缺品种合理安排接卸车，全力减少对生产的影响。组织炼铁总厂、铁运公司等相关单位多次召开现场协调会，结合大宗原燃料进厂及消耗情况制定并优化各项保产、保供方案，合理调配内部公路和铁路运力，加大厂内倒运力度和倒运量，最大程度减少低温状态下对正常生产运行的影响。针对焦煤、矿粉、合金、废钢等外购物料出现的进货异常，协调平衡，保证总体生产稳定。加大回收内部废钢，组织开展“内回废钢日清日结现场清零的管理”工作，保证内部废钢应收尽收，全年内回废钢 10.1 万吨，节约采购资金 3.58 亿元。2021 年合同下达 1602.24 万吨，完成 1571.79 万吨，合同交付率 98.1%。出口合同下达 162.79 万吨，完成 161.35 万吨，合同交付率 99.12%。重点品种下达 720.5 万吨，完成 719.87 万吨。全年接卸外购钢坯 0.5 万吨，创效 60 万元。按效益最大化原则，将有限的产品资源向盈利能力最大、边际效益最大的产线、产品倾斜。全年调整资源量 60.46 万吨，增加边际效益 16586.66 万元。2021 年经济库存计划 57.21 万吨，实际完成 56.5 万吨，完成经济库存指标。

围绕降低非计划产品数量、提升钢后产品质量、减少质量损失，组织钢后各工序以“工序服从”为基础，严格管控影响产品质量的关键控制点、关键工艺参数执行及主要设备功能投入，持续开展质量改进攻关工作。强化外购物料入口质量管控，严格执行取消让步接收政策。组织开展现场联合抽检、港口质量调查采样，实时监控外购物料进货质量。针对外购物料质量不达标、不合格问题，下发整改通知单和停止供货通知单。铁前工序产品细化过程质量管控，稳定入炉料质量。工序产品质量绩效指标 31 项，完成考核计划 27 项，达标率 87.10%。

2021 年组织完成中钢协冶金产品实物质量培育“金杯奖”的申报与评选工作，获金杯优质产品奖 2 项。完成了第十五期六西格玛项目的跟踪评审工作，组织开展第十六期六西格玛黑带项目选项评审、阶段培训、DMA 阶段评审、结题评审工作；2 个项目荣获 2021 年度中国质量协会质量技术奖全国优秀六西格玛项目；2021 年注册 QC 项目 21 项，申报质量信得过班组 22 个，均已完成结题评审。为保证公司 IATF16949 质量管理体系有效运行，开展体系优化系列培训。产品质量异议整改主要围绕主机厂、直供用户等战略合作用户开展，通过技术服务组直接反馈和解决用户使用中存在的问题。

【设备工程管理】 夯实设备基础管理，为生产顺行提供保障。2021 年设备大检查以提升厂矿设备管理“八项能力”为目标，通过统一理念、自查整改、现场专业交流及培训等方式，实现厂矿自主管理、规范管理—提升各层级“标准”管理能力。提升各层级“标准化”管理能力，各项工作开展前先建立标准，实现了“管理标准化、标准表单化、表单信息化”。提升各层级“计划”管理能力，各项工作开展制定“计划”，实现“三分策划、七分执行”，谋定而后动。提升各层级“状态”管控能力，让设备状态受控、可控，提前制定应对异常状态的有效措施。提升各层级为点检员“服务”能力，多方面分析点检员队伍履职问题，从点检工作本质出发，聚焦点检员本职工作，最大限度减少点检员非本职工作。提升各层级设备“一生管理”能力，对关键设备从设计、制造、安装、运行、维护、改造、报废实行全寿命周期管理。提升各层级“立体”管理能力、“闭环”管理能力和“绩效”管理能力，在设备管理推进提升工作中，改变以往单点、局部“作战”及逐级下派的单线管理方式，重点推进了上下协同、团队配合的设备管理模式。

加强设备运行管控。2021 年集团公司主要生产设备可开动率比计划提高 2.18%；主要生产设备事故故障停机率比计划降低 15.07‰。盯紧设备事故攻关目标，保障设备运行平稳，故障台时大幅下降。集团公司主要产线发生设备事故故障同比台时降低 180 小时，较好地完成了攻关目标。严控设备修理费，设备检修效能提升，创新举措降费明显。汲取鞍钢管理经验，在稳定检修基本盘的基础上，加强功能、精度管理，重点提升铸机、热轧和冷轧机组运行稳定性。加强设备专业化管理，查找并解决设备隐患。设备类采购总值比计划指标节省 1.3 亿元。持续提升备件专业化管理，备件利库、修复、国产化、包消耗等各项工作迈上新台阶。

组织开展板材 1700 热轧完善改造、板材炼铁厂 7 号高炉新建 4 号热风炉工程等 21 个项目初步设计及施工图设计工作。针对集团公司重点项目及其配套项目，组织各项目部在设计方案至施工图交底阶段全面开展优化工作，提出优化措施 20 多项，降低投资约 1505 万元。

细化技改工程项目措施、优化技改工程方案、坚决推进技改工程进度。抓住重点工程关键工期节点不放松，针对板材 CCPP 发电工程、特钢电炉工程等 8 项重点工程工期紧、任务重的状况，通过协调组织、现场督导和节假日连续施工等方式，实现了按期完成节点计划的预期目标。为确保环保设备正常运转，在主体设备检修的同时进行环保设备同步检修。2021 年对除尘系统、废水处理系统、脱硫系统等环保设备安排检修计划 1141 项，实际完成 1388 项，充分利用主线停机待料等时间改善设备状态，确保运行效果。同时对板材、北营焦化回收系统新增 VOCs 尾气治理装置，从根源上治理废气排放。对板材炼铁总厂 8 号、9 号焦炉及北营 1 号、2 号焦炉各增加一套机侧烟尘治理设施，达到国家最新超低排放标准。

深入设备现场，加强对工程质量的监督。2021年，通过现场巡检等方式发现质量问题1074项，组织对各类专项检查、抽查92次，有效控制了工程质量问题的发生。接待并配合冶金工程质量监督总站委托的国家工业建筑物质量安全监督检验中心对本溪钢铁集团工程质量检测有限公司（以下简称“本钢检测公司”）进行检查，对该公司的资质管理、检测报告质量、检测业务、检测人员、设施环境、仪器设备等方面进行了抽查并形成不符合项通报，督促本钢检测公司整改并形成整改报告上报冶金总站。工程质量监督受理登记81项，全部指派专人进行管理。工程监督管理人员对所监督工程下达质量监督计划书，开展质量监督工作，做到工程质量监督覆盖率100%。

会同人力资源部系统性开展设备点检定修制培训，有效提升了设备点检人员的管理水平。

加强工程招议标管理，全年检修工程招标项目完成17项、技术改造及专项工程招标项目完成43项、检维修工程议标项目448项、基建和技改工程议标项目184项，共审批施工单位编报预算7.96亿元。全年完成462个议标项目费用核定，编制完成11个项目工程量清单，审核0.23亿元外部造价咨询。

【安全管理】 以党的十九届五中、六中全会及党中央关于安全生产系列重要论述和讲话精神为指引，牢固树立红线意识和底线思维，坚持“安全第一、预防为主、综合治理”的方针，依法落实安全生产主体责任，以问题为导向，在安全责任体系建设、安全教育培训、安全基础管理、安全生产大排查和专项检查及整治等方面，开展一系列卓有成效的工作，各类安全事故同比明显降低。

严明集团公司安全监管责任，构建任务层层分解、责任层层落实的安全生产责任体系。与50家基层单位签订安全生产责任状。持续优化季度安全综合考评方式，对所有基层单位进行综合考评，将安全指标纳入生产经营考核之中。通过安委会办公会议，解决制约安全生产的突出问题，努力做到安全生产责任清、标准明，全年督办解决重点难点问题61项。严格落实安全事故问责制，对各类生产安全责任事故、火灾事故的73名责任人进行问责追责。认真吸取行业事故教训，持续推进安全生产专项整治三年行动，采取监督检查和帮扶指导双管齐下方式，推进专项整治工作开展。

健全制度体系，打好管理基础。指导各单位修订完善现场应急处置方案，并组织非计划停电应急处置方案专项检查，确保方案可行、职工熟练掌握。完善《防火防爆安全管理规定》，进一步明确防火防爆管理职责和标准；编制《职业病危害防治工作指导手册》，指导基层单位职业病防治工作。承接鞍钢集团14项安全生产管理规章制度，完成本钢15项安全生产管理制度立改废释工作。全面接轨鞍钢管理模式，严格落实“五清五杜绝”等管理要求，结合本钢实际完善各项安全管控措施。以集团公司“数字化、智能化”建设为契机，对标先进单位，提出安全智能化建设总体构想（包括建立安全信息管理系统、实现安全风险监控预警、重点部位智能巡检等7大类、14方面具体内容）。

落实风险管控，防范重大安全风险。聚焦重大危险源，采取远程实时监控、视频回放倒查、月份统计分析、季度专项检查等措施，确保重大危险源安全联锁、监控、报警等装置完好、危险源处于受控状态。把住工程建设项目安全准入和验收两个关口，联合设备管理部门对所有开工、复工、竣工建设项目进行安全验收，坚决做到手续不完备不开工、措施不完善不复工、安全条件不具备不投产。强化过程监管，在危险重大工程施工、联合试车、交叉作业，以及抢工期、抢进度等关键时段，有针对性地开展“旁站式”安全检查，及时纠正各类违章行为，排查各类隐患问题；每月开展工程建设项目安全管理考评，采取互检形式促进管理共同提升。紧盯火灾事故易发的重点部位和环节开展专项整治。采取立整立改、每周循环督查方式，在轧钢系统火灾防控整治中查改问题1120项；在仓储物资场所防火专项治理中清理不符合防火要求库房39个，通过减少危险源数量，降低火灾风险；结合季节特点，有针对性地开展高温辐射区域、人员密集场所、皮带防火、森林防火等各项专项检查。以易燃易爆场所防火防爆管理为重点，开展第三阶段隐患“清零”行动，出台“清零”标准，下达正误对比表，共排查出隐患问题2739项。

改变培训方式，提升安全管理水平。开展隐患排查、应急实操、安全分组讨论等寓教于乐的体验式培训。利用典型案例开展大讨论，提升安全责任意识；组织开展12项安全专项培训，累计培训11560人。推进煤气、电气、皮带、起重、铁路运输、矿山采场行车六个实操培训基地建设，组织3200人参加实操培训；利用各种媒介平台为载体，逐级宣贯学习新《安全生产法》《刑法修正案》等法律法规，提升安全红线意识和底线思维。开展安全专访、安全咨询日等系列活动，营造安全文化氛围。在安全生产月期间组织330名优秀班组长参加班组长安全技能竞赛，并对优秀班组长进行奖励。

【能源环保管理】 2021年集团公司能源消耗定额累计比预算降低4亿元；电费支出42.8亿元，比计划减少2.17亿元；水费支出1.283亿元，比计划减少1168万元；吨钢综合能耗完成611千克标准煤，比计划降低13千克标准煤；吨钢耗电完成560.9千瓦时，比计划降低9.1千瓦时；自发电量41.87亿千瓦时，因限产及CCPP延期投产比计划减少2.32亿千瓦时；吨钢耗新水完成2.9吨，比计划降低0.06吨；高炉煤气放散率完成0.74%，比计划降低1.26%；焦炉煤气放散率完成1.83%，因北营放散率达3.6%造成超计划0.33%。

重点节能工作取得显著成效。通过开展降铁钢比、提高二次能源回收利用水平等措施，降低吨钢综合能耗，全年吨钢综合能耗完成611千克标准煤，同比降低15千克标准煤。采取减少解冻库煤气使用量和使用时间，富余煤气保障发电供应，加强主体设备维护，缩减项目投产调试时间，保证5号TRT机组发电效果等多方举措增加自发电量。在降低燃料比方面，通过对标、摘牌精准激励等措施充分调动高炉操作积极性，持续优化操作制度，提高煤气利用率，进一步提高风温，完成板材新5号高炉前置燃烧炉的调试及热风阀台改进，解决板材6号高炉2号热风炉管道振动问题等一系列措施降低燃料比。通过实行摘牌激励，在操作上通过优化料层厚度、降低返矿率、加强堵漏风、控制氧化亚铁等节能攻关措施，降低固体燃耗的目的。通过炼钢工序节能攻关，负能炼钢工作取得初步成效。源头管控用水量，中水持续保持高回用量。通过严抓经济运行，本钢集团完成吨钢电耗560.9千瓦时，板材通过躲峰生产全年减少电费支出6989万元；直购电跨省、省内交易全年减少电费支出6887.5万元。煤气放散率创历史新低，板材厂区在上半年高产及下半年联检不均衡生产形势下，组织热轧、发电等煤气用户互为补充，全力消纳煤气资源，实现高炉煤气放散率0.15%，同比降低2.8%，焦炉煤气放散率0.51%，同比降低1.66%。板材焦化二、三回收一塔式脱硫的投运，彻底解决了焦炉煤气硫化氢长期超标问题。

开展与鞍钢本部进行了全方位对标，制定出改进提升工作实施方案，确定快赢项目15项。按照《本钢集团对标世界一流管理提升行动实施方案》要求，全年针对吨钢综合能耗等4项重点能源指标进行了攻关改进。编制“十四五”节能规划，制定“十四五”期间吨钢综合能耗、外购能源费用、自发电比例等主要能源指标。建立本钢集团能源消费总量预警机制，为限产后生产组织和检修安排提供能耗预警信息。2021年集团能源消费总量达1132万吨标准煤，同比降低33万吨标煤。

重视污染防治。各生产工序均配套大气污染防治设施，大气污染防治设施满足国家现行排放标准要求。利用监测、监控等手段进行水污染防治。严格管控各单位的排水水量、水质，强化污水处理设施达标运行管理。开展环境监测管理，按照排污许可要求进行自行监测。对各类监测点位按规定频次进行监测；完成大气无组织及烟气例行监测任务，全年共取得监测数据2286个，厂界噪声监测取得监测数据1376个，废水监测取得监测数据4028个，各项临时监测数据1580个，监测站共计报出监测数据9864个，形成月报、季报及对各厂矿的单独监测报告报出。

加大节能项目投入，2021年能措项目76项，创效益12136万元，年节标准煤3.3万吨。加大环保治理投入力度。为满足环保设施超低排放改造，解决感官污染、在线超标、无组织排放等环保问题，2021年投入环保治理资金10.77亿元，主要实施了两厂区焦炉烟气脱硫脱硝3套、VOCs治理设施2套、焦炉机侧除尘2套，高炉出铁场改造、烧结整粒熔燃等8项超低排放改造项目和焦化干熄焦除尘及8号、9号焦炉筛焦除尘系统优化改造、4炉组焦炉加煤除尘器升级改造、北营新2号高炉中心转运站除尘器改造等环保专项治理项目。通过实施重点环保项目，持续推进集团公司环保管控提升。

利用在线数据及日常手工监测数据，实施环

保设施日常监督管理，通过强化检查、加大考核力度、约谈重点单位负责人、下发整改指令书、环境事故通报等方式，及时协调解决各单位存在问题，无组织污染明显改善。

【营销管理】 积极开拓品种钢市场，拓展销售渠道。2021 年新开发 BG600XT 等 21 个热轧钢种市场，通过产品认证 11 项；冷系产品通过了长城汽车 13 个牌号认证，实现高强钢产品供货 1 万余吨，其中热成型钢产品供货 8000 余吨，本钢成为长城汽车热成型钢产品主要供货商。持续推进电镀锌汽车板专项开发，本钢电镀锌通过了戴姆勒奔驰产线审核，通过一汽红旗电镀锌汽车板认证，扩大电镀锌汽车板合作范围。围绕上汽乘用车供应链新开发无锡振华等直供企业，实现上汽、长城体系供应链一体化推进。借助鞍钢平台，协同鞍钢开发比亚迪、江淮汽车，扩大本钢汽车主机厂供货序列。调整客户结构，持续推动新能源汽车主机厂开发，为理想、合众汽车提供认证数据包，并完成样板试制和装车试验；新开发 31CrMoV9 等 6 个特殊钢品种市场。

及时了解国内外宏观经济形势，分析国内外钢材市场运行状况，及时掌握钢材市场价格变化、各钢厂价格调整情况，定期测算用户盈亏、做好盈亏测算报表及钢厂价格对比报表，为价格政策制定提供科学、准确、合理的参考依据。对本钢生产的各品种钢材进行每日市场价格及网站价格信息采集，形成各品种市场价格走势基础数据库；通过走访市场和收集、整理境内外分公司反馈的市场信息，定期编撰《市场行情分析》，为价格委员会的定价决策提供依据；定期调整内外贸价格政策，做好 ERP 价格管理与维护，不断完善和夯实价格及信息管理基础工作。

以优化资源分配和海运方案、充分利用港口、海运公司资源为主线，最大限度减少疫情产生的影响，确保本钢产品稳定输出，同时有效降低港耗及海运成本。2021 年共完成转港产品 891 万吨，实现钢材铁路发车 22.7 万车、1257.7 万吨。在充分保证质量、效率的前提下，利用资源优势，优化港口资源分配，强化港耗管理及铁路运价下浮工作，为集团公司降本增利 1.87 亿元人民币。针对港口和客户要求，通过增加集散同船、集装箱、滚装轮运输方式及装货量，实现本钢货物又快又安全送至客户手中，确保本钢在该区域的销售优势。加强与港口、海运公司的合作，提前锁定港口、海运资源，确保本钢转港产品的正常运转，实现了本钢销售及保产保供工作顺行。针对全球防疫政策收紧、海运市场短期内大幅上涨、外贸执行风险巨大的实际情况，通过调配启运港物流资源、整合目的港流向、加强港口资源利用、积极与船公司协商等风控方案，确保本钢产品稳定输出，原料顺利保供，同时有效降低港耗及海运成本。通过鞍本协同实现鞍本降本增效 263.81 万元（其中本钢 171.52 万元）。2021 年国贸公司全年共完成外贸转港 1542.62 万吨，其中出口装船量 190.02 万吨（CFR 条款 93.86 万吨）、原燃材料及废钢转港 1352.6 万吨。

以满足央企监管要求和集团化运行管控为目标，充分学习和协同鞍钢基于风险管理的企业内部控制理念，完善内部控制体系，形成闭环的长效机制，充分发挥内部控制体系强基固本作用，切实增强内控体系效能，进一步提升本钢集团防范化解重大风险能力，并统筹推进内部控制管理的监督评价工作，客观、真实、准确揭示经营管理中存在的内控缺陷问题，及时总结评价内控情况，形成运行监督、检查评价、缺陷整改、体系完善的内控闭环管理。强化规章制度管理体系建设，新增制度 7 项，修订制度 11 项，废止制度 3 项。

【采购管理】 以打破独家及竞争不充分品种为工作重点，全力开发有竞争力的合格供方，不断优化供应商队伍。通过对中标供应商和新开发供应商的分类，采取资料审核、网络视频审核、现场审核等多种方式，在风险可控的前提下，科学、高效推进供应商准入工作。全年引入供应商 315 家，淘汰供应商 298 家。以持续推进取消让步接收工作为切入点，强化质量过程管控，对出现质量异议的供应商加大考核力度。在备件辅料方面，全年处理质量异议 771 笔，给予警示约谈、取消供货资格处理供应商 473 家，拉黑供应商 9 家，挽回经济损失 3725 万元；在大宗原燃料方面，全年质量扣款 3972 万元，质计量索赔 2039 万元。成立采购中心行业对标专项工作组，组织开展对标立项工作，全年完成原燃料价格常规对标项目 286 项，备件辅料对标鞍钢宝武 195 项。对标管理不断深入，为采购中心供应商引入、公开招标、保产保供提供强有力支撑，促进采购管理水平进一步提升。在废钢协同定价过程中通过多次与鞍钢、建龙新抚钢进行对标，定期回头看、查找不足、分析原因，完善本钢废钢采购思路，增加料型，降低废钢成本。信息化建设取得初步成效。2021 年 9 月，“欧贝易购”实现上线运行，招标采购进一步延伸，供货范围得到扩展，吸引优质供应商加入保供团队，提升采购品种竞争性。10 月，欧冶工业品商城正式上线运行，通过简化业务流程，方便了厂矿应用，缩短了供应时间，提高了采购效率。2021 年，通过欧贝采购平台招标采购案 1570 笔，完成 1480 笔，中标金额不含税 28833.69 万元，对比上次采购价（或计划金额）降低成本额 534.08 万元，平均降幅为 1.48%。辅料备件部分中标金额 24421.12 万元，降低成本金额 770.54 万元，平均降幅为 3.43%。

【招标管理】 树立“应招尽招、能招全招”招标采购理念，积极与各子公司进行业务对接，制定招标委托、招标文件、审批权限等多个规范文本，对业务人员指导与培训。将全品类招标业务纳入招标采购体系，切实发挥招标采购规模化、集约化、专业化优势，实现招标工作全覆盖。

扎实有力推进专项工作，招标管理取得新提升。按照“防治结合、严抓细管”原则，全方位开展整治“跑冒滴漏”管理漏洞工作。在招标前期交流、接受招标委托、资格审查、开评标等全过程开展风险识别，制定有效防范措施。强化招标时效管控，提高招标效率。与采购组织共同优化招标流程，在保障依法合规的前提下，对工作流程优化；加强内部挖潜增效，常规招标实行日清日结制，对流标进行建账管理、精准管控，降低流标率；严格审核项目资格条件，对明显存在排斥供应商的约定条款提出异议，并协同采购组织、管理部门研讨及论证；加强同业主及管理部门沟通，根据项目特点制定相应招标策略，提高招标的效率和质量。为破解供应商低质低价中标问题，招标公司协同采购组织从源头入手防范恶性竞争。与部门协同，结合物料特点，对耐材、油品、水处理药剂等重要生产物料，通过从源头锁定大型钢企或行业的优质供应商，延长采购周期，扩大组包范围，采用综合评估法，限定消耗上限等方式奠定了和优质供应商建立长期稳定合作共赢的关系基础，保障更优质的供应商以更优质的产品和服务中标。同时，积极引入新供应商竞争，发挥招标采购优势，降低采购成本。

秉承以“公开、公平、公正”的招投标环境吸引优质投标方参与的管理理念，利用中国公共招标服务平台、中国采购与招标网等平台接口发布招投标信息，利用新媒体手段开发了招标公司电子导览系统；完善供应商注册流程，联系供应商修改注册信息，提高注册效率。2021 年，新增注册潜在投标方 3112 家，参与投标 2617 项次。其中 473 家投标方成功中标，转为本钢网内合格供应商；为维护健康有序的投标环境，对投标方的投标行为进行严格的过程监管，共处罚涉嫌串标围标的投标方 418 家。

积极推进招标业务整合融合工作，实现鞍本招标一体化运营管理。高效完成鞍钢、本钢电子招投标交易平台业务差异化测试，招标平台委托方和项目经理等角色用户信息整理交接等一系列工作。10 月 15 日，本钢招标平台业务正式迁移至鞍钢招标平台，实现了鞍本招标业务统一平台、统一操作，圆满完成鞍本招标业务整合融合初步目标。通过招标平台业务整合，实现专家使用共享、项目异地招标及评标共享，为各采购组织提供高质量专业化服务。

【计量管理】 围绕板材公司关注的包消耗计量、降低港途耗、电业局参考表计量等工作，强化计量全流程管理。通过港途耗异议索赔、电量追补等措施为集团公司创效 290 万元。加强日常标定管理，按周期组织对分卷机组贸易秤进行标定，解决了步进梁刮秤造成传感器螺丝断裂导致量值失准问题。开展外发钢卷检斤追溯，对已完成检斤的外发钢卷进行抽查校验，确保外发卷板的量值准确，为集团公司降本提供计量支持。持续开展计量监督检查，堵塞管理漏洞。开展合同能源项目计量专项检查，重点对北营厂区合同能源项目中涉及的焦废液提盐、300 烧结、360 烧结余热利用等 4 个项目的 20 块仪表开展计量专项检查；开展计量项目普查，通过专项检查及普查使计量项目得到有效监管。开展包消耗水处理药剂计量检查，检查 5 家单位 38 台计量设备，发现并整改问题 8 项，问题整改率 100%。开展电业局参考表计量状况排查，组织相关单位对与电业局 59 条供电线路对应本钢集团的 68 块参考表开展了现场排查、线上数据分析比对，对发现问题立即组织解决，确保电业局本钢电能计量数据准确，保证集团公司利益不受损失。

加强计量数据和器具管理，组织开发尖峰时段电量统计和峰谷比报表，充分发挥计量数据基础保障作用，为板材公司躲尖峰电量生产提供重要数据支撑。推进重点用能单位能耗在线监测系统与国家平台数据对接工作，依据国家发改委和辽宁省相关要求，完成板材公司、辽煤化公司、耐材公司、丹东不锈钢等4家单位29点5000吨标准煤及以上重点用能单位平台数据对接工作，实现与省发改委平台数据对接目标。共组织各类衡器设备检定143台次，标定1267台次；计量标准器具检定14000台次；自动化仪表抽检校验4695台次。按照测量管理体系审核实施计划，组织开展板材、北营两厂区的测量管理体系内部审核，共提出问题项74个，开具一般不符合项4项，均完成整改。

计量设施建设取得显著成效。组织新建2台方坯计量汽车衡并调整ERP业务流程，使北营炼钢厂、轧钢厂能够在ERP实时查询方坯炉号所对应的实际重量工作目标，为北营公司效益核算、成材率攻关提供数据支撑。通过进行无人值守改造并组织检修和标定，耐火厂汽车衡于7月8日开通运行，耐火厂汽车衡外进选粉业务正式纳入集团公司统一管理。组织完成板材、北营18家单位的三级计量建设投资材料汇总、审核工作，并完成各单位三级计量数据联网、网络搭建、数据存储、平台应用等工程量写实及投资费用概算。

【信息化建设】 2021年全面推进两化融合管理体系及制度建设，积极开展网络安全、创新技术交流及培训，确保信息化管理效能稳步提升。围绕数字化转型，以两化融合管理体系升级贯标为切入点，组建矩阵团队，学习新指南、新要求，策划管理手册、程序文件换版及新型能力识别，以数字化转型推进两化体系建设。通过军工认证提升信息安全管理水平。通过完善管理和运维组织机构、丰富相关人员配置、修订管理制度等工作，建立健全安全保密管理体系。开展授权管理，采用迭代优化授权角色群组管理方式，全年合计整合、清理授权群组8035个，通过技术手段监控用户岗位变动，清理授权记录13000多条，清理过期账号授权7000多条，为权限体系的合理配置、有效管控提供了有效保障。周密部署网络安全策略，开展护网行动。参加由辽宁省公安厅和本溪市公安局共同组织的攻防演练。在攻防演练中，防火墙封禁攻击IP地址158个，累计阻断攻击约72万次。通过日检日查、专业分工、重点系统现场保障等措施，确保网络安全。将科技创新作为引领技术发展的第一动力，积极推进科技及成果管理工作。2021年“以GK整合为核心的合炉管理”“本钢集团核心网优化研究的建立和实施”分别获得集团公司管理创新成果一等奖和二等奖，其中“以GK整合为核心的合炉管理”获得辽宁省管理创新成果二等奖，申报《tableau在钢铁企业大数据可视化分析中的应用》和《大型企业信息化管理系统授权信息管理模型及其查询流程优化》科技论文2篇，均获得本钢科协三等奖，为大数据在本钢落地应用奠定坚实基础。通过职业规划、技术培训、项目实施、实战比赛相结合的人才培养模式，不断提升员工技能水平，培养复合型人才。2021年引进高校毕业生2名，累计开展2次专题讲座、60余场专题交流，技术培训40学时、800余人次。11人报名参加“2021辽宁省职工技能大赛暨大数据、云计算应用技能大赛”，全部入围决赛，其中1名员工获大数据比赛第一名，云计算及大数据算法比赛分获个人和团体第七名。

按照“以点带面、先易后难、量力而行”的原则，以“数字化、智能化”为抓手，通过大数据、云计算、5G等技术与钢铁产业的深度融合，推进智慧料场、工业机器人、能环集控等具体建设应用，实现智能制造，数字强企。在板材炼钢厂召开“数字本钢，智造强企”现场经验交流会，进一步推进本钢集团数字化、智能化建设。着力推进集控类项目、节能降耗等智能化项目建设。铁前集控、特钢集控明确项目设计资质、范围、深度、完成时间等，形成初设方案。智能化料场根据可研方案，落实项目分工界面，并进行项目分解。热送热装项目利用ERP、统计分析等系统，开发4个数据分析报表，根据ERP现有每块板坯热送或热装判定结果，分析板坯热装率低原因，为生产、业务单位提供数据支撑。推进工业机器人推广应用，通过对组织需求、现场环境条件、人力配置和预计效果进行考察分析，识别钢铁主业机器人工位需求177个。结合“十四五”规划目标和各厂矿提报的建设需求，根据实施条件和需求急迫度分三个批次推广工业机器人应用。

【企业文化建设】 2021年，本钢企业文化建设围绕鞍本整合融合，以高质量完成鞍本文化融合过渡期等阶段性工作目标、工作标的为中心，以加强企业文化建章立制、提升品牌推广能力及助力三项制度改革稳步推进为主线，以全方位规范视觉文化体系、建设网格化舆情管理体系、赓续红色血脉宣扬本钢精神体系为依托，夯实文化基础，提升文化实力，打造文化产品，增强文化自信，扎实推进企业文化建设。

充分发挥企业文化内在作用，增强企业凝聚力和核心竞争力。以全面提升企业管理能力、管理水平为目标，明确本钢企业文化建设及品牌建设管理办法，明确网站、微信、抖音等新媒体网络意识形态管理和信息公开制度的落实，加速实现企业文化作用于企业管理。重视企业文化培训，提炼总结支撑百年本钢的文化内涵，重点将新鞍钢内涵、新本钢内涵、《企业文化宪章》等纳入了年度各项培训、宣传、活动之中，扩大覆盖，延伸辐射。加大视觉文化建设，构建规范视觉文化体系，以创建AAA级景区、“花园式”工厂为契机，到板材、北营、矿业等主要参观单位调研，规范参观区域，统一参观通道的文化宣传内容，彰显企业文化形象的时代活力。围绕主题活动，打造本钢特色文化产品。以热烈庆祝中国共产党成立100周年为主线，积极探寻百年本钢的文化力量与精神传承，重点进行红色文化书籍《逐梦成钢》出版发行和五集大型工业电视纪录片《钢铁是这样炼成的》拍摄送审，完成推荐本钢入选“共和国长子 新时代工作”建党百年红色旅游百条精品线路和本钢文史馆开工建设工作。

立足鞍本品牌建设及本钢厚重文化历史，以塑造企业形象、提升企业影响力和知名度为重点，拓宽企业形象宣传渠道，扩大本钢企业品牌传播。全年利用“全国冶金企业文化论坛”和“企业文化研讨会”及《中国冶金报》《冶金企业文化》等平台，对本钢企业文化成果及经验进行宣传、推介，增进了本钢对外企业文化交流。通过参加在上海举办的第二十届中国国际冶金工业展览会，并首次荣获本届展会“最佳组织奖”“最佳创意奖”“最佳展示奖”全部三项大奖，使本钢企业文化对外形象得到进一步推广和提升。通过配合辽宁省委宣传部完成电影《钢铁意志》在本钢的拍摄，组织参加“辽宁省国际贸易洽谈会”“辽宁北方恒达物流园招商推介大会”等方式，使本钢坚持数字智能化战略、持续推进管理创新、加强合作共赢的良好企业形象得到充分展示。

提升网络舆情管控能力，建立网格化舆情管理体系，牢牢掌握网络舆情管理主动权。完善舆情监控报告机制，密切关注网络舆论焦点和热点舆情信息，及时了解掌握涉及集团公司网络舆情，为集团公司科学决策提供舆情信息支持。

【行政办公工作】 制定鞍本重组专项工作整合方案，全面落实整合融合各项工作。主动对接、全面协同办公系统工作。组织制定整合后的OA系统协同方案，并向鞍钢集团提供本钢集团公文格式等信息，及时有效推进OA系统协同；对本钢集团职能部门承接国家、省市等部门的政策文件进行梳理，制定《本钢优化完善政策文件目录》《本钢政策文件优化完善工作方案》；完成14个职能部门人员信息配置，对各职能部门文书进行了OA收发文功能应用培训，在本钢集团层面开通OA通知模块、内网邮箱功能，推动鞍钢OA系统整合覆盖；承接鞍钢集团办公室制度20项。

牵头完成省委第十巡视组对本钢集团党委的巡视整改落实“回头看”工作。组织7个相关责任部门，分解任务，落实责任，全面推进整改措施的落实，完成《本钢集团有限公司党委关于省委巡视“回头看”期间立行立改问题整改情况的报告》。积极落实省委巡视整改落实“回头看”反馈意见，完成《省委第十巡视组关于对本钢集团有限公司党委开展巡视整改落实“回头看”的反馈意见》的党内通报，配合相关部门完成后续问题整改工作。

强化督查督办管理。优化工作流程，将工作重心放在会议及领导批示件的督办上，确保形成闭环管理；完善基础台账，建立健全督查督办工作台账，对会议布置任务、董事长批示任务及时登记、提炼、筛选和立项，根据任务时限要求，制定对下督办计划，实时进行动态管控。围绕会议类督办、批示类督办建立专报机制。针对各部门每季度对集团党委会、董事会、调研会督办任务完成情况进行通报。2021年，累计部署督办任务1285项，实现办结1170项，办结率达到91%。编辑会议专报22期，批示专报37期，上报专项督办报告45份。

严格印信公文管理，做好来访接待协调，精

心组织会议的筹备及会议工作。2021年共用印2367枚，开具介绍信170份，接收上三级文件4219件，下发行政文件140件，上报请示151件，党委发文120件、下发各类纪要158件，全年接待包括国家、省、市和鞍钢集团领导来访等任务116次，完成137次重要会议的组织筹备及会务工作。

积极进行调查研究，用心起草重大会议、重要讲话材料，累计起草鞍本重组所需综合性重点文稿80余份、40余万字；规范党委常委会、董事会和总经理办公会的记录，起草本钢集团党委常委会会议纪要47期、董事会会议纪要42期、总经理办公会会议纪要16期、专题调研会会议纪要44期。

加大对办公费用管控力度。实行各单位办公用品、公车使用、印刷品等费用按计划审批，对各单位不合规的审批及使用提出整改要求。通过办公用品以旧换新、严格审批A类B类办公用品购置和费用支出等措施，全年节约费用676万元，降幅27.1%。

【档案工作】 本钢集团档案工作实行统一领导、分级管理的管理体制，建立了由各级立档单位分管领导、分管部门、集团档案馆、各立档单位档案室、各立档单位职能部门和项目部归档网点组成的档案管理网络。本钢档案馆是本钢集团具有永久、长期保存价值档案的存储保管中心、利用服务中心和数据管理中心，基层单位档案室是本单位档案的保存和管理机构。截至2021年12月，本钢集团共有立档单位84个，两级档案部门共保管以卷为单位档案891133卷、以件为单位档案395606件、照片档案48802张、荣誉档案2500件。

档案管理部门充分发挥组织管理作用，加强档案资源建设，不断强化安全管理，做好档案信息保障服务。年初下发《本钢集团有限公司2021年档案工作计划》，明确全年档案工作任务。采取制发归档通知、细化账外文件归档、移交清单预审、电话沟通指导、专项通报等多种措施，确保集团公司各部门、各单位文件材料年度归档工作的圆满完成。2021年，各立档单位共归档以卷为保管单位档案72379卷、以件为保管单位档案18748件、照片档案1931张、荣誉档案138件；本钢档案管理信息系统共归档OA、ERP、招投标、客服协同、质保书等业务系统电子文件46.9万件。

坚持档案安全底线思维，通过每日巡查、节假日前夕安全大检查、档案馆室安全风险自查评估、档案安全检查等方式保障档案实体安全；通过严格执行档案利用需求审查和权限控制制度，确保档案信息利用合法合规。在汛期来临前和建党百年大庆的关键时间节点，档案中心组织两级档案部门在库房和重点部位管理、实体安全、信息安全、安全管理规章制度和应急演练等方面开展档案安全情况自检自查和检查整改工作，为档案安全构筑坚实防线。及时对撤销单位进行业务指导和实地检查，确保其各类档案在进馆前整理规范、保管安全。

围绕集团公司中心工作和职工利益所系，做好档案信息保障服务工作。2021年，各立档单位共完成网上利用2930人次16778件次，现场利用77658人次147067卷件，为省委巡视回头看、鞍本重组尽职调查、内外审计，以及职称申报、工龄计算、房产继承等个人事项办理提供了翔实准确的信息依据。推进会计档案管理标准化、规范化，协同集团公司财务部门完成15个基层立档单位会计档案管理状况检查考评工作。

工程项目档案建档验收取得实效。多渠道获取工程项目建设情况，全年共梳理2018年以来纳入集团公司档案验收的工程项目187项。加强各级档案部门间以及档案部门与项目部之间的业务联络，做好工程项目文件材料收集积累归档整理过程中的质量控制。对纳入本钢集团竣工验收和后评价范围的工程项目，严格履行档案专项验收程序，为工程档案验收评价工作夯实基础。2021年，档案中心共参加工程交工验收会3次，完成“板材焦化厂煤气脱氨及硫铵维修工程”“板材发电厂三电车间热电联产改造项目”档案专项验收。

认真履行对各立档单位的业务指导培训职责，通过电话沟通、网上联络、实地指导、远程处理、现场授课、专题交流、网络学习等多种方式，开展多维度业务指导培训。2021年，共提供业务指导服务290人次，组织完成国家档案局“十四五”规划大讲堂培训和本钢集团档案人员业务培训125人次。

在2020年电子文件归档和电子档案管理试点项目通过国家档案局验收之后，档案馆切实履行起面向档案行业全面推广试点成果的责任担当。圆满完成国家档案局《企业电子文件归档和电子档案管理试点案例集（管理系统卷）》书籍参编任务，积极承担《ERP 电子文件归档和电子档案管理规范》国家档案行业标准起草工作。接待北京百望股份有限公司、辽宁交投集团、辽宁大学等企业和高校的档案信息化调研交流。“企业集团数字档案馆建设与应用研究”项目经评审获 2021 年度辽宁省档案优秀科技成果奖一等奖，本钢集团为唯一获一等奖企业。

加快推进整合融合，认真改进业务指导和培训职责。鞍本双方就档案业务建设、规章制度建设、信息化建设等方面开展对接并持续推进，就档案相关业务开展充分研讨，认真梳理双方业务差异，完成鞍钢集团 7 项档案管理规章制度承接转化，按计划推进鞍钢集团档案管理系统覆盖工作，对鞍钢集团档案管理系统功能完善、ERP 电子文件归档、鞍钢集团档案工作“十四五”发展规划提出建议并获采纳。

【保卫信访工作】 学习贯彻习近平新时代中国特色社会主义思想，围绕职代会确定的工作目标，牢记保卫本钢，为本钢的治安交通保驾护航的使命，为实现本钢的治安稳定、交通有序提供保障。一是积极为抢修保产、产成品外销、应急物资调拨、大宗原材料入厂做好服务保障工作，为重点工程项目开辟绿色通道。做好厂内重点工程和重大检维修项目施工现场保卫工作，对重点工程和重大检维修现场进行治安巡查 1000 余次，执行大型结构件护送任务 268 次。二是开展整治风纪、打击内外勾结监守自盗专项整治和治理“靠钢吃钢”问题专项行动，严厉打击盗窃，保持打击盗窃高压态势和长期打击的震慑效果。开展厂区交通秩序整治，全年共检查车辆 1.3 万台次，处罚各类违章车辆 1919 台，拉黑处理车辆 580 台次，清理“三无”车辆和“僵尸车”26 台，处交通罚款 38.27 万元。对 7 家单位开展定向服务，建立联动工作机制，共同研究落实防盗防流失工作，提出的 74 项工作意见全部得到有效落实。与公安机关建立内外联动的网络化联动机制，形成公安机关、保卫中心、基层单位三方合力打击盗窃的局面。参与板材门禁智能化升级一期工程，实现人脸识别准入。

围绕保稳定、促和谐的总体目标，建立和完善统一指挥、运转协调、科学有效的工作机制，认真化解各类矛盾纠纷，保证本钢集团的稳定和谐。对于重点集访问题，快速反应，积极应对。妥善解决建设公司协力等 4 个单位职工诉求的超利共享奖励的集访问题；协调解决了露天矿、歪矿占地、退休职工工龄补助、马耳岭球团厂协力职工工资待遇等集访问题，避免了发生大规模集访和越级访。在本钢范围内进行了 3 次矛盾隐患全面排查，对查出的隐患实施分类动态管理，全部落实到责任单位。坚持“三到位一处理”原则，对重点群体和重点信访人员实施领导包案（不含集体企业），同时密切关注重点群体的动态及稳控工作。对重点人员落实“五位一体”包保责任，确保重点群体稳定可控。做好重点敏感时期维稳。第一时间处置完成全国、省、市两会及“建党百年”期间上访人员 24 人次，未发生任何有影响事件，创历史最好水平。通过不懈努力，越级访大幅度减少，杜绝了有影响事件发生，圆满完成本钢集团制定的“三不发生”的重点敏感时期维稳工作目标。2021 年共接待来访 478 批次、2289 人次；全年办理辽宁信访信息平台交办案件 284 案次、1016 人次，案件办结率 100%；8890 平台交办案件 349 件，办结率 100%。中央信访稳定工作联席会议办公室第一批次重信重访案件共交办的 70 个案件全部办结，办结率 100%。其中化解率为 97.1%，超额完成 90%的上级考核目标；完成省信访局“百日攻坚”专项行动交办的重信重访案件 5 件，办结率为 100%，超额完成上级制定的工作目标；省国资委重点信访案件共交办 63 件，办结率 100%；国家、省、市有关部门或集团公司领导转、交办信访案件 52 件已全部办结，办结率 100%。其中通过签订救助协议化解 2 件、引导进入法定程序剥离 6 件、出具答复意见 12 件、上报情况汇报 32 件；自办案件共受理并办结初访案件 9 件，其中化解 5 件、引导进入法定程序剥离 2 件、出具答复意见 2 件。

【离退休人员和退养职工管理】 本钢集团现管理离休干部 122 人（含 2 名公司级老领导）、退休人员 72887 人、退养职工 765 人、公司级离退休老领导 26 人、遗属 1480 人、20 世纪 60 年代精简下放人员 251 人、工伤 1～10 级 4084 人。2021 年，退管部门全力落实离退休老干部各方面待遇，实现日常管理规范化、精细化，为老干部订阅党刊杂志等学习资料，进行节前走访慰问，组织老领导参观考察和健康疗养，协助家属做好殡葬处理；调查整理抗战时期参加工作、拟按副省（部）长级享受医疗待遇人员名单，按时足额落实养老统筹外待遇和医疗待遇，对占地招工、留企教师、职教幼教、军转干部、20世纪60年代精简下放人员待遇进行了调整，完成离休医疗、本钢退休留企教师医疗账户补差额和医疗卡老账户住院冲减及退休异地医疗费报销办理，组织退休人员、享受特贴专家进行健康体检，开展离退休人员取暖费审计核验等多项关系到老同志切身利益的工作。

专门研究落实退休待遇保障，梳理、统计、录入1981—2020年度各类别企业先进人物信息，提出待遇落实建议10条；认真梳理业务流程，按照标准化、规范化原则，不断完善各项规章制度，共梳理规章制度25项；多次召开本钢集团退休人员社会化管理工作推进会，同本溪市国资委研究本钢集团退休人员社会化管理相关工作，做好责任划分，并向本溪市属地推介集团公司信访重点人员79人；积极推进信息化平台建设，1—12月共新增录入2469人，死亡转出1414人。

加强工作人员的管理服务水平，制定《退管中心员工行为规范》，设立意见箱，推行“首问负责制”，全面加强车辆管理，修订《退管中心服务车辆管理规定》，开展“创建五佳服务窗口”主题劳动竞赛活动，以实际行动助力鞍钢本钢重组各项工作平稳进行。

制定《新增退休人员相关材料转递及社会化管理移交工作办法》，拓展“一站式”服务，由退管中心代替集团公司各单位完成新增退休人员档案数字化处理和社会化管理移交等工作。截至12月末，本钢集团共移交退休人员1472人，移交本地退休人员人事档案1463卷，转出退休党员组织关系240人。制定《本钢退休人员社会化管理协调工作机制实施方案》，建立本钢退休人员社会化管理联络员和退休人员代表制度，向街道社区推荐82名联络员和360名退休人员代表，确保国有企业退休人员社会保障管理服务有效衔接，真正实现退休人员社会化管理“交得稳、接得住、管得好”工作目标。

与市法院、市公安局及集团公司综治办建立信息互通工作机制，动态掌握退养人员生活状况，确保退养职工各项费用准确发放。密切关注重点群体和人员动态信息，结合“地企联动”工作，全面落实“五位一体”包保责任制，实行中心领导接谈制度，密切配合集团公司其他厂矿及部门，做到敏感时段无上访；在改革重组特殊时期，加大对各类工作微信群舆情监控力度，加强宣传解释，加深服务管理层次，掌控信访重点群体及人员信息，制定应急处理预案，切实履行维稳主体责任，全面提升控防力度；密切配合建设公司、房地产公司联合开展信访稳定工作；对8890平台的网上信访诉求进行答复；完成市委、集团公司门前集访及各项大型会议或活动的稳控工作。

【党群工作】 1. 组织工作。以习近平新时代中国特色社会主义思想和建党百年重要讲话精神为指引，加强党的组织建设和党员教育。组织开展2020年度党组织书记抓基层党建工作述职评议考核。指导基层党委完成换届选举和党委委员补选工作。开展2021年党支部评估定级，板材热连轧厂轧辊作业区党支部等5个党支部被评为2020年度全省党支部标准化规范化建设示范点。贯彻“四同步、四对接”工作要求，结合深化市场化改革机构调整，及时调整部分党组织，组建北营公司党委筹建组和矿业公司党委筹建组，将北营炼钢厂党委、矿业南芬选矿厂党委等19个党委由本钢直管党委调整为隶属北营公司、矿业公司党委筹建组管理。结合纪检监察体制改革，在各直管和基层单位同步建立纪委筹建组。4月30日，钢联公司党委整建制转至本溪市国资委党委。

强化党的政治建设，印发《本钢集团党委巩固深化“不忘初心、牢记使命”主题教育成果具体措施》及重点任务清单，对巩固深化主题教育成果作出明确部署和具体安排。履行全面从严治党主体责任，召开党委常委会，听取领导班子成员2020年度履行全面从严治党主体责任情况汇报。制定印发了《党委“四责协同”压实全面从严治党政治责任的实施意见》。根据鞍钢集团党委工作要求，印发《本钢集团有限公司党委关于学习贯彻落实〈党委（党组）落实全面从严治党主体责任规定〉的实施意见》及落实全面从严治党主体责任清单，进一步压实全面从严治党责任。

持续推进“两学一做”学习教育常态化制度化，举办“党建大讲堂”，邀请省委、市委党校教授对各级党员领导干部进行培训。举办新任职党支部书记培训，完成党员发展对象在线培训及组织发展工作。

注重将党建理论成果与实际工作紧密结合，在省委组织部、省党建研究会2020年度党建优秀课题评选中，本钢5项课题全部获奖。组织完成出席省第十三次党代表大会代表推荐工作，板材热连轧厂轧钢工首席操作郭鹏同志作为党代表，出席了省第十三次党代会。

围绕生产经营，持续开展党员建功立业主题实践活动，创新活动载体和内容，充分利用共产党员先锋工程项目、党员创新工作室等技术引领平台，树立尊重技术、崇尚技术、向技术要效益的理念，促进生产经营效益取得历史性突破。

新制定《本钢集团有限公司直管单位党委党建工作责任制考核评价办法（试行）》，承接转化《本钢集团有限公司党委工作规则》等8项制度，直接执行鞍钢集团党建制度7项，完成本钢及各级子公司党建总体要求写入公司章程的工作。

紧密围绕“七个聚焦”重点任务，推出了职工免费一餐的重大举措，全力解决外地大学生职工新宿舍搬迁、板材职工厂内公交通勤等多年未解决的“老大难”“硬骨头”问题，完成27件民生实事。各级党委建立“办实事”项目动态完善机制、跟踪检查机制、职工评价机制和长效工作机制，切实解决好基层的困难事、群众的烦心事，共确定办实事项目833项，已完成824项，完成率99%，职工群众的获得感、幸福感、安全感进一步增强。

召开本钢集团庆祝中国共产党成立100周年暨“两优一先”表彰大会，表彰优秀共产党员、优秀党务工作者、先进党组织。举办“光荣在党50年”纪念章颁发仪式，本钢共有83名老党员获得首批“光荣在党50年”纪念章。本钢领导班子成员带队走访慰问优秀党员、老党员、困难党员和困难职工；完成出席省属企业“两优一先”人选推荐工作，钱振德同志分别获得省优秀共产党员和省优秀党务工作者称号。

深入持续开展“整、严、树”工作，实行例会制度，各级党委每周上报问题台账和工作台账报告，严格督促、跟踪推进。开展“靠钢吃钢”专项治理，制定专项治理方案，将“靠钢吃钢”专项治理和“整、严、树”工作相互融合、一体推进。定期调度，梳理专项治理情况，通报查摆问题，落实相关责任，制定整改措施，持续跟踪改进。年终总结通报各类违规违纪案例，进行专题廉政教育。各级党委累计自查和集中排查问题1883项，共给予119人党纪、政纪处分，累计节约创效11.29亿元，干部职工纪律意识显著增强，工作作风明显改善，“半年见成效，一年大变样”的目标基本实现。

组织核定2021年度党费收缴基数，全年向基层党组织下拨党费441万元，全部用于开展党员教育管理和党内活动。对64家党委近2年党组织工作经费业务账进行全面检查，通报案例、明确规定、组织整改。

2. 宣传工作。以习近平新时代中国特色社会主义思想为指引，学习贯彻“建党百年”重要讲话精神和党的十九届五中、六中全会精神，全面深化对习近平新时代中国特色社会主义思想的理解。加强对领导干部理论学习的指导与检查。下发《本钢集团党委理论学习中心组学习要点》《各单位党委理论学习中心组学习抽查情况通报》，指导基层党委理论学习中心组学习；充分利用“线上+线下”学习教育资源，聘请专家进行理论宣讲、组织党员干部参观了省内红色教育基地和下发学习资料，开展集中学习和自主学习。坚持全员形势任务教育。针对本钢实施以三项制度改革为核心的“1+2+N”系列改革的实际，建立了深化市场化改革网格化管理体系，实现了政策宣传的全覆盖、无死角、有实效。同时，搭建了“本钢深改改革在线”微信公众平台，发布《本钢深化市场化改革宣传教育提纲》及《倡议书》，宣传“1+1>2”的鞍本整合融合协同效应，形成了“上下同欲者胜，同舟共济者赢”的良好舆论氛围。营造舆论宣传氛围。下发《本钢集团党委关于开展庆祝建党100周年系列活动的通知》，指导各级党组织开展庆祝活动。同时，充分利用各媒体平台，广泛宣传中国共产党的光辉历史和光荣传统。开展“对标先进补短板、对话功勋促提升”主题活动，通过对标，共梳理、汇总四大类105项重点项目，已完成70项对标项目；发挥先进典型的示范引领作用，召开罗佳全同志“本钢新时代功勋员工”命名表彰大会，在各板块举办罗佳全同志先进事迹巡讲报告会，新华社、《中国冶金报》等媒体也对罗佳全事迹进行报道。深入开展2021年党建思想政治工作课题论文征集评选活动，对32

家单位67篇论文进行评选，并择优推荐6篇优秀论文参加全国冶金政研会举办的“全国冶金行业思想政治工作优秀论文评选”，其中获一等奖1篇、二等奖1篇、三等奖2篇。

加强新媒体建设，制定下发《本钢集团有限公司网站管理办法》，使网站从设立运行、职责界定到监督检查、信息公开，实现精细化、制度化管理。将新媒体建设管理纳入网络意识形态工作，坚持“管用防”并举，规范“审校发”流程，统筹网上网下两条战线，牢牢掌握网络意识形态工作领导权、管理权、话语权。充分发挥新媒体传播快、覆盖面广、形式灵活等优势，提升新媒体宣传开发、应用及推广的工作质量，在各项重大活动、先进典型宣传、总结推广经验等方面，新媒体平台利用立体互动式宣传优势，对企业进行全方位、多角度宣传，为企业发展提供了有力的舆论支持。同时，全面利用新媒体对本钢在疫情防控期间的国企担当、脱贫攻坚中的社会担当、“双碳”建设中的责任担当及辽宁本钢队荣获2021—2022赛季CBA总冠军等情况进行了充分的宣传报道，彰显了本钢的政治责任和家国情怀，激发了职工的荣誉感、自豪感。

积极探索新形势下精神文明建设工作融于企业生产经营实际的有效途径，把培育和践行社会主义核心价值观贯穿到鞍本重组整合融合工作和各项生产经营目标中，通过弘扬社会主义核心价值观，践行“创新 求实 拼争 奉献”的企业核心价值理念，深入推进精神文明建设，为筑牢百年基业、打造世界强企凝聚强大精神力量。

3. 纪检监察工作。深入学习贯彻党的十九届五中、六中全会精神，坚持高站位谋划、高标准设计、高效率开局、高质量推动的“四高原则”，在鞍钢集团纪委指导下，完成了38项承接制度的修订转化工作，11项原有制度的“立改废”判定工作，11项政策性文件承接与转化工作，完成了《本钢纪检工作制度立改废方案》等材料的起草。

坚持开展新提任领导干部和相关人员岗前廉洁教育培训，强化廉洁自律意识；组织各级党员领导干部和重点人员签订《领导干部廉洁自律承诺书》，并利用相关媒体发布廉洁自律工作要求和警示教育案例等内容，多方位和角度营造风清气正的工作氛围。

围绕“5+1”工作格局和“1+4”重点任务贯彻执行情况，按照“整、严、树”等五个专项工作推进组要求，检查督导各单位党组织落实情况。关注“党委议事”及“三重一大”重点环节，监督各单位党委会、组织生活会，及时提出了相关工作意见和建议。按照“靠钢吃钢”专项治理工作要求，审核把关工作方案，监督检查专项治理情况。通过日常走访、交流座谈和廉洁谈话等方式，监督检查各单位落实党风廉政建设工作情况。针对各单位工作特点，开展原辅料质量、大学生宿舍用品招标采购、首席工程师竞聘等特色监督检查。

严格按照“二十四字”办案基本要求开展审查调查工作。截至2021年末，共处置问题线索312件，办结262件，办结率84%；加大查办存量案件工作力度，集中力量对87件遗留问题线索查办，办结85件，办结率97.7%。今年共立案83件，已结案65件，处分119人，移送地方监委留置3人。灵活运用第一种形态，抓小抓早，防微杜渐。2021年共谈话提醒57人、批评教育48人、责令检查7人、诫勉谈话21人、通报批评14人、调整岗位6人、经济处罚28人，追缴40个单位及个人违纪款及经济处罚，为本钢集团公司挽回经济损失309.72万元，对19个单位及个人实施限期整改。开展处分决定执行情况专项检查，对发现的问题及时进行整改。严把干部选拔任用“党风廉政意见回复”关，出具干部廉政审核意见2120人次。成立“7·29”联合专案组，开展了纪律审查和联合监察调查。

完善整改监督检查机制，加强巡察和整改落实。对5家基层单位党委开展常规巡察，发现问题226项，向本钢集团公司纪委移交问题线索5件；开展第三轮巡察整改落实“回头看”，反馈问题311项，完成整改311项，整改完成率100%。巡察办、巡察组和纪委派驻纪检组三方协作，推进“三重整改”“三方验收”，制定《巡察整改问责追责办法》，形成巡察整改工作的“闭环”管理。强化巡察队伍建设，建立完善巡察干部“人才库”；加强巡察干部业务培训，提高巡察干部业务水平。

落实中央八项规定精神，在清明、中秋等重要时间节点下发纪律要求，营造守纪律、讲规矩、崇尚节俭的节日氛围；贯彻落实党员领导干部婚丧喜庆报告制度等纪律要求，接收并监督本钢集团管理的党员领导干部办理婚丧喜庆事宜报告28人次；高招录取前申明严禁领导人员、党员和管理干部违规操办或参加“升学宴”的纪律要求，摸清子女参加2021年高考的党员领导干部情况，逐一谈话提醒；持续开展“厉行节约、杜绝浪费”专项整治工作，进行现场监督检查，督促推动各单位党委履行主体责任。

4. 统一战线工作。一是及时调整了统一战线工作领导小组，有效推进了党委负责、统战部门牵头协调、有关部门配合的大统战工作格局的构建。二是加强党外代表人士和统战干部两个队伍建设。深入开展“立项攻关、科技创新”等活动，择优推荐4个项目参加鞍钢集团党外人士“庆百年、献良策、做贡献”评选活动；挖掘党外人士优秀代表，利用《本钢日报》开辟专栏宣传优秀事迹，充分发挥他们的引领示范作用，刘宏亮等4名优秀党外人士代表入选《本溪统战人物志》；举办基层统战干部培训班，进一步提升业务能力和服务水平。三是以建党百年为契机，加强党外人士党史学习教育。组织党外人士集中观看红色教育影片，邀请民主党派人士列席本钢集团七一表彰大会、党史学习教育宣讲报告会等活动。四是结合本钢三项制度改革及鞍钢重组本钢协同工作相关要求，加大对统战成员的宣贯力度。五是推动统战工作理论创新，本钢集团统战实践创新项目荣获2020年度全省实践创新成果奖。六是关注民主党派成员的发展，鼓励民主党派人士参政议政。全年有7名优秀民主党派成员当选各民主党派市委委员、常委，35名党外人士担任市、县区政协委员，促进本钢籍政协委员建言献策，履行参政议政职能，全年有12件提案被市政协采纳。

5. 工会工作。坚持以习近平新时代中国特色社会主义思想为指导，引导职工积极投身到本钢生产经营的各项工作中，力争做新时代的好工人。不断完善工会自身建设，统筹工会权责界面。鞍本整合融合过程中，以“要素管控+管理移植”为主线，聚焦管控要素及管理职能，全面对接制度文件并实现全覆盖。明确在鞍钢集团工会全面业务领导与监督管理前提下实行属地化管理的双重领导工作思路，精准高效地完成了《本钢职工代表大会管理办法》等8项承接制度的制（修）订工作。建立三级工会管控体系，指导三大子公司完成工会组建及基层单位工作的换届工作。

坚持“学党史、悟思想、办实事、开新局”，以党建带工建，深入开展“我为群众办实事”实践活动，围绕职工急难愁盼问题，制定《本钢集团工会推进“我为群众办实事、争作贡献促振兴”实践活动10件民生实事工作方案》，围绕项目清单制定工作计划、明确工作任务、完善工作措施、落实工作责任。通过多种方式深入基层调研、广泛征求职工意见，促进企业实行全员餐补、厂内公交通勤、改造职工就餐洗浴设施、改善外地大学生住宿条件等职工关心的“老大难”问题得以解决。充分发挥工会组织桥梁纽带作用，将10件民生实事与本钢工会工作深度融合。全年共投入550万元用于慰问一线职工、救助困难职工；投入815万元用于补助职工参加医疗互助保障，有效缓解了职工就医负担。各级工会共投入3874万元，用于传统节日职工集体福利支出。推行平等协商集体合同制度，召开集体合同协商会议，签订《本钢2022年集体合同》，落实了职工合法权益的“制度保障”。开展女职工妇女病普查普治工作，为3938名女职工进行专项体检，支付体检费43.31万元。制作并下发四期关爱女职工健康科普微信讲堂，向广大女职工普及妇科常见疾病知识。

坚持“以效益为中心”，落实本钢稳产、高产要求，开展贯穿全年的“当好主人翁、建功‘十四五’、建设新本钢”主题系列劳动竞赛，承办省、市、公司级技术竞赛，本钢职工参加省、市技能大赛获得了4个省赛状元、11个市赛状元。参加全国机冶建材技术创新成果展暨“创新百强班组”发布活动，荣获职工技术创新成果二等奖1个、三等奖3个、创新百强班组1个。全年荣获全国五一奖章1人，辽宁五一奖章7人、五一奖状1个、工人先锋号1个。全年荣获省职工职业技能培训基地1个、省劳模（职工）创新工作室5个、省工交农建服劳模创新工作室2个、市劳模（职工）创新工作室5个。召开劳模创新工作室工作推进会、精准激励政策宣贯会等创新创效经验交流活动。开展职工代表安全专项视察、职工报告安全生产事故隐患等活动，报告293条隐患并及时给予处理。

持续弘扬劳模精神、劳动精神和工匠精神。大力宣传全国劳模罗佳全事迹，提升“本钢新时代功勋员工”的感召力、凝聚力和影响力。推荐全国五一奖章郭鹏出席建党100周年庆祝大会，召开“传承红色基因，赓续劳模精神”郭鹏载誉归来座谈会。开展以“辉煌百年征程·建功百年基业”为主题的系列文体活动。

不断推进“服务职工温暖人心”的普惠工作，通过发放“送温暖”资金、春节异地留溪职工暖心慰问金和“暖心礼包”，送出款物折合近38万元；开展金秋助学，为升学子弟和困难职工子女送去升学礼品和救助金2.4万元；继续启动职工健康疗养工作，完成了50名劳模和711名职工疗养任务；举办第七届职工团购车活动，售出车辆271台，为职工节约资金125万元。为促进集体福利政策有效落实，不断优化采购招议标流程，最大限度满足职工多样化需求。以“价格最低、品质最优、服务最好”为工作目标，在办好传统节日福利的基础上，拓展了会员生日礼、职工退休礼、周边景区、健康疗养、免费法律咨询等本钢职工专享普惠，“心贴心”为职工提供“菜单式”服务。

6. 共青团工作。认真贯彻落实团中央“学党史、强信念、跟党走”学习教育安排，各级团组织累计开展主题团日、专题学习会、专题组织生活会3000余次；举办四期“本钢基层团员青年素质能力提升培训班”、两期“五四优秀青年素质拓展培训班”、五期“团干大讲堂”，习近平总书记“七一”重要讲话精神、党的十九届六中全会精神专题学习辅导；组织基层团干部和团员青年到东北抗联史实陈列馆、杨靖宇纪念馆等红色教育基地参观学习，通过敬献花篮、重温入团誓词等方式进行理想信念教育；利用“青春本钢”微信公众号平台开展党史知识竞赛答题5期，制作并发布《本钢青年说党史》微视频10期。结合本钢机构调整及三项制度改革，制定下发《本钢基层团组织优化方案》，指导各直管团组织开展组织优化及换届选举工作；承接鞍钢共青团核心制度，集中开展核心制度的学习宣贯，完善本钢共青团制度体系；强化团的经费保障机制，将团的经费列入企业费用单独列支并预算管理，人均费用标准提升160元；完成“智慧团建”网上平台“团支部对标定级”“团员先进性评价”、党史学习教育各专题及团员发展的录入工作；编制印发《团支部组织生活纪实》，加强团支部日常团务管理；五四前夕，表彰2020年度先进集体50个，优秀青年132名，全年累计推荐市级以上荣誉49项，本钢建设公司团委荣获“全国钢铁行业五四红旗团委标兵”荣誉。安全月期间，联合安监部开展送荣誉到基层活动，为荣获全国和省级青年安全生产示范岗的青年集体授牌；围绕青安杯竞赛、青安岗创建等工作开展了2020年度先进集体、先进个人评选表彰，成功举办“青安杯”竞赛颁奖暨青工安全大讲堂专题培训视频会议；联合规划科技部成功举办“青创杯”本钢首届青年创新大赛，在参赛的92名青年中有10人脱颖而出；联合工会、人力资源部开展第三十八届青工技术比武，20名青年获得“本钢青年岗位能手”荣誉，另有17名青年在省、市技能大赛中获奖；学雷锋活动及本溪“生态文明月”期间，集中开展了“我为青年办实事、清洁家园比贡献”等主题活动。2021年春节前夕，广泛开展“就地过年、暖在身边”外地单身青年关心关爱活动；五四前夕，组织召开了“本钢集团2021年五四表彰暨优秀青年代表座谈会”，邀请本钢集团党委有关领导面对面与基层优秀青年代表深入交流；联合人力资源中心，举办2021年优秀大学生表彰暨新生入职典礼活动；中秋、国庆前夕，举办本钢第十三届青年大学生趣味运动会；联合本溪团市委集中开展了两期“青友团”单身青年联谊交友活动，共有100余名青年参与，16对青年现场牵手成功；组建、调整了“本钢团委青友团志愿服务团队”“本钢青年志愿服务队”“本钢青年礼仪服务队”“新媒体青年志愿服务队”等青年组织，完善了相关工作机制。

【人民武装工作】 深入贯彻习近平强军思想，紧跟民兵调整改革和国有企业改革发展形势，教育和强化广大职工参与国防的积极性和主动性。在《本钢日报》开辟专版，以聚焦“传承红色基因，同心共筑国防”为主题，宣传基本的国防常识及基层单位贯彻落实国防教育的做法。运用多种载体和平台强化职工国防理念。在开展国防教育的同时，注重典型人物的选树，广泛报道罗佳全、任宝纯、丁显军等退役军人的先进事迹，用典型的力量鼓舞广大职工立足本岗作贡献，推动本钢国防教育的深入普及。

为加强国有企业民兵规范化建设，促进国有企业国防动员工作有序开展，本钢全面梳理国防动员潜力调查的相关数据，完成年度国防动员潜力统计调查、国有企业人民武装动员潜力核查、重点企业潜力核查及本溪市国防动员委员会应急物资储备统计工作。对复转退伍军人进行登记统计，摸清底数，掌握分布情况，并组织对本钢集团856名基干民兵及预编民兵信息采集、政治审查和体检。在全省民兵组织实力全面考核会审中名列前茅。同时，继续抓好军地通用装备物资、后勤保障能力、军队与地方对口专业技术人才的登记统计与核对工作，充实、完善国防动员潜力数据，为战时提供有效的资料依据。

坚持按纲施训，围绕练精兵、争标兵活动，强化军事训练。注重提升专武干部、基干民兵的处突应变指挥能力，全面完成年度军事训练、民兵教练员教学、防汛骨干集训、军分区“军事日”等任务。参加本溪军分区岗位练兵创（破）纪录比武共11个军事科目中，本钢民兵代表队获得了8个科目第一、团体总成绩第一的好成绩，并在比武开幕式上组织100余人参加“捕俘拳”及“盾牌警棍防暴战术”两个科目汇报表演，为本钢赢得了荣誉，为本钢民兵争得了光彩。

扎实开展双拥工作，始终把关心和支持国防建设作为义不容辞的责任。春节前走访慰问部分困难退役军人201人，发放慰问金额总计302250元，并发放米、面、油等慰问品。“八一”前夕拨付40余万元对7千余名在职退役军人开展优抚活动。通过《本钢日报》《今日本钢》等媒体宣传报道退役军人、优属对象的典型事迹，增强了退伍军人的荣誉感，增强了全体职工的拥军意识。圆满完成北部战区空军退役报废武器销毁任务，获得北部战区空军保障部赠送的锦旗。疫情防控工作中筑牢防线，谱写出本钢退役军人在防疫抗疫中的新篇章。2021年度入选全国退役军人就业合作企业光荣榜，《中国国防报》头版头条还刊登了本钢武装工作试点经验做法。

·主要生产单位简介·

【本钢板材股份有限公司】 本钢板材股份有限公司（以下简称“本钢板材”）位于本溪市平山区钢铁路，是本钢集团有限公司所属国有控股钢铁主业上市公司（股票简称：本钢板材，股票代码：000761、200761），注册资本3875371532元。拥有烧结、焦化、炼铁、炼钢、热轧板、冷轧板、特殊钢、发电、铁路运输等完善的钢铁工业生产系统。具备年产生铁1004万吨、钢坯2740万吨、热轧板1195万吨、冷轧板610万吨、特钢140万吨、不锈钢20万吨的综合生产能力。截至2021年12月末，总资产551.47亿元，固定资产254.81亿元，流动资产242.65亿元，净资产225.01亿元。板材公司下设10个职能部门6个直属机构、7个生产单位、1个生产辅助单位、12家全资子公司和3家合资子公司，在岗职工18232人。

抓住鞍钢本钢重组、国企改革三年行动的有利契机，以实现“五提升、两降低”为目标，认真贯彻落实“5+1”工作格局和“1+4”重点任务，克服市场震荡和限产限电等不利因素影响，实现营收779.12亿元，同比增长60.03%；实现净利润25.01亿元，同比增长550.77%；工序成本比预算降低5.6亿元。受5号和新1号高炉状态影响，生铁完成983.8万吨，同比降低2.29%；粗钢完成1043.8万吨，同比增长1.24%；热轧板完成1321.7万吨，同比增长8.03%；冷轧板完成610.78万吨，同比增长8.13%；特钢材完成62.2万吨，同比降低13.73%。

开展以“做精做强上市公司，推动高质量发展”为核心的一系列工作，取得了较为喜人的经营业绩，实现了“十四五”高起点开局。5月产铁93万吨，创日平产量历史纪录，11月5号高炉燃料比平均510千克/吨，达到全国先进水平；粗钢月产量突破100万吨，创历史最好水平，日产钢量达3.59万吨、铁耗888千克/吨，均创历史最好成绩；热轧板连续刷新产量纪录，最高月产达99.3万吨，年产能突破千万吨级水平；各类冷轧产品打破月产纪录26次，3号酸轧机组年产230.09万吨，突破设计产能，部分机组产能利用系数达到120%；特殊轧钢产量逐月增加，日平产量达到2130吨，同比提高165吨；废钢回收非生产废钢6.9万吨，节约采购费用2.46亿元；自发电25.06亿千瓦时，创历史新高；严把外购生产物料关，取消让步接收和质量折价扣款2.13亿元；铁路运输刷新单班接发纪录，为稳产高产创造条件。板材CCPP发电工程等6个重点建设项目实现预期目标。

严格树立以“低成本赢得高效益”的管理理念，各项降本措施取得显著成效。财务系统细化资金管理，节约利息支出1.42亿元；生产系统港途耗比率完成0.71%，比计划降本5508万元；设备系统外委修复备件减少新品采购费用2.6亿元；能源系统通过增加自发电比例、躲峰生产等措施降低电费1.4亿元；计量系统开展电能计量稽查等工作，挽回直接或间接经济损失1295万元。实施鞍本快赢项目，注重协同发展，享受重组红利，通过统谈分签，以量换价，采购端降本6805万元；通过统一定价，缩小价差，销售端增效1897万元。开展通用泛亚冷轧DP780CR和热镀锌DP780GI的产品认证工作，已同美国EQS公司签订检验协议，相关样品已在北美实验室进行检验。

面对钢铁上游大宗原材料市场资源紧张、价格持续走高等不利影响，积极应对市场变化，快速调整采购策略，通过摘牌立项、正反双向择机采购、鞍本协同采购、联合钢厂降价、推行产线承包、年标等有力措施，全面降低了采购成本。全年实现采购总值604.89亿元，比预算减少14.1亿元，为生产稳定顺行提供了坚实的物资保障。针对市场价格快速下滑、需求低迷及自身限产的局面，抢抓市场机遇，积极开发区域市场，完成欧盟汽车钢增加配额的签约4925吨，完成维加诺公司硅钢2000吨采购签约。全力应对退税调整和市场大幅波动的不利影响，努力高位寻求出口订单，提前避险增效2273万美元。顺利通过日本JIS认证工作，为巩固和深挖日本冷镀市场提供有力保障。2021年新开发直供用户53家，新增订货量22.8万吨；直供用户订货比例达到61%，同比增长3%；累计签订汽车板合同177.37万吨，同比增长27%。全年累计订货量（期货合同）1279.38万吨，同比增长1.41%，其中出口产品114.82万吨，同比减少26%。

【本溪北营钢铁(集团)股份有限公司】 本溪北营钢铁（集团）股份有限公司（以下简称“北营公司”）位于本溪市平山区北台镇，是本钢集团有限公司的控股子公司，成立于2002年4月5日，注册资本60亿元。现有机关职能部门8个、直属机构4个、生产厂矿7家，在岗职工16450人。拥有烧结、焦化、炼铁、炼钢、轧钢、铸管、发电、公路、铁路运输等完善的钢铁工业生产系统。具备年产生铁780万吨、钢坯800万吨、钢材850万吨（含代管产能）、球墨铸管25万吨的综合生产能力，是东北地区最大的线材生产基地，国内大型球墨铸铁管生产企业。截至2021年12月末，资产总额601.2亿元，负债总额437.2亿元，所有者权益163.9亿元，资产负债率72.38%；全年实现营业收入372亿元，实际亏损4.25亿元，营业利润率-0.9%，实现税金10.2亿元，比去年同期增加3.6亿元；2021年完成生铁693万吨、钢坯701万吨、板材348万吨（1780线）、线材235万吨、棒材91万吨、铸管10万吨。

2021年北营公司加强生产全过程控制，紧密围绕高炉“2+3”到“2+1”生产模式，精准调控系统内部生产组织，实现挖潜增效。开展能源系统全流程控制，找准关键节点，降本创效，烧结燃耗完成53.1千克，负能炼钢降至吨钢-2千克标准煤，吨钢电耗完成537千瓦时，同比降低6.7千瓦时，累计减少电费支出4667万元；生活水日消耗量由1.4万吨降至1.1万吨以下，累计减少生活水费支出480余万元，吨钢耗新水指标由3.3吨降至2.9吨以下，中水回用率由90%提高到93%以上。深入开展对标，提升生产经营效益，对标鞍钢炼铁、炼钢、轧钢等指标，结合实际制定对标工作实施方案，形成了符合生产实际情况的“工序+成本”对标方案，打造了降低钢铁料消耗、降低耐材消耗、改变铸坯切割介质等多个快赢项目。开展技术攻关，执行品种研发计划，组织开展新产品研发轧制，顺利通过汽车板IATF16949体系外审、CE产品审核等多项产品质量认证，开发线材H06E、板材510L等四十余个牌号；保持“本钢牌”铸管的新、特品牌地位，顶管等产品实现量产，尤其DN1200、DN1400等品种，形成了企业新的利润增长点。抢抓市场机遇，增强盈利能力。面对持续走高的钢铁市场形势，积极紧跟市场走势，提升高附加值产品比率，生产棒材（10~14毫米）小规格产品27.86万吨，占比30.55%；线材（5.5~6.5毫米）小规格产品107.76万吨，占比50.15%；板材（2.0毫米及以下）薄规格产品13.67万吨，占比4.4%。

重点工程建设稳步推进。3.5万立方米制氧工程、1号焦炉脱硫脱硝等重点工程按节点计划完成预期目标。焦化回收系统新增VOCs尾气治理装置，从根源上治理废气排放；1号、2号焦炉各增加一套机侧烟尘治理设施，达到国家最新超低排放标准。

加强“一贯制”管理，以生产顺行为中心，

实现降本增效，按照“先产线后品种”原则，细化钢种、规格和GK号，结合生产实际选择最优方案，生产实现稳定顺行。从全工序出发，开展全流程“工序服从”管控，全面开展质量评价、指标攻关、成本控制。以“日清日结”为抓手，有效降低生产成本。精准掌控每道工序运行成本，对重点工序和环节内主要成本指标细化分解，对每日消耗、成本情况进行统计分析。跟踪各运行工序“日清日结”数据，围绕原料、燃料、能源等关键项目，及时发现指标异常，通过不断纠正和完善，实现“日清日结”对生产经营的指导。

【本溪钢铁(集团)矿业有限责任公司】 本溪钢铁(集团)矿业有限责任公司（以下简称“本钢矿业公司”）总部坐落于本溪市平山区平山路15栋，是本钢集团的全资子公司，组建于1995年12月28日，注册资本26.8亿元，拥有采矿、选矿、煅烧、球团等生产系统，主要产品有铁精矿、生石灰、球团矿等。具备年设计产量铁精矿860万吨、生石灰141万吨、球团矿225万吨的能力。目前铁矿资源实际控制资源量14.6亿吨，潜在后备矿山资源95.7亿吨；资源总量110.3亿吨，占本溪地区总资源量的75.5%，确立了在同行业独一无二的资源优势，并且输出的铁精矿品位高、低磷、低硫，是驰名中外的“人参铁”和“人参钢”的优质原料。现内设机关职能部门8个、直属单位1个、生产厂矿8家，在岗职工8888人。

2021年本钢矿业公司铁精矿完成819万吨、生石灰完成136万吨（同比增产4万吨）、球团矿216万吨（超产11万吨），实现营业收入111.8亿元，降低变动成本7371万元，经营利润26.19亿元，营业利润率23.43%，资产负债率60.74%，主业实物劳动生产率925吨/人，“两金”占用2.85亿元，全年经营性现金净流量13.69亿元。主要产品质量稳定。

强化生产组织，克服露天矿特大滑体、歪矿扩帮滞后、贾矿露采末期等诸多问题，深入挖掘内部潜力，全面落实保产措施。采剥总量和铁精矿量均超计划完成。同时开展技术创新，进行轧制钢球替代铸球试验，单耗降低22%，运行成本降低1.3%。按照集团公司要求北台铁矿积极恢复二选生产，全年完成铁精矿8.34万吨。石矿及球团厂强化日常生产操作及设备管理，确保生产稳定顺行，实现保供“零影响”。设备修造厂、汽运分公司、炸药厂等单位紧紧围绕矿山生产，全面完成各项工作任务。

深入开展安全专项整改，吸取歪矿“11·23”事故教训，以“风暴行动”为抓手，制定整改要求，进一步堵塞管理漏洞。层层压实各级安全管理责任，各级领导干部实施包保履职，坚持“四不两直”的方式深入基层检查；按照“三管三必须”原则，完善岗位安全责任清单和岗位安全履职清单，开展安全整改“回头看”，促进各级安全管理人员主动履职作为。与鞍钢矿业和齐大山铁矿开展安全专项对标工作，明确“一心一意学鞍钢”的安全管理思路，制定整改措施。强化环保管理，做好迎接省级环保督察的各项准备工作，以关键部位为着力点，顺利通过各项检查。

承接本钢集团的授权体系完成矿山设备系统制度建设，加强设备基础管理，精准点检，准确掌握设备技术状态；球磨机作业率完成93.24%；对露天矿200吨级矿用汽车，20立方米、10立方米电铲，250孔径钻机，歪矿100吨、60吨级矿用汽车，4立方米电铲及石矿回转窑、竖窑进行了大修，对辽阳球团厂进行了系统年修；开展梳理带式输送机现状和现有运输带库存专项工作，合理制定运输带消耗规划；结合推进智慧矿山的建设要求，组织厂矿结合各自实际做实方案。

重点工程歪头山铁矿低品位矿及废石辊磨干选资源综合利用工程和歪矿花岭沟地下开采工程完成安全设施设计批复；歪矿高压辊磨工程进入试生产阶段；选矿厂的精矿管输项目取得了工程规划许可、河道建设方案批复，正式列入鞍钢集团第一批快赢项目并提前放行；大型化改造项目整体方案已经明确，取得了立项备案手续，两个项目进入实施阶段。

全面贯彻鞍本整合财务管理新发展理念，多维度提升财务管理水平。开展全面预算管理，强化日清日结成本管控，制定并落实降本增效措施，降低变动成本7371万元；强化资金管理、资金预算执行分析；加大外部债权管理和考核、内部债权债务对账、“两金占用”管理，建立常态化工作机制；依法合规纳税，确保税收优惠政策应享尽享，通过合法利用税收政策享受政策红利约1670万元；夯实会计核算基础工作，2021年首次纳入鞍钢财务决算，切实履行财务决算主体责任，落实财务决算安排、财务报告编制、报告审核、财务分析及年终决算审计等各项工作，确保真实、准确、完整、及时地反映矿业公司财务状况、经营成果和现金流量等财务信息，稳步推进财务各项管理工作。

完成“鞍本重组”矿产资源评估工作。配合鞍钢矿业完成《铁矿资源开发利用规划》。完成2022年度12.8亿元投资预算编制工作。取得南芬露天矿、歪头山铁矿、贾家堡铁矿扩界及花岭沟地采4个采矿证，共增加可采矿量3.2亿吨，为矿山后续发展打下良好基础，其中花岭沟铁矿取得了项目核准、安全设施设计批复等核心要件，具备复工条件；徐家堡子铁矿完成采矿可研，按时间节点推进。

全面承接上级管理制度，完成《本钢矿业公司章程》及党委会、董事会、经理办公会议事规则等制度的制定及报送审查工作，实现矿业公司制度化、合规化的独立规范运行条件；下发《矿业公司深化市场化改革网格化管理实施方案》，根据方案要求，逐级设置矿业公司网格化包保管理体系。

全面落实“1+2+N”系列改革方案，按照精简高效、层级压缩的原则，完成机关部门和直属机构的设立；通过选聘和竞聘相结合的方式选贤任能，让素质高、能力强、业务好的人员走上领导岗位；完成设备修造厂和汽运分公司撤销拆分工作，将人员、资产划拨至矿业公司所属厂矿，承接北台铁矿、储运中心和质检、计量工作。建立完善绩效考核体系，推行“两制一契”的考核模式，以差异化、个性化的方式分解，积极构建形成“双跑赢”“三区间”的赛跑机制；坚持以效益为中心，结合三项制度改革工作要求，落实“说到做到，干到给到”的刚性考核原则，为实现增产降本、提质增效奠定基础；专业管理考核方面与集团公司的思路方向保持一致，建立形成新标准考核管理体系。

（本钢集团有限公司人力资源服务中心　赵　伟）

第十九部分

单位简介

特　辑
专　文
大事记
概　况
机构与人事
规划发展
财务、资本运营与审计管理
人力资源管理
管理创新
科技创新
安全、环保与节能
法律事务
综合管理
企业文化与公共关系
党群工作
鞍山钢铁集团有限公司
攀钢集团有限公司
本钢集团有限公司
▶ 单位简介
荣　誉
附　录

·板块公司·

鞍钢集团矿业有限公司

【概况】 2021年末，鞍钢集团矿业有限公司有在岗职工15115人，其中管理专业技术岗位3083人（高级职称461人，中级职称1775人，初级职称677人），生产服务岗位12032人（高级技师181人，技师793人，高级工3484人，中级工4074人，初级工3039人），离退休职工32513人。拥有固定资产原值283.30亿元，净值96.28亿元，新增值10.58亿元。公司下设32个基层单位。机关设置办公室（董事会办公室）、党委组织部（人力资源部）、战略发展部、安全环保部、生产管理部、企业管理部（法律事务部）、海外事业部、财务运营部、工程设备保障部、纪委（党政督查办公室）、审计部、党委宣传部（团委）、工会等13个部门。

2021年，该公司全面贯彻习近平新时代中国特色社会主义思想，加快落实集团“双核”战略，明确打造“五个一流”发展路径，合力攻坚三大任务，扎实推进十项重点措施，各项工作取得显著成绩，实现“十四五”高起点开局，行业龙头地位更加凸显，发展成果得到集团充分肯定和外界高度认可，首次成为鞍钢核心主业，矿业地位达到了空前的战略高度。

生产经营取得历史性突破。年初以来，全公司抢抓市场机遇，全力提产增效。在产能不足、限电、雾霾限产、暴雨暴雪等极端条件下，完成铁精矿2182万吨，实现利润119亿元，在公司历史上首次突破100亿元，对集团利润贡献排名第一。铁矿石和铁精矿产量、铁精矿外销量、营业收入、利润总额、铁精矿综合能耗6项指标创历史纪录，以优异答卷彰显了矿业硬指标硬实力。

2021年，该公司上下认真贯彻习近平总书记关于安全生产重要论述和指示精神，深入落实集团公司决策部署，始终把职工生命安全放在首位，通过一系列创新性、系统性重大举措，安全生产形势持续稳定向好，安全治理能力明显增强。

安全责任压紧压实。健全安委会制度，每月召开一次安委会会议，研究解决安全生产领域存在的突出问题，并对当期安全生产工作进行全面部署。落实风险管控责任，对1840个风险点，分层实行领导+专业双重包保模式。公司领导每月采取“四不两直”方式带头开展督导检查，以上率下落实责任，纪委、安环部、组织部定期对履职情况检查评价，促进主动履职。狠抓“关键少数”，逐层压实责任，开展隐患按事故管理，公司层面对6家单位领导班子进行约谈；厂矿层面对405项隐患按照事故进行处理，对1189人进行问责。建立正负激励工作机制，全年奖励567.6万元，对事故和隐患严肃考核，全年共考核92.7万元，通过正负激励调动全员参与安全管理的主动性和责任感。

安全治理能力持续提升。为落实预防为主工作方针，提升安全管理水平和治理能力，全面开展综合评价，公司11个专业部门组成联合检查组，围绕安全管理全过程、全要素，对矿机、东烧等8家单位开展综合评价，发现问题664项。为扎实做好综合评价“后半篇文章”，对照问题清单和整改方案，对6家单位整改效果进行“回头看”，发现的问题均已按期整改。各单位参照公司综合评价工作模式，开展自评工作，对168个作业区，991个班组进行了评价。为切实加强相关方管理，将长驻相关方全部纳入“一体化”管理，对建筑施工实行过程监管。细化《相关方安全管理办法》，增加了准入条件、资质审核、监管责任和黑名单等相关规定，建立相关方定期评价机制，从源头上解决相关方不好管、管不住的问题。

安全基础管理进一步夯实。进一步健全制度标准，建立完善10项安全管理制度，对986个岗位安全操作规程重新修订，建立92项反违章清单，制定21项安全检查标准。安全教育培训更具针对性，录制了春、夏、冬三个季节安全培训专题片，编写了历史事故警示录，对1550名“三长一员”进行专题培训，对242名领导人员进行履职能力测试。三年专项整治扎实推进，按照“1+2+5”三年专项整治行动方案，动态更新问题、制度措施两个清单，对21个重大风险管控措施重新细化，开展尾矿库防溃坝、采场防滑坡和防触电等应急实战演练146次。依法合规进一步规范，眼矿等安全设施设计通过专家审查，16家单位完成28个二级标准化企业评定工作，37名主要负责人、7名安全管理人员完成资格证取证工作。

技术保安能力明显增强。信息化建设稳步推进，公司安全管控平台完成架构搭建，进入软件开发阶段。454个班组安全会议视频监控系统完成安装调试。智能保安设施加快使用，关宝山、齐大山矿通过智慧矿山建设，一些岗位逐步实现少人化、无人化。眼前山矿在中深孔爆破中采用切割井钻机，辅材钻具生产采用机械手，通过技术手段将职工从危险性较大的作业中解脱出来。4座尾矿库、9个露天采场及2个井下矿重点区域已实现全时段监控，并接入政府监控平台，高陡边坡、尾矿坝在线监测已实现全覆盖。

【矿业竞争优势更加突显】 坚持服务国家战略，加快矿山项目建设，促进钢铁产业链供应链安全。构建“3+6+N”管理模式，实施清单化管理，“三个一批”项目有序推进。14个实施一批项目8个已放行，其中4个开工建设。西鞍山铁矿和尾矿资源综合利用项目取得重大突破。规划一批和储备一批项目前准工作全面启动，拉开了国家级铁矿大基地建设的序幕。

【全面改革整体推进】 强化深水区改革攻坚，清晰产业布局。推进“3+2+N”综合改革，多家改革经验在集团推广，综合改革从试点先行走向整体推进。突破三项制度改革痛点堵点，“四能”机制基本形成，全员实物劳动生产率同比提高10%以上。开展改革示范团队和改革先锋评选，改革意识和改革能力大幅提升，涌现出多个可复制可推广的改革模式，营造了浓厚的改革氛围，为集团提供了改革示范。三项制度改革在集团三季度考核评价中排名第一。

【遗留问题得到彻底解决】 制约多年的老矿山扩界问题取得实质性进展。西鞍山铁矿划定矿区范围正式批复。齐大山、关宝山征地已签订出让合同；多年停滞的辽阳三期征地组卷工作取得新突破。一直努力解决的14个环评项目完成11项。完成东矿、鞍千西大背采区安评办理。亏损企业中4家实现盈利，1家关闭退出，瓦矿职工安置这一历史遗留问题得到彻底解决。

【综合利用成效显著】 按照国家高质量发展要求，开启废弃物循环利用新篇章。500万吨干磨干选产线项目合作协议已签订。尾矿再选被确定为省级固废资源综合利用项目。废弃岩石实现综合利用。开发清洁能源新产业，利用尾矿库空间资源合作建设的光伏电站项目积极推进。

【科技创新赋能高质量发展】 注重创新驱动，引领推动行业科技进步。2个项目入选“十四五”国家科技专项。科技投入8.7亿元，2项成果获省部级科学技术奖。在第25届全国发明展览会获金奖3项。齐矿和关宝山两个智能制造试点示范项目建成应用。在鞍山区域实施IPv6网络升级，成为国内首家完成一期升级改造的矿山企业。组建全国首个数字矿山联合创新中心。

【管理升级有效提升】 强化基础管理，探索柔性化生产管理模式。在齐矿、鞍千实施了合同采矿，实现成本大幅降低。强化专业系统提升，设备综合故障率同比下降31%，1项管理成果获冶金企业创新成果二等奖；通过提升采购效率和质量，实现降本增效1850万元；财务系统对降本措施实行项目管理，实现降本5.4亿元。构建“159N”管理模式，“五个一流”对标提升行动全面启动。

【绿色矿山建设实现关键性突破】 坚持绿色低碳发展，打造绿水青山。加快实施矿山复垦三年规划，开展6项生态修复工程，治理面积204公顷。绿化复垦工作持续保持国内同行业领先水平，被评为钢铁工业绿色低碳优秀品牌企业。26个超低排放项目全部放行，弓球二线改造项目开工建设。启动了碳达峰碳中和方案编制工作。

【党群工作取得新成效】 1. 党的政治建设不断加强。强化党委中心组学习，做到逢学必研讨，开展专题研讨12次。落实“第一议题”制度，召开党委会39次，学习篇目70篇。完善贯彻习近平总书记重要指示批示工作机制，将学习研讨形成的思路措施纳入台账，逐项推动落实，以矿业报国的政治担当更加坚定更加自觉。

2. 党史学习教育扎实开展。按照党中央统一部署和集团安排，坚持突出矿业特色，统筹推进公司党史学习教育各项工作，制定方案，明确30项重点工作计划。创新方式，开展联学、调研学、沉浸式学，庆祝中国共产党成立100周年大会收听收看等重要安排一贯到底，全公司34个党委和242名重点人员党史学习教育全覆盖。精心组织，协同推进，构建“四类会议+五个清单+五个指导”推进机制，实施清单化管理、项目化推进，开展了“党旗引领红色矿业”主题实践活动。党史学习教育做法得到中央企业巡回指导组的充分肯定。

3. 党建工作质量持续提升。夯实党建基础，3个党组织获评辽宁省和中央企业先进基层党组织。开展庆祝建党一百周年系列活动，完成共产党员工程100项，党建引领更加聚焦，砥砺奋进推进矿业大发展快发展的团队氛围更加浓厚。干部人才队伍建设不断强化，健全市场化选聘、退出机制，实现了干部能上能下。建立年轻干部“赛马”机制，挂职助理岗位锻炼22人。持续推进“英才计划”，在集团率先实施青年人才中长期激励14人。试行采购营销、教育培训序列评聘，人才成长通道更加广阔。

4. 宣传思想文化建设有力推进。开展因地、因人、因事、因时制宜分众化形势任务教育工作。围绕公司中心任务，以“六讲”为内容，以“五级联动宣讲”为主要形式，开展分众化形势任务教育。高起点塑造新时代矿业新形象。全年在各级媒体上刊发宣传报道416篇。围绕三项制度改革、大连地区剩余厂办大集体企业改革和基层单位市场化改革进行宣传，中央电视台、辽宁电视台先后到公司专题采访，中央广播电视总台央视财经频道6月8日播出《绿色答卷第四集：大地疗伤 生态修复》等，大大提升了公司在铁矿行业、社会公众对矿业发展的良好预期，红色矿业、改革矿业、创新矿业、绿色矿业的新形象深入人心。以集团核心文化为引领，打造独具特色矿业企业文化。建立完善矿业公司企业文化建设制度体系和品牌策略，统一规范各单位标识和视觉识别系统。完成集团思想政治工作6项立项课题，1项思想政治工作成果获省一等奖。1项成果获全国企业文化优秀成果二等奖，1项成果以辽宁省第一名的成绩获评国家级“企业党组织引领企业文化建设”典型经验。以矿业为荣、以矿业为家的文化氛围更加浓郁。

5. 党风廉政建设成效明显。持续整治形式主义官僚主义，突出整治“大机关病”，完成为基层减负31项。两起案件成为集团首个成功运用容错纠错机制的案例。通过强化作风转变和效率提升，担当作为、守信践诺、善作善成的干部作风和风清气正的企业环境逐步形成。

6. 统一战线凝心聚力。加强制度建设，制定《鞍钢集团矿业有限公司领导班子成员联系党外代表人士工作制度》《公司统战工作任务清单》。在统战成员中开展读书分享和“迎七一 学党史 筑同心”知识竞赛活动，贯彻中央统战工作和民族工作会议精神，落实11名回族职工就餐补助政策。指导帮助九三学社矿山支社第八届支委换届改选和召开第八次会员大会。开展2021年“爱献做”优秀成果评选表彰。

7. 精神文明建设扎实推进。以培育和践行社会主义核心价值观为抓手，深入贯彻落实习近平总书记给郭明义爱心团队回信精神，深化“跟着郭明义学雷锋”活动，推动“跟着郭明义学雷锋活动”岗位化全员化常态化。加强精神文明单位创建。推荐眼前山铁矿等3个单位为鞍山市文明单位。组织各单位职工观看红色电影《长津湖》，使广大职工更深刻受到了一次爱国主义教育。加大典型选树力度，完善典型数据库，拍摄扶贫干部先进典型专题片，宣传各级典型人物60余人次。

8. 群团组织作用有效发挥。践行共享理念，企业与职工共同发展。扎实开展“我为群众办实事”实践活动，解决职工急难愁盼问题，578个项目全部完成；完成351项民生实事项目。开展“保安全、提产能、增效益”劳动竞赛，营造全员超产的浓厚氛围。通过提产增效，在岗职工收入大幅增长，在集团二级子企业中增长幅度最高，职工获得感幸福感显著增强。强化民主管理，开展“保安全、提产能增效益”劳动竞赛，获集团职工创新项目成果一等奖2项，“鞍钢宪法”精神在矿业得到传承和弘扬。加强党建带团建，充分发挥了青年生力军和突击队作用。

（关荣生）

【齐大山铁矿概况】 2021年末，齐大山铁矿有在岗职工1529人，其中干部166人（高级技术职称16人，中级技术职称120人，初级技术职称25人），工人1363人。拥有固定资产原值55.6亿元，净值15亿元。

生产经营工作再上新水平。全年共完成采剥总量7088万吨，铁矿石1380万吨，铁精矿416万吨，铁精矿输出量406万吨，超额完成公司挑战目标。实现收入54.57亿元，利润19.64亿元，创历史最好水平。铁矿石成本87.74元/吨，铁精矿完全成本462.35元/吨，持续保持国内同行业领先水平。

安全环保工作实施新举措。实现了轻伤以上

事故为零，重大设备、火灾事故为零和新冠疫情感染为零的目标。完善安全生产管理体系，落实全员安全生产责任制，共签订安全生产责任状和承诺书1306份。深入开展“反违章”专项整治活动，排查整治各类违章问题39项，考核金额6.2万元。制定相关方安全管理细则，检查通报相关方安全问题143项，考核金额18.75万元。严格将23项安全隐患按照事故处理，问责管理人员72人次，考核金额12.1万元。同时，落实公司生态修复三年规划，投资1504万元，绿化复垦60万平方米，喷洒抑尘剂4.1万平方米，铺设抑尘网2.6万平方米，荣获两级公司安全防火、交通管理先进单位称号。

生产组织模式推行新机制。精准推行爆破专项评价、准时化生产等七项工作机制，采掘效率同比提升27%，钻机效率提升1.32%，汽车效率提升0.85%，准时化生产执行率达到95.8%以上。同时，全面加快采场循环调整，强化高品位矿石部位穿孔，保证矿石生产能力稳定和长远能力接续。合理组织难选矿石入选，通过加强破碎粒度管理和磨矿分级管理，以及应用新型浮选低温药剂，确保生产指标稳定。全年铁精矿品位66.58%，输出一级品率99.28%，中细破碎机作业率同比提升11.2%，磨机作业率同比提升13.1%，台时321吨/时，创历史最好水平。

设备管理升级提供新保障。以强化设备全寿命周期管理为主线，从点检定修、智能运维、节能降耗等维度不断改进和创新设备管理方式，通过推行设备故障分析及综合评价工作机制，设备运行效率实现大幅提升。全年设备可开动率同比提高0.84%，故障时间减少1520小时，故障率降低28.72%，创历史最好水平。同时，高质量完成了采矿班组服务楼安全隐患整治、采矿及穿爆停车场安全隐患整治、工业场地路面安全隐患整治、采矿办公楼隐患整治等重点工程，为生产稳定顺行提供坚强保障。

“智慧采矿”打造新标杆。坚持以“数字鞍钢”战略目标为引领，采用“端边网云”顶层设计架构，完成了“智慧采矿”项目建设，共实施运行生产智能管控系统、智能数字地质系统、边坡安全监控预警系统、铲齿脱落智能识别系统、机车推行智能监控系统、钻机远程遥控系统等八个系统。全面实现人力资源集约化、矿产资源数字化、调度指挥智能化、生产管控一体化、安全管理透明化、3D岗位人文化。矿产资源回收率同比提高0.47%，贫化率降低0.32%，电单耗降低1.44%，油耗降低5.57%，累计创效和减少投资达1608万元以上，打造出“信息全面采集、管控高度智能、生产安全高效、生态绿色可持续”的新型智慧矿山。

科技创新创效收获新硕果。牢固树立“抓创新就是抓发展，谋创新就是谋未来”发展理念，以召开创新工作会议为新起点、新契机、新方向，围绕制约我矿高质量发展的难点痛点，深入研究，系统梳理，合力攻关。共实施技术创新45项，科技增效21项，申报专利专有技术24项，重大合理化建议16项，合计创效6523.9万元。马连成创新工作室被授予鞍钢创新工作室，刘振陆、张岩创新工作室被评为公司技能大师工作站，“破碎机故障智能诊断技术研究项目”获得第二十五届全国发明银奖，开创了我矿创新驱动可持续发展的崭新局面。

深入开展“我为群众办实事”专项服务活动，全年共投入2359.2万元，修缮现场操作室、休息室等56个，更换办公桌椅、更衣箱等642个。走访慰问救济困难职工179人次，发放救济金10.96万元，为职工办理重大疾病保险，切实解决职工因病致贫问题。

基层组织建设迈上新台阶。深化“党建+”工作模式，制定党支部特色品牌创建活动的实施方案、党支部“5+1+1”考核评价体系和星级党小组创建活动实施方案。深入开展“基层党支部建设提升年”活动，选破作业区党支部被评为辽宁省党支部标准化规范化建设示范点，修路作业区党支部被评为中央企业基层示范党支部。深入开展“百千万”安全“双无”竞赛和“党旗在基层一线高高飘扬”建功立业系列活动，完成共产党员工程62项。

干部人才队伍建设实现新突破。加大年轻干部培养选拔力度，7名年轻干部走上重要工作岗位。完善并实施管理及专业技术人员综合考核评价，激励各级干部担当作为。打破身份限制，21名管理和专业技术岗位人员进入生产服务岗位，1名生产岗位人员竞聘到管理技术岗位。全年共交流副科级以上干部12人，竞争性选拔提职8人。畅通人才成长通道，推进工程技术序列评聘，评聘首席工程师1人，主任工程师3人，主管工程师9人。评聘高级技师13人，技师52人，高级工23人。

宣传思想文化建设结出新硕果。认真落实意识形态工作责任制和网络意识形态工作责任制。制定加强先进典型人物和典型集体培养选树工作的实施方案，全方位多层次培养典型，1人获得辽宁省五一劳动奖章，1人获得中央企业优秀党务工作者称号。全年对外发表宣传报道稿件196篇，对内发表235篇。抓好信访稳定工作，着力化解矛盾，维护了和谐稳定大局。

党风廉政建设得到新加强。深入贯彻中纪委五次全会精神，落实“两个责任”，修改和完善矿领导班子成员廉洁承诺制度，与所有党支部签订了党风廉政建设责任书，实施清单化管理。认真履行“一岗双责”，党委会专题研究部署党风廉政建设和反腐败工作，推进了政治监督具体化、常态化。深入开展廉洁教育，召开案例警示教育大会。扎实推进“清风行动”，围绕安全生产、备品备件和招投标管理等方面开展专项监督，共检查出各类管理问题36个，建立、修改管理制度21项，制定整改措施18项，针对专项监督和日常监督发现的问题，问责70人次。深入开展形式主义、官僚主义专项整治工作，形成9个方面14项措施的为基层减负任务清单和3个方面9项措施的重点任务清单，彻底整治工作走过场、搞形式等问题。

（邓兆成）

【大孤山铁矿概况】 截至2021年末，大孤山铁矿在职职工447人，其中，干部97人，生产工人310人，居家休息职工35人，长病列编外3人，赋能中心2人。离退休1702人。矿机关管理按职能型设置，共4个部室，即生产技术室、设备室、党委工作室、综合管理室（其中生产技术室内含资源开发部），1个井下工艺建设指挥部；生产组织按工序设置，5个作业区，即穿采作业区、汽运作业区、西井作业区、动力作业区、检修作业区。矿区占地面积1028.98万平方米，建筑面积5.47万平方米。拥有主体设备电铲4台，牙轮钻机3台，生产汽车8台，推土机5台，破碎机3台。全员劳动生产率14893吨/(人·年)。

2021年，全矿各级组织勇挑重担，变革创新，推动三项制度改革的稳步顺行，搭建机构精简、人员精干、管控有力的高效管理架构；全矿广大职工埋头苦干、拼争奉献，实现了企业效益和职工收入的大幅提升。全年利润创历史最好水平，突破亿元大关，并被公司评为2021年度先进单位。

生产能力持续高效。推进精细化生产组织，克服露天开采末期空间狭窄、人员设备大批调出和暴雨暴雪等极端天气影响，准确把握生产节奏和生产平衡，不断加强矿石可持续生产能力建设。突出重点部位的采掘作业，制定专项激励措施，顺利完成新水平开拓工作。细化中合配矿工作，克服出矿部位减少、矿石贫化等不利影响，保证了矿石指标的高位稳定。2021年采剥总量完成618万吨，超计划48万吨，矿石完成512万吨，超计划12万吨；矿石品位完成27.28%，超计划0.48%。

安全环保平稳顺行。强化安全责任落实，构建专业部门、作业区权责明确、协调一致、齐抓共管的安全管理体系。加快推进“双预防”机制建设，深入开展危险辨识活动，使各类安全风险受控。认真落实安全生产专项整治三年行动方案，加强西北帮楔形滑体等重点领域专项整治。扎实推进“双无”工作，促进广大职工自我管理和现场隐患治理能力的提升。规范相关方管理流程，强化施工全过程督导。认真落实隐患按事故处理的要求，坚持从严管理的安全工作总基调。践行“绿水青山就是金山银山”生态文明理念，坚持洒水抑尘，改善现场作业条件，防止职业病发生，因地制宜做好复垦和绿化工作。

设备管理水平大幅提升。强化设备点检定修，按照“岗位点检为主、专业点检为辅、精密点检为补”的管理理念，重新修订了三级点检标准，做到点检标准清晰、责任明确，金字塔形设备点检模型基本搭建完成、成效显著，2021年主体设备综合故障率1.2%，同比降低30%。通过创新点检激励方式、操检协作均衡、打造机台示范引领、外委转自营项目实施等措施，各级设备管理者的主动性、积极性得到大幅提升。以设备零故障管理为目标，重新完善了《大孤山铁矿设备零故障运行管理办法》，加大零故障达标机台奖励力度，月零故障机台台次明显增加，2021年主体设备达到131台次。

成本运营高效受控。深化市场化改革，核定

各工序单位完全成本及作业区薪酬总额预算和承包基数，实施市场化效益联动考核，确保工序成本可控受控。加强全面预算管理，定期开展成本分析，推行“精益化”管理，深挖修旧利废潜力，严格控制各类消耗，实施工程外委转自营，优化生产组织模式，保证了生产效益最大化，全年实现利润 11109 万元。强化降本增效项目实施，全年完成降本增效 1986 万元。

发展规划落实落地。坚持露天生产和井下矿工艺筹备双轨同步推进，加快转型升级步伐。困扰大矿多年的露天转井下可行性研究方案落地实施，成立井下工艺建设指挥部，极大提升了干部职工士气。露天转井下工程是大矿实现转型升级和持续发展的保证，是大矿全体职工未来赖以生存的利益增长点，围绕露天转井下矿权办理及工程投资立项，各项筹备工作正在紧张有序进行中。

深化改革成效明显。全面深化三项制度改革，通过授放权和作业区薪酬总额承包，初步确立了作业区市场主体地位。作业区职能由单一工序生产型向生产+自主维修+外委转自营等经营型转变。建立全员岗位绩效指标考核体系，实现了岗位绩效管理“无死角”，体现多劳多得的分配原则。深化人事制度改革。构建精干高效的组织机构和管理、专业技术岗位定员。作业区由 8 个压减至 5 个，机关部室由 5 个压减至 4 个。管理、专业技术岗位编制定员由 92 个压减至 56 个，增设井下工艺建设指挥部和资源开发部岗位编制定员 24 个，5 名工人走上管理岗位。实施全员岗位管理，打破身份限制、强化考核评价，建立了充满活力的市场化选人用人机制。深化劳动用工改革，推行双合同管理，坚持效率导向，优先置换劳务人员，优化用工总量和用工结构。2021 年，全矿人力资源优化 76 人，劳务用工压减 26 人，实现了员工能进能出的改革目标。

（孙成标）

【东鞍山铁矿概况】 2021 年末，东鞍山铁矿在岗职工 444 人，其中，干部 75 人（高级职称 3 人，中级职称 49 人，初级职称 19 人），工人 369 人。离退休人员 1550 人。矿下设“四室”，即生产技术室、综合管理室、设备室、党委工作室（工会），6 个作业区。固定资产原值 82378.28 万元，净值为 19538.31 万元。矿区占地面积 11.16 平方千米，建筑面积 5.01 万平方米，主要生产设备有钻机 5 台，电铲 13 台，大型生产汽车 23 台，破碎胶带系统 2 套，振动放矿系统 2 套。从业人员劳动生产率达到 33617.73 吨/(人·年)。

生产经营高效运行。2021 年采剥总量完成 1536.33 万吨，超计划 136.33 万吨；输出铁矿石完成 581.51 万吨，超计划 16.51 万吨；矿石输出品位完成 31.72%，超计划 0.92%。强化采场循环调整，加快-64 米、-77 米剥岩进度，采场供矿能力进一步增强。加强综合配矿，稳定矿石输出结构和可选性，为东烧精矿超产提供了有力保障。优化生产组织，严抓准时化生产和标准化作业，生产经营指标全面超计划完成。强化经济运行增产增效，2021 年完成降本增效 4965 万元，超计划 21 万元；实现销售收入 5.36 亿元，超计划 843 万元；完成利润 8870 万元，超计划 2380 万元，创历史最好水平。加强重点工程建设，1000 立方米沉淀池、排岩机除尘水和 205 米加压泵站已投入使用；岩破胶带系统二期下移工程完成排水尾硐掘进、边坡喷锚支护，破碎站基坑和 5 号斜井掘进有序推进，矿山可持续发展能力进一步增强。

安全管理稳步提升。认真贯彻“四个一刻也不能放松”和“五清五杜绝”工作要求，制定“一岗一清单”，逐级压实安全生产责任。加大隐患按照事故处理力度，将 15 项隐患按照事故进行了处理，问责 49 人次，考核 35700 元。扎实开展反违章工作，细化反违章责任清单，职工违章行为得到有效遏制。加大隐患排查整治力度，排查各类隐患 307 项，全部清零销号。强化相关方管理，查处各类问题 26 项，考核 41900 元。加快绿色矿山建设步伐，铺设防尘网近 5 万平方米，增设洒水喷头 20 余个，完成绿化复垦 695 亩，彰显了公司和该矿建设绿水青山的责任担当。加大常态化疫情防控工作力度，积极组织防疫物资采购供应，确保了疫情稳定受控。

设备保障明显增强。通过推行电铲、钻机机台长负责制和生产汽车包乘组制度，较好地解决了岗位及检修人员不足、设备自主维护能力弱等突出矛盾，主体设备故障率明显下降。实施专业点检员、司机、检修人员“三位一体”点检模式，科学制定设备检修计划，合理安排检修项目，设备运行状况明显改善。实行“躲峰填谷”经济运行模式，定额电单耗较 2020 年下降 11%，综合电价下降 0.028 元/千瓦时。治理跑冒水 20 余处，用水量下降22%。加强备件全寿命周期闭环管控，强化修旧利废，有效降低了设备运行成本。

创新动力充分激发。建立技术研发中心，完善创新体系建设，科技创新能力进一步增强。“大型露天矿智能操控及虚拟化生产技术研究”完成验收，智能化生产水平不断提升。稳步推进“多类型矿石智能识别、智能爆破和智能配矿优化研究”，进一步提高了生产组织效率，降低了运营成本。申报专利11件，软件著作权2项。完成创新项目19项，创效200余万元。增设巷运系统智能测温装置和电磁站温度检测报警装置，为生产高效顺行提供了技术保障。持续推进信息化和自动化项目融合，有力推进了智慧矿山建设。

关爱职工和谐共建。践行共享发展理念，在岗职工收入大幅增加，实现了与企业效益同步增长。深入开展“我为职工办实事”活动，维修职工食堂、浴池、休息室等设备设施，职工生产生活环境明显改善。开展职工劳动保护监察、《集体合同》履行情况视察，切实维护了职工合法权益。精准帮困扶贫，2021年救济困难职工290人次，发放救济金22.71万元。组建健步走、羽毛球等7个文体协会，开展形式多样的文体活动，企业凝聚力进一步增强。

党的政治建设不断加强。坚持用党的创新理论武装头脑，强化党委理论学习中心组学习，该矿党委专题学习研讨15次，形成学习成果21项，深刻领悟新思想的精髓，政治判断力、政治领悟力、政治执行力不断提升。制定并落实《学习贯彻党的十九届六中全会精神 深化拓展东鞍山铁矿党史学习教育工作方案》，形成29项工作任务。发挥党委把方向、管大局、保落实作用，严格前置审议事项程序，对生产经营、安全管理、企业改革等重大事项提交党委会讨论。贯彻落实习近平总书记重要指示批示精神工作机制，建立《东鞍山铁矿落实习近平总书记重要指示批示工作台账》，学习贯彻习近平总书记关于国企改革、创新发展、安全生产、疫情防控等13个方面重要指示批示精神，制定措施30项，全部进行落实。严格落实“第一议题”制度，2021年召开党委学习会14次，做到及时学、跟进学，确保党中央决策落实到位。

党建工作水平不断提升。扎实开展党支部建设提升年活动，制定《东鞍山铁矿党支部建设提升年活动实施方案》，采取对标学习、支部帮带、定期检查评比等方法，促进了党支部建设水平的进一步提升。创新党建融入生产经营载体，开展了《保安全、创高产、决战四季度、冲刺挑战值》等党内主题活动，2021年党员共排查和整治安全隐患307项，为实现安全“双无”目标创造了条件。开展特色党建活动，实施党员项目化管理，确立党员项目45项，分别由领导班子成员和管理人员担任项目负责人，2021年创效2657万元。深入开展“党旗在基层一线高高飘扬”系列主题实践活动，评选表彰最佳党员责任区14个、党员先锋岗62个。

党风廉政建设不断深入。压实全面从严治党责任，与作业区和部门分别签订党风廉政建设责任书和“一岗双责责任书”。下发《东鞍山铁矿2021年政治监督工作清单》，确保习近平总书记重要讲话和重要指示批示精神、党中央重大决策部署一贯到底。开展廉洁教育，围绕“坚持廉洁高效从业，建设风清气正东鞍山铁矿”主题，采取集中培训、领导班子成员讲党课、观看教育片、展示寄语等多种方式开展廉洁教育。强化常态化监督，开展了专项费用、质量计量、不规范劳动关系等专项监督38次，发现问题14个，提醒谈话3人，批评教育2人，经济考核4400元。深化巡察整改，对照矿业公司党委检查发现的四方面59个问题，制定整改措施96个，已经整改95个，正按序整改1个。深入开展形式主义、官僚主义专项整治，重点围绕安全生产、疫情防控、干部作风、服务群众等方面开展专项检查和整治，取得较好效果。扎实推进“清风行动”，开展各层级谈话134人次，主动报告费用管理问题1个，对费用管理责任人提醒谈话1人。

（由继宏）

【眼前山铁矿概况】 2021年末，眼前山铁矿有在岗职工467人，其中干部82人（高级职称10人，中级职称46人，初级职称23人），工人385人。设四室一部和5个作业区。固定资产原值20.73亿元，主要生产设备共有94台（套）。全年矿石产量完成437万吨，同比提高96万吨，创历史新高。全年实现人身轻伤以上事故为零，重大设备、交通、火灾和环保事故为零。

生产经营指标实现新突破。全矿干部职工克服产量压力大、产线制约等诸多不利因素，优化生产组织、系统提升效率，全面完成各项生产经营任务。实现扭亏盈利 232 万元，比预算增利 1655 万元。

安全管理工作平稳有序。牢固树立“四个一刻也不能放松”“五清五杜绝”和“隐患按照事故管理”安全理念，压实各级安全生产责任，实施安全清单化管理，做到全覆盖、全方位、全过程排查整治隐患。引进切割井钻机、井下专用指挥车，实现井下 4G、5G 网络覆盖，进一步提升本质安全及应急处置能力。

设备保障能力持续改进。夯实设备基础管理，持续开展专项攻关，严把检修维护质量，设备整体运行状态持续提升，全年产线设备开动率达 90%以上，主体设备故障率低于 2%，产线定修台时比率提升至 80%，铁运周转量、主井提升量、干选处理量同比分别增加 9.7%、8.3%、35%，综合能耗同比下降 8.18%。

三项制度改革稳步推进。稳步推进内部工序市场化架构和运行体系，铁运、中运作业区乙班分别荣获公司三项制度改革示范作业区和班组。4 名生产服务岗位人员竞聘到管理技术岗位，管理人员中 60 后占比下降 22.5%。实施差异化薪酬体系，推行作业区、班组授权放权+红利改革，充分调动了职工积极性。

工程建设进度显著提升。转井下工程收尾工作稳步推进，“三个一批”西矿段自然崩落法项目顺利通过安全设施设计审查，按期实现了开工建设；大孤山地区综合运输廊道工程组织完成了可研报告的审查及前准手续办理流程的梳理工作。

科技创新驱动作用凸显。加快科技成果转化，全面推进高分段、大孔径、大断面及井下巷道精准建模工作，专题攻坚露天转井下矿山地压管控措施，为高效、安全作业提供技术支撑。1 项科研成果获矿业公司科技进步奖一等奖。全年实现降本增效 5850 万元。

职工幸福指数不断攀升。开展“我为群众办实事”实践活动 28 项，集办公、洗浴、调度指挥为一体的综合楼按期投入使用；走访慰问困难职工 378 人次，发放救济金 22.83 万元；医疗救助 6 人，发放救助款 3.6 万元；为 2 名职工办理大病医疗保险理赔，理赔额 16 万元。职工人均工资同比增长达 17.4%。

（芦鸿雁）

【大孤山球团厂概况】 2021 年末，全厂在岗职工 796 人，其中干部 109 人（高级技术职称 13 人、中级技术职称 71 人、初级技术职称 21 人），工人 687 人。设 4 室、8 个作业区。固定资产原值 13.56 亿元，净值 3.8 亿元。全厂占地总面积 354.78 万平方米，建筑面积 20.74 万平方米。选矿生产线采用阶段磨矿—单一磁选—细筛再磨工艺流程，设计产能铁矿石处理量 900 万吨/年，年产铁精矿 300 万吨。球团生产线采用目前国际较为先进的链箅机-回转窑氧化球团生产工艺，其设计能力为年产酸性氧化球团矿 200 万吨。全年铁精矿产量完成 306 万吨，比基础计划超产 21 万吨；球团矿产量完成 228 万吨，比基础计划超产 23 万吨；铁精矿单位完全成本达到 488.32 元/吨，比计划降低 12.46 元/吨，球团矿单位完全成本达到 671.51 元/吨，比计划降低 29.32 元/吨，总成本比计划降低 6856 万元；剔除价格增利因素，实际利润完成 10.1 亿元，比计划多完成 9892 万元，创造历史最好水平。全员劳动生产率选矿区域 5447.68 吨/(人·年)，球团区域 9517.14 吨/(人·年)；千人负伤率为零。

2021 年，大球厂干部职工经过艰苦努力，克服了难选矿增多、降本增效难度增大、新冠疫情影响较大等困难，全面完成了全年生产经营任务，各项工作取得了显著成效。一是生产经营再创历史最好水平。从提效率、抓降耗、保运行入手，强化设备点检定修，开展设备整修治理，推进设备升级达标，加快设备更新改造步伐，进一步提升了设备保障能力。以高质量发展战略推动生产经营方式转变，优化生产组织增效益，优化设备经济运行提效率，优化生产操作保指标，优化产品输出结构创效益，实现了产量、利润“双超”目标。二是安全环保保持了稳定发展。贯彻落实安全发展和绿色发展理念，压紧压实安全生产责任，强化干部履职担当，严格落实“把隐患按照事故管理”要求，强化重点部位安全管控，防范重大安全风险，坚持以治理尾矿库扬尘、球团烟尘为重点，加大环保整治力度，确保了安全环保稳定发展。有效落实常态化疫情防控措施，确保实现了疫情零报告。三是科技创新取得了新进展。依靠技术创新，加大科技增效力度。全厂共完成技术攻关项目 3 项、科研项目 3 项、合理化建议项目 45 项，合计创效 2100 万元。有一些重点项目取得新的进展。主要是采场矿石可选性预报及现场操作策略研究、新型复合有机膨润土推广应用、三选新型磨机衬板推广应用、尾矿再选新工艺新技术研究、磁性球团矿制备及高球比冶炼关键技术研究等项目，进一步提升了生产效率和效益。四是三项制度改革实现了实质性突破。通过优化组织机构，优化人力资源配置，深化干部人事制度改革，创新差异化分配考核机制，确保了改革任务顺利完成，实现了企业增效、职工增收的目标。机关部室由5个机构缩减为4个，10个作业区合并为8个，全厂管理和专业技术岗位编制由149人降到99人，压减比例33.56%，青年干部提职13人，5人以干转工，19人以工转干。全厂劳动生产率同比提高17.08%，职工人均收入同比增长26%。五是企业管理得到了有效提升。从强化精细化管理入手，切实做到抓干部作风转变、抓职工行为规范、抓管理制度执行力、抓专业部门合规管理、抓考核激励奖罚兑现、抓职工队伍技能培训，进一步提升了企业管控水平。加强高技能人才队伍建设，组织开展了技能骨干人才评选、高技能人才等级序列评聘和职工技术大练兵活动。评聘工程等级序列技术干部29名、评聘高级技师9名、技师42名，获得公司技术状元1名、技术能手21名。坚持依法治企，推动法治工作融入企业经营管理，不断提升了法治思维和法治能力。六是幸福大球建设迈出了新步伐。按照党史学习教育要求，深入开展了“我为群众办实事”活动，积极落实领导班子2021年度民生实事计划，高质量完成了改善一线职工工作条件、修缮职工操作室休息室卫生间、修复厂区道路等14个实事项目，提升了职工幸福指数。开展了送温暖救助活动，走访慰问困难职工248人次，发放救济金14.13万元。组织了全厂职工健康体检，为职工办理了重大疾病保险续保，发放了生日蛋糕券和健康度假疗养卡。举办了丰富多彩的文体活动，丰富了职工业余文化生活。

（张明洪）

【齐大山选矿厂概况】 2021年末，齐大山选矿厂有在职职工720人，其中干部78人（高级技术职称9人，中级技术职称52人，初级技术职称11人），工人576人。下设五室、五作业区、两事业部。拥有固定资产原值19.19亿元，净值9.7亿元。

2021年，全厂克服诸多困难，深入贯彻落实两级公司决策部署，深化三项制度改革，多维度对标一流，全面强化精益管控，各项工作超额完成目标任务，荣获了鞍钢集团和矿业公司先进单位，实现了“十四五”高起点开局。

该厂落实两级公司部署，围绕“七个聚焦”，扎实开展“我为群众办实事”实践活动，先后发布2批“我为群众办实事”任务清单。围绕“五室两堂”，投入资金100余万元，完成“我为群众办实事”项目8类26个项目，改善了职工工作和生活条件。开展了“百千万”安全“双无”竞赛和“党旗在基层一线高高飘扬”建功立业系列活动。实施“共产党员工程”项目8项，党员微创新22项，创效260万元。聚焦生产经营中心工作，开展党员责任区、党员先锋岗评选活动，全年评选出创效党员责任区28个，先锋岗165个；深入开展党支部特色品牌创建活动，共评选特色品牌7个。推进优秀年轻干部培养选拔，5名年轻干部走上部门和作业区重要岗位。推进工程技术序列评聘，畅通人才成长通道，评聘首席工程师1人。充分发挥群团组织作用，谷安成创新工作室工作稳步推进，完成创新项目58项，实现双增双节创效600余万元。组织了12个工种和专业的602人次参加厂级、作业区级练兵竞赛。在公司技术大练兵中，获得状元2名。

安全环保工作实现年初既定目标。以“三无”为目标，建立全员安全责任、安全履职和安全检查三项清单，夯实安全生产基础；建立全区域安全绩效权重体系和安全管理责任链条，落实安全正负激励机制；落实相关方一体化管理，创新推行检维修工程二维码；推进双重预防机制建设；落实新增隐患按事故处理和存量隐患清零工作；开展安全标准化作业区再评价、再提升，标准化作业区实现率100%。尾矿库坚持实行综合防尘措施，抑尘效果达到历年最好水平，受到省、市专家和矿业公司好评，锅炉烟尘排放量比2020年下降460%，创立了矿业公司标杆。

生产经营指标取得历史性突破。抓住有利时机，克服限电、暴雪等极端条件影响，提高资源利用效率，积极打造优势经营链条，实施高效柔性生产组织新模式，生产经营多项指标创历史新高，完成挑战目标。2021年，破矿量完成989万吨，超年初计划132万吨；精矿产量完成281万吨，超计划 28 万吨，超挑战目标 4 万吨；历史性实现精矿外销 22 万吨，输出两率均超计划完成；降本增效完成 1.6 亿元，销售收入突破 35 亿元，完成利润突破 20.7 亿元。

设备运维效率实现新提升。通过实施设备标杆的“五保措施”，加强主机计划性检修的完成率和检修质量，对锅炉和全厂渣浆泵施行功能性包保维护，设备运维效率全面提升，在连续两年没有全停检修的情况下，全年主体设备故障率 0.24%，主体设备完好率 100%，主体设备可开动率 98.5%，在公司年度设备评价中名列前茅。智能化选厂建设加速实施，厂无纸化会议办公系统、破碎作业区皮带自动巡检机器人项目、尾矿坝无人机巡检、过滤作业区无人抓斗项目已投入使用。

创新创效取得可喜成果。持续推进全员创新工作有序开展，全年完成创新项目 8 项，受理专利 10 项，授权 4 项，认定专有技术 1 项，鞍钢重大合理化建议 9 项，全年科技增效完成 2000 万元。针对风水沟尾矿库新建排水系统工程入口围堰渗水问题，提出了利用废弃黏土对围堰外侧进行抛填和碾压的整体技术方案，确保工程顺利推进的同时，节约投资成本 800 余万元。西线细破机应用美卓加厚型衬板，破矿效率进一步提高，全年创效 156 万元。二选作业区重选 QC 小组获得辽宁省优秀质量攻关小组称号。

三项制度改革效果显著。紧紧围绕创新驱动和降本增效核心任务，把对标一流融入改革全过程，以市场化运营、精细化管理、精准化绩效为载体，构建四能机制，实现了工艺链条产品市场化结算，水、电、气能源，信息运维、物资、检修服务一体化运营。营造了上岗靠竞争、收入靠贡献的良好氛围，劳动生产率比去年提升 21%，超额完成公司 10%的奋斗目标。

三个一批项目进入新阶段。工艺升级改造前准要件办理率实现 100%，为高质量建设奠定了基础。新建洋湖沟尾矿库项目克服诸多难题，初步设计已经完成。利用升级改造有利时机，高起点、高标准推进了智慧化选厂建设，形成了数字化转型建设方案。这三个项目为选厂争创五个一流、实现新发展铺平了道路。

企业管理水平有了新提升。统筹疫情防控与生产经营，针对阶段疫情防控工作重点，制定了 20 项具体措施，全年排查近 4000 人次，超额完成公司接种疫苗比例。对人力资源进一步系统分析、整合，消化退休减员 39 人的压力。实施法治、合规、风险管控一体化推进。建立了联合监管、协同联动、规范有序的内控体系，对合规经营进一步规范，确保了法治建设不断完善。

（郑百效）

【东鞍山烧结厂概况】 截至 2021 年末，东鞍山烧结厂在职职工 1032 人，其中管理技术岗位 140 人，生产服务岗位 892 人；居家休息职工 65 人，列编外 5 人。设 5 个部室，6 个作业区。拥有固定资产原值 16.24 亿元，净值 4.88 亿元。厂区总占地面积为 475.6 万平方米，总建筑面积 26 万平方米。

2021 年，该厂以推进市场化改革为工作主线，加快技术进步，提升管理品质，全年铁精矿、烧结矿、活性灰三大产品分别生产 222 万吨、298.7 万吨、26.1 万吨，利润 12.04 亿元，同比去年增利 7.66 亿元。

发展建设实现再提速。深入落实可持续发展新理念，研发出了“磁浮短流程+尾矿再选悬浮焙烧组合式选矿新工艺”，列入了矿业公司“三个一批”重点项目清单，并成为全公司首个进入实施阶段的项目。

市场化改革实现新突破。部室由原来的四室一会，变更为五室；管理技术岗位由 124 个压缩为 114 个，压缩比例达到 8%。全面推行生产服务岗位“四维三阶 271”考核和一般管理技术岗位 235 考核制度，职工平均收入同比上年提高 20.04%，激发了职工队伍活力。

设备保障能力显著提升。实施了选矿系统全停检修和烧结系统年修。制定了保养为本、周期为主、预知为先的管理方针，完善了定修模型，下发了《东鞍山烧结厂设备点检定修管理细则》等管理制度，实行了设备体检制，加强了岗位巡检与设备预知维修，设备技术状况有效改善，为全年增产增效提供了有力保障。

科技创新取得新成果。选矿二系列磁选改造、烧结溶剂四辊破碎改造、浮选增容改造投入生产。全厂 4 个创新工作室共确立 20 个攻关项目，其中精矿大井跑矿攻关项目，杜绝大井金属流失 2 万吨，创效 2000 万元。

绿色文明生产取得新成效。深入开展职工教育和全员危险辨识活动，全年开展安全教育培训

53 次，受训 4322 人次，有效地提高了职工的安全意识和安全操作技能。

基础管理水平再上新台阶。2021 年共查处违反劳动纪律 41 人次，考核 16250 元，进一步完善了管理制度体系。加强职工素质工程建设，选拔出 1 名明星状元、6 名技术状元和 16 名能手。

共建共享取得新成效。深入开展“我为群众办实事”民生工程项目，实施了 31 项重点工程，有效改善了职工工作和休息环境。开展了“送活动下基层”职工体能比赛等丰富多彩的文体活动，使企业发展成果及时惠及到职工。

该厂全年党委中心组专题学习 24 次，召开党委会 53 次，讨论“三重一大”事项 129 项，评选党员先锋岗、责任区 28 个，“七个先锋”党员 84 名。4 个共产党员工程项目和 2 项党建课题研究在公司获奖，创效 2685 万元。在《鞍钢矿业》《鞍钢日报》等报刊和媒体上发表稿件 90 篇，刊发《东烧快讯》348 篇，党委委员下基层讲形势 230 余次。双增双节创效 687.96 万元。救助困难职工 232 人次，发放救济款 14.03 万元，办理大病理赔 16 万元。

（王宝中）

【鞍千矿业有限责任公司概况】 2021 年末，鞍千矿业有限责任公司共有职工 890 人，其中干部 93 人（教授级职称 1 人，高级职称 11 人，中级 55 人，初级 20 人）。下设四室一会，10 个作业区。该公司实行精干高效的扁平化管理体制，检修、后勤服务、保卫等实行协力机制。企业固定资产原值 25.19 亿元，净值 10.12 亿元。厂区占地面积 1535 万平方米（选厂 44 万平方米），建筑面积 5.48 万平方米。主要设备有 WK-10B 电铲 5 台、WK-12C 电铲 4 台，牙轮钻机 9 台（YZ35 型），生产汽车 45 台，推土机 6 台，PXZ1216 粗破机 3 台，H8800 中破机 2 台，H8800 细破机 2 台，MP800 细破机 2 台，ϕ5030 毫米×6400 毫米球磨机 6 台，ϕ9150 毫米×5030 毫米半自磨机 1 台，SLon2000 立环脉动磁选机 18 台，SLon3000 立环脉动磁选机 6 台，72 平方米过滤机 15 台。

2021 年，鞍千公司贯彻落实集团公司“7531”战略目标，积极推进三大任务落地落实，通过优化生产组织、强化设备保障、深化市场化改革等一系列举措，全面完成目标任务，各项工作取得显著成绩。全年完成采剥总量 8275.29 万吨，矿石 1698.26 万吨，铁精矿 265.26 万吨；入选原矿品位 28.04%、精矿品位 67.31%、尾矿品位 10.61%。铁精矿单位制造成本 407.34 元/吨，比预算降低 10.94 元/吨。铁矿石和铁精矿从业人员劳动生产率分别为 2.29 万吨/(人·年)、8053 吨/(人·年)。铁精矿产量等三项指标再创历史纪录，保持住矿业高质量发展排头兵地位，实现了“双跑赢”。

生产模式实现新突破。积极落实矿业公司“三个一批”项目总体部署，加快推进西大背与哑巴岭两采区合并开采项目，目前公司已经放行投资计划，实现二合一开采后将进一步稳定铁矿石产能。按照谭成旭董事长提出的柔性化生产要求，推进实施合同采矿，于 2021 年 12 月完成招投标工作，合同方准时进入采区生产，预计采矿工序成本可降低 16.8%。

市场化改革实现新突破。构建市场化薪酬分配体系，建立工资总额承包、风险抵押金、项目激励工资、岗位计件工资等与业绩挂钩的分配模式，激发了广大职工内生动力和工作积极性。构建市场化人力资源配置体系，实施双合同管理，建立员工市场化流动和退出机制，6 名职工实现双向选择转岗，3 名违纪职工被解除劳动关系，3 名生产服务人员公开竞聘到管理岗位。构建市场化可持续协作体系，转变包保经营模式，落实与产量、效益双挂钩，变固定费用为变动费用，促进相关方服务水平提升，实现了“双赢”。获得鞍钢对标一流标杆企业和矿业公司三项制度改革先进示范单位，南采作业区获得示范作业区。

生产组织能力进一步强化。推进智慧矿山建设，精细采选各工序生产组织，确保生产顺行高效。采矿方面，通过加强穿孔爆破工序管理，强化供矿生产组织，推广使用智能调度系统等有力措施，有效加快了采场生产格局和循环速度，减少破碎待矿时间，提高设备运行效率。选矿方面，针对预选运行期间存在的问题积极组织流程优化改造，组织了预选渣浆泵并泵优化改造，解决了预选运行期间水压不足、尾矿量大、预选设备无待开等问题。通过在磨机三对二运行期间组织预选系统处理正常矿石，保证了选别系统金属量，三对二运行期间精矿产量少损失。

安全环保管理水平进一步提高。强化隐患排查治理，全年排查治理各类隐患 612 项，其中，隐患按事故处理 28 项，问责管理人员 40 人次。全面压实安全责任，建立岗位责任清单 104 项，对 1038 项危险源实施风险分级管控。完成三年行动方案任务清单 17 项，完成率 73.91%。强化相关方日常管理，对不同相关方采取作业区级、班组级、旁站式和流动式四种监管形式。严格落实冬奥会前环保要求，按照市重污染天气应急预案，紧盯烟尘排放指标，有效防控环保风险。

设备保障能力进一步提升。自主实施维修工程、工程设备市场化招标 57 项，确保了设备稳定运行受控，保障了生产顺行。强化设备运行人员业务能力提高，加强设备事故分析追责，提高了职工责任意识。全力推进半自磨课题攻关，落实在线跟踪维护，强化岗位操作技能提升，系统作业率运行趋于稳定，为全年精矿超产提供了保障。

开展科技创新攻关，全年完成哑巴岭采场东帮挂帮矿回收利用等研究项目 22 项，创效 7100 万元。开展了鞍山式磁铁矿半自磨湿式预选、球磨磁选、塔磨精选工艺研究，为选厂升级改造提产能奠定了基础。自主研发的卡车调度系统、钻机无人驾驶技术已经投入运行，提高了采矿信息化程度。实施选矿设备智能运维系统试点，逐渐提升了设备管控水平。获鞍钢科技进步奖一等奖 1 项，获第二十五届全国发明展览会金、银、铜奖各 1 项，获首届大国工匠创新成果奖 1 项，获国家授权专利 6 件、受理专利 12 件，鞍钢认定专有技术 2 件。

党的政治建设坚强有力。把学习贯彻习近平新时代中国特色社会主义思想和党的十九届六中全会精神作为重点，认真落实党委中心组学习制度、党委会“第一议题”要求和党支部“三会一课”制度，全年党委中心组集体学习及党委会专题学习 31 次，领导班子成员到联系点讲党课 5 人次，党支部书记讲党课 56 人次，在全体党员中开展了党的十九届六中全会知识竞赛活动。

党史学习教育成效明显。组织党委理论学习中心组专题研讨 14 次，公司领导班子成员以普通党员身份参加了专题组织生活会，共计查摆问题 16 个，制定整改措施 19 条，全部整改完毕。完成破碎区域岗位操作小房维修等 29 个“我为群众办实事”项目，完成率为 100%。

党风廉政建设持续加强。层层落实全面从严治党工作责任，组织签订党风廉政建设责任状 17 份，廉洁从业承诺书 96 份。认真开展“清风行动”和专项治理活动，针对形式主义和官僚主义方面存在问题共制定措施 30 项，确定为基层减负 14 个项目。强化监督执纪问责，2021 年共对 20 人进行了党政纪处分和组织处理。

群团组织作用充分发挥。工会积极采纳 31 项优秀合理化建议，完成双增双节项目 12 项，完成修复旧件 317 件，创效 800 万元。开展全员技术大练兵活动，1 名职工获鞍钢技术状元称号，1 名职工获矿业公司技术状元称号，有 13 名职工获两级公司技术能手称号。加大“送温暖”力度，全年救助困难职工 154 人次，发放救助金 11.98 万元，困难职工帮扶率达到 100%。

（赵泽宇）

【关宝山矿业有限公司概况】 截至 2021 年末，关宝山矿业有限公司职工总数 191 人，其中管理技术岗位 38 人（高级职称 8 人，中级职称 24 人，初级职称 5 人），生产服务岗位 153 人，列编外 1 人。公司机关设置“四室”，基层划分五个区域。拥有固定资产原值 21.93 亿元、净值 19.14 亿元。主要设备有 PXZ-1216 悬挂式旋回破碎机 1 台、H8800 中破机 2 台、HP800 细破机 4 台、2YAH2460 圆振动筛 8 台、ϕ6.2 米×9.0 米溢流型球磨机 2 台、VTM-1500 立磨机 6 台、ϕ3000 立方米环脉动高梯度磁选机 7 台、浮选机 34 台、ϕ50 米浓缩机 4 台、ϕ38 米浓缩机 2 台、ϕ60 米浓缩机 2 台、ϕ38 米机械加速斜板澄清池 2 台、VPA 2040-54 压滤机 3 台、35 吨锅炉 3 台。

在党史学习教育方面。紧紧抓住领导干部“关键少数”，支部联系点督导“关键手段”，为民服务解难题“关键环节”，通过“两个贯穿”和“四个结合”扎实推进党史学习教育。党委确立十项为职工办实事项目，新建厂区公路 1500 米、修复空调 10 个，为破碎区域职工取暖设施重新修缮等，以实际行动践行“学党史、悟思想、办实事、开新局”，营造了浓厚的党史学习氛围。

在生产经营方面。全年完成采剥总量 1797.3 万吨，铁矿石完成 243 万吨；通过外购鞍千西大背和眼矿矿石弥补自产矿石不足 301 万吨。精矿产量 168 万吨，精矿输出 167.6 万吨；完成利润 4.5168 亿元，超计划 90 万元，超额完成公司挑战值，全年实现销售收入创历史最好水平。

在设备管理方面。持续强化设备点检定修管

理，修订制度18项，培训管理和操检人员160人次。严格执行设备年定修模型，合理组织球磨机、浮选机等关键设备的检修计划实施，严控检修质量，稳定了设备运转周期。其中，磨矿产线实现了连续6个月的设备零故障运行，创造了关宝山公司投产以来设备运行新业绩。设备故障率0.62%，低于计划0.25个百分点。以半日检为载体，持续开展设备“跑、冒、滴、漏”专项检查，累计查改缺陷1400余项，设备基础管理水平得到了稳步提升。有效推进市场化自主采购工作，为设备稳定运行提供物资保障。

在智能工厂建设方面。通过高起点谋划、高效率组织、全员性参与，克服智能流程控制质量难度大，对设备基础设施要求高，人员高度扁平化等不利因素，锚定智享未来之路，汇聚全员奋进之力，组织23个子项工程、2个科研项目建设实施，累计完成安装电动阀门1200余台，自动化仪表700余套。截至2020年12月基本完成基础设施安装工作，项目按计划已经从建设阶段转入了全流程调试阶段。智能生产管控中心（ROC）已投入使用；基于“矿石流”跟踪的可视化管理系统已上线；磨磁巡检机器人已“上岗”；浮选自动配药系统已“不需要人”等，“一张网、一朵云、一平台”的智能化工厂架构已搭建完成。以选矿思想、控制逻辑为主导，通过建立工艺优化模型，以大数据、边缘计算为技术手段的智能选矿模式初步形成。

在三项制度改革方面。围绕体制扁平化、管理契约化，全力推进三项制度改革，制定了《深化三项制度改革实施方案》及工作任务清单，优化了部室岗位设置，由原来的“四室一会”压缩为“四室”。重新调整扩大管理岗位职能，实现垂直管理体系，管理岗位整合由19个调整为10个，压缩管理岗位47.3%。推行了工程等级序列评聘，实施管理和专业技术岗位竞争上岗，实现管理岗位最优化。通过三项制度改革，打破身份限制，6月作为鞍钢集团择优转录劳务的先行先试单位，选聘3名劳务人员转为合同制员工，为能者上、平者让、庸者下奠定了坚实基础。通过推行“4+3+2”绩效管理模式，签订了“双合同”管理，职工薪酬拉大了距离，实现了多劳多得、少劳少得、不劳不得的差异化管理，促进了企业增效、员工增收、管理提升，2021年选矿从业人员劳动生产率为30906吨/(人·年)。

在管理创新方面。全年完成科研项目7项，已完成验收2项，其余5项正在进行中；完成“四新项目”4项，其中3项已申报公司重大科技成果奖；申请专利6项，完成授权1项，其余全部完成受理。申报管理创新成果1项。完成公司重大合理化建议7项，创效2900余万元。“优化压滤系统运行，提高滤布使用寿命”项目，创效240万元。搅拌桶改造项目，提升矿浆矿化效果，年创效822万元，实现稳质降尾目标。多维度添加沉降剂及净水剂，减少褐铁矿入选后对浓缩机的运行风险，提高精矿回收率和矿石资源利用率，年创效约215万元。强磁线圈冷却由风冷改为水冷，将球磨油站冷却水加冷却装置，油温下降3~5摄氏度，全年创效90万元。建立了规章制度和经济合同审核机制，为矿山依法合规经营创造了前置条件。

（崔　琳）

【大连石灰石矿概况】 大连石灰石矿2021年末，有职工550人，其中在岗397人，居家休息140人，列编外13人。在岗人员中管理技术岗位105人（中级职称68人，高级职称3人），生产服务岗位292人。离退休职工3036人（其中，甘井子矿1059人，新矿936人，复州湾965人）。把原有15个单位（含复州湾）整合为7个单位——3室、3个作业区（含2个事业部）和财务驻在组。固定资产原值为4.80亿元，新增值855.65万元，固定资产净值1.69亿元。工业占地186.96万平方米，建筑面积4.72万平方米。

实现扭亏为盈挑战目标。2021年完成石灰石采剥总量513.4万吨、精矿330.78万吨、产品销售334.7万吨，主营业务收入14394.67万元，实现利润214.6万元。2021年大连矿被评为矿业公司先进单位。

疫情防控和生产安全实现“双稳定”。2021年实现职工“零感染”，疫苗接种率97.44%；共排查各类隐患484项，完成整改484项，整改率100%；实现轻伤以上事故为零、火灾和较大交通事故为零。

三项制度改革取得显著成果。提前完成管理技术岗位人员压减编制、实施“两制一契”和全员签订《劳动合同》《岗位合同》等改革任务，撤并两个50人以下作业区。“大连石灰石矿‘3+1’

全岗位价值贡献动态管理项目”被鞍钢集团评选为“三个标杆”管理提升标杆项目；全年全员劳动生产率达到11146吨/(人·年)，超额完成公司考核指标，创历史最好水平；职工工资浮动差异系数达到1.12，激发全员价值创造的导向机制正在形成。

市场化经营作出突出贡献。全力构建“大市场格局”，全年实现外销118.82万吨、销售收入5181.07万元，较2020年提高65%，创历史新高。

“提效降耗”成效显。原矿生产效率达到年初计划1200吨/(台·时)水平；电铲、破碎系统等主体设备故障率分别较计划降低27%和71%，其中破碎机械系统实现5个月零故障运行，创近年最好水平；采剥电单耗、破碎电单耗分别较2020年降低2.9%、1.7%，生产车柴油单耗、粉矿电单耗分别较计划降低1.4%、2%；用电最大负荷管控节约电费60.72万元，平均功率因数0.98，谷时用电比率44.36%，保持较好水平。充分利用公司授权实现油料降采95.79万元，材料备件降采16.25万元；实现修旧利废158万元，技术创新创效224万元。

依法合规建设取得新进展。健全了矿山法治建设管理体系；制定并实施《大连矿合规文化建设专项活动工作方案》，全员签订合规承诺书；制定《大连石灰石矿对标同行业一流管理提升行动实施方案》；细化经营风险责任机制，设定10项风险预警指标。

（刘永贤）

【鞍矿能源管控中心概况】 截至2021年末，能源管控中心共有职工488人，其中管理技术岗位75人（高级职称12人，中级职称51人，初级职称10人），生产服务岗位366人。下设4个机关部门、4个事业部。固定资产原值6.9亿元，净值3.7亿元。

2021年，能源管控中心持续深化三项制度改革，克服限电、暴雨暴雪极端天气等诸多不利因素，为公司全力提产增效提供了专业化服务保障，全年完成配电量26.345亿千瓦时，实现利润4230万元，创历史最好水平。

智慧电网建设取得新成绩。2021年，完成了齐大山地区集控站建设，形成调度指挥中心统一管控模式，各变电站集约管控的智慧电网建设布局，落实了谋划近十年的智慧电网运行模式。并以此为基础，加大电网设备升级改造力度，运营保障部积极制定改造方案并积极争取公司支持，2021年获得电力系统相关投资项目共计8211万元。全年设备完好率、供电损失率、电网力率均优于公司下达的指标计划。

综合改革效果取得新成绩。实现业绩提升增薪、贡献提升获利，全面实行工资总额承包、经营责任激励、重点工作奖励、班组承包经营等四项制度。授予事业部人事用工权、薪酬分配权、生产组织方式调整权、材料备件采购推荐权、内部机构设置权、劳务及保产项目立项决定权及人员管理权等权利。全面完成“双合同”签订工作，动态实施员工绩效评价。2021年在岗职工人均收入比2019年提高25%，职工的幸福感、获得感进一步增强。2021年，该中心分别被鞍钢集团、矿业公司评为改革标杆单位。

安全管理能力不断增强。坚持“024N”安全管理模式，确立安委会“第一议题”并形成制度化。严格落实“五清五杜绝”“四个一刻也不能放松”安全工作要求，推进电子履职工作，全面压实安全生产责任。开展安全生产专项整治三年行动，加强全员安全生产教育，大力宣传新《安全生产法》。以智能应用为载体，投入智能安全帽、布控球等设备，用数字化促进安全生产。把好“四个关口”，狠抓相关方安全管理，全年实现轻伤以上事故为零目标。2021年，该中心被矿业公司评为安全生产先进单位。

能源管理模式实现新突破。制定并实施211N+模型（1.0版），完成能源管理体系建设并获得认证，实现了能源管理模式的规范化。完成电能自动结算系统平台的建设并上线运行，结束了多年来变电所和转供电用户每月人工抄表和电量、电费手工汇算的历史。打造空气源热泵应用、空压机余热利用、鼓风机变频器改造等10余个节能品牌，2021年全年实现节能创效7000余万元。

科技创新工作取得新成果。大力开展科技创新，超额完成公司下达指标。全年申报专利4件，受理专利6件，授权专利10件。重大合理化建议获矿业公司二等奖1项、三等奖3项、搭建技术交流平台，举办科技论坛7期，确立16项专项提升工作，解决了生产难题，提升了管理水平。

加强党的政治建设。坚持科学理论武装，学习贯彻习近平总书记重要讲话和重要指示批示精神，深入研究推动中心改革发展的思路和措施，明确方向，推动工作。把党史学习教育作为重要政治任务，积极开展学习研讨。组织党员观看《党的光辉历程》《伟大建党精神》等教育片。深入推进“我为群众办实事”实践活动，切实增强广大职工的归属感和幸福感。全年共实施共产党员工程 13 项，创效 332.8 万元。加强党风廉政建设，扎实推进“清风行动”。开展“夯实合规管理工作基础，消除管理隐患和廉洁风险”主题形势任务教育和大讨论。自查廉洁风险 21 项，制定措施 30 条，建立廉洁风险防控台账，持续整改。

畅通桥梁纽带，发挥群团组织作用。开展创新攻关，全年征集群众性技术创新项目 28 项，征集优秀创新成果 8 项，荣获公司三等奖 1 项，优秀奖 5 项。张生鑫创新工作室完成创新项目 2 项，创效 40 万元。“双增双节”全年创效 325 万元。

（韩　俊）

【鞍矿设备检修协力中心概况】 2021 年末，设备检修协力中心共有在岗职工 355 人（含居家 44 人，列编外 4 人），其中管理技术岗位人数 64 人（高级 3 人、中级 43 人、初级 18 人），生产服务岗位人数 238 人（技师及高级技师 49 人、高级工 96 人、中级工 62 人、初级工 31 人）。中心下设“四室”（规划运营室、党委工作室、企业管理室、供销保障室），8 个工区。拥有固定资产原值 20325.8 万元，净值 7306.3 万元，加工车床 52 台，起重设备 49 台，动力设备 189 台，检验检测设备 44 台，运输设备 23 台。

2021 年，中心全面贯彻习近平新时代中国特色社会主义思想，加快落实集团“双核”战略和公司“五个一流”发展路径，锚定建成国内领先矿用设备检修企业的奋斗目标，通过实施“1+3+5”发展战略，全面完成目标任务，各项工作取得骄人业绩，实现“十四五”高起点开局，改革发展成果得到两级公司充分肯定。

党建引领作用突出。对照集团深化三项制度改革方案和矿业公司“3+2+N”综合改革指导意见，组织领导班子研讨、调研，确定了改革总体思路。按照确定的目标任务，分党委、党支部、党员三个层面形成重点任务分解清单。党委班子成员共认领项目 8 项，支部层面建立重点项目清单 12 项，党员层面申报共产党员工程 22 项。以建党 100 周年为契机，深化共产党员工程、党员责任区、争当四个排头兵等主题实践活动，充分发挥党支部的战斗堡垒和党员的先锋模范作用。开展党支部季度政治工作评价，对党支部进行排序打分，党员队伍活力和党建工作质量得到有效提升。针对矿业公司党委巡察通报的 4 类 58 项问题，建立问题整改清单，强力推进。

经营能力取得新突破。主营业务收入复合增长率同比提高 22%，其中新兴业务规模增长势头强劲，同比增长 277.8%，战略支撑作用初步显现；产值全年突破 3 亿元大关（2020 年 2.6 亿元），同比增长 21.9%；实现利润 5036 万元（2020 年 2303 万元），同比增长 118.7%，业务规模、产值、利润再创历史新高，体现协力硬核实力。

运营质量取得新成绩。强化安全环保管理，贯彻落实集团“6·24”安全工作会议精神，严格遵循公司将隐患按事故问责的管理原则，践行“1213”安全理念，系统推进落实，实现了轻伤以上事故为零、环境污染事故为零、职业病患病率为零的工作目标，安全工作年度排名位居公司前列；实施品牌重塑工程，重点培育矿用汽车检修、工程机械运营、综检保产、矿浆管道制造、精密检测五大特色业务板块，通过深耕“检修+”一站式集成服务，进一步提高服务品质，承修的汽运类设备日出车台数同比增加 15%，大修后的发动机稳定运行时间同比延长 55%；通过主打性价比优势，复合管产品成功打入本溪、辽阳等外部市场，实现外销 50 万元，同比增长 400%；企业的服务产品和实物产品获得内外部客户广泛好评，进一步擦亮协力品牌；做优物资保供，在确保同质同寿命周期的情况下，对 20%进口备件实施国产化替代，实现降采 350 万元，采购周期同比缩短 30%。

管理品质取得新提升。深化管理能力建设，构建服务保障、采销保障、流程管控三个专业化运营保障平台，着力缩短管理流程，打通“中梗堵”；完善授放行权管理，在 2020 年下放经营自主权的基础上，建立核心业务权限规范和审批权限，做实授权逐级穿透，有效防范合规风险，支撑微观主体更高质量运营；加强政策顶层设计，开发包车组模式、单体设备大修浮动工资制、计件工资制、产值人工成本结算制等多种分配模型，打造分配工具箱，为各事业部薪酬分配提供根本遵循与参考借鉴。

三项制度改革取得新进展。累计优化定员22%、压减岗位6.5%、取消班组5%，27名管理技术人员落聘转岗，19名生产操作人员竞任到管理技术岗位，35名在岗职工市场化退出原岗位，135名劳务人员被辞退；管理技术岗位占从业人员比例从7.3%下降至6.6%，优于矿业公司9%的优化要求；同岗位收入差已达到3000元，系统内浮动工资差异化系数达到1.14，检修效率同比提高35%，激励效果初步显现；人均利润率同比增长111.8%，人工成本利润率同比增长71.5%；三项制度改革综合排名公司第一，实现领跑。

扎实开展关爱职工专项行动，全年走访慰问职工194人次，大病医疗救助11人，发放救济款22.5万元。

（宋加海）

【鞍矿辅助材料厂概况】 辅助材料厂现有全民在岗职工118人。其中，管理岗位21人，专业技术岗位17人，生产岗位80人。厂机关设3个部室，厂下设3个事业部，即钻具事业部、选矿服务事业部、机修事业部。主要生产矿用牙轮钻头、选矿用捕收剂、过滤布、托辊及进行零部件加工、维修、制造等。床等机加设备150台（套），小机加产品已覆盖整个矿业公司。

生产经营实现新突破。2021年，辅助材料厂以科技创新为导向，以落实各项改革措施为重点，各项工作取得较好成效，实现销售收入1.65亿元，完成利润2072万元，比基本目标多增利744万元，比挑战目标多增利688万元。

技术创新取得新进展。制定了《辅助材料厂科技创新管理办法》加大收入分配向关键岗位、高技能人才的倾斜力度，科技绩效奖励3万余元，鼓舞了科研人员的干劲。完成Q945钎头、Q1276钎头、皮带清扫器、140潜孔钻头、72平新型过滤布等5项研发、定价工作；申报矿业公司科技开发项目4项，钎具系列产品研发项被公司列为A类科研项目。732等系列钻头进行优化并与西南石油大学进行技术交流；与中国农科院、鞍山正发表面技术有限公司等进行技术交流，研发农机具热处理工艺，解决农业瓶颈难题。低温捕收剂TD-Ⅶ在齐矿的工业试验，顺利通过矿业公司科技部论证，填补低温选矿药剂的空白，为碳达峰碳中和贡献力量。通过加大宣传、知识竞赛等方式积极组织各事业部开展“质量活动月”工作，辅助材料厂参加全面管理知识竞赛网上答题获得全公司第三名的好成绩，获得公司好评及奖励。完成知识产权申报实用新型专利3项，专有技术8项。全部完成后预计可实现年创效240余万元。

钻头从5系列的软岩钻头到极硬钻头845密封钻头实现产品品种的全覆盖；露天开采的140型潜孔钻头从立项到研制成功总共48天，一次性试车成功，并且在鞍千潜孔钻机试验到米道数为742米，与黑金刚钻头米道数相当；945、1276、1389钎头与阿特拉斯钎头效率和寿命相当，具备质量，价格双重优势，市场竞争力进一步增强。完成知识产权申报实用新型专利1项（密封矿用三牙轮钻头注油量检测装置），制定提质措施五项，降本措施三项，其中“钻头原理结构设计”“高性价比钢材招标采购技术标准”两项提质措施和“牙爪模锻技术改进方案”“CBN刀片工业试验”两项降本措施已开始落实。制作1530振动筛试验平台一项。目前已根据厂矿需求计划生产制造一级、二级皮带清扫器，并投入使用。与辽宁永盛矿业工程有限公司签订了销售潜孔钻头合同。与辽宁诚创机械设备有限公司产品代理意向协议洽谈工作。完成鞍钢集团股份有限公司的托辊招标工作，目前已达成包保意向，开始供货。

智能制造项目成功实施。年初以来，制定了智慧辅材建设中长期规划项目，通过智慧管理、智慧制造、智慧管控三类智能制造项目的落实，进一步提高劳动生产率，提升生产精度，降低安全风险，降低劳动强度。搭建物联网，实现对底层设备的感知；打通数据流，实现对生产流程的管控；创造优模型，实现对产品质量的追踪；协同供应链，实现对物料储备的保障；使用机械手，降低生产劳动强度，构建车管网，完善物流配送效率。

外销工作扎实推进。产品外销情况。2021年太钢矿业开始使用该厂稳杆器并将其列为优质供应商；本钢矿业使用ϕ250钻头，平均米道946米，是其现有钻头米道的3倍以上；中铁九局连续两年单一来源采购该厂钻头200支，在非洲刚果金矿山使用，得到用户好评；俄罗斯需求ϕ216钻头现正在试验中；桥梁工程用旋挖钻头有1万支的目标市场，矿建公司签订945型钎头6000支正在继续执行中，与鞍钢股份炼铁、炼钢签订托辊制作合同。唐山用户前期采购了 8 支钻杆和 ϕ250 钻头进行试验，潜在市场 150 万元以上，钻头、托辊产品在外销方面实现了多点开花。

（刁立宽）

【设计研究院概况】 鞍钢集团矿业设计研究院有限公司是国家级高新技术企业、省级企业技术中心和中矿协工程技术中心，具有冶金行业设计甲级、工程咨询甲级、工程勘察甲级、工程监理甲级等专业资质。截至 2021 年底有职工 278 人（其中，在岗 247 人）。其中各类专业技术人员 202 人，享受国务院政府特殊津贴专家 1 人；教授级高级工程师 8 人，高级工程师 53 人，工程师 141 人；研究生以上学历 52 人；各类国家注册工程师 98 人。

2021 年，该公司坚持以习近平新时代中国特色社会主义思想为指导，以提升运行效率和经济效益为目标，不断提升技术服务新能力，开辟业务发展新领域，在全体股东鼎力支持和全体员工的共同努力下，各项工作取得显著成绩，主要表现为："两个全面完成""五个大幅提高"。

"两个全面完成"。生产经营指标全面完成。全年实现营业收入 2.2377 亿元，同比增长 186%，其中外营收入 2142 万元，同比增长 132%；实现利润 1170 万元，同比增长 111%，实现营业收入、外营收入、利润同比翻一番，全面完成董事会下达的生产经营目标。法人治理规范化建设全面完成。该公司将混改后的法人治理规范化建设作为企业深化改革的首要任务，全年召开股东会 3 次、董事会 6 次、监事会 2 次，审议公司重大议题 20 余项；制定《职业经理人管理办法》，开展职业经理人选聘工作。

"五个大幅提高"。服务鞍钢矿业能力大幅提高。与矿业公司签订关联交易协议，确立内部关联交易关系和基本规则。以更高标准、更高质量，积极推进东部尾矿再选、东烧升级改造等 9 个"三个一批"项目、18 个"两化融合"项目、12 个超低排放项目和 4 个总承包项目，其中齐矿智慧矿山建设和关宝山智能工厂项目成为国内矿山采选智能化生产的新标杆。

科技创新水平大幅提高。开展"东鞍山矿石磁化焙烧-塔磨精选工艺技术研究"等 24 项课题研究，其中 11 项完成结题，实现科技创效 1514.62 万元；取得受理专利 30 件，授权专利 25 件，获第 25 届全国发明展览会金奖 2 项、银奖 1 项、铜奖 1 项，获中国冶金建设（设计）行业优秀 QC 小组一等奖 1 项。获优秀（A 类）省级技术转移示范机构称号。

外部市场份额大幅提高。积极对接股东关联市场，全方位开发外部市场；设立攀枝花和辽阳 2 个分公司，区位优势和专业优势初显；与鞍钢炉材等企业建立战略合作关系。2021 年，新增外部市场合同额 2663 万元。

企业管理效能大幅提高。加大人才引进力度，全年共引进各类人才 29 名；严格劳动关系管理，完善员工收入与贡献联动机制；建立新的财务核算系统、预算管控体系和资金管理模式；坚持常态化疫情防控，全员新冠疫苗接种率 94%；夯实安全基础管理，强化现场安全检查；加强项目进度和质量控制，"三标"管理体系运行有效；加强资质管理，顺利取得冶金专业工程咨询甲级资信证明和建筑专业工程咨询乙级资信证明。

（吴　凡）

【鞍钢矿山机械制造有限公司概况】 2021 年末，鞍钢矿山机械制造有限公司共有在岗职工 262 人，其中干部 71 人（高级职称 6 人、中级职称 52 人、初级职称 13 人），工人 191 人。拥有固定资产原值 1.8 亿元，净值 0.8 亿元。厂区占地面积 20.8 万平方米。

2021 年，该公司面对新冠疫情影响和原材料价格上涨及限产限电等严峻形势，生产经营经历了前所未有的挑战，广大干部职工以聚焦自身主业为主线，以做精做强主导产品为目标，固本强基，全年实现销售收入 9.26 亿元，产量 12 万吨，利润 863 万元，完成生产经营目标。

加强技术创新，产品竞争力持续提升。该公司通过改善轧球基体组织，提高产品性能，优化钢球质量，结算率稳步提高。通过开展 HP800 提质攻关，于 2021 年初，在齐选进行了试验，使用时间达到 495 小时，接近同行业先进水平。该公司紧紧围绕"做优矿山备件产品，塑造企业品牌"产品研发方向，开展进口破碎机国产化技术攻关。采用国标和美标相结合的方式，实现全套破碎机备件的设计，部分产品已投入使用。知识产权管理取得新进展，2021 年，共申报国家专利 5 件、专有技术 6 项。

加强设备设施改造，安全生产逐步提高。该

公司为增产增效，扩大生产能力，消除安全隐患，加大投资力度。维修费投资1100万元，重点对老旧设备、设施进行维修，确保了生产顺行；安措费投资919万元，重点对电气设施及吊车等设备进行维修，消除了金属冶炼及吊装作业过程中的安全隐患；零固投资482万元，对铸钢作业区的空压机、碗式混砂机、32T耐高温钩头秤及制检作业区的卷板机等设备进行更新；新增一条$\phi 45$轧段生产线，提高了生产能力，同时实现了夜班谷时生产。

加强基础管理，运营水平稳步提升。该公司围绕提质降耗、优化生产组织、设备改造、压缩运输成本等各个环节深挖潜力，降低管理费用794万元；完善技术规程18个，对产品工艺质量检查57项，考核5600元，处理质量异议15项，考核6325元；强化安全基础管理，修订承接制度文件24个，排查隐患问题296项，考核613人次，考核金额8.41万元；加强疫情防控，克服外来运输车辆管理难度大的不利因素，通过强化接车、封车、消杀等手段，实现疫情稳定受控。

加大改革力度，内生动力有效激发。该公司完善董事会和股东会会议议事规则，审议并通过了重大项目、重要变革和全局工作等相关事项29项。加大干部考核交流力度，交流16人次，通过工程等级序列评聘选拔干部1名。推进人力资源优化及规范劳务用工，清退超龄劳务人员51人，办理离岗居家休息1人。全面推进契约化管理，与作业区负责人签订了契约化经营责任书，在铸钢、加工、结构3个作业区7个工种实施了计件制。对炼钢班、造型班、轧球20线等18个生产班组实行契约化责任承包制管理，提升了职工的工作积极性，产量和质量得到双提升。

加强民生实事，职工利益得到保障。该公司注重对职工的人文关怀，完成了厂内道路维修和西浴池的改造。2021年救济困难职工46人次，救助金额2.41万元；金秋助学3人次，救助金额3000元；团体重大疾病救助1人次，救助金额8万元。为职工办理健康疗养卡3万元、发放会员春节慰问品9.95万元，为自管退休职工发放慰问品1.21万元。在鞍钢乒乓球联赛和全国冶金职工运动会羽毛球比赛中分别获得第四名的好成绩。1名职工代表冶金体协参加全国第十四届运动会群众组羽毛球比赛，获得前20名的好成绩。为一线职工送清凉185人次，费用1.85万元。

（李　辉）

【鞍钢矿山汽车运输有限公司概况】 2021年末，该公司总资产1.80亿元，净资产1.18亿元。厂区占地总面积48629平方米，房屋建筑面积15191平方米。有各种运输设备695台，其中运行643台，载重吨位8350.38吨。公司在岗职工903人。机关设5个部门，基层单位有7个运输大队。该公司主要从事汽车运输、汽车修理、土石方工程、吊装工程等。

2021年，该公司面对严峻形势，攻坚克难、积极进取。一是积极利用矿业公司的发展给矿汽公司带来新的活源和机遇组织好生产经营；二是实施改革创新，特别是三项制度改革激发了企业经营活力；三是利用好公司这支经得起考验、能打硬仗的干部职工队伍，为公司战胜困难提供有力支撑；四是提高职工安全生产意识，强化岗位达标、班组达标、专业达标，以国家一级安全生产标准化运输企业开展工作；五是深入开展党史学习教育，结合党建工作好的方法、做法与生产经营实际融会贯通，确立高质量发展路线。通过广大职工干部的不懈努力，2021年较好地完成了年初职代会确定的各项工作目标。

积极开拓市场，实现收入稳步增长。针对年初市场波动大、活源不足等难题，公司积极协调、找市场、拓活源，生产经营工作稳步推进，逐步稳定尾矿坝运输项目、海城输东烧输鞍钢镁石运输项目、调选至灵山站精矿运输项目、弓选至北营钢铁精矿运输项目、眼矿至关宝山矿石运输项目、弓长岭地区运输项目、矿机厂球锻配送业务，拓展矿机废钢运输、鲅鱼圈输东烧精矿项目，为公司创效奠定了良好的活源基础。全年实现营业收入2.78亿元，比上年增长13.93%，利润455.08万元，职工收入实现增长，是职工收入得到实惠较多的一年。

三项制度改革取得新成效。6月22日，矿汽公司下发了《关于调整组织机构的通知》，机关部门由9个压减为5个，基层单位由8个压减为7个，调整后的管理技术人员编制为73人，仅占在岗职工人数的7.9%。6月25日，该公司召开党委会对涉及相关岗位和人员进行调整，6月30日前，人员全部调整到位，矿汽公司机构调整和编制精简任务均提前完成。

该公司紧紧围绕公司生产经营的重点难点，一是充分调动广大职工创新积极性。2021 年职工创新项目立项 9 项，如东烧灰罐放料管改造、苫布电机输出轴转轴平键改造、豪沃自卸转向节立轴改造等，年累计创效 72.3 万元。二是加强管理，夯实企业经营基础，提升设备设施状况。强化维护和检修过程质量控制，全年车辆返修率为零；共检车 5989 台次，参检率 96.67%；合格设备 5864 台次，合格率 94.66%；共处罚 67 台次，奖励星级设备 250 台次，有效激励了职工维护设备的积极性。

面对挑战，该公司强化安全管理，提高政治站位，严把安全关，形成“人人管安全、人人要安全”的浓厚氛围，在此基础上向全面完成 2021 年生产经营各项指标冲刺。该公司在强化安全管理上主要抓好三方面工作：一是“强意识”，公司充分利用各种时机大力宣传交通运输安全意识的重要性，使职工意识由“要我安全”向“我要安全”转变；二是“明措施”，公司每天利用 BDS 信息管理手段监督车辆的运行情况，确保行车安全，消除安全隐患；三是“促成果”，对安全管理工作中行之有效的措施、办法大力推广，举一反三，并对工作中表现突出的单位和个人给予正激励。

深入推进党史学习教育。及时制定《矿汽公司党委开展党史学习教育的实施方案》，组织各党支部开展党史学习教育。坚持党管干部、党管人才原则，加强干部队伍和人才队伍建设，做好领导干部的日常考核和监督。通过党史学习教育。一是思想文化建设进一步提升。加强领导人员政治理论学习，共召开党委中心组党史学习和理论学习会 24 次，各级领导干部讲党课 22 次。二是推进全员政治理论学习，利用各种载体和平台，有针对性地、分层次地组织了《论中国共产党历史》、十九届六中全会精神、伟大建党精神等内容学习。三是全方位加强意识形态工作，形成了党委统一领导，党政齐抓共管，各部门各负其责的工作体系。

2021 年 11 月 7 日鞍山迎来罕见暴雪，按照矿业公司总体部署，该公司以雪为令，接到指令后，迅速行动、精心部署，增派自卸运输车和装载机支援鞍山市交通局、鞍山市应急局、铁东区环卫处、铁西区人民政府等政府职能部门进行顶风冒雪、通宵奋战、清理鞍山道路除雪工作。在保证矿业生产的基础上最大限度增援百余台次配合市职能部门一起抢运积雪，为服务区域及鞍山市广大市民畅通出行贡献应尽之力。

（潘　登）

【鞍矿供销公司概况】 2021 年末，供销公司在职职工 246 人，其中，在岗 233 人、居家 13 人。公司下设综合管理室（工会）、计划招标室、设备采购室、材料采购室、原燃料采购室、销售室、储运管理室（安全管理室）、纪检室（党政督察办公室）、弓长岭总站 9 个职能部门。储运管理室下辖 4 个区域站，弓长岭总站下辖 3 个区域站。

2021 年，该公司紧紧围绕矿业公司总体战略部署，全面贯彻落实超额完成三大任务、争创“五个一流”、加快推进双核战略要求，以效益、质量、效率为中心，以“阳光、降本、安全、高效”管理为指引，克服疫情冲击影响、改革任务繁重、管理难度增加等不利因素，取得了保产保供强基固本、效率效益历年之最、改革工作扎实推进、创新发展初见成效的良好成绩。完成生产、维修物资采购 30.99 亿元，维简工程物资采购 3.95 亿元；铁精矿、球团矿、烧结矿三大产品实现销售收入 60.2 亿元，创效 2.8 亿元。

安全防火管理能力不断增强。牢固树立安全发展理念，严格落实“四个一刻也不能放松”和“五清五杜绝”要求，认真履行隐患按事故处理原则，全面压实安全主体责任，深化安全标准化建设，开展对油库、加油站等重点部位防火、防爆大检查，下发检查通报 5 期，考核 9 人次。强化了安全隐患和现场治理整治工作，2021 年实现轻伤以上人身事故、设备事故、火灾事故为零的目标。

采购效率持续提升。坚持集中采购、应放尽放、放管结合的原则，实施授放权采购，对厂矿授权采购进行了系统梳理，制定了生产维修用物资集中采购目录和维简工程（零固）集中采购目录，合理匹配采购方式和采购主体，下放授权采购编码 14203 项，共计 4.9 亿元。同时，细化了推进措施和实施路径，明确了时间节点和责任分工，形成以政策支持、系统支撑、监管考核、跟踪指导“四个体系”为支撑的甘特图，挂图作战实施推进，确保授权采购有序推进。

管理职能充分释放。定期对物资采购方面的

廉洁风险进行分析研判，强化对供应链三个重要环节的有效监管。管理基层厂矿物资采购工作，围绕厂矿质量异议、库存资金占用等重点工作开展专项检查，考核厂矿 19.4 万元。管好内部物管人员，从工作质量、工作效率、劳动纪律等多个维度考核 31 人次，1.95 万元。管好外部供应商，对延期交货、不执行中标结果的供应商实施考核，全年处罚供应商 481 家，其中取消投标资格一年 16 家，延期付款 93 家，警告 71 家、口头通报 301 家。通过强化监管，促进了保供能力的有效提升，推进了物资采购管理阳光、高效。

基础管理进一步夯实。强化制度建设，先后完善矿业公司层面制度 5 项，完善供销公司内控制度 42 项，持续提升了风险管控水平。实施预估招标，逐步扩大预估招标范围，由 2021 年初的 66%提升至年末的 88%，提升 22 个百分点；固化采购方案，实现由年计划招标采购向全面预估招标采购过渡，从根本上解决制约采购效率的主要问题。建立常态化的对标机制，围绕采购、营销工作与本钢进行全面管理对标，与齐鲁石化等国内一流企业对标，与京东、北科大开展业务交流，学习和借鉴先进管理经验，提升了采销精细化管理水平。

降本增效取得新成果。积极优化采购方案，扩大公开招标范围，形成了公平竞争的良好局面。其中，原料室通过优化品种结构、实施灵活付款，超额完成 303 万元；材料室通过降低润滑油采购成本，超额完成 46 万元；销售室通过制定关联方管理方案，拓展了多元化营销模式，全年矿产品销售总量完成 614.3 万吨，超额完成 1.27 亿元。在公司全体专业人员的共同努力下，全年实现降本增效 2.15 亿元，超计划 1.27 亿元。

（吴维臣）

【鞍矿质量计量中心概况】 2021 年末，质量计量中心共有在职职工 364 人，其中干部人数 46 人（高级技术职称 8 人、中级技术职称 23 人、初级技术职称 9 人），工人人数 318 人；居家职工 34 人（含干部 1 人），列编外职工 1 人。退休职工 476 人。该中心机关设部室 4 个，即党委工作室（工会、纪委、党政督察办、团委）、综合管理室（安全管理室）、质量管理室、计量管理室；设置基层站室 8 个，即东鞍山检查站、大孤山检查站、齐选检查站、齐矿检查站、鞍千检查站、关宝山检查站、输出产品检查站、环保检定室。拥有固定资产原值 6230 万元，净值 1943 万元。主要设备有：轨道衡 8 台，汽车衡 11 台，皮带秤 6 台，荧光分析仪 11 台，化验（取制化）设备 527 件。

生产经营任务高质量完成。公司全年铁精矿、烧结矿、球团矿三大输出矿产品 6 项质量指标全面超计划完成，全年完成化学法检测件数 42 万件，荧光检测件数 22 万件，正检率为 100%，化验抽查合格率为 99.42%，过磅量 7160 万吨，过磅率 99.69%；环境监测率达 100%，质计量等各项收费 4664 万元。

服务保障能力实现新提高。实施设备专业化管理，成立中心点检站，调整设备管理职能，中心计量设备、检化验设备的预防维修、计划检修、抢修体系逐渐完善，建立设备维护、年检、维修管理体系，设备保障能力得到提升。开展全员检化验理论、实操培训 4 期，职工技能素质进一步提升。完善了大球膨润土蒙脱石、齐矿新招、新进药剂的检化验方法标准，制定完成了铁矿石中铝和磷的检测操作规程，检化验能力普遍提升，增强了中心核心服务保障能力。充分发挥站室作用，持续推进采场出矿部位定期跟踪取制化，有力消除了厂际间的异议，确保了地区量值平衡。质量督察和化验抽查工作扎实有效，提高了取制化作业的规范性，指标准确率更稳定、更真实。

基础管理工作再上新台阶。开展检查站等级评价活动，对各检查站进行综合评价，奖优罚劣，站室建设整体水平有了明显提升。严格落实“五清五杜绝”和“四个一刻也不能放松”要求，强化现场安全检查和相关方管理。建立健全安全生产责任制，安全基础逐渐夯实，规程逐渐完善。全年排查治理各类安全隐患 213 项，隐患按事故处理考核 6400 元。建立安全、劳动纪律、工作纪律联合检查机制，形成常态化工作，促进了中心管理工作的提升。

综合改革取得新成效。按照公司改革总体要求，对内部机构进行整合，原有 15 个 C 级单位合并为 12 个，成立了综合管理室（安全管理室），新的质量管理室，职能进行了重塑。实施管理技术岗位全员竞聘上岗，建立双合同制，取消了身份限制，形成上岗靠竞争的氛围。薪酬改革、工资总额承包、取制化一体、计件工资改革取得较好成绩，多劳多得，少劳少得，不劳不得体制逐渐形成，靠努力工作获得薪酬的意识基本上达成共识。大孤山检查站参评公司三项制度改革示范作业区取得好成绩。

环保检定工作取得新进展。完成了各厂矿粉尘、噪声、二氧化硫、废水污染物的应急监测任务。按照公司环保工作要求，对各厂矿废水、烟气、烟尘、噪声及厂区空气质量进行监测，共监测分析数据6525个。提升公司整体计量水准，新建150吨汽车衡检定标准，有6项计量检定标准通过认证，全年检定计量器具3015台件。

党史学习教育工作扎实开展。制定实施方案，分层级推进，建立联络员分片督导。定期推送“四个一百”学习内容，采取“三个一”学习方式推进党史学习教育走深走实。党委中心组集体学习25次，围绕交流研讨12余次。各党支部利用“三会一课”和主题党日等形式开展学习。

党支部战斗堡垒作用充分发挥。持续开展党支部建设提升年活动。抓好党支部“五个基本”的落实，重新修订支部文件14个，重新划分党小组、梳理党员责任区，均衡提高党支部标准化建设水平。

党员先锋模范作用充分体现。落实各级管理技术人员安全生产责任，制定《中心管理技术岗位人员安全包保管理规定》。开展“五多、四严、四不”主题实践活动，排查隐患129项，考核责任人35人次；开展争创外销党员先锋岗活动，7个党员先锋岗较好完成224万吨外销矿产品计量质检任务。3项公司级共产党员工程创效490万元。

（洪　冰）

【鞍矿教培中心概况】 2021年末，鞍钢矿业教育培训中心在岗职工52人，其中管理和专业技术岗位人员48人，生产和服务岗位人员4人。下设党委工作部、综合管理部、培训项目部、培训管理部4个部门。中心占地面积8.2万平方米，建筑面积2.2万平方米，拥有固定资产原值3925.2万元，净值840.8万元，具有一流的教学设施和实习基地。

该中心是矿业公司职工教育培训基地，集企业职工职业技能培训、职业技术教育于一体，于1964年建校、1996年晋为国家级重点技工学校，于2017年更名为矿业公司教育培训中心，是鞍山市安全技术培训中心培训基地、鞍山市特种作业人员考核基地、辽宁省冶金技工教育培训集团成员校、中华全国总工会命名的全国职工教育培训示范点，具有丰富的教育培训经验，开设有党建培训、管理培训、企业文化、安全培训、矿山设备机械检修、矿山设备电气检修、大型车运用与维修、电力机车运输、皮带运输、挖掘机司机、牙轮钻司机、采矿工艺、选矿工艺、烧结工艺、球团工艺、焊接加工、铆配技术、机械加工、计算机应用等矿山特有专业和通用专业培训。

2021年，教培中心深化三项制度改革，全面加强党风廉政建设，克服疫情影响，努力实施高品质教育培训，推进教育培训专业化管理服务平台建设，全年为38280人次提供了各类培训、考试等服务，开启了“十四五”高质量发展新征程。

（陈禹廷）

【鞍矿生产服务中心概况】 2021年末，生产服务中心有在职职工201人，其中在岗干部99人（高级职称21人，中级职称45人，初级职称11人），在岗工人102人。退休人员550人。该中心下设“四室”（生产室、设备室、综合管理室、党委工作室（工会）），9个基层单位。固定资产原值12408.86万元，净值4685.86万元。该中心负责矿业公司的食堂、绿化、保产保洁、公务用车及维修、生态修复与土壤改良等工作。

2021年，生产服务中心全面完成了各项经营目标和工作任务。全年收入12746万元，超计划5%；成本11546万元，降低9%；实现利润1200万元，创造了独立核算以来的最高水平。盐碱地改良种植水稻922亩，收获绿色水稻235吨；抑尘剂、复合油相分别完成10195吨、2060吨；完成公司级科研项目1项，完成中心级科研项目6项。

三项制度改革全面深化。一是加大改革工作推进力度。建立了改革领导小组和项目专题组及改革推进会和周改革专项工作协调会制度，制定改革实施方案及相关的改革配套文件，实行了月改革任务清单制，确定了改革重点任务和时间节点，落实到责任人、责任单位，确保改革工作按计划推进和完成。二是优化机构和人员。优化整合压减机关机构10%，压减基层单位10%，定员编制优化精简9个岗位，占比不超过9%，完成了公司目标。中心对服务区（作业区）、服务区（作业区）对班组层层下放权力，激发了基层经营管理活力。三是深化薪酬和用工改革。实行在岗职工工资总额与利润费用总额挂钩的联酬联利联动考核；加大工资浮动比例，突出按业绩、贡献分配比例；对缺人岗位开展竞聘上岗，有7人竞聘进入重要岗位；启动了全员绩效考核管理，管理和专业技术人员双合同、生产服务人员单合同签订100%；实行以四改为主要内容的市场化用工改革，其中打破行业、地区、企业界限，引进成熟人才6人；规范项目用工，减少项目工18人，降低项目费用73.8万元。

优质服务和管理提升工作再上新水平。创建服务品牌取得很大成效。食堂持续开展以创建优质服务品牌为引领的管理升级活动，全年完成食堂就餐118.8万人次；自制节日食品饺子、月饼、粽子免费供应职工；免费请职工品尝自产水果2326千克，供应食堂自产绿色大米150吨。落实食品安全法，全年实现食品污染、中毒事故为零。落实反食品浪费法，降低了职工食堂浪费。在极端天气下，食堂保证了正常供餐。精心组织、规范管理保证矿机厂食堂顺利运营。保产服务除完成正常保产任务外，完成临时、紧急保产任务20项。绿化产业较好完成了公司双鞍融合共建工程项目植树工作，复垦灌木成活率达到98%、乔木成活率达到95%。在极端天气情况下清理现场杂物和积雪，较好完成了生态园参观接待工作。公务用车开展全员创优质服务品牌活动，员工素养、环境面貌及内部管理都有了显著提升。

管理提升进一步深化。修订规章制度42项，废止17项，新制定3项。强化全面风险管理，辨识中心6个较大风险，采取了规避防范措施。加强合规管理，审核合同、重要事项及规章制度42项，签订各类协议48份，确保了合规依法管理。

深入开展扶贫帮困活动，解决职工困难39人次，救济职工66人。培训职工1458人次，评聘食堂高技能人才7人，招聘食堂项目管理人员1人、食堂项目组长3人。组织职级鉴定通过44人，组织参加国家级职业技能鉴定合格5人。

党建工作持续提升。夯实党建基础工作，修改完善党建规章制度13项。制定《“2+1”党支部党建工作考核评价办法》，推进支部带头人队伍整体优化，调整充实党支部书记4人，开展党员培训500余人次。完成鞍钢级共产党员工程1项，获矿业公司共产党员工程三等奖1项。

廉政建设不断深入。落实“两个责任”，组织签订《党风廉政责任状》《“一岗双责”承诺书》和《廉洁承诺书》。积极落实上级巡视、巡察整改任务，对照4张问题清单，制定整改措施263条，实施“销号”式管理，整改完成率100%。开展“靠钢吃钢”和群众身边腐败问题专项整治工作，切实维护职工群众利益。发挥专项监督作用，开展汽柴油消耗、废旧物资回收、安全管理再监督和电商零星采购专项监督检查6项。强化廉洁从业教育，不断增强广大党员干部廉洁从业意识。

开展技术大练兵活动，获得矿业公司级技术状元2人、技术能手29人。4名职工在2020年辽宁省“匠心杯”职工技能大赛中取得较好成绩。

（邱万雷）

【弓长岭露天矿概况】 2021年末，弓长岭露天矿共有在岗职工788人，其中，干部118人，工人670人；高级职称5人，中级职称67人，初级职称38人。矿机关设5室，基层设9个作业区，主要装备有牙轮钻机15台、电铲30台、生产汽车33台，工程机械设备52台，干选生产线4条。

2021年，露天矿面对夏季多次强降水、入冬特大暴雪、生产限电、干选矿石输出受限、采空区持续暴露等多重困难，通过优化生产组织、调整生产布局、开展生产竞赛、深化改革等综合措施，扭转了矿石欠产局面，生产矿石1225万吨，超奋斗目标计划15万吨，再次创造了露天矿铁矿石生产历史新纪录。在矿石开采难度日益增加、创效空间日益收窄条件下，多措并举降本增效，单位矿石制造成本下降至78.24元，实现报表利润2.45亿元，超目标利润计划6329万元，获得了鞍钢集团先进单位称号。该矿严格按照上级公司安全生产工作要求，压实安全责任，强化安全管理，连续3年实现了轻伤以上事故、设备、火灾和环境污染事故为零目标。

该矿充分把握鞍钢集团实施“双核”发展战略机遇，全面强化生产能力建设，“三个一批”项目进展顺利，何家西扩工程1500万吨基建剥岩计划全面完成；干磨干选项目及配套预富集1200万吨干选项目按计划推进；独木采区西帮老岭井采工程已进入可行性研究报告编制阶段。干选工程项目全面完成，独木新建干选工程6月初投入生产；独木、何家干选改造工程11月全部完工。

该矿坚持以“系统性”思维强化设备管理，

新下发文件 14 个，增补岗位作业规范 2 个，重新修订了电铲和牙轮钻机 2 项点检标准，编制重点工作甘特图 17 个。充分运用 EAM 资产管理平台功能，生产领料、设备检维修等多项业务实现了信息化管理。通过强化三级点检管理，优化定修项目排定等综合措施，初步形成了以“月计划为主、季度计划为辅、周计划为补充”的设备定修管理格局，主体生产设备故障率进一步下降，电铲故障率同比下降 0.145%，牙轮钻机和生产汽车故障率同比下降 0.01%。该矿通过躲峰用谷管理、严格执行冬季取暖证办理、运用储能式锅炉谷时充能等综合措施降低能耗，电单耗、综合能耗分别比 2020 年同期降低 12.9%和 5.4%。持续拓展自营项目，降低费用成本 270 万元。

持续深化改革，建立了矿机关五室和基层九作业区管理架构，作业区数量减少了 2 个，管理、专业技术岗位由原来的 121 个减少到 114 个；在采矿作业区实施了内部市场化改革，市场化管理逐步延伸至基层作业区，有效激活了企业内生动力，劳动生产率由 2020 年的 8667 吨/人增加到 12559 吨/人。

持续强化科技工作，开展科研课题 4 项，提交专利 6 件；申报重大合理化建议和技术改进项目 15 项，实现创效 2900 万元；获辽宁省金属学会优秀科技论文一等奖 3 项，二等奖 4 项。

深入践行共建共享理念，连续三季度获得矿业公司“保安全、提产能、增效益”劳动竞赛先进单位称号，实现双增双节创效 628.7 万元，在岗职工人均月工资收入同比增长 34.36%，完成“我为群众办实事”项目 24 个。

（*黄景君*）

【弓长岭井下铁矿概况】 2021 年末，弓长岭井下矿有在岗职工 486 人，其中，管理专业技术岗位 98 人（高级职称 11 人、中级职称 62 人、初级职称 17 人），生产服务岗位 388 人。机关设生产技术室、设备室、综合管理室、安全管理室、党委工作室和工程指挥部，下设中运、综合、中茨、西北、+80 米、−280 米东和−280 米西 7 个项目组。拥有固定资产原值 159906 万元，净值 34034 万元。矿区占地面积 4.916 平方千米，建筑面积 29403 平方米，设备总台数 1848 台。

生产经营取得显著成效。井下区域矿石入选量完成 388 万吨，其中自产矿石完成 251.8 万吨，超计划 11.8 万吨。采掘生产有序推进，全年掘进完成 85489 立方米、采矿完成 217258 米，同比提高 20.5%、19.9%。强化采掘施工，西北采区、下含铁带和中茨采区产能稳步提升，分别达到 40 万吨/年、80 万吨/年和 100 万吨/年。富矿生产提前投产，四季度完成 4.4 万吨，具备 8 万～10 万吨/年生产能力；盈利能力明显增强，实现报表利润 1602 万元，剔除考核因素 3261 万元，实现利润 4863 万元，比目标计划 2301 万元超 2562 万元，增幅 112%；全员劳动生产率达到 7762 吨/（人·年），同比提高 12.8%。

安全生产形势持续稳定。按照“横向到边、纵向到底”的原则，重新修订了全员安全生产责任制，通过量化责任制内容，建立安全责任清单，环环拧紧责任链条，压实安全责任。加强双重预防机制建设，开展风险评估，配备了岗位风险告知卡、风险公告栏。开展隐患大排查大整治活动，累计排查治理隐患 1649 项，整改率达到 99.8%，特别是贯彻“隐患按事故管理”的要求，对 21 项隐患问题进行了分析问责和提醒谈话，问责 60 人次，考核金额 1.82 万元。深化安全标准化创建，评选星级项目组 33 个、星级班组 15 个，星级岗位 26 个，申报矿业公司安全标准化班组 3 个。顺利通过了安全标准化二级企业复审，完成了井下区域环境评估报告并获得辽宁省审查批复。

工程项目建设取得良好局面。全年固定资产投资项目 36 项，其中，新开工项目 11 项，计划投资 5191 万元；竣工验收 16 项，完成投资 4012 万元。“三个一批”重点项目落地落实，深部充填法开采工程已完成投资计划放行，投资 2.3 亿元；东南区上含铁带过渡开采工程，完成了立项论证、初步设计和风险评估报告。启动了 660 万吨/年的矿权扩能办理流程，编制完成了储量核实报告，资源开发利用方案等前置要件办理，确保井下矿产能提升依法合规。

三项制度改革初见成效。制定了深化三项制度改革实施方案及重点任务清单，以三项制度改革为契机，构建精干高效的人力资源管理体系和科学有效的薪酬分配体系，切实推动“三能”机制落地。全矿有 56 人竞聘上岗，17 名 80 后竞聘到关键重要岗位，3 名生产服务岗位人员竞聘到管理专业技术岗位，按矿业公司下达指标，完成了机构重组和岗位编制优化目标，顺利完成过渡岗优化任务。矿被矿业公司评为三项制度改革示范单位，中运项目组被矿业公司评为三项制度改革示范作业区。

以全国国有企业党建工作会议召开五周年为契机，压实党委主体责任，定期研究党建工作，党委班子成员落实党建工作责任制，定期到联系点党支部指导工作。按照强基固本、对标提升、晋位升级总要求，深入开展党支部建设提升年活动，矿党委每季度对党支部工作进行检查、打分、排序，召开党支部书记工作会议进行总结分析，推动党支部建设整体水平的提升。

深入开展“党旗在基层一线高高飘扬”活动，充分发挥党支部战斗堡垒和党员先锋模范作用，以“我为党旗添光彩、提质增效创一流”为主题，开展共产党员工程活动，立项19个。

宣传思想文化建设卓有成效。落实《井下铁矿党委意识形态工作责任制实施细则》，制定下发《落实党委网络意识形态工作责任制责任分工方案》。充分利用井下铁矿网站、井下动态电子版、手机微信群等新媒体平台，扩大宣传面。制作形势任务宣传提纲23期，编发《井下动态》12期。发表对外宣传稿件138篇。

党风廉政建设和反腐败工作巩固提升。召开2021年党风廉政建设及反腐败工作会议，与部门、项目组签订《2021年党风廉政建设责任状》。全面开展警示教育，组织全体干部和党员观看警示教育片《放纵的权力》《失德之害》，学习《鞍钢集团违纪违法典型案例汇编》，撰写观后感27篇。开展“清风行动”，充分运用“第一种形态”，对30人次给予谈话提醒，15人次给予批评教育。

开展“保利润”降本增效活动，在各项目组深入开展“万元班组”争创、修旧攻关竞赛等活动，争创“万元班组”8个，2021年降本增效完成107.5万元（年计划目标80万元），超计划34%。发挥两个矿业公司级创新工作室作用，完成3个创新项目；5项先进操作法申报矿业公司级先进操作法。全年救助困难职工182人次，发放救助金102400元。

（谢忠刚）

【弓长岭选矿厂概况】 2021年末在岗职工1227人，其中干部125人，工人1102人；居家职工80人。拥有固定资产原值20.34亿元，净值6.34亿元。

生产经营再创新纪录。2021年，弓长岭选矿厂深入贯彻落实党的十九届历次全会精神，践行新发展理念，按照矿业公司总体部署，深化企业改革，稳定生产能力，加快技术创新，全面建设品牌弓选、精益弓选、品质弓选、绿色弓选、品位弓选，各项工作取得了新的成效，实现了企业轻伤以上事故、重大设备事故、火灾事故、重大环境污染事故、新冠疫情为零的目标。全年完成铁精矿523.6万吨，剔除采场供矿不足、限电、矿山限爆、雾霾天气、辽电改造等不利因素影响，相当于540万吨年水平，再达历史高点。报表利润完成31.97亿元，还原不可比增利因素后完成利润14.25亿元，超挑战值2735万元，创历史最好水平。

科技攻关取得新突破。完成了“磁铁矿尾矿回收单独再磨再选工艺技术研究”科研项目论证。上报《弓选尾矿回收升级改造项目建议书》，为弓选尾矿回收升级改造提供了有效依据。获得矿业公司合理化建议一等奖1项，三等奖3项。“鞍山式贫磁铁矿石磁—重—磁（浮）联合选矿工艺关键技术研究”项目荣获冶金矿山科学技术奖二等奖。获受理专利6件，授权专利3件，专有技术1项。

安全环保实现新进步。以实现“零事故”为目标，按照“四个一刻也不能放松”“五清五杜绝”工作要求，与基层作业区签订安全生产目标管理责任状，形成了严密的责任体系。公开竞聘10名专职安全员，强化了基层作业区安全管理。深入践行“隐患按照事故管理”的新理念，全年排查整改各类安全隐患1642项，考核隐患及违章问题149项，考核9.78万元。两破作业区除尘设施与主体设备同时运行、同时检修维护，强化皮带洒水降低了粉尘浓度。喷洒抑尘剂58万平方米，铺设抑尘网10万平方米，完成尾矿库21期、22期子坝复垦绿化，实现了扬尘有效治理。

设备保障能力得到新提升。重新修订完善了《设备检修工程管理办法》等12项管理制度。开展了点检、润滑、电气自动化、起重设备等专项检查，整改问题206项。利用上级变电所改造限电时机，组织完成了处理老选600自压回水管道漏点等478项检修项目。一选作业区二次球磨机更新3台PLC柜，三选作业区泵池浓度实现优化控制。新、老破漏子采用新型合金衬板，比原有钢板结构寿命提高6倍以上，老破粗破作业率达到84.47%，高于矿业公司平均值29个百分点，为稳定生产指标创造了条件。

降本增效取得新成效。一选作业区采取优化管路坡角、调整旋流器参数和强化自控管理等措施，提高了球磨机台时处理能力。全厂原矿电单耗完成33.2千瓦时/吨，比年计划降低2.83千瓦时/吨，创效2478万元。钢球综合单耗比计划降低6.34%，节省费用561万元。承揽外委转自营维修工程48项，节省外委维修费388万元。调拨机械厂料场297吨碳结钢板，节约采购成本163万元。

企业管理跃上新台阶。制定实施了《深化三项制度改革实施方案》，作业区由原来13个整合为9个，管理专业技术岗位由166个压缩至125个。与全厂职工签订岗位合同和劳动合同，明确绩效考核指标和胜任标准，实施了动态考核。劳动生产率同比提高10.6%，达到12237吨/人。

为困难职工发放救济金和慰问品，合计26.75万元。高标准修缮生产作业现场操作室2个、休息室4个、职工浴池1个，重新铺设厂区道路1.3万平方米。为全厂职工发放了健康疗养卡。开展了健步走、才艺视频征集等文体活动，展示了职工昂扬向上的精神风貌。

建立了基层党支部向包保党委委员每季度汇报工作制度；每季度对党支部委员进行至少一次业务培训和党建业务知识测试，对党务干部进行一次公文写作能力培训。以向建党100周年献礼为主线，以强化党史学习教育为载体，以实现“五个一流”为目标，在全体党员中深入开展了系列学习宣讲活动、系列建功立业活动、系列生产竞赛活动、系列品牌创建活动，切实发挥党员的先锋模范作用。全年评选党员品牌先锋岗12个，党员工程立项54项；有2名党员获公司技术状元称号，有19名党员获公司技术能手称号。

强化党风廉政建设。从备件管理、奖金分配、招标采购、疫情防控等方面，确立了11项专项监督项目，采取日常抽查和定期检查相结合的方式，组织开展专项监督。同时狠反、整治官僚主义、形式主义。下大力气抓好学风、文风、会风，全年厂级会议同比减少了50%，全厂印发文件同比降低28%。

（刘邦贺）

【弓长岭球团厂概况】 2021年，在岗职工529人，其中干部82人，工人447人。机构设四室（党委工作室、生产技术室、设备室、综合管理室）、三个工区（一线工区、二线工区和综合工区），获鞍钢先进党委、先进单位称号。

2021年，矿业弓长岭有限公司球团分公司围绕加快推进球团高质量发展主题，直面风险挑战，勇于责任担当，立足拼争奉献，积极消化球团矿需求大幅波动、煤炭紧张、企业限电、雾霾限产、新冠疫情反复等不利因素，把握和分析市场需求脉搏，深挖内部管理潜力，实施了一线以保股份生产为基础、二线以带料加工为辅营的市场化经营模式，充分释放产线富余产能，提高了应对风险能力，破解了企业生存发展困境，超额完成了公司下达的各项生产经营任务。全年生产球团矿404.99万吨（其中销售鞍钢292.14万吨、外销29.77万吨、带料加工83.08万吨），实现销售收入43.46亿元，超利1.15亿元。球团矿各项技经指标均超额完成目标计划。

党建工作稳步提升。坚持把学习贯彻落实习近平总书记重要指示批示精神作为首要政治任务，通过“第一议题”、党委中心组学习、党支部政治理论学习，引导党员干部增强“四个意识”、坚定“四个自信”，把“两个确立”转化为做到“两个维护”的思想自觉、政治自觉、行动自觉。发挥党委会议事决策作用，重点研讨代加工球团矿、二线超低排放、深化三项制度改革等重大事项，定期研究党建工作，有效发挥把方向、管大局、促落实作用。开展“样板党支部”创建，二线工区党支部被评为2020年度鞍钢“样板党支部”。聚焦降本增效，实施“共产党员工程”12项，创效991.7万元。开展党员解难题攻关竞赛，确立实施攻关项目9项，一线党支部“优化磨煤操作工艺”获得矿业公司一等奖。

生产组织顺畅高效。优化生产组织预案，强化产量计划分解和组织协调，准确把控生产节奏，保证了鞍钢内部、外销和带料加工产销平衡，实现了产线连续运行。针对二线进厂精矿波动频繁实际，强化质量过程管控，优化配料操作，保证了对外加工球团矿的质量，球团矿质量得到市场的极高评价。开展新型复合膨润土实验，膨润土单耗达到7.06千克/吨；严格工艺纪律管理，强化重点区域、关键工序检查考核，排查整治工艺问题 185 项；加大工艺管线清理和系统漏风，治理漏风点 52 处，提高了系统风能热能利用效率，降低了关键指标消耗。强化结圈块破碎和筛分，降低杂料量和加工费。大力开展科技攻关，实施了“高质量复合有机膨润土配加”“鞍钢矿山外部铁精矿制备优质球团矿关键技术研究”等科技攻关项目，有效解决了制约生产的技术难题。加快科技项目立项实施和成果申报，全年确立科研项目 1 项、征集合理化建议 8 项，申报专利 23 件、专有技术 2 项。

设备运行稳定可靠。严格落实点检责任，强化点检绩效考核，协同优势进一步发挥，保证了点检质量和效率，减少临时停机所带来的生产经营风险，设备故障率较计划下降 0.37%、设备可开动率提高 2.36%。加强设备定修管理，强化沟通协作，科学确定缺陷项目，平衡设备定修节点，严格技术措施落实和项目质量验收，减少了设备停机检修频次和电耗。坚持逢修必改，重点实施了一线链箅机布料改造、一线回转窑新型鱼鳞片密封装置、一线电除尘壳体修复、二线 Q2 皮带电动滚筒改造等检修项目，解决了制约生产的瓶颈问题。大力推进信息化、智能化建设，重点推进了回转窑安装音频装置、回转窑正压及皮带红球监测系统等改造项目，加速推进关键工艺环节智能化控制。加强备件资材管理，通过强化备件资材全寿命管理、实行以修代换等措施，进一步降低备件资材消耗。

安全环保深入推进。认真贯彻落实新《安全生产法》，重新制定了有关安全管理的相关制度，层层压实责任，逐级传导压力，确保了安全责任有效落实。落实“四个一刻也不能放松”要求，全年共组织安全培训 2970 人次，提高了职工安全生产意识、自我防护能力和突发事故处置能力。开展了生产、检修作业现场隐患排查专项整治，整治安全隐患 442 项。按照“五清五杜绝”要求，严把检修期间相关方准入关、教育关、监管关、考核关，确保了检修作业安全。在全体职工的共同努力下，2021 年弓长岭球团厂顺利通过了二级标准化企业评审，实现了安全事故为零工作目标。推进绿色环保生态球团建设，完善重污染天气防控应急预案，加强重点部位污染源排放数据跟踪，实现了环境污染事故为零。跟踪重点环保项目，一线煤场封闭项目、二线污水改造、二线精矿道路倒运封闭工程，提高了污水处理能力，解决了露天扬尘问题。加强除尘设备维护保养，强化管道清理、更换布袋，保持了除尘设备完好率和可开动率。

职工权益保障有力。脚踏实地为职工群众办实事解难题，加大帮困扶贫力度，全年发放救济金 6 万余元，救助困难职工 80 余人次，实现了困难职工帮扶率 100%。推进岗位大练兵活动，发挥技术状元、技术能手的传帮带作用。开展拔河、跳绳、健步走等丰富多彩的文体活动，满足了职工精神文化生活需要。重新装修厂区卫生间及岗位休息室，扩建了一线办公楼停车场，修缮了两线厂区主马路和金湖新村及松泉村破损道路，改善了职工休息、如厕及上下班通勤环境，提高了职工满意度。

（董　蕾）

【弓长岭铁运公司概况】 2021 年，弓长岭铁运公司有职工 694 人，公司下设 4 个职能部室和 8 个作业区，铁路总长 65 千米，机车总数 35 台，自翻车总数 359 台。固定资产原值 5.16 亿元，固定资产净值 1.15 亿元。

2021 年，公司克服疫情、限电等困难，正确处理安全、生产、效益三者关系，圆满完成既定目标任务，实现了“十四五”高起点开局。

生产经营质量显著提升。紧盯外部生产组织调整，提前做好保产保供预判，及时调整运输组织方案，加快车辆周转，减少无效作业，运输生产效率同比提高 5%。全年完成铁运周转量 2.4 亿吨·千米，超计划 464 万吨·千米；考核后实现利润 3155 万元，超额完成挑战目标。

安全管理水平显著提升。严守安全环保底线和红线，实现安全“五个为零”工作目标，荣获矿业公司安全生产先进单位称号。加强安全基础建设，修订安全管理制度 14 项，岗位安全规程 46 个、作业指导书 138 项；发挥部门联合检查工作合力，排查整改各类隐患问题 631 项。

设备保障能力显著提升。严格执行主体设备月检评价机制，电机车、自翻车、内燃机车故障率同比分别下降 1.58%、1.76% 和 1.59%，直流供电跳闸次数同比下降 5%，直流电单耗同比下降 5.37%。持续开展技术攻关，完成矿业级重大合理化建议成果鉴定 4 项，实用新型授权专利 3 项。

改革管理成效显著提升。组织机构压减 20%，班组级机构总量压缩 37.3%，管理技术岗位定员压减 20%，19 名生产服务人员竞聘走上管理技术岗位，压减生产主体岗位 102 个，全员劳动生产率同比 2020 年提高 18.2%。运输作业区被评为矿业公司三项制度改革示范单位。

职工幸福指数显著提升。坚持全心全意依靠职工群众办企业，实施民生实事项目 12 项，职工生产生活条件持续改善。关心职工身心健康，组织职工疗养 959 人。持续开展“送温暖”活动，慰问职工 274 人次，发放救济金 9.6 万元。

党建工作取得成就。加强党支部建设，开展“达标创先”活动，推进党建工作与生产经营融合，创建鞍钢样板党支部 1 个，新发展党员 5 名，实施安全“四员四小”工作法、共产党员工程、党员科技攻关。开展“送温暖、送清凉、送健康”系列活动，发放救助金 7.9 万元，发放防暑降温用品 4.6 万元、消费扶贫物资 14.6 万元。发挥群团作用，推广先进操作法 3 项，双增双节创效 459 万元。

（陈　芳）

【弓长岭灯塔矿概况】 2021 年末，该矿在岗职工 344 人，其中，生产服务岗位 295 人，管理技术岗位 49 人；高级职称 4 人，中级职称 26 人，初级职称 16 人。下设三室（党委工作室、生产室、设备室）、4 个作业区（山城破碎作业区、缸窑作业区、铁运作业区、生产服务作业区）。固定资产原值 1.56 亿元，净值 0.49 亿元。矿区占地面积 123 万平方米，建筑面积 9.7 万平方米。

该矿有内燃机车 3 台，自有专用铁路线 14.37 千米，铁路主干线为 50 千克重轨，矿山采场主要设备有液压潜孔钻机 5 台、沃尔沃反铲 3 台、推土机 2 台、12 吨自卸汽车 9 台、装载机 10 台，采场矿石生产能力 360 万吨/年，破碎产线具备生产能力 350 万吨/年。

2021 年，该矿深入学习贯彻习近平新时代中国特色社会主义思想，全面贯彻党的十九大和十九届历次全会精神，坚决贯彻党中央决策部署，扎实开展党史学习教育，不断把党的建设贯穿改革发展之中，紧密围绕生产经营，带领广大干部职工，拓宽工作思路，以高质量党建引领灯塔矿高质量发展。

生产经营指标稳中有升。在开采条件恶化、原燃材料涨价、限电、雾霾限产、暴雨暴雪等极端条件下，通过优化开采方案、强化调度指挥、调整输出结构，拓展外销渠道，全力挖潜提产增效。2021 年全年销售石灰石成品矿 324 万吨，外销宝德大块 2 万吨，冀东水泥低品位矿 1 万吨，筛下物 21 万吨，外销岩石 26 万吨，实现收入 2.46 亿元，账面报表利润 81 万元，考核利润 1048 万元，比预算超额完成 610 万元，上缴税金 2926 万元。

新矿山建设迈出坚实步伐。加快上缸窑采场建设，彻底解决东大山采场资源枯竭，矿山生产接续困难突出问题。在灯塔市委、市政府、矿业公司的大力支持和灯塔矿的共同努力下，顺利完成上缸窑《使用林地审核同意书》用地要件延续办理工作，有序开展一期线内 540 亩征地补偿工作。在地方政府的支持下，在新采场无争议区域进行了生产作业，累计爆破 9 区，爆破量近 20 万吨。新矿山建设措施工程投资计划已经获批放行，综合楼、汽车衡、征地界限圈定等项目已完成施工图设计，综合楼具备开工建设条件。

职工主人翁地位充分体现。扎实开展“我为群众办实事”实践活动，围绕提高困难职工帮扶精准度、满足职工身心健康需求、改善职工生产生活环境等九个方面，投入资金 226 万元，为全体在职职工办理了大病保险，完成职工休息室修缮、职工浴池改造、挡土墙、水沟、地面硬化等民生工程项目 16 项。

（胡　震）

【弓长岭汽运公司概况】 弓长岭汽运公司共有全民职工 262 人，其中，管理和专业技术岗位 38 人，生产服务岗位 224 人。下设 4 个部室和 5 个基层作业区，拥有运输车辆 240 台，固定资产原值 1.13 亿元，净值 0.52 亿元，主要承揽弓长岭区域各厂矿客货运输、球团精矿倒运等以保产服务为主的车辆运输服务性辅助企业。2021 年该公司全面完成了各项生产经营任务，实现了事故为零安全工作目标。

经营成果再创历史新高。2021 年，采取优化生产组织方案，充分调动职工积极性等措施，全面完成了精矿粉倒运工作。同时积极组织废钢铁拉运，尾矿坝洒水、造雪抑尘、露天矿加油等重点工作，既保证了主体厂矿的各类用车需求，也全面完成了矿业公司下达的利润指标。全年实现产值收入 7082 万元，实现利润 137 万元，完成考核利润 627 万元，超挑战目标利润 527 万元。

设备管理水平显著提高。全面梳理规范各项设备管理制度 29 个，累计保养车辆 1300 台次，计划执行率 100%，开展了多样化检查达标工作，达标合格率为 84%。加快设备更新换代，全年维简投入 1544 万元，新购置车辆 54 台，运营保障能力得到提升，持续开展了设备曝光活动，共计通报各类问题 270 项，提出整改建议 56 条，考核金额 13000 元。2021 年设备故障率较往年同期比下降了 0. 23%，设备可开动率达 95%以上。

企业管理水平取得新成效。制定 2021 年全面风险评估与防范化解任务清单和风险报告。组织各部门制定了 7 大类 19 小项风险辨识和防范措施，开展合规管理宣传和合规手册学习活动，签署合规承诺协议。开展了以“美好汽运 · 民法典相伴”为主题的宣传活动，向职工发放各类宣传单，树立法治矿山形象。

安全环保工作效果明显。实现了各项安全生产事故为零的目标，健全安全生产责任体系，加大检查和考核力度，杜绝违章行为，强化安全培训和应急演练工作，开展公司级安全教育培训 4 项共 24 期、800 余人次，利用早调度会制作安全知识小课堂 18 期，组织开展了大客车突发事件应急逃生演练和危货车火灾应急救援演练。强化相关方作业全过程监管，考核相关方现场隐患和违章作业问题 4 项，考核金额 1750 元，杜绝了重特大事故的发生。

职工利益得到切实维护。2021 年持续推进“面对面，心贴心，实打实”服务职工在基层活动，共走访慰问困难职工 60 人次，发放救济金 84592 元。深入开展了“我为群众办实事”工作，全年共完成了 7 个方面共 22 个项目的为职工群众办实事活动。

（都基洋）

【弓长岭动力厂概况】 2021 年末，在岗职工 222 人，其中干部 43 人（高级技术职称 3 人，中级技术职称 22 人，初级技术职称 13 人），工人 179 人。机关设有三室：设备室、生产安全室、党委工作室，四个事业部：电力事业部、水力事业部、热力事业部、检修事业部。厂区总占地面积 3. 35 万平方米，建筑面积 3. 3 万平方米。企业固定资产原值 3. 13 亿元，净值 1. 16 亿元。

安全管理。全力压实“一岗双责”和“管业务必须管安全”工作职责，全面落实“四个一刻也不能放松”和“五清五杜绝”安全理念，形成了安全管理责任层层传递、层层落地的安全管理格局。大力推行“1136”工作措施，加速了现场隐患治理，244 项存量隐患中有 138 项已经完成整改，剩余项正按时间节点有序推进整改。1—11 月共整治各类隐患 75 项，处罚 57 人次，罚金 7300 元。隐患按照事故分析 2 起，问责 10 人次，罚金 4200 元。

环保与优化经济运行。贯彻落实“一切成本皆可降，人人皆可降成本”工作要求，1—11 月 3 项措施降本 1440 万元。动态调整变电所电容器补偿容量，10 个变电所综合功率因数完成 0. 95，累计获得电业局奖励电费 115 万元；执行电力市场化零售业务，减少电费支出 553. 5 万元；调整变压器运行方式，办理主变暂报停及按最大需量结算，节约基本电费 773. 45 万元。

体制改革与创新管理。制定了《弓长岭动力厂三项制度改革实施方案》及重点任务清单，承接制定了《鞍钢集团矿业弓长岭有限公司动力分公司核心业务权限规范》等 12 个配套管理制度，厂机关设置 3 室，将 4 个作业区优化为 4 个事业部，压缩机构 2 个，占比 22. 2%。优化编制设置。根据公司企业管理部核定弓长岭动力厂编制基数为 378 人，按照干部占比 10%的要求，设置编制数量为 38 个，减少编制数量 2 个，占比 5%。全年在岗职工减少 18 人的同时，减少保产人员 6 人。

企业管理。积极推进授放权工作，落实公司“加大收入分配向关键岗位和紧缺急需的高级管理、高科技、高技能、营销、苦脏累险等岗位倾斜力度”的要求。提高安全员、点检员等关键岗位职级及绩效系数，在指标设计上向关键岗位、苦脏累险岗位倾斜。如供电作业区对所长、值班长、值班员确定不同的起评分。调整关键岗位的绩效系数，如变电所长、泵站班长绩效系数分别提高，收入增长。将制定班组分配制度、岗位绩效指标设定、绩效考核打分、工资分配等权力下放给班所长。激发班组微观主体的活力和动力。完善班组自主考核分配操作工作流程，规范班组工资分配工作，下放班组绩效考核、工资分配权力的同时，强化对班组绩效考核、工资分配的监督，杜绝出现违规事件。

党建工作。重点抓好习近平新时代中国特色社会主义思想、四史、建党100周年大会、党的十九届六中全会等的学习教育，坚持重大决策和涉及职工切身利益的事项提交职代会审议，坚持民主评议干部和职工代表视察制度。强化普法宣传，职工的法治意识得到明显增强。严格贯彻落实国家、地方及上级公司关于新冠疫情的防控措施，全力做好宣传教育、措施落实、监督检查、预案编制等各项工作，实现了零疫情，保障了职工生命安全。实施常态精准“惠民”，修缮职工餐厅10个、卫生间12个、浴池2个，改善了职工工作环境。1—11月累计救助和慰问突发临时困难职工22人次，发放救助及慰问金14220元。“金秋助学”6人，救助金8500元。

（朱　哲）

【弓长岭质量计量中心概况】 2021年末，弓长岭质量计量中心共有职工249人，其中管理专业技术岗位25人（高级工程师1人、高级经济师1人、工程师7人、经济师7人、政工师2人、助理工程师1人），生产服务岗位224人（技师6人、列编外1人、居家12人）。负责矿业公司弓长岭区域原燃料入厂检验和矿产品质计量检验及计量仪器检定等工作。

2021年，弓长岭质量计量中心全面推进三项制度改革，以“建设数字质计，实施精准服务”为目标，通过加强管理、技术创新，检验能力大幅度提高。目前检验品种有铁矿石、铁精矿、球团矿、石灰石矿、膨润土、原燃料、选矿药剂等。拥有X射线荧光分析仪、分光光度仪、工业分析仪等化学检验设备。具有国际先进水平的150吨无人值守汽车衡、桥式汽车智能采样设备、100吨无人值守不断轨轨道衡等物理计量设备，为弓长岭区域原燃料采购、矿产品生产、销售提供质计量数据支撑。全年实现利润超计划203.45万元，可控费用下降10.01%。实现轻伤以上人身事故、设备事故、火灾事故、治安案件、泄密事件为零。

质量管理水平持续提升。认真履行质量管理职责，一是持续改进管理提高精准度。坚持服务主体生产，加大取样化验核查力度，确保检验数据具有准确性。定期对采场进行取样分析，指导生产现场采取对应操作方案，稳定了精矿品位和尾矿品位，为生产稳定提供可靠依据。二是引进先进设备实现降本提效。推广应用荧光仪技术，不仅解决了指标滞后的问题，减少了检化验溶剂的成本，还解决取样工人的安全问题，缩短了人工取样的时间。三是狠抓阶段实物盘点确保数据清责任明。组织业务人员以实物数据为基础，通过周旬的阶段实物盘点，实时掌握生产组织数据，确保月年的量质数据平衡，满足生产管理要求。四是加强与用户沟通协调确保矿山利益。密切跟踪外销产品复验指标，发现问题和质量异议及时协调解决。坚持关口前移，紧盯关键环节，全面提升铁矿石混岩管控水平，实现入选矿石可选性、品位等关键指标的长期均衡、稳定，保证区域各道工序效益最大化。

持续提升设备管理水平。推进设备管理专业化，整合后的运营保障室，专门负责全中心的设备、工程管理。夯实基础管理工作，完善各项设备管理制度，下发了《弓长岭质量计量中心设备点检定修管理办法》《弓长岭质量计量中心设备管理专项考核实施细则》《弓长岭质量计量中心自动化设备管理细则》《弓长岭质量计量中心生产设备事故应急预案》《弓长岭质量计量中心固定资产管理办法》等规章制度。对所属固定资产建立明细和标准的管理台账，为设备更新、报废及维修计划编制提供准确的依据。

安全管理水平稳步提升。一是健全安全管理体系。先后制发安全环保工作重点、全员安全生产责任制等指导性文件，完成事故风险评估报告、安全事故综合应急预案、相关方安全管理等预防机制建设。二是层层压实安全管理责任。将安全指标纳入绩效考核，逐级签订责任状，推动了作业区和班组晋级达标，实现了火灾事故为零目标。三是开展全员安全教育培训工作。开展了固废危环保护知识、作业指导书、安全技术操作规程等安全培训。全年培训人数达249人次。四是积极开展隐患排查治理专项检查活动。合规处置了检化验回收的680千克化验残液。全年开展各类检查240余次。共查出安全隐患40项，整改率100%。

认真开展党史学习教育。通过中心组学习、党员轮训等形式组织党员干部学习4本指定书目，班子成员到各支部讲党课3场。充分利用雷锋纪念馆、陈家烈士陵园等红色教育基地开展党性教育锻炼，激发广大党员知史爱党、知史爱国。

进一步完善党总支议事决策机制，重新制定了《弓长岭质计中心党总支会议事规则》。实施三项制度改革，激发内生动力。整合优化机构设置，由原5个机关部门整合为党务综合室、生产集控中心和运营保障室3个部门，将4个站合并为2个站，对2个支部进行撤销重组。实行全员竞聘上岗，激活管理技术人员活力。彻底打破身份限制，5名生产服务岗位人员转聘到管理专业技术岗位。组织开展“我为党旗添光彩、提质增效创一流”共产党员工程5项。开展岗位技术大练兵活动，3名职工获得矿业公司专业技术能手称号。

加强党风廉政建设，积极配合矿业公司党委巡察组开展巡察工作。针对巡视巡察发现的42项问题，迅速制定整改方案，落实整改措施44项。强化廉洁从业教育，开展案例警示教育、“心廉心”家庭助廉教育等活动。

（万荣君）

鞍钢联众（广州）不锈钢有限公司

【概况】 鞍钢联众（广州）不锈钢有限公司（以下简称“鞍钢联众”）下设党委工作部（人力资源部）、市场部、财务部、非钢事业部、管理与风控部（法律合规部）、安全环保运营部、技术质量部、精益生产管控部、炼钢厂、热轧厂、冷轧厂、冷轧光亮厂、设备保障部、销管中心、化检验中心、储运中心等部门。截至2021年末，在职员工1872人。

2021年，面对新冠疫情、行业限产限电和外部竞争多重压力，鞍钢联众全体职工勇挑重担，担当作为，自我加压，自我革新，矢志增强公司市场竞争力，争当市场化改革“先行者”、集团利润效益“增长极”、合资企业党建“示范区”，实现“十四五”开门红。全年粗钢产量147.3万吨，钢材销量141.8万吨，实现营业收入129.2亿元，利润总额3.58亿元。

【盈利能力稳固提升】 1. 调品增效取得新成绩。践行“从生产商向服务商转变”的新定位，扎实推进新产品认证工作，拓宽产品应用领域，为客户提供全方位的服务和指导，满足客户差异化需求。全年新增客户59家，同比增长39%；高效材销量70.4万吨，同比增加29.8万吨，占比49.2%，创历史新高。

2. 经营模式实现新突破。四维度研判市场，实施“三期经营策略”，实现轻仓、平仓、重仓灵活配置，开口、闭口价格交替运行，2系、3系、4系结构灵活调整。全年原料采购降本1.42亿元，购销差增长16%。首创“合作挖矿”新模式，基本解决了生产3系不锈钢风险大的问题，累计创效3600余万元，减少资金占用1.5亿元。

3. 生产运营收获新成效。通过建立项目管理模式、产销快速动态平衡模式等措施实现生产流程优化，制造成本降低7600万元，非标制程损失降低49%，一次产出合格率提升17%，多条瓶颈产线平均产量提升55%，订单达缴率达到98.6%，均创历史最好水平。设备系统和生产组织高效联动，实现月均设备事故低于120小时挑战目标，达到历史最好水平。烧酸、排酸、废酸处理形成联动机制，全年环保零事故，降低污泥处理成本925万元。

4. 产品质量迈上新台阶。通过立项攻关，解决质量痛点、难点问题11项。改造重刷设备，解决BA料“金属粉末”短板，430高端料粗糙度下降6%以上，3225粗糙度下降48%以上。通过增设圆盘式侧导器，改善热轧钢卷侧凸问题。创新热轧二轧工艺，打通394、317LM等高温态、高强度钢生产瓶颈。全年吨钢客诉率下降45%，吨钢理赔金额下降33%。

5. 融资管理取得新业绩。通过降低有息负债规模，调整融资结构和品种，全年综合资金成本率同比下降0.74%，年化综合资金成本降低3700余万元，有效缓解公司融资成本高的难题。资产负债率同比下降3.8%，“去杠杆”效果明显。

6. 多元化经营开创新局面。以“市场化”经营理念处置固废，创新性提出共享炼钢集尘灰元素价值的合作模式，吨处置费用同比下降23.6%，吨外售收益同比提升35.9%，全年固废创效3500余万元。深化与上游企业合资合作，成立鞍联鑫和，初步实现对废碳钢市场的布局，提升废碳钢的掌控力与话语权。废碳钢原料自给率提升至12.5%，缓解了以往过度依赖市场的被动局面。

【体制机制不断优化】 1. 机构改革展现新作为。组建精益生产管控部，实现产品全流程管理优化，提高产品结构灵活调整、生产制程快速切换的能力；组建非钢事业部，融入市场化经营理念，实现固废处置效益最大化；组建管理与风控部，整合优化战略、经营、风险、行政等职能，强力支撑公司的经营发展。推行“人编合一”，动态调整岗位定员。实物劳动生产率达796吨/(人·年)，为国内全流程不锈钢企业中劳动生产率最高。

2. 机制改革迸发新活力。全面实行部门长责任承包制，差异化施策，实施精准授权、精准考核、精准分配，有效释放部门活力，员工工作积极性与主动性大幅提高。改革后人均收入同比增长23%，同岗位月薪最大增长幅度达到93%，职工获得感和幸福感显著提升。

3. 薪酬改革激发新动能。实施总监级以上人员岗薪制，优化工资结构和职级工资，建立了兼具公平性与竞争力的薪酬体系。部门长以上人员实行年薪制，薪酬收入与公司整体效益直接挂钩，将公司发展与个人回报深度捆绑，荣辱兴衰紧密相连，充分激励核心管理人员对公司的发展负责。

【创新创效明显增强】 1. 创新工作取得新成就。搭建创新平台，建立容错机制，鼓励职工勇于尝试、大胆创新。全年创新项目370个，创效4400万元。其中3项荣获第25届全国发明展银奖，3项荣获广东省冶金科技奖，7项荣获集团职工创新项目成果奖。职工创新意识进一步提升，公司创新文化逐渐形成。

2. 科技研发获得新成果。深入开展“一院两校”产学研合作，攻关新产品研发瓶颈问题。全年科研投入强度达到3.97%，突破历史新高；申请专利25件，已获得授权6件；参与制定行业标准2项、团体标准3项，有效提升公司影响力；新产品实现工艺路线贯通12项、量产10项，同比增长200%。鞍钢联众已成为国内全流程不锈钢企业中产品种类最多的企业。

3. 投资项目释放新效益。HAPL重刷项目、中频炉供电及上料改造项目、炼钢研磨机改造项目、转炉炉后加料系统改造项目投入运行，当年创效3400万元。炼钢二厂冶炼工序超低排放改造项目、罩式炉升级改造项目正快速推进。

【风险体系持续深化】 1. 风险管理搭建新体系。实施全面风险管控机制，统筹风险应对策略。深入开展防范化解重大风险、专业领域风险防控、风险事件定期汇报工作，动态跟踪与评估更新风险等级，重点关注疫情、金融、安全环保等重大风险。全年未发生重大风险事件，有力保障公司稳健发展。

2. 安全生产达成新高度。实施疫情分级管控，灵活调整防疫举措，高效应对广州本地及周边城市疫情反复的形势，实现零疑似、零感染“双零”目标。实施领导班子分片包保，进一步深化落实安全生产责任制。开展冷轧轧机、酸槽增设热成像设施等专项改善，提升防火本质安全水平。首次开展“双盲”防火演练，着力提升员工应急逃生能力。全年投入安全生产费用3500余万元，开展20余次专项整治行动。全年火灾事故为零，工伤事故总量同比下降44%，无重伤及以上事故发生。

3. 绿色发展实施新举措。健全固体废物管理制度，实施全过程监管，高效完成5万吨脱水污泥清运，顺利通过中央环保督察。编制《碳达峰及减碳总体行动规划》报告，完成超低排放预评估，明确25项重点项目，全年完成降碳项目10个，降碳5.1万吨。完成锅炉低氮排放改造等7个项目、增设9套工业炉窑在线监测系统，污染物排放总量稳步下降，同比氨氮下降74%、总氮下降59%、颗粒物下降31%。

【党群工作】 1. 以政治建设为统领，党史学习教育扎实有效。通过党委会“第一议题”、党委理论学习中心组、“三会一课”等多种形式，深入学习贯彻党的十九大和十九届历次全会精神、习近平总书记重要讲话和重要指示批示精神，进一步增强“四个意识”、坚定“四个自信”、做到“两个维护”。在巩固深化“不忘初心、牢记使命”主题教育成果、“我为群众办实事”实践活动方面取得新成效，运用党的创新理论指导高质量发展的能力有了新提高。

2. 抓好干部人才队伍建设，激发干事创业持久活力。为打造一支专业知识扎实、业务能力精湛、管理经验丰富、工作作风优良、能够担当重任的优秀干部队伍及后备人才梯队，出台《鞍钢联众公司挂职锻炼管理办法》。干部选拔破除论资排辈和隐性台阶，大胆启用优秀年轻员工，部门级主管平均年龄41.6岁，逐步形成了高素质专业化的干部人才梯队。

3. 召开公司第二次党员大会，强“根”铸“魂”做保证。2021年5月25日，召开鞍钢联众公司第二次党员大会，选举产生第二届党委、纪委，全面规划今后五年的战略发展目标及任务。结合合资企业实际，开展“建功华南党旗红”实践活动，促进党建工作提档升级。运行了以党员“画像”为核心的党员目标管理在线评价系统。建立了党支部工作指导员制度。安全环保运营部党支部荣获鞍钢集团“样板”党支部。

4. 全面从严治党，正风肃纪保廉洁。扎实开展“8·16党风廉政警示教育日”系列活动。围绕工程、设备、采购、销售、计量、化检验等重点领域，开展内部专项监督检查，并对过去三年整改情况进行“回头看”，共33人次受到批评教育或提醒谈话及扣罚绩效奖金。建立了纪检与稽核、保卫协同的内部监督机制，强化全方位、全流程、全覆盖监督。“清风行动”发现的72项问题已全部完成整改，挽回经济损失45万余元。

5. 构建和谐鞍联，凝心聚力谋发展。在中国共产党成立100周年之际，先后举办了“献礼建党百年红歌比赛”“永远跟党走，奋进新征程”等文艺汇演。加大典型培养选树力度，召开鞍联“两优一先”表彰大会。开展“缅怀革命英烈 传承红色基因”“赓续红色血脉，凝聚奋进力量”等主题党日活动。深入开展“我为群众办实事”主题实践活动，制定整改项目41项，完成率100%。开展“五件实事”“十项活动”“践行共享理念、关爱一线员工”等活动，促进生产经营和职工满意度双提升。

（王明月）

鞍钢集团工程技术发展有限公司

【概况】 2021年末，工程技术发展公司职工总数6470人，其中在岗职工4938，离岗、居家职工1532人。在岗职工中，管理技术岗位1738人，生产服务岗位3200人。该公司有鞍钢建设集团有限公司、房地产开发集团有限公司、重型机械有限责任公司、铁路设备制造公司、冶金粉材有限公司五家单元企业。

2021年，工程发展公司坚持以市场化改革为路径、“五聚焦、两提升”专项行动为抓手、核心能力提升为重点，各项工作取得明显成效。在鞍钢集团的大力支持下，居家人员费用实现破题；政府欠款清理取得突破性进展；历史遗留不良资产、风险项目减值等问题得到集中处理，资产质量和会计信息质量实现根本改善。

【以战略调整为引领，经营业绩持续向好】 战略定位更加清晰。加快落实“1365”发展战略，锚定与主业共同发展的长远目标，收缩战线深耕钢铁冶金市场；成立工作组细化分解“三个定位”，明确分工，压实责任，保障战略落地落实；立足新发展阶段、贯彻新发展理念、构建新发展格局，多次组织单元企业对“十四五”规划进行再认识再定位，以制定更能有效落地的规划为目标，形成上下“一盘棋”的战略格局。经营指标明显改善。克服原材料涨价、恒大风险、资金极度短缺等诸多不利因素，全力抓管理、稳经营、筹资金，运营质量持续向好。全年实现收入66亿元，比上年增加6亿元，超年度目标6亿元；实现利润5935万元，比上年增加5835万元，超奋斗目标935万元；实现合同签约额79.94亿元，比上年增加18.92亿元，超挑战目标1.94亿元；资产负债率降至77.81%，比年度目标降低1.01个百分点。

【以重点任务为抓手，关键领域取得突破】 聚焦三项制度改革有效释放活力动力。强化顶层设计，修制定改革配套文件16个，组织制定改革任务清单33个，建立三级、四级企业2个“赛马场”，形成“周周有调研、月月有通报、季度有评价”的改革推进机制，确保改革取得实效；编发三项制度改革工作简报12期，全面营造“比学赶超”的浓厚氛围。打造精干组织，各级机构由189个压缩至134个；领导职数由199人压缩至127人；各层级编制总量由1952人压缩至1830人。破解“三能”难题，全面落实“两制一契”管理，实行经营层任期制和契约化管理占比100%，推行中层管理人员聘期制占比100%；管理人员竞争上岗人数占比99%，末等调整、不胜任退出人数占比5.5%；实现全员岗位绩效管理，浮动工资差异系数达到1.33。聚焦困难企业治理有效改善运营质量。坚持做到“自我加压、分类管理、专班治理、卡点验收”，构建困难企业治理的组织、责任和考核体系，全年亏损法人企业剩余2户，较上年减少2户，较上年减亏8411万元。完成“两非”剥离企业4户，提前一年完成鞍钢集团要求的目标任务。聚焦人力资源优化有效提高劳动效率。择优转录10名劳务人员，治理不规范劳动关系252

人；构建系统、规范、可控的业务流程管理体系，形成“目标可量化、措施可操作、成效可考核”的评价机制，全年全员劳动生产率达 20.83 万元/(人·年)，同比提高 15.8%，人工成本利润率达 6.52%，同比提高 128.7%。聚焦“两金”压降有效提升管控能力。打破以清欠为主的传统压控方式，建立全员、全要素、全过程的“两金”管控体系，按照“定人、定事、定额、定时”原则落实压降责任。“两金”占用较年初下降 1.36 亿元，“两金”增幅低于收入增幅 12.08 个百分点。聚焦土地资产盘活有效发挥资源优势。深入落实鞍钢集团土地资产处置战略，制定公司土地资产五年开发计划；签订建设公司汽运地块土地收储协议；鞍钢新城一期、二期实现竣工并形成年度土地开发收益。

【以提升能力为目标，竞争优势持续增强】 以重点项目为切入进行穿透式管理，每周对重点项目进行跟踪协调，实现履约能力有效提升；建立月报告制度，对质量问题整改情况进行跟踪检查，保质能力实现有效提升。组建运营监督中心，对公司内部进行“穿透式+督导式”监管，充分发挥监督审计职能，全年完成工程项目、经济责任等 26 项审计工作，发现问题 155 项，审减外部单位 3125.6 万元。科技创新迈上新台阶。投入科研经费 9052 万元，聚焦瓶颈问题，确立科研项目 59 项，申请专利 37 件，认定专有技术 28 项；在第 25 届全国发明展览会上获得 1 金 3 银 3 铜的好成绩。建设公司承建的京唐 MCCR 连铸连轧工程获得“国家优质工程奖”、参建的京唐炼铁焦化工程获得“鲁班奖”；重机公司完成国内首台大卷重高性能宽幅镁合金卷板六辊轧机的制造装配、国内最大青铜压下螺母浇注、国内最大直径烧结圆筒混合机的制造组装。信息化建设取得新突破。对标中建、中冶等行业内先进企业，按照“三层”“三步走”的总体思路，有序推进企业 BI 系统建设，系统涵盖综合管控、战略、财务等 8 大舱体，90 个企业生产经营数据，为辅助决策奠定基础。市场开发获得新成效。搭建营销信息共享平台，定期通报公司营销工作，激发市场开拓意识。建设公司、重机公司联合中标 8.29 亿元鞍山钢铁 600 平方米烧结机项目，内部协同的优势互补作用初见成效；重机公司成功签订 1.49 亿元唐山唐银新建全连轧生产线制造合同，体现出用户对重机公司市场化改革成效的认可；主动与鞍山钢铁、矿业公司进行业务对接，在扩大关联交易范围、“区域一体化”建设等方面稳步推进。

【以改革创新为动力，体制机制更加完善】 深入开展国企改革三年行动和对标管理提升行动。扎实推进国企改革三年行动，两年合计完成 102 项改革任务，超额完成集团公司 70% 的目标要求；组织向冷轧彩涂分厂、矿业东烧厂、攀钢工程公司和鸿舰公司等先进单位对标学习，细化 8 个方面重点工作，31 条具体举措，企业管理水平持续提升。不断深化管理体制改革。建设公司、房产公司实施“一体化”管理模式，达到“1+1>2”的效果；重机公司不断优化“335”管理创新体系，进一步激发各级各类人员积极性；铁路设备公司创新开展“合作经营”模式，实现产能有效释放；粉材公司与宝武杰富意公司签署业务合作协议，为深化合作奠定基础。持续推动工作机制创新。选取能够客观反映生产经营水平的 7 大类 12 项核心指标和重点领域、重点任务设置“赛道”，开展全员参与，指标可衡量、可考核的“赛马”机制，每月通报考核结果，促进各项工作扎实推进；针对基层单位安全管理实际，制定并实施季度递进式“1234”奖励办法，有效调动各级安全管理人员积极性。充分激发微观主体活力。建设公司推行项目经理责任制取得成效，青岛特钢高线项目部用“鞍钢速度”创出青钢奇迹，创下国内同类产线最短建设施工纪录。重机公司围绕磨辊间包保、矿山产品等 8 个市场开发项目，组织签订《精准经营靶向契约责任状》，推动重点工作取得实效。

【以破解难题为要务，历史问题有效解决】 居家人员费用破题。在鞍钢集团的大力支持下，困扰企业发展多年的非市场化因素“3005”费用问题从根本上得以解决，为高质量发展奠定良好基础。加快清理政府欠款。把握“双鞍融合”高层会谈契机，利用鞍山钢铁与鞍山市政府顶抹账机遇，加速推进政府欠款的清收进度，与鞍山市政府相关部门对已决算项目确权 3.85 亿元，通过顶抹账方式解决 2.01 亿元，政府欠款清理取得突破性进展。加速不良资产处置。成立专项工作组，对不良资产和现实风险进行全面清查核实，完成处置核销 40.65 亿元。在鞍钢集团的帮扶下，通过实施类永续债 36.81 亿元，为各单元企业卸下沉重历史包袱轻装上阵打下坚实基础。

【党群工作】 1. 深度聚焦政治建设，突出党建引领精神内涵在践行“两个维护”中不断提高政治判断力，在真学真信中不断提高政治领悟力，在知行合一中不断提高政治执行力。一是突出强化党的创新理论武装。全年组织“第一议题”学习20次，学习内容48项，党委理论学习中心组学习8次，对标对表做决策、抓落实，切实把理论学习成果转化为推动企业改革发展和党建创新的生动实践。制定学习贯彻党的十九届六中全会精神工作方案，明确28项重点任务，做好学习宣传贯彻落实。二是扎实推进党史学习教育。制定党史学习教育工作方案，明确31项重点工作计划，推动各项任务落地见效。传承红色基因，大力弘扬王崇伦精神，激发党员干部职工争当“走在时间前面的人”。建造党史文化长廊，制作“红色百年路”展板，让党史学习教育贴近工作岗位。组织讲授专题党课277次、“学党史、促发展”调研成果交流会30次，编发《党史学习教育工作动态》14期。三是严格落实意识形态工作责任。坚持党管意识形态不动摇，牢牢把握意识形态工作主导权。创办《工程之声》，全年编发20期，助力党员干部学懂弄通做实习近平新时代中国特色社会主义思想。获2021年度鞍钢集团思想政治工作研究课题二等奖1项。持续加强舆情管控，全年未发生重大舆情事件。坚持加强统战工作，认真贯彻落实《中国共产党统一战线工作条例》，组织召开2次党外人士座谈会，把思想和行动切实统一到十九届六中全会精神上来，为推动企业发展作贡献。

2. 全面展现积极作为，推动党建与生产经营深度融合。深入贯彻落实习近平总书记关于东北振兴和对鞍钢“凤凰涅槃、浴火重生”重要要求，突出“把方向、管大局、保落实”这一关键。一是充分发挥党委领导作用。以鞍钢集团“7531”战略目标为引领，以“五聚焦、两提升”为抓手，补短板、强弱项，企业创效能力明显提升，2021年完成利润奋斗目标。二是三项制度改革持续深入。自我加压，强化顶层设计，建立周调研、月调度、季度评估等6项改革落地保障机制，编发《改革工作简报》12期，多项指标任务超额完成鞍钢集团要求。2021年全员劳动生产率20.83万元/(人·年)，同比提升15.8%；人工成本利润率6.52%，同比提升128.7%。全面落实“两制一契”管理，实行任期制和契约化管理的经营层成员人数占比为100%，推行管理人员聘期制管理的企业户数占比为100%，管理人员竞争上岗人数占比达到95%以上，管理人员末等调整或不胜任退出人数占比为5.5%，多项指标高于改革要求，有效激励领导干部担当作为，4家单元企业全部跑赢大盘、完成利润挑战目标。三是深化开展党支部建设提升年活动。编写《党委工作标准化工作指引》《党支部工作标准化工作指引》等5本管理丛书，为基层党组织提供标准化规范化管理支撑。创建鞍钢集团“样板”党支部7个，完成鞍钢集团级共产党员工程13项、公司级104项，累计增效创效5268万元。首次获评“中央企业先进基层党组织”1个，获评“辽宁省先进基层党组织”1个、“鞍钢集团先进党组织”18个，基层党建工作质量不断提升。

3. 纵深推进团组织建设，着力提升组织凝聚力。一是系统优化团组织建设。首次建立全面覆盖劳务派遣青年的团组织架构，为科学、精准推动团的基础建设筑牢根基；根据青年分布现状和产业结构调整需要，制定《鞍钢工程发展公司基层团组织优化方案》，从严从实推进落实，团委从23个优化为14个，团总支（支部）从71个优化为37个；各级团支部均已完成团支部“应建必建”“应换必换”工作任务，进一步夯实了“四个100%”和“基层组织有效覆盖”工作基础。二是不断发挥桥梁纽带作用。为党组织推荐在团内历练成熟、工作实绩突出的优秀团干部和团员青年，结合年轻干部专项调研，向党委工作部推荐27名基层团干部进入公司年轻干部人才库，推荐8名优秀青年参加集团“80/90”培训班；联合众元产业团委组成团建联盟和青年创新联盟，建立跨产业、跨区域的青年创新共享平台和青年协同创新共同体。三是推进青年创新登高持续发展。在鞍钢集团第八届创新登高“双十佳”及2020年度创新登高“金牌项目”中，1名青年代表获得“十佳领军人物”称号，5个项目评为“金牌项目”。聚焦企业创新发展需要，深化青年创新登高品牌工作，将项目立项价值建立在解决生产经营实际问题和满足生产实际需要基础上，2021年青年创新登高项目立项48项。

4. 利剑执纪全面巡视，高压整治全面监管。

以习近平新时代中国特色社会主义思想为指导，认真学习贯彻党的十九届五中、六中全会、十九届中央纪委五次全会精神，学深悟透党的创新理论，弘扬伟大建党精神，做到“两个维护”。一是履行监督责任，创新监督模式。2021 年以来，公司共开展监督检查 76 次，发现问题 256 项，整改 227 项。印发《工程发展公司纪委“五聚焦、两提升”专项监督工作实施方案》和《监督检查清单》，明确 30 项监督内容并建立周通报制度。组织联合检查组对“五聚焦、两提升”工作开展两轮专项监督，共发现问题 70 个，问责相关人员 25 人次。充分利用纪委、审计部合署办公的优势，组建工程发展公司运营监督中心，推进“纪委+审计”特色监督。自 2 月运营监督中心成立以来，开展鞍钢人才公寓及配套工程审计等 8 项审计项目，提示风险涉及金额 8067 万元，实现审计创效 2600 万元，发现问题线索 4 个，立案 1 件。二是加强风险防控体系建设，保持惩治腐败高压态势。协助公司党委深入开展“堵漏洞、补短板”专项整治，成立五个专项组，梳理项目流程 29 项，排查风险点 114 个，制定整改措施，促进工程管理科学化，规范化。加强廉洁地图建设，发挥业务部门的专业监督职能。按照鞍钢集团党委关于《印发〈关于开展“影子公司”“影子股东”问题专项整治工作方案〉的通知》精神，深入开展“影子公司”“影子股东”专项整治工作，组织 1324 人进行填报，全面排查党的十九大以来涉及“靠钢吃钢”问题线索 21 件，梳理审计报告反馈的亏损、“人为干扰”相关业务，确保了申报人员全覆盖，做到应报尽报。强化对“第一种形态”的运用，通过提醒谈话、诫勉谈话、批评教育等“第一种形态”问责 155 人次。立案审查 27 件，同比增加 22.7%，给以党纪政纪处分 24 人次，收缴违纪款 14.5 万元，挽回损失 171.42 万元。三是加大警示教育力度，抓好党风廉政建设。充分用好正反两个方面典型，观看警示教育片、开展典型案例教育等各类警示教育活动，把党的纪律转化为广大党员干部日常习惯和自觉遵循。深入剖析 10 起典型案件，编发《警示教育案例汇编》，做到以案明纪、以案为鉴。建立“一对一”谈话制度，开展“一对一”谈心谈话 791 人次。下发了《致全体职工的一封信》，公布问题线索举报电话，接受职工群众监督。组织 400 名关键岗位人员签订廉洁承诺书，明确工作职责和廉洁要求。

5. 自主创新成效显著，共建共享走深走实。一是群策群力推动自主创新。开展群众性自主创新活动。2021 年各级工会组织着力加强创新工作室建设，新晋鞍钢集团级职工创新工作室 1 个，新晋工程发展公司级职工创新工作室 2 个。完成创新项目 115 项，创效 1678.45 万元。在集团评选的 2020 年优秀创新项目活动中有 21 个创新项目获集团职工创新项目成果奖。在省创新成果转化大赛中，1 项获“五小创新成果”转化组优秀奖，1 项获“创新工作室创新成果”转化组优秀奖。在 2021 年第二十五届全国发明展览会上工程发展公司获得一金三银三铜的成绩。二是全心全意服务职工群众。围绕改善一线职工工作条件，美化现场作业和休息环境，提升职工食堂和浴池整体卫生环境，改善职工生活福利设施，满足职工健康需求，共修缮办公室、职工休息室、食堂、浴池和卫生间等 53 处，投入资金 128.64 万元，经工会及职工评价，满意度 100%。三是深入践行“我为群众办实事”。围绕“七个聚焦”，完成实事项目 389 个，为 7347 名职工投保企业救助责任险，防范“因病致贫”风险。着力解决群众反映的重点难点问题，实现信访积案“清仓见底”，“于荣江信访问题”化解案例被鞍钢集团选为“为职工办实事”优秀案例，报送国资委。

（于国旺　李丰博）

【建设集团有限公司】 2021 年末，在职职工 3063 人，其中在岗职工 2041 人，离岗、居家 1022 人，在岗职工中，管理技术岗位 790 人，生产服务岗位 1251 人。

2021 年，建设集团有限公司贯彻落实鞍钢集团、鞍钢工程发展公司决策部署，迎风破浪、奋楫笃行，以滚石上山的拼搏精神和滴水穿石的坚韧毅力，办成了一批引领发展的大事要事，攻克了一批制约发展的瓶颈问题，总体保持趋稳向好的发展态势。全年完成收入 37.26 亿元，实现利润 3883 万元。在岗职工月人均收入同比增长 9.01%。所属 8 户困难企业全部完成年度治理目标，实现脱困摘帽。

卸下包袱轻装上阵。在鞍钢集团、鞍钢工程发展公司的支持下，完成“30”居家人员整体划拨，6600 万元费用得以解决。市政府欠款清收取得突破。借助“双鞍融合”契机，实现市财政局、鞍山钢铁、鞍钢建设三方抹账 7300 万元。历史包袱与现实问题有效处置。在鞍钢集团和鞍钢工程发展公司的帮扶下，核销历史包袱和现实问题 30.5 亿元，由此产生的相关问题，通过获得鞍钢集团和鞍钢工程发展公司类永续债注资 28.05 亿元解决，减轻了企业历史包袱，优化了企业财务状况，夯实了资产质量。

战略调整初见成效。围绕“成为国内一流的钢铁冶金工程全流程建筑商和全生命周期服务商”的新战略定位，将产业结构调整为回归鞍钢，回归冶金“基本盘”。成立“维检事业部”，建立“维检+年修+检修工程+技改工程”的区域一体化服务模式，成为服务鞍钢主业的“御林军”。2021 年，鞍钢市场技改工程同比增幅 31.95%，大年修工程同比增幅 56.74%，运维包保同比增幅 19.87%。

管控模式持续优化。创新“一体化”经营管理模式。鞍钢建设、鞍钢房产通过集中管控、优势互补、协同推进、产业融合，实现从量的突破到质的飞跃，达到“1+1>2”的效果。强化机关“扁平化”管理。将机关部门由 2020 年末 16 部整合为 8 部，直属中心由 8 个压减为 6 个，实现从“物理整合”向“化学反应”的转变。两级机关编制定员由 698 个压减至 567 个，131 个编制向生产经营一线转移，使“后卫”变“前卫”。推动分子公司整合。按照“企业贡献度、人员数量、营业收入、固定资产净值”四个维度，将分子公司由 43 个整合为 21 个，划分 A、B、C 三类，根据年度测评结果，对基层单位及班子成员实施年度动态评价调整，充分发挥“赛马”机制。实施“两非”剥离和同类业务资源整合。完成装饰子公司注销与安健公司混改，推动聚龙公司进入法院强制清算程序。完成建设设计院与房产设计院等同类资源整合，厘清组织结构，提升资源配置效率。

三项制度改革成果丰硕。深化人事制度改革，为发展注入动力。创新以“聘”代“训”竞聘模式，着重体现“揭指标竞聘、带契约上岗”。24 个正职岗位面向鞍钢集团进行公开招聘。162 名领导人员报名竞争 140 个岗位，体现出“岗比人少”。通过竞聘，10 人退出领导岗位，11 人降级使用，11 人走上领导岗位，变“伯乐相马”为“赛场选马”。深化薪酬制度改革，为发展激发潜力。实施全员岗位绩效管理，强化差异化薪酬分配机制，充分突出薪酬业绩贡献和效率导向作用。项目部人员落实“授权+同利”机制，职工精神面貌焕然一新。深化用工体制改革，为发展提升活力。建立“一个平台+两个中心”的市场化用工管理模式，2021 年 167 人进入赋能中心。强化劳务用工实名制及规范化管理，建立长期劳务人员绩效考核，全年解除（或终止）委派制劳务人员劳动合同 92 人。实施劳务队伍末位退出、“ABC”评价定级和黑名单机制，实现人力资源良性流转。深化问题整改，为发展淬炼执行力。迅速落实鞍钢集团关于建材碎石厂用工优化整改要求，通过全员大讨论、与攀钢工程对标学习等多项措施，举全公司之力提前半年实现碎石厂劳务清零、效率提升“两个目标”，推行产线包干、工资包干“两个机制”。

市场开发优质高效。2021 年市场签约额 43.3 亿元。夯实鞍钢“核心盘”。以“供其所需、应其所变、补其所短”的服务理念，在鞍钢市场签约额 14.39 亿元，同比增长 28.25%。建立、完善鞍钢建设公司、分（子）公司、项目部“三级”市场营销体系，重点培育中信泰富特钢、中冶赛迪、酒钢等冶金类战略客户并积极参与承揽项目。全年冶金类项目签约额 21.97 亿元，占总签约额的 50.74%。同时实施精品战略，依托在建项目贴心服务好客户，成功二次开发青岛特钢市场，总合同额过亿元。

工程管理再创新佳绩。重塑项目管理体系。坚持以市场为导向，制定完善《外部工程项目管理办法》《生产运营管理办法》等 9 项管理制度，将项目的用人权、采购权等权力全部授予项目部，实现项目由“军区管理”向“战区管理”转变。2021 年，公司在建外埠项目全部实行项目经理责任制，鞍钢内部项目大力推进班组承包制。青岛特钢高线项目团队克服起步晚等不利因素，不等不靠、精诚合作，5 号、6 号线先后热负荷成功，在青岛特钢续建工程创造“五个第一”，实现弯道超车。机电公司在厚板、热轧等工区实行班组承包，降低成本 236.4 万元。持续增强履约能力。全年重点管控项目 88 项，计划工期节点 1900 余个，实现节点完成率 90% 以上目标，累计收到业主表扬信 47 封，锦旗 4 面。鞍钢还建 600 平方米烧结机项目团队克服施工现场点多线长面广和保产与改造同步进行、图纸延误等不利因素，争分夺秒抢工期，通宵达旦抓进度，最终实现燃料区按期投产目标，赢得鞍钢集团及鞍钢工程发展公司领导高度赞扬。严守安全环保底线。全面落实领导分片包保制度，开展各项安全专项检查工作，落实“五清五杜绝”安全管理要求，加强防汛、暴风雪应急管理，20 年来首次实现全口径安全事故、火灾事故为零。紧跟国家“碳达峰”“碳中和”目标，编制“十四五”碳排放规划，完成 9 处固定生产作业厂区的环评验收工作，保证公司安全绿色运行。

完善风险管理体系建设。强化业务主管部门、“5+X”联审、审计“三道防线”作用的发挥，提高风险识别能力。实施重大事项风险评估。围绕重大战略投资、市场开发风险等 16 个重点事项开展风险辨识，制定 53 条应对措施。恒大商票兑付违约事件发生后，迅速启动风险应急预案，项目数量由 15 项削减为 9 项，合同金额由 32 亿元削减为 21.4 亿元。

综合管理不断提升。坚持量入为出，以收定支，实行全流程资金预算管理，严格执行资金“分灶吃饭”管理办法，减存遏增压降“两金”6.52 亿元，超额完成全年压降目标，缓解了现金流紧张局面，保证资金良性运转。开展专项对标，先后到朝阳钢铁公司、冷轧彩涂分厂等单位进行对标学习，为管理提升打下了坚实基础。盘活闲置资产，完成 64 项房屋续租，创效 377 万元。回收废钢铁创效 1083.35 万元。加大清欠力度，完成清欠回款 2.61 亿元，超额完成全年清欠计划。围绕工程项目决算、分包工程决算等开展审计，避免和挽回经济损失 341 万元。

科技质量成绩斐然。统筹推进科技研发工作，投入研发费用 4065 万元，实现科技创效 833.6 万元。参建的京唐炼铁、焦化工程获得“鲁班奖”，承建的京唐 MCCR 连铸连轧工程获得“国家优质工程奖”。参加“第二十五届全国发明展览会——‘一带一路’暨金砖国家技能发展与技术创新大赛”，获得二等奖 2 项。全年获得 22 件专利授权，15 项专有技术认定。科研课题结题 9 项，其中“超流态自密实混凝土”项目获鞍钢工程发展公司 2021 年度科技奖。

共建共享走深走实。开展元旦、春节和五一、十一期间走访慰问活动，救济在岗职工 729 人次，发放救济金 37.3 万元。开展金秋助学活动，助学 77 人，发放救助金 4.9 万元。关心职工健康，投入 86.83 万元为 3695 名职工办理大病医疗保险。组织 1876 名一线职工疗养。开展夏送清凉、冬送温暖活动，为施工现场送去价值 14.49 万元的防暑、防寒物资。2021 年各级创新工作室完成创新项目 64 项，创效 597.8 万元。强化典型选树，3 名同志荣获鞍山市“五一劳动奖章”，1 个工作小组被评为鞍山市技能大师工作站。

【建筑工程分公司概况】 2021 年末，该公司在岗职工 436 人，其中管理和专业技术人员 127 人，生产服务人员 309 人。高级职称 6 人，中级职称 86 人，初级职称 74 人。机关设 5 个部门（3 个中心），有 21 个项目部。

2021 年完成施工产值 17.29 亿元，实现销售收入 12.65 亿元，实现利润 2327 万元。2021 年市场营销中心签约 126 项，完成签约额 13.42 亿元，外埠工程签约 39 项，签约额 125876 万元；鞍钢工程签约 87 项，签约额 8324 万元。

2021 年施工项目 75 项（鞍钢 39 项、外埠 36 项），完工项目 30 项（鞍钢 20 项、外埠 10 项），分项工程合格率 100%，单位工程优良率 100%。全年共收到 11 封来自青钢、军翔、鞍钢项目业主的表扬信，特别是青钢事业部在青岛一期续建工程配套高速优特钢线材项目土建及设备安装施工中多次受到业主好评，提前完成总工期目标。

2021 年编制外埠技术标 96 项，鞍钢厂内技术标 156 项。审批方案 106 项，完成合理化建议累计创效 103 万元。申报国家专利 2 项，专有技术 1 项，完成企业级工法 2 项，国家级刊物发表论文 2 篇。完成科研项目 3 项，QC 成果 1 项。首钢京唐钢铁联合有限责任公司二期多模式全连续铸轧生产线工程荣获 2020—2021 年度中国建设工程鲁班奖和国家优质工程奖。完成了“拉森钢板桩在淤泥质土层中的应用与观测”“旋流井井壁分层半逆做施工方法的研究与应用”“提高混凝土墙面与抹灰面结合质量的研究与应用”课题。

【机电安装工程分公司概况】 2021 年末，公司在岗职工 667 人，其中管理和专业技术人员 267 人，生产服务人员 400 人。高级职称 5 人，中级职称 72 人，初级职称 95 人。机关设 5 个部门（中心），有 15 个工程队、6 个工区、6 个外埠临时项目部。公司拥有锅炉、压力管道、压力容器、起重机特种作业资格证；拥有电力承装三级、承试四级工程资质。

2021 年，该公司全年完成分项工程 750 项，分项工程合格率 100%，单位工程优良率 100%，全年实现销售收入 5.11 亿元。全年实现市场签约额 7.35 亿元，较上年增加 0.97 亿元，其中鞍钢市场签约额 5.73 亿元，较上年增加 0.66 亿元；外部市场签约额 1.61 亿元，较上年增加 0.33 亿元。

2021 全年该公司以激发创新活力，提升职工自主创新技术实力为创新方向，加快技术变革。全年完成合理化建议 14 项，创效 137.92 万元。2 项创新成果荣获第二十五届全国发明展览会铜奖。申报国家专利 5 件，申报专有技术 1 项，申报企业级工法 1 项，申报省级工法 3 项。完成研发项目 5 项，科研项目退税 58.48 万元。李铁成技能大师工作站获鞍山市技能大师工作站称号。在鞍山市首届技能大赛中，3 名职工分获焊工第一名、第五名、第七名。3 名职工被建设公司聘为技能领军人才，29 名职工被建设公司聘为技能拔尖人才。

【鞍钢钢结构有限公司概况】 2021 年，该公司职工总数 63 人，其中技术和管理人员 21 名（高级职称 4 人，中级职称 13 人，初级职称 4 人），生产服务岗位 42 人。通过 AWS（美国焊接学会）认证焊工 38 人，CCS（中国船级社）认证焊工 30 名。拥有国际焊接工程师、国家一级建造师、一级注册结构师、高级工程师 7 人。公司机关设党委工作部、市场营销部、财务会计部、工程制造部、供应站；直属单位有设计中心、项目管理中心、生活服务中心；公司下设 4 个生产车间。

2021 年，该公司实施工程设计、制造加工、安装施工、技术服务于一体的钢结构系统全流程管控，应用全球最先进的 X-steel 详图设计软件进行详图设计，应用 FastCAM 软件及条码系统进行排版及材料管理，应用 BIM 系统进行钢结构项目管理。公司利用 5G 信息化生产智云平台，以互联网+、云计算为设计根基，实现对钢结构生产全周期的精细化管理，大幅度提高一线生产的工作效率。该项目获得鞍钢创建管理提升“标杆项目”、辽宁省 5G 全连接工厂试点项目。全年共研制出 3 项技术工法应用到生产施工中，完成企业级工法 2 项、专有技术 1 项。1 项创新成果荣获 2021 年度全国冶金建筑行业 QC 成果一等奖，2 项创新成果获鞍钢集团管理创新项目二、三等奖。2021 年制造部党支部被授予为辽宁省党支部标准化规范化建设示范点、中央企业先进基层党组织。

该公司认真落实国企改革三年行动和困难企业治理专项行动，面对艰巨的改革发展任务和新冠疫情给企业生产经营带来的不确定困难与压力，不等不靠、坚定信心，领导班子靠前指挥，勇于担当，推进各项工作有序进行。重点参与南京扬子石化项目、巴陵己内酰胺石化项目、巴陵海南石化项目等，全年共完成产量 7.04 万吨，产值 5.49 亿元，销售收入 4.79 亿元，完成合同签约额 4.57 亿元。

【工业炉能源科技分公司概况】 2021 年末，该公司共有职工 90 人，其中干部 35 人（高级职称 4 人，中级职称 17 人，初级职称 11 人），工人 55 人。设 3 部（综合管理部、财务部，项目管理部）、2 个中心（市场营销中心、供应租赁中心）、4 个工程队（炼铁工程队、炼钢工程队、加热炉工程队、鲅鱼圈工程队）、2 个项目部（外部项目部、广州项目部）。公司拥有固定资产原值 321.2 万元，净值 107.6 万元，主要设备有大型高炉砌筑平台、卷扬塔、各种类型磨砖机、灰浆搅拌机、空压机、电弧吊、叉车、真空吸附吊及各类喷涂设备 97 台（套）。

2021 年是“十四五”开局之年，也是工业炉公司发展历程中重要的一年。该公司以“成为工业炉窑全生命周期服务商”为战略定位，以“六个拓展”为发展方向，以市场开发为第一要务，以项目盈利为最终目标，以强化管理为保证手段，以三项制度改革为抓手，各项工作取得明显成效。历史遗留不良资产、风险项目减值等问题得到集中处理。2021 年市场开发取得可喜成果，实现销售收入 1.3 亿元，创历史新高；实现利润 223 万元，经营性现金流 350 万元；市场签约额 1.58 亿元。

2021 年公司承担单项工程 104 项。工程合格率 100%，合同履约率 100%；轻伤以上事故、火灾事故、负主责的交通事故和环境事故为零；质量事故为零。

2021 年授权实用新型专利 1 件，完成板块专有技术 1 项，完成合理化建议创效 40.596 万元。

2021 年三项制度改革工作全面推进。年初对劳动关系进行清理整顿；年中开展了全员岗位绩效管理，项目部、班组放开搞内部承包按劳取酬的分配制度；9 月末，工业炉公司对自管岗位全部进行了重新竞聘上岗。经过三项制度改革，实现了工业炉公司效率和效益的全面提升。

【汽车吊装运输分公司概况】　汽车吊装运输分公司拥有设备原值 3.57 亿元，净值 1.07 亿元。2021 年新增设备 31 台。

2021 年该公司共有在岗职工 285 人。其中生产服务岗位 214 人，管理技术岗位 71 人。机关设 5 个部门，所属 11 个项目部（中心）。

2021 年该公司实现销售收入 3.42 亿元，同比增加 0.74 亿元，增长 27.6%；实现利润 908 万元，同比增加 65 万元，增长 7.7%；全年实现合同签约额 3.04 亿元。累计清回内外部历史欠款 130 万元。当年净现金流正 1700 万元，年末资产负债率 70.09%。合同履约率 100%。

2021 年，该公司凭借高超实力和优质服务，与中国华能、国电投、辽化集团等 10 余家大型企业建立起长期稳定的合作关系，成功中标了国电投老官地风电总包项目，合同额 3668 万元。

2021 年，该公司累计完成科技创效 73.6 万元，投入研发费用 420.74 万元；修旧利废创效 30 万元，燃油消耗节约 63 万元，闲置资产盘活处置收入 237.5 万元，招标与采购节约 50 万元。设备物资部、葫芦岛铝业项目部审时度势，克服困难，抓住机遇，打破惯性思维，及时抢订合同，降低项目成本 400 余万元。

【建筑材料分公司概况】　2021 年末，该公司共有在岗职工 140 人，其中管理和专业技术岗位 47 人，生产和服务岗位 93 人。机关设置五部一会，即党委工作部、生产设备部、财务管理部、资材管理部、安全环保部、工会；基层单位 6 个，形成“二厂两中心一作业区一事业部”新架构。

建筑材料分公司固定资产原值 18880.68 万元，净值 7019.5 万元。新增 1 台皮卡、1 台 56 米泵车、1 台脉冲除尘器、300 万吨生产线等固定资产，新增资产原值 1885.57 万元。

2021 年，该公司确定做强商品混凝土产业，做大砂石产业，以工程服务类为辅助的产业结构形式。破除“小而全”管理模式，将遍布在鞍山本部、鲅鱼圈、朝阳的“三厂两站”划分到搅拌一厂和搅拌二厂统一管理，对“小、散、弱”的工程服务和产品类的 4 个单位进行整合，组建工程服务事业部。全面推行用工市场化改革，聚焦人工成本和利润率，优化岗位设置，促进劳动力资源和设备资源有序流动和共享。机关编制定员由原先的 32 个优化为 26 个，编制减少 18.75%。落实“一个定位、两个目标、两个机制”措施，碎石作业区用工总数由 86 人压减至 60 人，压减率 30.23%，劳务置换 47 人，实现了作业区劳务工清零目标。300 万吨砂石生产线建成投产，砂石生产能力新增 300 万吨/年，达到 700 万吨/年，成为鞍山地区最大的砂石生产基地。

2021 年该公司生产混凝土 44.4 万立方米，砂石产量 401 万吨，实现利润 1647 万元，混凝土和砂石产量创造鞍山地区“双第一”。公司被评为“中国混凝土行业高质量发展示范企业”。

【建设设计研究院概况】　2021 年底，建设设计研究院职工总数 71 人，其中各类专业技术人员占总人数的 69.8%。教授级高级工程师 1 人，副高级职称人员 14 人，中级职称人员 38 人。博士研究生 1 人，硕士研究生 9 人。国家一级注册建筑师 1 人，国家一级注册结构师 6 人。

2021 年该院实现销售收入 4058.6 万元，比上年增加 487.99 万元，超年度目标 558.6 万元。实现利润 349 万元，比上年增加 262.67 万元，超利润挑战目标 205 万元；单位工程质量合格率 100%。实现安全、质量、设备、火灾、环境污染事故为零，负主要责任的交通事故为零。

【鞍山建博工程检测有限公司概况】　2021 年底，该公司在册职工 14 人，其中专业技术人员 9。该公司与鞍钢建设集团有限公司设计研究院合署办公，统一对外经营。经营范围包括：地基基础工程检测、主体结构工程现场检测、钢结构工程检测、建筑工程材料见证取样检测等。在行使“国家冶金工业工程质量监督总站鞍钢监督站检测中心”“鞍钢冶金建（构）筑物鉴定评估中心”职能的同时，也作为建设集团有限公司试验室承担本企业的常规材料自检工作。同时面向社会开展检测业务，所出具的检测报告可作为工程验收的依据。

2021 年取得“建筑工程可靠性鉴定”资质，成为鞍山及辽阳地区唯一获批该项资质的检测机构，为开展工程总承包提供了强有力的支撑。

【剥岩工程有限公司概况】　2021 年末，该公司有职工 141 人，其中管理和专业技术干部 27 人，生产服务人员114人。公司机关设四部，分别为党群行政部（工会）、安全环保生产管理部、设备物资管理部、财务会计部。基层设3个工程队、2个中心，分别为第一工程队、第二工程队、第三工程队、人力资源中心（赋能中心）、资产运营中心。拥有各类挖运设备131台（套），固定资产原值8885.77万元，净值778.51万元。2021年完成剥岩产量1521.18万吨，实现产值收入11784.7万元；实现了企业轻伤以上事故、火灾事故、重大设备事故、负主要责任的交通事故、环境污染事故为零。

（于国旺）

【房地产开发集团有限公司】 2021年末，该公司在职职工606人，其中在岗职工461人，离岗居家人员145人，在岗职工中，管理技术岗位240人，生产服务岗位221人。

2021年公司完成收入12.67亿元，同比增加6.47亿元；实现利润2348万元，同比增加6598万元，实现扭亏为盈奋斗目标。在岗职工月人均收入同比增长9.01%。所属3户困难企业全部完成鞍钢集团下达的年度治理目标。

卸下包袱轻装上阵。在鞍钢集团、鞍钢工程发展公司的鼎力支持下，完成居家人员整体划拨，1246万元费用得以解决。市政府欠款清收取得突破。借助“双鞍融合”契机，实现市财政局、鞍山钢铁、鞍钢房产三方抹账8516万元。历史包袱与现实问题有效处置。核销历史包袱和现实问题2.06亿元。

管控模式持续优化。通过集中管控、优势互补、协同推进、产业融合，实现从量的突破到质的飞跃，达到“1+1>2”的效果。强化机关“扁平化”管理，将机关部门由2020年末的16部整合为8部，直属中心由8个压减为6个。两级机关编制定员由698个压减至567个，131个编制向生产经营一线转移。推动分公司整合。按照“企业贡献度、人员数量、营业收入、固定资产净值”四个维度，将分公司由43个整合为21个。完成建设设计研究院与房产建筑设计院等同类资源整合，提升资源配置效率。

三项制度改革成果丰硕。领导岗位进行公开招聘。通过竞聘，10人退出领导岗位，11人降级使用，11人走上领导岗位。深化薪酬制度改革，为发展激发潜力。实施全员岗位绩效管理，强化差异化薪酬分配机制，充分突出薪酬业绩贡献和效率导向作用。项目部人员落实“授权+同利”机制。深化用工体制改革，建立“一个平台+两个中心”的市场化用工管理模式，2021年167人进入赋能中心。全年解除（或终止）委派制劳务人员劳动合同92人。实施劳务队伍末位退出、“ABC”评价定级和黑名单机制，实现人力资源良性流转。

市场开发优质高效。落实“走出去发展”理念，大力开拓市场，全年签约合同额13.75亿元，是2020年的2.84倍，完成挑战目标。积极培育成都、重庆等区域市场，西南分公司成立即签约项目7.1亿元，占签约总额51.64%，实现“开门红”，并解决工程施工季节性不均衡问题。建筑设计产业着力扩展工程总承包业务，全年实现合同签约额1.11亿元，同比增长90.53%。

主导产业平稳运行。一是开发项目统筹推进。鞍钢新城一、二期提前派户，实现“首次高品质交工派户、首次提前向物业和业主交付、首次派户同期正式供电、首次低成本高效率完成市政配套”。鞍钢新城三期项目按期达到预售节点。新城南苑项目顺利开工，完成年度形象进度计划。二是建筑施工提质增量。按照“保安全、提质量、保进度”总体要求，推进在建工程施工。施工规模103.48万平方米，同比增长65%，规模效应初步形成。新开工重庆巴南、沈阳荣盛等项目13项、36.64万平方米，同比增长62%。完成施工产值6.52亿元。三是多措并举推进商品房销售。变被动销售为主动营销，建立全员营销机制，社会化引进置业顾问，取得良好销售业绩，鞍钢新城销售回款21800万元。通过提升产品品质、平台拍卖、实行销售代理等举措推进鞍钢田园等库存商品房销售，实现销售回款15880万元。

科技质量成绩斐然。统筹推进科技研发工作，投入研发费用1116万元，实现科技创效496.6万元。开展装配式建筑研发应用工作，自主设计、生产、安装混凝土装配式楼梯93件，在鞍钢新城三期21号楼成功应用。开展叠合楼板应用试验，为装配式建筑施工打下基础。鞍钢人才公寓获第十届“广厦杯”奖。鞍钢新城二期13号、14号楼等5项工程通过辽宁省优质结构工程审核。鞍钢新城一期工程2号楼被授予“2021年辽宁省质量信用满意工程”。“小截面钢框架结构装配式高层住宅”项目获鞍钢工程发展公司2021年度科技奖。

共建共享走深走实。救济在岗职工345人次，发放救济金11.3万元。投入15.4万元为655名职工办理大病医疗保险。组织376名一线职工疗养。2021年各级创新工作室完成创新项目7项，创效127.2万元。

【鞍钢房产建设有限公司概况】 2021年末，该公司在岗职工453人，其中管理和专业技术人员183人（高级职称19人，中级职称100人，初级职称56人，拥有国家一级建造师56人）。机关设5个部门、7个中心，有3个基层事业部、15个项目部。公司具有建筑工程施工总承包一级、建筑装修装饰工程专业承包二级、市政公用工程施工总承包三级、起重设备安装工程专业承包三级、建筑机电安装工程专业承包三级等资质。

2021年，房建公司实现收入6.12亿元，完成目标计划的102%；实现利润373万元，完成目标计划的106.6%；实现产值64921万元，完成目标计划的108.2%。累计新增合同额173831万元，完成目标计划的217.3%。清欠回款17043万元，完成目标计划的196.3%。现金流为正，全员劳动生产率增幅19.98%。申报国家专利5件、申报专有技术8项，申报企业级工法2项，申报省级工法2项；在省级刊物发表论文8篇。

【鞍山有限公司概况】 2021年末，该公司有员工26人，其中高级职称13人，占比50%。公司设3个机关部门和3个中心，分别为综合部、财务部、投资运营部、设计管理中心、工程管理中心、营销中心。2021年完成房地产开发投资30252万元，在建开发项目累计完成投资103930万元。实现收入46093万元。具有房地产开发二级资质。

【房产设计研究院概况】 2021年末，全院有职工39人，其中干部34人，工人5人；具有高级职称11人、中级职称20人、初级职称3人。国家一级注册建筑师3人，一级注册结构师3人，注册公共设备工程师1人，国家注册岩土工程师2人。设有9个部、室、队，其中包括3个专业设计室，1个勘测大队，2个生产科室，2个管理部室。

2021年该院主要设备有静力触探车、地质钻探车、全站测绘仪、彩色自动绘图仪、工程复印机、晒图机、模型机和检测设备等共100台（套）。该院是经国家建设部审批注册的综合性工程勘察设计单位，甲级建筑工程设计资格，并持有乙级工程勘察资格证书、乙级工程测绘资格证书。具有工业与民用建设项目可行性研究、地质勘探、测量、总体规划和施工图设计、全过程服务能力。2021年完成总产值8047万元，单位工程质量合格率100%，勘察设计合格率100%。实现安全、质量、设备、火灾、环境污染事故为零的目标。

（崔瑛琦）

【重型机械有限责任公司】 2021年末，该公司有职工3014人，其中在岗职工2639人，居家职工354人，列编外职工21人。该公司占地面积43万平方米，拥有各类专业和通用设备2183台（套），固定资产13亿元。公司下设基层单位13个，其中独立法人单位2个（鞍钢轧辊有限公司、鞍钢重型机械设计研究院有限公司）、模拟法人单位4个（冶金设备制造公司、汽车运输分公司、综合服务公司、表面强化分厂）、直属单位7个（轴承箱分厂、齿减分厂、机电分厂、灵山机械厂、金属结构厂、锻造厂、质量管理控制中心）。引入民营企业体制机制，合资组建了鞍重轧辊（江苏）有限公司、鞍钢双晟（鞍山）风机有限公司和大陆激光股份有限公司。

【经营指标】 公司全年实现利润2233万元，超额完成1170万元利润挑战目标，同比增长267%；实现销售收入130076万元，同比增长26.6%；资产负债率降为83.71%；在岗职工人均月收入同比增长12.2%。

【学习教育】 巩固深化“不忘初心、牢记使命”主题教育成果长效机制，开展中心组学习研讨10次，强化对党史、党的理论的系统学习和系统把握。全面深入开展党史学习教育，推进落实“党旗引领红色鞍钢”主题实践，促进各项动作落实落地。全年完成“我为群众办实事”公司级项目29个、基层单位项目59个。

【党的建设】 把“45561”党建工作思路融入中心工作，全年召开党委会83次，审议前置议题、决策重大事项253项。清单式推进党建“回头看”25项任务整改，夯实党建根基。以提升党支部建设作为“红色引擎”融入中心工作，评选“五星”党支部19个，“五星”党员720人次，晋级鞍钢“样板”党支部2个，轧辊公司党委获评辽宁省先进党组织、重机公司党委获评鞍钢先进党组织。发展35名优秀职工成为党员，李秋当选辽宁省第十三次党代表大会代表，王丽当选鞍山市第十七届人大代表，先锋之星不断闪现。以党建带团建，冶金公司团支部荣获“中央企业五四红旗团支部”称号。

【人才建设】 健全选人用人机制，减少D级以上管理岗位15个，选拔任用5名领导人员、选聘1名职业经理人。入选鞍钢“英才计划”10人并给予中长期激励。14名年轻干部跨部门挂职实践锻炼。招聘4名财务人员，引进10名大学生，校企合作招收12名焊接、数控专业毕业生，补充新鲜血液。

【传承文化】 新建党史文化长廊、红色百年路，开创鞍钢集团先河，丰富和发展党员活动室建设经验，新增5个现场开放式党员活动室，与红色沙龙、英模墙、王崇伦纪念馆形成多点多层次的红色教育园地。在《中国冶金报》和《世界金属导报》刊发报道2篇、在《鞍钢日报》发布43篇(其中头版16篇)。获评《中国工业报》评选的“2021工业企业文化建设创新成果”一等奖，党委书记赵训民获得“2021工业企业文化建设创新领军人物”称号。与鞍钢集团钢铁研究院和本钢机械制造公司结成党建联盟，打造共赢“生态圈”。

【从严治党】 加强对“一把手”监督，建立目标倒逼机制，压实整改责任，落实主体责任履责措施18条，切实推进全面从严治党。开展“清风行动”和“形式主义官僚主义”专项治理，加强警示提醒，对各级领导人员、关键重要岗位人员“一对一”谈话180人次，签订廉洁承诺书470份，营造风清气正的营商环境。全部整改完成工程发展公司提出在外委外协的21项管理问题、党建责任制反馈问题制定的6条整改措施。

【深化改革】 体制机制改革激活力。与13个基层单位、6个机关部室签订契约化责任书，扩大风险抵押金范围，将责任和压力层层传递，进一步激发各级各类人员积极性。以靶向契约化模式推进市场营销、科研开发、清欠等重点难点工作，有效激发了活力、动力、效率。三项制度改革再深化。各项改革任务应完尽完，在工程发展公司中名列前茅。灵山机械厂等6家单位改革经验被上级公司推广。一是加大干部人事制度改革力度，实现干部能上能下。精简组织机构和人员，减少D级以上管理岗位15个。推行“两制一契”管理模式，全面引入竞争机制，完成37名经理层成员任期制和契约化管理。选拔任用5名领导人员、4名机关专业职能岗位人员。在鞍重轧辊（江苏）有限公司市场化选聘职业经理人1名。二是建立人才引进退出机制，实现员工能进能出。以灵山机械厂为试点推行双合同管理，持续推进人力资源优化，通过岗位培训优化67人，完成不规范劳动关系治理39人，置换劳务人员14人，劳动生产率同比提升27%；开展市场化引进人才，拓展了“能进”的渠道。引进10名大学生，补充了新鲜血液。利用社会资源招聘4名有经验的财务人员，缓解了岗位缺员问题。向上级积极争取劳务转录政策，全过程公开、公平、公正地履行考评程序，10名优秀劳务人员被择优录用为合同制员工。与鞍山技师学院进行校企合作，有针对性地培养操作人才，招收12名毕业生，补充了缺员严重的生产岗位。三是构建差异化、多元化绩效考核模式，实现收入能多能少。破除平均主义，加大收入分配“五个倾斜”力度，评定技术等级序列20人、高技能人才24人，各级机关人员实行“一人一表”绩效考核，一线职工以工时、产量为依据开展多模式绩效分配，拉开了分配差距，调动了员工积极性。

【结构优化】 以鞍钢集团“7531”和工程发展公司“1365”发展战略为指引，结合公司实际，完成了《重机公司“十四五”战略发展规划》的编制。围绕“六大产业”补齐短板，全年放行固定资产投资项目28项，投资总额3533万元。对灵山机械厂实施“四个一批”扩能改造，对冶金设备公司铜制品工区进行改造升级。根据各单位所需，从矿业公司弓矿机械厂调拨13台闲置设备，有效补充了加工能力。通过产业调整和结构优化，有效促进了规模提升。轧辊公司全年交库产量完成36400吨，同比提升32.4%，冶金设备公司全年铁产量25876吨，同比增长16%；铜产量682吨，同比增长17%；重机公司全年共完成成套设备生产12695吨，同比增长21%。

【活力创新】 着力构建“23411”创新体系，与北矿新材科技有限公司等国内知名院所加强交流，搭建了互助共赢的创新平台。积极参与国家重点研发计划“先进结构域复合材料”专项中“复杂工况下冶金领域关键部件表面工程技术与应用”

项目申报工作，项目已通过科技部评审答辩。全年新增专利授权18件（其中发明专利7件），完成专有技术认定9项。由重机公司承揽设计、制造的万能一线开坯系统高精度轧制改造工程——攀钢钒轨梁厂BD1轧机区域热负荷试车成功，标志着该线改造升级圆满完成，装机水平达到国内外先进水准。在鞍钢工程发展公司科技评选中包揽科技奖一、二等奖和一线工人项目奖。创新工作室建设成果显著，全年完成48个项目，创效960万元。在第25届全国发明展览会上，公司选送的三项职工发明成果分获金、银、铜奖。“陈世谊技能大师工作站”被评为省级技能大师工作站。

【开拓市场】 采取靶向营销方式加大市场开发力度，合同承揽额大幅提升，创历史新高。EPC总包实现新突破，成功承揽BD1轧机搬迁改造、大型950连轧线改造、朝阳烧结机改造、鲅鱼圈厚板5.5米线延长跨改造等项目。适时召开专项产品推介会，提高公司知名度。公司主要领导带头走访客户，与中钢公司及中冶系五大设计院深入合作，成功签订850轧线1.49亿元和1250轧线1.42亿元的设备订货合同。成功承揽950轧机、烧结机、环冷机等项目，成套设备承揽创历史新高，实现了产品结构优化升级。坚持“走出去”工作思路，积极开拓出口市场，克服疫情影响，成功签订轧辊、炉箅子、轧机牌坊等出口合同5897万元。公司全年实现合同承揽165514万元，同比增长22.7%。

【生产经营】 以提升精细化管理水平为目标，通过不断创新生产管理、开展质量提升年等活动，大力加强生产组织和质量控制，合同兑现能力明显提升。成立项目管理事业部，加大EPC总包项目管理。加快生产组织节奏，根据产品特点推行“封闭式”项目组织，有序推进了一重BD轧机推床辊道等项目生产。在鞍钢炼钢总厂新3号高炉改造、热轧厂1700线年修、中厚板年修、鲅鱼圈年修等多项工程中“重机精神”和“重机产品”得到用户高度肯定。冶金设备制造公司成功浇注国内最大青铜压下螺母，使重机公司在国内有色金属铸造领域占有了一席之地。在鞍钢炼铁总厂600平方米烧结环保项目中，灵山机械厂成功完成国内最大直径烧结圆筒混合机的制造，混合机筒体最大直径达5.1米，整体连接后总长度达22米。成功完成国内首台大卷重高性能宽幅镁合金卷板六辊轧机的制造装配，擦亮了“鞍钢重机”品牌。

【管理运营】 启动精益管理项目，提升全员精益管理意识。聘请专业服务机构爱波瑞公司来企业开展培训和调研，结合实际找不足、补短板，制定改进方案。组织全员开展“精益管理合理化建议”活动，收到22个类别1629条意见建议，采纳314项，已形成任务清单有序推进，为助力员工快速成长和企业高质量发展奠定了基础；加强信息化建设，启动数字化车间项目。完成了项目调研和建设方案的制定，已于10月开始启动，对于实现全公司生产设备网络化、生产管理透明化、生产调度科学化具有重要意义。加强资金管控，提升财务管理水平。以“1+16”全面预算保障体系为基础，强化资金收支预算管理，牢牢守住资金风险底线。大力开展“两金”压降专项行动，通过细化措施，落实责任，强化考核约束、加强周期管理等措施，按照工程发展公司考核口径，比两金占用指标超额压降2352万元。积极应对挑战，大力深化极限降本。主动应对钢材等大宗原材料价格上涨对公司带来的极大挑战，全面落实《重机公司生存保卫战八项措施》，在极限降本上寻求突破。全员成本意识普遍提升，轴承箱分厂自行组织人员完成设备拆除搬迁及安装调试工作，充分展示了干部职工较强的成本意识和高超的专业水平。深入解读并利用好国家政策，减免土地使用税、房产税费2082万元。通过多方努力，公司在扣除材料价格涨价因素前提下，全年降低可控成本3971万元，降低率为6.8%，超额完成年度目标。理顺业务流程，制度建设更加完善。建立规章制度定期会商制度，全年修订完善规章制度37个，新制定32个。按季度组织机关部门对基层单位的制度建立及落实情况进行检查指导改进，进一步提升了制度执行力。坚持问题导向，行业对标找准差距。采取“走出去，请进来”的方式，结合市场和自身实际对标找差，取得实效。灵山机械厂通过外部与一流企业对标，内部与一流机台对标，全员与一流员工对标，寻找差距，补齐短板，自我完善，促进了效率和效益提升。加强安全环保防火管理，层层落实责任。围绕习近平总书记关于安全生产重要论述及新《安全生产法》等内容扎实开展安全培训，全面提升安全履职能力。严格推行电子化安全履职日志管理，压实安全生产主体责任。加强安全制度体系建设，修订完善管理制度6个。强化“双零”管控机制，加大考核力度，全年考核22.1万元。新增76个安全监控点，大力推进安全风险分级管控和隐患排查治理双重预防机制，排查整改隐患172项。按照“五清五杜绝”要求，完善作业管理，开展安全互检互评，有效提升了安全管理水平。严格落实环保和职业健康工作要求，强化消防管理，实现了轻伤及以上事故为零，突发环境污染事故为零，新增职业病为零，火灾事故为零的目标。在鞍钢集团和工程发展公司大力帮扶下，沉积多年的历史遗留问题得到解决。处理历史遗留不良资产6.06亿元，取得类永续债5.9亿元用以偿还有息负债，重机公司基本卸下了背负多年的历史包袱，资金成本大幅降低，资产质量明显改善，经营风险有效控制，可持续发展动力不断增强。

【关爱职工】 弘扬劳模和工匠精神，开展重机公司5个工种的技术竞赛，决出6名技术状元和34名技术能手。成功承办工程发展公司钳工群英赛，在竞赛中取得包揽前6名的骄人成绩。积极选送优秀选手参加鞍钢集团和鞍山市技能大赛，金结厂程韶辉获得市钳工大赛亚军。坚持以人为本，不断深化民主管理，广泛开展“我为极限降本献良策”合理化建议活动，收到建议158条，采纳101条，创效553万元。扎实开展“践行共享理念、关爱一线员工”专项服务行动，领导班子负责的14个民生实事项目全部通过职工代表验收，职工作业条件和各项福利进一步改善。继续实施温暖工程，走访救助困难职工396人次，救济金额18.3万元。

【鞍钢轧辊有限公司概况】 鞍钢轧辊有限公司是中国第一家轧辊专业生产企业，中国铸铁轧辊生产制造标准起草者。2021年末，鞍钢轧辊有限公司有职工550人（全民职工419人，劳务131人）。公司厂区占地面积7.16万平方米，房屋建筑面积5.02万平方米。产品以冶金轧辊为主要产品，主导产品热连轧板带钢轧辊在市场占有率和市场综合竞争力排名第三位。拥有固定资产原值4.62亿元，净值1.36亿元。生产设备主要有5吨、10吨/15吨、25吨中频炉等熔炼设备；15吨、25吨、45吨、46吨卧式离心铸造机等铸造设备；高低温电阻式热处理炉、井式电阻炉等热处理设备；种类齐全的专业加工机床、进口大型数控磨床、数控车床、数控铣床等加工设备以及精密光学显微镜、超声波探伤仪、直读光谱仪等分析检测设备。

2021年，该公司被评为鞍钢集团先进党委、鞍钢集团先进单位、鞍山市先进单位、辽宁省先进基层党组织。轧辊交库产量完成3.64万吨；销售收入4.46亿元，利润3253万元。实现安全轻伤以上事故为零，重大质量、设备、重大火灾事故为零，无重大环境污染事件发生，现场环境得到大幅改善。

深化三项制度改革。优化组织机构，构建“两部两厂四中心”管理层级，提升了管理效率；全面推进“两制一契”管理实施方案，建立管理人员竞争上岗、末等调整和不胜任退出制度，建立解聘机制，签订《目标责任状》；建立市场化用工机制，推行“双合同”管理，强化竞争上岗，鼓励一专多能，兼工作业，全员劳动生产率同比提高20.60%；重构绩效分配考核体系，建立健全工资总额管理和决定机制，建立岗位说明书，做到将绩效考核落实到部门、分厂、班组和个人，形成收入与效益、效率、效能高度匹配的分配机制。

国企改革三年行动扎实推进。建立健全现代企业制度，全面规范公司的法人治理结构，配齐建强董事会，全面依法落实董事会各项权利，公司党委坚持审议前置议题22项，2021年召开股东会会议5次，董事会会议5次，党委会40次，班子会26次，充分发挥了党委的领导作用、董事会的决策作用、经理层的经营管理作用。公司入选鞍钢集团管理标杆创建行动标杆企业。

强化营销体系建设。2021年承揽合同4.92亿元，回款率实现102%。重点拓展了宝武系市场，河北系及福建广西沿海一带新建钢厂市场，以及印度和俄罗斯市场，取得了较好的成绩，实现了燕钢及宝武系统合同额分别达到4000万元的历史性突破，相继开发了斯洛文尼亚、俄罗斯马钢MMK、越南河静新品、晋钢、二重等5家新客户，并重新成功启动了长期未合作的重钢等老客户。坚持推进轧辊功能承包及磨辊间整体承包模式，实现了朝阳1700线磨辊间整体包保，承包产线12条。

强化降本增效管理。坚持完善成本管控机制，强化全员成本管控意识，深化目标分解和责任落实，驱动全员在优化系统设计，在物资管理、修旧利废、设备修理上开展管理创新，同时坚持把各项生产技术指标和责任纵向分解到分厂和部门，横向落实到班组岗位机台，全力压缩非生产性支出和消耗指标。通过建立管理发放制度和实施定量考核机制，形成了有效监管，进一步细化了消耗定额管理，全年可控成本费用降低率实现5%。

强化质量提升。坚持以“以质量占领市场、以质量巩固客户、以质量提高效益”的原则，严格质量管理。在责任落实上，建立专人专项、一抓到底的责任体系，坚持“三不放过”原则，确保产品质量。开展了质量整治专项行动，查问题，找对策；坚持每周召开质量例会，将问题充分暴露并制定责任清单，明确责任部门、责任人和整改时间；开展了全面质量体系的内部审核工作；开展“质量月”活动，调动全员的积极性，让“质量就是生命”深入人心。全年轧辊综合质量合格率实现96.49%，较计划提升0.49%。

强化科研攻关。坚持以解决生产难题为中心，持续加强技术与生产互动，充分发挥技术支撑作用，攻克了15项攻关课题。ESP生产线F1-F2高速钢轧辊研制项目研制成功，用户使用效果良好；热轧带钢热模具工具钢锻造粗轧工作辊及热轧合金板带钢精轧工作轧辊研制获得成功；半高速钢轧辊的研制项目制作完成，当前正跟踪用户使用数据。申报发明专利1件，申报专有技术2项。艾忠诚同志的“一种超薄铸轧带钢轧机用耐热复合轧辊的制造方法”荣获二十五届全国发明展金奖。同时积极参与配合鞍重（江苏）轧辊公司稳健运行，技术人员攻坚克难带头研发窄带钢精轧前架工作辊和精轧后架工作辊，填补了窄带钢系列产品空白并实现了批量订货。

强化资金管控。以预算管理为中心，严格控制费用支出和生产成本，所有资金支出做到“事前有预算、过程有控制、事后有评估”。采取有力措施压缩“两金”，加强“产、供、销、存”动态分析，减少材料和产成品资金占用，营业总收入增幅11%，两金增幅（分析包线回购辊后）5.71%。同时坚持“从严从紧、有保有控”原则，严格控制非生产性支出，压缩费用开支，提高经费使用效益，确保公司健康快速发展。

强化设备管理。坚持每周进行设备强保检查，加大教育及考核力度。改造完成了原料跨雨排水管道工作；组织完成煤气主管道维修工作及蒸汽管道拆除工作；组织完成中频炉液压系统改造工作和老旧动力管网更新工作；组织完成包装间20吨起重机安装工作并已交付使用。为进一步提升产品精度，进行了设备改造，完成了一台磨床机、一台数控机床和离心机的基础设计工作与施工工作。

夯实安全管理。牢固树立安全生产理念，严格落实“五清五杜绝”，推进现场安全网格化管理，打造本质安全型企业。通过完善约束与激励机制，进一步落实安全生产责任制，构建“两清单一日志”电子履职系统，开展“双零”管控和反违章考核，累计考核6.52万元。健全双重预防工作机制，开展安全风险分级管控与隐患排查治理工作，全年共排查出安全隐患277项，已整改275项，待整改2项。深化职工安全教育培训，共培训301人次，同时积极推进现场整理整顿及标准化工作，以5吨炉区、检修区、精密间、铣镗区为现场标杆区域，大力推进整理整顿及定置定位标准化管理工作，完成了安全生产标准化二级企业（机械）复审工作。

党建引领促发展。深入推进党建工作契合发展实际、融入中心工作，全面落实党建主体责任，积极开展评比“五星党员”“五星党支部”等活动；继续巩固党建标准化建设开展“党旗引领红色鞍钢”“党员工程”“质量整治提升大讨论”及践行“四个确保”承诺等活动，充分发挥了党员先锋模范作用和党支部的战斗堡垒作用；创新党建“4+X”促进党建工作和生产经营工作双提升；深入开展党史学习教育，教育广大党员学党史、悟思想、办实事、开新局，坚持以“七个聚焦”为主线开展我为群众办实事活动，完成18项重点任务清单，完成率100%。同时围绕生产经营重点难点，积极推进创新工作室建设，攻克8个难题，创效324.61万元，张建东创新工作室荣获鞍山市和鞍钢集团创新工作室；坚持将党史学习搬到现场，建立了“党员创新活动站”，实现创效15万元；实施了青年创新登高项目2项。开展了“争当王崇伦精神传人、优秀班组、机台”竞赛活动，营造了“比、学、赶、帮、超”的良好氛围；走访慰问救济困难职工40人，发放救济金1.89万元；认真贯彻落实“清风行动”工作方案，进一步健全廉洁风险防控机制，营造风清气正工作环境。

【鞍钢重型机械设计研究院有限公司概况】 鞍钢重型机械设计研究院有限公司（以下简称“设计研究院”）是隶属于鞍钢重型机械有限责任公司的股份制科研设计单位。截至2021年12月，该院有职工61人，其中干部58人，工人3人；具有高级职称18人，中级职称31人，初级职称6人。设有轧钢机械、冶炼机械、技术工艺、电气自动化等4个设计室，项目管理部、采购部、档案室、计划财务部、综合管理部等5个管理科室，以及研发中心试验厂。主要从事冶金设备设计及机械产品设计和科研开发工作。2021年实现销售收入5684万元，利润202万元。

全力推进三项制度改革，通过精简机构、精干职数，打造充满生机活力、运行高效的组织架构。将原有14个部室压缩30%，成为10个部室；打破按身份、按级别的旧观念，建立看岗位、看贡献的新观念，畅通上下的通道，选用提拔年轻干部6人，实现领导干部年轻化；完善绩效考核收入办法，加大向一线岗位倾斜力度，合理拉开职工收入差距，充分体现收入靠贡献的理念，激发员工内部活力和动力，为设计研究院高质量发展提供体制保障。

鲅鱼圈5500改造、鲅鱼圈辊道加密、鲅鱼圈推钢机改造、鲅鱼圈钢车修理、鲅鱼圈质检中心改造、朝阳钢铁环冷机改造、大型BD1搬迁等总包项目，实现承揽4389万元，销售4160万元，回款4787万元。

加快科研成果转化为现实生产力的步伐，进一步提升钢铁主业提质增效服务、冶金装备绿色再制造领域产品质量。组织完成鞍钢鲅鱼圈机械式推钢机、鞍钢大型厂矫直机9号辊改造、钢包智能浇注系统优化、钢绳疲劳试验台等科研项目。与鞍山新铁特钢制造有限公司签订战略合作协议，发挥各自优势，促进科学技术产业化的发展，实现技术研发与市场营运的直接联盟。

结合公司精益管理要求，全面提升全员精益管理意识，组织开展精益管理群众性提合理化建议活动，收到65条意见建议。加强资金管控，强化资金收支预算管理，每月按计划实施，防范资金风险。全面增强降本意识，深入解读并利用好国家政策，降低所得税12万元，稳岗返还保险退费51万元。发挥专业技术引领作用，大力推进三维机械设计。理顺业务流程，完善规章制度，全年修订完善规章制度28个。

【冶金设备制造公司概况】 鞍钢重型机械有限责任公司冶金设备制造公司，是冶金机械成套设备的专业制造公司，分布在鞍钢厂内西部、南部厂区，占地总面积约36320平方米。截至2021年末，该公司共有在岗职工301人，其中干部50人（高级职称4人、中级职称25人），工人250人；下设5个业务部室和3个利润工区。主要产品与生产能力：高炉热风炉支撑系统、高炉冷却壁、烧结台车等铸铁件，高炉风口、中套、高铅铜套、铜丝母等铸铜产品等。有各类机床、加工、冶炼设备269台（套），主要设备有龙门刨床B2220E、龙门刨铣床、桥式起重机、树脂砂生产线、混砂机、中频感应炉、有色金属电炉、消失模生产线、专机设备等。

面对原材料普涨、疫情影响、人员短缺、招工难等复杂形势和艰巨任务，该公司全体干部职工解放思想，勇于实践，扎实开展“五项融合”“三个满意”“极限降本 打赢生存保卫战”等活动，立足岗位、苦练内功，全力推进各项改革和生产经营工作，实现销售收入2.84亿元，同比增幅19.7%；铁产量25876吨，同比增幅16%，创历史产量新高。

按照鞍钢改革三年行动方案，以“效益有改善、职工有获得感、发展可持续”为标尺，聚焦突出问题和短板弱项，稳步推进三项制度改革工作走深走实。一是强化制度管理助提升。建立《冶金设备制造公司三项制度改革方案》及《任务清单》，明确10个方面30项工作，已全部完成。二是公开竞聘激活力。2021年8月，在优化机构设置、C级组织选拔基础上，结合全员岗位绩效考核管理，对6个B级、2个A级岗位开展公开竞聘，明确岗位职责，实行“揭指标竞聘，带契约上岗”。三是抓实干部作风提效率。为发挥领导干部示范带头作用，完善经营绩效“指标、责任、跟踪、评价、考核”五大体系，以“履职尽责、担当作为”为理念，开展副科级以上管理人员50%活性绩效考核评价工作，全力提高执行力和落实力。

围绕提升产品质量、提升生产效率、降低生产成本，践行“四个确保”承诺。结合市场需求，高质量完成中冶赛迪山东日照高炉冷却壁项目，总包方及业主发来感谢信、表扬信，又续签 2770 万元合同；成功地完成中国一重 2 件铜丝母项目，又定厂定向追加 4 件订货合同；采用模块化生产鞍钢鲅鱼圈 2 号高炉 264 件冷却壁项目，取得一次交检合格率 100%的好成绩。在超出常规生产能力前提下，组织“大干 100 天，确保台车出厂任务”活动，确保了河北天柱台车第一条线工期与质量。

在人员没有变化的前提下，为保证生产经营任务目标实现，全体职工许下了“完成当天作业计划才是我们下班时间”的承诺。冶炼工区日产中大型台车由 4 台增加到 5 台，冷却壁由以往 16 件增加到 19 件，铸铁件日产量由 75 吨增加到 90 吨以上；加工工区通过调整班制月均增加 60 个班台，有效解决生产难题。在完成冶炼工区“三大工程”改造升级基础上，以铜制品工区固定资产投资改造为契机，完成新增 0.3 吨真空熔炼电炉、2 吨中频感应电炉、7 台加工设备合同招标工作。

聚焦“科技创新+先进制造”，成功申报“一种铸造浇注用砂浇注管”“一种烧结机台车用翼式隔热箅条”2 件国家专利；QC 项目“提高冷却板综合交检合格率”荣获辽宁省优秀质量管理小组三等奖。以精湛的技艺成功浇注 2 件全国最大最重青铜压下螺母，开辟了国内有色金属铸造新领域。

扎实开展“我为群众办实事”实践活动，从关爱职工出发确立完成了 11 个项目，职工作业条件得到进一步改善。走访慰问困难职工 8 人次，帮扶救助 136 人次，发放救济款 9.1 万元。

【灵山机械厂概况】 2021 年末，鞍钢重机公司灵山机械厂有职工 315 人（全民职工 210 人，集体 28 人，临时 77 人），其中干部 24 人（具有高级职称 1 人，中级职称 19 人，初级职称 4 人），工人 291 人（生产工人 236 人）。拥有固定资产原值 39305 万元，净值 7659 万元。2021 年，灵山机械厂完成产量 6867 吨，出公司产值 15494 万元；销售收入 16255 万元，实现利润 656 万元。

深耕鞍钢内部市场。依托本公司与矿业公司签订的关联交易协议，上下同心，实现矿山产品承揽额 1875 万元；采取 EPC 模式承揽鲅鱼圈厚板 5500 毫米立辊轧机在线改造工程，合同承揽额 480 万元。积极开拓外部市场，扩宽销售途径。与铸钢公司联合投标外部市场，签订带料加工合同 133 万元；借助鞍本联合契机，承揽本钢热轧滑架等修复合同 50 余万元，实现本钢市场新突破。全年累计承揽合同总值 6170 万元，其中新品 2900 余万元，原品修复 3100 余万元；实现净值 2600 万元，同比增长 76.7%。

积极推动破碎机系列化和定宽机国产化项目实施，完成了 H8800 破碎机主体部件新品加工和原品修复项目，实现净产值 828 万元；实现 HP800 破碎机主机架和主轴等 5 大主体部件的研制，并与矿业公司签订了上机试验协议；热轧定宽机国产化的单件加工和精整基本完成，待甲供件到后进行装配；签订《技术攻关课题承包责任状》，完成 5 项，奖励技术研发人员 2 万多元；全年开展工艺讲评 43 项，提高了一线职工技术水平，减少了质量事故发生；实施 6 项工艺降本措施，创效 60.4 万元；申报专利 2 件，专有技术 1 项；完成“矿山系列产品国产化研发”和“鲅鱼圈热轧立辊轧机现场修复工艺研发”2 个公司级科研项目，实现净产值 880 万元。

以“质量管理提升年”为契机，开展“质量整治提升”大讨论活动，营造“全员重视质量、人人关心质量”的浓厚氛围。重新修订了 2020 年 B 版质量手册和程序文件，加强质量过程控制；定期召开质量分析会，严肃质量考核和奖励，评选出 9 名质量标兵，树立“质量是企业生命线”意识，严控发货环节质量检查，有效促进产品质量提升。全年实现产品一次交检合格率 97.8%，产品综合合格率达 100%，质量投诉同比降低 28.6%。

加强项目计划组织管理，加大项目组织策划力度。将生产项目划分为关键、重点和一般项目统一指挥，提高计划把控精准度；实施项目经理负责制，提高项目管控能力。坚持“日调度会”制度，及时解决技术问题和生产难点，确保生产组织有序高效运行；优化倒班制度，改善夜班效率低下现状，提高生产效率；实施网格化动态管理，消除生产组织上的漏点、堵点、盲点。针对抢修和包保项目，采取专人跟踪、技术问题不过夜、活件抢修不落地等有效手段，确保了项目工期、质量要求。全年主要完成矿山破碎机、热轧定宽机等大型单体新品制作，宁夏烧结环冷机、上海寰球六辊轧机、攀钢 BD 轧机、鞍钢炼铁环保改造混合机和制粒机等成套设备制造，热轧 1780

立辊轧机主减速机、厚板4300轧机、大型冷剪、炼钢扇形段、鲅鱼圈热轧定宽机减速机等鞍钢主体厂矿重点修复项目。

为解决设备老化问题，实施了以“少投入、快产出、补短板、优布局”为总体思路的“四个一批”技改方案。购置2×4数控龙门铣、数控立式加工中心等11台先进设备，延长产业链、回流外协加工、提高生产能力；搬迁130数显镗铣床等8台设备，实现了作业面积高效整合；项修4.5×20数控双龙门铣床和俄罗斯200镗铣床，提高了加工精度；自主维修捷克250镗铣床等6台老化设备，提升了加工效率。

实施关键设备、重点设备24小时抢修制度，加强每周强保监督检查。2021年，关键设备计划修35项，一般设备计划修39项，均100%完成；完善“五清五杜绝”和“双零”管理系统化，开展好安全生产专项整治三年行动工作；加强隐患排查治理工作，提升风险防控能力。全年排查安全隐患94项，整改完成率100%，辨识风险19处，安全生产费用投入50余万元，安全责任考核1.5万元。2021年实现轻伤以上事故、火灾事故、环境污染事故、职业病危害事故为零的安全生产目标。

全面实施赛马机制，多赛道百舸争流，生产效率和产品质量大幅提升。推行“末位淘汰”，将工作业绩处于末位的1名C级人员和3名A级人员调整岗位。推行“优胜劣汰”，全年解除不胜任岗位人员9名，通过招聘途径新增15人；推行“转岗兼工”，因大型立车活源不足，部分操作者转岗到卧车及镗床，同时部分岗位实行兼工作业，一人多机，多劳多得；推行“有序流动”，新录用2名大学生，3名劳务人员择优转录合同制员工；推行学徒实操考核，胜任者直接上岗，不胜任者直接淘汰。9月，灵山机械厂作为集团公司改革试点单位推行了双合同管理，并且在集团公司进行了经验交流。对材料费、运费、动力费、化检验费、采购成本等采取“源头控制、过程监管”措施，杜绝浪费。2021年生产运营成本总额4742万元，全年降本350万元，成本费用同比降低7.1%。

扎实开展党史学习教育。党委中心组集体学习研讨16次；通过“学习强国”“鞍钢e学”“三会一课”开展党员线上线下集中学习、党史知识答题等系列活动；组织重温入党誓词活动4次，完成先进模范人物、领导班子成员和支部书记讲党课8次；“骨干宣讲员”为党员代表和先进模范人物宣讲6次。重新修订了《党委工作规则》《党委会议事规则》《落实“三重一大”决策制度实施办法》等工作制度。完成机关党支部的党小组划分和党员活动室建立。评选“五星”党支部3个，“五星”党员60人次。编发《灵机在行动》12期，在《中国冶金报》《鞍钢日报》等媒体发表报道50余篇，激发全体职工干事创业的决心和动力。加强全面从严治党，制定了《主体责任清单》和《全面从严治党重点任务清单》，召开年度党风廉政建设和反腐败工作会议；开展“清风行动”和形式主义、官僚主义问题专项整治，运用四种形态对C级管理人员提醒谈话4人次。成立工程建设专项检查组监督工程项目。

开展困难帮扶活动，全年走访慰问困难职工38人次，发放救济金1.24万元。引导广大职工争先创优，两项职工创新成果获集团公司三等奖；3人获鞍钢集团技术能手称号。“陈世谊技能大师工作站”晋级为省级工作站。

【金属结构厂概况】 2021年，金属结构厂有职工215人（在职119人，劳动派遣工86人）。该厂占地面积4.43万平方米，工业建筑面积3.12万平方米，固定资产原值8080万元，净值1192万元。该厂下设4个室，3个作业区。主要设备有数控切割机、80×5000毫米卷板机、1200吨油压机、多功位焊接操作机、12米刨边机、7米×14米热处理炉，具备了制造和装配大型结构件及成套设备的能力，具有喷砂、涂漆、振动消除应力等处理手段。2021年，实现利润415.46万元。应对钢材涨价的冲击，采取提产快出的方式组织生产，2021年实现产值比2020年同期提高39.7%。

成功申办起重机制造、改造、安装、修理许可证。2021年为重机轧辊公司新制20吨起重机已交付使用，在鞍山钢铁铸钢公司新制的热钢渣专用吊具也投入使用。

降本压金取得成效。2021年，在重机公司的大力支持下，通过顶抹账方式，处理一批由于项目停滞原因及生产剩余钢材，共计705吨，422.4万元，降低了库存，盘活了资金。

2021年，该厂承办了重机公司冷作工技术竞赛，包揽冷作工第一至八名。在鞍钢集团群英赛中，取得电工第三名，钳工第三、六名的好成绩。组织完成厂级二、三级技师评聘工作，共评出二级技师1人，三级技师3人。

【锻造厂概况】 锻造厂是毛坯热加工制造厂。截至2021年底，该厂共有在岗职工141人，劳务工50人；其中干部22人（具有高级职称1人、中级职称19人、初级职称（助理工程师）2人）；工人119人（高级技师2人、技师13人、高级工25人、中级工57人、初级32人）。分布在锻造厂锻工、天车工、热处理工、钳工、焊工、泵站工、配管工、电工等8个岗位上。职工中党员68人。厂设置3个车间，5个科室。企业占地面积9.4万平方米，建筑面积4.5万平方米，固定资产原值2.49亿元。主要设备有：德国引进的8000吨自由锻造水压机、2500吨自由锻造水压机、500吨自由锻造水压机各1台及3台锻锤；各种燃气加热炉、退火炉27座、井式和高温电阻炉各4座、差温炉及喷淬机床1台；最大起重能力350吨。年设计生产能力为48000吨，水压机最大可锻制钢锭150吨。企业通过法国BV公司ISO 9001：2000质量体系认证；拥有中国（CCS）、德国（GL）、英国（LR）、法国（BV）、美国（ABS）等船级社制造许可证书及中华人民共和国民用核安全设备制造许可证（国核安证字第Z（10）25号）。

2021年，完成产量17737吨，产值10723万元，实现销售收入10723万元，利润167.55万元。明确产品定位，巩固老客户，开发新市场。做好带料加工合同承揽工作，既缓解了资金压力，又提高了净产值，从而保证了生产经营工作的顺行。同时与鞍钢轧辊公司积极合作，共同开发支撑辊、工作辊市场，加大该厂带料加工合同承揽。2021年带料加工合同承揽总重7265吨（其中锻造合同总重4576吨，热处理合同总重2689吨）；实现销售总产值（净产值）5927万元。与新老客户继续加强新品合作，扩大产业链，从而最大限度提高该厂锻造和热处理工序产品的承揽量。2021年新品合同承揽总重4381吨，总产值6947万元，完成带料加工10000吨的契约化指标。

严格安全生产标准化管理，以“行为规范化、操作标准化”为目标，推行“人的安全行为治理工作”。制定安全承诺目标、签订安全承诺书，适时举办安全培训考试等活动，提高全员安全意识和安全责任感，消除生产、设备、技术安全隐患，实现人身工亡、重大设备、重大火灾、重大环境污染和重大质量事故为零。

2021年设备日修实现率为100%，综合设备完好率实现98%。设备全部实现点检定修制。对备件采取修旧利废，进口备件以修为主，提倡进口备件国产化，减少备件消耗。

2021年提出降本增效项目措施6项，创效163.8万元。获得鞍钢先进操作法1项，获得国家发明专利2件，其中1项参加25届全国发明展览会。成功研发生产316H奥氏体不锈钢板产品。

厂党总支以深入开展党史学习教育为契机，全面加强党的领导。按照重机公司党委“45561”党建工作总体思路，把学习党史同总结经验、结合实际、推动工作结合起来。建立完善党总支制度14项、党小组制度9项。

充分发挥职工创新工作室、拔尖人才和技术专家的示范引领作用，获得重机公司技术革新发明奖2项、先进操作法3项、鞍钢工程发展公司优秀专有技术三等奖1项。获授权国家发明专利2件、鞍钢集团先进操作法1项、鞍钢集团职工创新项目成果奖1项，辽宁省优秀质量管理小组三等奖1项，全国发明展览会银奖1项。

【汽车运输分公司概况】 2021年末，汽车运输分公司有职工125人，其中全民职工73人，劳务职工52人。干部12人（高级职称1人，中级职称4人，初级职称7人），生产工人113人，专项2人。该公司下设3个部室，即生产运营部、安环设备运行部、综合管理部，3个车队，即客运队、货运队、小车队，1个修理车间。运输设备102台，固定资产原值2999万元，净值882万元。厂区建筑面积5578平方米，占地面积17513平方米。主要承担鞍钢重型机械有限责任公司（以下简称“重机公司”）所属各单位的通勤用车、重机公司内部工序之间的货物运输，以及鞍钢集团所属部分单位的运输工作。2021年实现重大火灾、设备交通事故为零，千人负伤率为零。

加大市场开发力度。由于运输市场形势严峻，运力过剩，运费价格降低，导致市场规模萎缩，生存发展受到严峻考验。尤其是下半年，各汽运单位普遍车辆开动率不足。该公司落实重机公司“市场经营是企业发展第一要素”精神，调动一切积极因素，发动全员参与经营工作，市场开发取得较好成果。开发承揽鞍钢（鞍山）冶金粉材有限公司废钢运输6万吨/年，物资储备中化钢卷运输2.5万吨/年，德邻陆港供应链服务有限公司钢尾渣运输项目。在物资储备中心增加了两台挂车作业，与众源产业公司签订运输框架协议。

做好成本管控工作。降低各种维修费用的支出，大、中、小修不出公司。大修发动机10台，中修发动机3台、变速箱9台、差速器4台，修复平衡轴2台，二级保养挂车10台，保障设备完好率99%。在物资采购、保产降采方面，在2020年价格的基础上，对材料及备件进行公开招标，增加外地投标商，扩大供应商范围，降低采购价格，其中解放车型备件价格同比2020年下降15.5%，重汽车型备件价格同比2020年下降1.9%，橡胶同比2020年下降1.25%。截止到11月，材料同口径降本3.3%，修旧利废11.99万元；回收废钢铁5.3吨冲减成本1.1万元，回收废旧物资31吨，冲减成本0.95万元，维修费同口径下降4.86万元，共计节约18.9万元。

全面落实安全管理工作，严格管理、严肃考核。年初公司召开了2021年安全防火工作会议，总结2020年安全工作，部署2021年安全防火任务，并与全员签订安全承诺书。将安全工作的落脚点、重点放在检查考核上，对违反安全管理制度的人绝不姑息迁就，按安全考核制度严肃执行，确保实现安全、交通事故双零的目标。

三项制度改革工作取得显著成效。年初成立相应组织机构，制定了《汽车运输分公司三项制度改革实施方案》及改革重点任务清单、《汽车运输分公司劳动合同和岗位合同管理实施意见》《汽车运输分公司人才赋能中心管理办法》《汽车运输分公司机构编制优化实施意见》。二季度汽车运输分公司以优化市场、优化指标、提升职工满意度为重点，加速企业可持续发展之路。在职工收入能高能低、人员能进能出、干部能上能下方面陆续推出相关改革方案。制定了《汽车运输分公司经营考核办法》《汽车运输分公司2021年经济责任制考核办法》，于8月正式实施。制定《汽车运输分公司人员能进能出实施方案》。通过车辆成本核算，进行市场定位，对小吨位车辆（10吨以下）实行内部成本承包，止住亏损点。增加以量计产的大吨位车辆和大吨位驻在车辆。8月新购置4台30吨自卸车，用于矿渣运输，在此基础上进行人力资源优化。有7名劳务人员被清退，新增3名劳务人员，内部岗位优化4人。9月全体职工重新签订了劳动合同书，完成了干部岗位说明书和岗位绩效评价表，并签订了岗位合同书。

改善职工工作环境，更换新车库门13个，修复10个，清理车库房顶破损物，重新烫防水面积达1000余平方米，大客车全部入库。党总支增设“共产党员工程”项目，由党员带头参与对通勤客车逐台维修，2021年修缮3台。关爱职工，节日期间公司领导对困难职工进行走访，救济困难职工12人次，发放救济费14200元。

【轴承箱分厂概况】 鞍钢重机公司轴承箱分厂是加工制造轧机轴承箱的专业生产基地。2021年有职工176人（其中全民在岗115人，居家36人，劳务25人），拥有10多名具有轴承箱制造经验的专家，以及一批专业的加工、装配轴承箱的技术工人和检查人员，主要生产制造带宽500毫米到5500毫米的各类冷、热连轧，中、厚板轧钢机用轴承箱。

2021年，轴承箱分厂找差距、鼓干劲、办实事、开新局，统筹谋划整体工作，实现产值4954万元，利润530.8万元，完成重机公司下达的契约化目标。

为响应公司盘活闲置固定资产的号召，轴承箱分厂安排检修职工去灵山机械厂将两台闲置设备（180镗床、150钻床）拆卸分解，运回至分厂安装。完成弓长岭机械加工厂DVT350双柱数控立车搬迁计划预算及项目投资任务书。

在庆祝中国共产党成立100周年之际，轴承箱分厂深入开展学党史、办实事、开新局的学习教育活动，为公司深化改革和高质量发展提供强大的精神动力。在前期“我为群众办实事”基础上，修缮了卫生间和职工休息室，开展了夏日送清凉等活动。

【齿减分厂概况】 齿减分厂是以高炉设备、轧钢厂年修及热轧、冷轧抢修，冶金备件加工及装配为主的专业化生产企业。2021年该厂有在岗职工89人，居家职工34人。厂区占地总面积13097平方米，拥有专用设备及各类辅助设备一百余台（套）。齿减分厂与鞍钢股份有限公司和国内一重、二重、大重、常冶、太重、太钢等多家企业保持长期合作伙伴关系。齿轮从粗加工到精细磨齿已经达到国内先进水平，各类产品已销往鞍钢、宝钢、唐钢、凌钢、本钢、抚钢及日本前川株式会社等国内外市场。2021 年完成总产值 5450.6 万元，净产值 2246.1 万元，利润 445.2 万元。

加强党建工作。制定了《鞍钢重机齿减分厂党支部关于开展党史学习教育的实施方案》及党支部党史学习教育重点工作计划、党史学习台账，利用支部大会、党课、日常培训、党小组会等多种途径进行宣贯党史教育内容。2021 年发展新党员 4 人，评选出“五星党员”12 人，被工程公司评为 2021 年度优秀党支部。认真开展纪检工作，与关键敏感岗位人员一对一谈心谈话，签订廉洁承诺。围绕践行“四个确保”开展工作，发挥党支部战斗堡垒作用，推进党建与生产、技术创新工作深度融合。群众性创新项目“2150 轧机牌坊的创新加工”获得集团公司创新工作室创新项目一等奖，科研开发项目“5500 线轧机牌坊机架超长工作面激光熔覆及现场加工”获得成功，创效 101 万元。年度申请专利 2 件，专有技术 1 项。

严把质量关，产品质量稳步提升。一次交检合格率达 98.2%，比上年上升 0.1%，质量投诉下降 87.5%。实现对客户的精准服务。在承揽鞍钢转炉减速机新品制作紧急任务中，共产党员李子潜发挥自身特长，发明了胎具技术，大大解决了以往丝孔定位不准的难题，创新制作模板，成功进行了精准对接把合，创造了 5 个月的计划工期 68 天就完成的新速度。

在职工中开展“精益生产、精益管理”提合理化建议活动，让全体职工参与企业管理，共征集合理化建议 47 份。持续开展“践行共享理念，关爱一线员工”专项服务行动，2021 年走访慰问困难职工 27 人次，发放救济款 11800 元。为职工修缮了浴池、休息室、现场党员活动室和职工读书阅览室，营造了舒适整洁的工作、休息、学习环境。

【表面强化分厂概况】 鞍钢重型机械有限责任公司表面强化分厂有职工 115 人。分厂下设两个作业区，主要承揽冶金机械备件强化、修复预保护业务，该分厂已有 60 多年生产历史。再生作业区先后引进美国、日本、英国的先进技术设备，主要有堆焊机床、摆动焊机床等，也可通过手工堆焊、机器人自动堆焊及浸润等技术手段对机械备件进行表面强化修复和预保护处理。可承接大中型工件的退火、调质、正火等热处理，年生产能力 6000 吨以上。分厂主要产品有不同规格的连铸辊、热轧支撑辊、鲅鱼圈机架辊、夹送辊等大型辊的堆焊修复，以及铸钢件、锻钢件制造和各种车轮、车轴、齿板的热处理，主要产品应用于矿山、冶炼、轧钢等机械设备上。2021 年完成总产值 2382.6 万元，出公司产值 1242 万元，净产值 1911.3 万元；合同兑现率 100%。2021 年辊子修复产品实现销售 782 万元，较上年增加 285 万元。

2021 年该分厂引进感应重熔设备，对喷焊辊进行感应重熔工艺技术的开发和试验，已顺利完成了鞍钢热轧 1780 线 20 支喷焊辊任务。承揽的唐银 850 项目中的 453 支喷焊辊已完成 125 支。2021 年喷焊辊产值 67 万元，创效 44.8 万元。

2021 年分厂制定了焊材使用、台时估工、材料采购、外协配套、运输等管理办法，有效控制了生产成本支出。

【机电分厂概况】 2021 年末，鞍钢重型机械有限责任公司机电分厂有在职职工 74 人，居家 31 人。主要设备有 2×6 米数控龙门铣床、2×4 米数控龙门铣床、VMC850B 加工中心、630 数控车床 2 台、4 米数控龙门刨床、T130 数控镗床 2 台、4 米龙门铣床 2 台、8 米 630 车床、T30/15 吨天车等。2021 年，机电分厂产量 2846.18 吨，工业总产值完成 2650.08 万元，销售收入 2639.7 万元。

机电分厂主要生产经营项目包括：鞍钢股份公司炼铁总厂炉前设备泥炮、转炮、开口机包保，炼钢总厂结晶器铜板包保，炼钢厂结晶器的新品制造和原品修复；中板生产线设备备件的新品制造和原品修复工作，以及其他厂各类标准型和非标型减速机修复和其余原品修复工作。

严肃各项规章制度的执行，加强员工技术质量培训，实现一次交检合格率达到 98%以上。强化设备管理，加强日常点检和保养。重点从环境卫生、危险废物管理、违章作业、违章指挥、钢索具管理、用电设施使用情况、消防器械管理等方面开展安全、消防检查工作。

开展三项制度改革工作。通过改革优化使一线主营岗位职工增加 11 人，提高了生产效率，出公司产值下半年比上半年提高 20%。通过实施全员绩效与考核管理，充分调动管理人员和一线职工（装配钳工和机床工）的工作积极性，体现多劳多得，增加一线职工的收入。

【综合服务公司概况】 鞍钢重型机械有限责任公司综合服务公司有职工 61 人，其中在岗全民职工

21 人，管理岗位 4 人，生产服务岗位 17 人；劳务人员 40 人。主要业务是生活服务，负责食堂、保安、公司机关保洁，公司中小工程，闲置资产盘活，加工部分小型机加件等。

2021 年，完成销售收入 1729.4 万元，利润 67.41 万元。在保证服务质量的前提下，食堂成本较上年降低了 8 万元。保安、保洁降本 10 万元。2021 年完成各类工程 812 万元，外付资金减少 140 万元。

【质量管理控制中心概况】 2021 年末，鞍钢重型机械有限责任公司质量管理控制中心有职工 59 人（在岗 56 人，劳务 3 人）。企业固定资产原值 1015.46 万元，净值 238.77 万元。2021 年实现销售收入 1028.81 万元，其中出公司产值 472.21 万元。实现安全生产，轻伤以上事故为零，重大设备、火灾事故为零；各项检验准确率 100%。

2021 年，质控中心与内部各部门签订目标责任状，压实责任目标；实施全员跑营销，增加外部检验收入；24 小时为用户做好检测服务，站稳市场；为用户提供技术服务支撑，赢得用户信赖；开展极限降本，减少费用支出。

开展三项制度改革。将管理人员向技术岗位倾斜，合并、调整岗位职能，增强质量管控力量，同时均衡技术管理人员业务量，使得中心职能有效发挥。开展全员绩效管理，将指标落实到人，做到人人肩上有指标，按指标完成情况进行薪酬分配，实现多劳多得、绩优多得，激发职工干劲，提高工作效率，劳动生产率比上年提升 17%。

强化质量管控。2021 年有序组织开展质量整治提升活动。以关键产品和重点项目为着力点，加强产品质量控制。通过编制质控计划、开展巡检等措施，有效保证了重点产品制作质量。

2021 年，组织并通过了美国船级社、英国劳氏船级社、CNAS 国家实验室年度审核、ISO 9000 质量体系换证审核、“民用核设备制造许可证”换证审核。保持了上述资质证书的持续有效。

2021 年公司投资，质控中心采购 2 台先进的检测设备，一台激光跟踪仪、一台光谱分析仪，实现本质质量提升。

（新　妍）

【鞍钢集团（鞍山）铁路运输设备制造有限公司】 2021年末，鞍钢集团（鞍山）铁路运输设备制造有限公司有在职职工 547 人，其中，在岗干部 87 人（高级职称 9 人，中级职称 58 人，初级职称 20 人），在岗工人 405 人，居家职工 46 人。公司机关下设人力资源综合管理部（党委工作部）、计划财务部、安全环保运营部、工会；基层单位设冶金车辆保产事业部、高炉智能牵引车制造公司、鲅鱼圈冶金筑炉事业部、耐磨耐热材料公司、高端铸球公司。固定资产原值 4.47 亿元，其中无形资产原值 2.05 亿元，净值 2.48 亿元。公司占地总面积 78.18 万平方米，工业建筑面积为 15.2 万平方米。主要生产设备 1065 台（套）。该公司主要担负着鞍钢厂区内和矿山普通车辆、冶金车辆、电力机车的新造及大修、年修；全国钢厂高炉下智能牵引车制造；机车车辆备件加工和矿山选烧设备备件铸造、加工；鞍钢厂区、鞍钢鲅鱼圈分公司鱼雷罐的砌筑和检修、冶金运输系统新产品的研制与生产工作。

【加强战略引领，整体运营稳中向好】 2021 年是该公司转型提速发展的关键一年。公司以习近平新时代中国特色社会主义思想为指导，全面贯彻党的十九大和十九届历次全会精神，深入学习贯彻习近平总书记重要讲话和重要指示批示精神，以落实“四个确保”为抓手，深耕鞍钢冶金车辆运维包保生存基本盘。立足构建新发展格局，对“十四五”规划进行再认识再定位，以制定更能有效落地的规划为目标，对公司未来几年发展做好布局。在大宗原材料价格大幅上涨等不利因素的情况下，全力抓管理、稳经营，运营质量持续向好。全年实现销售收入 2 亿元；实现利润 732 万元，其中利润完成鞍钢工程发展公司下达的挑战目标；资产负债率、经营现金流等关键经营指标均创历史最好水平。

【深化三项制度改革，释放动力活力】 该公司改变经营方式，打造微观市场主体，实现管理“高效化”，组织结构集约化，管理技术岗位优化 12.03%。全面推行“两制一契”，刚性兑现退出机制。对公司中层干部实行风险期权制管理，实施“一人一表”差异化考核。深化用工市场化改革，对基层单位充分授权。人员选择市场化，全员重新签订劳动合同、岗位合同，明确岗位职责及绩效考核指标。持续治理不规范劳动关系，加大人才引进和市场化退出力度。坚持按贡献分配导向，职工收入拉开差距，鼓励职工多劳多得。推进创新创效项目奖励机制，使奖励分配向技术创新、高技能人员倾斜。2021 年全员劳动生产率 18.55 万元/(人 · 年)，同比提高 43.8%；人工成本利润率 10.64%，同比提高 56.9%。2021 年全厂完成修车数量同比提高 250%，由 2020 年亏损 76 万元，转变为盈亏平衡。

2021 年该厂为攀枝花钢厂、武钢股份公司、韶钢制造高炉智能牵引车 6 台；完成大修电机车 7 台，鞍钢 180 吨铁水车 1 台，越南平板车 10 台，朝阳钢铁 120 吨铁水车 5 台，检衡车 3 台，四川川投公司自翻车 2 台，矿山新造自翻车 44 台，新制转向架 14 组；普通车辆大、年修 96 台，冶金车辆大、年、局修 233 台，鱼雷罐砌筑 63 台，鱼雷罐车大、年、小修 148 台，生产铸钢件 350 吨、衬板 1450 吨、铸球 1400 吨。

【拓宽外部市场，抢占市场先机】 坚定不移地贯彻“外抓市场、内抓管理”的经营思想，打造过硬的营销团队，强化市场营销。年初，公司确定开发五大市场、实施五大重点项目，公司领导挂帅，全过程跟踪，使市场开发保持良好的态势。各分公司、分厂利用有利条件密切与客户的合作关系，确保了老市场不断稳固，新市场不断拓展。经过不懈努力，公司全年签订合同 2.44 亿元，完成外部产值 2756 万元，占全年产值的 13.78%。

【坚持从严管理，安全形势稳定】 2021 年初，该公司开展较大危险因素辨识管控工作，坚持以“全覆盖、零容忍、严执法、重实效”的工作要求，全面落实“五清五杜绝、四个一刻不能放松”，深入开展多层次、多角度、多岗位的安全隐患排查治理，全年共排查治理较大隐患 22 项，一般隐患 56 项，实现全年安全生产事故为零。贯彻落实“绿水青山就是金山银山”的环保工作理念，公司除尘和废气治理设备设施投入使用，确保达标排放，保证现场作业人员及周边居民的健康。

【加强科技创新，创新创效成果显现】 该公司高度重视科技创新工作，加大研发资金投入，完成专利申请 6 项，完成专有技术认定 2 项。实行创新研发要素整合，组织分公司、冶金运输研究所，围绕高炉智能牵引车提档升级关键技术开展联合攻关，形成了优势互补、集约高效的研发合力。推进大吨位和特殊功能车辆的开发，增加产品附加值，提升市场竞争能力。全年公司科研人员先后开发了大吨位焊接三轴冶金车辆转向架、160 吨铁水车和罐、自运行式智能重载运输轨道车等项目。高炉智能牵引车第四代产品在韶钢、武钢得到了一致好评。

【聚焦政治引领，推进“三不”体制机制】 公司党委严格落实管党治党主体责任，聚焦政治引领，强化政治监督。公司纪委履行职能，强化对重点任务的专项监督。精准运用“四种形态”，坚持有错必究、有责必问。狠抓违反中央八项规定精神的问题，深入开展“清风行动”，规范权力运行，逐步构建起适应公司发展的廉洁管控体系。

【践行共享理念，倾心为职工群众办实事】 2021 年投资修缮了厂房设施、道路、职工休息室、浴池、卫生间等，职工工作环境及生活环境明显改善。开展特困帮扶、金秋助学、大病救助等送温暖活动，发放慰问金 25 万元。

（李洪伟）

【鞍钢(鞍山)冶金粉材有限公司】 鞍钢（鞍山）冶金粉材有限公司是我国铁粉制造行业中第一家实现水雾化铁粉产业化生产的企业，成立于 1986 年。2021 年粉材公司共有在职职工 83 人，劳务派遣职工 226 人。有高级职称 3 人，中级职称 23 人，初级职称 12 人。公司设置 4 部室、2 中心、2 分厂，分别是生产运营部、安环设备部、综合管理部、计划财务部，市场营销中心、技术质量中心，制粉分厂、成品分厂。主要生产设备有 10 吨电炉和 5 吨电炉各 1 台、进口及国产 7 千吨还原炉 5 台、2 万吨还原炉 3 台及与之配套的雾化干燥系统、混料机、筛分站、细粉回收系统、除尘设备等。主要生产水雾化纯铁粉、合金铁粉、无偏析混合粉、易切削铁粉、焊条粉、阀座粉等 6 大系列数百个品种，产品主要应用于汽车、摩托车及航天、农机、家用电器等零配件制造业。产品销售遍及全国一百多座城市，合作伙伴达 200 余家，在国内建立了完善的销售网络和服务体系。

【深化改革】 劳动、人事、分配三项制度改革持续深入，解决内生活力动力不足、效益效率不高等问题，构建市场化经营机制。以产业结构及组织机构调整、内部资源优化配置为核心，按照高效扁平的原则，将机关部室由原来 8 个减少到 6 个，优化率 25%。对全公司管理专业技术岗位实施竞聘上岗，建立了“岗变薪变”的管理机制，全员签订岗位说明书，打破行政级别界限，实现了干部能上能下；强化绩效考核，层层传递压力，实现了收入能增能减。法人治理结构得到完善。

对经理层进行重新分工，体现在经营发展决策中的科学性、快速性和导向性。

【管理升级】 加强制度建设，搭建五大体系。以健全五大体系为核心，加强和规范公司规章制度管理。以核心指标评价为主体，以关键指标评价为提升，以联动指标评价为促进，以专项管理为抓手，以专业管理为支撑，编制了公司评价体系，为绩效考核提供了依据。运用信息化手段，强化制度和流程的执行。加大信息化建设力度，依托智慧报表系统，进一步增强生产、采购、营销之间的协作能力，推进公司业务流程的重组与优化。加大安全环保工作力度，健全安全培训责任体系，强化主体责任落实。组织全员参加安全规程的“学、练、用”培训。

【生产经营】 设备产能为8万吨水雾化铁粉，国内市场占有率已达25%以上，目前产能及市场占有率在国内名列前茅。2021年，面对越来越激烈的行业竞争，粉材公司不断开拓市场，在全体职工的努力下，众志成城，抗疫保产，全年实际生产毛粉57350.44吨，成品缴库65452.63吨，实现产值4.12亿元，超额完成计划。完成销量67716.52吨（其中合金粉1582.399吨，混合粉7230.86吨，阀座粉80吨），销售收入4.28亿元。售量、销售额比上年增幅分别为7.56%和30.05%。经过积极努力，顺利完成全年利润指标。

【关爱职工】 坚持把维护好和发展好职工利益作为构建和谐企业的重点。公司召开的2021年一届十次职工代表大会，完成18项议题，落实了职工代表的职权。围绕企业生产经营中心和关键生产项目，组织开展了“优生产 提质量 降成本”群众生产劳动竞赛活动。共立项7项，创效388.4万元。积极开展民生事项工作，改造浴室、休息室，修建篮球场及羽毛球场，成立“景鑫”洗衣房等。积极做好困难职工救济工作，全年共救济职工23人次、12200元。

【采购管理】 公司部门及时掌握大宗原材料的市场行情、价格走向，择机采购，合理安排采购数量。全年签订采购合同203项，定标及时率100%。实现全年采购降低成本225.7万元。同时合理搭配废钢品种使用量，降低钢铁料使用成本。

【技术质量管理】 为进一步实现高质量发展，粉材公司不断强化质量管理，并以关键工序、新工艺和技术为重点。11月顺利通过IATF16949年度监督审核工作。2021年技术创新工作实现新突破，获工程公司科学技术奖三等奖1项，申报发明专利3件，其中PCT专利1件。全面完成工程技术公司下达的科技考核指标，并为56个客户提供新样品111个，形成正式新工艺牌号19个，临时工艺33个；特别在高附加值方面有了新的进展。

【安全管理】 梳理安全管理制度41项，修订安全操作规程87个，新增5个；修订作业指导书67个，并印刷成册。进一步加大对各部门负责人、安全管理人员、从业人员的安全管理知识、安全操作规程、安全操作技能等方面的教育培训。开展一系列事故隐患专项治理行动，对隐患做到整改措施、责任、资金、时限及时到位，并建立安全检查监控录像回放制度，起到良好的安全监督作用。

【环保管理】 实现环境污染事故为零，污染因子合格率100%，环保设施运行率100%，废气、废水、噪声全部达标。对2021年3月投入的电炉的除尘器捕集罩进行改进，已投入使用。

（修凤玲）

鞍钢集团众元产业发展有限公司（鞍钢实业集团有限公司）

【概况】 2021年末，该公司共有职工4150人，其中在岗职工3574人。公司总部设置8个部门、1个直属机构，所属单元企业有15家，另有非控股合资类企业6家。截至2021年底，公司资产总额44亿元，净资产规模29亿元，资产负债率34.19%。

【经营业绩大幅提升】 2021年实现收入70.5亿元、利润3.86亿元，同比增长53%、81%，再创历史新高；净资产收益率5.97%，同比提高1.32个百分点；销售利润率5.47%，同比提高0.83个百分点。绿源科技公司、废钢公司、金属结构公司、城服公司4家单位成为旗舰型企业；铝粉公司、科德公司、水处理公司3家单位达到细分领域隐形冠军标准，提前完成公司首次党代会确定的“第二步”发展目标。

【战略引领不断强化】 始终将发展作为第一要务，

不断提升企业竞争力。战略定位更加明晰。对接集团公司发展战略，聚焦工业服务业、城市服务业两大领域、八大产业，坚持“有进有退、有所为有所不为”，深刻剖析现状，制定“十四五”规划，确定“1555”发展目标，提出做强一批支柱产业，培育一批优质企业，孵化一批高新技术企业的“三个一批”发展策略。推进资源掌控，废钢公司朝阳基地按期投产、本部1500吨打包机生产线新建投运、鲅鱼圈基地轻资产运营包保方案达成一致，初步完成了废钢产业“三地”布局。推进产业升级，金属制品可利用材深加工基地、冶金机械液压设备修复基地、幼教婴托等项目建成投运。

【深化改革成效凸显】 深化三项制度改革。坚持“瘦身健体”，优化机构编制，压减法人8户、部门和作业区11个、管理和技术岗位编制42个，提升管理效率。坚持“揭指标竞聘、带契约上岗”，全面实行“两制一契”管理，契约化单位全部完成经营指标，有12家单位超过挑战目标。坚持“能者上、庸者让、劣者退”，推行“双合同”管理，组建赋能中心，优化了用工环境。坚持“干与不干、干多干少”不一样，突出业绩导向，合理拉开薪酬差距，全员劳动生产率提升59.8%。深化改制企业改革，完成水处理公司股权收购，签订收购氧化铁粉公司、金属制品公司部分股权协议；与浙江安特达成2%股权转让意向。深化董事会建设，在城服公司、绿源科技公司两家单位建立董事会，对氧化铁粉公司、金属制品公司、托田公司3家合资企业内外部董事进行调整。

【精益管理持续推进】 聚焦短板弱项，加强精益管理，强化风险管控。积极应对钢铁主业限产，制定“十项措施”，细化分解43项任务、60项标的，全年压降成本6272万元、管理费用260万元。深化“三个标杆”打造，绿源科技公司、废钢公司被评为集团级标杆企业，公司3项管理现代化成果获得集团级奖励，其中废钢公司管理创新项目荣获全国企业管理现代化创新成果二等奖。开展风险排查，评估辨识重大风险9项，制定防范措施39条。加强制度体系建设，制修订规章制度60个。加强法务管理，审核企业章程、重要制度、重大合同42份，出具法律意见书21份。加强票据管理，拆换票据8379万元，降低财务费用139万元。加强审计监督，开展项目审计27项，整改问题59项，增收节支366万元。

【发展保障有效夯实】 严守安全底线，坚决整治安全生产领域形式主义、官僚主义，辨识安全风险7723项，完善管控措施2305条，治理隐患2639项，开展各级管理人员和班组长安全专项培训761人次，全年实现重伤及以上生产安全事故、火灾事故为零，完成了集团公司下达的目标。推进绿色发展，编制了碳达峰及减碳行动规划。推动环境污染整治项目落地，完成绿源科技公司“煤改气”工程、乳业公司奶牛养殖基地升级改造等环保重点项目。加大绿色制造体系建设，铝粉公司荣获国家级“绿色工厂”称号。

【创新动力逐步增强】 推动科技创新，立项公司级科研项目7项，科技支出4025万元，同比增长45%；研发经费投入强度0.57%，完成计划110%。申请专利31件，获授权21件，认定专有技术13项，研发高端产品4项。铝粉公司科研项目获得集团公司科学技术奖二等奖。强化高新技术企业培育，科德公司新晋为市级企业技术中心。加强创新激励，2家科技型企业实施岗位分红。数智化综合管理平台完成试点单位上线，商旅平台完成鞍山区域推广，资源再生公司废油桶加工实现机器人码垛，废钢公司智能判级系统试点投运，绿源科技公司智能运维、发运系统建成运行。

【历史问题取得突破】 强化遗留问题治理，助力企业轻装上阵。鞍钢国旅实现盈亏平衡，摘掉“亏损”帽子；东山酒店、北京玉蜓、大连大厦完成法人注销，圆满完成亏损企业治理任务。“两非停摆”企业得到清理。众元环保公司、民企焊接材料厂完成注销；鞍辽氧气厂、鞍锦氧气厂、矿渣实业公司成功清理。闲置资产得到盘活。完成三一公司清算注销、综合利用油品厂转让、景子街商铺产权办理。

【党群工作】 2021年，众元产业公司党委高举习近平新时代中国特色社会主义思想伟大旗帜，深入学习贯彻党的十九大、十九届二中、三中、四中、五中、六中全会精神，围绕庆祝中国共产党成立100周年，坚持以党的政治建设为统领，以“创建鞍钢党建工作示范区”为目标，以高质量党建引领企业高质量发展为主线，扎实开展党史学习教育，为打造百亿众元、实现“十四五”良好开局提供坚强保证，以优异成绩庆祝中国共产党成立100周年。

1. 党建工作。坚持以党的政治建设为统领，聚焦提高政治判断力、政治领悟力、政治执行力，认真落实“第一议题”制度，坚决落实习近平总书记重要指示批示精神，及时跟进学习贯彻习近平总书记最新重要讲话精神，巩固学习和督办机制，建立工作台账，明确措施目标，逐项推动落实。召开党委会43次，学习传达习近平总书记重要讲话和重要指示批示精神58篇；收录重要指示批示33项，制定措施23条，按计划进度推进。

坚决贯彻落实两个“一以贯之”要求，健全完善坚持党的领导各项制度规定，突出顶层设计，修订印发《党委会工作规则》《党委会议事规则》，制定党委会集体决策和前置审议重大事项清单，指导基层党组织修改完善“三重一大”决策制度实施及监督办法，明晰各治理主体权责边界，推动党的领导融入公司治理制度化、规范化、程序化。召开党委会43次，审议重要事项342个。

严格执行党组织任期制度，分级建立基层党组织2021年换届台账，严肃换届纪律，做到提醒在先、督导在先、监督在先，确保“应换尽换”，指导6家单位完成换届或增补委员工作。持续开展党支部建设提升年活动，深化创建鞍钢“样板”党支部、众元“标杆”党支部和“标准化规范化党支部”三大工程，2个党支部获评鞍钢集团“样板”党支部，评选8个众元“标杆”党支部。强化党建工作与生产经营深度融合，开展“党建+品牌”创建工作，创建工作案例34个，择优23个案例集结成册供全公司学习借鉴。围绕生产经营、改革发展重点难点，深入开展“党旗在基层一线高高飘扬”“七个一百”等主题实践活动，立项共产党员工程35项，创效1810万元，实现党建与生产经营深度融合。分解落实鞍钢集团“七个一百”实践活动。加强党员教育管理，抓好劳务党员分类管理，建立统计台账模板印发基层；扎实做好发展党员工作，发展新党员23名，预备党员转正30名，完成2021年度党内统计半年报工作。加强党务干部队伍建设，组织党委组织员、党支部书记代表共70余人开展党务干部业务提升专项培训班，不断提高党务干部业务能力。

2. 宣传工作。按照鞍钢集团党委工作部署，在全公司开展党史学习教育，深入学习贯彻习近平总书记在党史学习教育动员大会上的重要讲话精神，组织D级以上领导人员研读《论中国共产党历史》等书籍，学党史、悟思想、办实事、开新局，将党史学习教育纳入干部教育培训、党员学习教育、“三会一课”、主题党日等重要内容，组织党员领导干部到鞍钢博物馆、雷锋纪念馆、孟泰纪念馆、烈士山纪念堂及丹东抗美援朝纪念馆开展现场教学和祭扫英烈系列活动。编发党史学习教育简报14期。组织开展党政工团“四史”知识竞赛、先进模范人物学习党史交流等活动，推动做到学史明理、学史增信、学史崇德、学史力行。为19名老党员颁发“光荣在党50年”纪念章。组织召开众元产业“两优一先”和纪检系统表彰大会，制作党建专题电视片和宣传画册。

认真贯彻《党委意识形态工作责任制实施细则》，党委会专题研究意识形态工作2次，网络意识形态工作2次，加强对单元企业党组织意识形态工作的指导，推进各级党组织落实意识形态主体责任。制定《学习贯彻党的十九届六中全会精神深化拓展众元产业公司党史学习教育工作方案》，确保六中全会精神学习宣传贯彻全覆盖，迅速掀起深入学习宣传贯彻六中全会精神的热潮。2021年组织中心组集体学习研讨12次，领导班子撰写心得体会20篇，调研报告7篇。

3. 纪检监察。深入学习贯彻十九届中央纪委五次全会精神，召开公司2021年党风廉政建设和反腐败工作会议，开展“双学、双定、一争”活动，压实管党治党主体责任和监督责任。落实“三个区分开来”要求，下发公司尽职免责容错清单实施办法，激励干部担当作为。在全公司开展反腐蚀、提质效、树新风“清风行动”，把“严”的主基调长期坚持下去，紧盯重点领域、关键环节和重点人，严肃查处“靠钢吃钢”等违纪违法行为，坚决防止国有资产流失。编发6期《纪检督查工作动态》，组织基层单位、公司部门观看《清蝗记》《双面人生》《脱轨》等警示教育片。

深入推进公司大监督体系建设，制定大监督体系2021年重点监督计划，强化政治监督，加强对党的十九届五中全会精神情况的监督，保障“十四五”规划顺利实施，确保习近平总书记重要讲话和重要指示批示精神、党中央决策部署和上级党组织、纪检组织工作要求一贯到底。强化对公司重大改革任务的监督，强化对关键重点领域的监督，创新监督模式，拓宽群众监督渠道。全年收到问题线索 75 件，处置率 100%；收到职能部门移交问题线索 5 件；对 7 家单元企业开展内部巡察移交问题线索 2 件。组织开展对 1 家党委单位，6 家党总支、党支部单位的常规巡察，共发现问题 320 个。

4. 统一战线。认真贯彻落实《中国共产党统一战线工作条例》和鞍钢集团统战工作管理办法，凝聚思想共识。组织党外代表人士和统战干部参加鞍钢集团专题培训班，开展统战成员交流活动。深化“爱鞍钢、献良策、做贡献”活动，组织评选 2020 年度优秀统战成果 13 篇，组织优秀党外人士参加公司党委党史学习教育经验交流会并发言。

5. 精神文明。深入宣贯《鞍钢集团文化宪章》，大力弘扬新时代“鞍钢宪法”精神，制定企业文化“十四五”规划和 2021 年工作计划，扎实推动企业文化领域巡视整改。组织拍摄公司企业形象宣传片，制作企业形象宣传画册，铸造文化引领之魂。以《鞍钢视觉识别系统》为指引，规范各单位广告标语使用，开展品牌标识应用整改工作。强化对外宣传报道，2021 年在国家级媒体报道 2 篇、省部级报道 37 篇，鞍钢新闻传媒中心报道 414 篇；编印众元产业简讯 6 期，微信公众号推送 32 期 178 篇，传递众元好声音、塑造众元美形象。

6. 工会工作。召开劳模座谈会 8 次，与 18 名劳模进行座谈；走访慰问劳模 35 人次，发放慰问金 18300 元。组织 4 个工种参加辽宁省技术竞赛，举办了 5 个工种、200 人参加的公司首届职工技能竞赛，命名众元技术能手 51 名，引导广大职工当好主人翁，建功新时代。命名众元级劳模创新工作室 1 个、职工创新工作室 2 个。落实“七个聚焦”部署，围绕职工群众急难愁盼问题，制定了 23 项“我为群众办实事”实践活动项目，组织直管单位党组织立项 291 项。全年走访困难职工 1103 人次，发放慰问金 58.6 万元。在岗职工平均工资同比增长 10% 以上，职工获得感、幸福感显著增强。

7. 共青团工作。落实《鞍钢中长期青年发展规划（2021—2025）》，坚持党建带团建，制定实施方案。开展创新登高优秀项目立项评选表彰工作，建立优秀青年人才库。召开首届杰出青年、优秀青年评选活动、“四史”和安全知识竞赛活动，组织基层团组织利用“三会两制一课”契机开展党史学习教育，深入学习宣讲党的十九届六中全会精神，引导青年永远跟党走、建功众元。

（周　洋）

【鞍钢绿色资源科技有限公司】 鞍钢绿色资源科技有限公司是以钢渣加工处理、矿渣微粉生产经营、冶金固废资源开发利用主业的独立法人企业。下辖鞍山本部和鲅鱼圈分公司，是国内最大的冶金渣综合开发利用企业之一，拥有雄厚的钢渣处理和矿渣微粉生产能力。鞍鲅两地有 7 条钢渣加工处理生产线，年加工处理钢渣能力 300 多万吨；6 条矿渣微粉处理生产线，年生产矿渣微粉 410 余万吨。截至 2021 年末，在职职工 1039 人，在岗职工 978 人。

坚持把学习贯彻落实习近平总书记重要指示批示作为首要政治任务，认真落实“第一议题”要求。深化党史学习教育，组织开展“学党史、跟党走、祭英烈”主题党日活动。围绕“高度、精度、力度、深度、速度、温度”六度标准，推进“我为群众办实事”活动走深走实，立项 25 项，件件落实。党史学习教育做法在集团公司总结大会上做经验交流。在落实全面从严治党主体责任上压紧压实，深化党支部“强基固本”“晋位升级”“示范引领”三大工程，1 个党支部获评辽宁省先进基层党组织、辽宁省标准化规范化党支部建设示范点、鞍钢集团公司先进党支部。

坚持以市场为导向、以效益为中心、以契约化经营为抓手，2021 年实现收入 15.3 亿元，利润 1.55 亿元，实现“双跑赢”。矿渣粉生产销售取得新业绩，全年生产销售矿渣粉 350.34 万吨，经营销售水渣 471.6 万吨、钢尾渣 143.27 万吨；矿渣粉经营贸易 7.3 万吨。出口美国矿渣粉 5.2 万吨，连续两年成为国内唯一出口美国的矿渣粉生产企业。钢系统产品提质调品实现新突破。

深化体制机制改革，完善公司治理结构，成立董事会、监事会，法人治理结构进一步完善，市场主体地位得到有效落实。授予鲅鱼圈分公司自主调整人员编制等四项权力，推行人权事权相统一、责权利相一致的模拟法人管理模式，全面激活微观市场主体。深化薪酬分配制度改革，改革营销人员绩效考核分配办法，突出对市场营销人员溢价销售和经营贸易超额贡献强激励；改革科研人员考核激励办法，实行科技人员项目创效分红制，激发职工创造力；改革钢系统薪酬分配方法，建立钢渣处理系统经营成果一体化考核机制，形成“互保、互创、共享”的利益共同体；改革检修作业区和汽车运输分公司考核分配办法，实行双挂钩的考核分配模式，鼓励为服务对象提供优质服务。三项制度改革成果在鞍钢集团进行经验交流。

认真落实安全生产责任制，实现安全生产事故为零的目标。推行“三全两无”管理法，实行《安全生产责任承包奖励制度》和《全员安全积分奖励制度》，发放安全积分奖励207万元。鲅鱼圈煤改气工程通过环评验收，实现环保督导项目销号。

推进科研项目与战略规划落地，编制公司“十四五”战略发展规划。推进S105级矿渣粉系列产品研究与应用等科研项目。特种固化剂项目完成结题，编制特种固化剂产品标准。持续开展矿渣粉活性剂试验，助力矿渣粉提质增产增效。推进智能工厂建设，打造智能一体化管控体系，智能发运系统在鲅鱼圈分公司投入使用，提高了发运效率，降低了流失风险。智能运维系统在鞍鲅两地投入使用，减少点巡检人员48%。广泛开展全员创新创效活动，全年创新创效立项11项，实现创效295万元。

落实民生惠民措施，确立民生工程14项，投入202.19万元。全力提升食堂、浴池、卫生间和休息室质量。加大精准帮扶力度，共救济困难职工438人次，救济金额13.75万元。丰富职工文化生活，举办了乒乓球、羽毛球等职工喜闻乐见的文体活动。举办第二次职工技术竞赛，通过考评产生36名岗位操作技术能手。

（吴柏寒）

【鞍钢实业集团（鞍山）工程发展有限公司】 鞍钢实业集团（鞍山）工程发展有限公司2021年有职工422人。公司管理和技术人员165人，其中高级职称10人，中级职称117人，初级职称38人。有二级注册建造师50人。下设5个机关部室、8个分公司，2021年收入58001万元，创历史新高，实现营业收入连续7年增长。

该公司具有机电安装工程、市政公用工程两项施工总承包二级资质；具有铁路工程、建筑工程两项施工总承包三级资质；具有输变电工程、电子与智能化工程、防水防腐保温工程、钢结构工程、环保工程、建筑装修装饰工程六项专业承包二级资质；具有地基基础工程、铁路电务工程三项专业承包三级资质。拥有挖掘机、搅拌机、压路机、起重机、数控切割机、数控钻床、直流高压发生器、加热炉、汽车吊、货运汽车等各种设备和运输车辆。具有独立设计、制造、安装和运输能力，技术力量雄厚，生产设备和检测手段先进。主要业务有煤气柜制造及安装工程，输变电工程、机电设备安装工程、继电保护及电力预防性试验项目，燃气工程、石化工程、环境工程、园林道路工程、铁路工程，厂区绿化及绿地管护、道路清扫保洁，炼铁脱硫保产、炼钢产线功能性包保，以及煤气加压站、煤气管网巡检，盲板作业保产和机械加工等业务。

该公司主导产品“鞍钢牌”煤气柜已在全国数十座城市投入运行，各项技术经济指标均达到国内领先水平。2021年与青岛特钢签订了8万立方米转炉煤气柜工程项目，合同额1867万元，于2021年末圆满竣工。

（王开明）

【鞍钢现代城市服务（鞍山）有限公司】 鞍钢现代城市服务（鞍山）有限公司业务覆盖鞍山、北京、大连、朝阳、营口5个区域，2021年在岗职工1067人，劳务职工1377人，居家职工140人，列编外管理职工19人。管理及专业技术人员158人。

公司设立董事会、监事会、经理层，经理层实行任期制和契约化管理。机关设立党委工作部、综合管理部（工会）、餐饮部、经营部、安环部、计财部，下设东山宾馆及北京、大连3个分公司，14个服务区，217个班组。

该公司主要业务包括餐饮服务、宾馆酒店、商超商贸、公寓管理四大业态。有食堂92座（含外部市场8座），食品加工中心3个，浴池132座，宾馆酒店5座，超市7个，保洁区域14个，体育馆1座，职工宿舍10栋。

厂内食堂主要服务鞍钢主体厂矿职工，以福利性质为主，厂内服务采取集中管理，单独核算的方式，实行“四统一”，即统一采购配送、统一标准投料、统一加工工艺、统一销售价格。

厂外拓展实行市场化运营，契约化管理。厂外拓展主要承揽政府机关、医院、高校、社区等食堂运营、学生餐配送、超市食品专柜供应，培育城服公司自主餐饮品牌，抢占社会团餐市场食品经营专柜，尝试社区食堂运营；宾馆酒店集餐饮、住宿、婚庆、游泳、洗浴、会议服务等一体化社会服务。该公司是全国冶金后勤系统第一家通过 ISO 9001 质量标准体系和 ISO 22000 食品安全体系认证的单位。

公司坚持新发展理念，以提供“安全、绿色、放心”的产品及服务为己任，把牢食材采购源头，建立从原料到餐桌全产业链的食品安全管理体系。投资成立鞍钢蔬菜基地，并先后与中粮集团、中国供销集团等签署了战略合作协议。

2021 年，该公司做强做优餐饮主业，深耕鞍钢、社会两大市场，培育新的价值增长极。推动食堂食谱库提档升级，进行标准化食谱编制和视频录制，建立家常菜品、特色菜品、创意菜品、预制菜品四大体系、八大系列，120 个主副食品种。引入“喀什丝路馕房”新疆特色美食。新增六家企业食堂服务业务。接待婚宴创收 1465 万元。拓展学生餐市场，增收 530 万元。

多业并举，市场空间不断拓展。办公用品中心拓展工业品、劳保品、洗涤用品、备品备件等业务范围，新增空压机备件、消防用品、照明灯等品类的工业品供应，收入同比增加 24%。东山宾馆先后承担了国家及省部级领导政务接待，鞍山市政协会议及鞍钢重组本钢大会、深化东北地区国资国企改革现场推进会等重要会议的举办，得到各级领导和会议主办单位的充分肯定。

全面推进“三项制度改革”，下放员工调配权、劳务用工权、绩效分配权、市场开发权，放权搞活，进一步释放企业发展活力。围绕履职指标、重点工作、否决项考核三个维度设立考评项目，形成绩效挂钩和专项考核两大指标体系，达到部门之间不同酬、单元之间不同薪。强化全员岗位绩效管理，划小食堂成本核算单位，推行单窗口核算，分配向高绩效、高能力的员工倾斜。竞聘东山酒店管理人员，减少机构 5 个、压缩编制 13 个，注销法人单位 3 家，管理及专业技术人员竞争上岗。

2021 年 4 月，按照众元产业公司《关于对鞍钢现代城市服务（鞍山）有限公司和鞍钢东山酒店管理有限公司实施整合的决定》要求，平稳整合东山酒店公司。倒排工期、协调联动，以快节奏高效率的行动力缩短相融过程，打出优化职能机构、优化人员配备、优化管理建模、充分授权的“三优一授”“3+1”组合拳，实现人员一体化、资产一体化、管理一体化、经营一体化，将“1+1”整合产生的量变，释放为“1+1>2”聚合效能的质变。

以提升服务满意度为切入点，全面开展劳动竞赛，促进服务质量不断提升。参加辽宁省总工会开展的“匠心杯”职工技能大赛，6 名炊事员获得优秀选手奖；参加鞍钢集团公司职工技能大赛“群英赛”，16 名炊事员获得集团公司群英赛技术能手称号。推进“我为群众办实事”实践活动。领导班子带头推进 20 项民生实事完成，全年走访慰问困难职工 119 人次，发放慰问金 83000 元，救济困难职工 83 人，发放救济金 124000 元。丰富职工业余文化生活，开展手机摄影、绘画比赛，组织登山、游园、跳绳、排球比赛等健身活动，城服公司拔河队在 2021 年全国拔河精英赛中获四项冠军。

（王　丹）

【鞍钢实业集团冶金资源再生利用分公司】 鞍钢实业集团冶金资源再生利用分公司以冶金资源再生利用为产业发展重点，研发面向以鞍钢为主的冶金资源再生利用产品和技术。主要产品有包芯线、索具、熔铸合金、熔渣改质剂、KR 脱硫粉剂、焦丁增碳剂、锌渣提纯、废旧物资回收等。

2021 年该公司有职工 245 人，其中在岗职工 203 人，居家职工 40 人。另有劳务外包人员 252 人。机关部门设置党委工作部、综合管理部、安全环保生产部、计划财务部。基层单位设置 2 个中心、5 个作业区：营销中心、研发中心、材料作业区、回收作业区、炼锌作业区、捞锌渣作业区、运输作业区。

主要设备有熔化炉 1 座，精馏塔 1 座，工频无芯感应熔炉电炉 1 套，中频感应炉 4 套，包芯线生产机组 6 台，自动码垛机器人 1 台，全自动洗涤脱水机 4 台，自动烘干机 4 台，桥式起重机 6 台，单梁桥式起重机 8 台，各种机床 9 台，压力机 3 台，包装机 1 台，废弃处理装置 1 套，搅拌机 3 台，雷蒙机 1 台，振动筛 1 台。

2021 年，为促进公司高质量发展，增强发展后劲，不断加大科技研发投入，开展核心技术攻关。包括熔铸合金炉渣分选金属项目、包芯线新品种开发项目、复合脱氧合金新品种开发项目等重点科研项目有序推进。“一种冶炼铝基合金的中频炉坩埚沉渣除渣方法”发明专利作为第25届全国发明展览会参展项目，废油桶压实处置产线智能码垛机器人首次应用于废油桶压实处置产线领域。

以劳模秦丛地为负责人的包芯线QC小组开展的“降低钙铁包芯线金属钙波动幅度”QC活动入围辽宁省优秀质量管理小组成果，该QC小组也被评为辽宁省优秀质量管理小组。

（王　宁）

【鞍钢废钢资源(鞍山)有限公司】 2021年末，该公司共有在岗职工49人。公司鞍山本部设置4个部门、1个营销中心，下设1个朝阳分公司及1个鲅鱼圈筹建组和1个本钢筹建组。

生产经营稳步提升。2021年上半年，废钢公司销量急剧扩大，下半年废钢行业受钢铁企业限产和节能限电的双重影响，公司在市场发生重大变化的情况下，坚持以用户为中心，按照以销定采和差异化销售原则，平衡好采销量和资金需求计划，全年共实现废钢销量82万吨，销售收入26.2亿元，利润4226万元，利润总额超出奋斗值20%，净现金流、两金占用、资产负债率和销售利润率都全面完成计划目标。

提质增效扎实推进。加强党建与生产经营深度融合，开展五效活动，全年立项17项，创效1533万元。全面推进预算管理，做实、做细、做准采销预算、成本预算和资金预算，以“两利四率”作为主要绩效考核指标，抓经营、拓市场，不断提高把控力和竞争力。以组合贷款方式，开通流动资金贷款、保理及联合法透业务，实现了融资模式创新。授信额度由1.5亿元增加到6.3亿元，融资渠道由2020年的1个拓展为3个，全年筹集生产经营流动资金5.7亿元，融资成本由6.45%降低至3.85%～4.1%，降低财务费用214万元。

秉承“不养闲人、不养庸人和不养懒人”的用工宗旨，通过合理优化岗位设置，合并岗位人员，鼓励一岗多能等措施，将部门工资总额与绩效指标完成情况挂钩联动，所有人员绑定关键指标，合理拉开收入差距，在岗职工人均收入同比增长30%，生产一线职工人均收入同比增长35%。

实现产能不断扩大。朝阳50万吨/年废钢加工处理项目实现了工期、投资可控的“双控目标”。投资1466万元新建1500吨打包生产线项目，历时86天，提前7天竣工。建立了数智集控中心，与用友网络公司合作研究开发了废钢智能分级、验质及预警系统，中重废钢智能判级项目准确率达到92%以上，轻薄废钢料打包预警系统是全国首创。

实施源头化采购，与沈阳宋氏集团、长春破碎料生产厂家、吉林和黑龙江供应商等进行战略合作，降低采购成本。充分利用鞍钢废钢品牌和信誉优势，生产定制化产品，满足钢厂需求，提高市场竞争力。防控盗窃风险，加强现场监控，对看守人员巡更进行检查，实现电子留痕备查。对计量实行智能化管理，全年实现盗窃案件为零的目标。强化安全管理，2021年完成二级标准化现场评审工作，对评审过程中发现的9项隐患全部整改完毕，成功晋级二级标准化企业。

投资30万元建设企业文化阵地，以“创新、高效、协同、共赢”企业价值凝聚公司员工的力量，总结提炼出32字的“建厂精神”。聚焦群众所想解难题、聚焦民生所盼办实事，深化“我为群众办实事”项目22项，推行“台账式管理”和“销号式落实”，职工满意度100%。

（曲　斌）

【鞍山冀东水泥有限责任公司】 2021年末，鞍山冀东水泥有限责任公司在岗职工人数230人，其中管理和技术人员中高级职称4人，中级职称33人，初级职称56人，生产服务人员189人。公司占地26.8万平方米，注册资金3亿元，固定资产原值7.34亿元，净值3.52亿元。公司下设熟料分厂、水泥分厂、发运分厂、生产运行部、营销公司、技术管理部、质量管理部、物资供应部、党委工作部、综合管理部、计划财务部、安环保卫部、工会。主要经营熟料、水泥矿渣粉制造、销售，采用新型干法窑外分解生产工艺。主要设备有日本进口立式磨机、荧光分析仪；德国进口矿渣粉立式磨机、搅拌机、计量秤、斗式提升机；国内知名厂家加工制造的箅冷机、堆料机、取料机、ϕ4.7米×74米双系列五级旋风预热器窑外分解窑、ϕ4.0米×13米球磨机及其主电机和减速机、ϕ1400毫米×800毫米辊压机、立式煤磨及电除尘器等。原燃料采取预均化工艺，质量控制采用X射线在线分析仪系统，确保生产过程的受控和产品质量的稳定；工艺过程采用集散式中央控制。公司可生产普通硅酸盐水泥、矿渣硅酸盐水泥、低碱水泥和专用水泥产品。产品通过 ISO 9001 质量管理体系认证，并广泛应用于重点工程项目建设。

2021 年面对市场原材料大幅涨价、错峰限产、限电、重污染天气停产等严峻形势，公司转变观念求生存，创新思维谋发展，以市场为导向，以效益为中心，大力推进体制机制改革，全面落实目标管理，全年实现利润 3000.72 万元，超 2800 万元指标 7.17%，比上年同期减少 514.25 万元，降低 14.63%；实现收入 4.54 亿元，比上年同期降低 1.9%。应收账款 2654.07 万元，比上年同期下降 808.96 万元。实现人身重伤以上事故和重大质量、设备、火灾、环保事故为零的目标。完成了董事会及职代会确定的各项目标。

2021 年面对水泥市场萎缩，销售难度加大，销量下滑的情况，公司经市场调研，提前出动，加大海运港口销售力度，实现了重点工程保量。

按照数字化、智能化规划，稳步推进智能化工厂建设。智能发运系统、智慧能源管理系统、电子围栏系统建设完成。智能入库出库项目、袋装机械化装车项目、超融合服务器项目、设备在线监测与智能诊断等项目按计划实施。通过积极努力，效率得到提升，现场工作人员人数逐步减少，安全风险大幅度降低。

按照绿色环保安全型工厂建设规划，加大安全环保项目投资力度，投资 1000 余万元建设物料储存大棚、皮带廊道封闭、装车区域全封闭等项目，以及安全环保升级项目，有效保护职工身心健康。投资 9000 余万元建设污泥处置和危废处置项目。

公司秉承“比质比价降成本”的理念，充分利用股东双方采购平台，在煤炭、水渣、石灰石等方面降本、保产；在大宗原料、机电辅材、备件采购方面全面严格执行股东双方采购、招标等相关文件。计划、合同全部做到网上逐级严格审批，做到透明化。充分调研市场，尽可能降低独家采购的比例，利用原料资源淡旺季价格差对重要原料做出预储，避免高价采购，降低采购成本。

优化生产组织，通过优化配料、技术攻关、智能管理等措施，扣除煤炭和水渣涨价因素影响，生产成本下降明显。全力推进企业产学研深度融合，形成了以技术中心为主体的自主创新体系，各生产单位积极改进工艺技术、优化产品结构；以全面质量管理活动为主体，通过合理化建议、QC 小组等形式实现提质、降耗、增效。

公司党委以深化“三项制度”改革、实现企业转型升级高质量发展为目标，带领全体干部员工锐意进取、求实创新，生产经营工作、党风廉政建设等方面都取得了成效。

依法维护职工权益，有效保证职工的知情权、参与权、表达权和监督权。开展职工度假和篮球、乒乓球、书法摄影比赛等健康向上的文化体育活动。完善困难职工档案，开展“温暖送万家”活动，帮困扶贫工作做到了日常化、制度化、长效化。确定 27 项“我为群众办实事”项目，年末均已完成，总投入共计 234.14 万元。

（刘明岩）

【鞍钢实业微细铝粉有限公司】 鞍钢实业微细铝粉有限公司有 4 条现代化产线，设计产能 8000 吨/年，产品销售网络覆盖全球，占国内铝粉出口近 40%的市场份额。

2021 年，该公司开展并通过了安全标准化二级达标晋级，推行全员积分奖惩机制，严格落实“五清五杜绝”“四个一刻也不能放松”要求，强化安全风险辨识与监督检查，推动公司安全管理水平“质”的提高，为企业生产经营顺行提供根本保障。在此基础上深入贯彻绿色发展理念，将企业生存发展与绿色发展有机融合，经过不懈努力，被工信部评选为“国家绿色制造示范企业”，被辽宁省工信委评选为“辽宁省绿色制造示范企业”，成为 2021 年鞍山市唯一一家获评国家绿色工厂的企业。

在科技创新发展方面，该公司获得辽宁省专利奖三等奖 1 项，鞍钢集团科学技术奖二等奖 1 项；全年申报专利 4 件，其中发明专利 2 件；全年新开发高端产品 2 项，完成重大科技项目 4 项，新增科研立项 2 项。

2021 年，面对疫情、原材料及运费价格上涨、汇率变化等多方面不利因素的影响，公司上下同心努力，践行“提产量、提品质、提高细粉率”三提升新生产理念，圆满完成了职工大会确定的各项目标和任务。

（刘晓洋）

【鞍钢实业集团（鞍山）设备运维有限公司】 2021年

末，鞍钢实业集团（鞍山）设备运维有限公司有职工 520 人。其中干部 82 人（高级职称 7 人，中级职称 47 人，初级职称 15 人），工人 438 人。厂区占地总面积 2.16 万平方米，主要设备有在线运转机械设备 190 台，动力设备 40 台，运输设备 175 台，固定资产原值 9598 万元，净值 3113 万元。公司具有“实验室认可证书”“建筑业企业资质证书”（建筑工程施工总承包三级、建筑机电安装工程专业承包三级）、“特种设备生产许可证”“道路运输经营许可证”“危险化学品经营许可证”等资质。2021 年初，众元产业公司下达运维公司的收入预算指标为 24000 万元，利润预算指标为 1600 万元。2021 年 7 月，调整收入预算指标为 26075 万元，调整利润预算指标为 1716 万元，挑战值为 1816 万元。全年实际完成收入 29780 万元，超预算指标 3705 万元；全年实际完成利润 1836 万元，超预算指标 120 万元，超利润挑战值 20 万元。2021 年实际完成的收入和利润指标均创历史新高，实现了“双跑赢”的奋斗目标。实现轻伤以上事故、火灾事故、重大设备事故、重大交通责任事故为零。

2021 年，该公司紧盯市场，积极培育新的利润增长点。一是除尘灰及氧化铁皮压球项目结硕果。针对炼钢总厂湿法除尘变干法除尘的生产工艺改变，同炼钢总厂及西昌钢铁积极开展除尘灰和氧化铁皮压球方面的技术交流、技术创新，经过 3 个月 30 余次的实验，稳定了生产工艺配方，研制的压球成品经炼钢总厂使用效果良好，转炉操作稳定，并有效回收含铁物料，大大降低了扬尘现象，并助力转炉降低生产成本。二是完成钢绳厂维保项目。运维公司与钢绳厂签订维保协议，全面熟悉所管辖设备的结构、性能、操作规程、检修规程，了解和掌握设备的各种状态，强化设备保障能力。对各品种成品钢绳卷曲需要的钢轮及支架进行成本核算，持续改进工艺技术，实现降本增效。三是实行吊车业务项目总包。与热轧带钢厂签订起重机协力项目业务总包合同，细化总包条款及总包费用额度，明确操作界面，加强组织管理，严格执行操作规程及评审操作人员，建立健全备件库存总账及明细，专人专管。四是总包热轧 EPS 生产线操作项目。按照工序成本可控、风险共担、利益共享的业务总包原则，运维公司总包热轧带钢厂 EPS 生产线的生产操作、产品包装、设备点检和运行管控整体运营。五是开拓众元产业内部市场。充分释放众元产业项目作业的关联度和政策利好，4 月与绿源科技开展深度合作意向并达成 240 万吨钢渣磁选保产运输协议，全年实现收入 327 万元。六是拓展无车承运市场。开展寻源合格运输供方，积极参与冀东水泥煤炭运输和水渣运输，拓展销售渠道和收入。全年实现收入 4539 万元。

（王　垚）

【鞍钢实业集团金属制品有限公司】 截至 2021 年末，该公司在职职工 29 人，其中管理和技术人员 17 人，生产服务人员 12 人。公司设有 3 个部室和 2 个作业区，主要从事冷轧卷板系列产品深加工，钢材制品的压延、冲压加工，金属构件加工及生产功能总包等经营活动。主要原材料品种有冷轧卷、镀锌卷、彩涂卷、轧硬卷、酸洗卷、硅钢头尾卷、冷轧板等品种。

2021 年该公司新建鞍山区域内唯一一个具备硅钢和冷轧两类产品延伸和加工能力的深加工基地，占地面积 27670 平方米，建筑面积 10729 平方米，新建厂房 7400 平方米。新引进光纤激光切割与激光焊接、高精密纵剪生产线、高精密横切机组、JH21-200 压力机等新工艺、新设备。全面铺开加工业务，形成电机冲片、桥架龙骨、办公家具、箱柜壳体四大产品的格局。产品业务立足东北、华北，辐射华东、华南，年销售及加工能力 8 万吨。公司完成销售收入 33698 万元，产品优良率达 100%，实现了“双跑赢”目标。

安全生产有了新变化。强化新厂区本质化安全建设，建立和完善安全生产制度 8 项，建立新厂区设备运行管理体系 9 项，制定设备运行、设备维保、设备检点、设备操作及安全技术规程等台账 10 项，制定安全警示等标识 66 项。查出安全生产隐患 132 项，消防隐患 5 项，整改率 100%。实现现场安全生产“6S”管理。

新设备创造新价值。横切机组、纵剪机组先后投入生产使用，形成了对冷轧制品的初加工，成为金属制品加工业务新的增长点。激光焊接设备调试投产使原先的下蛋卷通过焊接形成满足连续生产的标准卷，增加经济效益 5%～8%。激光切割机的投产使用，提高了公司对外加工生产能力，加工产品的范围，带动了企业新产品的开发。立足硅钢剪切前沿，异型剪切机的投产使用，满足了客户的个性化需求，同时提高了产品的成材率，起到了降本增效的作用。通过对硅钢包保生产现场设备进行技术改造，保证硅钢生产，全年实现收入7442万元。

2021年启动全员参与的市场调研，了解客户，开发产品。通过寻峰销售、产品细分、定尺加工、包装服务等方式提高了产品附加值，全年增效500多万元。

（王洪宇）

【鞍钢众元托田科技发展(鞍山)有限公司】 该公司成立于2019年，为鞍钢集团众元产业发展有限公司（占股51%）、辽宁科大托田炉料有限公司(占股44%)、鞍山嘉合镁基球团粘结剂科技中心(占股5%）共同出资成立的混合所有制企业，是“双鞍”融合重点项目。

截至2021年末，在职职工10人（管理干部4人，专业技术干部6人），劳务外包工人16人。公司设生产安环部、综合管理部、财务管理部、营销管理部。公司总资产2573万元，净资产1802万元。公司占地面积19950平方米，生产厂房6057平方米，拥有年生产能力12万吨的自动化镁基球团黏结剂生产线一条，其中雷蒙磨机、皮带秤等主体设备均采用PLC自动变频控制，产能高效、计量精准。公司化检验室配套设施完善，可实现产品质量的及时跟踪和控制。

镁基球团黏结剂项目符合国家《“十三五”节能减排工作方案》（国发〔2016〕74号）的要求，是实现炼铁高炉“增铁降耗”的重要举措。公司致力于通过持续研发新技术、开发新产品，提高企业核心竞争力。2021年生产镁基球团黏结剂6691.64吨，销售6191.08吨，实现营业收入650万元，超额完成全年计划。

（王　伟）

【鞍钢实业集团乳业有限公司】 2021年，鞍钢实业集团乳业有限公司深化三项制度改革，实施精细化经营管理，完善硬件设施，降本增效，全年实现收入7947万元，完成全年预算的103%，同口径比上年增加470.3万元。实际实现利润416万元，完成全年预算的104%。

2021年该公司在对“十三五”规划回顾总结的基础上，编制《“十四五”规划纲要》和《“十四五”发展战略和规划》，确定了五年发展目标：2021年建成标准化养殖基地，成为具有竞争活力的国有乳品企业；2022年实现乳制品销售8000吨，奶牛单产到8吨，成为主导区域细分市场的乳品企业；2023年继续稳步提升；2024年乳业公司实现1万吨/年乳制品销售目标和原料奶自给自足，实现营业收入1亿元、利润1000万元，企业形象和产品知名度得到显著提升；2025成为辽宁省乳品行业龙头企业。

该公司2021年加大技术改造力度，在众元产业公司大力支持下，实施乳业牧场中低产舍大修改造项目。该项目内容为建设两栋泌乳牛舍（3舍、4舍），解决奶牛存栏密度过大导致的流产严重问题，为养殖场的标准化运行打下坚实的基础。同时对牧场环境进行综合整治，实现奶车道路专用，生产作业循环通道全部硬化并达到了净、污道路分离，降低车辆运行损耗，牛群舍内饲养达100%。

2021年该公司打造微观市场经营主体。选定销售中心奶吧作为微观市场经营主体，奶吧独立运行，单独核算，设定奶吧特色经营指标。优化产品结构，力保销售额稳中有升。对经销商实行“款控”，降低资金回收风险。

2021年该公司技术质量部和研发中心完成科研项目“加快奶牛场智能化建设提高奶牛福祉提升奶牛单产”“高端鲜奶的研发”结题和“高端酸奶的研发”项目研发部分的结题。后续将继续实施“提高后备母牛生产潜能”及“提高奶牛乳蛋白和乳脂率技术的研究”。

该公司制定《安全管理考核办法》等18项安全管理制度，组织各作业区制修订安全操作规程25项，快速推进安全生产标准化。加大环保监管力度，对“粪污综合处理项目”环评竣工验收报告进行公示，通过环评验收，养殖粪污达标排放。加强乳品污水处理监管，增加检测频次，及时对处理量、排放量进行统计分析。

加强产品质量管理。2021年该公司制定《食品安全管理办法》等6项质量安全制度。一是定期、不定期开展监督检测工作。对原料、原辅料及半成品、成品质量跟踪检查，监督水、鲜牛奶、酸奶生产过程中的质量控制关键点，确保终端产品质量。二是完善技术质量管理制度。为加强原料奶收购管理，提高原料奶质量，制定《原料奶收购过程管理办法》，重新修订《生鲜乳收购标准》，对奶车进厂、化验、检斤、过磅、洗车、出厂的整个过程进行规范化。三是开展"质量月"活动，围绕提高产品质量、提高服务质量、节能降耗等开展系列活动，全面提高质量管控能力。

（屈年顺）

【鞍钢实业集团冶金机械有限公司】 2021年，面对原材料价格大幅度提高、生产任务繁重、生产人员紧张等困难，该公司一手抓液压缸作业区异地搬迁，一手抓生产经营，实现了设备搬迁和生产经营同步走、两不误，销售收入及利润实际完成双双突破历史最高水平，全年实现销售收入9593万元，超计划2596万元，比预算目标增长37.04%，比上年增长22.97%。2021年该公司有职工264人，其中全民职工100人，劳务外包164人；固定资产原值5946万元，净值2685万元。

液压作业区异地搬迁工作完成达产。2021年初实施液压车间异地搬迁工程，在组织搬迁的同时抓紧调试投产，实现设备搬迁和生产组织同步走、两不误，并以此为契机，将生产工序重新进行调整划分，明晰工序职能；在液压生产工序添置数控加工中心，提高工序智能化水平。至4月底搬迁工程已结束并全部投产。该工程的实施极大地缓解了制约公司多年的生产场地狭窄、生产能力受限的困难，公司在进一步拓展市场的同时，迅速扩大生产规模，前三季度产量比上年同期增长10%。

奋力进取，不断开发新的活源。在提前锁定鞍钢全年活源的同时，拿下鲅鱼圈厚板厂新品连铸辊轴辊套无库存协议、炼钢总厂一分厂连铸辊修复定点定项修复合同，通过与鞍钢重机公司以竞争性谈判的方式争取到了鞍钢炼钢总厂四分厂连铸机改造的机旁备件合同，进一步增加了公司在鞍钢市场的份额。同时全力冲击冶金备件制作市场，对外成功进军中国五矿中冶赛迪公司大市场，拿下227.78万元连铸辊制作合同。

努力开发科技项目，持续推进技术进步。完成"激光熔覆轴、足辊和液压缸缸杆的技术研究"结题，激光熔覆项目实现在液压杠杆、足辊、连铸辊修复领域投入使用。引进了等离子内孔熔覆设备，同时结合该公司堆焊工艺的经验，重新设计连铸辊用熔覆粉末。继续加大高端设备引进升级力度，引进数控车床台、数字加工设备9台，企业加工能力和加工精度进一步得到提高。加大技术研发投入，全年投入研发费用308.11万元，研发费用占比4.7%。完成专利申报5件，其中发明专利2件，获得授权专利2件；完成专有技术2项，其中核心专有技术1项。

降本增效，强化基础管理。通过加工方式改进和内部挖潜，生产关键设备每天工作时间延长为12小时，数控岗位每人负责2台机床运行，抽调多余人员实行2班运转。实现部分150连铸辊应急加工全部自给自足，备件节约外委费用20万元。科学减少库存标准件，全年液压缸标准件库存量比上年同期减少资金占用30万元。全面推进三项制度改革工作，清理整顿劳动关系，推行新版本《劳动合同书》签订工作。夯实招标采购管理，并通过电业部门改革高压用电情况，有效降低了用电成本。发放慰问金18500元，员工的幸福感、获得感不断增强。

加强党的基层组织建设，深入开展党史学习教育。完成党总支换届选举工作，组建了公司党务工作部，将两个基层党支部重组，选优配强支委成员，配备了两名专职党支部副书记。深入开展党支部标准化、规范化建设，修复联合党支部被集团公司党委评为先进党支部。

坚持党建与生产经营深度融合，实施了"自制数控枪钻机床"等共产党员工程项目，年创效20余万元。

（吴　江）

【鞍钢实业集团(鞍山)有限公司幼教中心】 2021年，鞍钢实业集团（鞍山）有限公司幼教中心有职工126名，其中干部110人，工人16人。下设18所幼儿园，125个教学班，在园幼儿3375名。机关设党务（综合）部、经营部、教学（安环）部、计划财务部4个部门，主要从事幼儿学前教育业务。2021年幼教中心累计收入6001.51万元，超计划1259.51万元，实现利润213万元，超计划53万元。

加强经营管理，实施运营体系再造。2021年幼教中心围绕专业做精、品质做优的目标，对18所幼儿园精准定位，分类考核、定向施策，支持幼儿园全面参与市场化竞争。坚持"共性管理+特色发展"的运作方式，推动新园成名、弱园变强、名园变优，实现了一类高端精品园保持行业领先，二类品牌特色园稳步发展，三类区域优质园全面扭亏。持续推出特色化、艺术化、多元化的艺术课程，进行挖潜创效，实现艺校收入238万元。

总结提炼鞍钢幼教教科研成果，通过合作研发教具及操作材料，实现特色课程收入494万元。

聚焦园所改造和项目建设，综合服务能力持续提升。按照“一体两翼”发展思路规划园所建设，改善办园条件，优化育人环境。先后完成一幼、七幼、九幼等园所自然生态化、自主探究化、寓教于乐化的户外环境打造，满足了提档升级的要求。抓住国家政策支持，依托鞍钢幼教优势延伸幼教服务，先后完成九幼、十三幼、七幼等园所的婴托项目工程；成立鞍山市第一家公办婴托中心，婴托中心按期完成建设任务，9月正式开园。对多所幼儿园的厨房环境、房顶防水层、室内墙壁及门窗进行修缮更新，更换清洗暖气片、铺设悬浮地板、人造草坪等，使园所容貌焕然一新。加大投入购置电钢琴、热水器、洗衣机、空调、感觉统合玩具等，改善幼儿园设施设备配置，提高幼儿园的市场竞争力。

深化制度体系再造，强化内部管理。完善规章制度体系，全年修订制度44项。建设平安幼教，全年排查整改安全隐患209起，考核264人次，连带考核人数50人次。开展防火演练85场次，安全培训130次，新员工培训97人次。18所幼儿园食堂在鞍钢爱卫办暑期食品安全检查中，17所获“优秀食堂”，1所获“先进食堂”。完善采购流程，拓宽合格供应商数量，择优进行采购。全年通过鞍钢招标平台招标41项，公开采购率92.47%。推进三项制度改革，制定《幼教中心绩效考核评价办法》《幼教中心管理和技术人员管理办法》《关于进一步加强全员岗位绩效管理的实施意见》等，修订《幼儿园岗位绩效考核办法》，完善薪酬体系。建立公开选聘机制，15名中层管理人员通过竞争上岗，8名优秀外聘教师走到重要管理岗位，6名干部身份教师在服务岗做保育员。

实施“人才强企”战略。重视人才队伍建设，加强培训，通过中层管理者“精英计划”、骨干教师“提升计划”、年轻教师“发展计划”，培养一批优秀的园所管理者、学科带头人和骨干教师。组织开展形式多样的技能竞赛、专业练兵、一日评优、教学观摩、主题研讨、师带徒、跟岗实习、跨园体验、环境创设等活动，促进教师专业化成长。利用网络培训满足大规模培训的需求，930人次参加钉钉“云课堂”办公软件培训，部分骨干园长和教师参加了“安吉游戏”线上培训。17名管理人员到东北师范大学“教育部园长培训中心”进修学习。开展以赛代训，组织优质课评比，推荐24个活动参与鞍山市优质课评比，获一等奖11节、二等奖9节、三等奖4节。举办了2021年鞍钢幼教教师技能大赛，评选出幼教中心骨干教师35人，并推选9名教师参加鞍山市教师技能竞赛，7人进入前20名，其中3人进入前10名，

积极开展专项教研，不断完善课程体系。鞍钢十三幼成功晋级为辽宁省五星级幼儿园。

（高　革）

【鞍山鞍钢氧化铁粉有限公司】　截至2021年末，该公司在职职工23人，其中管理和专业技术人员18人（高级职称4人，中级职称13人，初级职称1人）。该公司设有党务工作部、生产技术部、经营部、计财部4个部门，下设冷轧酸再生机组1号线、2号线、3号线、4号线和硅钢冷轧酸再生机组、莆田冷轧酸再生机组共6个作业区。2021年，该公司实现销售收入1.15亿元，实现利润3100万元。

2021年，该公司持续加强技术创新工作，进一步巩固科研项目成果和深化技术攻关，结合硅钢包保项目运行情况，确定了“冷轧硅钢氧化铁粉应用于磁性材料行业技术研究”科研项目，成功申报众元产业级科研项目。12月底，顺利完成了全部科研内容。此外，将“一种氧化铁粉中氯离子快速检测方法”申请了国家发明专利。

2021年该公司先后召开第二届董事会第二次、第三次、第四次会议和2021年第一次、第二次、第三次股东会，分别审议通过了2020年度董事会报告、2021年财务预算议案、预付账款议案、核心制度议案、领导人员薪酬分配和发放办法议案及修改公司章程议案、利润分配议案、股权转让议案等生产经营重要事项。12月底，完成了众元产业与实业公司的股权转让事宜，进一步完善了公司治理结构。

该公司全面推进三项制度改革。一是推进组织机构和岗位职责优化。在新增莆田、冷轧硅钢包保业务但不新增编制定员的前提下，重新核定岗位设置和职责分工，编制《岗位说明书》。二是坚持业绩贡献导向，修订绩效考核管理办法。根据部门、区域业务分工的不同，制定差异化考核政策，提升考核的针对性和有效性。强化部门、

区域考核分配自主权。三是坚持“收入凭贡献”，针对库房区域的作业特点，推行计件工资制，实现按劳分配，多劳多得。四是逐级授权放权，激发各级主体活力。五是严格按照规定开展清理劳动关系专项治理工作，同时进一步完善配套的规章制度。

2021 年，该公司立项实施了“修缮现场操作室”等 4 项领导班子民生实事计划和“为客户提供管家式增值服务”“提高女职工体检标准”等 8 项“办实事”项目，完成硅钢操作室的改造，大幅改善了硅钢作业区的生产操作环境。

（李　玲）

【鞍山科德轧辊表面处理有限公司】 鞍山科德轧辊表面处理有限公司主营业务为：轧辊镀铬，轧辊磨削、毛化、数控磨床及磨辊间总包运营服务。2021 年该公司在职职工 17 人，其中管理和专业技术人员 10 人（高级职称 1 人，中级职称 6 人，初级职称 1 人），生产服务人员 7 人。2021 年，公司收入和净利润均完成了契约化经营指标，获评国家“高新技术企业”。

2021 年该公司加强市场开拓，转换战略布局。一是增加客户黏度。实现从单纯为客户提供产品到向客户提供延伸技术服务、从“保姆式”服务向“管家式”服务双转变。凭借可靠、稳定的产品质量，以及良好的售后服务和增值服务，完成了宝钢长春摆剪线矫直辊、鞍钢硅钢冷轧一中间辊磨削等新市场、新产品的开发，增加了销售收入，扩展了新品种、新业态。二是拓展外埠市场。该公司秉承“依靠鞍钢但不依赖鞍钢”的战略思想，大力开发外部市场，扩大了外部市场份额，2021 年外部市场收入占比为 31.9%。三是完善工序工艺。成功引进硅钢自动磨床，通过自主创新，从根本上解决了一中间辊磨削辊型超差的问题。同时，改进砂轮切削力差和辊面短划伤的问题，提高了一中间辊的磨削质量和上机使用效果。四是加快转型升级，依托加拿大科德集团在磨辊间服务项目上成熟的商业模式和技术优势，大力开拓磨辊间一体化包保运营项目，扩展新兴业态，实现多元化转型升级。

2021 年该公司开展“我为公司献良策，提质增效创一流”实践活动，征集职工建议 76 条，采纳 40 条，创效 19.8 万元。公司进一步夯实职工创新工作室平台，赵子军创新工作室全年完成 3 项技术革新、3 项技术攻关，解决了瓶颈难题，协助客户打破技术垄断，开发新的加工品种，实现创效 40 余万元，获授权 3 件国家级实用新型专利，他发明的“起重机可视化故障诊断改造”大幅提升了吊车设备运行的安全性和可靠性，提高了设备故障诊断的效率和设备作业率，在科德集团国内外企业引起广泛关注和反响，成为行业技术领军人物。

（韩秉艳）

【鞍钢栗田（鞍山）水处理有限公司】 2021 年，水处理公司认真贯彻执行众元产业公司首次党代会和职代会提出的各项目标任务，落实各项决策部署，圆满完成众元产业公司下达的各项指标。

强化项目实施，确保生产经营再创佳绩。2021 年，为全面完成全年生产经营目标，在稳定现有市场的基础上，该公司进一步加大市场拓展力度，不断开发新项目。一方面与甲方积极交流沟通，签订全年项目总包合同，实现零降价，为完成全年生产经营任务奠定良好基础；另一方面积极与各主办厂加强沟通协调，以优质的技术服务，不断取得的新项目。其中鞍山作业区增加 7 个项目，每月增加 30 多万元；鲅鱼圈区域增加 2 个项目，每月增加近 8 万元；朝阳作业区积极开展水处理相关业务的工程服务项目，年增加收入 140 多万元。

2021 年，该公司实现销售收入 7750 万元，比上年增加 177 万元；实现利润总额 1925 万元，比上年增加 265 万元。

强化提质增效，助力企业高质量发展。该公司非常重视提质增效工作，围绕生产经营目标组织实施优化药剂配方、合理使用药剂、新产业研发、双增双节、修旧利废、拓宽采购渠道等多项措施，全面提高服务质量，赢得用户信赖，全年为公司增效 100 多万元。

强化科技创新，提高核心竞争力。2021 年公司研发团队围绕核心药剂积极开展科技立项和技术攻关活动，设立除氰剂和高效复合非氧化性杀菌剂、低磷无磷缓蚀阻垢剂、气浮剂等研发项目 5 项，年创效 60 万元。公司不断加大研发费用投入，全年投入研发费用 780 万元。2021 年新增专利 3 件，累计申报专利 28 件，获得 12 件发明专利授权和 1 件实用新型专利授权，知识产权成果转化率达到 85%。为不断提高和巩固行业地位，该公司积极开展知识产权贯标工作，2021 年作为起草单位参与修订两项国家标准《锅炉用水和冷却水分析方法通则》和《工业循环冷却水和锅炉用水中溶解氧的测定》，已上报中国标准化委员会。2021 年该公司再次被评为辽宁省科技型中小企业。

（李　悦）

鞍钢集团国际经济贸易有限公司

【概况】 鞍钢集团国际经济贸易有限公司（以下简称“国贸公司”）是隶属于鞍钢集团的大型综合性外经贸企业，是鞍钢集团钢铁主业及非钢产业产品和服务的海外服务商；国际化运营的综合贸易商；海外产业投资运营商；海外贸易融资平台；鞍钢集团招标服务平台；鞍钢集团国际化战略的执行平台。

国贸公司成立于 1981 年，前身为中国冶金进出口公司鞍钢分公司；1984 年扩权更名为“鞍钢进出口公司”，成为具有独立开展对外经贸业务的冶金企业外贸公司；1994 年，再度扩权更名为鞍钢集团国际经济贸易公司（以下简称“国贸公司”）；1998 年，国贸公司和供销公司合并为新的国贸公司，成为集内外贸销售、采购于一体的综合型贸易公司；2013 年，鞍钢集团公司将内贸业务从国贸公司整体划出，以鞍钢集团香港有限公司法人资格和相关业务资质为基础，成立鞍钢集团香港有限公司（鞍钢集团国际经济贸易公司），按鞍钢集团全资子公司管理，攀钢区域的外贸业务整合为鞍钢国贸攀枝花有限公司；2017 年，按照国资委和鞍钢集团要求，鞍钢集团香港有限公司（鞍钢集团国际经济贸易公司）改制为鞍钢集团国际经济贸易有限公司。2021 年 3 月，鞍钢招标公司成建制划归国贸公司。

国贸公司建立了包括董事会、监事会和经理层在内的完善的法人治理结构，设职能部门 5 个、业务部门 4 个；经 2020 年深化改革、机构整合，国贸公司形成了以香港公司为海外结算平台，日本、韩国、欧洲、美洲、东南亚、南亚中东 6 大区域公司为网络的“1+6”海外市场布局。2021 年，国贸公司拥有在职职工 346 人，其中海外派驻 19 人（属地化员工 33 人），攀枝花公司 60 人，招标公司 79 人。研究生及以上学历 53 人，本科学历 276 人。拥有专业技术职称人数 343 人，其中正高级 2 人，高级 93 人，中级 197 人，初级 51 人。国贸公司拥有 AEO 高级认证企业资质，连续多年评为“全国诚信经验示范单位”。主要业务涉及钢铁产品出口，大宗原燃材料进口，成套设备、备品备件进口、国际工程承包、机电产品出口等非钢产品出口，国际物流服务，金融业务，社会贸易，招标业务等。国贸公司通过海外分支机构及 1000 多家境内外合作伙伴，广泛开展海外贸易、投资与合作，经国贸公司销售的钢铁产品覆盖全球 70 多个国家和地区，其品牌、产品实物质量和售后服务等在国内外市场享有较高的知名度和美誉度。

2021 年，实现营业收入 539.8 亿元，比上年增加 210.4 亿元，增幅为 64%，实现利润总额 6.7 亿元，比上年增加 2.15 亿元，增幅为 47.3%。上述业绩，刷新 2014 年营销整合以来历史最好纪录，完成全年挑战目标，跑赢大盘，跑赢自身。

【锚定目标不放，经营业绩创出新纪录】 原料贸易贡献度持续提高。一是抓住上半年价格上行市场机遇，全年实现原料贸易结算量 3854.7 万吨，同比增加 7%。二是积极应对下半年铁矿石市场单边下行风险，运用期货、掉期等金融工具，对港口落地现货进行套保操作，有效化解市场风险，全年期现合计实现盈利 531 万元。三是利用煤炭价格大幅上涨的机会，全面解决澳煤外卖和通关问题，实现锚地未卸及落地未报关的 7 船澳煤美元转售，实现利润 683 万美元；另外，2020 年已报关落地的 10 船澳煤也于 11 月全部通关放行，大大降低了股份公司当期生产成本。四是深度挖掘非澳煤，全年新开发 17 个非澳原产地煤炭品种，超全年目标 190 万吨。

钢材贸易应势而为效益大增。一是上半年抢抓市场机会，增加出口量，大力开发直供客户，直供客户比例达到 60.4%，同比增加 1.4%；优化品种结构，品种钢比例达到 72.12%，同比提高 7.8%。维加诺公司实现利润同比增长 6.1 倍；韩国公司在消化物流亏损 1000 余万元的基础上，抢抓时机，努力工作，实现净利润同比增长 3.2 倍；

其他海外区域公司也都取得了较好的业绩。产品贸易部全年累计实现利润3516万元，同比增加1994万元，增长131%。二是下半年响应国家号召，在维护既有渠道的前提下，采取客户可接受的方式，平缓鞍钢集团出口数量，实现了出口同比增幅大幅收窄，得到了国家部委的认可。三是积极应对出口退税政策调整，完成12多万吨在港待装出口产品倒运至保税园，共避免退税政策调整损失近6000万元。

聚焦COA控亏降本增效明显。经艰苦谈判，与VALE达成“合平”及“中远鞍钢”轮一年期连续转租合同；“合瀛”轮与中铝达成1年期转租事宜，相比转租VALE实现减亏约700万元；千方百计与BHP达成续租“新鞍钢”轮一年协议，相比巴西航线实现减亏5400万元；创新模式，与三家日本船东进行了多次沟通谈判，以“一企一策”的方式逐步解决COA历史遗留问题，并抓住市场机会实现利润约500万元。卡拉拉招标运价相比同期市场水平，低于市场水平约4%，全年COA减亏3003万元，减亏50%。

子企业经营绩效稳步提升。一是攀枝花公司利润创新高，铬系项目、设备备件业务取得新突破。全年实现利润7555万元，超计划955万元，同比增加32.7%。其中，铬系项目累计实现社会贸易利润2392万元，同比增长99.2%；出口钢轨13.7万吨，同比增长31.6%；全年设备备件签约折合12524万美元，同比增长136.6%；下半年积极应对国家政策调整，对已签出口钢轨合同逐一与客户反复协商价格和交期，最终实现涨价和延期执行7个合同，预计增效975万美元；终止3个合同，减少损失5000万元，合计为攀钢基地公司增效和减亏1亿多元。二是招标公司狠抓基础管理，规范招标服务，改革整合工作效果明显，规模和效益实现双提高。全年完成招标采购金额738亿元，营业收入1.59亿元，降采20.5亿元。

财务管理及金融创效效果显著。通过进出口锁汇、协定存款、即期远期结售汇等方式，积极开展金融创效工作，全年实现金融创效7051万元，完成奋斗目标126%；聚焦集团重点工作，持续强化财务管控。一是持续加强资产负债率管控，总体呈现逐月下降的趋势。12月末资产负债率为75.67%，下降2.08个百分点，完成集团下达的80%管控目标。二是持续化解“两金”占用压力，“两金”处于可控范围。

【聚焦深化改革，企业管理形成新格局】 精心谋划三项制度改革顶层设计。首先，制定并扎实推进《国贸公司三项制度改革实施方案》，并规定了主责单位、责任人和办结时间。其次，全面完成一系列重要节点任务，制定并出台了《2021及2022年机构编制总体优化目标和计划安排》《领导人员分级分类管理办法》《推行“两制一契”管理的实施方案》等8个配套制度办法，为改革打下坚实的基础。

建立健全“三能机制”。一是形成“能上能下”机制。全年已安排4名达龄干部提前退出领导岗位，另有4名同志退出领导岗位，做专职董事；大力选育任用年轻干部，9名70后、4名80后被提拔到D级以上岗位。组织开展“全员”竞聘上岗，实现了“双合同”应签尽签。二是形成“能多能少”机制。制定建立健全全员岗位绩效管理实施方案、机关部门岗位绩效考核办法等规章制度，落实微观主体的考核分配自主权；加大收入分配向关键岗位和营销等岗位倾斜力度，对作出突出贡献的原料贸易团队及其负责人进行“强激励”，有效地调动了职工干事创业热情；坚持绩效向利润贡献度大、创造效益高的单位、部门倾斜，真正体现了激励的即时性、精准性。2021年全公司绩效最大差异为2~7倍。三是形成“能进能出”机制。积极开展市场化选聘工作；坚持市场化退出，对未达到聘用预期，未完成任务目标的及时终止劳动合同，市场化退出6人。2021年全员劳动生产率达到295.9万元/人，同比提高64.7%，完成了集团下达的效率提升10%以上的工作目标。

不断强化风控及合规管理工作。一是统筹规划内控与风险管理，完善风险识别预警机制，全面检索风险，2021年评估重大风险10项，制定35项风险防控措施，明确15项风险预警指标；不断强化境外机构风险防控，开展境外合规经营风险和违法违规问题专项排查，及时、有效指导境外机构切实做好国际化经营中各类风险的应对工作；持续加强业务风险防控，制定大宗原料贸易期现专项风险管控制度，加强期现业务交易额度控制、头寸管控严格交易额度监管，防范期现业务经营风险。二是大力推进法律管理全覆盖，将法治建设列入国贸公司“十四五”规划；全年合同法律审核3072份，提供法律意见113条，实现重大决策、经营合同和规章制度法律审核100%。

【发力社会经营，双引擎模式开创新局面】 2021年，外部市场社会贸易营业收入255亿元，占比47%，同比增长109%；外部市场社会贸易利润2.36亿元，占比37.7%；原料贸易实现外部创效毛利12439万元，占比52%；攀枝花实现外部创效毛利2300万元，占比30.5%，“第二引擎”继续发展壮大。

积极打造原料贸易“第二引擎”。实行“揭榜挂帅”，成功组建模拟市场化经营的原料社会贸易团队，授予该团队10万吨单笔现货采购权、4亿元人民币总资金占用权及单笔2万吨期货套保建仓、平仓权等，社会贸易团队实现销售签约160万吨，累计实现净利2549万元，预算完成率102%。

钢铁产品社会贸易规模大幅提升。强化内外协同，从印度、印尼、泰国、俄罗斯、阿联酋等国家进口钢坯、板坯共44.5万吨，缓解了铁矿石价格不断上涨的压力；积极布局国内外钢材贸易，2021年钢铁产品社会贸易总量达到121.67万吨，同比增长463%。

非钢贸易团队攻坚破难再向前。在成套设备、备品备件进口业务等传统业务规模萎缩的基础上，深耕社会贸易市场，发动全员集思广益，开发紫竹、宝得、衡业等社会客户，实现社会贸易利润205.2万元。

招标公司实现创效多样化。在灵活开发模式、施行精准营销、坚守原有客户、拓展服务供给、培育市场人才等方面开展工作，对供应链金融、平台增值服务、保险服务等进行了有益的尝试和探索。一年来，实现外部创效719.7万元，进一步拓展生存和发展空间，提升了市场竞争能力。

【推进整合重组，业务协同凸显新优势】 加速组织裂变和管理优化。一是完成构建S/H+N体系设计，积极筹建新加坡公司（或办事处）；推进印尼市场鞍钢首个海外仓设立工作；完成杭州工作室组建工作并实现运行；大宗原料北京工作室已经设立。二是按照集团公司统一部署，牵头鞍本国际贸易领域重组和整合的前期工作，5项“快赢项目”的18项具体举措落地落实，从过渡期到首月已经实现协同创效1363万元。

推进业务板块整合重组。一是完成国贸公司与招标公司整合融合。根据《关于将鞍钢招标有限公司划归国贸公司管理的决定》顺利、高效完成划拨。招标公司进一步强化服务意识、提升服务水平、提高服务效率，严肃规范投标行为，查处围串标行为363家（次），实现规模和效益“双提升”。二是鞍钢重组本钢相关业务取得实质性进展。按照“1+2”整合总体方案推进鞍钢重组本钢工作，国际贸易整合协同效应显现。进口原料利用鞍钢贸易平台弥补本钢长协结构性短板，开展铁矿石协同采购，实现创效513万元；进口设备比对出鞍本34个同品牌产品，形成了由鞍钢国贸牵头，鞍攀本三地四方合作协议和价格清单；产品出口实现了市场资源信息的沟通共享，将本钢硅钢和汽车钢产品打入欧洲市场，实现硅钢销售5000吨，汽车钢销售4925吨；物流系统实现了供应商共享、同航线海运共同招标，为本钢降低物流成本171.5万元。招标系统快速反应，系统推进招标业务整合工作，在重组本钢挂牌当天，率先实现鞍本招标业务的完全整合。继韩国公司实现合署办公后，日本、美国、欧洲、中国香港等海外公司陆续完成合署办公、业务协同、工作对接，实现鞍本海外机构一体化运作。

公司的法律风险合规管理、信息化建设、外事管理、安全防火、行政事务等工作也取得了长足进展，为公司贸易经营工作顺行创造了良好的内外部条件。

【党群工作】 1. 党的政治建设不断加强。一是贯彻落实“第一议题”要求，共学习贯彻习近平总书记重要讲话和重要指示批示精神17次。二是发挥党委“把管促”作用，共召开年度党委扩大会议1次，党委会48次，对全面从严治党工作和贸易经营工作进行了总体设计、安排部署和指导监督。三是坚持党委理论学习中心组学习制度，印发了《2021年国贸公司党委理论学习中心组学习安排》，全年组织集中学习12次，研讨9次。四是落实党建工作“五个责任”，开展“国有企业党的建设工作会议五年‘回头看’”工作，圆满完成集团党委布置的推荐省党代表任务，党建工作质量不断提高。

2. 党史学习教育扎实推进。一是加强组织领导，精心谋划实施，各项工作任务高标准高质量推进。二是通过开展四个专题学习，引导广大党员干部坚持读原著、学原文、悟原理，提升党性修养，锤炼党性品格。三是利用微、网、报、台刊（播）发党史学习教育稿件40余篇，党史学习教育的覆盖面和影响力持续扩大。四是集中精力抓好“我为群众办实事”重点民生实事项目，职工幸福感、获得感得到显著提升。五是高质量筹备召开党史学习教育专题组织生活会，达到提高认识、查找差距、解决问题、锤炼党性的效果。六是坚持守正创新，通过参观红色教育基地、场所，产业链上下游联创共建，丰富学习形式，创新方式方法，邀请劳模讲党课，积极弘扬伟大建党精神，自选动作丰富多彩有特色。七是大力开展典型选树工作。杨明凯同志获得“中央企业优秀共产党员”荣誉称号，王俊龙同志获得“鞍山市劳动模范”荣誉称号。党史学习教育受到第二巡回指导组的肯定。

3. “清风行动”涵养清风正气。一是全面开展警示教育与专项治理相结合。组织全体C级以上员工参加2021年警示教育大会，观看鞍山钢铁铸钢公司违纪违法人员忏悔录，通报集团公司招标、采购、销售领域9起典型案例，动员全体职工主动报告、发现问题，推动“一对一”谈话全员覆盖。二是深化廉洁地图建设与专项治理结合。组织各基层党（总）支部结合实际，重新梳理、排查廉洁风险和管理问题30余项并立即制定了相关防控措施。三是加大纪律审查力度与专项治理结合。全年共对29件问题线索进行了调查核实，其中，立案审查问题线索5件，把握运用监督执纪“第一种形态”处理11人次，针对纪律审查、日常监督等方面苗头倾向性问题约谈D级及以上领导人员、境外公司负责人30余人次。四是监督查处三项制度改革中发现的违规违纪问题，推进三项制度改革顺利进行。

4. 专项治理形式主义及官僚主义。一是围绕党史学习教育、境内外疫情防控，特别是疫苗接种情况、安全防火等工作开展监督检查，针对发现问题，推动立行立改。二是组织开展整治形式主义官僚主义、为基层减负工作问卷调查，重点从总体感受、具体事例、个人期待三个方面研究解决14个调研问题。三是精文减会取得阶段性整治成效。全年公司发文303个，同比压缩10.9%；召开公司级会议12个，精简率36.8%。明确并控制会议时长，会议效率有所提升。四是围绕收入“能多能少”、竞聘期间选人用人问题开展专项检查，为三项制度改革提供了有力保障。五是组织召开巡视反馈、9+1、主题教育、审计等四项整改工作推进会4次，综合整改完成率98%；积极配合2021年集团党委常规巡视工作，完成政治体检，相关工作受到巡视组肯定。

5. 强化群团工作，活力国贸合力国贸初步建成。启动和开展“驾驭双引擎、培育新动力”的劳动竞赛，激发了全员创新创效热情；重要节日前后，走访救济33人次，发放救济金额5.47万元，大病医疗救济2.87万元；开展庆百年华诞、迎国庆书法美术摄影展览，“庆百年 迎国庆 答百题”党史学习教育答题活动和“书香女性”征文等活动。落实《党建带团建工作实施意见》，公司党建带团建工作获得集团公司肯定，并在集团公司党建带团建工作会议上进行经验交流；积极组织开展“跟着郭明义学雷锋”“岫岩助学”和“青春心向党 建功新国贸”等大型活动；进一步实施了青年创新学习论坛计划；青年创新登高项目累计创效2000余万元。公司的法律风险合规管理、信息化建设、外事管理、安全防火、行政事务等工作也取得了长足进展，为公司贸易经营工作顺行创造了良好的内外部条件。

（陈兆君）

鞍钢集团资本控股有限公司

【概况】 鞍钢集团资本控股有限公司（以下简称“鞍钢资本”）主营业务有产业基金、股权投资、证券投资、投资咨询、商业保理、融资租赁、金融科技和保险经纪等，同时积极服务鞍钢实体产业，推进子企业快速发展，进一步为鞍钢集团提供便利、低成本的融资渠道和多样的收入来源，为鞍钢集团转型升级提供支撑。

鞍钢资本设置综合管理部（董事会办公室）、产业发展部、资产管理部、风险法律部和计划财务部5个部门，下设三家全资子企业和五家控股子企业，三家全资子企业即北京鞍钢投资有限公司、鞍资（天津）股权投资基金管理有限公司、鞍资（天津）商业保理有限公司；五家控股子企业即成都天府惠融信息技术有限公司、深圳惠融诚通商业保理有限公司（拟更名为鞍钢集团商业保理有限公司）、攀钢集团融资租赁（成都）有限公司（拟更名为鞍钢集团融资租赁有限公司）、鞍资（天津）融资租赁有限公司、北京鞍汇联保险经纪有限公司，并参股40%设立广州惠泰私募证券投资基金管理有限公司，同时代管鞍山钢铁金融投资业务平台。截至2021年末，鞍钢资本共有员工75人，其中体制内员工55人，市场化员工20人，注册资本36.23亿元，全年营业收入15.71亿元，利润总额6.8亿元。

【产业金融板块改革】 2021年，鞍钢资本按照鞍钢集团“十四五”规划和发展产业金融战略的要求，结合中央产业金融政策、国内经济形势和鞍钢资本实际，制定了以鞍钢主业为载体、以打造鞍钢资本运作协同平台和数字化产业金融服务平台为两翼的“一体两翼”“十四五”发展规划，同时对鞍钢资本及各子企业体制机制改革进行设计，实现“一企一业”“一业一专”的专业化发展，创新优化市场化经营机制，构建共赢收入分配机制，最终形成《鞍钢产业金融板块改革发展的意见》。

【董事会建设】 2021年，鞍钢资本董事会学习贯彻《鞍钢集团改革三年行动实施方案》《关于在进一步完善公司治理中加强党的领导的实施意见》及《中央企业董事会工作规则》等文件，落实相关措施。通过学习，各位董事充分认识到董事会必须不断提高政治站位，增强“四个意识”、坚定“四个自信”、做到“两个维护”；准确把握了董事会定战略、作决策、防风险的职责定位，以及董事特别是外部董事勤勉尽责对提高董事会运行质量的重要作用。

鞍钢资本董事会根据国资委及鞍钢集团关于加强董事会建设的要求，修订公司章程、董事会议事规则、总经理议事规则、董事会授权管理办法及法人治理主体决策清单等制度，制定落实董事会职权实施方案。建立天府惠融、鞍钢租赁、鞍钢保理董事会，推进公司治理体系规范运作。通过不断健全制度、规范程序，鞍钢资本形成了一整套系统完备的董事会制度体系和工作机制，保证了董事会建设有方向、有目标、有遵循。

【发挥鞍钢资本运作协同平台职能】 2021年，鞍钢资本紧密围绕鞍钢集团“十四五”发展战略和规划重要部署，推进发挥鞍钢资本运作协同平台职能。

一是充分发挥人才、信息、资源优势。协助鞍钢集团资本运作项目，对接意向投资机构及研究设立专项基金通道，制定鞍钢集团下属上市公司的市值管理方案。跟踪管理鞍钢集团持有的资产管理计划，通过择机交易实现收益2.69亿元。助力攀钢集团开展转融券业务，盘活存量资产辽港股份。承接鞍钢集团厂办大集体超限额补充医疗保险1.67亿元的投资运作事项，助力攀钢集团中期票据的顺利发行，配合鞍钢集团完成30亿元AB项目，为成功重组本钢保驾护航。

二是响应国家“双碳”目标，积极推进“碳金融”工作。密切关注全国碳交易市场动向，协助集团内重点排碳企业低成本履约。同时鉴于鞍钢集团未来可能出现的大量碳配额采购需求，构建碳交易客户资源库。已协助鞍钢集团内重点排碳企业以较低成本完成2021年碳履约工作。

三是有效压降二级规模，持续优化投资组合。根据鞍钢资本经营发展规划，超进度完成二级市场投资规模的压降工作，并通过大类资产配置，对投资组合进行持续优化，在实现预期收益的情况下，有效降低市场波动影响。截至2021年末，鞍钢资本管理二级市场直投类资产规模为2.85亿元，较年初减少11.73亿元。2021年，投资策略也有明显优化，通过证券市场研判，加大新能源及碳中和领域的研究力度和配置比重，截至2021年末，新能源和碳中和领域证券投资占比61.82%。

四是持续推动主动管理基金及股权直投的投资管理工作。2021年，双创基金引入湖北省省级股权投资引导基金认缴增资2亿元，基金规模由6亿元扩大至8亿元，年内双创基金出资5000万元投资中信科移动项目，该项目已于12月20日申报科创板，预计2022年初上市。2021年，鞍钢资本与上海临港集团各出资30%合作发起设立20亿元规模新材料基金，各出资方已完成投资决策，2022年初正式投资运作。股权直投方面，投资欧冶链金项目5000万元，该公司为目前国内最大的废钢企业。

【发挥数字化产业金融服务平台职能】 组织开展金融体系信息化整体规划设计，研究区块链等新一代信息技术在金融领域的应用，形成金融信息化建设方案，构建基于共享生态的金融信息化服务和数字金融服务平台。作为数字鞍钢建设金融体系组组长单位，完成制定《数字鞍钢建设金融职能工作组工作方案》。

立足鞍钢集团金融板块职能定位，整合天府惠融产业金融优势资源，全力推进鞍钢集团智慧供应链金融服务平台运作。天府惠融已获得上海票交所批准，成为中西部首家、行业内第二家直连票交所的供应链金融平台。2021年，平台在鞍山区域主要板块公司及本钢区域实现全面落地。鞍钢惠信累计注册用户数达到1472家，累计签发量72.28亿元，融资量29.31亿元；鞍钢融信产品4月上线，已获得直连表外授信3亿元，可有效解决下游传统供应链金融业务资产负债率高、两金占比高的难题。同时，深化合作共识，发起成立产业金融区块链联盟，邀请中国宝武、中国五矿等核心企业构建金融服务生态圈。凭借“鞍钢智慧供应链信息服务平台”，助力鞍钢集团荣获“2020中国产业区块链企业50强”。

深化产融结合，服务实体经济。鞍钢资本通过下属租赁和保理业务平台，服务产业链上下游企业融资需求，为鞍钢集团实体产业提供资金支持。2021年鞍钢保理为产业链上下游投放资金63.72亿元，鞍钢租赁为集团产业链上下游投放资金11.66亿元，天府惠融为产业链上下游投放资金11.74亿元。2021年，鞍钢租赁采取设备经营性租赁模式，实现对中国一重天津重工有限公司租赁项目投放1亿元。

强化对外融资，支持鞍钢集团实体发展。2021年，鞍钢资本持续加强与各金融机构对接工作，为保障惠信系统在全鞍钢体系内顺利推广，合计获取授信额度67.38亿元，其中取得银行、同业机构授信34.88亿元，取得表外循环额度32.5亿元。

【强化风险防控】 鞍钢资本致力构建“大风控”运行体系，优化风控管理模式，形成风控管理工作方案，完成风控机构设置及人员调整，按业务条线和管理职责开展风险管理工作，提升鞍钢资本风险防范能力，确保了鞍钢资本2021年无风险事件发生。

（孙雨婷）

【财务有限责任公司】 截至2021年末，鞍钢集团财务有限责任公司在岗职工96人，下设党委工作部（综合管理部）、财务管理部、风险控制部（法律合规部）、稽核管理部（纪委、党政督查办）、金融科技部、公司业务部、结算业务部、金融市场部、住房资金管理部9个部门及四川分公司。

经营概况。“十四五”规划确定的20项年度主要指标全面完成，累计办理开票32亿元，贴现45亿元，引入外部低成本资金29亿元；资金归集度提升到56.5%，同比提升12%；资产损失和贷款损失准备充足率保持100%；营业收入10.99亿元，利润总额7.16亿元。四项重点工作实现新突破，一是服务成员单位实现新突破，成员单位对财务公司服务满意度首次达到100%；二是企业改革实现新突破，如期完成了三项制度改革和鞍本财务公司整合阶段目标；三是经营创效实现新突破，利润完成挑战值目标；四是党的建设实现新突破，党建基础工作得到全面夯实和规范提升。

服务实体。打好金融服务“组合拳”，不断提高服务质效。发挥带头示范作用，直接和带动外部金融机构为成员单位减费让利；放大信用效应，引入外部低成本资金，解决成员单位融资难、融资贵问题；推进国家普惠金融政策应享尽享，助力中小微企业良性发展；开展“金融帮扶专项行动”，“一企一策”提供精准金融服务，助力困难企业“脱僵治困”。全年引入外部低成本资金29亿元，直接为成员单位减费让利6645万元，带动外部金融机构减费让利超亿元。

信贷业务。深化票据服务，助力盘活票据资产。积极推广“鞍钢票”结算，开展与商业银行“鞍钢票”保贴授信，全年保贴利率基本维持在3%左右水平，为成员单位提供了低成本高效率的金融资源。深化贴现服务，精准用好再贴现政策，实现重点客户贴现、鞍山区域再贴现零突破。全年开出承兑31亿元，完成票据贴现45亿元，再贴现3.42亿元。

资金业务。加强同业资金存放管理，与金融

机构开展同业存款利率洽谈，不断提升资金收益，2021年资金收益率达到2.4859%。为保障资金池规模和满足集团公司短期性资金需求，不断拓展同业合作，通过拆借回购和转贴现等方式提升资产流转速度。拆借及回购业务316.84亿元，增长率为28.99%；转贴现17.57亿元，增长率达到1656.30%，极大地提升了公司资产流动性。

投资业务。自营投资以安全性高的低风险利率债、金融债和高等级信用债为主，充分发挥金融牌照优势，积极与金融同业开展多渠道、多层次、多维度的沟通合作，投资收益率达到6%，创出新水平；参与攀钢债券发行与承销工作，协调主承销商和投资方，成功助力攀钢发行2亿元中期票据并认购其中0.5亿元份额，节省其发债融资成本超150万元。

票据业务。推进票据集中管理，与124家成员单位签署票据业务服务协议，积极向上海票交所申请票据线上清算资格，成为首批实施ECDS线上清算功能的财务公司。拓展资金集中管理功能，实现境内中行外币银企直联。积极推进票据集中管理，与177家成员单位签订票据业务协议，同比增长17.22%。

外汇业务。发挥跨境资金池通道功能，调剂境内外资金余缺，支持境外铁矿石开发，为矿业公司办理对卡拉拉公司的境外放款人民币6.6亿元。积极开展结售汇业务，全年为成员单位办理结售汇172.12万美元，为成员单位节约汇兑成本2.84万元。

资金集中。推进国开行及平安银行银企直联工作，截至2021年末，银企直联银行已达17家，资金归集能力逐步增强。积极推进账户集中工作，梳理成员单位直联行未挂接账户情况，逐个排查未挂接原因，实现直联银行未挂接账户"能挂尽挂"、资金"能归尽归"。

业务创新。全面开展产业链金融服务。以鞍钢集团产业链供销网络为依托，收集一手客户资料及市场信息，大力推广"一头在外"票据贴现业务，全年新增产业链客户63家，其中纳入重点客户9家；累计办理"一头在外"产业链贴现2772张，金额30.43亿元，实现贴现利息收入6585万元。

风险管理和内部控制。持续推动法治建设，加强合同管理，完善合同文本库，全年修订合同文本11项，经法律审查合同61项。全面梳理2021年公司重大风险工作任务清单，制定重大风险解决方案，确保公司防范化解重大风险任务有效落地。转变稽核工作思路，以公司重点业务为主线，跨部门开展稽核检查，充分发挥第三道防线作用，全方位、多角度排查风险隐患。

信息化建设。以建设"资金归集平台、资金结算平台、资金监控平台、金融服务平台"为目标，制定"十四五"信息化发展规划，构建"八大系统、六大联接、一个平台"金融服务系统。按照"1+N"信息化建设模式，建成了财务公司金融服务系统1.0版，完成鞍钢集团境内外资金集中管理、票据集中管理平台的搭建，实现结算、信贷、票据、投资、外汇、核算等业务的信息化。持续完善金融平台功能，实现与跨境人民币支付结算系统直联，成为国内首家CIPS系统直联企业。

党建工作。建立工作规则，突出"第一议题"，学习贯彻习近平总书记重要讲话和重要指示批示精神，建立台账分工105项，137条措施，完成117条。扎实推进巡视整改，巡视反馈的42项问题已整改完成41项。制（修）订党建制度30个、经营管理制度96个。深入开展党史学习教育，以实际行动庆祝中国共产党成立100周年。实施完成"我为群众办实事"实践活动项目27项。严肃精准执纪问责，进一步严明规矩和纪律。

三项制度改革。建立了"两制一契""双合同管理""专业职能岗位序列管理""绩效评价管理"等配套制度12项。推进部门相近业务整合，总公司精简部门2个，占比20%，分公司精简部门1个，占比14%。总、分公司压减三级正领导人员职数2个、专业职能序列岗位6个，增加二级总监岗位3个。总公司二级总监及以下46个岗位实行竞争上岗，占比83.6%；分公司部门副经理及以下23个岗位实行竞争上岗，占比74.2%。

党群工作。2021年，鞍钢集团财务有限责任公司党委坚持以习近平新时代中国特色社会主义思想为指导，深入学习贯彻党的十九大和十九届历次全会精神，贯彻落实习近平总书记重要指示批示精神、习近平总书记关于国资国企改革和加强党的建设重要论述精神，坚持和加强党的全面领导，推进全面从严治党，夯实党建工作基础，充分发挥引领保障作用，全年实现利润 7.16 亿元，完成挑战值，为财务公司实现“十四五”高质量开局提供坚强的政治和组织保证。

1. 持续加强政治建设，充分发挥党委领导作用。一是充分发挥党委把方向、管大局、保落实的作用。深化“两个一以贯之”，把党的领导融入公司治理，建立健全党委会、董事会、股东会和经理层等决策事项清单，进一步明晰权责，突出党委领导作用和各类治理主体作用的有效发挥。以集团整体价值最大化为导向，系统编制“十四五”规划，建立任务清单，20 项年度主要指标全面完成。聚焦改革三年行动，建立 6 个大类 10 个小类工作清单，推动改革在重点关键领域取得突破。有序推进鞍本财务公司整合，完成对本钢全部成员单位账户开立及资金归集工作，为本钢提供资金支持。二是健全长效机制。建立工作规则，突出“第一议题”，完善贯彻落实闭环管理流程。学习贯彻习近平总书记重要讲话和重要指示批示 68 篇次，建立台账分工 105 项 137 条措施，完成 117 条，按计划推进 20 条。三是扎实推进巡视整改。系统对症施治，制定整改清单，举一反三推进落实。巡视反馈 42 项问题，已整改完成 39 项，阶段性完成 1 项，按序推进 2 项；选人用人 11 项问题，已整改完成 10 项，阶段性完成 1 项；建立长效机制，制（修）订党建制度 30 个、经营管理制度 96 个，切实巩固提升整改成效。

2. 深入开展党史学习教育，以实际行动庆祝中国共产党成立 100 周年。建立党史学习教育清单化推进工作机制，做到重点任务责任清、目标明。深入学习贯彻习近平总书记“七一”重要讲话和党的十九届六中全会等重要精神，两级党组织开展专题学习研讨 39 次、主题宣讲 15 次、专题党课 9 次，形成学习成果 143 篇、课题项目成果 2 项。评选优秀成果 53 篇，教育引导广大党员干部树立正确党史观，深刻领悟“两个确立”的决定性意义，增强“四个意识”、坚定“四个自信”、做到“两个维护”。开展“党旗在基层一线高高飘扬——以实际行动庆祝中国共产党成立 100 周年”系列活动，举办“奋斗百年路 颂歌献给党”主题文艺演出、“学习百年党史，汲取奋进力量”党史知识竞赛，组织党员到孟泰纪念馆等红色资源进行现场学习教育，传承红色基因，砥砺奋斗精神。实施完成“我为群众办实事”实践活动项目 27 项，提高职工获得感和幸福感。深入成员单位进行走访服务，开展亏损企业金融帮扶专项行动，设立党员服务责任区，引领广大党员积极作为。带头为卡拉拉、本钢等成员单位降低贷款利率，全年直接让利 6645 万元，带动外部金融机构让利超亿元；成为国内首家 CIPS 系统直联企业，做到学党史、悟思想、办实事、开新局。

3. 全面强基固本，组织建设扎实规范。一是组织开展国有企业党的建设工作会议精神贯彻落实“回头看”。认真总结党建工作成效和不足，查摆 8 项重点问题并完成整改。二是强化基本组织建设。召开第三次党员大会，完成两委换届。调整党支部设置，让优秀年轻干部兼职党务工作，配齐配强党务干部。三是压紧压实党建责任。系统梳理健全党建基本制度体系，一体修订和实施党建工作责任制实施办法、党支部工作考核评价办法、党员目标管理考核评价办法，完善明责、定责、考责、问责闭环管理流程。四是提升党务人员能力。编制党支部标准化规范化建设工作手册，建立“六个规范”；举办“党建讲堂”6 期，提升党务人员抓党建意识和能力。五是强化党员教育管理。制定《2021—2023 年党员教育培训实施计划》，全年发展党员 2 人，实现无党员部门为零。

4. 凝聚思想共识，宣传思想文化工作不断加强。一是抓牢抓实意识形态工作。制定实施《党委意识形态工作责任制任务分工表》，常态化推进落实 27 项重点任务，定期研判，确保意识形态安全。二是强化思想政治工作。坚持提前介入、全程融入改革过程，做好政策宣传引导，开展形势任务教育暨高质量发展和改革创新大讨论活动，刊发改革简报 7 期；通过调研座谈、领导班子下基层宣讲等方式广泛宣传动员，积极营造勠力同心谋变革、一心一意求发展的良好氛围。三是推进企业文化建设。注册财务公司微信公众号、抖音号，用好管好新媒体，强化新闻宣传推介，积极展现财务公司良好形象，全年在省级及以上媒体刊发报道 6 篇次，在《鞍钢日报》等内部媒体刊发报道 25 篇次。四是强化典型选树。评选表彰先进典型22人次。在中国财协首届“智慧共享”微课大赛中，4个项目获奖，荣获优秀组织单位称号。

5. 激发活力动力，干部人才队伍建设切实加强。一是以三项制度改革激活“一池春水”。总分公司精简部门3个，压缩编制定员6人。推行“揭指标竞聘、带契约上岗”，竞争上岗比例83.6%，8人落聘到下一层级岗位，7名80后走上二级总监岗位，能上能下成为常态。坚持业绩导向，打破“高水平大锅饭”，实施契约化考核和全员岗位绩效管理，同层级收入明显拉开，激励效应不断凸显。二是健全完善干部选育管用机制。制定实施《自管领导人员管理办法》等5个制度，提高选人用人科学化规范化水平。三是强化专业人才队伍建设。建立专业职能和工程技术人员晋升通道，补齐专业人才培养阶梯。四是强化复合型干部和年轻干部培养。实施年轻干部三年培养计划，建立“一人一卡”15人，推进总分公司交流和内部轮岗，岗位交流比例达到66%。大力选拔使用优秀年轻干部，中层领导干部中40岁以下占比30%。

6. 坚持把纪律规矩挺在前面，党风廉政建设和反腐败工作纵深推进。一是压紧压实责任。健全制度体系、责任清单，强化对“一把手”和班子成员的监督，推动主体责任、监督责任和“一岗双责”一体落实。制定实施年度党风廉政建设和反腐败工作要点及任务分工，20项重点任务全部完成。二是强化廉洁警示教育。通过召开党风廉政警示教育会、典型案例教育、开展“揭疤问短，警钟长鸣”警示教育系列活动等，营造反腐倡廉良好氛围。三是深入开展监督检查。制定实施政治监督工作任务清单，29项重点任务全部完成。开展“设租寻租”“影子股东”“影子公司”等日常监督检查、信贷业务条线监督等专项监督，发现问题14项并督促完成整改。开展“清风行动”，有效防范金融风险。编制《经营管理风险及廉洁风险汇编》（2021年版）等，完善长效机制。四是持之以恒正风肃纪。开展形式主义、官僚主义专项整治，实施完成22项“减负”任务，完成“减负”目标，缩短了“三个距离”。严肃精准执纪问责，突破多年“零办案”问题，运用“第一种形态”比上年增加88%。

7. 强化和谐企业建设，群团组织作用充分发挥。一是强化党建带群建。召开党委会研究工会、青年和共青团工作5次，制定党建带团建工作实施方案等，提升群建水平。二是强化民主管理。贯彻落实好职代会制度，将企业重大决策问题、经营管理方面的重要问题、涉及职工切身利益方面的问题提交职工代表审议，须经职代会审议的重大事项审议率100%。三是用心服务职工。完善帮扶体系，加大帮扶力度。“为职工增加体检项目”“投保企业救助责任险”等10项领导班子民生实事计划项目全部按期完成。四是关心关注青年。深入开展青年“学党史”系列主题活动，组织召开企业负责人与青年面对面交流座谈会，深化青年创新登高，承办鞍钢集团首届青年创新大赛，团结带领广大青年听党话、跟党走，激励青年建功立业。

（张　骞　任　龙）

· 直属机构 ·

鞍钢集团北京研究院有限公司

【概况】 鞍钢集团北京研究院有限公司（以下简称“北京研究院”）成立于2019年8月，由鞍钢集团、鞍山钢铁、攀钢、矿业公司共同出资组建，注册资本金5亿元。北京研究院以服务国家和鞍钢集团发展战略为根本，面向世界科技前沿、面向经济主战场、面向国家重大需求，以国家重大工程和战略性新兴产业发展需求为牵引，重点开展基础前沿、关键共性、颠覆性技术研究，着力打造关键共性、前瞻性技术研发平台，技术成果转移转化产业化平台，创新人才集聚平台，国家科技创新先行先试激励政策应用示范平台，开放创新合作平台。截至2021年底，在岗职工114人，其中科研人员94人，博士41人。

【组织架构】 北京研究院设董事会、监事会。领导班子设党委书记、总经理（院长）1人，党委副书记、纪委书记、工会主席1人，副总经理（副院长）2人。设科研管理部、综合管理部（党群工作部、纪委、董事会办公室)、条件保障部、运营管理部。研究机构设钢铁研究院分院、钒钛研究院分院、矿山先进技术研发中心、未来钢铁研究院。

【公司治理】 制定落实董事会职权工作方案,修订公司章程、董事会议事规则、总经理议事规则和“三重一大”管理办法等规章制度,形成了以7项基本制度为基础,85项专业管理制度为主体,17项工作规范为补充的三级规章制度体系。完善核心业务权限规范,梳理党委会、董事会、总经理办公会决策流程,明确56类业务、122项工作的权限和审批程序。调整优化行政管理授权体系,在对各部门、分院实施分级授权的基础上,对首席专家等科技领军人才充分授予大额技术合作权和科研物资采购权。制定对标提升行动实施方案,确定7方面20项工作任务,对标一流企业,建立更加符合现代科研机构的体制,落实好北京研究院“五大平台”的战略功能定位。

【科技创新】 聚焦“先进材料、智慧制造、数字研发、增材制造”4大研发领域和12大研发方向,2021年承担科研项目55项,项目完成率92.6%。荣获冶金行业一等奖1项,全国发明展览会金奖2项,申请发明34件,专有技术27项,软件著作权3项,发布企业标准2项,发表SCI等高水平论文36篇,其中SCI源期刊19篇,EI源期刊4篇,国内核心期刊13篇。

【实验平台】 该公司坚持高起点高标准,以建设世界一流数字化研发实验平台为目标,以“高端、特色、差异化”为特征,加快研发实验平台建设,完成23台(套)实验设备购置,累计配置78台(套)实验设备,多台(套)设备为集团首台(套)乃至北京市首台(套),有力支撑开展高水平科研工作。

【扩大合作】 该公司与上海大学共建的“材料大数据联合实验室”、与中国钢研集团共建的“先进材料基因工程联合实验室”,定期举行学术交流,建立人员互访机制。开展数字化研发软件培训185人次,完成3个典型计算模拟任务的仿真APP程序计算方案设计、模型建立和相关计算,组建了材料数据云服务平台、云检测和云管理系统。与中国矿业大学(北京)签署合作框架协议。与南京理工大学成立“纳米异构材料联合实验室”。与北京科技大学共建联合实验室,依托实验室与中国工程院谢建新院士和毛新平院士深度合作,与德国亚琛工业大学、东北大学等多所国内外高校开展合作18项。

【人才引进】 该公司持续扩充“摇篮计划”储备库数量,按“成材、树苗、种子”对优秀年轻领导人员后备人才库、80后、90后年轻干部人才库和财务系统人才库人选分类进行培养,严格管理,动态调整。选拔2名优秀人员到矿业、攀钢挂职,强化实践磨炼。创新引才聚才机制,修订人才引进管理办法,持续优化“高端领军—成熟主力军—应届生力军”人才梯队。柔性引进特聘专家2名,高端人才2名,成熟人才6名,引进北京航空航天大学、德国亚琛工业大学等国内外知名高校优秀应届生19名。聚力营造育才留才生态,组建17个跨界研发团队,逐人制定职业发展规划,搭建干事创业平台。加速人才分类培养,实施“导师带徒” “英才计划”,建立师带徒对子63对,选拔培养技术拔尖人才3人、技术骨干人才8人。制定关键人才中长期奖励办法和青年人才成长激励办法,对5名人才予以奖励。打通各类人才北京落户渠道,解决人才后顾之忧。

【党群工作】 1. 党建工作。坚持用党的创新理论武装头脑。把学习贯彻习近平新时代中国特色社会主义思想和习近平总书记重要指示批示精神作为首要政治任务和党委会的“第一议题”,完善工作机制,建立工作台账,对标对表抓好落实。制定党委理论学习中心组年度学习计划,聚焦推动北京研究院高质量发展,开展学习研讨8次。召开党委会19次,以“第一议题”形式学习习近平总书记重要讲话和重要指示批示49项内容。组织各党支部通过“三会一课”、主题党日等方式跟进学习,进一步强化广大职工对新思想、新精神、新要求的认知和对“国之大者”的深刻领悟,切实提高贯彻落实的自觉性和科技报国的使命感,以实际行动增强“四个意识”、坚定“四个自信”、做到“两个维护”。坚持从党史学习教育中汲取奋进力量。严格落实鞍钢集团党委党史学习教育的各项决策部署,注重将推动党史学习教育与庆祝建党百年结合起来,与学习贯彻习近平总书记“七一”重要讲话精神和党的十九届六中全会精神结合起来,与学习贯彻习近平总书记关于

“实现高水平科技自立自强”的重要指示和推动北京研究院高质量发展结合起来，做到组织到位、人员到位、责任到位、工作到位。一是坚持在“学”上下功夫，通过党委理论学习中心组、党委会“第一议题”、专题读书班、“三会一课”等方式深入学习，形成学习体会90余份。二是坚持在“新”上做文章，注重用好北京地区丰富的红色资源，到中国共产党历史展览馆等开展沉浸式现场教学5次，组织红色观影等活动，参与300余人次。三是坚持在“实”上求突破，认真落实“七个聚焦”要求，班子成员赴基层调研30余次，开展谈心谈话150余人次，全面完成14项“我为群众办实事”项目。四是坚持在“干”上见行动，切实将党史学习教育成果转化为推动中心工作的强大动力，北京研究院人才队伍建设、科研项目攻关、实验手段建设、对外开放合作等工作均全面完成年度计划任务，北京研究院的行业影响力显著提升。坚持以“七一”重要讲话精神和党的十九届六中全会精神引领北京研究院高质量发展。将学习习近平总书记“七一”重要讲话精神和党的十九届六中全会精神列入党委理论学习中心组、“三会一课”的必学内容，制定工作方案，广泛组织交流研讨，专题学习《决议》。通过党委书记带头讲党课、邀请中央党校专家专题讲座等方式，引导广大干部职工不断加深对“七一”重要讲话精神和党的十九届六中全会精神的理解，全面把握党中央对于加强科技创新的迫切要求，着力完善北京研究院“十四五”发展规划。教育引导广大科技工作者以史为鉴，牢牢把握科技创新的历史主动，积极投身科研中心工作，加快突破关键技术，为高质量发展新鞍钢、为世界科技强国建设贡献力量。

2. 纪检监察工作。制定落实全面从严治党主体责任清单和年度重点工作任务清单，明确15项履职内容，细化49条履职措施。制定年度党风廉政建设和反腐败工作要点及任务分工方案，明确6方面19项工作内容。持续健全廉洁从业机制，深化“廉洁地图”建设，持续排查并整改廉洁风险和管理问题13项，完善相关管理制度。启动大数据监防平台建设，探索建立专项监督、特色监督和信息化手段贯彻始终的大监督体系，用科技为监督赋能。定期更新领导人员廉洁档案，紧紧抓住“关键少数”，以“关键少数”带动“绝大多数”，增强各级领导人员的责任意识和自律行为。突出纪律监督与审计、财务等专业部门监督、职工民主监督相结合，制定党风廉政建设监督员工作管理办法，聘请6名党风廉政监督员，拓宽举报渠道，设置举报箱，引导职工群众参与监督，在全院形成人人参与监督的氛围。充分发挥党支部纪检委员作用，激活监督“神经末梢”。深化专项监督和特色监督，开展常态化疫情防控监督、科技创新引领监督、安全防火再监督、深化制止餐饮浪费监督、脱贫攻坚监督、引人选人用人监督等工作。强化机关作风建设，切实提高服务科研工作水平，制定持续深入开展形式主义、官僚主义问题专项整治工作方案，围绕压减文件会议数量、精简考核项目等内容，全面完成6项为基层减负重点任务，基层服务满意度90%以上。开展“清风行动”，将泄露技术秘密、套取科研经费、利用企业科技成果等谋取利益等行为纳入监督工作重点，着力打造北京研究院廉洁采购链、廉洁研发链、廉洁工程链，一体推进“三不机制”。对18项大额单一来源采购、科研费用核销等情况进行重点监督检查，涉及金额390余万元，责成完善管理制度2项，提出签订《保廉协议》要求。对审计整改情况进行了回头看，提出问题建议5条，督促完善管理制度5项。

3. 统一战线工作。制定年度宣传思想文化和统战工作要点，明确全年8方面17项工作任务。建立完善意识形态组织领导、责任分工、分析研判、监督考核和责任追究体系，党委定期研究意识形态工作，定期向集团党委报送意识形态工作情况。制定新闻宣传和网站管理办法，建设运营北京研究院官方网站，讲好鞍钢故事和北京研究院故事。坚持职工思想状态研判，聚焦三项制度改革等重点工作，加强舆情监控和思想政治工作。加强国外技术合作与交流管理，定期开展政策宣讲和新入职员工培训。强化政治引导，开展“爱献做”活动，召开党外人士座谈会，引导党外人士积极参加党史学习教育，及时宣传党的十九届六中全会精神，凝聚发展共识。

4. 工会工作。坚持重大节日走访慰问和困难职工帮扶制度，开展主题走访慰问活动2次，慰问困难职工12人次。扎实推进“领导班子民生实施计划”，组织各党支部开展“践行共享理念、关爱一线员工”专项服务行动 8 项，升级改造运动健身设施，开展“奔跑新时代、建功北京院”系列体育活动，为职工办理补充医疗保险和大病救助基金，组织职工疗养、发放生日卡，及时配发疫情防控物品，职工的认同感、归属感和安全感显著提升。开展实验设备劳动竞赛 2 次，大力弘扬劳模精神和科学家精神，积极营造比学赶超氛围，加快打造具有“功成不必在我”境界和“功成必定有我”担当的科研团队。

5. 共青团工作。坚持党建带团建，制定党建带团建实施方案，组织召开第一次团员大会，选举产生第一届团委。动员广大青年科技工作者立项鞍钢集团青年创新登高项目 16 项。在疫情防控、制止餐饮浪费等工作中，组织青年持续深化“跟着郭明义学雷锋”活动。召开青年座谈会 3 次，学习领会习近平总书记关于科技创新工作和青年工作的重要讲话精神。党委书记带头与每名青年谈心谈话，围绕科研中心工作，为青年人才树信心、教方法、给项目、配经费，充分激发生力军的作用。1 名青年获得北京市优秀青年称号，3 名青年在全国悬赏征算大赛中获奖，3 名青年在鞍钢集团青年创新大赛中获殊荣。吸收优秀青年向党组织靠拢，发展入党积极分子 15 名。

（刘　榴）

鞍钢集团经济发展研究院

【概况】 鞍钢集团有限公司经济发展研究院（以下简称“经研院”）成立于 2010 年 3 月，是鞍钢集团有限公司直属的研究机构，是鞍钢集团第一家去行政化试点单位。2021 年有员工 28 人，其中高级职称 17 人。

经研院研究方向为钢铁产业、新兴与多元产业、竞争力与国企改革、宏观经济与国际化。功能定位是围绕战略研究、产业发展和改革创新等开展前瞻性、基础性研究，为鞍钢集团战略决策、钢铁产业升级、新兴产业培育及商业模式创新提供支持。核心任务是为集团高层决策提供信息支持及建议，为集团实施战略调整、改革创新提供支撑和引领，为子企业和新兴产业发展提供咨询指导。发展目标是打造“战略发展研究综合信息平台，国企改革与管理创新的协同研究平台，创新型人才培养和输出平台”，成为战略发展、改革创新的思想发动机及对外交流窗口，逐步建成与企业竞争力提升需求相适应的一流企业智库。

【获奖情况】 2021 年经研院科研能力持续提升，研究方法逐步完善，研究能力获内外部认可。研究成果“国有钢铁企业以‘新五力’为核心的战略管理体系构建”获第二十八届全国企业现代化创新成果二等奖；研究成果“坚持‘两个一以贯之’，把党的领导融入公司治理的实践与研究”获央企政研会优秀成果三等奖；课题“央企推动共建‘一带一路’高质量发展研究”“中央企业基于实践案例的碳达峰碳中和实现路径研究”“增强中央企业产业链供应链自主可控能力研究”“加快发挥中央企业科技引领作用研究”分别获中央企业智库联盟 2021 年度重点课题（联合调查研究类）优秀课题成果特等奖，“大型国有企业战略规划与实施闭环体系研究”获中央企业智库联盟 2021 年度重点课题（独立研究类）优秀课题成果一等奖。

【完成研究报告】 2021 年，经研院根据集团指示要求，开展了“十四五”规划、对标、改革及宏观政策跟踪等方面的重点研究。共计形成各类研究成果 458 项，向国资委、中组部，辽宁省政府、省政协、省工信厅等提供研究报告 24 篇；正式呈报集团研究报告 41 篇；提交集团及部门作为决策支撑的报告 123 篇。完成领导安排的临时性任务 96 项。形成院内研究报告 31 篇，为集团部门、单位提供研究资料 143 篇；在各类刊物上发表成果 12 篇。

【重点工作开展】 深度参与集团战略规划制定工作，开展规划研究，完成《鞍钢集团“十四五”发展规划发展环境分析》；开展战略规划闭环监测体系建立工作，形成集团及子企业层面“十四五”规划实施进展监控总结等一系列研究成果，对集团规划实施进展情况进行客观评价，为下一步规划实施路径提供理论支撑。

落实国企改革三年行动方案及三项制度改革，开展改革研究工作。参与编写中组部组干院“抓党建　促改革”教学案例，与管信部共同完成“国企改革‘双百行动’《改革样本》案例梳理”；

结合落实国企改革三年行动方案，开展政策、案例等相关支撑研究。

深度参与数字鞍钢建设，完成规划制定工作。参与制定数字鞍钢建设工作方案及2021年工作计划，建立工作推进机制，参加2021年第二届“数字鞍钢·数字生态”现场推进会并发言；代表鞍钢集团向国资委科创局信息化处汇报数字鞍钢建设方案并正式发布数字鞍钢建设方案；代表鞍钢集团参加首届中央企业数字化转型峰会。

宏观经济形势研究。及时对宏观经济及产业政策进行跟踪、解读，提供应对策略，抵御政策风险，为集团战略执行提供支撑。围绕碳达峰碳中和、国家基建等政策，对钢铁、钒钛、多元产业的影响进行深入分析及研究。分析经济走势，针对近期宏观经济走势及影响，进行内部研讨、分析。

承担集团社会责任管理工作，组织编制完成《鞍钢集团有限公司2020可持续发展报告》，对外发布。报告获金蜜蜂2021优秀企业社会责任报告·长青奖一星级奖。鞍钢集团可持续发展报告连续3年获得该奖项。

组织编辑《鞍钢集团经济发展研究院2020年研究报告选编》，印刷成册，供各级领导及单位交流参考。

【加强内外部交流】　代表鞍钢集团参与中国企业改革与发展研讨会团体标准《企业高质量发展评价指标》起草工作，鞍钢集团成为标准主要起草单位。

加强与辽宁省政协、省发改委、省工信厅等的工作交流沟通，提出相关提案，了解、提供相关情况。

参与中央企业智库联盟重点课题研究工作，2021年承担重点独立研究课题1项，参与联合研究课题4项；代表鞍钢集团参加世界钢协经济委员会会议，并参与研讨；与集团办公室共同开展集团外部智库建设工作；受邀参加辽宁省制造业数字化转型对接交流会，并作主旨演讲；与中钢协、中央企业数字化发展研究院、冶金工业经济发展研究中心、华菱集团、中国铝业公司等单位进行交流研讨，开展项目合作；邀请中国移动、中兴通讯、华为等公司专家到经研院开展交流研讨。

（潘文龙）

鞍钢集团人力资源服务中心

【概况】　鞍钢集团有限公司人力资源服务中心（以下简称“人力中心”）成立于2016年，是鞍钢集团直属单位。截至2021年末，人力中心共有职工99人。下设综合管理部、系统支持部、员工服务中心、薪酬业务中心、职业发展中心、市场开发中心、外事服务中心7个部门。人力中心主要承担集团公司鞍山区域的退休审核、劳保待遇审批、企业年金管理、职称评审、职业技能评价、转岗培训与安置、劳务用工、鞍钢HR系统管理等日常管理职能，以及岗位维护、员工关系、新员工招聘及入职服务、保险申报、劳动保险待遇申请核销、报表统计、人事代理等共享服务业务。

【助力集团三项制度改革】　一是以建设集团人才赋能中心、制定《岗位价值评估实施方案》、提升职业评价系统信息化服务能力为基础，搭建人员流转、岗位价值评估和职业能力评价平台，为集团改革人员流转、能力提升提供机制保证。二是推进信息系统优化完善，通过优化领导人员模块、健全培训管理模块等，持续强化系统功能。三是根据三项制度改革要求，维护HR系统25万条信息，调整岗位定员1.48万个、人员2.09万人。四是根据鞍本整合需求，顺利实现HR系统本钢全覆盖，有效支持集团管理变革；配合集团电子合同系统项目，设计全流程合同管理方案，提升信息化管理水平。五是配合集团完善薪酬体系建设，开发浮动工资差异系数等统计报表，支撑集团薪酬分配制度改革。六是依托鞍钢人服公司，启动工伤预防项目，助力集团有效降低工伤及职业病发生率。

【全面深化改革】　一是制定《人力中心三项制度改革实施方案》及《工作任务清单》，明确责任分工，确保改革措施落地生根。二是制定《鞍钢集团有限公司人力资源服务中心劳动合同和岗位合同管理办法（试行）》等文件8项。落实“双合同”管理，签订劳动合同、岗位合同99人，修订岗位说明书90份。三是修订战略绩效与薪酬评价考核办法，将外部收入纳入内部考核体系，加大对部门授权力度，实现“谁管人、谁考核、谁分配”。建立全员考核体系，实施岗位绩效量化考核，激发员工的主动性、积极性和创造性。

【共享服务】 一是整合3大服务区域，构建“对外专业协调、对内贴身服务、专项业务集中办、重点业务合力办”的共享服务新模式。打造退休、工伤等专业服务团队，开展全流程包保式服务。二是实现人力资源管理系统13大模块、6000多程序、10年数据信息整体迁移，提升运行速度2~3倍；规范授权管理，提升系统安全性、可控性。完善项目管理体系，归类各类文档177份；为集团总部及服务单位提供员工信息报表618份、数据分析报表78份，为184家服务单位提供薪酬统计、服务报告、统计报表服务。三是做好新员工招聘入职工作，参加高校线下双选会9场次，鞍钢专场宣讲活动3场次。全年接收平台应聘简历1.14万份，录用181人。圆满完成234名新员工入职接待工作。为鞍山区域150家单位的6.8万名职工核定调整保险缴费基数，为105家单位办理失业稳岗返还，返还金额1231.17万元，确保企业和职工利益不受损。

【管理职能】 一是加强职业能力管理。打通技术技能人才职业发展通道。修订《职业技能评价管理办法》《职称管理办法》及5个评审标准；完成329人高级职称评审，采用四地联考完成中、初级考试1027人；职业技能评价考试1.16万人；为7198名职工办理技能提升补贴，累计1475万元。二是加强劳务用工管理。全年各子企业劳务派遣比例控制在10%以内。完成劳务项目备案190家，备案项目2214个；推进劳务用工管理系统建设，配合集团开展劳务项目及劳务用工盘点，完成劳务系统与财务共享系统对接，实现新系统上线备案909项。三是加强福利待遇管理。全年完成职工退休审批3265人。完成各类待遇核定、审批、调整3.86万人次。四是加强外事服务管理。改造升级外事信息系统，编纂《外事信息要闻》，助力子企业实施走出去战略。

【市场运营】 一是落实共享服务收费项目，提升服务满意度。签订127份共享服务协议，实现收费2040万元。开展服务质量管理，全年走访22家服务单位，反馈意见74项。二是落实人事档案“两化”项目。配合集团公司印发《鞍钢集团人事档案数字化建设的指导意见》，以市场化运营模式与103家基层服务单位签订委托服务协议，共完成档案规范化整理3.05万卷，数字化5.75万卷，实现收入694.92万元。三是落实技能提升项目。组织开设网络培训课程30期，培训2700人，考试合格1328人；外聘人力资源管理专家，开设人力资源管理师三、四级培训班，培训674人，参加考试532人，考试合格430人。

（吴克伟）

鞍钢集团财务共享服务中心

【概况】 鞍钢集团有限公司财务共享服务中心（以下简称“中心”）于2016年11月15日注册成立，是鞍钢集团有限公司的直属单位，负责鞍钢集团财务共享平台建设任务及平台建成后的财务核算、财务共享工作。代行鞍钢集团有限公司统计业务工作。中心现有部门8个、职工56名。

鞍钢集团财务共享平台的建设，是对财务业务进行流程再造与标准化，构建大型钢铁企业财务共享服务平台，实现财务信息公开、透明、共享，支撑集团战略发展、提升管控能力、助力深化改革。包括三部分功能：统一核算系统，将鞍山区域会计电算化系统集中纳入统一的信息化会计核算平台，提高会计核算效率、质量、安全性；财务共享平台，建立会计业务单据、编码体系，固化入账规则、标准、流程、资金和预算控制，优化共享作业、移动办公、集中结算机制，实现统一、规范、高效、智能会计核算，强化集团管控；中央账务仓，建立会计核算数据仓库，2021年度逐步启动财务智能化和机器人应用探索，平台功能和承载能力扩展建设初步取得成效，发挥财务决策支持和深度分析作用。

鞍钢集团有限公司被中钢协评为2020—2021年度信息工作先进单位，2020—2021年重点统计钢铁企业生产经营旬报统计工作先进单位。“大型国有企业以价值创造为目标的财务共享服务体系建设”的管理成果被中国钢铁工业协会评为一等奖。“鞍钢集团财务共享信息化建设项目”被国际数据公司（International Data Corporation）评为中国区2021年度“数字化转型坚定者”。

（金　峰）

鞍钢集团审计中心

【概况】 鞍钢集团有限公司审计中心（以下简称“审计中心”）是鞍钢集团所属分公司，于2016年12月注册成立。截至2021年12月末，审计中心职工总数55人，其中高级职称人员2人，初、中级职称人员53人；具有注册会计师、注册造价师、国际注册内部审计师等执业资格人员8人。审计中心下设工程投资审计室、经营管理审计室、经济责任审计室、专项审计调查室4个业务处室，在集团审计部领导下开展工作。主要工作职责为按照审计部下达的审计项目计划和工作目标，开展各类审计工作，跟踪督促有关单位实施整改。

【审计工作成效显著】 2021年，审计中心共完成审计报告60份，累计发现和披露各类问题563个，提出审计建议432条；揭示重大风险事项27项，移交纪委案件线索4个；涉及各类审计问题金额41.98亿元，其中促进增收节支金额3.16亿元；发现违规问题金额4.98亿元，损失浪费金额2.17亿元，管理不规范金额13.25亿元，潜亏金额4.23亿元，潜盈金额0.91亿元。

以促进工程管理、提高投资效益为重点，强化工程投资审计及投资效果评价工作。通过对工程项目全方位审计，充分揭露存在的管理不规范、责任履行不到位、工程结算不准确、损失浪费未追责等问题，并提出审计整改建议。通过开展项目投资效果评价，促进被审计单位提升工程管理水平、降低投资成本，防范投资风险。

深入开展经营管理审计，促进企业改善运营、提升管理、提高效益，实现审计价值增值。围绕子企业改善运营、提升管理方面，发现企业经营管理中各项业务流程中的不合规行为，揭示存在的法律风险。针对相关问题督促被审单位加强对企业经营管理业务等全流程管控及整改，防微杜渐。

以经济责任审计为依托，紧紧围绕子企业生产经营的中心任务，聚焦新发展理念，落实经济责任，客观全面具体评价相关领导人员及落实国有资产经营责任，通过发现揭示问题，堵塞管理漏洞，完善内部控制制度，防控重大经营风险，持续推进企业全面深化改革，促进领导人员权力规范运行，为企业实现高质量发展保驾护航。

以落实国家重大政策措施、集团公司领导重点关注的问题及集团重大经济决策落实情况审计等重点内容为导向，大力开展专项审计调查工作。对特定事项的真实性、合规性、效益性开展审查评价，及时向上级领导反映情况、揭露问题、提出建议，为公司有关决策部署提供有力支撑。

持续强化审计整改力度，整改成效显著。截至2021年12月末，整改期为2020年7月至2021年6月的50份审计报告，共计544个审计问题，已完成整改498个，持续整改46个，整改完成率为91.54%。同时完善审计整改制度建设，按要求建立审计整改检查通报机制。通过做好审计整改“后半篇文章”，相关单位（部门）实现增收节支或避免、挽回损失金额26741万元（其中扣回工程款2419万元），收回款项87242万元，调账或调表金额31403万元，建立健全制度73项，处理相关责任人18人次。

加强违规经营投资责任追究工作。一是及时向国资委汇报违规追责工作；二是在审计部指导下首次开展违规追责事项申诉复核工作，及时形成复核报告；三是主动督导本钢开展违规追责工作；四是积极推进鞍钢集团责任追究信息系统建设，已完成“定期报告”等功能模块的配置和调试工作。

积极主动完成内控评价工作。一是完成2020年度鞍钢集团内部控制评价工作，并上报国资委；二是积极做好以往年度内控缺陷整改跟踪落实，并持续督促检查相关单位整改落实情况；三是主动强化内控评价工作的沟通与交流，同时加强内控体系相关职能部门间的沟通协调；四是按国资委要求，及时完成内控体系有效性自查自纠工作；五是全力配合国资委开展内控体系有效性抽查评价；六是根据国资委的有关要求，撰写《鞍钢集团2021年度内部控制评价工作方案》，提交鞍钢集团党委审计委员会批准后印发执行。

【审计机制体制深化改革】 审计中心深入践行审计三项制度改革，按照集团公司改革工作总体部署，成立三项制度改革领导小组，并形成《鞍钢集团审计中心三项制度改革实施方案》。制定计划，压实责任，全力推进劳动、人事、分配三项制度改革工作。

2021 年共开展主审竞聘项目 11 项，同时强化审计成效评价，实行团队整体考核，细化审计业绩考核指标。

（赵永亮）

鞍钢教育培训中心（党校）

【概况】 2021 年末，鞍钢教育培训中心（党校）有在岗职工 213 人，居家职工 20 人。在岗职工中管理和技术岗位职工 180 人，其中高级职称 96 人，中级职称 72 人，初级职称 12 人；服务岗位职工 33 人。中心下设 5 个职能管理部门，4 个教学研究部。拥有固定资产原值 5539.7 万元，净值 721.3 万元。占地面积 8.48 万平方米，建筑面积 5.59 万平方米。2021 年，共开办各级各类培训班 739 个，培训学员 30260 人次，完成教学任务量 24064 学时。荣获“第五届钢铁行业职工教育培训工作先进单位”和“第十七届中国企业教育百强先进单位”荣誉称号。

【主要工作】 2021 年，鞍钢教育培训中心（党校）全面贯彻党的十九大和十九届历次全会精神，深入学习贯彻习近平总书记重要讲话和重要指示批示精神，紧紧依靠全体教职工，加快推进改革发展，各项工作取得新成绩。

落实“四性”培训要求，稳步推进重点培训项目。协助集团公司开发设计、组织实施党史轮训、十九届五中全会轮训、“一把手”政治能力提升等 14 个重点项目，配合集团职能部门开展部室专项培训 8 项。拓展委托定制类培训项目，承接鞍山钢铁、矿业公司、众元产业、工程板块等二级子企业中青班、安全培训、群英赛赛前辅导选拔、纪检人员业务培训等 20 余项。实施培训联络员制度，推进培训内容和课程更加贴近需求、贴近现场，提升培训工作实效性。联合开展本钢青年干部培养工作，为推进鞍本深度整合融合发挥党校作用。组织开展集团公司技术领军人才、高技能领军人才培训项目。联合冶金工业教育培训中心，成功举办钢铁行业“大国工匠”高端论坛。

持续提升教学培训质量。着眼于解决教学不系统、管理不规范、衔接不紧密等问题，制定实施《鞍钢教培中心（党校）全面提升培训质量实施方案》。创新培训菜单制定流程，2022 年培训菜单共 8 大类、199 个培训项目，其中，新项目 128 个，占比 64.3%，同比提高 35%；定制化项目 64 个，占比 32.3%，同比提高 20%。制定《企业内部培训案例开发管理办法》，修订完善《核心课程与新专题管理办法》，共计开发新专题、核心课程、企业内部培训案例 40 余项。创新教学方式方法，引入情景模拟式教学、结构化研讨、体验式教学，提升了培训效果。

大力推进网络平台建设。全面启用“鞍钢 e 学”在线学习平台，已建成人力资源、党建、法律合规等 8 个学习专区，党史学习教育、十九届六中全会精神、鞍钢“十四五”规划等 30 个学习专题，初步形成了涵盖政治理论与党性修养、管理赋能、技术技能等 3 大类 147 个子类 4174 门课程内容。提供“培训管理+课程内容+运营服务”一体化全流程解决方案，实现“学练考评”一站式服务，满足各种类型的线上培训需求。全年完成了线上 22 个培训项目、9 个调研项目、8 次竞赛答题活动、13 场直播授课，实现上线学习 3.45 万人，累计培训 57.5 万学时。

强化师资队伍建设。评聘 2021 年度主任培训师、主管培训师、骨干培训师共 27 名，选派 29 人次外出进修培训，举办名师大讲堂、主题结构化研讨，提升教师业务能力。加大年轻教师培养力度，组织多媒体课件大赛、青年教师教学观摩赛，助力青年教师成长成才。评聘兼职内训师 211 人，制定《内训师 2021—2022 年培养方案》，为集团内部培训储备优秀师资。强化对外合作，聘请外部教师 140 人次。提升教师科研能力，完成集团公司及以上课题 15 项，荣获中央企业党建政研会优秀成果二等奖 1 项，省委党校科研协作课题一等奖 1 项、二等奖 2 项，集团公司思想政治优秀成果一等奖 1 项、三等奖 1 项。“中国共产党百年华诞‘听我说’”培训课程成功入编《中国企业培训蓝皮书 XIII》。投入资金 800 多万元，改善了办学条件和办公环境。建立困难边缘户档案

17份，走访慰问、帮扶救助困难职工、离退休人员379人次，发放慰问金、大病医疗救济金27.14万元。

【党群工作】 2021年，中心（党校）高举习近平新时代中国特色社会主义思想伟大旗帜，全面贯彻党的十九大精神和十九届历次全会精神，立足新发展阶段、践行新发展理念、融入新发展格局，牢牢把握新时代党的建设总要求，以党的政治建设为统领，以提升党建工作质量和组织力为重点，以建党100周年为契机，聚焦改革发展，聚焦能力提升，聚焦主责主业，将党建优势转化为发展优势，努力为新鞍钢“十四五”开好局起好步提供人才支持和智力保障。

1. 党建工作。提高政治站位，践行“两个维护”。一是深入学习习近平总书记重要讲话精神和重要指示批示，严格落实“第一议题”22次，组织党委理论学习中心组学习12次，把“两个确立”真正转化为增强“四个意识”、坚定“四个自信”、做到“两个维护”的思想自觉政治自觉行动自觉。二是坚决落实教育培训“四性”要求，升级培训模式、更新培训课程、变革培训方式、严格培训管理，真正做到被组织需要、岗位需要、个人需要。全年共开办739个班级，完成教学任务量24064学时，培训学员30260人次。三是根据疫情动态调整线上线下教学，将培训重点放在线上直播和网络教学上，做到防疫与培训两不误，真正实现停课不停学。四是紧跟线上教学全面铺开的新形势，把外聘教师网络意识形态作为主攻方向，严把课堂准入关、实施关、评价关，确保“鞍钢e学”、钉钉等沿着正确的政治方向，安全平稳运行。

铸强战斗堡垒，激活“神经末梢”。一是狠抓质量提升，以夯实“五个基本”为切入点，积极推进“一模板两清单”，实现党建基础工作模板化、党内生活流程化。以开展“四讲一测一库”主题实践活动为抓手，举办党支部书记大讲堂，全面提升专兼职党务干部能力素质。二是狠抓融入融合，把全国国有企业党的建设工作会议精神贯彻落实“回头看”工作成果贯穿党建工作始终，精准落实“自评+互评+终评”责任传导机制，实现党建工作与行政工作一体化考核，使党建工作真正从“软指标”变成“硬约束”。三是狠抓党建成效，积极推进“三大工程”，完成集团公司及以上课题15项，荣获中央企业党建政研会优秀成果二等奖1项；省委党校科研协作课题一等奖1项、二等奖2项；荣获集团公司级课题一等奖2项、二等奖2项、三等奖1项；荣获集团公司党课教案一等奖1项。

强化队伍建设，锻造“骨干力量”。一是强化人才工作效能，制定《内训师2021—2022年培养方案》、建立内训师师资库、完善外聘教师师资库，建立健全人才制度体系，为集团公司内部培训储备优秀师资。二是强化干部担当作为，以推进三项制度改革为契机，坚持注重实绩、能上能下的用人导向，调整交流中层干部5人，从事专项工作3人。加大对中层干部考核评价力度，采取薪酬与战略绩效挂钩，推进中层干部履责担责的能力更强。三是强化年轻干部实践锻炼，坚持“培、学、练”相结合的培养模式，采取领导帮扶、专业帮带、外送培训，现场锻炼、课堂展示、集中点评等方式，组织开展青年教师教学观摩赛、业务能力竞赛、主题结构化研讨、“名师大讲堂”等，加快推进年轻教师成长进步，推动队伍建设迭代升级。现有10余名年轻教师崭露头角，成为年轻的骨干。

2. 宣传工作。发挥红色引领，力促入脑入心。一是围绕建党百年重大事件、重要会议、伟大精神和英模人物“四条主线”，打造特色党史文化墙，创建党史学习“新窗口”。二是在校园网开辟“学习百年党史、汲取奋进力量”党史学习教育专栏，设置六大版块，编发简报10期，转载学习内容284篇。及时宣贯党史学习教育经验做法和成效，积极向《鞍钢日报》、党史学习教育简报、《辽宁党校报》等投稿，推动学习教育上下贯通。三是在高质量完成集体学习、交流研讨、专题辅导、现场教学等基础上，创造性地开展讲党史故事、答题闯关等特色鲜明的学习活动，提升党史学习教育穿透力。

发挥熔炉作用，筑牢红色阵地。一是通过在培训中专设党史单元、增加党史课程比重、课前看党史短视频等方式，扩大受众范围，做到全覆盖。二是以历史发展的主题主线、主流本质为脉络，采取“线上自主学习+线下集中培训”相结合的方式，高质量完成党史专题轮训任务，2040

名领导干部参训并落实“逢培必考”制度，培训满意度达95.73%。三是依托“鞍钢e学”网络学习平台，开设党史学习专区10个，推送党史精品课程192门，累计学习5.3万人次，不断拓宽党史学习渠道。

发挥资源优势，延伸服务触角。一是采取“网格化”宣讲模式，培训各单位宣讲员268名，深入总部机关、基层厂矿开展宣讲19场次，受众达3740人次，并为三冶社区党员干部作公益讲座。二是精心编制《“画”说党史》学习教材，以“画”说党史的形式，再现中国共产党发展历程的100个重要历史事件，受到基层厂矿广泛关注和欢迎。三是增设《鞍钢》杂志党史学习教育专刊，收录重要理论文章、重大事件、重大会议、中国精神等资料，切实满足各单位党史学习需要。四是策划录制《中国共产党百年华诞听我说》短视频，以15个专题短视频形式展现百年艰辛历程，为各单位提供素材、搭建载体。该短视频荣获“中国企业培训创新成果”金奖，成功入编《中国企业培训蓝皮书XIII》。

3. 纪检工作。突出重点领域，履行监督职责。一是将巡视整改作为政治监督的重点，及时调阅方案、跟踪进度、评估效果，持续强化对巡视整改工作的监督。二是聚焦疫情防控开展监督3次，发现问题3项，绷紧疫情防控思想弦。三是从讲政治的高度开展形式主义官僚主义专项整治，实现文件压缩19%，会议精简25%，取消考核指标3项，简化工作流程4项，群众满意度达91.64%，倒逼工作作风的转变。四是围绕计算机发放、OA流程审批、工程维修等开展专项监督检查，发现管理问题2项，下发整改通知书1次，批评教育4人。

强化作风建设，激发担当作为。一是着重用实用活监督执纪四种形态，有效运用“第一种形态”48次，其中对巡视反馈问题相关责任人给予批评教育12人次，约谈党员干部17人次，使之成为常态。二是坚持下沉监督，在现场走访中深入了解工程维修项目进度、施工程序等情况，构建提前介入、重点清晰、全程参与的监督格局。三是组织召开警示教育大会，开展各类警示教育13次，筑牢思想防线。

发扬斗争精神，突破“零立案”。一是组织开展“清风行动”，主动查找管理漏洞3项，完善制度2项。以价格比对为切入点，严把费用审核关，从源头上预防和减少廉洁问题。二是严肃查处违反劳动关系问题，立案调查1人，追究相关管理责任3人。三是从快处置、从严查办巡视组移交问题线索6件，立案调查2件，给予党纪政纪处分5人，诫勉谈话1人，通报批评5人，形成强有力的震慑效应，实现自办案件“零突破”。

提高政治站位，统一思想认识。一是认真组织学习习近平总书记关于巡视工作的重要论述，深刻反思巡视反馈问题，凝聚整改共识。二是迅速召开专题民主生活会，深入查摆问题、差距、短板和不足，明确攻坚难点、推进整改的具体措施，形成一盘棋思想、一体化整改局面。三是聚焦政治站位、责任担当、整改时效、整改质量四个方面，组织党委委员签订整改承诺书，为深化巡视整改再加一道保险。

强化责任担当，落实整改责任。一是坚决扛起主体责任，制定整改推进表，确保按计划推进。二是党委书记积极履行第一责任人责任，带头认领问题，其他党委委员主动担当、认领责任，督促指导并组织责任部门抓好整改落实。三是建立巡视整改例会制度，定期召开党委会、巡视整改领导小组会议等10次，研究推进整改落实情况，对突出问题综合研判、细化措施，层层传导压力、层层落实责任、层层抓实整改。

瞄准靶向发力，突显整改成效。一是实行“台账式管理”和“销号制落实”制度，定期对账盘点，实现件件有落实、事事有回音。巡视反馈51项问题，已完成整改49项，完成率为96.1%。二是同步同频推进选人用人专项巡视整改工作，选人用人28项问题，已完成整改或需长期坚持27项，完成率为96.43%。通过以点带面，保证整改效果，推动各项工作开创新局面。

4. 群团工作。突出关心关爱，凝聚职工力量。一是扎实推进“我为群众办实事”实践活动，投入800多万改善办公和教学条件，教职工获得感十足。二是开展困难职工帮扶救助，走访慰问困难职工379人次，发放慰问金、大病医疗救济金27.14万元，切实把关怀和温暖及时送到党员群众心坎上。三是开展主题劳动竞赛和“赋能新时代 建功新鞍钢”教师节系列活动，团结引领职工建功立业。四是丰富校园文化，参加省委党校系统建党百年文艺汇演，组织开展“追梦新时代 永远跟党走”庆祝建党百年文艺汇演等文体活动。

突出政治引领，服务青年成长。一是组织开展四期“青年大学习”，引导青年跟进学习习近平总书记关于青年工作的重要讲话精神。二是组织开展三次“3·5”学雷锋——清洁党员活动室和跟着郭明义学雷锋义务奉献活动。与兄弟单位团委合作开展迎五四主题活动，把党史学习同鞍钢发展史学习结合起来，集体参观鞍钢博物馆。三是开展庆祝建党百年系列活动，拍摄《强国有我》短视频，召开专题座谈会，推动习近平总书记重要讲话精神在团员青年中入脑入心。

（刘允壮 刘庆辉）

鞍钢日报社

【概况】 鞍钢日报社（以下简称“报社”）是鞍钢集团党委新闻舆论宣传主阵地，承担着为鞍钢集团高质量发展“举旗帜、聚民心、育新人、展形象”职责使命，下设记者部、总编室、新媒体部、电视专题部、党委工作部、综合管理部、财务部和印刷厂。

2021年，报社深入贯彻落实习近平总书记关于党的新闻宣传舆论工作重要论述精神和关于统筹疫情防控和经济社会发展的重要指示批示精神，紧紧围绕鞍钢集团高质量发展中心任务，充分发挥新闻舆论宣传主阵地作用，深入推进党的建设、疫情防控、新闻宣传、深化改革、经营创效等各项工作，持续提升新闻舆论传播力、引导力、影响力、公信力。全年实现政治差错、导向错误、重大新闻漏报为零的目标，媒体创效能力持续提升。

【坚持正确政治方向和舆论导向】 充分彰显党报姓党原则，聚焦党中央决策部署，强化百年党史宣传，开展“奋斗百年路 启航新征程”“学党史 悟思想”主题策划，第一时间转载中央媒体刊发的庆祝建党100周年活动的相关报道。推出“庆祝建党百年 党史学习教育专题”专版，开设“中国共产党人的精神谱系”专题，系统宣传红色精神谱系内涵，累计刊发红船精神、井冈山精神、古田会议精神、苏区精神等20期；围绕“庆祝建党百年”专题刊发人民日报评论、红色人物事迹、专家理论文章，散文、诗词等文学作品和书法、篆刻、印章等文艺作品46期，引导鞍钢集团广大党员学史明理、学史增信、学史崇德、学史力行，为鞍钢集团高质量发展提供坚强舆论保障。全媒体传播力得到显著提升，新媒体指数跃居国务院国资委《中国企业500强新媒体指数榜》第17位、央企第14位、钢铁行业第一名，新媒体矩阵已成为展示鞍钢形象的重要阵地。

【强化内容建设】 坚持以业务研讨会、导师带徒、青年记者论坛为载体，推广跨岗位业务技能培训，着力讲好符合时代特征的鞍钢故事，《鞍钢集团坚持发展成果与职工共享，职工都说“今年喜事好事格外多”》《鞍钢以过硬“金指标”跑出发展“加速度”》等新闻作品，生动展现了“以人民为中心”的思想扎根鞍钢的新风貌、新变化。《鞍钢重组本钢正式启动》《这是辽宁鞍钢》等三条抖音短视频多次问鼎同城榜首位，平均播放量突破100万次，创历史新高；《致鞍钢集团：请收下这些甜甜的比心照》《鞍钢版〈错位时空〉》等新媒体原创微信作品阅读量均突破“5000+”，展现了新时代新鞍钢的新作为，为鞍钢集团全面推进党史学习教育、生产经营、改革发展等各项工作，提供坚强舆论保障。

【强化重点策划】 突出内容策划。聚焦庆祝中国共产党成立100周年、鞍钢重组本钢、三项制度改革等重点工作，结合重大节日，坚持排定月出版计划，超前进行策划，提升宣传报道效果。突出栏目牵引。通过开设“突破五个关键 聚焦四个重点 打造高质量发展新鞍钢”“党旗引领红色鞍钢”“改革先锋”“品牌鞍钢”等一批特色栏目，将鞍钢集团的重要决策部署，以及鞍钢集团、各区域、板块和基层单位在各领域取得的成果和经验及时准确地传达给广大干部职工，为鞍钢集团完成全年生产经营目标奠定坚实的舆论基础。突出典型引领。连续刊发孟泰故事、雷锋故事、王崇伦故事、郭明义故事，展示鞍钢厚重的英模文化；在“成长印记”专版讲述鞍钢宪法、“七九”开工、三大工程等重大历史故事，激发全体职工爱国爱企的热情。

【强化管理创新】 夯实三项制度改革基础。落实鞍钢集团公司《关于全面推行经营层任期制和契约化管理的工作指引》（鞍钢人发〔2021〕6 号）等文件精神，拟定报社领导班子成员《年度目标责任书》，组织完成行政领导人员《聘用合同书》的签订工作，为三项制度改革的顺利推进奠定基础。推动信息资源共享。建立统一指挥、采编调度、高效协同、共享融通、信息沟通的运行机制。实现《鞍钢日报》《鞍钢视讯》，鞍钢集团官方微信、官方微博、官方抖音等新媒体在攀钢、本钢及各区域和各基地的全域传播、全方位覆盖。《鞍钢日报》在攀钢各区域和各基地发行至班组、科室，在本钢发行至机关和子企业领导班子。升级采编业务系统。全面完成采编及数字报系统升级项目。采编系统、数字报刊系统上线运行后，具备“统一采集、统一编辑、多渠道分发”优势，实现新闻资源共享融通，移动端采集、编审、报送。升级后的数字报系统优化了读报方式，读者不受身份限制、无须登录即可在电脑 PC 端和手机端阅读。推进考核评价机制。加强编采系统考核评价，对采编播人员按照新闻宣传工作业绩进行全方位差异化评价考核，在鞍钢集团新闻传媒中心和攀钢记者站、本钢记者站在职编采人员中，开展全媒体记者及金牌记者、金牌编辑评选工作，强化对采编校、采编播人员“一专多能”“一岗多兼”的激励，增强关键岗位和核心人才的绩效竞争力，鼓励人才成长，激发潜能。

【党群工作】 2021 年，鞍钢日报社坚持以习近平新时代中国特色社会主义思想为指导，以中国共产党建党 100 周年为契机，深入开展党史学习教育，新闻舆论引导能力显著提升，全年实现新闻策划 100%，政治差错、导向错误、重大新闻漏报为零的目标，媒体创效能力显著提升。报社荣获省文明单位称号，被集团公司授予社会治安综合治理先进单位、红十字工作先进单位等荣誉称号。

1. 政治领导力更加突出。一是突出思想建设。创新党委理论学习中心组学习载体，构建“四学三维三到位”政治理论学习新模式，推动习近平总书记关于建党百年、国企党的建设、党的新闻舆论工作等重要论述精神深入学习贯彻落实，持续增强“四个意识”、坚定“四个自信”、做到“两个维护”。二是突出贯彻执行。结合实际制定《2021 年鞍钢日报社党委贯彻落实习近平总书记重要指示批示工作台账》。三是突出层层落实。每月按照报社党建工作要求，组织开展集中学习，推动政治理论学习在各级党组织中层层推进、逐级落实。报社党委有两项课题成果分别被中国冶金政研会、鞍钢集团评为二等奖。

2. 党的建设更加坚强。坚持把方向、管大局、保落实。一是坚持科学决策。严格落实党委议事决策机制和“三重一大”制度，推动党建工作与行政工作同谋划、同部署、同落实、同考核。二是坚定不移落实习近平总书记全面从严治党要求，持续推进“四学五比五提升”党建工作模式，确保习近平总书记提出的“四力”要求在基层得到落实，提升党建工作科学化水平。三是夯实党建基础。进一步强化对党支部工作指导，规范完成年度基层党支部书记抓党建述职评议工作，进一步提高党支部书记履职尽责能力。四是规范学习培训。定期开展“互学互检互评”活动、下发学习要点，全面开展党史学习教育和“党旗引领红色鞍钢”主题实践活动，坚持以“三会一课”为载体强化学习培训，提升党员的政治判断力、政治执行力。五是坚持“党管人才”。采取协同培养锻炼、上级挂职锻炼、外派挂职历练、选派集中培训、结对培养帮带等多种方式，着力打造优秀青年领导人员队伍、复合型领导人员队伍、全媒体人才队伍。

3. 意识形态工作更加牢固。切实履行意识形态工作主体责任。一是层层抓实责任。党委主要领导、党委班子成员、各部门各负其责、齐抓共管，有效织密扎牢意识形态管理工作网络。二是注重研究部署。定期召开党委会、党支部书记工作例会，保障党的意识形态工作作为党的建设工作重要内容，与新闻宣传、经营管理工作同部署、同落实，每半年向集团汇报意识形态工作责任制落实情况。三是严格采编播审流程管理。坚持编采例会和重大新闻策划制度，编采例会负责每周采访选题策划，明确每周报道方向，做到围绕中心，服务大局。坚持“三审三校一把关”流程管理，明确全链条工作职责，把正确的政治方向和舆论导向覆盖贯穿到所有领域和所有平台，画好网上网下同心圆。全年报社实现政治差错、舆论导向错误和重大新闻漏报三个为零目标。

4. 党史学习教育扎实推进。年初以来，报社党委严格按照党中央及集团党委要求，紧紧围绕学史明理、学史增信、学史崇德、学史力行，学党史、悟思想、办实事、开新局目标，扎实开展党史学习教育工作。抓住“关键少数”，利用“四学三维三到位”学习模式，持续跟进学习习近平总书记在考察和重要会议上发表的重要讲话精神。组织参观鞍山市烈士山纪念馆和鞍钢股份炼焦总厂雷锋纪念馆，增强爱国爱企意识。积极开展“学党史、唱红歌”活动，激发士气，汇聚能量。大力开展“学党史、提四力”活动，编发《鞍钢红色传统及新时代新鞍钢故事》系列丛书10册200多万字。党史学习教育中发稿1923篇（条），平均每天6篇（条）以上，为集团公司全体党员开展党史学习提供有力支撑，为建设高质量发展新鞍钢奠定坚实的思想基础。

5. “我为群众办实事”实践活动取得显著成效。报社党委认真贯彻落实“我为群众办实事”实践活动要求，通过座谈、访谈、调查等形式，2021年共研究立项14项，并率先全部完成“全媒体平台升级改造”“更换院内太阳能路灯”“维修粉刷办公楼内外部楼体”“为夜班和加班职工备餐，解决夜班职工就餐难”等问题，极大增强了报社职工的获得感、幸福感，职工问卷调查满意率达100%。一篇典型案例入选集团《“我为群众办实事”实践活动成果集锦》。

（孔庆磊）

第二十部分

荣 誉

特 辑
专 文
大事记
概 况
机构与人事
规划发展
财务、资本运营与审计管理
人力资源管理
管理创新
科技创新
安全、环保与节能
法律事务
综合管理
企业文化与公共关系
党群工作
鞍山钢铁集团有限公司
攀钢集团有限公司
本钢集团有限公司
单位简介
▶ 荣 誉
附 录

·先进单位·

2021年度鞍钢集团有限公司先进党委

鞍山钢铁集团有限公司党委
鞍钢股份鲅鱼圈钢铁分公司党委
鞍山钢铁铁路运输分公司运输总站党委
鞍钢汽车运输有限责任公司党委
鞍钢集团朝阳钢铁有限公司党委
鞍钢集团朝阳钢铁有限公司炼铁厂党委
鞍钢股份炼焦总厂党委
鞍钢股份炼钢总厂党委
鞍钢股份能源管控中心党委
鞍钢能源科技有限公司党委
攀钢集团有限公司党委
攀钢集团矿业有限公司党委
攀钢集团江油长城特殊钢有限公司党委
攀钢集团国际经济贸易有限公司党委
攀钢集团物资贸易有限公司党委
四川鸿舰重型机械制造有限责任公司党委
攀钢集团攀枝花坤牛物流有限公司党委
攀钢集团攀枝花钢钒有限公司提钒炼钢厂党委
攀钢集团西昌钢钒有限公司板材厂党委
鞍钢集团矿业有限公司党委
鞍钢集团矿业有限公司齐大山铁矿党委
鞍千矿业有限责任公司党委
鞍钢集团矿业有限公司大孤山球团厂党委
鞍钢集团矿业有限公司弓长岭露天矿党委
鞍钢集团工程技术发展有限公司建设公司汽运分公司党委
鞍钢集团工程技术发展有限公司重机公司党委
鞍钢集团工程技术发展有限公司重机公司轧辊公司党委
鞍钢现代城市服务有限公司党委
鞍钢集团国际经济贸易有限公司党委
鞍钢集团教育培训中心（党校）党委

2021年度鞍钢集团有限公司先进单位

鞍山钢铁集团有限公司

鞍钢股份有限公司鲅鱼圈钢铁分公司热轧部

鞍钢股份有限公司市场营销中心
鞍钢股份有限公司能源管控中心
鞍钢股份有限公司鲅鱼圈钢铁分公司炼铁部
鞍钢集团朝阳钢铁有限公司热轧厂
鞍钢股份有限公司线材厂
鞍钢股份有限公司热轧带钢厂
德邻陆港供应链服务有限公司
铁路运输分公司机车厂
鞍钢集团信息产业有限公司

攀钢集团有限公司

攀枝花钢钒有限公司炼铁厂
攀枝花钢钒有限公司冷轧厂
西昌钢钒有限公司板材厂
成都钒钛资源发展有限公司
攀枝花新白马矿业有限责任公司
工程技术有限公司特种工程分公司
国际经济贸易有限公司
矿业有限公司选钛分公司
江油长城特殊钢有限公司炼钢厂

本钢集团有限公司

本钢板材股份有限公司热连轧厂
本钢板材股份有限公司铁运公司
本钢板材股份有限公司采购中心
本溪北营钢铁（集团）股份有限公司能源总厂
本溪钢铁（集团）信息自动化有限责任公司

鞍钢集团矿业有限公司

齐大山铁矿
大孤山球团厂
弓长岭球团厂
弓长岭露天矿
齐大山选矿厂
东鞍山铁矿

鞍钢集团工程技术发展有限公司

鞍钢建设集团有限公司机电安装工程分公司
鞍钢轧辊有限公司

鞍钢集团众元产业发展有限公司

鞍钢绿色资源科技有限公司

鞍钢废钢资源（鞍山）有限公司

其他单位

鞍钢集团有限公司审计中心

鞍钢联众（广州）不锈钢有限公司

鞍钢集团国际经济贸易有限公司

·2021年先进人物及先进集体·

一、全国五一劳动奖章获得者（2名）

刘 铁 男，汉族，中共党员，高级工程师，技师，鞍钢股份炼钢总厂三分厂连检三作业区点检长，“鞍钢英才计划”技能领军人才。2016年鞍山青年五四奖章；2017年鞍山五一劳动奖章、向上向善鞍山好青年、“鞍山好人·最美工人”；2018年全国青年岗位能手、新时代向上向善辽宁省好青年；2019年辽宁五一劳动奖章；2020年被命名为“鞍钢工匠”，聘任为鞍钢集团首席技师。

该同志先后获11件专利授权；拥有鞍钢专有技术15项、先进操作法7项，先后获得北京第12届、14届发明创新大赛职工技术创新专项奖、大众创新专项奖和2项银奖；国际、全国发明展金奖5项、银奖4项、铜奖2项、卓越创新奖1项；“RH-TB真空处理设备先进技术的研发与应用”成果被评为第五届全国职工优秀技术创新成果二等奖、全国钢铁行业职工技术创新成果一等奖。累计完成470多项技术攻关，平均每年完成创新项目近40项，累计为企业创效9000多万元，为鞍钢高质量发展作出了突出贡献。

梁恩荣 女，汉族，1978年4月出生，四川省资阳人，大学专科，中共党员。1997年7月技校毕业后入职攀钢，一直从事焊接操作、焊接工艺、焊接培训、焊接技术研究等工作，现就职于攀钢集团工程技术有限公司修建分公司焊工培训中心。

该同志有丰富的焊接理论知识、娴熟的实际操作技能和较强的焊接科研能力，已经从一个单纯的技术操作工人转变成为专家型的技能人才，成为学习型、知识型、技能型、专家型职工典范，为企业的全面协调和可持续发展作出了积极贡献。在思想和工作上始终以党员标准严格要求自己，不断提高自己的人生观、价值观，在提升自己的同时，帮助和带领广大职工群体积极向上，充分发挥了先进模范带头作用。在22年的工作中先后代表公司、集团参加了各类焊接技能大赛，均取得优异成绩。

该同志2012年以来在攀钢焊工培训中心担任焊工教学工作。在培训过程中，她能根据不同学员的水平，制定不同学习计划，注重因材施教和焊工的基本功培养，做到理论联系实际，针对攀钢不同的生产工艺进行理论培训和实际技能培训，提高学员的实际应用水平，真正做到学以致用，受到了培训学员及送培单位的一致好评。该同志目前共培训学员3500人次，开展技术传承“导师带徒”10人，徒弟目前都在各自岗位成为了骨干人员，且其中3名徒弟还获得了“攀钢技术能手”称号，撰写理论实际相结合的技能教材5篇，编写焊接作业指导书80余项，完成焊接工艺评定30余项，为公司各项焊接工作提供了有力的技术支撑。

近两年该同志积极参与解决现场焊接技术难题20余项，并总结成果，如“钴基高温合金滑块与低碳钢水梁异种金属的焊接技术研究”“自保护药芯焊丝用于中厚板的焊接技术攻关”，其中“不稳定磁场环境在线焊接技术”2018年获攀钢科技进步奖二等奖；总结提炼“MAG焊断弧-直拉焊接操作法”，2019年被命名为攀钢级职工先进操作法，2021年获鞍钢集团先进操作法；成功申报攀钢集团专有技术2项；申报发明专利9件，已授权发明专利4件，参与论文编写3篇。

二、全国工人先锋号（2个）

鞍钢股份有限公司热轧带钢厂二分厂1780线生产作业区甲班 该班是一支年轻化、高素质、能打硬仗的优秀集体，现有职工19人，拥有大专及以上学历11人，其中高级技师8人、技师3人。曾荣获鞍山市“优秀班组”、辽宁省“工人先锋号”等多项殊荣，班长曲晓东获得“全国劳动模范”荣誉称号。

该生产线主要生产汽车、桥梁、造船、管线、军工等高附加值产品，其产品享誉“水立方”和“港珠澳大桥”等诸多“国字号”工程。该班组在生产运行中，实现了从“优化计划”到“高产量”再到“低能耗，调品种”的全新生产，解决了生产难题，实现了“极限规格零拒单”。在鞍山钢铁开展的“大指标创优、小指标夺冠”“减少废次降”等劳动竞赛中，综合成材率达到98.86%，创造新纪录；煤气单耗完成1.01吉焦，创历史最好成绩；连续多月实现“零废品”，整体质量控制水平迈上新台阶。

该线生产作业区甲班加强团队协作，大力开展创新攻关，针对轧制稳定性、表面质量控制等方面进行不断改进，班组自主管理等多方面的“1+1>2”，连续7年获得厂先进班组，班组成员先后获得全国冶金科学技术奖一等奖1项、辽宁省科技进步奖二等奖1项、全国发明展金奖2项、辽宁省科技成果奖2项、专利3件、专有技术2项，3人获得鞍钢集团技术竞赛轧钢工、加热工“技术状元”。

鞍钢股份鲅鱼圈钢铁分公司热轧部生产运营室 原为热轧部轧钢作业区，生产运营室现有职工163人，其中青年（18～44岁）职工占比74.85%，大专及以上学历占比84.05%，具有技师及以上职业技能（或职称）资格占比30.67%，职工平均年龄40.07岁，拥有一支年轻化、高素质、高技能的职工队伍，主要负责产线产量、质量、成材率、能耗等15项核心经营指标。

2020年8月，热轧部“厂管作业区”机构改革，因生产需要与生产运营室合并，是鞍钢股份鲅鱼圈钢铁分公司核心生产单元，是1580热轧产线的成本中心和利润中心。在上级部门的正确领导下，全体职工始终坚持“团结、激昂、锐意、进取”的工作理念，为建设成为“组织的突击狼牙，职工的幸福营地”的工作目标不懈努力奋斗，连续5年产能业绩突破历史最好水平，近五年累计创效79.38亿元。先后获得全国钢铁行业共青团工作指导和推进委员会青年文明号、营口市青年安全生产示范岗、辽宁省工会模范职工小家、鞍钢集团样板党支部、鞍山钢铁集团先进党支部、辽宁工人先锋号等荣誉。

三、辽宁省五一劳动奖章获得者（4名）

张　哲　男，汉族，1975年12月出生，中共党员，鞍钢股份有限公司冷轧厂三分厂设备作业区电气点检员。曾先后荣获全国技术能手、辽宁工匠、鞍山五一劳动奖章等荣誉称号。

该同志能够积极践行习近平新时代中国特色社会主义思想，不断增强“四个意识”、坚定“四个自信”、做到“两个维护”，在思想上政治上行动上同以习近平同志为核心的党中央保持高度一致。他积极工作，不断钻研专业技术，超越自我，逐渐成为技术能手、技术状元、技术专家。从2000年开始，他参加了冷轧厂全部4条酸轧联合机组、2条连续退火线、4条镀锌线、1条酸洗线的建设和技术改造工作，从一个学徒逐步成长为具有设计、编程、调试能力的专业技术负责人、冷轧厂首席技师。他立足岗位创新创效，先后完成各类创新项目110余项，获得20余件专利授权及多项专有技术。获得辽宁省科学技术奖二等奖1项，鞍山市科技进步奖二等奖1项，国际发明展金奖1项、全国发明展金奖1项、铜奖2项。作为创新工作室的带头人，他勇于实践，敢于担当，2020年与工作室成员一起完成各类创新项目90余项，创效1000多万元。工作室先后获得“辽宁省职工创新工作室”“全国冶金行业优秀职工创新工作室”荣誉称号。

李金伟　男，汉族，1973年9月出生，中共党员，鞍钢集团矿业弓长岭有限公司选矿分公司一选作业区设备点检员，机修钳工高级技师，鞍钢英才计划技能拔尖人才。

该同志积极践行习近平新时代中国特色社会主义思想，增强“四个意识”、坚定“四个自信”、做到“两个维护”，在思想上政治上行动上同以习近平同志为核心的党中央保持高度一致。2003年从事设备点检工作以来，他每天早来晚走，及时发现设备隐患并做好预知维修，特别是设备技术改造，不分白天、黑夜他都寸步不离，细心研究，制定施工方案。其中，他总结提炼出的“球磨机离合器失抱调整先进操作法”，多次解决了球磨机启动不起来或球磨机运行中异常掉电现象，年创效114万元，并被评为鞍钢集团先进操作法，他提出的“在球磨机轴瓦南北两侧喷油部位分别增设挡油板和挡油盒”的建议，有效地根治了ϕ4.0米×7.5米球磨机轴瓦长期漏油问题，年创效14.28万元，带头研制的皮带托辊更换器，更是实现了岗位单人即可作业，既减少了作业时间又减轻了作业人员劳动强度，该项目获国家实用新型专利。几年来，李金伟带着创新工作室的15名骨干成员围绕厂生产经营短板，瞄准制约生产的瓶颈问题，组织开展多项技术攻关和修旧利废项目，并组织创新工作室专业培训342课时，培训职工980人次，李金伟创新工作室2020年晋升为辽宁省职工创新工作室。

该同志曾荣获鞍钢集团劳动模范、优秀共产党员、先进生产者，鞍钢集团公司先进操作法和国家实用新型专利获得者，鞍山市五一劳动奖章等荣誉称号。

夏　伟　女，满族，1983年3月出生，中共党员，鞍钢股份有限公司鲅鱼圈钢铁分公司炼焦部技术质量室主任。

该同志积极践行习近平新时代中国特色社会主义思想，增强“四个意识”、坚定“四个自信”、做到“两个维护”，在思想上政治上行动上同以习近平同志为核心的党中央保持高度一致。工作中她刻苦钻研，勇于技术创新，依托40千克试验焦炉和煤岩分析设备，开展多项技术攻关。通过技术攻关，解决了料场底煤使用问题，在保证焦炭质量的前提下，共清理使用底煤7811吨，降低配煤成本约782万元；针对煤资源紧张情况，她通过多种技术手段，积极开发新煤种，保证了焦炭质量稳定，降低了配煤成本，全年降低配煤成本约3000万元。2020年焦炭质量指标M40、CSR位立同行业同等炉型第一。她先后完成发明专利3件，其中一项获得第二十四届全国发明展览会金奖，专有技术10项，其中两项被评为鞍钢优秀专有技术二、三等奖，鞍钢集团重大合理化建议一等奖2项，2项成果获得营口市自然科学学术成果三等奖，在国家级刊物发表论文6篇，1篇被评为辽宁省质量管理优秀论文三等奖，完成5项鞍钢股份级科研课题。

该同志曾荣获2015年营口市女职工“十佳”创新成果奖、2016年营口市“五一劳动奖章”、2020年鞍钢集团三八红旗手标兵等荣誉称号。

李泽安 男，蒙古族，1987年5月出生，中共党员，鞍钢集团朝阳钢铁有限公司炼铁厂高炉运行主管业务主任。

该同志积极践行习近平新时代中国特色社会主义思想，增强“四个意识”、坚定“四个自信”、做到“两个维护”，在思想上政治上行动上同以习近平同志为核心的党中央保持高度一致。始终以饱满的工作热情，踏实的工作作风开展工作，先后组织和参与了科技创新5项，QC质量管理小组项目12项，合理化建议4项，现代化管理创新成果1项，发表论文一篇，累计创造经济效益2300余万元。先后建立“高炉运行评价管理模型”“原燃料质量管理模型”“高炉有害元素分析模型”“高炉‘五定’操作模型”“高炉炉型管控”等模型，通过模板化管理，快速找出影响高炉生产的瓶颈，精准实施对策，实现了单高炉长周期稳定顺行，为企业的生产经营作出突出贡献。2020年高炉利用系数、燃料比、入炉焦比、煤比均创历史最好水平。生铁产量完成224.65万吨，较上年增加8.79万吨，超计划完成15.7万吨。生铁成本完成2077元/吨，优于同行业平均水平212元/吨，在全国60家大中型企业排名第三位。

该同志曾荣获鞍钢集团有限公司管理现代化创新成果二等奖、第五届鞍山钢铁集团有限公司“青年创新人才”、鞍钢集团先进生产（工作）者等荣誉称号。

四、辽宁省五一劳动奖状（1个）

鞍钢集团自动化有限公司 该公司是鞍钢集团有限公司旗下的集设计开发、系统集成和技术服务于一体的高新技术企业，是国内最具实力冶金自动化、信息化企业之一。

该公司具有信息系统集成及服务资质（二级）、涉密信息系统集成资质（乙级）、增值电信业务经营许可证，并通过ISO 9001:2015质量管理体系标准认证、ISO/IEC 27001:2013信息安全管理体系标准认证、ITSS信息技术服务运行维护标准认证（三级）和CMMI3（软件开发成熟度三级）认证。建设有辽宁省5G+冶金工业互联网工程研究中心、辽宁省冶金工业信息技术工程研究中心、鞍山市企业技术中心，拥有参照“国家A级机房”标准自主投资建设的“精钢云”数据中心，是国家工业信息安全产业发展联盟成员单位，工业互联网产业联盟会员单位，辽宁省软件行业协会副理事长单位、辽宁ICT生态俱乐部成员单位、东北大学硕士研究生实践教学基地。公司现有有效专利10项、软件著作权38项，获得国家、行业、省、市、鞍钢集团科技奖项共40余项。

该公司曾荣获鞍山市科技“小巨人”企业、鞍山市文明单位、辽宁省互联网企业20强、全国企业文化建设优秀单位等荣誉称号。

五、辽宁省工人先锋号（1个）

鞍钢能源科技有限公司鞍山分公司火焰切割供气站 该站有职工21人（含市场化用工），主要为鞍钢股份炼钢总厂切割连铸坯提供24小时火焰切割气保产供气服务。

鞍钢能源科技公司作为鞍钢科技型企业，是鞍钢打造鞍山钢铁能源经营的创效平台。鞍山分公司火焰切割供气站作为该公司重要生产盈利单元，2020年通过不断创新发展、攻坚克难，创造产值5889万元，实现利润358万元，为能源科技公司实现跨越式发展作出了突出贡献。该供气站认真贯彻落实习近平总书记关于创新驱动发展的重要指示精神，动员职工参与技术改革，集思广益攻克发展难题，大胆承担了火焰切割气助剂国产化的攻关任务，他们历时12个月，历经51次实验，切割钢材6954吨，收集实验数据138项，联合中科院北京化学研究所成功研制出国产化切割气助剂，经中科院鉴定，该新型切割气助剂已达到国际先进水平，可替代进口实现切割气助剂国产化，填补了国内自制切割气助剂的空白，解决了国内钢厂普遍存在的瓶颈问题，仅此一项创新成果就为鞍钢年降低生产成本600余万元。

该供气站助力鞍钢能源科技有限公司取得了国家级高新技术企业证书，所在党支部荣获鞍钢集团先进党支部等荣誉称号。

六、四川省五一劳动奖状（1个）

攀钢矿业公司选矿厂 该厂是攀钢矿业公司下属的集破碎、磨矿、选别、精矿输出为一体的大型选矿厂，主要生产钒钛铁精矿。

该厂坚持加强党的建设，为企业发展铸“魂”强“根”不断取得新成效。近年来先后创建以攀枝花市共产党员示范团队为代表的先进集体12个，全厂党支部达标率为100%。培育了9名市级以上先进典型，培养出公司级以上技术能手21名，选树和培养了先模68人（次），有3项公司级职工先进操作法。坚持以“沙盘演练”为核心，确保了事故隐患整治率达100%。做好马家田尾矿库日常运行与监管，按期完成接替库一期工程建设，确保了尾矿100%入库。未发生环境突发事件，职业危害监检率100%，环境污染事件为零，近十年未发现一例职业病人。2020年球磨机作业率达96.56%，创历史新高。仅2018—2020年，就累计生产铁精矿1426.24万吨，完成降本增效9538.37万元，实现利润51381.58万元；完成13项科研项目，创价值6700余万元；完成重大技改项目24项，先后获得授权专利17项；完成重点工程项目建设6项。累计提合理化建议2286条，创经济效益2179万余元。铁精矿生产成本、全员劳动生产率、金属回收率、选矿比、球磨机作业率等主要技术经济指标多年来持续保持了国内同行业领先水平。

该厂坚持加强企业文化建设，团队的凝聚力和战斗力不断得到新增强。在职工中营造了“尽心竭力去完成好每一项任务”的执行力文化氛围，创建出以“5100”检修作业标准为代表的班组特色文化。推进共建共享，新建停车场5800平方米，仅近三年就发放节日（生日）慰问品价值115.8万元。投入50余万元，改善班组职工的工作生活条件，4名市级以上建档困难职工脱困。

七、四川省工人先锋号（2个）

攀长特锻轧厂锻钢作业区快锻一组　该班组主要承担着攀长特公司大型重点品种锻件的生产、成材及为精锻机开坯等工作。坚持以“夯实基础建小家，穷尽潜能展风采”为工作突破口，围绕“团结、进取、求实、创新、精心、精细”建“家”方针，狠抓班组建设，构建民主、和谐的小家氛围，锻造明星班组，取得了一系列“靓丽”战绩。

该班组围绕生产大局，为生产经营贡献力量。积极参与品种开发和质量提升，不断创新思路，集思广益开展工作解决多项难题，生产经营指标居各班组之首。2020年该班组产量15802吨，生产作业率85.3%，其中，特种材料3480吨，占锻造产线特种材料生产总量40%，紧盯“降本增效”牛鼻子，主动出击，天然气单耗控制在173.7立方米/吨，较厂部核算目标单耗降低5.0立方米/吨；“提高738成品模块黑皮交货一次合格率”QC课题攻关，创效26.14万元；冷热轧辊产品外形尺寸一次合格率由89.75%提升至100%；参与高附加值贵重金属材料锻造成材率提升攻关，创效300余万元；创新自制工装实现降本20.14万元；参与作业区“提升18兆牛精锻机锻材成材率”六西格玛项目，创效83万元。

该班组以“强化素质教育，培养复合人才”为工作目标，多举措提升班组员工业务能力和素质，激发大家干事创业热情。陈波、许金龙获“锻钢工岗位大练兵”二等奖，培养班组长3名，关键岗位操作手2名。“许金龙高效开坯锻造操作法”获攀长特公司职工先进操作法命名。提出“高温合金软包套改进”等节能降耗合理化建议9条，采纳实施9条，降本创效达31万元。

西昌钢钒板材厂酸轧作业区　酸轧作业区成立于2013年5月，酸轧工序是西昌钢钒公司板材厂核心工序，主要生产高强度、高表面汽车板和高端家电板。酸轧作业区现有职工95人，平均年龄31岁，拥有一支朝气蓬勃、拼搏创新、业绩显著的高素质员工队伍。

该作业区以习近平新时代中国特色社会主义思想、党的十九大及十九届历次全会精神为指导，进一步增强“四个意识”、坚定“四个自信”、做到“两个维护”。时刻把生产经营的重点、难点与党建工作深度融合，互促共进，成功创建攀钢集团“A级示范作业区”、鞍钢集团“样板党支

部”。2020 年酸轧机组完成产量 179 万吨，同比增产 16 万吨；月产量最高达到 20 万吨，超设计能力 14%；质量指标持续优化，未发生质量事故和质量异议；实现安全环保“零事故”“零违章”，员工“零流失”，为公司高质量发展作出巨大贡献。

该作业区大力开展对标提升，打造最优产线。获得攀钢集团“最优工厂（产线）推进先进单位”一等奖。酸轧小时产量等 3 项主要技经指标行业领先，人均全员劳动生产率 3383 吨/(人 · 年)，居于全国领先水平。大力推进智慧制造，投资 2000 余万元，新增钢卷号码识别、自动拆捆、自动贴标及点焊机器人 4 台（套），实施全自动“一键轧钢”项目攻关，生产效率提升 15%以上，质量指标优化 20%以上，逐步实现少人化和无人化操作。6 项产品获得中国冶金产品实物质量“金杯奖”，荣获全国六西格玛项目发表赛二等奖 1 项、四川省科技进步奖 1 项、全国优秀 QC 小组 1 个、四川省优秀 QC 成果 1 项，累计获得国家授权专利 14 项，全年科技创效 4800 万元。汽车钢板产品已成功实现向奔驰、特斯拉、丰田、本田、大众等合资品牌汽车批量供货。

2020—2021年度鞍钢集团有限公司劳动模范名单

鞍山钢铁集团有限公司

龙 禹 鞍钢股份有限公司炼焦总厂二炼焦作业区检修段电工班班长
王 亮 鞍钢股份有限公司炼铁总厂一高炉作业区炉前主管技师
滕福亮 鞍钢股份有限公司炼铁总厂厂长助理
奈作全 鞍钢股份有限公司炼钢总厂三分厂炼钢三作业区丙班D转炉炉长
肖富林 鞍钢股份有限公司炼钢总厂三分厂转检三作业区点检长
徐 辉 鞍钢股份有限公司炼钢总厂四分厂炼钢四作业区乙班倒班作业长
张晓军 鞍钢股份有限公司炼钢总厂二分厂厂长
张海安 鞍钢股份有限公司热轧带钢厂一分厂副厂长
徐 涛 鞍钢股份有限公司冷轧厂四分厂设备作业区联合机组电气点检组点检长
杨 勇 鞍钢股份有限公司冷轧厂二分厂生产作业区联合机组值长
王 昊 鞍钢股份有限公司冷轧硅钢厂东区生产作业区甲班倒班作业长
张小溪 鞍钢股份有限公司中厚板事业部鞍山中厚板厂设备管理室热工主任工程师
时瑞民 鞍钢股份有限公司大型总厂轨梁分厂生产作业区轧钢丙班工长
陈雍毅 鞍钢股份有限公司线材厂机械作业区党支部书记
严 玲（女） 鞍钢股份有限公司技术中心海工用钢研究所一级研究员
何文英 鞍钢股份有限公司质检计量中心炼钢化验室主任、党支部副书记
解生辉 鞍钢股份有限公司市场营销中心上海鞍钢国际贸易有限公司总经理
李永刚 鞍钢股份有限公司能源管控中心供电分厂检修作业区继电班班长
何 嵩 鞍钢股份有限公司能源管控中心发电分厂厂长兼生产技术室主任
李伟伟 鞍钢股份有限公司鲅鱼圈钢铁分公司炼铁部高炉一室主任
谢学庆 鞍钢股份有限公司鲅鱼圈钢铁分公司热轧部生产运营室党支部书记
张永丰 鞍钢股份有限公司鲅鱼圈钢铁分公司质检计量中心党总支书记、主任
张威威 鞍钢集团朝阳钢铁有限公司能源管控中心燃气运行业务主管
马秀生 鞍钢集团朝阳钢铁有限公司制造管理部总监助理
程明刚 鞍钢集团朝阳钢铁有限公司炼钢厂代理首席工程师
李学海 鞍钢化学科技有限公司西部焦油精制作业区乙班蒸馏主控
张国强 鞍钢股份有限公司制造管理部总经理兼系统创新部总经理
王 隆 第二发电厂运行作业区运行乙班锅炉运行员
姜 波 铁路运输分公司机车厂内燃检修作业区柴备班班长
李红权 铁路运输分公司修建厂维修作业区驼峰工电班班长
杨 亮 德邻陆港供应链服务有限公司鞍钢汽车运输有限责任公司第一运输分公司经理、党支部书记
刘继丹 鞍钢集团自动化有限公司产品事业部架构师、副经理
葛春钰 鞍钢铸钢有限公司炼钢作业区作业长
贾 岩 鞍钢电气有限责任公司工程公司三队队长
崔 波 鞍山钢铁冶金炉材科技有限公司铝硅质分厂经理

攀钢集团有限公司

李　盛　攀钢钒提钒炼钢厂冶炼作业区首席操作师
路　强　攀钢钒安全环保部（武装保卫部）环保模块高级经理
张陆鹏　攀钢钒热轧板厂点检维护作业区白班副作业长、热轧板厂技术改造办公室机械传动经理
何木光　攀钢钒炼铁厂烧结（终身）首席工程师
罗维东　攀钢钒能源动力分公司燃气作业区冷轧运行站站长
苏　震　攀钢钒轨梁厂轧钢作业区一线轧钢甲班班长
黄永富　重庆钛业点维作业区设备技术员
张桂意　西昌钒制品焙烧浸出作业区区域工程师
汤文江　股份公司攀枝花钒制品厂水处理作业区白班副作业长
周　凯　西昌钢钒炼铁厂炉前技师
邱　超　西昌钢钒炼钢厂连铸作业区倒班作业长
杨　程　西昌钢钒板材厂热轧作业区生产点检员
陈　炼　西昌钢钒能源动力分公司能源集控中心主任
马　涛　矿业公司朱兰铁矿分公司尖山地下矿矿长
刘　超　矿业公司兴茂公司尾矿综合利用分公司党支部书记、经理
张　春　矿业公司设计研究院选矿设计研究室副主任
汪　洋　攀成钢金堂钢管分公司钢管制造车间穿孔工
王川东　攀长特锻轧厂锻钢作业区锻造工
郭　东　攀长特轧钢厂扁钢作业区倒班作业长
陈天明　研究院轨道交通用钢技术研究所高端型线材开发项目团队经理、二级专家
王宏伟　工程公司修建分公司西昌项目部党支部书记、经理
李步华　工程公司特种分公司攀枝花铁矿尖山地采工程处党支部书记、主任
陈秭睿　国际经济贸易有限公司营销管理部一级经理
李辉钰（女）物资贸易有限公司设备事业部副总经理
牛勇策　成都西部集团有限公司积微物联首席园区服务总监、成都达海常务副总经理
刘　瑶（女）四川机电职业技术学院学生工作处学管干事
苏先照　生活公司老厨匠餐饮管理分公司十五中学生食堂管理员
向胜国　四川鸿舰重型机械制造有限责任公司技术（营销）中心主任工程师
罗　林　攀枝花坤牛物流运行发展部经理
张旭帆　冶材公司制造中心党支部书记、经理
王子峰　综合服务中心综合管理部（党委组织部）部长
何查克　股份公司钛冶炼厂点维作业区点检站副站长
黄立雨　攀枝花新白马公司选矿工艺主任工程师
许虎诚　攀枝花钛材还原蒸馏作业区化工工程师
毛玉虎　攀钢集团有限公司办公室政研管理高级经理

本钢集团有限公司

张守喜　本钢板材股份有限公司炼铁总厂新一号高炉作业区首席操作
薛长江　本钢板材股份有限公司炼钢厂炼钢作业区党总支书记、作业长
叶武山　本钢板材股份有限公司热连轧厂三热轧设备作业区作业长

王海建　本钢板材股份有限公司冷轧总厂设备管理室副主任
任　戈　本钢板材股份有限公司特殊钢厂精整作业区作业长
卢　锐　本钢板材股份有限公司铁运公司设备管理室主任工程师
田　巍　本钢板材股份有限公司能源总厂改造项目部主任
李　强　本钢板材股份有限公司检化验中心生产技术室专业工程师
秦伟成　本钢板材股份有限公司采购中心焦煤采购部主任业务师
时圣海　本钢板材股份有限公司储运中心党委书记兼主任
刘宏亮　本钢板材股份有限公司研发院副院长兼首席工程师
裘　文　本溪北营钢铁（集团）股份有限公司炼钢厂生产技术室主任
胡建军　本溪北营钢铁（集团）股份有限公司轧钢厂 1780 生产作业区作业长
兆廷伟　本溪北营钢铁（集团）股份有限公司矿业公司铁矿作业区作业长
秦显柱　本溪北台铸管股份有限公司整理作业区涂漆热模班班长
曹　刚　本溪北营钢铁（集团）股份有限公司能源总厂安全管理室主任
赵雅新　本溪钢铁（集团）矿业有限责任公司南芬露天铁矿电铲作业区检修大班长
姜永刚　本溪钢铁（集团）矿业有限责任公司歪头山铁矿选矿作业区作业长
毛忠君　本溪钢铁（集团）有限责任公司南芬选矿厂三五选作业区电修班班长
丁　岩　本溪钢铁（集团）矿业有限责任公司石灰石矿白灰作业区副作业长
郑晓东　本溪钢铁（集团）矿业辽阳贾家堡铁矿有限责任公司碎矿作业区作业长
陈豁磊　本钢修建（维检）公司炼铁作业区作业长
杨卫平　本溪钢铁（集团）机电安装工程有限公司机械安装三队队长
张恒臣　辽宁恒通冶金装备制造有限公司热轧辊作业区熔炼班班长
孙立钢　本溪钢铁（集团）冶金渣有限责任公司钢渣作业区党支部书记、作业长
刘加彬　本溪钢铁（集团）实业发展有限责任公司生活服务分公司炼钢服务区食堂班长
康立军　本溪钢铁（集团）信息自动化有限责任公司自动化事业部主任工程师
孙　杰　辽宁北方煤化工（集团）股份有限公司供销室主任
李忠诚　本钢集团国际经济贸易有限公司副经理
瞿宏伟　本钢集团有限公司资本管理部总经理
朴永鹏　本钢集团有限公司党委组织部（人力资源部、机关党委）组织管理处专业业务师

鞍钢集团矿业有限公司

邵泽斌　大孤山铁矿西井作业区生产班班长
庞培存　东鞍山铁矿运检作业区点检长
张玉坤　弓长岭露天矿检修作业区下部检修班班长
白　东　弓长岭选矿厂检修作业区新选检修班班长
苏　宇　弓长岭灯塔石灰石矿铁运作业区工艺长
王东昌　供销公司销售室销售综合业务主管
甄　铁　武装保卫部鞍山区域大队长
杨晓军　弓长岭铁运公司运输作业区作业长
陈国荣　东鞍山烧结厂输送作业区作业长
韩雪娇（女）　弓长岭井下矿生产技术室地质主任工程师
张振江　眼前山铁矿生产技术室主任

栾　辉　鞍千矿业有限责任公司安全生产技术室主任
王殿龙　大孤山球团厂设备室主任
刘志斌　齐大山选矿厂生产技术室主任
王志忠　矿业公司总经理助理
刘政东　矿业公司企业管理部部长
许　灏　矿业公司生产服务中心经理、党委副书记
王晓双　齐大山铁矿党委工作室主任
张东伟　矿山建设有限公司综合管理部部长
张克威　设备检修协力中心企业管理室主任

鞍钢集团工程技术发展有限公司

张卷胜　鞍钢建设集团有限公司建筑材料分公司维修电工
路　纪　鞍钢房产建设有限公司机运事业部副经理
高志刚　鞍钢重型机械有限责任公司灵山机械厂装配钳工
李　江　鞍钢（鞍山）冶金粉材有限公司副经理
董雁鸣　鞍钢集团工程技术发展有限公司总法律顾问兼企划发展部（法律合规部）总监

鞍钢集团众元产业发展有限公司

苏德玺　鞍钢实业微细铝粉有限公司研发中心主任
张　鑫（女）　鞍钢实业集团有限公司幼儿教育中心东苑幼儿园园长
郭云峰　鞍山科德轧辊表面处理有限公司兼职助理、运营部部长
韩　伟　鞍钢绿色资源科技有限公司党委书记、工会主席、职工董事

其他单位

洪树利　鞍钢联众（广州）不锈钢有限公司党委书记、董事长
金　哲（女）　鞍钢集团有限公司教育培训中心（党校）政治理论教研部副部长兼团委书记

2021年度鞍钢集团有限公司先进生产（工作）者名单

鞍山钢铁集团有限公司

叶　亮　赵　明　赵　锋　刚　锋　赵迪平
杨红伟　王文峰　李成君　孙成国　王以升
牛铁斌　丁慧峰　郑　东　白炳楠　吴纯杰
李　理　于忠良　崔　勇　李海龙　刘　鑫
王洪海　秦　勉　秦振阳　袁　鹏　景玉全
于显坤　陈安庆　柳　军　解志彪　郑　昊
林　檷　张富贵　洪泽英　段春雨　赵奇峰
金　鑫　韩　峰　张凯胜　郭思聪　张俊峰
王建军　张晓光　郭　凌　黄观君　矫继东
李旭瀛　程　君　邱广穆　阎东宇　张　鹏
金泰东　徐　鑫　李晓伟　孙鹏东　刘志平
周明灿　刘立杰　于昌满　姜世伟　吴长丹
逯建斌　包赫亮　孙海军　张成斌　尚　勇
高宝伟　郑　旭　李亚娜　武景华　朱　明
刘　苏　郑占全　隋赢增　耿　强　王　波
徐　健　朱振哲　张　伟　张宏亮　曹　赫

高凤家 高清滨 刘化建 翟 明 闵长久
刘振清 王 锋 任英华 王福星 于 辉
苏胜勇 王里程 孙洪刚 张 戈 李昌千
倪晓峰 孙 一 秦 毅 周 峰 李富强
王军生

攀钢集团有限公司

赵甲虎 岳彩东 龙飞虎 曾 彬 王代文
王小龙 余辉辉 张全忠 李建贞 周厚勇
刘文富 冯宗平 侯志勇 刘 宾 史 剑
桂 科 蒲礼国 赵 勤 喻 晖 肖 湘
吴菲菲 胡小桃 陈 梁 孙汝超 付 文
杨红心 李成龙 曾中兴 杨 林 郭振宇
王登刚 何学西 张志强 吴振锋 臧 坤
蒋逢春 谭建辉 黄立雨 顾 民 何向东
谭世国 赵洪普 赖 俊 李韦韦 项晓丽
胡 满 邓桥林 王 洪 胡泽明 谢 敏
罗犹强 黄 博 胡 海 刘 钢 郭 强
陈 波 何子勇 杨寿辉 张 军 吴国荣
王建鑫 向以川 杜晓峰 刘 忠 查笑乐
肖绍勇 罗晓伟 左 垒 刘 侠 吴 攀
张 阳 李 科 严天晶 廖永强 殷怀冬
黄兰粉 刘 颜 庹家国 李 芳 朱 舜
李元刚 朱 军 刘 兵 黄 鹏 罗定洪
汪云富 王 杨 冯啟智 宋 剑 娄 燕
汪朝云 秦雪峰 贺建强 李 金 张帮云
潘贻功 陈 靓 杜斯宏 杨 军 高文远

本钢集团有限公司

刘庆涛 张 波 张晓东 李 冉 孙继成
刘修成 毕恩君 李 丹 李毛宇 姜育男
赵瑛珺 董 宇 田 耕 黄海鹏 叶方军
郭建军 杨 江 任 健 杨 亮 孟祥辉
周 静 康 勇 张义斌 杨忠平 宫 静
闫吉船 陈 萌 刘志璞 张建国 邹德胜
苏红权 付祥志 庄和喜 宋长臣 李晓龙
苗 强 李海宝 刘 阳 任宏伟 崔 嵩
张立伟 王 鹏 冯 勇 韩科章 全奎胜
王国海 赵庆成 辛卫平 刘 辉 屈利武
孙 震 金贵财 李大海 马士博 赵 辉
戴联和 刘 冬 陈 诺 朱洪军 宋恩刚

吴亚军 曾朋毅 朴希伟 徐长江 刘 波
林 宇 李 阁 陈俊良 杨 巍 宋志辉
徐春雷 马贺亮 石 伟 孟志军 王 宇
马 超 高延伟 王铁运 戴 勇 马 琳
陈广斌 罗 勇 姜 滨 曲 涛 张 可
李海波 张 艳 郑亚旭 杨晓芳 刘廷友
张世灿 王东晖 白宇飞 胡文涛 刘小冬

鞍钢集团矿业有限公司

王东泽 岳 鹏 韩雪娇 樊文亮 王立伟
杨晓军 苏 宇 曹 明 丁全波 赵 亮
王 润 冷 冲 李永亮 刘绍武 张振江
吴春阳 司琳琳 王兴锋 李铁柱 陈国荣
刘润存 张兴艺 姜大海 王思民 任金元
张克威 马雪峰 赵 虹 贾宏明 陈志华
侯家鹤 王新宇 江少辉 张东伟 孙晓峰
穆晓红 唐 磊 穆余利 李 风 潘鹏飞
于洪军 侯恩俭 田迎春 丛峰武 郭志东
崔振阁 徐家富 韩连生 刘 成 李 响

鞍钢集团工程技术发展有限公司

王 丰 刘贵刚 陈 平 赵明叶 张家强
刘志诚 郑文勇 吴 旭 李 秋 任 华
白融禄 朱春雨 赵 亮 杜立朝 吴士连
王 洋 张 亮

鞍钢集团众元产业发展有限公司

李铭诗 张 凯 徐洪浩 孙卫东 张孝宇
赵 楠 邵春诚 解 斌 杨新富 王国庆

鞍钢集团国际经济贸易有限公司

王铁楠 王俊龙

鞍钢联众（广州）不锈钢有限公司

费 鹏 董维财

鞍钢集团有限公司教育培训中心（党校）

韩姝红

鞍钢集团有限公司日报社

高洋洋

鞍钢集团财务责任有限公司

王连凤

其他单位

张万斌　王永刚　李宇梁　李　巍　孙广慧

李　锐　王秀梅　曹德飞　陈子旭　郑良文
王　岩　范垂波　王　峻　张　雷　韩晓东
迟　淼　曲余玲　吴　琼　张广明

（鞍钢集团有限公司工会）

第二十一部分

附　录

特　辑
专　文
大事记
概　况
机构与人事
规划发展
财务、资本运营与审计管理
人力资源管理
管理创新
科技创新
安全、环保与节能
法律事务
综合管理
企业文化与公共关系
党群工作
鞍山钢铁集团有限公司
攀钢集团有限公司
本钢集团有限公司
单位简介
荣　誉
▶ 附　录

·统计资料·

2021 年鞍钢集团有限公司生产经营指标完成情况

一、主要产品产量完成情况

2021 年，鞍钢集团公司生产粗钢 5565.33 万吨，同比增加 10.13 万吨，增幅为 0.18%；生铁 5266.22 万吨，同比减少 118.94 万吨，降幅为 2.21%；钢材 5225.38 万吨，同比增加 20.37 万吨，增幅为 0.39%；铁精矿 4983.96 万吨，同比增加 128.56 万吨，增幅为 2.65%。

二、财务状况

2021 年，鞍钢集团利润总额 174.63 亿元，同比增加 105.06 亿元，增幅为 151.02%；全年实现营业收入 3834.57 亿元，同比增加 1087.07 亿元，增幅为 39.57%；应交税费总额 124.37 亿元，同比增加 20.01 亿元，降幅为 19.17%。

2021 年末，鞍钢资产总额 4919.76 亿元，负债总额 3409.95 亿元，所有者权益 1509.81 亿元，资产负债率为 69.31%。

三、钢材产品实物质量情况

2021 年，鞍钢集团钢材合格率完成 99.44%，同比上升 0.22 个百分点，综合成材率 94.65%，同比上升 0.77 个百分点。

四、冶金物耗指标情况

2021 年，鞍钢集团全年综合焦比 515.64 千克/吨，同比下降 9.21 千克/吨，入炉焦比 369.35 千克/吨，同比下降 4.28 千克/吨。

五、出口创汇情况

2021 年，集团公司全年实现出口创汇 30.66 亿美元，同比增加 18.14 亿美元，增幅为 69.03%。其中出口钢材 329.52 万吨，同比增加 39.13 万吨，增幅为 13.47%，钢材出口创汇额 26.57 亿美元，同比增加 11.05 亿美元，增幅为 71.20%。

六、钢材产品销售情况

2021 年，集团公司销售成品钢材 5265.04 万吨，同比增加 59.80 万吨，增幅为 1.15%；实物产销率完成 100.00%，同比持平。

（鞍钢集团有限公司财务部　张铜凯）

产品产量

十大产品产量分月完成情况

（吨）

产品	全年实际	分月产量											
		1月	2月	3月	4月	5月	6月	7月	8月	9月	10月	11月	12月
一、铁矿石原矿量	135979519	11685292	11163741	11821311	10561261	11813390	11420900	11102931	11575655	10454008	10788143	11274736	12318151
二、铁精矿	49839582	4136073	3951808	4515839	3958694	4508165	4234194	4275477	4213739	3649314	4119587	4135897	4140795
三、人造富矿	91651882	8286465	7471081	8186718	7998549	8563395	8128111	8118800	7812465	6730923	6525733	6420108	7409534
烧结铁矿	77685368	7060352	6400002	6917361	6841752	7286625	6844511	6758485	6651672	5758446	5465654	5338202	6362306
球团铁矿	13966514	1226113	1071079	1269357	1156797	1276770	1283600	1360315	1160793	972477	1060079	1081906	1047228
四、焦炭	18601716	1612732	1450410	1628330	1535019	1615423	1564467	1622619	1622295	1528778	1442603	1439483	1539557
五、合格生铁	52662179	4746863	4187839	4644451	4624898	4957958	4711884	4592141	4502134	3929095	3669555	3718460	4376901
含钒生铁	10543560	973582	796267	823011	953156	981898	922632	838913	888516	821247	850734	837613	855991
六、粗钢	55653288	5097147	4513263	5026379	5039367	5371119	5100477	4874475	4661701	3845419	3808043	3524330	4791568
七、钢坯	55411632	5079285	4494551	5004579	5017062	5349361	5080266	4855947	4641592	3824954	3788490	3502360	4773185
八、钢材	52253810	4704372	4306274	4787144	4765596	5065885	4878854	4522753	4454265	3598475	3411231	3487726	4271235
九、高钒铁（折合量）	36769	3319	3009	3386	3345	3828	3460	3222	3181	3079	2629	2399	1912
十、钛白粉	244399	21089	19428	21350	21820	22084	16900	21896	21913	21079	21244	18072	17524

（鞍钢集团有限公司财务共享服务中心　蒋恩军）

财务指标

（一）财务指标完成情况

（万元）

指标名称		2021 年	2020 年	增减额	指标名称	2021 年	2020 年	增减额
一、营业总收入		38345695	21311112	17034583	五、少数股东损益	373065	224537	148528
二、利税指标	利润总额	1746267	655303	1090964	六、上缴税金	1403934	1152998	250936
	应交税金	1465075	1217752	247323	其中：所得税	370611	211374	159237
三、所得税费用		637498	252408	385090	增值税	660949	558721	102229
四、净利润		1108769	402895	705874	其他税金合计	372373	382903	-10530

（二）评价企业经济指标

（%）

指标名称	2021 年	2020 年	增减额	指标名称	2021 年	2020 年	增减额
1. 营业利润率	5. 31	3. 43	1. 88	6. 流动比率	0. 61	0. 68	-0. 07
2. 总资产报酬率	5. 80	3. 91	1. 89	速动比率	0. 36	0. 42	-0. 06
3. 净资产收益率	7. 79	3. 44	4. 35	7. 应收账款周转率/次	36. 88	28. 53	8. 35
4. 资本保值增值率	118. 3	108. 6	9. 7	8. 存货周转率/次	5. 80	5. 07	0. 73
5. 资产负债率	69. 31	63. 97	5. 34				

（三）资产及负债情况

（万元）

指标名称	2021 年	2020 年	增减额	指标名称	2021 年	2020 年	增减额
一、资产总额	49197644	34018335	15179309	其中：短期借款	8059373	5458907	2600466
1. 流动资产	14393782	9028170	5365612	应付账款	3151711	1991305	1160406
其中：应收账款	591207	528691	62516	2. 长期负债	10433968	8401858	2032110
存货总额	5764571	3431535	2333036	三、所有者权益	15098142	12257717	2840425
2. 长期股权投资	1356620	946794	409826	1. 少数股东权益	6495971	6340225	155746
3. 固定资产	19523941	13619380	5904561	2. 归属母公司权益	8602171	5917492	2684679
其中：固定资产原值	43184079	30394958	12789121	其中：实收资本	6109762	5000636	1109126
累计折旧	21638357	14955374	6682983	资本公积	7412855	5166439	2246416
固定资产净值	21545722	15439584	6106138	盈余公积	61069	26623	34446
4. 无形资产	7019931	6293414	726517	未分配利润	-5619134	-4786097	-833037
二、负债总额	34099502	21760618	12338884	其他综合收益	11372	-159968	171340
1. 流动负债	23665534	13358760	10306774	专项储备	176726	220338	-43612

（鞍钢集团有限公司财务部　梁雪荣）

更新改造指标

（一）2021 年固定资产投资项目完成情况（按形象进度）

（万元）

单项工程或更改项目名称	计划总投资	自开始建设至本年底累计		本年					本年新增固定资产	房屋建筑面积/平方米	
		完成投资	新增固定资产	完成投资	其中					本年施工	本年竣工
					建筑工程	安装工程	设备购置	其他费用			
总　计	7089829	4259942	2192084	1505927	308183	206127	689666	301951	380176	843307	308768
其中：鞍山钢铁集团有限公司	2335541	1386752	626596	541591	87188	48227	207044	199132	83548	430617	25573
攀钢集团有限公司	1702755	786270	633996	368553	61634	71009	199241	36669	296628	412690	283195
本钢集团有限公司	3051533	2086920	931492	595783	159361	86891	283381	66150			

（二）固定资产投资实际完成情况（按投资方向分类）

（万元）

按投资方向分类	实际完成投资	按投资方向分类	实际完成投资
合　计	1505927	7. 轧材	238100
1. 铁矿采选	363082	8. 铁合金	0
2. 烧结	55212	9. 焦化	114554
3. 球团	0	10. 耐火	6816
4. 炼铁	87001	11. 碳素	0
5. 炼钢	242256	12. 金属制品	13129
6. 连铸	60167	13. 其他	325610

（鞍钢集团有限公司财务共享服务中心　蒋恩军）

产品销售

主要钢铁工业产品产、销、存情况

（吨）

指标名称	年初库存	本年外购	本年生产	本年自用	本年销售		盘盈（+）/盘亏（-）	年末库存
					本年销售小计	其中：本年出口		
铁矿石成品矿	599106		49839582	42992521	6602665		-127901	715601
铁精矿	599106		49839582	42992521	6602665		-127901	715601
人造富矿	124488		91651882	91688853				87517
烧结铁矿	69964		77685368	77698496				56836

续表

指标名称	年初库存	本年外购	本年生产	本年自用	本年销售		盘盈（+）/盘亏（-）	年末库存
					本年销售小计	其中：本年出口		
球团铁矿	54524		13966514	13990357				30681
生铁	16999		52662179	52678671				507
粗钢	557579	137134	55653288	55166030	600107		-1	581863
连铸坯	549953	137134	55411632	54925609	599539		-1	573570
钢材	668346		52253810	22598	51423624	2895192	25862	1501796
铁道用钢材	30027		1737206	164	1743329	39804	-3	23737
其中：重轨	30027		1737206	164	1743329	39804	-3	23737
大型型钢			12390		12326		105	169
棒材	27772		973693	70	975382	24644	-797	25216
钢筋	12739		2371099		2319297	58774		64541
线材（盘条）	22256		4141448	612	4088870	567241	-11	74211
特厚板	6506		700819	169	667895	2555	9	39270
厚板	17785		2225461	1084	2140695	9695	65	101532
中板	29721		1976998	2353	1930778	12054	-68	73520
热轧薄板	194		5386		5389	1660		191
冷轧薄板	9152		918175	19	884532	30609	407	43183
中厚宽钢带	189932		16306361	2004	16154443	958769	10001	349847
热轧薄宽钢带	25376		3800888	7843	3668528	343010	65	149958
冷轧薄宽钢带	198004		11088089	4658	10949554	349807	7202	339083
热轧窄钢带	48							48
冷轧窄钢带	560							560
镀层板（带）	83908		4173267	2832	4131318	343446	7500	130525
其中：镀锌板（带）	50850		2295902	2832	2242977	126498	7500	108443
涂层板（带）	9725		365486	783	354935	83457	339	19832
电工钢板（带）	2004		1367567		1306176	69604		63395
无缝钢管	1789		85163	2	84746		29	2233
焊接钢管	501							501
其他钢材	347		4314	5	5431	63	1019	244
钢丝	138		238		238			138
钢丝绳	6952		20236		20891			6297
钢绞线	67		233		216			84
焦炭	149035	1452136	18601716	20007062	18332			177493

（鞍钢集团有限公司财务共享服务中心　蒋恩军）